Corporate Brand Management

Lizenz zum Wissen.

Sichern Sie sich umfassendes Wirtschaftswissen mit Sofortzugriff auf tausende Fachbücher und Fachzeitschriften aus den Bereichen: Management, Finance & Controlling, Business IT, Marketing, Public Relations, Vertrieb und Banking.

Exklusiv für Leser von Springer-Fachbüchern: Testen Sie Springer für Professionals 30 Tage unverbindlich. Nutzen Sie dazu im Bestellverlauf Ihren persönlichen Aktionscode C0005407 auf *www.springerprofessional.de/buchkunden/*

Springer für Professionals.
Digitale Fachbibliothek. Themen-Scout. Knowledge-Manager.

- Zugriff auf tausende von Fachbüchern und Fachzeitschriften
- Selektion, Komprimierung und Verknüpfung relevanter Themen durch Fachredaktionen
- Tools zur persönlichen Wissensorganisation und Vernetzung

www.entschieden-intelligenter.de

Springer für Professionals  Springer

Franz-Rudolf Esch · Torsten Tomczak
Joachim Kernstock · Tobias Langner
Jörn Redler
(Hrsg.)

Corporate Brand Management

Marken als Anker strategischer Führung
von Unternehmen

3., vollständig überarbeitete und erweiterte Auflage

Herausgeber
Franz-Rudolf Esch
EBS Universität für Wirtschaft und Recht
Wiesbaden
Deutschland

Tobias Langner
Bergische Universität Wuppertal
Wuppertal
Deutschland

Torsten Tomczak
Universität St. Gallen
St. Gallen
Schweiz

Jörn Redler
Duale Hochschule Baden-Württemberg
(DHBW) Mosbach
Mosbach
Deutschland

Joachim Kernstock
Kompetenzzentrum für Markenführung
St. Gallen (KMSG)
St. Gallen
Schweiz

ISBN 978-3-8349-3446-8
DOI 10.1007/978-3-8349-3862-6

ISBN 978-3-8349-3862-6 (eBook)

Die Deutsche Nationalbibliothek verzeichnet diese Publikation in der Deutschen Nationalbibliografie; detaillierte bibliografische Daten sind im Internet über http://dnb.d-nb.de abrufbar.

Springer Gabler
© Springer Fachmedien Wiesbaden 2004, 2006, 2014
Das Werk einschließlich aller seiner Teile ist urheberrechtlich geschützt. Jede Verwertung, die nicht ausdrücklich vom Urheberrechtsgesetz zugelassen ist, bedarf der vorherigen Zustimmung des Verlags. Das gilt insbesondere für Vervielfältigungen, Bearbeitungen, Übersetzungen, Mikroverfilmungen und die Einspeicherung und Verarbeitung in elektronischen Systemen.

Die Wiedergabe von Gebrauchsnamen, Handelsnamen, Warenbezeichnungen usw. in diesem Werk berechtigt auch ohne besondere Kennzeichnung nicht zu der Annahme, dass solche Namen im Sinne der Warenzeichen- und Markenschutz-Gesetzgebung als frei zu betrachten wären und daher von jedermann benutzt werden dürften.

Lektorat: Barbara Roscher, Jutta Hinrichsen

Gedruckt auf säurefreiem und chlorfrei gebleichtem Papier

Springer Gabler ist eine Marke von Springer DE. Springer DE ist Teil der Fachverlagsgruppe Springer Science+Business Media
www.springer-gabler.de

Vorwort zur dritten Auflage

Eine starke Unternehmensmarke ist ein wichtiger Hebel für den Unternehmenserfolg. Die Corporate Brand bildet zudem den Ankerpunkt für die marktorientierte Ausrichtung und Steuerung von Unternehmen. Dadurch schafft die Unternehmensmarke Wert für das Unternehmen.

Obgleich diese Zusammenhänge bekannt und akzeptiert sind, werden die damit verbundenen Chancen jedoch oft noch nicht konsequent ausgeschöpft.

In diesem Buch wird umfassend dargelegt, wie das Management der Unternehmensmarke im Sinne eines marktorientierten Führungskonzepts gestaltet werden kann. Mit dem „Corporate Brand Management" wird ein Ansatz vorgelegt, der sich an der Markenkraft orientiert, um die Beziehung zu Kunden, Mitarbeitern, Shareholdern, Öffentlichkeit und weiteren Stakeholdern wertorientiert auszurichten.

Managementvertreter erhalten mit diesem Buch einen praxisbezogenen und aktuellen Zugang zu allen relevanten Fragen des Corporate Brand Management. Für Forscher und Studierende aus Marketing, Personalmanagement, Strategischem Management und Unternehmenskommunikation stellt das Buch einen wertvollen Fundus zu neuesten wissenschaftlichen und praktischen Erkenntnissen im Feld des Corporate Brand Management bereit.

Die nunmehr dritte Auflage des Buchs wurde grundlegend überarbeitet. Zu den wichtigsten Neuerungen zählen:

- Der Aufbau des Buchs wurde an den wesentlichen Stakeholdergruppen ausgerichtet. Zudem wurden die Themen in kompaktere Einheiten strukturiert.
- Neue Themen und Herausforderungen wurden aufgegriffen. So wurden u. a. die sich wandelnden Kommunikationsmöglichkeiten berücksichtigt, die Aspekte zur Kontrolle ausgebaut, der Forschungsfortschritt zu Markenarchitekturen integriert sowie Fragen der Corporate Social Responsibility einbezogen.
- Kompakte Fallstudien von Unternehmen illustrieren die Relevanz und Anwendung der dargelegten Inhalte.

Unser Dank gilt ganz besonders den fachkundigen Autoren und Mitautoren, ohne die dieser Band nicht hätte umgesetzt werden können. Frau Jutta Hinrichsen und Frau Barbara

Roscher von Springer Gabler haben das Buchprojekt professionell und tatkräftig unterstützt. Dafür herzlichen Dank!

Wir hoffen, mit dieser Neuauflage erneut interessante Perspektiven und Impulse für Praxis und Wissenschaft zu liefern. Diskussionen, Hinweise und Anregungen sind jederzeit herzlich willkommen. Unsere Kontaktdaten finden Sie dazu jeweils am Ende der Beiträge.

Allen Lesern wünschen wir eine interessante und anstoßgebende Lektüre.

Oestrich-Winkel, St. Gallen,	Prof. Dr. Franz-Rudolf Esch
Wuppertal und Mosbach im Mai 2014	Prof. Dr. Torsten Tomczak
	Dr. Joachim Kernstock
	Prof. Dr. Tobias Langner
	Prof. Dr. Jörn Redler

Inhaltsverzeichnis

Autorenverzeichnis XI

Teil I Zugang zum Corporate Brand Management

**1 Bedeutung des Corporate Brand Management erkennen und
 Denkschulen verstehen** 3
Joachim Kernstock, Franz-Rudolf Esch, Torsten Tomczak, Jörn Redler
und Tobias Langner

2 Anspruchsgruppen identifizieren und als Maßstab nutzen 27
Torsten Tomczak und Joachim Kernstock

Teil II Aufbau und Steuerung einer Corporate Brand

**3 Zusammenhänge zwischen der Identität der Corporate Brand, der
 Unternehmensphilosophie und dem Geschäftsmodell berücksichtigen** 45
Franz-Rudolf Esch

4 Identität der Corporate Brand entwickeln und schärfen 61
Franz-Rudolf Esch

**5 Identität durch Positionierung fokussieren und wirksam
 nach innen und außen umsetzen** 79
Franz-Rudolf Esch und Janina Petri

6 Das Branding der Corporate Brand gestalten 107
Tobias Langner und Franz-Rudolf Esch

**7 Management-Verantwortung, Prozesse und Strukturen
 für das Corporate Brand Management klären** 129
Joachim Kernstock, Franz-Rudolf Esch und Torsten Tomczak

8 Fallstudie: Rebranding – vom Ende her denken 139
Jürgen Lieberknecht und Franz-Rudolf Esch

9 Fallstudie: Mission, Vision und Unternehmensgrundsätze als Erfolgsfaktoren der REWE Group 149
Franz-Rudolf Esch und Daniela Büchel

Teil III   Die Beziehung von Corporate Brand, Produkt- und Familienmarken

10 Markenpotential durch die Gestaltung der Markenarchitektur ausschöpfen 161
Franz-Rudolf Esch, Sabrina Eichenauer und Christian Knörle

11 Multi-Marken-Systeme führen 179
Franz-Rudolf Esch und Simone Roth

12 Corporate Brands bei Mergers & Acquisitions integrieren 199
Joachim Kernstock und Torsten Tomczak

Teil IV   Die Corporate Brand und die Anspruchsgruppe Mitarbeiter

13 Den Funnel als Analyse- und Steuerungsinstrument von Brand Behavior heranziehen 227
Daniel Wentzel, Torsten Tomczak, Joachim Kernstock, Tim Oliver Brexendorf und Sven Henkel

14 Die Corporate Brand in Richtung Mitarbeiter gestalten und verankern ... 243
Joachim Kernstock und Tim Oliver Brexendorf

15 Führungskräfte als Markenbotschafter nutzen 267
Franz-Rudolf Esch, Janina Petri, Johannes Hanisch, Christian Knörle und Daniel Kochann

16 Mit Employer Branding die Arbeitgeberattraktivität steigern 289
Franz-Rudolf Esch und Sabrina Eichenauer

17 Fallstudie: Employerengagement und Weiterempfehlungsmanagement bei Holcim 313
Christian Birck und Joachim Kernstock

Teil V Die Corporate Brand und die Anspruchsgruppen Öffentlichkeit und Anteilseigner

18 Public Relations im Dienste der Corporate Brand gestalten 329
Joachim Kernstock und Nicole Wenger-Schubiger

19 Corporate Social Responsibility in der Markenkommunikation nutzen 345
Christian Boris Brunner

20 Markenkraft in Richtung Shareholder und Kapitalmarkt einsetzen 371
Jörn Redler und Franz-Rudolf Esch

21 Mit Markenkrisen umgehen 391
Stephan Weyler und Franz-Rudolf Esch

22 Fallstudie: Corporate Brand Values leben – Das Anspruchsgruppenmanagement der Marke Adelholzener 409
Bernhard Fuchs

Teil VI Die Corporate Brand und die Anspruchsgruppe Kunden

23 Customer Touchpoint Management für Corporate Brands umsetzen 427
Franz-Rudolf Esch, Jan F. Klein, Christian Knörle und Mirjam Schmitt

24 Herausforderungen und Chancen neuer Kommunikationsinstrumente für die Corporate Brand erkennen 449
Jörn Redler

25 Social Media für die Markenkommunikation einsetzen 481
Marco Hardiman

26 Portfolio-Werbung: Durch die Kommunikation der Markenarchitektur die Corporate Brand stärken und verknüpfen 501
Christian Boris Brunner

27 Markenallianzen für das Corporate Brand Management nutzen 527
Franz-Rudolf Esch und Jörn Redler

28 Fallstudie: ABB – Eine Marke in Bewegung gebracht 549
Wibke Heidig, Maria Jobin, Antje Budzanowski und Torsten Tomczak

Teil VII Kontrolle im Corporate Brand Management

29 Ziele, Leistungsgrößen und Erfolgsfaktoren identifizieren und steuern 565
Torsten Tomczak, Joachim Kernstock und Tim Oliver Brexendorf

**30 Quer- und Längsschnittmessungen des Corporate Brand
Status einsetzen** 583
Jörn Redler

**31 Erkenntnisse des Reputationmanagement als Basis für ein Controlling
des Corporate Brand Management nutzen** 607
Klaus-Peter Wiedmann

Markenverzeichnis 631

Stichwortverzeichnis 639

Autorenverzeichnis

Christian Birck
Holcim, Rapperswil-Jona, Schweiz

Tim Oliver Brexendorf
WHU – Otto Beisheim School of Management, Vallendar, Deutschland

Christian Boris Brunner
University of Reading, Reading, UK

Daniela Büchel
REWE Group, Köln, Deutschland

Antje Budzanowski
Universität St. Gallen, St. Gallen, Schweiz

Sabrina Eichenauer
EBS Universität für Wirtschaft und Recht, Oestrich-Winkel, Deutschland

Franz-Rudolf Esch
EBS Universität für Wirtschaft und Recht, Oestrich-Winkel, Deutschland; Universität für Wirtschaft und Recht, Oestrich-Winkel, Deutschland

Bernhard Fuchs
Serviceplan Public Relations, München, Deutschland

Johannes Hanisch
EBS Universität für Wirtschaft und Recht, Oestrich-Winkel, Deutschland

Marco Hardiman
Fachhochschule Kiel, Kiel, Deutschland

Wibke Heidig
SRH Hochschule, Berlin, Deutschland

Sven Henkel
Universität St. Gallen, St. Gallen, Schweiz

Maria Jobin
ABB Group, Baden, Schweiz

Joachim Kernstock
Kompetenzzentrum für Markenführung St. Gallen (KMSG), St. Gallen, Schweiz

Jan F. Klein
ESCH. The Brand Consultants, Saarlouis, Deutschland

Christian Knörle
Stuttgart, Deutschland

Daniel Kochann
ESCH. The Brand Consultants, Saarlouis, Deutschland

Tobias Langner
Bergische Universität Wuppertal, Wuppertal, Deutschland

Jürgen Lieberknecht
Targobank, Düsseldorf, Deutschland

Janina Petri
EBS Universität für Wirtschaft und Recht, Oestrich-Winkel, Deutschland

Jörn Redler
Duale Hochschule Baden-Württemberg (DHBW), Mosbach, Deutschland

Simone Roth
Brand Academy, Hamburg, Deutschland

Mirjam Schmitt
ESCH. The Brand Consultants, Saarlouis, Deutschland

Torsten Tomczak
Universität St. Gallen, St. Gallen, Schweiz; Forschungsstelle für Customer Insight, Universität St. Gallen, St. Gallen, Schweiz

Nicole Wenger-Schubiger
IDUN, Zug, Schweiz

Daniel Wentzel
RWTH Aachen, Aachen, Deutschland

Stephan Weyler
LBC Premium Marketing, Gräfelfing, Deutschland

Klaus-Peter Wiedmann
Leibniz-Universität Hannover, Hannover, Deutschland

Teil I
Zugang zum Corporate Brand Management

Bedeutung des Corporate Brand Management erkennen und Denkschulen verstehen

Joachim Kernstock, Franz-Rudolf Esch, Torsten Tomczak, Jörn Redler und Tobias Langner

> **Zusammenfassung**
>
> Starke Marken sind nachgewiesenermaßen Treiber von Unternehmenswert. Dies gilt in besonderem Maße für Corporate Brands, die daher genauso professionell geführt werden müssen wie klassische Produktmarken. Mit dieser Herausforderung beschäftigt sich das Gebiet des Corporate Brand Management. Grundlage für ein erfolgreiches Corporate Brand Management ist einerseits ein profundes Verständnis darüber, welche Bezugsgruppen für eine Corporate Brand relevant sind und andererseits, was die Identität des Unternehmens beinhaltet. Zudem sind die komplexen Zusammenhänge zu beachten, die sich automatisch ergeben, wenn eine Vielzahl von Marken zu koordinieren ist. Dieses Kapitel führt in die Grundideen und Rahmenbedingungen des Corporate

---

J. Kernstock (✉)
Kompetenzzentrum für Markenführung St. Gallen (KMSG), St. Gallen, Schweiz
E-Mail: joachim.kernstock@km-sg.ch

F.-R. Esch
EBS Universität für Wirtschaft und Recht, Oestrich-Winkel, Deutschland
E-Mail: Franz-Rudolf.Esch@ebs.edu

T. Tomczak
Universität St. Gallen, St. Gallen, Schweiz
E-Mail: torsten.tomczak@unisg.ch

J. Redler
Duale Hochschule Baden-Württemberg (DHBW), Mosbach, Deutschland
E-Mail: redler@dhbw-mosbach.de

T. Langner
Bergische Universität Wuppertal, Wuppertal, Deutschland
E-Mail: Langner@wiwi.uni-wuppertal.de

© Springer Fachmedien Wiesbaden 2014
F.-R. Esch et al. (Hrsg.), *Corporate Brand Management*,
DOI 10.1007/978-3-8349-3862-6_1

Brand Management ein und stellt dabei auch die Pluralität der damit befassten Denkschulen im Überblick vor.

1.1 Bedeutung des Corporate Brand Management erkennen

1.1.1 Mit starken Marken Unternehmenswert schaffen

> **Beispiel**
>
> Dienstag, 10. Mai 2011: Microsoft kündet die Übernahme des Internetkommunikations-Unternehmens Skype an und ist bereit rund US-$ 8,5 Mrd. zu bezahlen. Microsoft CEO Steve Ballmer teilt mit, dass Skype ein phänomenales Produkt sei, welches von mehreren Hundert Millionen Menschen auf der ganzen Welt geliebt würde.
>
> Durch die Integration von Skype arbeitet Microsoft weiter an seinem Ziel, die Kompetenz für ubiquitäre Echtzeitkommunikation von Familien, Freunden, Kollegen und Geschäftspartnern auszubauen. Skype wird künftig als neue Division in das Unternehmen integriert, und der ehemalige Skype CEO, Tony Bates, berichtet als Divisionsleiter direkt an Steve Ballmer.
>
> Im Jahr 2003 gegründet, wurde Skype bereits im September 2005 von eBay übernommen. Das Unternehmen zeichnet sich durch prägende Produktentwicklungen im Bereich der Peer-to-Peer-Netzwerke aus. Zusammen mit Microsoft soll eine tägliche Nutzerzahl von einer Milliarde Menschen erreicht werden. Trotz, oder gerade wegen der enormen Bedeutung von Skype für seine Nutzer und damit auch für die Zukunftsfähigkeit des Unternehmens Microsoft, wird die Marke Skype als solche weiterhin eigenständig sichtbar geführt und die unter ihr angebotenen Funktionalitäten nicht einfach in das Betriebssystem von Microsoft integriert. Dennoch soll die Marke Microsoft durch die Integration von Skype in die Produktpalette möglichst stark profitieren. Damit soll sowohl für Skype als auch für Microsoft ein größtmögliches Wachstum erzielt werden.

Die *hohe Relevanz* der Marke bzw. von Marken für den Unternehmenserfolg ist unbestreitbar (Balmer et al. 2013). So wies McKinsey in einer breit angelegten Studie von 130 Unternehmen eine positive Beziehung zwischen Markenstärke und Unternehmensperformance nach: Während der Total Shareholder Return bei Unternehmen mit starken Marken um 1,9 % über dem Durchschnitt aller untersuchten Unternehmen lag, war dieser bei Unternehmen mit schwachen Marken um 3,1 % darunter (Court et al. 1999, S. 101).

Auch in einer Delphi-Befragung bei Marketing-Managern, durchgeführt von Droege & Company, wurde die Marke als zentraler Werttreiber in Unternehmen identifiziert (Kricsfalussy und Semlitsch 2000, S. 28). Dieses Ergebnis wird gestützt von dem hohen Anteil, den der Markenwert der weltweit wertvollsten Marken am Börsenwert des jeweiligen Unternehmens repräsentiert. Beispielsweise macht der reine Markenwert bei der von Interbrand im Herbst 2013 als wertvollste Marke der Welt bewerteten Marke schon

1 Bedeutung des Corporate Brand Management erkennen und Denkschulen verstehen

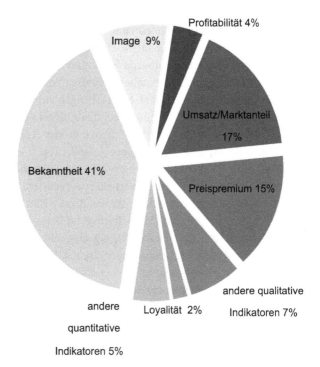

Abb. 1.1 Indikatoren des Markenwerts und die Häufigkeit ihrer Nennung. (Quelle: Menninger et al. 2012, S. 18)

ca. 30 % aus (ca. US-$ 100 Mrd. Markenwert bei ca. 350 Mrd. Marktkapitalisierung). Bei BMW lag dieser Anteil allein für die Marke BMW zum Zeitpunkt der Gegenüberstellung von Interbrand sogar bei über 50 % (ca. 32 Mrd. US US-Dollar Markenwert BMW bei ca. US-$ 61 Mrd. Marktkapitalisierung; Interbrand 2013).

Gemäß der Markenstudie 2012 von PriceWaterhouseCoopers gehören starke Marken und starke Unternehmen in Deutschland zusammen (Menninger et al. 2012). Die Ergebnisse zeigen auf, dass rund neun von zehn Befragten von einem (sehr) großen Einfluss der Marke auf den wirtschaftlichen Erfolg des Unternehmens ausgehen. Zusätzlich quantifiziert die Hälfte der 500 befragten Unternehmen den Anteil des Markenwertes am gesamten Unternehmenswert auf 50 %. In einer früheren Studie konnte gezeigt werden, dass der geschätzte Anteil des Markenwertes am Gesamtunternehmenswert bei ca. 63 % bei kurzlebigen Konsumgütern, 53 % bei langlebigen Konsumgütern, 43 % bei Dienstleistern und immerhin 18 % bei Industriegütern liegt (PriceWaterhouseCoopers und Sattler 1999). Faktoren, welche begründeten Einfluss auf den Markenwert haben, werden in der Praxis zwar unterschiedlich gewichtet. Ihre Relevanz ist aber unbestritten. (s. Abb. 1.1).

Bei manchen Branchen kann man demnach von „sleeping beauties" sprechen, die es wach zu küssen gilt, weil sie den Wert einer starken Corporate Brand noch nicht erkannt haben (Esch 2005a). Unternehmen, bei denen der *Markenwert* noch zu gering entwickelt oder ausgewiesen ist, bergen erhebliche Wachstumspotenziale. Sie sind begehrte Übernahmekandidaten, weil Unternehmensanteile vergleichsweise preiswert erworben werden können. Folglich müssen Unternehmen an der Börse regelrecht positioniert und verkauft werden (Esch 2005b, S. 414). Zu dieser Einsicht kam auch Klaus Esser, ehemaliger Vorstandsvorsitzender von Mannesmann, nach der Übernahme von Mannesmann durch Vodafone. Er antwortete wie folgt auf die Frage „Was würden Sie anders machen?": „Wir haben unsere Fortschritte nicht genügend laut verkündet. Wir waren zu stark der deutschen Tradition verhaftet und zu zurückhaltend, unseren Wert und unsere Wertsteigerungen zu kommunizieren" (Simon et al. 2000, S. 33). Umgekehrt steigt mit dem Wert der Marken auch die Attraktivität des Unternehmens bei den Anlegern an der Börse (Esch 2005b, S. 415).

Wie die Unternehmensmarken Microsoft oder Apple zeigen, ist der Aufbau und die Führung von Corporate Brands ganz besonders auch in innovativen Märkten mit kurzen Produktlebenszyklen ökonomisch sinnvoll, weil hier die Unternehmensmarke langfristige Marketinginvestitionen eines Unternehmens rechtfertigt und erst den Aufbau von klaren Gedächtnisstrukturen ermöglicht. Während viele Einzelmarken eng an den Lebenszyklus des jeweiligen Produktes gekoppelt sind, ist beim Management von Corporate Brands auch eine stärkere Zukunftsorientierung möglich. Es kann nicht nur ein Ausgleich zwischen den einzelnen zielgruppenspezifischen Interessen, sondern auch zwischen ihrer heutigen und zukünftigen Befriedigung erfolgen (Balmer 2001a, S. 283).

Starke Marken erhöhen die Markenloyalität und -bindung der jeweiligen Zielgruppen. Dadurch werden konstantere Umsätze möglich. Auch die Erschließung neuer Märkte und Zielgruppen wird durch die Dehnung einer starken Marke oder die Vergabe von Markenlizenzen erleichtert (Esch et al. 2005, S. 914 ff.). Schließlich bieten markierte Produkte und Leistungen Schutz vor Krisen und aggressiven Wettbewerbern. Sie stärken die Wettbewerbsposition und stellen Markteintrittsbarrieren dar, die von Konkurrenten nur durch kostspielige Angriffe überwindbar sind (Shocker et al. 1994, S. 155).

▶   Marken sind zentrale immaterielle Wertschöpfer in Unternehmen.

1.1.2 Anspruchsgruppen-Orientierung als Basis eines erfolgreichen Corporate Brand Management verstehen

Markenführung konzentriert sich auch heute in zahlreichen Unternehmen noch auf das Leistungsangebot der Unternehmen, welches bei Kunden erfolgreich positioniert werden soll. Zunehmend setzt sich allerdings eine Denkhaltung durch, die den Nutzen, der durch Marken gestiftet werden kann, auf das *Unternehmen als Ganzes* bezieht. Muss einem Unternehmen als Institution nicht gleichermaßen Vertrauen und Zuverlässigkeit attribuiert werden? Wollen Unternehmen nicht auch eine Art Lebensgefühl, eine Kultur ausdrücken und vermitteln? Und richten sich die Unternehmen nicht genauso an Menschen, wie ihre Produkte und Dienstleistungen? Ja, Unternehmen brauchen eine starke Marke. Doch die Bedeutung der sog. *Corporate Brand* für den Erfolg wird vielfach noch unterschätzt. In den Vorstandssitzungen der Unternehmen kommt dieses Thema meist erst dann auf die Agenda, wenn sich eine Situation bereits als verfahren erwiesen und die Corporate Brand entweder einen tiefen Schaden erlitten hat oder aber als letzter Rettungsanker identifiziert

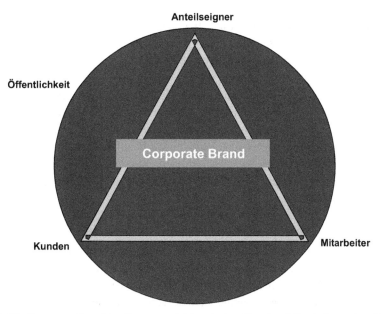

Abb. 1.2 Die Corporate Brand im Spannungsfeld zwischen Kunden, Mitarbeitern, Anteilseignern und der Öffentlichkeit

wurde (Kirsch 1997, S. 493 f.). Dies kann aktuell eindrucksvoll in der Finanzbranche nachvollzogen werden. Die Deutsche Bank verordnet sich unter der neuen Führung Jain/Fitschen sogar eine neue Unternehmenskultur, damit von innen heraus verlorengegangenes Vertrauen in die Marke bei den Anspruchsgruppen zurückgewonnen werden kann – und hofft, sich so von der jüngeren Vergangenheit bewusst auch in der Öffentlichkeit abzugrenzen.

Unternehmen werden zunehmend mit der Tatsache konfrontiert, gegenüber Forderungen von Anspruchsgruppen Stellung zu beziehen. Kein Unternehmen kann heute mehr erfolgreich sein, ohne im Rahmen der strategischen Positionierung auch den politischen, sozialen und gesellschaftlichen Kontext mit einzubeziehen. Die vielfältigen Anspruchsgruppen erhöhen zunehmend ihren Einfluss gegenüber den Unternehmen und mobilisieren Meinungen, Aussagen und Wertungen. Der Druck auf die Unternehmen steigt. Die Unternehmen können die Meinungsführerschaft in der Öffentlichkeit jedoch nicht den Interessenvertretern allein überlassen, sondern müssen selbst proaktiv auf die Meinungsbildung Einfluss nehmen. Folgende Entwicklungen sind insbesondere für diese Bedeutungszunahme der Anspruchsgruppen verantwortlich:

- Durch die Globalisierung steigt die globale Aufmerksamkeit für jedes weltweit aktive Unternehmen.
- Der Wettbewerb um neue Märkte, aber auch um Ressourcen wie Kapital und Mitarbeiter wird intensiver.

- Mitarbeiter erkennen zunehmend ihre Bedeutung als Erfolgsfaktor für das Unternehmen und werden anspruchsvoller.
- Professionelle Fondsmanager nehmen die Interessen von bislang eher vertretungsschwachen Kleinaktionären wahr.
- Das Internet und soziale Netze ermöglichen den anspruchsvolleren Konsumenten und anderen Interessenten am Unternehmen eine bessere Information über Unternehmen.
- Wachsendes Umweltbewusstsein weltweit hinterfragt den Zusammenhang zwischen wirtschaftlicher Erfolgsorientierung und Umweltorientierung.
- Regierungen und regierungsnahe Institutionen erwarten eine stärkere Wahrnehmung und Beteiligung der Unternehmen an gesellschaftlichen Entwicklungen und Übernahme von Verantwortung.

Neben diesen anspruchsgruppenspezifischen Entwicklungen sehen sich Unternehmen zudem der Herausforderung gegenüber, dass sich diese Anspruchsgruppen überschneiden und stark miteinander verwoben sind. So kann ein und dieselbe Person Mitarbeiter, Anteilseigner und Aktivist in einem Umweltverband sein. Die immer leichtere und schnellere Möglichkeit der Information durch die mediale Vernetzung ermöglicht es, das Unternehmen aus verschiedenen Perspektiven nahezu gleichzeitig zu erleben.

Die Komplexität wird durch eine *Vielzahl von Produkten und Dienstleistungen*, die das Unternehmen unter einem Dach anbietet, noch erhöht. Es ist essenziell für das Unternehmen, ein konsistentes Bild über alle Medien und Anspruchsgruppen hinweg abzugeben, um in diesem Fluss von Informationen und Interessen noch in gewünschter Richtung wahrgenommen zu werden. Insofern steht die Corporate Brand im Spannungsfeld zwischen zielgruppengerechter Berücksichtigung der Interessen der Anspruchsgruppen und der notwendigen Konsistenz und Kohärenz im Bild nach außen und innen.

Hinsichtlich der unterschiedlichen Anspruchsgruppen an ein Unternehmen ergeben sich für Produktmarken und Corporate Brand differenzierte Rollenverteilungen. Demzufolge ist Markenführung heute nicht mehr ausschließlich auf das Leistungsangebot von Unternehmen zu beziehen, sondern auch auf das Unternehmen selbst. Dabei ist Einzigartigkeit, Vertrauensvorsprung, Markenwelt und Markenbild, kurz – der Nutzen, der durch die Corporate Brand und das Markenportfolio gestiftet wird, für das Unternehmen als Ganzes wichtig. Im Rahmen der strategischen Führung eines Unternehmens wird in diesem Zusammenhang auch von einer stakeholderorientierten Führung eines Unternehmens gesprochen (Freeman 1984).

▶ Erfolgreiches Corporate Brand Management orientiert sich explizit an den Bedürfnissen bzw. Interessen unterschiedlicher Anspruchsgruppen eines Unternehmens. Ausgangspunkt dafür ist jedoch immer die Identität des Unternehmens.

Kapferer (2008, S. 352) unterscheidet Produktmarken von der Corporate Brand hinsichtlich ihrer Funktion. Während Produktmarken sich primär an Kunden ausrichten und die Funktion von Differenzierung und Personalisierung ausüben, ist ein wesentliches Kennzeichen der Corporate Brand ihre Ausrichtung an den Anspruchsgruppen und die Funktion der Vertrauensbildung, die einer zentralen Ressource des Unternehmens gleichkommt. „Made by ..." schlägt heute „Made in ...", wie z. B. die Produkt- und Unternehmensmarke adidas zeigt.

Begreift man die Marke als „Information Chunk", als Kulminationspunkt aller Informationen, die ein Konsument über ein bestimmtes Produkt speichert (Esch et al. 2005), dann steht die Corporate Brand als Einheit in der Vielheit unterschiedlichster Wahrnehmungen verschiedenster Anspruchsgruppen. *Kurz gesagt: Während die Produktmarke sich primär am Kunden ausrichtet, orientiert sich die Corporate Brand neben den Kunden auch an Mitarbeitern, Anteilseignern sowie der breiten Öffentlichkeit, um nur die wichtigsten Anspruchsgruppen zu nennen.* Alle diese Anspruchsgruppen entwickeln eigenständige Vorstellungen über die Corporate Brand. An all diesen Anspruchsgruppen muss sich die Corporate Brand ausrichten.

Die *Markenstärke* einer Corporate Brand reflektiert sich in den Köpfen der Anspruchsgruppen. Der Beweis lässt sich in einem Selbsttest einfach erbringen: Führt man sich als Europäer aktuell die Vorstellungsbilder von Corporate Brands wie Miele, Whirlpool, ASUS, IBM, BMW oder Hyundai vor Augen, so wird man unwillkürlich zwei Klassen bilden: Eine Gruppe starker Marken mit IBM, Miele und BMW, zu denen sich schnell konkrete und klare Vorstellungsbilder einstellen, sowie eine mit schwächeren Marken wie ASUS, Whirlpool und Hyundai.

▶ Starke Marken zeichnen sich durch konkrete und eigenständige Vorstellungsbilder in den Köpfen der Anspruchsgruppen aus.

Zentrale Aufgabe des Corporate Brand Management muss es daher sein, ein klares, einheitliches und unverkennbares Bild von einer Unternehmensmarke bei allen Anspruchsgruppen aufzubauen. Klassisches Beispiel für eine Corporate Brand, die über viele Anspruchsgruppen hinweg die gleichen Vorstellungen evoziert und entsprechend über eine hohe Bedeutung bei den Stakeholdern verfügt, ist BMW. Allerdings ist BMW eine Ausnahme. Vielen Managern ist noch zu wenig bewusst, dass das Bild der Stakeholder von einer Corporate Brand eine Vielzahl von Entscheidungen, bis hin zu Aktienkäufen, beeinflusst. Letzteres wird an Befragungsergebnissen von GEO (1998) deutlich: Hier zeigt sich, wie sich die die Klarheit des Markenbildes positiv auf die Aktienkaufbereitschaft für das jeweilige Unternehmen auswirkt (s. Abb. 1.3).

Die wertsteigernde Funktion der Corporate Brand lässt sich u. a. auch dadurch erklären, dass Unternehmen, die über eine starke Corporate Brand verfügen, eher High-Potentials anziehen, so dass dadurch das wichtige Humankapital im Unternehmen gestärkt wird (s. Abb. 1.4). Führungskräfte und Mitarbeiter haben allerdings auch Ansprüche an die

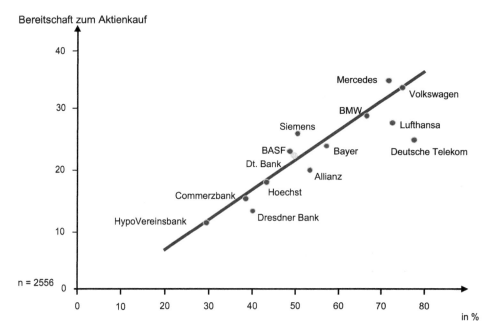

Abb. 1.3 Zusammenhang zwischen der Klarheit des Markenbildes von Corporate Brands und der Aktienkaufbereitschaft. (Quelle: GEO 1998)

Rang	Arbeitgeber	Prozent	Δ Rang
1.	BMW Group*	12.6%	→
2.	Google*	9.9%	↑
3.	Audi*	8.6%	↓
4.	Bosch Gruppe	7.1%	↑
4.	Siemens*	7.1%	→
6.	Porsche*	6.2%	→
7.	Auswärtiges Amt	5.9%	→
8.	McKinsey & Company	5.7%	↑
9.	Max-Planck-Gesellschaft	5.3%	↓
10.	BCG The Boston Consulting Group	5.1%	→
10.	GIZ Deutsche Gesellschaft für Internationale Zusammenarbeit	5.1%	↑
10.	Roche	5.1%	↑

* Diese Marken zählen gemäß Interbrand zu den 100 wertvollsten Marken der Welt

Abb. 1.4 : Die beliebtesten Arbeitgeber in Deutschland. (Quelle: trendence 2013)

Anspruchsgruppen	spezifische Erwartungen	allgemeine Erwartungen
Konsumenten	• Einhaltung des Leistungsversprechens • Produkt-/Leistungsqualität • Kundendienst/Service	Bekanntheit und Image
Aktionäre	• dauerhafte Wertsteigerung • ansprechende Dividendenpolitik/Kurspflege • kompetentes Management • transparente Informationspolitik	
Gläubiger	• dauerhafte Bonität • kompetentes Management • transparente Informationspolitik	
Lieferanten	• dauerhafte Bonität • Abnahmesicherheit • partnerschaftliches Verhalten	
Führungskräfte	• persönliche Entwicklungschancen • dauerhaft adäquate Bezahlung • gutes Klima und gute Unternehmenskultur	
Mitarbeiter	• sicherer Arbeitsplatz • gutes Klima • adäquate Bezahlung • Aufstiegsmöglichkeiten	

Abb. 1.5 : Erwartungen unterschiedlicher Anspruchsgruppen an Corporate Brands. (Quelle: Esch 2005b, S. 419; in Anlehnung an Meffert und Bierwirth 2005, S. 154)

Unternehmensmarke selbst, wie z. B. die Sicherstellung des Arbeitsplatzes, eine dauerhaft adäquate Bezahlung oder die Identifikation mit und die Profilierung durch die Corporate Brand (Meffert und Bierwirth 2005, S. 155, sowie Abb. 1.5).

Die unterschiedlichen Anspruchsgruppen haben sehr verschiedene Erwartungen an eine Corporate Brand (s. Abb. 1.5). Beispielsweise interessieren sich Finanzanalysten vor allem für die Performance und Dividendenpolitik des Unternehmens, Kunden für die unter der Unternehmensmarke angebotenen Produkte und Leistungen, Gläubiger hingegen für die Bonität des hinter der Corporate Brand stehenden Unternehmens. Diese Informationen müssen maßgeschneidert zur Verfügung gestellt werden. Allerdings so, dass darüber hinaus bei allen Anspruchsgruppen das gleiche Image der Corporate Brand gefestigt wird (Esch 2005b, S. 418).

Dabei können die Kommunikationskanäle für die unterschiedlichen Anspruchsgruppen oft nicht überschneidungsfrei voneinander getrennt werden. Vielmehr nehmen einzelne Anspruchsgruppen in der Regel auch Kommunikationsaktivitäten wahr, die sich an andere Zielgruppen richtet. So kann ein Finanzanalyst oder ein Arbeitnehmer am Wochenende die Rolle eines Konsumenten einnehmen bzw. Werbung in Publikumszeitschriften aufnehmen, die er aus Interesse liest. Ebenso wenig sind die einzelnen Anspruchsgruppen einer Corporate Brand überschneidungsfrei. Ein Mitarbeiter von BMW kann zugleich Besitzer eines BMW Automobils und auch Aktionär des Unternehmens sein.

Diesen Anforderungen ist durch die effiziente Abstimmung und die markenkonforme Integration der kommunikativen Maßnahmen der Unternehmensmarke und der Produktmarken zu begegnen. Wie eine solche Aufgabe gemeistert werden kann, zeigen einige der wertvollsten börsennotierten Unternehmen mit hoher Marktkapitalisierung wie beispielsweise Microsoft oder Apple, die gleichzeitig auch starke Corporate Brands darstellen. Diese Unternehmen haben ihre Marketinginvestitionen für Produkte und Submarken nie losgelöst von der Unternehmensmarke selbst getätigt (Hatch und Schultz 2001, S. 129). Sie konnten über Jahre ihre Corporate Brand in den Köpfen der Anspruchsgruppen verankern und Synergien bei Werbe- und Marketingausgaben realisieren.

> **Beispiel**
>
> Besonders deutlich wird der strategische Aspekt des Corporate Brand Management bei der Umbenennung des deutschen Tourismusunternehmens C&N Touristic in Thomas Cook. Die Wahl einer neuen Marke für das Gesamtunternehmen zeigt die Bedeutung der Corporate Brand für die Wertkette und das Leistungsspektrum des Tourismuskonzerns. C&N Touristic, als etwas künstlich wirkendes Konstrukt, konnte weder ihre vertrauensbildende Funktion erfüllen, noch wirkte sie intern integrierend über die Veranstalter Neckermann und den Carrier Condor als die zwei wichtigsten Marken und Unternehmensteile des fusionierten Unternehmens. Es gelang nicht, mit der Unternehmensbezeichnung C&N Touristic eine Botschaft über die gesamte Wahrnehmungskette der Anspruchsgruppen zu verankern. Somit ist der Entschluss nachzuvollziehen, sich im deutschen Markt zu einer Neueinführung von Thomas Cook auf der Ebene der Corporate Brand zu entschließen. Ziel: eine Corporate Brand aufbauen, die den Charakter einer Dachmarke annehmen kann und über die gesamte Wertschöpfungskette angewendet wird. Allerdings war Thomas Cook – hervorgegangen aus der Übernahme einer britischen Reiseveranstaltermarke durch C&N Touristic – im für das Unternehmen wichtigen deutschen Markt nahezu unbekannt. Die Kompetenz der Marke muss also mühsam über kostspielige Imagekampagnen, aber auch durch das Endorsement der im deutschen Markt sehr bekannten Marke Condor aufgebaut werden. Ein steiniger und langer Weg. Erst mit einer Profilierung von Thomas Cook als Unternehmensmarke kann auch ein Transfer über die gesamte Wertkette gelingen.

Bei der Gestaltung der *Markenarchitektur* sind folgende Überlegungen zu berücksichtigen: Je mehr unterschiedliche Produkte und Dienstleistungen es zu koordinieren gilt, desto schwieriger ist es, eine Corporate Brand zu führen und ein klares Vorstellungsbild von ihr bei den Zielgruppen aufzubauen. Eine hohe Anzahl der Produkte und Dienstleistungen, die unter der Unternehmensmarke geführt werden, stellt spezifische Anforderungen an das Corporate Brand Management, die ab einer bestimmten Größe und Komplexität des Produktportfolios die Stützung der Corporate Brand durch eigenständige Sub- oder Produktmarken verlangen. Submarken und markenähnliche Zusätze zur Corporate Brand bieten den Vorteil, spezifische Ansprüche der unterschiedlichen Stakeholder differenziert ansprechen zu können (s. dazu auch die Beiträge zu Markenportfolios und Markenarchitekturen in diesem Buch).

Bereits Olins (1978) differenzierte drei Varianten der Führung und Gestaltung von Corporate Brands, die heute noch grundlegenden Charakter für die Beschreibung von Corporate Brand-Strategien besitzen. Er unterscheidet „monolitic", „endorsed" und „branded". Damit wird die grundsätzliche Wahlmöglichkeit des Unternehmens differenziert, alle Produkte und Dienstleistungen unter einem Dach anzubieten oder eigenständige Marken für Produkte und Dienstleistungen zu entwickeln. Siemens ist ein Beispiel für einen weitgehend integrierten und monolithischen Ansatz (Doetz 2002). Insbesondere im asiatischen Raum wählen viele Unternehmen diese Strategie (Matsushita, Samsung und Hyundai). Hier tritt die Corporate Brand gegenüber dem Kunden in den Vordergrund. Als weitere Möglichkeit (endorsed) werden für die Produkte und Dienstleistungen eigenständige Marken aufgebaut, sie treten aber gegenüber dem Kunden immer gemeinsam mit der Corporate Brand auf. Ein Beispiel in der Konsumgüterindustrie ist die Corporate Brand Nestlé. Hier erscheinen völlig unterschiedliche Produktmarken, wie der Schokoladenriegel KitKat oder die Babynahrung Alete in Kommunikation und Verpackung immer gemeinsam mit der Corporate Brand Nestlé. Henkel verfolgt eine vergleichbare Strategie. Bei der dritten Variante rückt die Corporate Brand in den Hintergrund. Die Marken der Produkte und Dienstleistungen stehen allein. Pampers oder Punica werden gegenüber dem Kunden unabhängig von der Corporate Brand Procter & Gamble positioniert. Für Nivea-Kunden spielt es keine Rolle, ob die Marke im Besitz von Beiersdorf, Tchibo oder Procter & Gamble ist.

▶ Corporate Brand Management beschäftigt sich mit dem Aufbau, der Stärkung und Pflege der Corporate Brand sowie der Gestaltung der Markenarchitektur und der Führung des Markenportfolios eines Unternehmens.

1.1.3 Corporate Brand Management ganzheitlich verstehen

Corporate Brand Management hat – wie in den vorangegangenen Abschnitten dargelegt – zwei eng miteinander verknüpfte *Hauptaufgaben* zu erfüllen (s. auch Abb. 1.6):

- *Die Corporate Brand aufbauen, stärken und pflegen*
  Die Corporate Brand ist bei sämtlichen relevanten Anspruchsgruppen eindeutig und nachhaltig zu verankern, so dass, eingebettet in eine spezifische Markenarchitektur, gesamthaft der Wert der Corporate Brand maximiert wird.
- *Die Markenarchitektur gestalten und das Markenportfolio führen*
  Das Markenportfolio ist gegenüber sämtlichen Anspruchsgruppen derart zu führen, dass eine klare und logische Markenarchitektur geschaffen wird, die die Synergien zwischen den Marken – Corporate Brand und Produktmarken – nutzt, mit dem Ziel, den Wert des Markenportfolios (inklusive Corporate Brand) zu maximieren.

Haupt-aufgaben des Corporate Brand Management \ Anspruchsgruppen	Kunden	Mitarbeiter	Anteils-eigner	Öffentlich-keit	...
Aufbau, Stärkung und Pflege der Corporate Brand					
Aufbau der Markenarchitektur und Führung des Markenportfolios					

Abb. 1.6 Bezugsrahmen des Corporate Brand Management

Inwieweit bei der Führung eines Unternehmens die verschiedenen Ansprüche der unterschiedlichen Stakeholder Berücksichtigung finden, oder sich diese auf Interessen einer einzigen Anspruchsgruppe, wie beispielsweise die der Shareholder, konzentriert, wird nicht zuletzt von der (gelebten) Kultur des Unternehmens mitbestimmt. Die *Unternehmenskultur* wird daher als der Kern gemeinsam geteilter Werte verstanden (Schein 1995).

> **Beispiel**
> Bei der Shell Gruppe kommt die Kultur anschaulich im folgenden Statement zum Ausdruck: „We cannot be accountable solely to our shareholders or customers. Our business touches too many lives for us evade our wider role in society. We must communicate our values and demonstrate that we live up to them in our business practices" (Shell 2002).
> Shell berücksichtigt aber nicht nur die einzelnen Anspruchsgruppen individuell, sondern forciert auch die aktive Kommunikation mit ihnen durch ein „Tell-Shell" Programm, bei dem Stakeholder mit dem Unternehmen auf dessen Website in Interaktion treten können und sollen (Hatch und Schultz 2001, S. 132).

Die Unternehmenskultur beeinflusst also das Zielsystem des Unternehmens, indem in dieses Anforderungen und Interessen ausgewählter Stakeholder einfließen. Entscheidungen auf der Ziel- und Strategieebene bestimmen wiederum im Wesentlichen die Corporate Identity (in ähnlicher Form Becker 2001, S. 830), verstanden als „strategisch geplante und operativ eingesetzte Selbstdarstellung und Verhaltensweise eines Unternehmens nach innen und außen..." (Birkigt et al. 1995, S. 18). Das Zielsystem und die Corporate Identity wird jedoch nicht unerheblich vom Corporate Brand Management und der Bedeutung der Corporate Brand beeinflusst und vice versa.

Abb. 1.7 Zielhierarchie des Corporate Brand Management. (Quelle: In Anlehnung an Esch 2005b, S. 60)

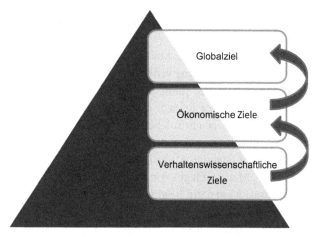

Globalziel eines Unternehmens ist seine *Existenzsicherung* durch den Erhalt oder die Steigerung des Unternehmenswerts (Hahn und Hungenberg 2001, S. 13). Ökonomische Ziele des Brand Management zielen auf den Aufbau und die Steigerung des Markenwerts ab, indem durch die Marke positive Wirkungen auf ein Mengen- und/oder Preispremium erzielt werden. Unter Berücksichtigung der Kosten der Markenführung resultiert aus den Preis- und Mengenpremien der Wert einer Marke. Die Schaffung eines Markenwerts dient wiederum der Erreichung des Globalziels des Unternehmens (Esch et al. 2002).

Die obersten beiden Stufen der Zielhierarchie (s. Abb. 1.7) sind primär durch quantitative Zielgrößen gekennzeichnet. Diesen sind jedoch qualitative, verhaltenswissenschaftliche Ziele vorgelagert. Zur Schaffung von *Markenwert* ist zunächst Markenwissen bei den Anspruchsgruppen aufzubauen. Das Markenwissen kann in die beiden wesentlichen Konstrukte Markenbekanntheit und Markenimage operationalisiert werden (Keller 1993; Esch 1993). Erst diese beiden verhaltenswissenschaftlichen Zielgrößen schaffen Markenpräferenzen und sorgen so für den ökonomischen Erfolg der Marke (Esch et al. 2005, S. 44).

▶ Ökonomische Zielgrößen sind nur indirekt durch die Verwirklichung verhaltenswissenschaftlicher Ziele zu erreichen!

Die Zielgrößen Markenbekanntheit und -image können bei der verfolgten Markenstrategie eine unterschiedliche Relevanz haben. Tritt man mit der Corporate Brand im Markt auf, kann weiter differenziert werden, ob durch diese Strategie nur die Markenbekanntheit – und damit auch allgemeine Wahrnehmungen und Eindrücke, wie die eines kompetenten und vertrauensvollen Anbieters – gestützt, oder zusätzlich noch das Markenimage der Corporate Brand einheitlich gestaltet werden soll. Siemens ist zweifelsfrei ein Beispiel für den erstgenannten Fall, letzteres gilt hingegen für Virgin. Virgin vermittelt seinen Kunden ein junges und dynamisches Lebensgefühl sowie ein Gefühl der Verbundenheit unabhängig davon, ob man eine Virgin Cola trinkt oder mit Virgin fliegt (Aaker und Joachimsthaler 2000, S. 34).

Immer dann, wenn die Markenbekanntheit und die mit ihr erzielten Sympathie-, Vertrauens- und Kompetenzwerte die einzige Klammer der Corporate Brand darstellen, empfiehlt es sich, eine monolithische Corporate Branding-Strategie zu überdenken. Dies wird umso wichtiger, je mehr profilierte Konkurrenten im Markt anzutreffen sind. Langfristig reichen in einem solchen Fall Markenbekanntheit und einige positive allgemeine Einschätzungen kaum aus, um eine Differenzierung von der Konkurrenz zu erzielen und Nachfrage zu generieren. Deshalb ist für mehr Eigenständigkeit durch zusätzlich aufgebaute klare Markenimages von Sub- oder Produktmarken zu sorgen (Esch 2005b). Ein anderer Ansatz kann darin liegen, die Corporate Brand mit einem stärker emotionalen Profil zur Abgrenzung von Wettbewerbsmarken zu versehen. Diese emotionalen Werte müssten dann jedoch nicht nur durch einzelne, integrierte Kommunikationsmaßnahmen transportiert werden, sondern wären auch durch Mitarbeiterverhalten und Mitarbeiterinteraktion mit den einzelnen Anspruchsgruppen zu leben und zu begründen (Harris und Chernatony 2001, S. 441).

▶ Die Markenbekanntheit gilt als notwendige, das Markenimage als hinreichende Bedingung für den Markenerfolg.

Hier trifft also das Corporate Brand Management wieder auf die *Corporate Identity*, die es im Sinne der Strategie und der Positionierung der Unternehmensmarke aufzubauen und durchzusetzen gilt. Folglich liegt auch das Führen von und die Verantwortung über eine Corporate Brand nicht nur bei einigen wenigen Markenmanagern, wie dies in der Regel bei Produkt- und Familienmarken der Fall ist, sondern bei allen Mitarbeitern und vor allem bei der Spitze des Unternehmens (Balmer 2001a, S. 281 f.). So verkörpern Gründerpersönlichkeiten wie Larry Ellison von Oracle oder Richard Branson von Virgin in starkem Maße die Marke ihres Unternehmens. Beispielsweise initiierte der CEO von BP, John Brown, das Rebranding der Unternehmensmarke verbunden mit der Aufgabe von „British Petroleum" und der Hinwendung zu „beyond petroleum".

Nach Bruhn (1999) stellt die *Kundenorientierung* den wichtigsten Wert im Unternehmen dar. Webster (1992) geht so weit, die wichtigste Ressource eines Unternehmens in den Kundenbeziehungen zu sehen. Die Erfüllung der Kundenanforderungen ist demnach nicht nur eine der herausragenden Aufgaben der marktorientierten Unternehmensführung, sondern auch des Corporate Brand Management. Kundenorientierung ist allerdings kein Selbstzweck: Sie hat auf Basis der vorhandenen Identität der Corporate Brand zu erfolgen. Diese gibt die Leitplanken für den Umgang mit den Kunden vor.

Corporate Brand Management stellt gesamthaft betrachtet eine *sehr komplexe Problemstellung* dar. Sie lässt sich in der Praxis wie auch aus entscheidungstheoretischer Sicht nur unzureichend modellieren. Zwar wäre es wünschenswert, wenn bei der Planung und Realisation des Corporate Brand Management sämtliche Kommunikationsinstrumente und Subinstrumente, Marken und Sub-Marken, Anspruchsgruppen sowie Kommunikationswirkungen simultan berücksichtigt werden könnten. Da dies aber aufgrund der Komplexität des betrachteten Entscheidungsproblems zumindest zum heutigen Zeitpunkt (aber mit hoher Wahrscheinlichkeit auch zukünftig) illusorisch ist, liegt diesem Buch eine *spezifische Entscheidungsheuristik* zugrunde (s. grundlegend zu einem derartigen Vorgehen Wöhe, 2000, S. 616), die

- das betrachtete Entscheidungsproblem des Corporate Brand Management orientiert am dargestellten Bezugsrahmen (s. Abb. 1.6) in verschiedene Teilprobleme zerlegt,
- diese sukzessive behandelt und
- von der These ausgeht, dass bestimmte Anspruchsgruppen für ein bestimmtes Unternehmen relevanter sind als andere, sodass es zweckmäßig erscheint, Entscheidungen, die die weniger relevanten Anspruchsgruppen betreffen, an den Entscheidungen für die dominierenden Anspruchsgruppen zu orientieren (siehe zu einem solchen Vorgehen auch das sogenannte Dominanz-Standard-Modell von Kühn (1997)).

Corporate Brand Management betrachtet die Corporate Brand und das Markenportfolio eines Unternehmens als zentralen Schlüssel, um die Beziehungen zu den Kunden, Mitarbeitern, Anteilseignern und der Öffentlichkeit effizient und effektiv gestalten zu können. Das Konzept richtet sich daher an *alle Entscheidungsträger in Unternehmen*, die mit ihrem Verhalten und den von ihnen gewählten Maßnahmen, den Wert von Corporate Brand und Markenportfolio positiv oder negativ beeinflussen:

- Der Ansatz richtet sich an das Top-Management, das über eine reine finanzorientierte Führung des Unternehmens hinausgehen will und sich der inhaltlich-orientierten Führung des Unternehmens widmet.
- Marketingentscheidern wird damit ein Fundament angeboten, um über ein koordiniertes Corporate Brand Management stärker auf eine markt- und kommunikationsgerechte Führung des Unternehmens einwirken zu können.
- Mitarbeiter in den PR- und Kommunikationszentralen können erkennen und begründen, welchen Nutzen sie aus einem abgestimmten und koordinierten Unternehmensauftritt ziehen können. Ihr wichtiger Beitrag hinsichtlich der Kommunikation mit zentralen Anspruchsgruppen an das Unternehmen wird durch ein koordiniertes Corporate Brand Management gestärkt. Eine klar definierte Corporate Brand trägt zum Erfolg bei.
- Die Bedeutung des Bereiches Personal nimmt auch im Corporate Brand Management immer mehr zu. Insbesondere in Dienstleistungsunternehmen kommt der Kommunikation der Markenwerte an die Mitarbeiter eine immer größere Rolle zu. Die zahlreichen Berührungspunkte zwischen Mitarbeiter und Kunden, aber auch anderen Anspruchsgruppen erfordern das Verständnis dazu, dass die Marke oft erst in der Interaktion zwischen Mitarbeitern und Kunden entsteht.
- In vielen strategischen Situationen kommt einem sorgfältigen Corporate Brand Management eine besondere Bedeutung zu. Immer dann, wenn besonders viele Fragen von innen und außen aufgeworfen werden, z. B. bei Übernahmen oder Fusionen, kann das

Corporate Brand Management einen maßgeblichen Teil zum Unternehmenserfolg beitragen. Es entlastet das Top-Management und trägt zu einer stärkeren Zielorientierung der Führung bei.

1.2 Denkschulen des Corporate Brand Management verstehen

Der britische Wissenschaftler Balmer bezeichnet die Begriffswelt, die sich um „Corporate Identity, Corporate Branding and Corporate Marketing" rankt, explizit als „Nebel" (Balmer 2001a, S. 248 ff.). Die Corporate Brand steht neben Corporate Identity, Organisational Identity, Visual Identity, Corporate Communication, Total Corporate Communication, Corporate Image und Corporate Reputation. Balmer identifiziert nicht weniger als 15 Gründe für diesen Begriffsnebel (Balmer 2001a, S. 251), kommt aber bei der Begriffsklärung letztlich nicht weiter und bewertet die aktuelle Situation mit einem Zitat Churchills „This is not the end, but, perhaps, the end of the beginning" (Zitat nach Balmer 2001a, S. 285).

Im Gegensatz zu dem von Balmer identifizierten Nebeneinander der einzelnen Konzepte wird im vorliegenden Werk das Corporate Brand Management als überlagerndes Konzept entwickelt, das die verschiedenen Ansätze aufgreift und für die Führung des Unternehmens zusammenführt. Der verfolgte Ansatz des Corporate Brand Management versteht sich nicht als „catch all" – Konzept, welches Gefahr läuft, eine bloße Aneinanderreihung von den bereits bestehenden Ansätzen zur z. B. Corporate Identity und Corporate Reputation zu liefern (s. zu dieser Gefahr Balmer 2001b). Ziel ist es vielmehr, ein Nebeneinander der Konzepte zu überwinden, um für das Management einen handlungsorientierten Zugang zu einer inhaltlich strategischen Führung des Unternehmens über die Corporate Brand zu gelangen.

Auch in der deutschsprachigen Diskussion kann eine Konfusion im Begriffsverständnis zum Corporate Brand Management konstatiert werden. Meffert und Bierwirth (2005, S. 146) sehen den Grund dafür in der hohen Zahl populärwissenschaftlicher Veröffentlichungen, der zu einer „Fragmentierung des Begriffsverständnisses zur Unternehmensmarke" führt. Nun ist diese Vielfalt sicherlich nicht nur negativ zu werten, zeigt sie doch, dass am Themengebiet Corporate Brand Management an vielen Orten gleichzeitig und mit hohem Interesse gearbeitet wird.

Um sich die Thematik des Corporate Brand Management zu erschließen, hilft zunächst ein Blick zu den Wurzeln dieser Disziplin, die an der Schnittstelle zwischen der Markenführung und dem strategischen Management anzusiedeln ist. Zur Differenzierung kann man zumindest drei verschiedene Denkschulen unterscheiden, die nicht ganz überschneidungsfrei – jeweils einen eigenständigen Beitrag zum Corporate Brand Management leisten. Es soll zunächst zwischen einer identitätsorientierten, einer verhaltensorientierten und einer strategieorientierten Schule unterschieden werden.

1.2.1 Die identitätsorientierte Schule kennen

In den 70er Jahren des letzten Jahrhunderts beginnen britische Designer ihren Blick über den Tellerrand der graphischen Gestaltung hinaus zu werfen. Sie beschäftigen sich mit den Wirkungszusammenhängen ihrer Gestaltung. Sie wollen den Nutzen erhöhen und sich stärker an den Bedürfnissen der Unternehmen ausrichten. Dabei erkennen sie, dass es bei erfolgreichen Marken um mehr als die Schaffung eines eleganten und ästhetisch ansprechenden Unternehmensauftritts geht. Als grundlegend kann hierfür die Arbeit von Olins (1978, 1989) genannt werden, der frühzeitig den wesentlichen Nutzen in der Entwicklung einer Identität des Unternehmens erkennt. In Deutschland steht zweifelsfrei der Name Domizlaff schon in den frühen 30er-Jahren für den identitätsorientierten Ansatz. Domizlaff nutzte schon früh die Analogie zwischen Marken und menschlicher Persönlichkeit und brachte zu Recht zum Ausdruck, dass jede Marke quasi ein „Gesicht wie ein Mensch hat" (Domizlaff 1939, S. 92).

Das *Konzept der Corporate Identity* hat sich inzwischen zu einem breiten, übergreifenden Ansatz entwickelt, der sich auf Kultur, Strategie, Struktur, Geschichte, Geschäftszweck und Branche des Unternehmens bezieht. Daneben gesellen sich Ansätze, wie Organisational Identity oder Visual Identity, die auf einen Aspekt der Unternehmensidentität besonders abzielen, wie z. B. Unternehmenskultur, oder auch Unternehmenssymbole (Balmer 2001a).

Meffert/Burmann (2005, S. 20 ff.) sehen ein *identitätsorientiertes Markenverständnis* als logische Konsequenz aller vorhergehenden Zugänge zur Markenführung. Sie identifizieren historische Zugänge zur Markenführung (instrumentell, funktionsorientiert, nachfragerbezogen, verhaltens-imageorientiert, technokratisch-strategieorientiert sowie fraktal) und sehen die identitätsorientierte Markenführung gleichsam am Ende dieser Reihe: „Auf Basis der vorhergehenden Ansätze und zeitlich zum fraktalen Ansatz der Markenführung hat sich das identitätsorientierte Markenverständnis herausgebildet" (Meffert und Burmann 2005, S. 30).

Als wesentliche Kennzeichen werden herausgestellt: die „Erweiterung der absatzmarktbezogenen um eine innengerichtete Ressourcen- und Kompetenzperspektive", „die Wechselseitigkeit von unternehmensinterner Markenidentität und unternehmensexternem Markenimage sowie die Betonung einer über Funktions- und Unternehmensgrenzen hinweg greifenden Vernetzung aller markenbezogenen Aktivitäten" (Meffert und Burmann 2005, S. 31) und das Verständnis der Markenführung als ein außen- und innengerichteter Managementprozess (Meffert und Burmann 2005, S. 31 f.).

▶ Corporate Brand Management stellt einen außen- und innengerichteten Managementprozess dar, in dessen Mittelpunkt die Markenidentität steht.

Aus einer Reihe von wichtigen Fragen, die im Rahmen der Identitätsdiskussion beantwortet werden müssen, wie: „Was ist unser Geschäft? Was ist unsere Struktur? Was ist unsere

Strategie? Was ist unser Ethos? Was ist unser Markt? Was ist unser Erfolg? Was ist unsere Geschichte? Was ist unsere Reputation?" werden die zentralen Werte der Marke für das Corporate Brand Management extrahiert. Diese Werte sind mit der strategischen Führung des Unternehmens in Verbindung zu bringen. Diese Werte sind im Innenverhältnis, also unter den Mitarbeitern, zu vernetzen, und im Außenverhältnis an Kunden und den weiteren Anspruchsgruppen auszurichten.

Der identitätsorientierte Markenansatz bildet heute einen Zugang zur Corporate Brand, in dem man von den Wurzeln der Marke ausgeht und diese in die Zukunft dekliniert. Es ist das zur Zeit am meisten durchgesetzte Konzept in Wissenschaft und Praxis, zu dem eine Fülle von Ansätzen entwickelt wurden, um die Identität der Marke zu erfassen (u. a. Aaker 1996; Esch 2005b; Keller 2003; Kapferer 2008).

1.2.2 Die verhaltensorientierte Schule kennen

Der verhaltensorientierte Zugang kann als grundlegend für das Verstehen von Wirkungsmechanismen der Marke und Gestaltungsmöglichkeiten bei der Markenführung angesehen werden (Esch 2005b). Die verhaltensorientierte Schule hat dazu beigetragen, dass die *Marke als wesentlicher Teil der Wertschöpfungskette* eines Unternehmens angesehen wird. Während früher vielfach die Entwicklung und Produktion eines Produktes im Mittelpunkt des Managementinteresses stand, steht an dieser Stelle heute vielfach die Frage nach dem Potenzial der Marke.

Als zentrales Konzept der verhaltensorientierten Schule wird der Begriff *„Brand Equity"* verwendet, der nur unvollständig ins Deutsche mit dem Begriff „Markenkapital" übersetzt werden kann. Mit dem Begriff Brand Equity wird versucht, zwischen den Perspektiven des Kunden und des Unternehmens die Brücke zu schlagen: Die Wirkung der Marke auf das Entscheidungsverhalten (Präferenz eines Produktes, Wahl des Arbeitgebers etc.) wird als gestaltbarer Teil der Wertschöpfungskette des Unternehmens verstanden. Managementaufgabe im Rahmen der Markenführung ist es, die Wertschöpfung der Marke zu steigern.

Keller (2003) macht deutlich, welchen Beitrag die Marke aus Kundensicht stiftet: „Customer based brand equity is formally defined as the differential effect that brand knowledge has on consumer response to the marketing of that brand" (Keller 2003, S. 60). Kurz gesagt: Wird eine Marketingaktivität bei Verbrauchern positiv beurteilt, wenn die Marke erkannt wird, so besitzt die Marke Kapital, sie wirkt. Oder: Das Wasser schmeckt besser, wenn es von Evian kommt. Dieser Effekt hängt im Wesentlichen vom Markenwissen des Konsumenten ab. Das Markenwissen ist vom Management beeinflussbar und kann gemessen werden in Markenbekanntheit und Markenimage (Keller 1993; Esch 1993). Keller sieht daher den Auftrag an das Management, eine Brücke zwischen der Markenhistorie und dem Potenzial der zukünftigen Ausrichtung der Marke zu schlagen (Keller 2003, S. 61). Die Marke gewinnt an Stärke, wenn das Markenwissen geschärft wird. Gelingt dieser Brückenschlag, entsteht Markenkapital und die Wertschöpfung des

Unternehmens verbessert sich. Dieser Effekt gilt in ähnlicher Weise für die Corporate Brand, wenn ihr beispielsweise ein *Vertrauensvorschuss von den Anspruchsgruppen* entgegengebracht wird.

▶ Das Markenwissen relevanter Anspruchsgruppen stellt einen wichtigen immateriellen Vermögenswert eines Unternehmens dar.

Die verhaltenswissenschaftliche Forschungstradition zur Markenführung stellt einen markanten Grundpfeiler auch für den Zugang zum Corporate Brand Management dar. Wesentlicher Beitrag des verhaltensorientierten Ansatzes ist die grundlegende Durchdringung des Imagekonstruktes für die Markenführung (Meffert/Burmann 2005, S. 26). Darüber hinaus geben verhaltenswissenschaftliche Ansätze Aufschluss über den wirkungsvollen Aufbau von Markenwissen in den Köpfen der Anspruchsgruppen (Esch 2005b). Mithin lassen sich durch diesen Ansatz Wirkungszusammenhänge klären, die es ermöglichen, vorhandene Mittel zum Aufbau und Stärkung einer Corporate Brand effektiv und effizient zu steuern. Für das Corporate Brand Management betont dieser Ansatz insb. den Beitrag der Marke zur Wertschöpfungsstruktur des Unternehmens.

1.2.3 Die strategieorientierte Schule kennen

Von einer strategieorientierten Schule des Corporate Brand Management kann auf Basis von drei Perspektiven gesprochen werden. Erstens wird das Thema Markenstrategie auch für die Corporate Brand relevant und fruchtbar gemacht, zweitens sind Marken und insbesondere die Corporate Brand auch bei unternehmensstrategischen Tatbeständen zu berücksichtigen und drittens liefert die Corporate Brand einen wesentlichen Wertbeitrag zur Steigerung des Unternehmenswertes, der im Rahmen der Unternehmensstrategie zu berücksichtigen ist.

1. Auf der Ebene der Corporate Brand unterscheidet Kapferer (2008, S. 356; s. auch Olins 1978) grundsätzlich drei verschiedene *Markenstrategien*, mit denen jeweils unterschiedliche Rollen der Corporate Brand verbunden sind: I) Corporate Brand mit Dachmarkenfunktion, wie sie oft bei Dienstleistern zu finden sind (Deutsche Bank, Lufthansa, Sixt, Credit Suisse, Kuoni), II) Corporate Brands mit stützender Funktion, z. B. bei Nestlé, die ihre Corporate Brand eng mit den Produktmarken verknüpft und III) Corporate Brands mit Absenderfunktion, z. B. bei der Otto Group, die ihre Verbindung folgendermaßen herstellt: EOS – ein Unternehmen der Otto Group.
2. Die Perspektive der strategieorientierten Schule wird um den Fokus vieler *unternehmensstrategischer Entscheidungstatbestände* erweitert, wie Bildung von Allianzen und dem Eingehen von Kooperationen, Übernahme eines Unternehmens oder Fusion, Restrukturierungen und Portfolioentscheidungen. In diesen Fällen, die der strategischen Entwicklung eines Unternehmens zugeordnet werden können, ist die Marke nicht der

alleinige, aber doch ein wesentlicher Bestandteil, den es im Rahmen des Entscheidungsprozesses zu berücksichtigen gilt. Diesem Tatbestand wird insbesondere durch die vermehrte Thematisierung strategieorientierter Themen, bspw. der Nutzung von Markenallianzen, im Rahmen der Markenführung Rechnung getragen (Esch 2005b). Manche Autoren, wie z. B. Aaker und Joachimsthaler, bezeichnen die Markenstrategie als Gesicht der Business-Strategy. Heutzutage könnte man möglicherweise sogar einen Schritt weiter gehen. Wenn die Corporate Brand die Identität des Unternehmens umfasst, könnte man daraus geradezu zwangsläufig folgern, dass sich jede Geschäftsstrategie an der Corporate Brand Strategie ausrichten sollte (Esch 2005b). Diese würde, diesem Verständnis folgend, die Leitplanken für die gesamten strategischen Überlegungen vorgeben. Ein Finanzunternehmen, das über viele Jahre eine große Expertise in diesem Bereich aufgebaut hat und sich als Partner seiner Kunden betrachtet, für diese einen Beitrag zur Zukunftsgestaltung zu leisten, müsste auf Basis einer solchen Corporate Brand Identity passende Geschäftsstrategien auswählen und unpassende ausschließen.

3. Als weiterer, nahezu eigenständiger Baustein des strategieorientierten Zugangs gewinnt die *finanzorientierte Betrachtung* der Marke an Gewicht. Die Marke wird zunehmend auch als Vermögenswert des Unternehmens anerkannt. Diese wertmäßige Betrachtung und deren Bedeutung macht Aaker an der Unterscheidung von Corporate Brands in Japan und USA deutlich:

In Japan the corporation and it's structure of products has a real permanence, because business is rarely sold. Thus it is easier for a Japanese firm to invest in a corporate brand, secure in knowing, that a major change in it's business scope is unlikely. In contrast, U.S. corporations, such as GE, General Mills, and Xerox make only a temporary commitment to the family of products and brands within their portfolios. Their willingness, to buy and sell businesses, thereby changing their corporate identity, makes it more difficult to justify investing in U.S. corporate brands. (Aaker 1996, S. 114)

Heute ist es jedoch noch keine Selbstverständlichkeit, eine Marke als Investitionsobjekt zu verstehen. Ganz im Gegenteil überwiegt häufig noch die Praxis, Aufwendungen für die Marke rein als Kosten zu betrachten, die nicht wie andere Investitionsobjekte (z. B. eine Fertigungsanlage) in der Bilanz aktiviert werden. Eine wesentliche Rolle spielen dabei auch die unterschiedlichen Bilanzierungsrichtlinien: Nach US-GAAP (und darauf aufbauend auch nach IFRS) ist heute eine Aktivierung des Markenwertes für akquirierte Marken obligatorisch und für selbst geschaffene Marken zumindest möglich. Der Markenwert wird nach diesen Richtlinien auch nicht abgeschrieben, sondern mittels „Impairments" jährlich neu bewertet.

Die internationale Praxis ist heute allerdings gespalten: Während in Frankreich und der Schweiz die Aktivierung eines selbst geschaffenen Markenwertes immerhin möglich ist, bleibt sie in Deutschland, den Niederlanden und Großbritannien strikt verboten. In diesen Ländern sieht die Praxis bis heute die Möglichkeit einer Aktivierung des Markenwertes nur bei Übernahme vor (Häusler und Stucky 2003).

1.2.4 Die Vielfalt der Denkschulen überblicken

In Literatur und wissenschaftlicher Diskussion wird, wie oben schon umrissen, eine Vielfalt von Denkschulen für das Corporate Brand Management sichtbar. Jeder Zugang hat seine Berechtigung und leistet mit der jeweils spezifischen Perspektive einen wichtigen Beitrag.

Balmer (2013) zeigt in einer Klassifikation (s. Abb. 1.8) insg. neun Denkschulen auf und zeichnet damit ein differenziertes Bild. Eine Betrachtung der Denkschulen ist nützlich im Sinne einer Selbstbestimmung im Unternehmen. Sie liefert Antworten auf die Frage, welche Rolle das Corporate Brand Management im Unternehmen eigentlich einnimmt. Ist eine Zuordnung zu einer der in Abb. 1.8 vorgestellten Richtungen nicht möglich, könnte die Ableitung möglich sein, dass das Corporate Brand Management noch in den Kinderschuhen steckt.

Bei der *philosophical school* gehen Evans et al. (2012) davon aus, dass Markenorientierung im Management zu einer organisationsweiten Philosophie führt, in der die Bedeutung der Marke im gesamten Unternehmen anerkannt wird. Im Vergleich dazu kommt die *behavioural school* zu der Ansicht, dass markenorientiertes Verhalten der Mitarbeiter und der Repräsentanten des Unternehmens Bedeutung für das Unternehmen und deren Marken besitzt. Aus der Kombination dieser beiden Denkschulen entstammt die *hybrid school*, welche annimmt, dass die Markenorientierung im gesamten Unternehmen zu markenfokussierten Philosophien (Ideen, Grundsätzen, Leitlinien) sowie Verhaltensweisen führt. Die *cultural school* hingegen vertritt den Ansatz, dass die Ausrichtung der Marke im Zusammenhang mit der Unternehmenskultur zu betrachten ist und dadurch beeinflusst wird (Urde et al. 2013). Die unmittelbare Koppelung von Markenstärke und Geschäftsergeb-

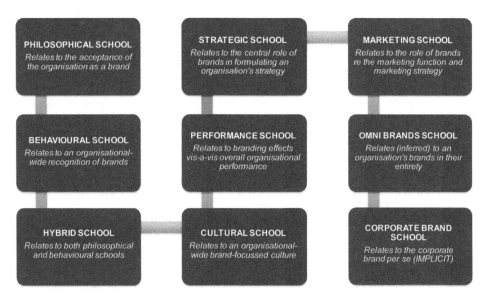

Abb. 1.8 Beschreibung und Klassifikation der Balmer'schen Denkschulen.

nis vertreten die Autoren der *performance school*, die davon ausgehen, dass gesteigerte Markenorientierung im Unternehmen mit einer verbesserten Performance einhergeht. Die *strategic school* vertritt den Standpunkt, dass die Ausrichtung und Definition der Marke den Ausgangspunkt der Unternehmensstrategie darstellen sollte. Im Gegensatz dazu vertreten Wong und Merrilees (2008) die *marketing school*, die die Stärkung der Markenorientierung im Unternehmen als Aufgabe des gesamten Marketings ansieht. Die *omni brands school* von Bridson und Evans (2004) kombiniert den Philosophie- und Kulturansatz und fokussiert auf die Rolle der Marken in der Organisation. Die *Corporate Brand School* legt zu Grunde, dass sich die Markenorientierung spezifisch auf die Corporate Brand per se bezieht (Balmer 2013): Die Corporate Brand ist nicht Alles, aber ohne die Corporate Brand ist Alles Nichts.

Literatur

Aaker, D. A. (1996). *Building strong brands*. New York: Free Press.
Aaker, D. A., & Joachimsthaler, E. (2000). *Brand leadership*. New York: Free Press.
Balmer, J. M. T. (1995). Corporate branding and connoisseurship. *Journal of General Management,21*(1), 24–46.
Balmer, J. M. T. (2001a). Corporate identity, corporate branding and corporate marketing. *European Journal of Marketing,35*(3/4), 248–291.
Balmer, J. M. T. (2001b). Corporate brands: Ten years on – what's new? Working Paper Series, Bradford School of Management.
Balmer, J. M. T. (2013). Corporate brand orientation: What is it? What of it? *Journal of Brand Management,20*(9), 723–741.
Balmer, J. M. T., Brexendorf, T. O., & Kernstock, J. (2013). Corporate brand management – A leadership perspective. *Journal of Brand Management,20*(9), 717–722.
Becker, J. (2001). *Marketing-Konzeption: Grundlagen des ziel-strategischen und operativen Marketing-Managements*. München: Vahlen.
Birkigt, K., Stadler M. M., & Funck, H. J. (1995). *Corporate identity*. Landsberg: Verlag Moderne Industrie.
Bridson, K., & Evans, J. (2004). The secret to a fashion advantage is brand orientation. *International Journal of Retail Distribution Management,32*(8), 403–411.
Bruhn, M. (1999). *Kundenorientierung – Bausteine eines exzellenten Unternehmens*. München: Beck-Deutscher Taschenbuchverlag.
Court, D. C., Leiter, M. G., & Loch, M. A. (1999). Brand leverage. *The McKinsey Quarterly,2*, 100–110.
Doetz, W. (2002). Abschied vom ‚grauen Planeten': Das Management der Neuorientierung einer internationalen Marke in 190 Ländern. *Thexis,19*(4), 31–35.
Domizlaff, H. (1939). *Die Gewinnung des öffentlichen Vertrauens: Ein Lehrbuch der Markentechnik*. Hamburg: Hanseatische Verlagsanstalt.
Esch, F.-R. (1993). Markenwert und Markensteuerung – eine verhaltenswissenschaftliche Perspektive. *Thexis,10*(5), 56–64.
Esch, F.-R. (2004). *Strategie und Technik der Markenführung*. München: Vahlen.
Esch, F.-R. (2005a). *Moderne Markenführung*. Wiesbaden: Gabler.
Esch, F.-R. (2005b). *Strategie und Technik der Markenführung*. München: Vahlen.

Esch, F.-R., Geus, P., & Langner, T. (2002). Brand Performance Measurement zur wirksamen Markennavigation. *Controlling,14*(8/9), 473–481.

Esch, F.-R., Wicke, A., & Rempel, J. E. (2005). Herausforderungen und Aufgaben des Markenmanagements. In Esch, F.-R. (Hrsg.), *Moderne Markenführung* (S. 3–60), Wiesbaden: Gabler.

Evans, J., Bridson, K., & Rentschler, R. (2012). Drivers, impediments and manifestations of brand orientation: An international study. *European Journal of Marketing,45*(11–12), 1457–1475.

Freeman, R. E., & Reed, D. L. (1983). Stockholders and stakeholders: A new perspective on corporate governance. *California Management Review,25*(3), 88–106.

Freeman, R. E. (1984). Strategic management – A stakeholder approach, Boston: Pitman.

GEO. (1998). *Imagery 2 – Innere Markenbilder in gehobenen Zielgruppen*. Hamburg: Gruner und Jahr.

Hahn, D., & Hungenberg, H. (2001). *PuK: Planung und Kontrolle, Planungs- und Kontrollsysteme, Planungs- und Kontrollrechnung – wertorientierte Controllingkonzepte*. Wiesbaden: Gabler.

Harris, F., & Chernatony, L. de (2001). Corporate branding and corporate brand performance. *European Journal of Marketing,35*(3/4), 441–456.

Hatch, M. J., & Schultz, M. (2001). Are the strategic stars aligned for your corporate brand? *Harvard Business Review,79*(2), 128–134.

Häusler, J., & Stucky, N. (2003). Markenmanagement und finanzielle Transaktionen. In Wiedmann, K. P. & Heckemüller, C. (Hrsg.), *Ganzheitliches Corporate Finance Management – Konzept, Anwendungsfelder, Praxisbeispiele* (S. 625–642), Wiesbaden: Gabler.

Interbrand. (2013). Best Global brands 2013. http://www.interbrand.com/de/best-global-brands/2013/top-100-list-view.aspx. Zugegriffen: 5. Nov. 2013.

Kapferer, J. N. (2008). *The new strategic brand management. Creating and sustaining brand equity long term*. London: Kogan Page.

Keller, K. L. (1993). Conceptualizing, measuring, and managing customer-based brand equity. *Journal of Marketing,57*(1), 1–22.

Keller, K. L. (2003). *Strategic brand management: Building, measuring, and managing brand equity* (2. Aufl.). Upper Saddle River: Prentice Hall.

Kirsch, W. (1997). *Wegweiser zur Konstruktion einer evolutionären Theorie der strategischen Führung*. München: Verlag Barbara Kirsch.

Kricsfalussy, A. & Semlitsch, B. (2000). Marketing ist Werttreiber. *Absatzwirtschaft,43*(Sondernummer Oktober 2000), 22–34.

Kühn, R. (1997). *Marketing: Analyse und Strategie*. Zürich: TA-Media.

Meffert, H., & Bierwirth, A. (2005). Corporate Branding – Führung der Unternehmensmarke im Spannungsfeld unterschiedlicher Anspruchsgruppen. In Meffert, H., Burmann, C., & Koers, M. (Hrsg), *Markenmanagement – Grundfragen der identitätsorientierten Markenführung* (S. 143–162). Wiesbaden: Gabler.

Meffert, H., & Burmann, C. (2005). Wandel in der identitätsorientierten Markenführung – vom instrumentellen zum identitätsorientierten Markenverständnis. In Meffert, H., Burmann, C., & Koers, M. (Hrsg.), *Markenmanagement – Grundfragen der identitätsorientierten Markenführung* (S. 19–36). Wiesbaden: Gabler.

Menninger, J., Reiter, N., Sattler, H., Högl, S., & Klepper, D. (2012). PWC Markenstudie 2012, PWC.

Olins, W. (1978). *The corporate personality – An inquiry into the nature of corporate identity*. London: Design Council, Heinemann Educational.

Olins, W. (1989). *Corporate identity*. London: Thames and Hudson.

PricewaterhouseCoopers, & Sattler, H. (1999). *Industriestudie: Praxis von Markenbewertung und Markenmanagement in deutschen Unternehmen*. Frankfurt a. M.: Fachverlag Moderne Wirtschaft.

Schein, E. H. (1995). Unternehmenskultur – Ein Handbuch für Führungskräfte, Frankfurt: Campus.

Shell (2002). HYPERLINK „http://www.shell.com" www.shell.com.

Shocker, A. D., Srivastava, R. K., & Ruekert, R. W. (1994). Challenges and opportunities facing brand management – An introduction to the special issue. *Journal of Marketing Research, 31*(2), 149–158.

Simon, H., Ebel, B., & Hofer, M. B. (2000). Das Börsenmarketing ist eine Herausforderung für den Vorstand. *Frankfurter Allgemeine Zeitung, 288*, 33.

Trendence. (2013). Young professional barometer 2013. www.trendence.com/fileadmin/trendence/content/Unternehmen/Rankings/2013_trendence_Young_Professionals_Rankings.pdf. Zugegriffen: 5. Nov. 2013.

Urde, M., Baumgarth, C., & Merrilees, B. (2013). Brand orientation and market orientation-from alternatives to synergy. *Journal of Business Research, 66*(2), 13–20.

Webster, F. E. (1992). The changing role of marketing in the corporation. *Journal of Marketing, 56*(4), 1–17.

Wöhe, G. (2000). *Einführung in die Allgemeine Betriebswirtschaftslehre*. München: Vahlen.

Wong H.-Y., & Merrilees B. (2008). The performance benefits of being brand-orientated. *Journal of Product and Brand Management, 17*(6), 372–383.

Dr. Joachim Kernstock leitet das Kompetenzzentrum für Markenführung St. Gallen (KMSG). Sein Beratungsschwerpunkt ist Corporate Brand Management und Brand Behavior. Er ist Lehrbeauftragter für Betriebswirtschaftslehre mit besonderer Berücksichtigung des Marketing an der Universität St. Gallen und Co-Editor-in-Chief des Journal of Brand Management (JBM), London.

Prof. Dr. Franz-Rudolf Esch ist Professor für Markenmanagement und Automotive Marketing an der EBS Universität für Wirtschaft und Recht, Oestrich-Winkel, und Direktor des Instituts für Marken- und Kommunikationsforschung (IMK). Davor lehrte er in Saarbrücken, Trier, St. Gallen, Innsbruck und Gießen. Weiterhin ist er Gründer und wissenschaftlicher Beirat von ESCH. The Brand Consultants, Saarlouis. Seine Forschungsschwerpunkte liegen in den Bereichen Markenmanagement, Kommunikationsforschung und Konsumentenforschung.

Prof. Dr. Torsten Tomczak ist Ordinarius für Betriebswirtschaftslehre mit besonderer Berücksichtigung des Marketings sowie Direktor des Center for Customer Insight (FCI) an der Universität St. Gallen, Schweiz. Seine Arbeits- und Forschungsgebiete umfassen u. a. Kundenverhalten und Markenforschung, Strategisches Marketing, Marketing Performance Management und Innovation.

Prof. Dr. Jörn Redler ist Professor für Marketing und Handel an der Dualen Hochschule Baden-Württemberg (DHBW), Mosbach, und Studiengangleiter BWL-Handel. Nach Ausbildung zum Industriekaufmann und dem Ökonomie-Studium an der Justus-Liebig-Universität Gießen promovierte er mit einer Arbeit zum Markenmanagement. Berufliche Stationen in mehreren Managementpositionen. Seine Arbeitsgebiete umfassen u.a. Marketingkommunikation am POS und Store Branding.

Prof. Dr. Tobias Langner ist Professor für Betriebswirtschaftslehre, insb. Marketing, an der Bergischen Universität Wuppertal. Seine Forschungsgebiete sind Markenmanagement, Kommunikation, Konsumentenverhalten sowie die verhaltenswissenschaftlichen Grundlagen der Marketingforschung.

Anspruchsgruppen identifizieren und als Maßstab nutzen

Torsten Tomczak und Joachim Kernstock

Zusammenfassung

In der heutigen Umwelt sehen sich Unternehmen mit einer Vielzahl von unterschiedlichen Anspruchsgruppen – so genannten Stakeholdern – konfrontiert. Dabei haben Faktoren wie die Globalisierung, stärkere politische Regulationen, die neuen Medien oder ein sensibleres Konsumentenverhalten dazu geführt, dass der Einfluss der Stakeholder auf den Unternehmenserfolg erheblich zugenommen hat. Daher besteht die Hauptaufgabe des Corporate Brand Management in der Entwicklung und Vermittlung eines einheitlichen sowie konsistenten Unternehmensbildes über alle Stakeholder-Gruppierungen hinweg. Die zentrale Herausforderung für Unternehmen ist es folglich, die wechselseitigen Kommunikationsbeziehungen zwischen den einzelnen Stakeholdern zu analysieren, zu verstehen und ihnen gerecht zu werden. Hierzu stehen Unternehmen unterschiedliche Stoßrichtungen eines Corporate Brand Management zur Verfügung. Dieses Kapitel beschäftigt sich genauer mit der Herausforderung, dem Spektrum der Anspruchsgruppen-Interessen eine geeignete Corporate Brand Management-Strategie gegenüber zu stellen.

T. Tomczak (✉)
Forschungsstelle für Customer Insight, Universität St. Gallen, St. Gallen, Schweiz
E-Mail: torsten.tomczak@unisg.ch

J. Kernstock
Kompetenzzentrum für Markenführung St. Gallen (KMSG), St. Gallen, Schweiz
E-Mail: joachim.kernstock@km-sg.ch

2.1 Corporate Brand Management an Anspruchsgruppen orientieren

Unternehmen werden zunehmend gezwungen, gegenüber den Forderungen von Anspruchsgruppen Stellung zu nehmen. Für den Fortbestand des Unternehmens bedarf es der sozialen *Legitimation* der Stakeholder. Kein Unternehmen kann heute mehr erfolgreich sein, ohne im Rahmen der Strategieformulierung auch den politischen, sozialen und technologischen Kontext zu beachten (Cummings und Doh 2000, S. 83). Ed Artzt, ehemaliger CEO von Procter & Gamble, umschreibt dies aus Sicht des Kunden wie folgt: „Consumer now want to know about the company, not just the products" (zitiert nach Keller 2000, S. 118).

Stakeholder werden immer mächtiger. Sie haben mitunter wirksame Sanktionsmaßnahmen, um Unternehmen zu bestimmten Aktionen zu bewegen (Gomez und Wunderlin 2000, S. 432). So steigt der Druck auf die Unternehmen. Folgende Hintergrundentwicklungen sind für diesen Machtgewinn der Stakeholder mitverantwortlich:

- Durch die Globalisierung rücken die Unternehmen immer mehr zusammen.
- Der Wettbewerb um neue Märkte, aber auch um Kapital und Mitarbeiter verstärkt sich (Scholes und Clutterbuck 1998, S. 227; Wilden et al. 2010, S. 56). Um hier eine gute Position zu haben, muss bewusster mit den Stakeholdern umgegangen werden.
- Das Internet und andere Medien (s. dazu auch den Beitrag zu Neuen Kommunikationsinstrumenten in diesem Buch) ermöglichen den anspruchsvoller werdenden Konsumenten eine bessere Information über und Reaktion auf Unternehmensaktivitäten. Im digitalen Zeitalter von Social Media stellen diese Möglichkeiten für Unternehmen aber nicht nur eine Chance zur verbesserten Kundeninteraktion dar, sondern bergen auch ein hohes Gefahrenpotenzial. Beispielsweise erlitt das Energieunternehmen BP plc im Jahre 2010 im Rahmen des „Deepwater Horizon-Skandals" insbesondere durch den Informationsaustausch in der Blogosphäre einen enormen Imageverlust (Euchner 2010, S. 7; Gregory et al. 2012, S. 31).
- Immer wieder wird der Einfluss von Unternehmen auf die Umwelt deutlich. Auf die negativen Einflüsse reagieren insbesondere unabhängige Gruppen, die mit wachsendem Umweltbewusstsein in der Bevölkerung immer bedeutsamer werden und immer mehr Druck ausüben können.
- Dieser Druck kann mitunter auch indirekt erfolgen, z. B. über die institutionellen Investoren als „verwundbarer Nerv" des Unternehmens. Ein Beispiel hierfür sind die Drohungen gegen die Fondsmanager von Phillips & Drew, den einzigen Großinvestor von Huntingdon Life Sciences, einer Pharma-Firma, die durch Tierversuche in die Kritik geraten war. Diese Drohungen führten – nach Aussagen der Manager „unter anderem" – zum Verkauf von Unternehmensanteilen und einem starken Rückgang der Umsätze von Huntingdon (Maitland 2000, S. III).
- Mitarbeiter erkennen zunehmend ihre Bedeutung für Unternehmen und werden „anspruchsvoller". Entsprechende Mitarbeiterorganisationen, z. B. Gewerkschaften oder Mitarbeiter-Aktivitäten, wie Streiks, können das Unternehmensgeschehen empfindlich beeinflussen (Scholes und Clutterbuck 1998, S. 227). Höhere Fluktuation als der Wett-

bewerb oder Schwierigkeiten auf dem Recruitment-Markt können den Erfolg des Unternehmens empfindlich beeinträchtigen.
- Von Seiten vieler Regierungen wächst der Druck auf Unternehmen, sich sozial konform zu verhalten (z. B. beim Abbau von Arbeitsplätzen) (Scholes und Clutterbuck 1998, S. 228). Beispielsweise ist die andauernde Diskussion über die staatliche Regulation und Deckelung von Managergehältern in Deutschland ein Zeichen dieses Druckes (Hecker 2013, S. 46).
- Die Anspruchsgruppe der Fonds-Manager gewinnt an Bedeutung: Zunehmend managen professionelle Fondsmanager die Anlagen von (Klein −)Investoren. Sie stellen einen wichtigen Multiplikator dar und sind daher zentral für das Unternehmen. Um eine gute Position bei dieser Stakeholder-Gruppe zu haben, müssen Unternehmen den wachsenden Ansprüchen an die Performance und an die Berichterstattung genügen (Scholes und Clutterbuck 1998, S. 227).

Neben diesen Stakeholder-spezifischen Entwicklungen sehen sich Unternehmen immer mehr der Herausforderung gegenüber, dass *Stakeholder-Gruppen einander überschneiden und miteinander verwoben sind*. So kann ein und dieselbe Person auf der einen Seite Mitarbeiter, auf der anderen Seite aber auch Aktionär und Teil der breiten Öffentlichkeit sein. Die immer leichtere Informationsmöglichkeit durch die weltweite Vernetzung via Internet ermöglicht es, Unternehmen aus unterschiedlichsten Perspektiven zu erleben. Gerade die erweiterten Ziel- und Anspruchsgruppen der Corporate Brand und deren Vernetzung untereinander stellen erhöhte Anforderungen an das Corporate Brand Management. Diese Komplexität wird durch die Anzahl der Produkte und Dienstleistungen, die unter einer Corporate Brand geführt werden, noch weiter erhöht (Esch und Bräutigam 2001, S. 27). Essenzielle und zentrale Aufgabe des Corporate Brand Management muss es daher sein, ein über alle Stakeholder und Medien konsistentes Unternehmensbild abzugeben (Frigge und Houben 2002, S. 29). Insofern steht das Corporate Brand Management im Spannungsfeld zwischen der zielgruppengerechten Berücksichtigung der Anspruchsgruppeninteressen und der notwendigen Koordination (Meffert und Bierwirth 2005, S. 160).

Auf alle die Ansprüche der Stakeholder muss das Unternehmen reagieren, um seine soziale und gesellschaftliche Legitimation nicht zu verlieren. Zudem muss die Umweltbeziehung proaktiv gefördert und geführt werden, um so die Basis für Wettbewerbsvorteile zu legen (Crilly und Sloan 2012, S. 1174; Schmid 1997, S. 633).

> **Beispiel**
>
> Rentenanstalt, ein führender Lebensversicherer in Europa mit Sitz in der Schweiz, mit über 10.000 Mitarbeitern und einem Bruttoprämienvolumen von über CHF 20 Mrd., musste sich nach einer schweren Krise am Markt neu orientieren. Schlüssel für die Wiederherstellung des Vertrauens bei internen und externen Anspruchsgruppen war die Lancierung einer internationalen Corporate Brand und die konsequente Umsetzung in allen Bereichen des Konzerns.
>
> Unter Einbezug der Länder wurden Idee und Werte der Marke formuliert. Die Markeninhalte dienten als Ausgangspunkt für den gemeinsamen Namen „Swiss Life" und das visuelle Erscheinungsbild.

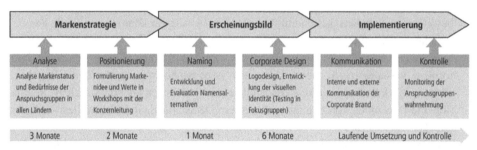

Abb. 2.1 Swiss Life

Markenidee: Wir engagieren uns, damit Menschen in eine sichere Zukunft blicken können. Ein Leben lang (s. Abb. 2.1). Werte: Expertise, Engagement, Nähe, Offenheit, Klarheit.

Heute dient die Marke Swiss Life als konzernübergreifender Orientierungspunkt für Mitarbeiter, Kunden, Investoren und die Öffentlichkeit. Sie wurde in allen Bereichen des Konzerns konsequent umgesetzt (Metadesign.ch 2005).

Um ein klares Unternehmensbild zu schaffen und um Stakeholder-Beziehungen gezielt aufbauen und pflegen zu können, bedarf es eines Mediums, eines Ankers, an dem Unternehmen ihre Botschaften und die Anspruchsgruppen ihre Assoziationen festmachen können. Diese Aufgabe kann die Corporate Brand erfüllen.

▶ Die Corporate Brand kann für Unternehmen als bedeutender Anker fungieren. Aus Sicht des Unternehmens für die zentralen Botschaften. Aus Sicht der jeweiligen Anspruchsgruppe für Erwartungen und zugeschriebene Assoziationen.

Dazu bedarf es aber zunächst der Klärung, was genau die Anspruchsgruppen und damit die Zielgruppen der Corporate Brand sind.

2.2 Anspruchsgruppen-Orientierung ausbilden

Entstehung des Stakeholder-Denkens Der Begriff „stake" taucht zum ersten Mal in dem Oxford Dictionary von 1703 auf:„ (…) to have a stake in (an event, a concert etc.): to have some- thing to gain or lose by the turn of events, to have an interest in: especially to have a stake in the country (said to those who hold landed property). Hence specifically a shareholder in (in a company)" (zitiert nach Clarke 1998, S. 186). Einen wichtigen Schritt

in der Entwicklung einer Stakeholder- […] '59), indem sie das Unternehmen als ein Bündel von „human a[…] steht. Eine weitere Neue-
rung auf dem Wege zu einer Stakeho[…] ɔ3 von Ansoff und Stewart,
die eine *Stakeholder-Analyse* explizit […] nsplanungsprozess miteinbe-
ziehen. Lange Zeit werden die Stakeh[…] als Einflussfaktor im Rahmen
der Analyse der unternehmensexternen […] lanung berücksichtigt (Freeman
und Reed 1983). Erst Mitte der 70er J[…] nn ein erstes Umdenken. Dill beschreibt dies als die Entwicklung weg […] nken in „stakeholder influence" hin
zu „stakeholder participation" (Dill 197[…]

Zu einem eigenständigen Ansatz ent[…] ch der Stakeholder-Gedanke aber erst
in den 80er Jahren. Insbesondere Freem[…]) leistete dabei einen wichtigen Beitrag.
Sein Begriffsverständnis von Stakeholde[…] ɡeprägt durch die wechselseitigen Beziehungen zwischen Unternehmen und Ansp[…] gruppen. Stakeholder sind „(…) any group
or individual who can affect or is affected […] ıe achievement of the organization's objec-
tive" (Freeman 1984, S. 46).

Diese Wechselseitigkeit resultiert aus e[…] r mehr oder weniger engen leistungs- bzw. anspruchsbezogenen Verknüpfung beider Seiten. Die Stakeholder sind demnach alle diejenigen, „(…) die Beiträge für das Unternehmen leisten und im Gegenzug Ansprüche an das Unternehmen geltend machen" (Bühner 1997, S. 12; ähnlich auch Wentges 2000).

Ein weiterer Wandel in den Unternehmen in Richtung Stakeholder-Denken zeigt sich in dem zunehmend aktiven Management von Kunden-, Lieferanten-, Mitarbeiter- und Investoren-Beziehungen. IBM (U.K.)-Chef Cleaver argumentiert so: „Only by giving due weight to all key stakeholders can shareholder value be assured. (…) Only through deepened relationship with, and between, employers, customers, suppliers, investors and the community will companies anticipate, innovate and adept fast enough, while maintaining public confidence" (zitiert nach Clarke 1998, S. 189).

In empirischen Studien kann die Bedeutung der Stakeholder belegt werden: Eine Langzeitstudie von Kotter und Heskett (2011) über 20 Jahre bei 200 Unternehmen zeigt, dass langfristige Profitabilität eindeutig mit einer entsprechenden Unternehmenskultur – als Ausdruck für das Anliegen des Unternehmens, Beziehungen zu allen Stakeholdern aufzubauen – korreliert ist. Berman et al. (1999, S. 502) und Kacperczyk (2009, S. 261) belegen, dass ein Stakeholder-orientiertes Management Einfluss auf das Verhältnis zwischen der Unternehmensstrategie und dem finanziellen Erfolg hat. Ein wichtiger Aspekt ist zudem der indirekte Effekt, den die Beziehung zu den Stakeholdern auf den finanziellen Unternehmenserfolg hat: So argumentieren Barney und Hansen (1994); Hill (1995); Jones (1995) und Wicks et al. (1999), dass sich der Aufbau von Vertrauen zwischen Unternehmen und Stakeholdern kostensenkend auswirkt und damit positiv auf den Unternehmenserfolg (Berman et al. 1999, S. 502). Ebenso induziert eine bessere/ schlechtere Beziehung zu einer bestimmten Stakeholder-Gruppe Spill-Over-Effekte auf die Wahrnehmung der anderen Stakeholder vom Unternehmen (Calton und Lad 1995; Jones 1995).

▶ Das Verständnis der wechselseitigen Kommunikationsbeziehungen zwischen den Anspruchsgruppen stellt eine der zentralen Herausforderungen für ein erfolgreiches Corporate Brand Management dar.

Stakeholder-Gedanken und Kontrollsysteme Erste prominente Stakeholder-gerechte Führungs- und Kontrollsysteme kamen mit der Balanced Scorecard auf, die neben den finanziellen Kennzahlen gleichberechtigt Kennzahlen in den Bereichen Kunden, Mitarbeiter und interne Strukturen/Systeme, wie Prozesse, Technologien, Innovation etc., erfasst (Kaplan und Norton 1996).

Die Situation in den Unternehmen ist heute bereits an vielen Punkten durch eine Stakeholder-Orientierung geprägt. Allerdings ist fraglich, inwieweit Stakeholder Value „lediglich" ein moralischer Anspruch ist, den die Unternehmen zu erfüllen versuchen, während die tatsächlich handlungsleitenden Kriterien nach wie vor die Anteilseigner und damit die finanziellen Kennzahlen sind. Dies ist sicherlich auch von Land zu Land verschieden. Auf der anderen Seite werden die „Pressure Groups" zunehmend mächtiger und an Einzelfallen zeigt sich immer wieder, dass sie erheblichen Einfluss auf die Performance von Unternehmen nehmen können. Dies wird möglicherweise zukünftig ein grundlegendes Umdenken einschließlich der Anpassung von Zielen und Systemen (z. B. Controllingsystemen) bedeuten. „Being a ‚good corporate citizen' is rapidly becoming a matter of survival than a choice…" (Scholes und Clutterbuck 1998, S. 228 f.).

2.3 Stakeholder und Stakeholder-Gruppen erkennen, Anspruchsgruppen definieren

Unternehmen sehen sich von verschiedenen Umfeldern umgeben: ökonomisch, ökologisch, technologisch, politisch oder gesellschaftlich. Diese Umfelder wiederum sind interdependent. Konstitutives Merkmal des Anspruchsgruppen-Konzeptes sind die wechselseitigen Beziehungen – Austausch- und Kommunikationsbeziehungen, hinter denen ein spezifischer Fluss von Leistung und Gegenleistung steht – zwischen Unternehmen und seinen Anspruchsgruppen. Grundsätzlich können die internen, die Teil des Unternehmens sind, von den unternehmensexternen Anspruchsgruppen unterschieden werden (Schmid 1997, S. 633; Sponheuer 2010, S. 62). Abbildung 2.2 gibt eine Übersicht über die verschiedenen internen und externen Anspruchsgruppen und zeigt die spezifischen Leistungen und Gegenleistungen von Stakeholdern und Unternehmen.

Relevanz von Anspruchsgruppen unterscheiden Neben der generellen Unterscheidung nach der Unternehmenszugehörigkeit, können Anspruchsgruppen zudem entsprechend ihrer Relevanz für das Unternehmen klassifiziert werden. Je nach spezifischer Unternehmenssituation variiert die Bedeutung der einzelnen Stakeholder-Gruppen (Schmid 1997, S. 634): Man unterscheidet grundsätzlich zwischen den „Contractual" – oder auch pri-

Anspruchsgruppen	erbrachte Leistung für das Unternehmen	geforderte Gegenleistung vom Unternehmen
Interne Anspruchsgruppen		
Eigentümer	• Eigenkapital	• Einkommen • Verzinsung und Wertsteigerung des investierten Kapitals • Mitgestaltung
(Top-) Management	• Kompetenz • Engagement • dauerhafte Wertsteigerung • Leistung	• Einkommen • Macht, Einfluss, Prestige • Entfaltung eigener Ideen und Fähigkeiten • Arbeit = Lebensinhalt
Mitarbeiter	• Arbeitskraft • Fähigkeiten	• Einkommen • Arbeitsplatzsicherheit • soziale Sicherheit • sinnvolle Betätigung, Entfaltung der eigenen Fähigkeiten • Status, Anerkennung, Prestige
Externe Anspruchsgruppen		
Fremdkapitalgeber	• Fremdkapital	• sichere Kapitalanlage • ausreichende Verzinsung • Vermögenszuwachs
Lieferanten	• termingerechte Leistung • hochwertige Güter	• stabile und faire Lieferbeziehungen • günstige Konditionen • Zahlungsfähigkeit der Abnehmer
Kunden	• Kauf der Produkte • Markentreue	• Qualitativ und quantitativ befriedigendes Preis-/Leistungsverhältnis • Service, günstige Konditionen etc.
Staat und Gesellschaft	• öffentliche Sicherheit und Ordnung • Infrastruktur • Legitimität	• Steuerzahlung • Sicherung der Arbeitsplätze • Sozialleistungen • positive Beiträge zur Infrastrukturgestaltung • Einhaltung von Rechtsvorschriften, Gesetzen und Normen • Beiträge zur Kultur/Wissenschaft
Umgebung	• umweltverträgliches Verhalten etc.	• Umweltkonformes Verhalten
Absatzmittler	• angemessene Präsentation und Verkauf der eigenen Leistung	• Gewinnen von Margen • Profilierung über die angebotenen Marken
Kooperationspartner	• kooperatives Verhalten	• kooperatives Verhalten

Abb. 2.2 Leistung und Gegenleistung der internen und externen Anspruchsgruppen gegenüber den Unternehmen. (Quelle: in Anlehnung an Schmid 1997, S. 663)

mären – Stakeholdern und den „Community" bzw. sekundären Stakeholdern. Zu primären Stakeholdern gehören diejenigen, die direkt auf die Unternehmenstätigkeit Einfluss nehmen können, wie Anteilseigner, Mitarbeiter, Kunden, Absatzmittler, Lieferanten oder Gläubiger. Es bestehen klar erkennbare Bindungen (formaler, offizieller oder vertraglicher Art) zum Unternehmen. Die Gruppe der sekundären Stakeholder umfasst diejenigen, die indirekt mit dem Unternehmen verbunden sind, wie die Konsumenten im allgemeinen, regulierende und gesetzgebende Institutionen, Einflussgruppen (pressure groups), Medien, (lokale) Verbände etc. (Charkham 1992, S. 8 ff.). Wenn auch die strategische Relevanz der primären Anspruchsgruppen aufgrund der potenziellen Einflussnahme auf die Unternehmenstätigkeit grundsätzlich größer ist, so gewinnen angesichts höherem Informationsniveau und besserer Bewusstseinsbildung die sekundären Stakeholder an Einfluss und damit an Bedeutung für das Unternehmen.

Die aufgeführten Stakeholder-Gruppen können wiederum nach ihrer unternehmensspezifischen Relevanz *hierarchisiert* werden. Mehrere Kriterien sind dabei ausschlaggebend (Schmid 1997, S. 634; Scholes und Clutterbuck 1998, S. 231):

- Welche/wie starke Auswirkungen hat die Strategie auf die anvisierte Anspruchsgruppe (Grad des Strategie-Impacts)?
- Wie groß sind die Spielräume des Unternehmens, sich der erwarteten Gegenleistung zu entziehen (Abhängigkeitsgrad)?
- Wie stark ist der mögliche Einfluss, den die Anspruchsgruppe auf das Unternehmensgeschehen nehmen kann (Einflussgrad)?
- Wie hoch sind die gemeinsamen Werte und Ziele (je höher, desto wahrscheinlicher ist es, einen Kompromiss zu finden) (Grad der Zielkonformität)?
- Wie gut kennt man die Ansprüche der Stakeholder bzw. kann man diese einschätzen (Unsicherheits-/Vertrautheitsgrad)?

Aus der Beantwortung dieser Fragen bekommt man Einblick in die tatsächliche *Machtbasis* der Anspruchsgruppen, über ihre Sanktionsmöglichkeiten sowie über den Willen, diese Macht auch auszuüben. Daraus ergeben sich drei Typen von Anspruchsgruppen, die entsprechend ihrer potenziellen Einflussstärke variieren: Bezugsgruppen, Interessensgruppen und strategische Anspruchsgruppen (Schmid 1997, S. 634).

Bezugsgruppen sind alle Gruppen, die in irgendeiner Weise mit dem Unternehmen in Kontakt stehen. Der Grad der Bindung, Machtgrundlage sowie der Wille zur Machtausübung sind verhältnismässig gering.

Zwischen den *Interessensgruppen* und dem Unternehmen bestehen hingegen tatsächliche direkte bzw. indirekte Beziehungen. Diese Anspruchsgruppen haben daher ein unmittelbares Interesse an den Verhaltensweisen des Unternehmens. Neben dem Ausmaß an Bindung sind hier auch die Machtgrundlage sowie der Wille, diese Macht auszuüben, größer (Madrian 1998, S. 49).

Die *strategischen Anspruchsgruppen* hingegen sind am stärksten mit dem Unternehmen verbunden. Sie verfügen über ein großes Ausmaß an Macht und auch verstärkt über den Willen, diese einzusetzen. Der Zweck und das Überleben des Unternehmens hängen von diesen ab, da sie über wirksame Sanktionsmechanismen verfügen, falls ihre Anforderungen nicht erfüllt werden (s. Abb. 2.3). Bei diesem Ansatz der Klassifikation von Anspruchsgruppen handelt es sich um ein dynamisches Konzept, d. h., dass die Einteilung in diese drei Gruppen mit der Zeit und der sich ändernden Unternehmenssituation variieren kann (Schmid 1997, S. 634). Darüber hinaus sind die Grenzen zwischen den verschiedenen Anspruchsgruppen fließend (Duncan und Moriarty 1997, S. 60).

▶ Corporate Brand Management verlangt ein effektives Management der Beziehungen mit strategischen Anspruchsgruppen.

Abb. 2.3 Bezugs-, Interessen- und strategische Anspruchsgruppen als Stakeholder des Unternehmens

2.4 Optionen eines Stakeholder-orientierten Corporate Brand Management differenzieren

Wie aufgezeigt, sind Unternehmen von verschiedenen Umfeldern umgeben, denen sehr unterschiedliche Stakeholder zuzuordnen sind. Da es Unternehmen vor dem Hintergrund des hohen finanziellen und zeitlichen Aufwandes kaum möglich ist, den Ansprüchen aller Stakeholder in vollem Ausmaß gerecht zu werden, müssen Schwerpunkte gesetzt und Zielsetzungen vorgegeben werden.

▶ Ziel eines Stakeholder-Managements soll es sein, einen bestmöglichen Interessensausgleich zwischen den verschiedenen Anspruchsgruppen und den Unternehmen zu schaffen.

Dies sollte sich in der *Corporate Brand Management-Strategie* ausdrücken, die sich u. a. in einer entsprechenden Markenarchitektur widerspiegelt.

Markenarchitekturen können mehr oder weniger differenziert sein und bewegen sich auf einem Kontinuum, welches auf der einen Seite von dominierenden Dach- bzw. Unternehmensmarken und auf der anderen Seite von dominierenden Produktmarken begrenzt wird (s. hierzu die vertiefenden Ausführungen in den weiteren Beiträgen in diesem Buch). Da beide Ansätze in ihrer reinen Form sowohl Stärken als auch Schwächen aufweisen, setzen immer mehr Unternehmen auf Ansätze, die Corporate Brands und Produktmarken zu komplexen Markenarchitekturen kombinieren.

Die Corporate Brand Management-Strategie kanalisiert also u. a., wie sehr die verschiedenen Anspruchsgruppen mit einer einheitlichen Marke oder mit spezifischen Marken (oder eben mit Kombinationsformen) angesprochen werden.

Als erste Option steht Unternehmen eine *One-Firm-Branding-Strategie* zur Verfügung. In diesem Fall existiert im Unternehmen nur eine einzige Marke, für die Produkte gleichermaßen wie für das Unternehmen. Damit werden auch alle Stakeholder mit derselben Marke angesprochen. Als Beispiel kann die Marke Siemens genannt werden: Die Kunden kaufen die Produkte mit der Marke Siemens, die Aktionäre kaufen die Siemens-Aktie, die (potenziellen) Mitarbeiter arbeiten bzw. interessieren sich für das Unternehmen Siemens, und Siemens steht mit derselben Marke mit all seinen Aktivitäten im Blick der breiten Öffentlichkeit. Weitere Beispiele sind der Lebensmittelhersteller Hero oder der durch das Produkt Ketchup bekannte Hersteller Heinz. Zentraler Vorteil dieser Strategie ist es, dass hohe Synergieeffekte erzielt werden können. So zahlt jede Aktion, die man auf der Corporate Brand-Ebene durchführt auch auf die Markenstärke der Produktmarken ein und umgekehrt. Dies – und das ist die Kehrseite der Medaille – kann auch gleichermaßen auf negative Spill-Over-Effekte übertragen werden. Zwei weitere Vorteile sprechen jedoch für diese Strategie:

- Erstens verlangen Konsumenten zunehmend Informationen über die Herkunft der Produkte.
- Zweitens sind die Kommunikationskosten in den vergangenen Jahren so rapide angestiegen, dass es schon allein aus Kostenüberlegungen oft nicht ratsam ist, zwei oder mehrere Marken zu führen.

Die *Separate-Branding-Strategie* steht der One-Firm-Branding-Strategie diametral entgegen. In diesem Fall werden die Produktmarken völlig unabhängig und ohne jeglichen Bezug zu der Corporate Brand geführt. Dies hat auch zur Folge, dass man gegenüber den unterschiedlichen Stakeholdern mit unterschiedlichen Marken agieren kann. So tritt das Unternehmen beispielsweise gegenüber dem politischen und dem sozialen Umfeld, also gegenüber der sogenannten Financial Community, gegenüber der breiten Öffentlichkeit oder gegenüber der Presse mit der Corporate Brand auf. Auf Produktebene hingegen, also gegenüber den Konsumenten, werden andere unabhängige Marken geführt.

- Dies hat, umgekehrt zu der One-Firm-Branding-Strategie, den Hauptvorteil, dass man auf Produktebene sehr unabhängig und ohne Vorsicht vor negativen Spill-Over-Effekten agieren kann. Procter & Gamble war lange Zeit ein Beispiel für diese Strategie. In letzter Zeit werden aber auch hier Bedenken laut, ob man nicht eine stärkere Verknüpfung von Unternehmens- und Produktmarken schaffen müsste, unter anderem um dem Bedürfnis der Konsumenten nach Transparenz gerecht werden zu können.
- Bei VW zeigen sich Grenzen einer Separate-Branding-Strategie: So ist den Konsumenten trotz (mit Ausnahme der Marke VW) der getrennten Führung von Produkt- und Corporate Brand bewusst, dass beispielsweise Seat oder Skoda auch der Volkswagen AG zugeordnet werden. Dies äußert sich in Kannibalisierungseffekten, die dadurch entstehen, dass Kunden nicht mehr bereit sind, für ein Auto, das ein nahezu baugleiches Innenleben hat, einen Aufpreis zu zahlen.

Zwischen diesen beiden Extremformen finden sich – wie bereits erwähnt – zunehmend Mischformen, die Kombinationen von Corporate Brand und Produktmarken darstellen (Esch und Bräutigam 2001; Tomczak et al. 2001):

- In einer ersten Ausprägung werden die Unternehmensmarke und die Produktmarken derart kombiniert, dass die Produktmarke die dominierende Rolle einnimmt. Man spricht hier von *Endorsed Branding*, d. h., dass die Corporate Brand als Absender mit auf den Produkten steht, die Produkte aber eine eigene, starke Marke haben. Ein Beispiel hierfür ist das amerikanische Hotelunternehmen Marriott International, Inc., das beispielsweise unter dem Logo der Hotelkette Courtyard den Untertitel "Courtyard by Marriott" führt (Aaker und Joachimsthaler 2000, S. 101).
- Bei Henkel werden die starken Produktmarken durch das Henkel-Logo unterstützt. Bei dieser Mischform werden die verschiedenen Stakeholder primär mit unterschiedlichen Marken angesprochen: die Konsumenten mit der Produktmarke und die Stakeholder, deren Bezugspunkt das Unternehmen ist, mit der Corporate Brand. Dennoch wird auf Produktebene mit einem Hinweis auf die Herkunft der Produkte ein Bezug zur Unternehmensmarke hergestellt. Auch wird damit gewährleistet, dass sich positive Effekte auf Produkt-Ebene verstärkend auf die Unternehmensmarke auswirken. Dies stützt die Reputation der Marke bei den Anspruchsgruppen, auf die die Unternehmensmarke abzielt. Primärer Orientierungspunkt bleibt jedoch weiterhin die Unternehmensmarke.

Eine zweite Form der Markenkombination (s. dazu auch den Beitrag zu Markenallianzen in diesem Buch) ist die der Dominanz der Unternehmensmarke über die Produktmarke. Die Produktmarke selber hat aber dennoch schon Markencharakter. Man spricht auch von House Branding.

- Beispiel hierfür ist die Unternehmensmarke Storck, die sich auf allen Produkten wiederfindet. Zudem differenzieren sich diese Produkte jedoch über eigenständige Markenwelten, wie Toffifee, Knoppers, Werther's Original oder Merci. Riel (2001) spricht in diesem Zusammenhang auch von „medium endorsement", bei dem der „parent company name" das Logo dominiert und der „business unit name" als Zusatz hinzukommt (Riel 2001, S. 13).
- Ein fließender Übergang besteht hier zu der Variation, also Modellen oder Ausprägungen von Line-Extensions. Dies ist z. B. bei Mercedes-Benz der Fall, wo fraglich ist, ob Modelle wie S-Klasse, CLK und Ähnliches bereits Markencharakter haben oder nicht.

Eine House-Branding-Strategie zielt bewusst auf die Verknüpfung der Stakeholder über die Verwendung derselben Marke ab. Markenähnliche Zusätze zur Corporate Brand haben den Vorteil, die spezifischen Bedürfnisse der verschiedenen Kunden oder Stakeholder differenziert ansprechen zu können. Zudem dienen sie dazu (und damit unterscheiden sie sich von den Variationen), der Unternehmensmarke zu zusätzlicher Kompetenz – sei es auf rationaler oder emotionaler Ebene – zu verhelfen. So addiert beispielsweise die Marke „Dresdner Kleinwort Wasserstein" der Muttermarke Dresdner Bank die Investment-Banking-Kompetenz.

2.5 Erfolgreiche Anspruchsgruppen-Strategie fundieren

Die Entscheidung für eine der oben genannten Corporate Brand Management-Strategien muss vor dem Hintergrund mehrerer Aspekte gefällt werden:

Zunächst ist die Frage nach dem Risiko von negativen Spill-Over-Effekten zu beantworten. In einem Markt, in dem die Erfolgswahrscheinlichkeit von neuen Produkten sehr unsicher ist, ist ein solches Risiko als hoch zu bewerten. Ferner gibt es bestimmte Produktkategorien, die per se leichter in die Gefahr von Imageproblemen gelangen. Ein Beispiel dafür wäre die Chemie-Industrie, bei der die Umweltverträglichkeit oft sehr kritisch hinterfragt wird. Werden diese negativen *Spill-Over-Effekte* als wahrscheinlich eingestuft, so bietet es sich an, Produkt- und Unternehmensmarke zu trennen.

Weiterhin stellt sich die Frage nach der *Dehnbarkeit einer Unternehmensmarke*. Dies hängt eng mit ihrer Positionierung zusammen. So kann es möglicherweise aus Konsumentensicht unglaubwürdig oder auch unattraktiv sein, dass ein und derselbe Hersteller ein bestimmtes, breites Leistungsspektrum anbietet. Es ist zu hinterfragen, inwieweit es für den Kunden wünschenswert ist, dass sich Unternehmen der Banken- und Versicherungsbranche zunehmend zu Finanzdienstleistern zusammentun. Dies mag vielleicht aus Sicht der Stakeholder-Gruppe Financial Community (z. B. aus Synergie-Überlegungen) attraktiv sein, der Kunde empfindet aber möglicherweise den Gedanken als problematisch, dass der Versicherungsbereich des Unternehmens quasi Einblick in seine private finanzielle Lage nehmen könnte. Auch wenn dies praktisch nicht denkbar ist, so zählt hier lediglich, was sich im Kopf des Konsumenten abspielt. Unter Umständen müssen also Suboptimalitäten in Bezug auf die Markenstrategie in Kauf genommen werden, um in den Augen der Stakeholder glaubwürdig zu sein.

Widersprüchliche Stakeholder-Interessen Aus dem oben angeführten Punkt lässt sich ein weiterer Aspekt ableiten. So widersprechen sich mitunter die *Interessen der verschiedenen Stakeholder* gegenüber dem Unternehmen. Was beispielsweise aus Shareholder-Sicht angemessen wäre, kann aus Mitarbeitersicht problematisch sein. Beispiel hierfür sind Personalkürzungen im Rahmen von Restrukturierungsmaßnahmen. In einem solchen Fall kommt die Hierarchisierung der Stakeholder nach ihrer Bedeutung für das Unternehmen zum Tragen. Das Ergebnis kann dabei selten eine für alle Stakeholder optimale Strategie sein, sondern eher eine bestmögliche Strategie aus Gesamt-Stakeholder-Sicht.

Schließlich ist die Frage zu stellen, inwieweit die generelle Situation eine bestimmte Corporate Brand Management-Strategie vorteilhaft erscheinen lässt. So macht ein zunehmend kritisches Bewusstsein der Konsumenten über die Herkunft der Produkte, wie oben bereits angedeutet, einerseits einen Herkunftsnachweis erforderlich. Andererseits ist es wahrscheinlich, dass der Konsument, trotz getrennter Markenstrategie, früher oder später die Verbindung zwischen Mutter- und Produktmarke erkennt.

Ist die Entscheidung für eine Corporate Brand Management-Strategie gefallen, so muss die Corporate Brand gegenüber den Stakeholdern in adäquater Weise positioniert werden.

Zunächst liegen einem konsistenten Unternehmensauftritt gegenüber allen Stakeholdern Unternehmenswerte und -strategien zugrunde, aus denen sich alle Handlungen des Unternehmens ableiten (Markenstrategie, Maßnahmen, Managementstil etc.). Fehlt eine solche in sich schlüssige Grundlage, setzt sich das Unternehmen der Gefahr aus, unglaubwürdig zu werden (Scholes und Clutterbuck 1998, S. 232).

Integrierte Ausrichtung der Stakeholder-Kommunikation durch die Marke Zweitens muss die Kommunikation – insbesondere vor dem Hintergrund, dass die Stakeholder zunehmend miteinander verwoben sind – *gegenüber den Anspruchsgruppen in sich konsistent* sein und dieselben Inhalte vermitteln. Diese können und müssen gegenüber den verschiedenen Anspruchsgruppen entsprechend derer Bedürfnisse angepasst sein. Die Grundaussage der Corporate Brand muss jedoch überall dieselbe sein. Insbesondere bei Unternehmenskrisen ist eine inhaltlich und zeitlich genau abgestimmte Kommunikation notwendig, um massive Markenschäden zu vermeiden. Als erfolgreich gehen meist die aus der Krise hervor, die auf die Belange der Anspruchsgruppen hören und auf diese eingehen (Scholes und Clutterbuck 1998, S. 232). Abbildung 2.4 stellt die verschiedenen Kommunikationsziele für die jeweiligen Stakeholder-Gruppen dar, und verdeutlicht, dass die entsprechenden Kommunikationsbemühungen alle derselben Quelle, nämlich Strategie, Werte und Struktur des Unternehmens entspringen.

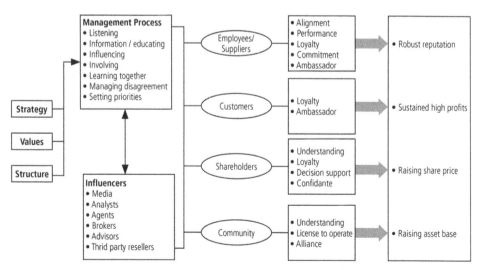

Abb. 2.4 Kommunikation gegenüber den verschiedenen Stakeholder-Gruppen – ein integrierter Ansatz. (Quelle: Scholes und Clutterbuck 1998, S. 228)

Corporate Brand Management und die Kommunikation der Corporate Brand darf sich nicht auf Werbeanstrengungen beschränken. Dahinter stehen vielmehr die verschiedenen Stakeholder-spezifischen Bereiche der Kommunikation, die miteinander vernetzt sind und dementsprechend *integriert geführt* werden müssen. Dazu zählen z. B. Media Relations, interne Mitarbeiterkommunikation, Investor Relations, Kommunikation mit lokalen Communities, Unternehmensname, Architektur des Unternehmensgebäudes etc. Organisationspolitisch bedeutet dies, dass die Kommunikation zwar in der Verantwortung der jeweiligen Bereiche (Marketing, HR etc.) liegen sollte, um sicherzustellen, dass jeweils die „Experten" Stellung zu bestimmten Fragen nehmen. Dennoch ist aber eine integrierte Kommunikation bzw. die explizite Führung der Corporate Brand notwendig, um ein stimmiges Gesamtbild bei allen Stakeholdern zu erzielen. Gerade im Zeitalter der Informationsintensität ist es ohne diese sehr wahrscheinlich, dass unterschiedliche Botschaften kursieren. Problematisch ist es bspw., wenn die Öffentlichkeit eher als die eigenen Mitarbeiter Entscheidungen über die Corporate Brand erfährt. Wenn Mitarbeiter nicht wissen, was von anderen Stellen im Unternehmen aus extern kommuniziert wird, kommt es zu Konflikten und es kann kein konsistentes Bild der Corporate Brand bei den Anspruchsgruppen entstehen: „The first principle of best practice is for organisations to accept that the corporate brand and image must be managed as a totality. This requires giving responsibility for it to one senior executive or department and for them to be empowered to co-ordinate all those responsibilities for shaping corporate communication, internal and external" (John Williams, Managing Director of corporate affairs specialist, Fishburn Hedges; zitiert nach Scholes und Clutterbuck 1998, S. 234).

Die Anspruchsgruppen von Unternehmen haben in den vergangenen Jahren erheblich an Bedeutung gewonnen. Dies kann so weit gehen, dass Unternehmen durch den Druck von Stakeholder-Seite die Unternehmensziele nicht oder nicht wie geplant erreichen können. Aufgabe von Unternehmen muss es daher sein, mit diesen Anspruchsgruppen zu kommunizieren und Stellung zu beziehen. Die Corporate Brand stellt dafür ein geeignetes Medium dar. Dabei können Unternehmen – je nach spezifischen Situationsgegebenheiten, in denen sie sich befinden – unterschiedliche Corporate Brand Management-Strategien wählen: Im einen Extrem werden die unterschiedlichen Stakeholder-Gruppen differenziert angesprochen, im anderen werden sie einheitlich mit derselben Marke bearbeitet. Unabhängig davon, welche (auch abgestufte) Optionen man wählt, ist es essenziell, dass die Kommunikation über alle Stakeholder-Gruppen und Kommunikationskanäle hinweg integriert wird. Nur so kann die Botschaft des Unternehmens erfolgreich vermittelt werden.

Literatur

Aaker, D. A., & Joachimsthaler, E. (2000). *Brand leadership*. New York: The Free Press.

Barney, J. B., & Hansen, M. H. (1994). Trustworthiness as a source of competitive advantage. *Strategic Management Journal, 15*(8), 175–190.

Berman, S. L., Wieks, A. C., Kotha, S., & Jones, T. M. (1999). Does stakeholder orientation matter? The relationship between stakeholder management models and firm financial Performance. *Academy of Management Journal, 42*(5), 488–506.

Bühner, R. (1997). Worauf es bei Shareholder Value ankommt. *Technologie & Management, 46*(2), 12–15.

Calton, J. M., & Lad, L. J. (1995). Social contracting as a trust-building process of network governance. *Business Ethics Quarterly, 5*(2), 272–295.

Charkham, J. (1992). Corporate governance – Lessons from abroad. *European Business Journal, 4*(2), 8–16.

Clarke, T. (1998). The stakeholder corporation: A business philosophy for the information age. *Long Range Planning, 31*(2), 183–194.

Crilly, D., & Sloan, P. (2012). Enterprise logic: explaining corporate attention to stakeholders from the ‚inside-out'. *Strategic Management Journal, 33*(10), 1174–1193.

Cummings, J. L., & Doh, J. P. (2000). Identifying who matters: Mapping key players in multiple environments. *California Management Review, 42*(2), 83–104.

Dill, W. R. (1975). Public participation in corporate planning. *Long Range Planning, 8*(1), 57–63.

Duncan, T., & Moriarty, S. (1997). *Driving brand value: Using integrated marketing to manage profitable stakeholder relationships*. New York: McGraw-Hill.

Esch, F.-R., & Bräutigam, S. (2001). Corporate brands versus product brands? Zum Management komplexer Markenarchitekturen. *Thexis, 18*(4), 27–34.

Euchner, J. A. (2010). The limits of crowds. *Research Technology Management, 53*(5), 7–8.

Freeman, R. E. (1984). *Strategic management – A stakeholder approach*. Boston: Pitman.

Freeman, R. E., & Reed, D. L. (1983). Stockholders and stakeholders: A new perspective on corporate governance. *California Management Review, 25*(3), 88–106.

Frigge, C., & Houben, A. (2002). Mit der Corporate Brand zukunftsfähiger werden. *Harvard Business Manager, 24*(1), 28–35.

Gomez, P., & Wunderlin, G. (2000). Shareholder value-orientierte Unternehmensführung – Das Konzept des Performance Managements. In H. H. Hinterhuber, S. A. Friedrich, Al-Ani, & G. Handlbauer (Hrsg.), *Das neue strategische Management – Perspektiven und Elemente einer zeitgemäßen Unternehmensführung* (S. 425–446). Wiesbaden: Gabler.

Gregory, J. R., Levick, R. S., & Reibstein, D. (2012). Crisis diagnostics. *Marketing Management, 21*(1), 29–33.

Hecker, C. (2013). Managergehälter und Banker-Boni: Ein Aufgabenfeld der Ordnungspolitik. *Orientierungen – Zur Wirtschafts- und Gesellschaftspolitik, 136*(2), 46–51.

Hill, C. W. L. (1995). National institutional structures, transaction cost economizing and competitive advantage: The case of Japan. *Organization Science, 6*(1), 119–131.

Jones, T. M. (1995). Instrumental stakeholder theory: A synthesis of ethics and economics. *Academy of Management Review, 20*(2), 404–437.

Kacperczyk, A. (2009). With greater power comes greater responsibility? Takeover protection and corporate attention to stakeholders. *Strategic Management Journal, 30*(3), 261–285.

Kaplan, R. S., & Norton, D. P. (1996). *The balanced scorecard: Translating strategy into action*. Boston: Harvard Business School Press.

Keller, K. L. (2000). Building and managing corporate brand equity. In M. Schultz, M. J. Hatch, & M. H. Larsen (Hrsg.), *The expressive organization: Linking identity, reputation, and the corporate brand* (S. 115–135). New York: Oxford University Press.

Kotter, J. P., & Heskett J. L. (2011). *Corporate culture and performance*. New York: NY Free Press.

Madrian, J.-P. (1998). *Interessengruppenorientierte Unternehmensführung: Eine organisationstheoretische Analyse am Beispiel großer Aktiengesellschaften*. Hamburg: Kovac.

Maitland, A. (2000). Time to show sensitivity. *Financial Times*, 31.3.2000, S. III.

Meffert, H., & Bierwirth, A. (2005). Corporate Branding – Führung der Unternehmensmarke im Spannungsfeld unterschiedlicher Anspruchsgruppen. In H. Meffert, C. Burmann, & M. Koers (Hrsg.), *Markenmanagement – Grundfragen der identitätsorientierten Markenführung* (S. 143–162). Wiesbaden: Gabler.

Metadesign.ch. (2005). www.metadesign.ch. Zugegriffen: 20. Sept. 2005.

Penrose, E. (1959). *The theory of the growth of the firm*. Oxford: Blackwell.
Riel, C. van (2001). Corporate branding management. *Thexis, 18*(4), 12–16.
Schmid, U. (1997). Das Anspruchsgruppen-Konzept. *WISU, 26*(7), 633–635.
Scholes, E., & Clutterbuck, D. (1998). Communication with stakeholders: An integrated approach. *Long Range Planning, 31*(2), 227–238.
Sponheuer, B. (2010). *Employer Branding als Bestandteil einer ganzheitlichen Markenführung*. Wiesbaden: Gabler.
Tomczak, T., Will, M., Kernstock, J., Brockdorff, B., & Einwiller, S. (2001). Corporate Branding – Die zukunftsweisende Aufgabe zwischen Marketing, Unternehmenskommunikation und strategischem Management. *Thexis, 18*(4), 2–4.
Wentges, P. (2000). Eine Stakeholder-orientierte Analyse der Berücksichtigung des Risikos im Rahmen des Shareholder Value-Konzeptes. *Die Betriebswirtschaft, 60*(2), 199–209.
Wicks, A. C., Berman, S. L., & Jones, T. M. (1999). The structure of optimal trust: Moral and strategic implications. *Academy of Management Review, 24*(1), 99–116.
Wilden, R., Gudergan, S., & Lings, I. (2010). Employer branding: Strategic implications for staff recruitment. *Journal of Marketing Management, 26*(1/2), 56–73.

Prof. Dr. Torsten Tomczak ist Ordinarius für Betriebswirtschaftslehre mit besonderer Berücksichtigung des Marketings sowie Direktor des Center for Customer Insight (FCI) an der Universität St. Gallen, Schweiz. Seine Arbeits- und Forschungsgebiete umfassen u.a. Kundenverhalten und Markenforschung, Strategisches Marketing, Marketing Performance Management und Innovation.

Dr. Joachim Kernstock leitet das Kompetenzzentrum für Markenführung St. Gallen (KMSG). Sein Beratungsschwerpunkt ist Corporate Brand Management und Brand Behavior. Er ist Lehrbeauftragter für Betriebswirtschaftslehre mit besonderer Berücksichtigung des Marketing an der Universität St. Gallen und Co-Editor-in-Chief des Journal of Brand Management (JBM), London.

Teil II
Aufbau und Steuerung einer Corporate Brand

Zusammenhänge zwischen der Identität der Corporate Brand, der Unternehmensphilosophie und dem Geschäftsmodell berücksichtigen

Franz-Rudolf Esch

Zusammenfassung

Zwischen der Identität einer Corporate Brand einerseits und Vision sowie Geschäftsidee des Unternehmens andererseits bestehen wichtige Wechselwirkungen, deren Kenntnis für die Ableitung einer Identität bedeutsam ist. Dieses Kapitel erläutert die relevanten Systembausteine und ihre Interdependenzen, geht auf typische Fallstricke ein und verdeutlicht an Beispielen, was es bedeutet, die Markenidentität als Element eines kohärenten Systems zu nutzen.

3.1 Den Rahmen verstehen und das Fundament legen

Anders als bei Produkt- oder Familienmarken wie Persil, Fa, Nutella oder Kinderschokolade, die sich im Wesentlichen auf eine klar abgrenzbare Produkt- oder Dienstleistungsrange beziehen (und Kunden im Blickpunkt haben), ist das Spektrum von Unternehmensmarken wie beispielsweise von Henkel oder von ThyssenKrupp wesentlich breiter. Es geht um das gesamte Unternehmen, seine Geschäftseinheiten und die Anspruchsgruppen innerhalb und außerhalb des Unternehmens. Der Planungshorizont ist der Lebenszyklus des ganzen Unternehmens: Die Verantwortung für die Unternehmensmarke liegt nicht bei einzelnen Produktmanagern, sondern idealerweise beim Vorstandsvorsitzenden. Entsprechend kann die Markenidentität für Corporate Brands nicht losgelöst von den grundlegenden Manifesten, Auffassungen und Zielvorstellungen eines Unternehmens entwickelt werden. Oft erwächst sie auch aus diesen fundamentalen Orientierungen und kulturimmanenten Phä-

---

F.-R. Esch (✉)
EBS Universität für Wirtschaft und Recht, Oestrich-Winkel, Deutschland
E-Mail: Franz-Rudolf.Esch@ebs.edu

© Springer Fachmedien Wiesbaden 2014
F.-R. Esch et al. (Hrsg.), *Corporate Brand Management*,
DOI 10.1007/978-3-8349-3862-6_3

nomenen. Zudem bilden diese Manifeste und die Markenidentität auch die normativen Vorgaben für das Geschäftsmodell.

▶ Der Planungshorizont für die Corporate Brand ist der Lebenszyklus des Unternehmens. Mission, Vision und Markenidentität bilden den normativen Rahmen für das Geschäftsmodell.

Die Frage nach der Henne und dem Ei stellt sich auch im Kontext dieser Beziehungen: Marken entstehen nicht aus dem Nichts. Dies gilt für Produktmarken wie für Unternehmensmarken. Am Anfang steht immer eine Geschäftsidee und somit eine Leistung, für die Kunden eine Zahlungsbereitschaft haben, weil diese Wert für den Kunden schafft. Somit sind zuerst die Geschäftsidee und das Geschäftsmodell da, durch das diese Leistung erbracht werden kann. Unter dem *Geschäftsmodell* wird dabei die Beschreibung und Festlegung der Grundlagen verstanden, wie ein Unternehmen Wert schaffen, liefern und bewahren kann (Osterwalder und Pigneur 2010).

Eine Marke wird durch die Leistungen des Unternehmens und durch die vielfältigen Erfahrungen der Anspruchsgruppen mit diesen Leistungen an den unterschiedlichsten Berührungspunkten mit dem Unternehmen aufgeladen. Somit existiert in diesem Sinne keine Marke ohne eine konkrete Leistung oder Idee bzw. ein Geschäftsmodell.

▶ Corporate Brands sind ohne konkrete Leistung und Geschäftsmodell nicht denkbar. Oft entwickelt sich aber das künftige Geschäftsmodell aus der Stärke der Marke.

Nespresso würde ebenso wenig ohne die Idee der Espressokapseln existieren wie Starbucks ohne die Idee der Coffee Shops mit den vielen ansprechenden Kaffeevarianten. Heute ist allerdings die Marke Nespresso mit spezifischen Inhalten verknüpft und weit verbreitet: An jedem Kontaktpunkt mit Nespresso, von der Kommunikation mit George Clooney bis zu den Nespresso Shops oder den Verpackungen der Espressokapseln wird Exklusivität und ein gehobener Lebensstil mit Genuss vermittelt. Die Marke wurde bei den Kunden durch die kohärenten Erfahrungen an diesen Kontaktpunkten aufgeladen und mit einem Markenimage versehen, das die Identität der Marke widerspiegelt. Nespresso hat sogar eine eigene Sprache für die Produkte entwickelt, man weiß heute was beispielsweise „Lungo" heißt.

So wie es sich mit der Markenidentität verhält, so ist es auch mit Unternehmensphilosophie und Vision: Unternehmen geben sich einen normativen Rahmen als Vorgabe ihrer weiteren Geschäftstätigkeit. Die daraus folgende Logik ist klar und überzeugend: Die folgenden Maßnahmen und das Geschäftsmodell müssen diesen normativen Rahmen als Vorgabe berücksichtigen und sich in dessen Rahmen bewegen.

Bei erfolgreichen Corporate Brands wie etwa bei IKEA oder bei HILTI zeigt sich eine große Kohärenz zwischen Markenidentität, Unternehmensphilosophie und Geschäftsmodell. Bei HILTI ist das Markenversprechen „Outperform – Outlast" mit herausragenden Produkten und Services auch die Basis des Geschäftsmodells. Deshalb ist die Markenidentität entsprechend in die Unternehmensphilosophie und die Vision des Unternehmens einzubinden, die die Grundlage für die Ableitung der Markenidentität bilden. Vereinfacht kann man sich die Beziehungen zwischen Unternehmenszweck (Mission), Unternehmensgrundsätzen, Unternehmensvision, Unternehmenswerten und Markenidentität wie in Abb. 3.1 dargestellt vorstellen.

Aus der Abbildung wird ersichtlich, dass der linke Teil der Darstellung, bei dem es um die Unternehmensphilosophie (Unternehmenszweck und -grundsätze) geht, nach innen fokussiert ist, während in dem rechten Teil, der die Vision und die Leitsätze zum Inhalt hat, neben dem Unternehmen auch die Unternehmensumwelt berücksichtigt wird. Dies ist nicht falsch zu interpretieren: Natürlich kann die Unternehmensphilosophie nicht völ-

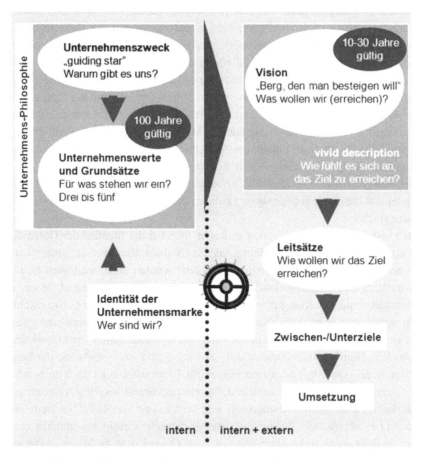

Abb. 3.1 Beziehung zwischen Unternehmenszweck, Unternehmenswerten, Vision sowie der Markenidentität. (Quelle: Esch 2012, S. 83)

lig kontextfrei entwickelt werden. Umweltbeobachtungen finden auch hier Berücksichtigung. Sie stellen jedoch nicht den Fokus der Betrachtung dar. Die Markenidentität nimmt eine Mittelposition ein: Einerseits baut sie auf den inneren Stärken auf, andererseits muss sie natürlich auch Umweltentwicklungen, wie etwa Marktveränderungen, Veränderungen der Bedürfnisse der Anspruchsgruppen sowie veränderte Wettbewerber und Wettbewerbsverhalten in Betracht ziehen.

▶ Die Entwicklung der Umweltphilosophie beruht primär auf einer „Nabelschau".

Die *Markenidentität* kennzeichnet die charakteristischen und wesensprägenden Merkmale einer Marke (Esch 2012, S. 81). Einerseits reflektieren sich darin die Wurzeln der Marke, z. B. bei der BASF die lange Historie in und für die Chemie, andererseits aber auch der Anspruch der Marke, z. B. dass man bei der BASF „Pioneering" im Bereich der Chemie sein möchte. Wichtig ist auch, dass die Markenidentität „Hard Facts" und „Soft Facts" zur Marke erfasst. Bei den Hard Facts geht es darum, die mit der Unternehmensmarke verknüpften Eigenschaften (z. B. bei Würth die stärkste Außendienstmannschaft der Branche) und daraus resultierende Nutzen (die Nähe zum Kunden und das besondere Eingehen auf Kundenbedürfnisse) für die Anspruchsgruppen zu definieren. Bei den Soft Facts geht es hingegen darum festzulegen, wie es sich anfühlt, wenn man mit der Corporate Brand in Kontakt tritt (z. B. bei Würth partnerschaftlich, hilfsbereit, mit Herzblut engagiert) und was die sinnlich wahrnehmbaren Signale der Marke sind (sehen: Das Gelb der Post, der Fuchs von Schwäbisch Hall; fühlen: das Alugehäuse eines Apple Laptops; hören: der Telekom-Jingle; riechen: der Geruch von Abercrombie & Fitch; schmecken: Coca-Cola). Die Idee hier ist: aus einem Guss! Idealerweise greifen Hard Facts und Soft Facts nahtlos ineinander und stärken sich gegenseitig (s. dazu auch den Beitrag zum Employer Branding in diesem Buch).

Hatch und Schultz (2008) betonen zu Recht, dass bei der Identität der Unternehmensmarke eine zu starke Selbstbetrachtung und Selbstabsorption als Narzissmus betrachtet und in der Außenwirkung als Arroganz aufgefasst werden kann, weil eben Bedürfnisse der Anspruchsgruppen unberücksichtigt bleiben. Nixdorf ist ein Beispiel für ein solches Unternehmen – mit der Konsequenz, dass es vom Markt verschwand. Umgekehrt führt eine zu starke oder reine Außenbetrachtung zur Hyper-Absorption und somit zu einem Verlust der inneren Werte und Kultur, so dass solche Unternehmen eher kopflosen Hühnern gleichen. Häufige Richtungswechsel – wie etwa bei Opel – sind dann die Regel.

Ein weiterer Aspekt mit negativen Folgen für Unternehmen ist noch zu beachten: In vielen Unternehmen wird die Identität der Corporate Brand losgelöst von den grundlegenden Werten, dem Unternehmenszweck und der Vision entwickelt. Dies kann leicht zur Konfusion bei Mitarbeitern führen, die sich mit den sehr vielfältigen Inhalten bei einem internen Rollout auseinandersetzen müssen. Statt Orientierung zu bieten, stiftet man dadurch Verwirrung. Deshalb ist eine enge Verzahnung mit der Markenidentität erforderlich.

3.2 Die Unternehmensphilosophie ableiten

Für eine kohärente Ableitung gilt es in Bezug zum Zusammenhang zwischen Unternehmensphilosophie und Markenidentität folgende Fragen zu klären (Esch 2012, S. 83):

- Warum gibt es uns? Was treibt uns an? (Unternehmens-Zweck)
- Für was stehen wir ein? (Unternehmenswerte und -grundsätze)
- Wer sind wir? (Identität der Unternehmensmarke)

Mit Blick auf die Zukunft des Unternehmens sind folgende Fragen zu klären:

- Was wollen wir (erreichen)? (Vision)
- Wie fühlt es sich an, dieses Ziel zu erreichen? („vivid description")
- Wie wollen wir das Ziel erreichen? (Operationalisierung durch Ober- und Unterziele)

Zunächst ist bei jedem Unternehmen die Unternehmensphilosophie festzulegen. Drucker (2000, S. 23) betont, dass die häufig gelehrten Managementtechniken wie Outsourcing, Downsizing, Total Quality Management etc. allzu oft im Fokus der Unternehmen stehen. Hier steht die Frage „Wie mache ich?" im Vordergrund. Allerdings gewinnt die Frage „Was mache ich?" zunehmend an Bedeutung und darf auf keinen Fall vernachlässigt werden.

Die *Unternehmensphilosophie* ist der dauerhafte Charakter eines Unternehmens. Sie überdauert Produkt- oder Marktzyklen, technologische Innovationen und Management-Moden und ist der Klebstoff, der eine Organisation zusammenhält. Die Unternehmensphilosophie soll führen und inspirieren, sie muss aber nicht notwendigerweise differenzieren. Es können auch mehrere Unternehmen die gleiche Philosophie haben. Die Unternehmensphilosophie setzt sich zusammen aus den Unternehmenswerten und -grundsätzen sowie dem Unternehmens-Zweck (Collins und Porras 1996).

Der *Unternehmenszweck* beschreibt die „Daseinsberechtigung" eines Unternehmens. Er spiegelt die idealistische Motivation der Mitarbeiter wider, weswegen sie für das Unternehmen arbeiten und enthält die Seele des Unternehmens. Der Unternehmenszweck sollte für mindestens 100 Jahre Bestand haben und dient als ein wegweisender Stern am Horizont, dem man immer folgt, den man aber nie erreicht (Collins und Porras 1996, S. 68 f.).

> **Beispiel**
> Beispiele für Unternehmenszwecke:
> - 3M: To solve unsolved problems innovatively.
> - Walt Disney: To make people happy.
> - Facebook: To give people the power to share and make the world more open and connected.
> - Microsoft: To enable people and businesses throughout the world to realize their full potential.

Für Wegmann Automotive, ein B2B-Unternehmen, das C-Teile produziert, wurde der Unternehmenszweck „Wir machen das Einfache perfekt" entwickelt. Der Anspruch ist somit, etwas billiger und besser zu machen als Wettbewerber. Bei der Würth Group wurde der Unternehmenszweck „Wir lieben das Verkaufen" abgeleitet. Dies trifft grundsätzlich für alle Geschäftseinheiten der Würth Gruppe zu. Es ist der gemeinsame Nenner der einzelnen Unternehmen der Würth Gruppe.

Die *Unternehmenswerte und -grundsätze* sind die essentiellen und dauerhaften Leitlinien eines Unternehmens und definieren, wofür das Unternehmen steht. Sie haben einen intrinsischen Wert und sind für die Mitarbeiter eines Unternehmens wichtig. Sie bedürfen keiner externen Validierung. Die meisten Autoren empfehlen eine begrenzte Anzahl solcher Grundsätze. Jedes Unternehmen sollte drei bis maximal fünf Unternehmenswerte und -grundsätze haben. Folgendes Statement von R. S. Larsen, dem ehemaligen CEO von Johnson & Johnson, bringt die Bedeutung solcher Unternehmensgrundsätze gut zum Ausdruck: „The core values embodied in our credo might be a competitive advantage, but that is not why we have them. We have them because they define for us what we stand for, and we would hold them even if they became a competitive disadvantage" (zitiert nach Collins und Porras 1996, S. 67).

Beispiel

Unternehmensgrundsätze für Sony, Philip Morris (Collins und Porras 1996, S. 68) und Coca-Cola:

Sony
- Elevation of the Japanese culture and national status
- Being a pioneer – not following others, doing the impossible
- Encouraging individual ability and creativity

Philip Morris
- The right to freedom of choice
- Winning – beating others in a good fight
- Encouraging individual initiative
- Opportunity based on merit, no one is entitled to anything
- Hard work and continuous self-improvement

Coca-Cola
- Leadership: The courage to shape a better future.
- Collaboration: Leverage collective genius.
- Integrity: Be real.
- Accountability: If it is to be, it's up to me.
- Passion: Committed in heart and mind.
- Diversity: As inclusive as our brands.
- Quality: What we do, we do well.

Die Unternehmensphilosophie muss authentisch sein, sie kann nicht gefälscht werden. Sie kann nur durch eine Sicht nach innen entdeckt werden. Die Authentizität, die Disziplin und die Dauerhaftigkeit, mit der diese gelebt wird, differenzieren erfolgreiche Unternehmen vom Rest. Bei Unternehmen wie Bosch, Porsche oder BMW spürt man förmlich, wie stark die Unternehmensphilosophie kulturprägend ist und das Verhalten der handelnden Personen beeinflusst. Die oben beispielhaft dargestellten Werte sind deshalb vorbildhaft, weil sie eben nicht weichgespült wurden und man versucht hat, möglichst vielen aktuellen Trends gerecht zu werden.

Fallstricke bei der Ableitung von Unternehmenswerten Es zeigen sich einige typische Muster, die eine große Gefahr bei der Ableitung von Unternehmenswerten darstellen. Denn: Wenn diese das Innere des Unternehmens verkörpern sollen, müssen sie auch entsprechend klar formuliert sein. Dies ist oft nicht der Fall. Dafür gibt es drei wesentliche Gründe, die man besonders häufig bei großen Unternehmen antrifft:

1. Aus *politischer Korrektheit* versucht man einem breiten Spektrum von Anforderungen, die extern an ein Unternehmen herangetragen werden, gerecht zu werden.
2. *Viele Beteiligte verderben den Brei*: Man einigt sich auf Kompromisse, statt sich auf wesentliche Grundsätze zu fokussieren.
3. Statt einer klaren und unmissverständlichen Sprache, die zum Unternehmen passt, werden *weiche Allgemeinplätze* formuliert.

Zu 1 In diesem Fall ist es typisch, dass man versucht, in den Grundsätzen die unterschiedlichen Anspruchsgruppen zu berücksichtigen und zu adressieren sowie externen Anforderungen gerecht zu werden, um als „gutes" Unternehmen wahrgenommen zu werden. Daraus entstehen meist umfangreiche Abhandlungen und Pamphlete, die oft wegen des Umfangs nicht einmal in Gänze durchgelesen, geschweige denn behalten werden können. Die Nestlé Grundsätze haben beispielsweise einen Umfang von 20 Seiten. Sie sind eher abschreckend als motivierend und Richtung weisend, wenngleich man sicherlich keine Aussage darin finden wird, die man nicht „unterschreiben" könnte.

Zu 2 Bei der Entwicklung der Grundsätze sind häufig unterschiedliche Gruppen im Unternehmen involviert. Eigeninteressen und -themen werden somit in den Prozess eingebracht. Entsprechend häufig einigt man sich auf Kompromisse und den kleinsten gemeinsamen Nenner, statt rigide die Spreu vom Weizen zu trennen. Dies setzt einen disziplinierten Prozess mit relevanten Prüffragen voraus.

Zu 3 Allzu oft vermisst man aber diese klare Sprache. Aussagen wie „Wir verpflichten uns zu ethischem und verantwortungsvollem Handeln" sind dann die Folge. Sie klingen gut, sind aber wenig griffig. Hingegen wäre eine Aussage wie „Fehler sind erlaubt – einmal" klar. Sie geben unmissverständlich die Haltung eines Unternehmens wider. Es geht somit zwar primär um die Festlegung des korrekten Inhaltes, dieser muss allerdings eingängig und klar formuliert sein, damit jeder sie verstehen und danach handeln kann.

Die Unternehmensphilosophie darf nicht mit den Kernkompetenzen des Unternehmens verwechselt werden. Während die Kernkompetenzen beschreiben, in welchen Bereichen ein Unternehmen gut ist, umfasst die Unternehmensphilosophie, wofür ein Unternehmen steht und warum es existiert.

Grundsätzlich sollte die Unternehmensphilosophie für einen langen Zeitraum entwickelt werden. Drucker (2000, S. 33) betont allerdings zu Recht, dass diese

- im gesamten Unternehmen verstanden werden muss sowie
- ununterbrochen überprüft werden sollte,

weil sie nicht in Steintafeln gemeißelt ist, sondern eine Hypothese darstellt. Seiner Meinung nach liegt hier die Crux für Fehlentwicklungen mancher Unternehmen.

▶ Die Unternehmensphilosophie ist zwar langfristig angelegt, sie bedarf aber der ständigen Überprüfung.

3.3 Eine Vision als Vorgabe für die Ziel- und Strategieentwicklung bestimmen

Die Darstellung der Unternehmenszukunft erfolgt über die Vision und deren lebendige Beschreibung (vivid description). Es ist bei der Entwicklung einer solchen Zukunftsbeschreibung wenig zweckmäßig, über die Unternehmenszukunft im Sinne von „Das ist die Richtige oder das ist die Falsche" zu diskutieren. Es ist eine Zukunftskreation, nicht eine Zukunftsvorhersage! Wichtige Fragen sind (Collins und Porras 1996, S. 75):

- Finden wir die Unternehmenszukunft stimulierend?
- Berührt sie die Menschen?
- Spornt sie die Mitarbeiter an?

Die *Unternehmenszukunft enthält zwei Teile*: eine für zehn bis 30 Jahre gültige *Vision* sowie eine *vivid description* (Esch 2012, S. 86). Die Vision fokussiert alle Anstrengungen und dient als Verstärker für den Teamgeist. Sie sollte klar und eindeutig formuliert sein. Bildlich gesprochen geht es darum, welchen Berg man in den nächsten zehn bis 30 Jahren besteigen möchte (Collins und Porras 1996, S. 73). Sie gibt ein eindeutig formuliertes Ziel vor, so dass den Mitarbeitern klar ist, wann dieses erreicht ist. Die Vision muss aber kein Ziel sein, das zwingend erreicht werden muss. Die Mitarbeiter sollten aber zumindest glauben, dass es erreicht werden kann. Eine Vision bedarf einer gewissen Bodenhaftung: Sie darf nicht zu nahe an der Realität sein, sie sollte aber auch nicht völlig irreal sein, sondern das gerade noch Machbare beinhalten (Helm und Meiler 2003, S. 202). Eine effektive Vision bedarf der Schriftform, sie sollte attraktiv, realisierbar, verständlich, plastisch und kognitiv kompatibel sein (von der Oelsnitz 2000, S. 158 ff.). Bei ihrer Formulierung können durchaus unterschiedliche Bezugspunkte gesetzt werden (s. unten). Nike hat beispielsweise den unmittelbaren Bezug zum Wettbewerber Adidas, Stanford hat hingegen Harvard als Vorbild gewählt.

> **Beispiel**
>
> *Beispiele für Visionen:*
> - Ford: Democratize the automobile (Ford Motor Company 1905).
> - Stanford: Become the Harvard of the West (Stanford University 1940er).
> - Nike: Crush Adidas (Nike 1960er).
> - Microsoft: Ein Computer auf jedem Schreibtisch und zu Hause (Microsoft 1975).
> - Amazon: To be earth's most customer-centric company (Amazon 1994).
> - BMW Group: Der führende Anbieter von Premium-Produkten und Premium-Dienstleistungen für individuelle Mobilität (BMW Group 2007).

Die *vivid description* ist eine lebhafte Beschreibung des Gefühls, das sich bei der Erreichung des Ziels einstellen wird. Sie sollte nicht nur aus Worten bestehen, sondern auch aus Bildern, denn Bilder sagen mehr als 1000 Worte! Leidenschaft, Emotionen und Überzeugung sind wesentliche Bestandteile einer vivid description. Sie dient demnach dazu, die Menschen im Unternehmen für die Vision zu begeistern und dieses Zukunftsbild in einfachen Worten und klaren, anspornenden Bildern zu vermitteln (Collins und Porras 1991, S. 46 f.).

> **Beispiel**
>
> Vivid description für Ford (zitiert nach Collins und Porras 1996, S. 73):
> I will build a motor car for the great multitude (…). It will be so low in price that no man making a good salary will be unable to own one and enjoy with his family the blessing of hours of pleasure in God's great open space. When I'm through, everybody will be able to afford one, and everybody will have one. The horses will have disappeared from our highways, the automobile will be taken for granted … [and we will] give a large number of men employment at good wages. (Henry Ford 1903)

Unternehmenszweck und Vision sollten allerdings nicht verwechselt werden. Der Unternehmenszweck ist der Grund für die Existenz des Unternehmens, die Vision hingegen ein klar vorgegebenes Ziel. Der Unternehmenszweck kann niemals vollständig, die Vision jedoch in zehn bis 30 Jahren erreicht werden (Esch 2012). Demnach ist der Unternehmenszweck der lenkende Stern am Himmel, die Vision hingegen der Berg, der erklommen werden soll. Ist ein Berg bezwungen, folgt entsprechend der nächste. Reinhold Messner zeigte, wie es geht: Nachdem er alle Achttausender-Berge bezwungen hatte, nahm er sich vor, durch Wüsten zu marschieren.

Die Vision gilt es im nächsten Schritt in entsprechenden *Ziel- und Strategievorgaben* weiter zu operationalisieren. So möchte Google etwa das Wissen der Welt überall nützlich und zugänglich machen. Daraus werden fünf zentrale Strategien abgeleitet, die lauten:

1. Create a climate of innovation.
2. Focus on the user.
3. Powered by partnership.
4. Be global, but be truly local.
5. All the devices, all the time (Google 2013).

Fazit Unternehmenszweck und -grundsätze sowie die Vision bilden den Rahmen zur Entwicklung der Markenidentität (Esch 2012). Dies gilt vor allem dann, wenn es sich um ein neues Unternehmen handelt. Allerdings lehren die Erfahrungen der letzten Jahre, dass viele Unternehmen nicht frühzeitig genug diese meist bei der Unternehmensgründung festgelegten Inhalte auf den Prüfstand stellen. Gerade in solchen Fällen ist es zweckmäßig, die Markenidentität auch zur Adjustierung von Unternehmenszweck, -grundsätzen, Vision und Leitbildern heranzuziehen, da es dadurch zu einer harmonischeren Abstimmung der Inhalte kommt und zudem die Vision einen realistischen Check erfährt, ohne dabei an Zukunftskraft zu verlieren. Gerade dies wird teilweise an Visionen bemängelt. Von den Eichen und Stahl (2005, S. 20) schlagen deshalb vor, statt von einer Vision von dem „leitenden Gedanken" zu sprechen, der als Brücke zwischen Wollen und Handeln dient. Dadurch wollen sie die Biegsamkeit des Visionsbegriffes umgehen. Ob dazu eine Umbenennung notwendig ist, ist mehr als fraglich. Vielmehr gilt es, eine Vision auf der einen Seite zum Leben zu bringen und mit klar operationalisierbaren Maßnahmen umzusetzen und auf der anderen Seite mit der Markenidentität abzugleichen, um dadurch eine entsprechende Realitätsnähe zu wahren.

Aus der Vision und den Leitsätzen werden – wie oben beschrieben – die Unternehmensstrategien abgeleitet. Hierbei spielt wiederum die Markenidentität, die für das Unternehmen festgelegt wird, eine große Rolle.

▶ Unternehmenszweck und -grundsätze sowie die Vision bilden den Rahmen zur Entwicklung der Markenidentität.

Die Markenorientierung ist jedoch nicht für jede Branche und jedes Geschäftsmodell identisch. Zudem gibt es nach wie vor noch Unternehmen, für die eine Markenführung keine Rolle spielt. Booz/Allen/Hamilton sprechen hier von sogenannten *markenblinden Unternehmen* (Harter et al. 2005). Bei den markenorientierten Unternehmen lassen sich hingegen zwei grundlegende Ausrichtungen unterscheiden (Esch 2012, S. 88 f.):

Fall 1 Aaker und Joachimsthaler (2009) sehen die Rolle der Markenidentität darin, dass durch diese die Unternehmensstrategien und das Geschäftsmodell sichtbar umgesetzt werden. Hier gilt der Grundsatz: *„The Brand Strategy is the Face of the Business Strategy."*

Dies ist einleuchtend, bedeutet jedoch auch im Extremfall, dass sich bei jeder Änderung der Unternehmensstrategie oder des Geschäftsmodells auch die Markenstrategie und deren Ausprägung ändern. Ein Beispiel hierfür war lange Jahre die Deutsche Bank, bei der mit jedem Strategiewechsel ein neuer Slogan eingeführt wurde. Zwar hat sich über die letzten Jahre „Leistung aus Leidenschaft" gehalten, aber durch die erneute Refokussierung vom Investmentbanking-Schwerpunkt auf die Betreuung von Privatkunden kann sich dies möglicherweise wieder ändern. Dies kann Anspruchsgruppen der Bank verwirren. Besser wäre es demzufolge, wenn die Markenidentität die Leitplanken für die Geschäftsmodelle und die Geschäftsstrategie bilden würde. Dies ist bei der BASF SE, das als führendes Chemieunternehmen einen Beitrag zur erfolgreichen Zukunftsgestaltung für seine Partner leisten möchte, der Fall. Geschäftsbereiche, die nicht originär mit der Kompetenz Chemie (BASF: The Chemical Company) zu tun haben, firmieren deshalb nicht unter der Marke BASF. Hier spielt die Marke und deren Markenidentität eine tragende Rolle.

Fall 2 In diesem Fall richtet sich das komplette Handeln im Unternehmen an der Marke aus. Das Geschäftsmodell wird durch die Marke bestimmt. Dies ist beispielsweise bei Red Bull der Fall: einer Marke, die sich vom Energy Drink hin zu einer medial inszenierten Marke entwickelt hat. Nach dem Motto „Red Bull verleiht Flügel" werden medienwirksam spektakuläre und ungewöhnliche Events markenorientiert und markenstärkend vermarktet, die diesen Anspruch eindrucksvoll einlösen und mit tiefgreifenden Erlebnissen und Events untermauern. Das letzte spektakuläre Beispiel ist das Red Bull-Stratos-Projekt, ein Fallschirmsprung aus der Stratosphäre. Kein anderes Ereignis hat bislang Menschen mehr bewegt, Videos mit anderen zu teilen als dieses. Einzelne Videos wurden bis zu 34 Mio. Mal mit anderen geteilt. Die Maxime lautet hier: *„Brand Strategy drives Business Strategy"*. Dies darf jedoch nicht falsch verstanden werden. So wird bspw. im Beiersdorf Konzern die Forschung zentral betrieben, allerdings werden die Innovationen je nach Marke bei Nivea oder Eucerin implementiert. Wachstumsplattformen werden klar an der Positionierung der Marken ausgerichtet. Ein solches Verständnis zeichnet sich zunehmend auch bei Ge- und Verbrauchsgütern sowie bei Dienstleistungsunternehmen ab.

Unabhängig von der jeweiligen Bedeutung der Marken ist die Entwicklung einer Markenidentität grundlegend für den Markenerfolg.

3.4 Kohärent sein und die Lücken schließen

Bei starken Corporate Brands wie IKEA oder HILTI sind Unternehmensphilosophie, Markenidentität und Geschäftsmodell aus einem Guss.

Das Beispiel IKEA: Kohärenz im System Die Vision des IKEA-Gründers Ingvar Kamprad ist es, möglichst vielen Menschen einen besseren Alltag zu schaffen. Geschäftsidee und Geschäftsmodell stützen diese Vision, indem ein breites Sortiment formschöner und

Abb. 3.2 Das IKEA-System

funktionaler Möbel sowie Accessoires zu sehr günstigen Preisen für Familien angeboten wird (s. Abb. 3.2).

Die drei Säulen des Geschäftsmodells von IKEA lauten demnach: Günstige Preise + Vielfalt + funktionales und formschönes Design.

Über die Jahre hinweg erfolgte dabei eine Veränderung der Nutzenansprache der Kunden, die sich entsprechend in der Markenidentität und der Markenpositionierung niederschlug. Der Weg ging von preiswerten Möbeln zum Zusammenbauen bis hin zum Wohlfühlen in den eigenen vier Wänden. Folgerichtig lautet die Positionierung von IKEA heute sinngemäß: Erschwingliche Lösungen für ein besseres Leben. Sie kulminieren in der kommunikativen Umsetzung in dem Slogan „Wohnst Du noch oder lebst Du schon?". Konsequent werden dabei die schwedischen Wurzeln des Unternehmens betont, beginnend bei den Farben Blau und Gelb, die IKEA-Standorte schon von weitem erkennbar machen, über schwedische Bräuche, die kommunikativ genutzt werden genutzt werden bis hin zu schwedischen Gerichten im Restaurant. schwedische Gerichte im Restaurant. Es gibt zudem eine eigene „Unternehmenssprache", die konsequent auf die schwedischen Wurzeln setzt: Kunden werden geduzt, wie dies in Schweden üblich ist, die Produkte tragen schwedische Namen (Sofas und Sessel beispielsweise die Namen schwedischer Orte), die Stimme in der Kommunikation hat einen schwedischen Akzent und die Kinderbetreuung findet in Småland statt. Im Unternehmen wird auf konsequente Vereinfachung und Kosteneinsparungen gesetzt, um die Preise idealerweise noch weiter senken zu können. Das Kostenbewusstsein wird folgerichtig als ein zentraler Wert an Mitarbeiter propagiert, ebenso wie der ständige Wunsch nach Veränderung, um Dinge noch weiter zu optimieren. In den IKEA-Läden wird hingegen eine Atmosphäre geschaffen, die die Fantasie inspiriert, wie schön das Leben in den eigenen vier Wänden mit IKEA-Möbeln sein könnte. Diese Linie wird fortgeführt, indem die Mitarbeiter durch Behavioral Branding-Maßnahmen (s. auch das Kapitel zur Rolle der Mitarbeiter in diesem Buch) markenkonform geschult, und potenzielle Mitarbeiter über kohärente Employer Branding-Maßnahmen angesprochen werden.

▶ IKEA ist ein sich selbst verstärkendes System: Fokus durch Kohärenz.

Probleme ergeben sich hingegen immer dann, wenn Lücken entstehen und es zu Widersprüchen der unterschiedlichen Systemelemente kommt. Diese können zwischen dem normativen System aus Unternehmensphilosophie, Markenidentität und Vision sowie dem Geschäftsmodell auftreten, aber auch innerhalb des normativen Systems.

Widersprüche zwischen dem normativen System und dem Geschäftsmodell: Beispiel Allianz Die Allianz ist ein Serviceversicherer und eine Autorität im Markt. Kunden wählen die Allianz wegen genau dieser Stärke und haben dafür auch eine entsprechende Zahlungsbereitschaft, eben weil man dann bei der Allianz versichert ist und nichts falsch machen kann. Das ganze System der Allianz ist darauf ausgerichtet. Für Viele sind beispielsweise die rund 10.000 Versicherungsvertreter und die 30.000 Mitarbeiter ein essenzielles diesbezügliches Signal. Im Zuge der Ausweitung des Geschäftsmodells wurde dann der Schritt zu einer Allianz24-Direktversicherung gewagt (s. Abb. 3.3). Ohne Zweifel hat die Allianz aufgrund der tiefen versicherungstechnischen Kenntnisse und Erfahrungen die Kompetenz dazu. Allerdings läuft dies diametral den Grundsätzen und der Markenidentität entgegen. Eine Direktversicherung bedingt einen direkten Weg, eine Reduktion der Serviceidee sowie einen günstigen Preis. Auf solchen Widersprüchen lässt sich kein erfolgreiches Geschäftsmodell bauen. Die Allianz hat diesen Schritt in die Onlineversicherung teuer bezahlt und inzwischen eingestellt.

Fazit Unternehmen, vor allem Führungskräfte und Mitarbeiter in Unternehmen, brauchen eine Richtung. Diese wird durch das normative System aus Unternehmensphilosophie, Vision und Markenidentität gegeben. Da sich die Umweltbedingungen laufend ändern, ist auch dieses System regelmäßig auf den Prüfstand zu stellen. Es darf nicht

Abb. 3.3 Allianz – Gescheiterter Geschäftsmodell-Ansatz der Onlineversicherung unter der Marke Allianz24

entkoppelt werden vom Geschäftsmodell und der künftigen Strategie, vielmehr sollten die einzelnen Zahnräder kohärent ineinander greifen. Das Beispiel IKEA ist eines von vielen erfolgreichen Beispielen für ein solches kohärentes Gesamtbild.

Literatur

Aaker, D. A., & Joachimsthaler, E. (2009). *Brand leadership*. New York: The Free Press.

Collins, J. C., & Porras, J. I. (1991). Organizational vision and visionary organizations. *California Management Review, 34*(1), 30–52.

Collins, J. C., & Porras, J. I. (1996). Building your company's vision. *Harvard Business Review, 74*(5), 65–77.

Drucker, P. F. (1954). *The practice of management*. New York: Harper & Row.

Drucker, P. F. (2000). *Die Kunst des Managements*. Düsseldorf: Econ.

Eichen, S. F. v. d., & Stahl, H. K. (2005). Brauchen Unternehmen noch Visionen? *Frankfurter Allgemeine Zeitung, 37*, 20.

Esch, F.-R. (2012). *Strategie und Technik der Markenführung*. München: Vahlen.

Harter, G., Koster, A., Peterson, M., & Stomberg, M. (2005). Managing brands for value creation. Booz Allen Hamilton. Online unter: http://www.boozallen.com/media/file/Managing_Brands_for_Value_Creation.pdf. Zugegriffen: 23. Sept. 2013.

Hatch, M. J., & Schultz, M. (2008). *Taking brand initiative. How companies can align strategy, culture, and identity through corporate branding*. San Francisco: Jossey-Bass.

Helm, R., & Meiler, R. C. (2003). Unternehmensvision, Interne Kommunikation und Effizienz des Wissensmanagements. *Controlling, 15*(3), 201–207.

Oelsnitz, D. v. d. (2000). Marketingimplementierung: Mit ‚Visionen' den Wandel steuern. *Jahrbuch der Absatz- und Verbrauchsforschung, 46*(2), 148–166.

Osterwalder, A., & Pigneur, Y. (2010). *Business model generation: A handbook for visionaries, game changers, and challengers*. Hoboken: Wiley.

Prof. Dr. Franz-Rudolf Esch ist Professor für Markenmanagement und Automotive Marketing an der EBS Universität für Wirtschaft und Recht, Oestrich-Winkel, und Direktor des Instituts für Marken- und Kommunikationsforschung (IMK). Davor lehrte er in Saarbrücken, Trier, St. Gallen, Innsbruck und Gießen. Weiterhin ist er Gründer und wissenschaftlicher Beirat von ESCH. The Brand Consultants, Saarlouis. Seine Forschungsschwerpunkte liegen in den Bereichen Markenmanagement, Kommunikationsforschung und Konsumentenforschung.

Identität der Corporate Brand entwickeln und schärfen

4

Franz-Rudolf Esch

> **Zusammenfassung**
>
> Dieses Kapitel stellt die Markenidentität als Fundament eines Managements der Corporate Brand vor. Nach dieser Konzeption fungiert die Markenidentität als Hintergrundtapete, vor der die Markenpositionierung quasi als Leuchtturm wirksam werden kann, um Images bei den relevanten Anspruchsgruppen aufzubauen. Damit dies zielgerichtet geschieht, muss zunächst die Markenidentität sorgsam und mit Verständnis bestimmt werden. Zudem wird herausgearbeitet, dass eine klar wahrnehmbare Umsetzung in alle wesentlichen Markenkontaktpunkte erfolgsrelevant ist. Zentrales Steuerungs- und Vermittlungstool ist dabei das Markensteuerrad.

4.1 Markenidentität als Ausgangspunkt des Corporate Brand Managements verstehen

> Wenn ein Kapitän nicht weiß, welches Ufer er ansteuern soll, dann ist kein Wind der richtige. (Lucius Annaeus Seneca)

Die Entwicklung und Schärfung von Unternehmensmarken startet wie bei Produktmarken mit der Festlegung der Markenidentität (Esch 2012; Aaker und Joachimsthaler 2000, S. 40). Diese gilt es bei existierenden Corporate Brands zu wahren und bei neuen Corporate Brands zu entwickeln.

F.-R. Esch (✉)
EBS Universität für Wirtschaft und Recht, Oestrich-Winkel, Deutschland
E-Mail: Franz-Rudolf.Esch@ebs.edu

Ähnlich wie die Identität einer Person das Vorhandensein eines zeitlich relativ stabilen Bildes des Individuums von sich selbst beschreibt, stellt die *Markenidentität das Selbstbild* einer Marke aus Sicht des Unternehmens dar. Die Markenidentität erfasst demnach strategische Vorstellungen im Unternehmen zu essenziellen, wesensprägenden Merkmalen der Unternehmensmarke. Sie bringt zum Ausdruck, wofür eine Corporate Brand stehen soll und wie sie gegenüber den verschiedenen Anspruchsgruppen auftreten muss (Esch 2012). Bei Unternehmensmarken reicht das Spektrum der relevanten Anspruchsgruppen von den Mitarbeitern über Kunden, Medienvertreter, Analysten und Investoren, Entscheider in Politik, Wirtschaft und Gesellschaft bis hin zu Hochschulabsolventen oder der allgemeinen Öffentlichkeit (s. dazu auch den Beitrag zu den Anspruchsgruppen in diesem Buch).

Bei der Markenidentität sind folglich mit Blick auf die Wurzeln der Marke deren zentrale Eigenschaften zukunftsorientiert auszurichten. Dazu startet man üblicherweise im Unternehmen und gleicht diese Innenperspektive mit der Wahrnehmung zentraler Anspruchsgruppen außerhalb des Unternehmens ab, um auf Basis vorhandener Lücken die Weiterentwicklung der Markenidentität voranzutreiben. Somit umfasst die Markenidentität die Nutzen, Eigenschaften, Gefühlswelten und Erlebnisse einer Marke, die an externe Anspruchsgruppen zu vermitteln sind. Nach innen gibt sie die Leitplanken für das Handeln vor, damit alle für den Kunden sichtbaren Maßnahmen aus einem Guss gestaltet werden können, und die Inhalte der Markenidentität konsistent vermittelt werden. Deshalb sollte ein Markenidentitäts-Werkzeug einen Transfer in konkrete kommunikative Umsetzungsmaßnahmen ermöglichen.

▶ Die Markenidentität gibt die Leitplanken für markenkonformes Handeln und die wirksame Umsetzung der Marke in kommunikative Maßnahmen vor.

Führungskräfte sollen Entscheidungen im Sinne der Marke treffen und Mitarbeiter dazu motivieren, sich mit der Marke zu identifizieren, eine Bindung zu dieser aufzubauen und markenkonform zu handeln. Bei der Produktentwicklung und der Kommunikation gegenüber externen Anspruchsgruppen wären folglich die Maßnahmen so zu gestalten, dass sie die Markenwerte reflektieren und dadurch ein positives Image der Marke entstehen kann.

Da den Anspruchsgruppen nicht alle Identitätsmerkmale gleichermaßen stark vermittelt werden können, bedarf es einer Fokussierung, d. h. einer Beschränkung auf wenige zu kommunizierende Merkmale. Dazu dient die *Markenpositionierung*. Sie grenzt die eigene Marke unter Berücksichtigung des vorhandenen Wettbewerbsumfeldes sowie weiterer relevanter Markt- und Kommunikationsbedingungen von Konkurrenzmarken ab. Die gewählten Positionierungseigenschaften müssen dabei den Wünschen und Bedürfnissen der Konsumenten entsprechen und für diese relevant sein (Esch 2012, S. 152 ff.). So positioniert sich BMW durch die Eigenschaften Sportlichkeit, Dynamik und Freude, Volvo durch Sicherheit und Dacia durch günstige Autos. Die Markenpositionierung wird anschließend in sichtbare Maßnahmen zur Kommunikation des angestrebten Soll-Images der Marke umgesetzt. Konkret sind damit Umsetzungen im Produkt-Design, der Massenkommunikation, der Below-the-line-Kommunikation und in andere Instrumente des Marketing-Mix gemeint, die für die Anspruchsgruppen sichtbar werden. Eine wesentliche Voraussetzung dafür, dass diese Maßnahmen auch markenkonform umgesetzt werden, ist die Implementierung der Marke in Herz und Hirn der Manager und Mitarbeiter im Unternehmen.

▶ Je besser die Umsetzung in kommunikative Maßnahmen erfolgt, umso klarer ist im Ergebnis das Markenimage.

Das *Markenimage bezeichnet also das Fremdbild der Marke* aus Sicht der relevanten Anspruchsgruppen (Esch 2012; Meffert und Burmann 2002, S. 49 ff.). Es bildet sich erst langfristig bei den Zielgruppen durch wiederholte direkte und indirekte Kontakte mit der Unternehmensmarke. Diese Kontaktpunkte können von Unternehmen gezielt genutzt werden, um ein Image zur Corporate Brand aufzubauen. Was letztlich von den verschiedenen Anspruchsgruppen über die Marke gelernt wird, hängt von der Umsetzung der Identität und der Positionierung in sichtbare Maßnahmen an den Kontaktpunkten ab.

Wie wichtig der Aufbau eines klaren Markenimages ist, zeigen Ergebnisse einer Befragung von Entscheidern, Journalisten und Finanzanalysten zu 143 Corporate Brands. Nach Ansicht der Befragten hat das Image einer Corporate Brand eine große bis sehr große Bedeutung für die generelle Bewertung eines Unternehmens in der Öffentlichkeit oder durch Analysten (s. Capital 2002, S. 8 f.). Laut PwC lassen sich 50 % des Unternehmenswertes auf den Wert der Marken zurückführen (PricewaterhouseCoopers et al. 2012).

Maßgröße für den mehr oder weniger erfolgreichen Transfer der Markenidentität im Markt ist schließlich das Markenimage. Daher ist das Markenimage regelmäßig durch Markenstatus- und Imageanalysen (s. dazu auch den Beitrag zu Quer- und Längsschnittmessungen des Brand Status in diesem Buch) bei den relevanten Anspruchsgruppen zu überprüfen. Aus den Ergebnissen können dann Anpassungs- und Verbesserungsmaßnahmen für die künftige Positionierung und deren Umsetzung sowie für die Gestaltung der Identität der Corporate Brand abgeleitet werden. Allerdings sind die Assets der Unternehmensmarke zu wahren, damit solche Anpassungen nicht in einer Defizitausgleichsstrategie münden.

Der Imageaufbau erfolgt jedoch nicht nur, wenn die Identität einer Corporate Brand gezielt gesteuert wird. Ein Image bildet sich auch dann, wenn es nicht zu einer eindeutigen Festlegung der Identität einer Corporate Brand gekommen ist. Werden z. B. Kommunikationsmaßnahmen nicht identitätsorientiert aufeinander abgestimmt und zahlen daher nicht auf die Corporate Brand ein, ist das aufgebaute Markenimage in der Regel diffus und zersplittert. Mit der gezielten Entwicklung der Markenidentität kann dem willkürlichen Aufbauprozess entgegengewirkt werden, indem konkrete Identitätsmerkmale eindeutig für eine Marke festgelegt werden.

Ziel der Identitätsbestimmung ist es somit, eine möglichst hohe Übereinstimmung zwischen der Identität und dem Image einer Corporate Brand zu erreichen. Hierbei spielt die Markenpositionierung und die positionierungskonforme Umsetzung im Markt eine bedeutende Rolle (s. Abb. 4.1). Mit der Markenpositionierung wird die Markenidentität

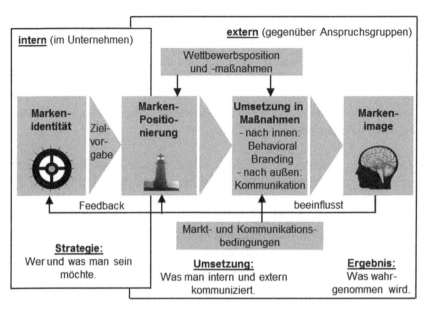

Abb. 4.1 Zusammenhang zwischen Markenidentität, Positionierung, Kommunikation und Image

unter Berücksichtigung des vorhandenen Wettbewerbsumfeldes sowie weiterer relevanter Markt- und Kommunikationsbedingungen auf wenige Inhalte fokussiert. Erst dadurch wird das Konzept umsetzbar. Die Positionierung einer Corporate Brand enthält wenige, besonders relevante und differenzierende Merkmale, für die eine Unternehmensmarke stehen soll (s. auch den Beitrag zur Positionierung in diesem Buch).

▶ Die identitäts- und positionierungskonforme Ausgestaltung aller wahrnehmbaren Kontaktpunkte mit der Marke ist erfolgskritisch.

Aus diesen Zusammenhängen lässt sich Folgendes für die Kommunikation ableiten:

Die *Markenidentität* dient als *Hintergrundtapete für die Marketingmaßnahmen*. Sie gibt die Leitplanken für die Marketingaktivitäten vor: Für die entsprechende Ausgestaltung dieser Maßnahmen ist das erlaubt, was in der Markenidentität festgehalten ist. Abweichungen davon würden das Bild der Marke verwässern.

Die *Markenpositionierung* steht hingegen als *Leuchtturm vor der Hintergrundtapete*. Sie gibt vor, welche zentralen Inhalte die Anspruchsgruppen auf jeden Fall zur Marke lernen und mit dieser verbinden sollten. Dies ist deshalb wichtig, weil viele Kontakte mit Kommunikationsmaßnahmen flüchtig und beiläufig sind, und Marken deshalb einen klaren Fokus benötigen, der schnell und unmissverständlich durch Kommunikation vermittelt werden kann (Esch und Hanisch 2013).

4.2 Identität einer Corporate Brand bestimmen

4.2.1 Anforderungen an die Identität einer Corporate Brand beachten

Bei der Identitätsbestimmung ist konkret die *Bedeutung und der Zweck einer Corporate Brand festzulegen*, denn erst wenn die Konzeption einer Marke erfolgt ist, kann sich auch eine entsprechende Akzeptanz bei den Anspruchsgruppen einstellen (Kapferer 1992, S. 45). Dabei werden gerade an die Identität einer Unternehmensmarke besondere Anforderungen gestellt. Es gilt, sowohl unternehmensinterne Gegebenheiten zu berücksichtigen als auch externen Anforderungen, die sich aus den Bedürfnissen und Wünschen der Anspruchsgruppen ergeben, Rechnung zu tragen.

Anforderung 1: Berücksichtigung des Produktspektrums
Die Bedeutung und der Zweck der Corporate Brand ist stark mit den einzelnen Geschäftsaktivitäten des Unternehmens verknüpft. Dabei ist zwischen Unternehmen zu differenzieren, die durch extrem unterschiedliche Geschäftsbereiche sehr heterogen im Markt auftreten, wie beispielsweise Siemens, und solchen Unternehmen, die mit einer homogeneren Produktpalette am Markt agieren, wie beispielsweise die BMW Group. So ist die Identitätsfindung für Unternehmen mit einem sehr breiten Produktspektrum wie Philip Morris (Zigaretten, Lebensmittel etc.), Siemens (Energie, Finanzdienstleistungen, Telekommunikation etc.) oder Shell (Mineralöl, Chemie, Strom etc.) anspruchsvoller als bei reinen Produktmarken wie Red Bull oder Dr. Best.

Je heterogener ein Produkt-Portfolio eines Unternehmens ist, desto weniger kann eine Unternehmensidentität beispielsweise mit spezifischen Produktnutzen verknüpft werden. Vielmehr muss man in diesem Fall nach dem größten gemeinsamen Nenner und nach übergreifenden Gemeinsamkeiten zwischen unterschiedlichen Geschäftsbereichen und Produkten suchen. Auch wenn die BASF in den unterschiedlichsten Leistungsbereichen engagiert ist, so bleiben doch bestimmte Verhaltensweisen gleich, etwa die Leidenschaft für Forschung oder das hartnäckige Hinterfragen. Eine gemeinsame Klammer kann z. B. durch den Rückgriff auf Elemente der Unternehmenskultur gelingen oder durch die Bereitstellung formaler CI/CD-Richtlinien erreicht werden.

Anforderung 2: Abstimmung mit der Markenstrategie
Die Festlegung einer Identität der Corporate Brand ist ebenso verzahnt mit der Entscheidung, welche strategischen Ausrichtungen des gesamten Markenportfolios ein Unternehmen anstrebt. Für die Gestaltung der Markenidentität gilt es daher zu berücksichtigen, ob das Unternehmen mit vielen unterschiedlichen Einzelmarken am Markt agieren (House of Brands) oder aber hauptsächlich mit einer starken Unternehmensmarke (Branded House) am Markt auftreten will oder schon auftritt (Aaker und Joachimsthaler 2000, S. 105).

Beispiele für solch unterschiedliche Zugänge sind Unilever mit Produktmarken wie Lipton oder Magnum als Vertreter der House of Brands-Strategie und Siemens mit der Branded House-Strategie. In der Konsequenz führt dies dazu, dass die Markenidentität und die damit vermittelten Inhalte des Branded House nicht primär auf den Kunden oder Endverbraucher ausgerichtet werden, sondern vielmehr auch auf andere Anspruchsgruppen (Finanzanalysten, Hochschulabsolventen etc.) abgestimmt sind. Im Falle des House of Brands kann die Markenidentität spezifisch auf Bedürfnisse und Wünsche der Endverbraucher abgestimmt werden.

Anforderung 3: Aufbau der Markenidentität bei geringem und hohem Involvement bzw. expliziter oder impliziter Informationsaufnahme
Marketingmaßnahmen wirken häufig implizit und beiläufig, d. h. ohne dass man viel darüber nachdenkt, so dass die Inhalte zur Marke ohne gedankliche Kontrolle aufgenommen werden: Man sieht im Straßenverkehr flüchtig ein Auto, das einem gefällt oder man schaut beiläufig einen Werbespot für eine Automobilmarke. Deshalb ist es sinnvoll, zwischen expliziten und eher impliziten Inhalten zu unterscheiden. Gerade bei vergleichbaren Angeboten verlieren „hard facts", mit denen man sich gedanklich gesteuert auseinandersetzt, an Bedeutung. Umgekehrt wächst die Bedeutung so genannter „soft facts", also von Gefühlen und nonverbalen Eindrücken in der Kommunikation, die das Bild zur Marke prägen.

Wenngleich durch die neurowissenschaftliche Forschung zwischenzeitlich belegt ist, dass die Trennung der beiden Gehirnhälften in ihrer ursprünglich angenommenen rigiden Form nicht mehr durchgängig zutrifft, hilft sie dennoch bei der Strukturierung der Überlegungen zur Ableitung der Markenidentität (Kroeber-Riel und Esch 2011, S. 84 ff.; Esch 2012, S.79 ff.). Die linke Gehirnhälfte ist eher der sprachlich-rationale Teil (Paivio 1986). Sie wird gedanklich stark gesteuert und arbeitet analytisch sequenziell (Kroeber-Riel 1993, S. 22 f.). Dies bedeutet, dass sämtliche Informationen zu einer Marke mit großer gedanklicher Beteiligung aufgenommen und hintereinander verarbeitet werden. Entsprechend manifestieren sich in der linken Hirnhälfte rational fassbare Eigenschaften zu einer Marke und daraus resultierende Nutzen für die Anspruchsgruppen. Die rechte Gehirnhälfte ist hingegen eher bildhaft-emotional geprägt (Paivio 1986). Kennzeichnend für die rechte Hirnhälfte sind die geringe gedankliche Beteiligung bei der Wahrnehmung und die ganzheitliche Verarbeitung von Reizen (Kroeber-Riel 1993, S. 22 ff.). Sie ist demnach der Speicher für modalitätsspezifische Eindrücke und für Gefühle zu einer Marke.

Die Identitätsbestimmung einer Corporate Brand kann auf diesen Erkenntnissen aufsetzen, um einen Aufbau der Markenidentität in beiden Gehirnhälften zu bewirken. So darf eine Markenidentität nicht nur an rationalen Argumenten anknüpfen, sondern muss auch emotionale Bestandteile enthalten. Beispielsweise ist es Apple nicht durch technische Vorteile gelungen, Kunden zu gewinnen und zu binden. Vielmehr wurde die Marke als innovativ und anders im Markt platziert. Der Startschuss hierzu war die Think Different-Kampagne in den 80er Jahren. Zudem belegte die Marke relevante Nutzen für die Kunden, indem sie die Einfachheit der Nutzung und das schöne Design in den Vordergrund stellte. Viele der technischen Innovationen lagen schon vor, man hat sie allerdings durch die Apple- und Kundenbrille neu interpretiert und konnte dadurch auch mit echten Innovationen für den Kunden aufwarten – vom iPod über iTunes, das iPhone bis hin zum

4 Identität der Corporate Brand entwickeln und schärfen

Abb. 4.2 Modifiziertes Markensteuerrad nach Esch

iPad. Apple wird als menschliche, junge und kreative Marke gesehen, zu der viele Nutzer fast schon eine Liebesbeziehung haben.

Anforderung 4: Zunehmende Bedeutung der emotionalen Identitätsbestandteile
Bei der Entwicklung und Festlegung der Markenidentität gewinnt die rechte Hirn-Hemisphäre zunehmend an Bedeutung. Dies gilt umso mehr, weil sachlich-rationale Markeninhalte – unabhängig von Branchen oder Märkten – oft nicht hinreichend von Konkurrenzmarken differenzieren (Esch 2001, S. 238 f.). So konnten Esch und Möll in einer neurowissenschaftlichen Studie feststellen, dass der wesentliche Unterschied zwischen starken und schwachen Marken die Emotionen sind: Starke Marken wie BMW oder Google wecken positive Gefühle, schwache Marken wie Opel hingegen negative Gefühle (Esch et al., 2008; Esch et al. 2012). Dementsprechend gilt es, Emotionen zu bestimmen und bewusst zu managen. Dies wird bei dem Markensteuerrad berücksichtigt (s. Abb. 4.2). Unternehmensmarken wie z. B. Apple oder die Deutsche Telekom nutzen Gefühls- und Bildwelten sowie andere modalitätsspezifische Eindrücke wie Jingles etc., die sich in der rechten Hemisphäre manifestieren, um sich von Konkurrenten zu differenzieren.

Dabei bieten vor allem emotionale Elemente einer Marke die Möglichkeit, für Unternehmen mit einem besonders heterogenen Produktportfolio eine gemeinsame Klammer zu finden. Der Stil, wie in einem Unternehmen gearbeitet wird, welche gefühlsmäßige Komponente die Kommunikation innerhalb und außerhalb des Unternehmens enthält, kann eine gemeinsame Identität für das Unternehmen schaffen.

Anforderung 5: Fit der Identitätsmerkmale
Die Identität einer Corporate Brand ergibt sich nicht durch die Summation von Einzelmerkmalen. Vielmehr muss die Markenidentität in der Lage sein, den Zusammenhang

zwischen den einzelnen rationalen und emotionalen Identitätsmerkmalen sichtbar zu machen. Inhalte, welche die linke und solche, welche die rechte Gehirnhälfte ansprechen, müssen ein Ganzes ergeben (Esch 2003). Bestes Beispiel, wie man sich in der Identitätsfestlegung verzetteln kann, ist E.On. So wurden durch die Kommunikation mit jeweils verschiedenen Prominenten, z. B. den Schauspielern Götz George, Arnold Schwarzenegger oder Veronica Ferres, mit Spielern der Fußball-Bundesligisten Bayern München und Borussia Dortmund jeweils andere Assoziationen vermittelt, die letztlich nicht aufeinander abgestimmt waren. Eine klare Identitätsbildung ist damit für E.On nicht möglich.

4.2.2 Identität der Corporate Brand mit Hilfe des Markensteuerrads erfassen

Folgt man den oben dargestellten Überlegungen, kann man die Markenidentität mit Hilfe des Markensteuerrads erfassen, das diese Anforderungen hinreichend berücksichtigt (Esch 2012).

▶ Im linken Teil des Markensteuerrads werden die „hard facts" zur Marke erfasst:
  1. Markenattribute: Über welche Eigenschaften verfügt die Marke? Hierbei kann es sich um Eigenschaften des Angebots selbst handeln (z. B. Allradantrieb und eine Aluminiumkarosserie bei Audi) oder um Eigenschaften des Unternehmens (z. B. Toyota als weltweit größter Automobilhersteller).
  2. Markennutzen: Was biete ich an? Grundsätzlich gilt: Kunden kaufen keine Eigenschaften, sondern Nutzen (Rothschild 1987, S. 156). Deshalb ist die Trennung zwischen Nutzen und Eigenschaften wichtig. Zur Erbringung eines Nutzens bedarf es jedoch immer einer Begründung durch entsprechende Eigenschaften: Bspw. ist ein Mercedes-Benz ein besonders sicheres Auto, weil es über eine Fülle von Assistance-Systemen zur Erhöhung der Sicherheit verfügt. Bei den Nutzen wiederum lassen sich vereinfacht gesprochen eher sachlich-funktionale („Skoda hat ein sehr gutes Preis-Leistungs-Verhältnis") und psychosoziale Nutzen („Mercedes-Benz bietet mir Prestige") unterscheiden.

Allzu oft werden Eigenschaften eines Produktes oder einer Dienstleistung in den Vordergrund gestellt (Rothschild 1987, S. 156). Doch für die einzelnen Anspruchsgruppen zählt nur der Nutzen, den sie selbst für sich aus der Marke generieren können. So ist eine „schnelle und verlässliche Zusammenarbeit" für einen Journalisten ein konkreter Nutzen eines Unternehmens. Kunden entscheiden sich nicht für ein Produkt oder eine Leistung eines Unternehmens aufgrund seiner Eigenschaften wie der Kostenführerschaft, sondern aufgrund konkreter Nutzen, die sich bspw. in günstigeren Preisen äußert. Ein „weltweit agierendes Unternehmen" ist eine Eigenschaft, doch die globale Verfügbarkeit der Produkte eines Unternehmens stellt für Kunden einen konkreten Nutzen dar.

Deshalb empfiehlt es sich, Ziel-Mittel-Beziehungen zwischen Eigenschaften und Nutzen herzustellen. Dieses Vorgehen ähnelt der Laddering-Technik, bei der man versucht, durch Befragung von Eigenschaften über Nutzen zu Werten eines Unternehmens zu gelangen. Dazu werden den Anspruchsgruppen „Warum-Fragen" gestellt. Bezogen auf Kunden wäre dies die Frage: „Warum kaufen Sie ein Produkt eines bestimmten Unternehmens?" Wird auf diese Frage mit einer abstrakten Eigenschaft geantwortet, wird nachgefasst, warum diese für den Kunden wichtig ist usw. (Herrmann et al. 2001, S. 122).

Die Festlegung von Markenbenefits ist im Falle von Corporate Brands aufgrund der abzudeckenden Geschäftsbereiche eine besondere Herausforderung. Generell gilt es zunächst, gemeinsame Benefits der Corporate Brand auf Geschäfts- und Länderbereichsebene zu identifizieren. Darauf aufbauend ist es dann notwendig, spezifische Anforderungen der Länder, Geschäfte, Produkte und Leistungen vorzunehmen.

Für Unternehmen ohne Endprodukte kann die Identifikation konkreter gemeinsamer Nutzen, die von den Anspruchsgruppen stets als solche wahrgenommen werden, problematisch sein. Doch Beispiele aus der Praxis zeigen, dass dies sehr wohl gelingen kann. So hat es Intel geschafft, klare Benefits zur Unternehmensmarke sogar bei den Endverbrauchern aufzubauen. Die hohe Leistungsfähigkeit sowie die Stabilität der Funktionsweise der Mikroprozessoren sind Nutzen, die letztlich den Verwender überzeugen. Allerdings sind Benefits und Reasons Why für den Markenerfolg zwar unabdingbar, jedoch für eine hinreichende Differenzierung von der Konkurrenz nicht immer ausreichend (Kapferer 1992, S. 51; Aaker 1996, S. 96). Dafür sind vor allem emotionale und bildliche Identitätsmerkmale notwendig.

Im Feld der Nutzen und Attribute fühlen sich Manager meist zu Hause. Allerdings klafft häufig eine Lücke hinsichtlich der Relevanz der Nutzen für Kunden sowie der Hierarchisierung der Nutzen. Daher geht es darum, konkret zu ermitteln, welche Nutzen bei welchen Kundenzielgruppen und Segmenten wichtig sind und wie die Reihenfolge der Wichtigkeit ist. Zudem werden teilweise auch Nutzen genannt, die noch nicht hinreichend mit Attributen hinterlegt sind, was darauf schließen lässt, dass die Marke den Nutzen noch nicht in der Form erbringen kann, wie es wünschenswert wäre (Esch 2012, S. 103 f.). Sicherlich wollen viele Automobilmarken für sportliches Fahren stehen, es wird aber nur mit wenigen verbunden.

▶ Auf der rechten Seite des Markensteuerrads werden die „soft facts" zur Marke erfasst. Dies sind:
  1. *Markentonalität*: Wie bin ich? Diese dient der Erfassung der Emotionen und Gefühlswelten, die mit einer Marke verknüpft werden sollen. Zur Erfassung der Tonalitäten dienen drei Zugänge:
     – Der *Zugang über die Markenpersönlichkeit*: Marken können wie Menschen Persönlichkeitsmerkmale aufweisen. Oft werden Marken deshalb präferiert, weil sie der Persönlichkeit des Kunden entsprechen oder eine Persönlichkeit aufweisen, die sich der Kunde wünscht. Man kauft einen Porsche, weil man sportlich ist oder es gerne wäre. Mini wird sicherlich

eher als jung, Mercedes-Benz hingegen als eher älter und seriös beschrieben. Beispielsweise können besonders charakteristische Persönlichkeitsmerkmale von Angestellten oder Vorstandsmitgliedern auf die Marke übertragen werden (Aaker 1996, S. 127). Die herausgestellten Unternehmenspersönlichkeiten werden dann zu einem Wortführer für die Unternehmensmarke (Kapferer 1992, S. 52). Dies zeigt sich bei der Corporate Brand Virgin, die mit dem Unternehmensgründer und CEO Richard Branson stark verknüpft ist. Die Persönlichkeit einer Marke wird durch jegliche direkten (z. B. aufgrund von Konsumerfahrungen) und indirekten Kontakte (z. B. Gesprächen über die Marke mit Freunden oder Testberichte von Zeitschriften) determiniert. Dies macht sich Virgin Atlantic zunutze, indem sie beispielsweise Fluggäste bei der Begrüßung durch das Flugpersonal im Namen von Richard Branson willkommen heißt. Somit prägt die Unternehmerpersönlichkeit die Konsumerfahrung der Fluggäste. Dies wird noch verstärkt, indem auf der Außenwand der Flugzeuge die Unterschrift von Branson aufgedruckt ist oder Bordmagazine auf die Unternehmensgeschichte hinweisen.
- Der *Zugang über Markenbeziehungen*: Marken können Beziehungen zu Kunden pflegen und umgekehrt. So ist die Beziehung zu IBM eher autoritär und formell, zu Apple hingegen eher freundschaftlich und unkompliziert, es ist fast eine Liebesbeziehung. Eine Beziehung entsteht immer dann, wenn zwei Persönlichkeiten miteinander interagieren (Blackston 2000, S. 102). Dabei können Marken Mittler für den Austausch zwischen Menschen sein (Kapferer 1992, S. 54). Beispielsweise unterstützt die Unternehmensmarke Hipp die Mutter-Kind-Beziehung. Zudem können Marken selbst für ihre Verwender lebendige und aktive Beziehungspartner darstellen (Fournier 2001, S. 139 f.). So kann eine Marke wie Lego oder Disney für ein Kind eine hohe Bedeutung erlangen und zu einem echten Spielgefährten werden. Eine solch hohe emotionale Bindung können dabei nicht nur Kinder zu einer Marke aufbauen, sondern auch für BMW-Begeisterte kann das Auto „zum liebsten Kind" werden (Aaker 1996, S. 142). Aus Sicht des Corporate Brand Managements gilt es, solche Beziehungsverflechtungen zu erfassen und durch die adäquate Bestimmung der Markenidentität mitzugestalten.
- Der *Zugang über Markenerlebnisse*: So wird BMW mit Sportlichkeit verknüpft, Würth wird als partnerschaftlich und hilfsbereit erlebt und Google als inspirierend und unterstützend. Solche Erlebnisse werden durch Kommunikation oder durch persönliche Kontakte – etwa mit Mitarbeitern oder durch Nutzung der Produkte und Dienstleistungen – aufgebaut.

2. *Markenbild: Wie trete ich auf?* Das Markenbild wird durch eine Fülle von Eindrücken geprägt, die im Wesentlichen auf Maßnahmen der persönlichen Kommunikation und der Massenkommunikation zurückführbar sind. Die

Möglichkeiten reichen von Personen, deren Verhalten und Kleidung, über Gebäude, Verkaufsunterlagen, Produkte und deren Design bis hin zur Werbung und zum Internetauftritt. Bei der Gestaltung des Markenbildes ist jedoch darauf zu achten, dass alle modalitätsspezifischen Eindrücke berücksichtigt werden. Diese gehen weit über bildliche Eindrücke hinaus (Aaker 1996, S. 222) und umfassen auch akustische und haptische Bilder sowie Geruchs- und Geschmacksbilder. Hierbei kann es sich um visuelle Merkmale, z. B. CD-Merkmale wie den Mercedes-Stern oder das prägnante BMW-Logo, Farben und Formen, z. B. das Rot von Ferrari und Produktformen wie die des klassischen Porsche 911, Schlüsselbilder wie der Marlboro-Cowboy bzw. die Insel im See bei Krombacher oder Präsenzsignale wie das Michelin-Männchen oder das Lacoste-Krokodil bis hin zu Gebäuden wie den BMW-Turm in München, aber auch um markenspezifische Gerüche (z. B. der Leder- und Holzgeruch in einem Bentley), Klangerlebnisse wie beim Sound-Logo von Audi oder auch haptische Erlebnisse, z. B. bei den Bedienelementen im Auto handeln (Esch 2012, S. 314 ff.). Beispielsweise ist die Deutsche Telekom stark mit der Farbe Magenta, dem magenta-farbenen ‚T', den grauen Digits auf weißem Hintergrund sowie dem Telekom-Jingle verknüpft.

Gerade für eine Corporate Brand bietet der emotionale Zugang eine enorme Chance. Unternehmensmarken mit einer Vielzahl von Geschäftsbereichen sind für die Anspruchsgruppen teilweise nur schwer greifbar. Durch eine klare emotionale Zuschreibung können Unternehmen in den Köpfen der Kunden, der Hochschulabsolventen etc. verankert werden.

In der Mitte des Markensteuerrads wird die Markenkompetenz festgehalten: Wer bin ich? Die Markenkompetenz kann sich auf die Markenhistorie und die Zeitdauer der Marke im Markt beziehen (Mercedes-Benz: der Erfinder des Automobils, seit 125 Jahren im Markt), die Herkunft der Marke (Volkswagen: Made in Germany), die Rolle der Marke im Markt (BASF: führendes Unternehmen der Chemiebranche, Ryan Air: Billigflieger und Herausforderer der etablierten Airlines) oder auf zentrale Markenassets, etwa durch spezielle Produktionsverfahren, Fertigungstechniken, Forschungs- und Entwicklungs-Know-How, Wissensvorsprüngen, Kundenzugängen usw. (Volkswagen-Konzern: Modularisierung, Audi: Design).

▶ Für die Markenidentität gilt: Das Ganze ist mehr als die Summe seiner Teile.

Demzufolge ist es essentiell zu prüfen, ob die einzelnen Quadranten des Markensteuerrades wie Zahnräder ineinander greifen: Diese sollen sich gegenseitig ergänzen und verstärken, um somit ein „Big Picture" zur Marke zu erzeugen (s. Abb. 4.3). Der Grund ist einfach: Viele darin festgelegte Eigenschaften beeinflussen sich gegenseitig. So schließt man beispielsweise vom Design eines Autos darauf, ob dieses robust ist (wie bei Range Rover) oder sportlich und schnell (wie bei Ferrari). Das Geräusch beim Zuschlagen der

Abb. 4.3 Markensteuerrad für die Corporate Brand IKEA (beispielhaft)

Autotür kann die Solidität und Qualität des Autos unterstreichen, ebenso wie der Sound des Motors die Einschätzung der Sportlichkeit beeinflusst. Entsprechend ist zu prüfen, dass sich die in den jeweiligen Quadranten festgelegten Identitätsmerkmale auch wirklich ergänzen und nicht in gegenläufige Richtungen bewegen.

So stellte DHL beispielsweise das große Engagement der Mitarbeiter ins Zentrum der Kommunikation. Dies erfolgte über alle kommunikativen Kanäle, indem in den unterschiedlichen Szenen eben der Einsatz der Mitarbeiter für das Unternehmen und dessen Kunden thematisiert wurde. Durch die sehr prägnante formale Integration der Kommunikationsmaßnahmen wurde zudem die Wiedererkennbarkeit der Marke gestärkt (s. Abb. 4.4).

4.2.3 Identität der Corporate Brand systematisch entwickeln

Bei der Ableitung der Soll-Markenidentität bietet sich ein mehrstufiges Vorgehen an (Esch 2012, S. 115 f.; s. Abb. 4.5):

1. Schritt: *Analyse des relevanten Marktes*: Bevor mit der eigentlichen Identitätsableitung begonnen wird, müssen die Kundenbedürfnisse, das Auftreten der eigenen Marke

4 Identität der Corporate Brand entwickeln und schärfen

Abb. 4.4 Betonung von Markentonalitäten in der Werbekampagne von DHL

sowie das der konkurrierenden Marken analysiert werden. Dies kann häufig in Form von Desk-Research stattfinden.

2. Schritt: *Erfassung der Ist-Identität aus Innensicht*: In Workshops mit Managern und Mitarbeitern wird die aktuelle Identität der Marke aus der Innensicht erhoben.
3. Schritt: *Erfassung der Ist-Identität aus Außensicht*: Aufbauend auf Schritt 2 werden dann die in der Innensicht abgeleiteten Identitätsmerkmale in der Außensicht gespiegelt. Mittels quantitativer und/oder qualitativer Studien wird analysiert, wie die unternehmensexternen Anspruchsgruppen die Marke sehen und welche Identität sie hinter der Marke vermuten. In diesen Studien ist auch das Image der wichtigsten Wettbewerber zu erheben. Zur Sicherstellung der Eigenständigkeit der Marke, spielt dies bei der späteren Ableitung der Markenpositionierung eine wichtige Rolle.
4. Schritt: *Ableitung der Soll-Identität*: Zunächst werden die Ergebnisse aus den beiden vorangegangen Schritten miteinander verglichen. Es wird analysiert, wo Gemeinsamkeiten und Unterschiede zwischen der Innen- und der Außensicht bestehen. Weichen die Innen- und Außensicht stark voneinander ab, ist dies meist ein Anzeichen für ein Umsetzungsdefizit. Die Markenkommunikation vermittelt dann nicht die beabsichtigten Eindrücke von der Marke. Danach werden die abgeleiteten Identitätsbestandteile hinsichtlich ihrer Bedeutung für den zukünftigen Markterfolg analysiert. Auf der Basis

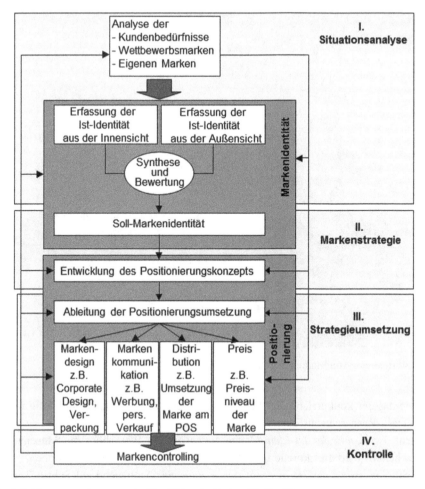

Abb. 4.5 Managementprozess der identitätsorientierten Markenführung

der Synthese von Innen- und Außensicht sowie der Bewertung aller Identitätsbestandteile wird schließlich die Soll-Markenidentität definiert.
5. Schritt: *Ableitung der Soll-Positionierung*: Anschließend erfolgt die Definition der Soll-Markenpositionierung. Die wichtigsten Identitätsbestandteile, welche die kaufrelevanten Besonderheiten der Marke darstellen, die Marke nach Möglichkeit von den Wettbewerbern differenzieren und langfristig verfolgt werden können, bilden die Markenpositionierung als Extrakt der Markenidentität. Hier gilt: weniger ist mehr. In der Positionierung sollte man sich auf wenige Sachverhalte beschränken, die im Marketing-Mix wahrnehmbar umgesetzt werden können.
6. Schritt: *Markencontrolling*: Die Markenführung sollte permanent durch ein identitätsbezogenes Markentracking kontrolliert werden. Ein effektives Controlling setzt voraus, dass die Kundenwahrnehmungen zu den wichtigsten Identitätsbestandteilen auch gemessen werden. In der Praxis wird hier noch häufig der Fehler gemacht, dass

generische Markenaspekte im Markentracking abgeprüft, identitätsspezifische Aspekte dagegen vernachlässigt werden.

Generell sind die Entwicklungsprozesse umfangreicher, wenn eine bereits am Markt agierende Corporate Brand betrachtet wird – verglichen mit einer völlig neu zu entwickelnden Corporate Brand. Grund dafür sind die vorhandenen Wissensstrukturen, die beachtet werden müssen. Ziel einer Identitätsentwicklung bei einer *bereits bestehenden Corporate Brand* ist daher die Schärfung des Profils.

Durch Befragung der Manager und Mitarbeiter sowie der externen Anspruchsgruppen lassen sich Unterschiede zwischen dem Zielbild, dem Eigenbild und dem Fremdbild aufdecken. Bei einer starken Marke sollte sich bei den Mitarbeitern, Managern und den externen Anspruchsgruppen möglichst eine Schnittmenge gleicher Merkmale wiederfinden. Weichen die Innensicht und/oder die Außensicht hingegen von den beabsichtigten Markeninhalten ab, ist dies ein erstes Anzeichen für eine Umsetzungslücke. Letztlich Gewissheit kann beispielsweise eine Inhaltsanalyse der Kommunikation des Unternehmens verschaffen, in der die gesendeten Inhalte zur Corporate Brand ermittelt werden. Wichtiger Bestandteil der Ist-Situation ist ebenfalls die Erfassung der Konkurrenzpositionen. So kann die Befragung externer Anspruchsgruppen genutzt werden, um ein Ist-Markensteuerrad zu den Konkurrenten zu gewinnen. Diese Ergebnisse können durch eine Analyse des vorhandenen Kommunikationsmaterials der wichtigsten Konkurrenten ergänzt werden, um eine vermutete Positionierung der Konkurrenten abzuleiten.

Die Bewertung der vorliegenden Steuerräder aus interner Sicht ist dann die Basis für die Entwicklung eines Soll-Markensteuerrads und einer auf wenige Inhalte spezifizierten Soll-Positionierung. Hierbei fließen die Konkurrenzanalysen mit ein. Bei der Entwicklung eines Soll-Markensteuerrads einer bereits bestehenden Marke sollten dabei einzigartige Vorstellungsinhalte, die bereits klar mit der Unternehmensmarke verbunden werden, besonders berücksichtigt werden. Ansonsten besteht die Gefahr, dass ein bereits bestehender Wert einer Unternehmensmarke vernichtet wird. Schließlich ist in einem letzten Schritt eine Fokussierung des Soll-Steuerrads vorzunehmen, indem aus diesem die Soll-Markenpositionierung als Kern der zukünftigen Ausrichtung der Corporate Brand prägnant in einem Satz abgeleitet wird (Esch 2012). Abschließend kann die entwickelte Soll-Positionierung in konkrete Maßnahmen nach innen und außen umgesetzt werden.

Ein *zentrales Problem* bei der Entwicklung einer Soll-Markenidentität liegt darin, den Spagat zwischen den Wurzeln der Marke und ihrer zukünftigen Ausrichtung zu meistern. Allzu oft wird mit Blick auf die Zukunft und die angestrebten Zielvorstellungen Markenkapital vernichtet, weil man nicht hinreichend die Wurzeln der Marke und deren über einen langen Zeitraum aufgebautes Markenkapital berücksichtigt. Dies führt letztendlich zu einer Entkoppelung künftiger Maßnahmen vom Markenkern und somit zur Vernichtung von bestehendem Markenkapital. Klassisches Beispiel hierfür ist die Marke Citroën, die lange Jahre eine Fokussierung auf die Sicherheit des Automobils vornahm, statt sich auf die zentralen Markenassets, wie die französische Herkunft und das bequeme Fahren wie in einer Sänfte, zu fokussieren (Esch 2012).

Im Falle einer *neuen Corporate Brand* ist der Startpunkt der Entwicklung einer Soll-Markenidentität die intern geplante strategische Ausrichtung der Marke. Es gilt, in einer ersten Bestandsaufnahme durch Befragungen, Workshops oder Expertenrunden zu erfassen, wie das Gesicht der neuen Corporate Brand gestaltet werden soll: Soll sie aggressiv oder besonnen sein? Wie viele Produkt- und Leistungsfelder sollen mit der Marke belegt werden – heute und in Zukunft? Welche gemeinsame Klammer lässt sich bei den funktionalen Nutzen über alle Produkt- und Leistungsfelder finden? Was sind die zentralen Anspruchsgruppen aus Sicht der relevanten Entscheider des Unternehmens? etc. Diese interne Sicht muss dann mit den Positionierungen der Konkurrenten abgeglichen werden. Erkenntnisse zu den Wettbewerbern können durch Befragungen der Zielgruppen ebenso wie durch eine Inhaltsanalyse der kommunikativen Markenauftritte gewonnen werden. Parallel dazu muss überprüft werden, ob die abgeleiteten Facetten der Marke auch die Bedürfnisse und Wünsche der relevanten Anspruchsgruppen treffen und langfristig verfolgt werden können. Als Ergebnis steht dann ebenfalls ein Soll-Markensteuerrad fest, das in eine Soll-Markenpositionierung fokussiert und danach in unternehmensinterne und -externe Maßnahmen umgesetzt wird.

Literatur

Aaker, D. A. (1996). *Building strong brands*. New York: The Free Press.
Aaker, D. A., & Joachimsthaler, E. (2000). *Brand leadership*. New York: The Free Press.
Blackston, M. (2000). Observations: building brand equity by managing the brand's relationship. *Journal of Advertising, 40*(November/December), 101–105.
Capital. (2002). *Corporate Branding – Das Unternehmen als Marke*. Gruner + Jahr: Köln.
Esch, F.-R. (2001). Markenpositionierung als Grundlage der Markenführung. In F.-R. Esch (Hrsg.), *Moderne Markenführung* (S. 233–265). Wiesbaden: Gabler.
Esch, F.-R. (2012). *Strategie und Technik der Markenführung*. München: Verlag Vahlen.
Esch, F.-R., Möll, T., Elger, C., Neuhaus, C., & Weber, B. (2008). Wirkung von Markenemotionen: Neuromarketing als neuer verhaltenswissenschaftlicher Zugang. *Marketing ZFP, 30*(2), 111–129.
Esch, F.-R., Möll, T., Schmitt, B., Elger, C., Neuhaus, C., & Weber, B. (2012). Brands on the brain: Do consumers use declarative information or experienced emotions to evaluate brands? *Journal of Consumer Psychology, 22*, 75–85.
Esch, F.-R., & Hanisch, J. (2013). Automobile durch Automobildesign markenspezifisch gestalten. In F.-R. Esch (Hrsg.), *Strategie und Technik des Automobilmarketing* (S. 97–124). Wiesbaden: Springer Gabler.
Fournier, S. M. (2001). Markenbeziehungen – Konsumenten und ihre Marken. In F.-R. Esch (Hrsg.), *Moderne Markenführung* (S. 135–163). Wiesbaden: Gabler.
Herrmann, A., Huber, F., & Braunstein, C. (2001). Gestaltung der Markenpersönlichkeit mittels der „means-end"-Theorie. In F.-R. Esch (Hrsg.), *Moderne Markenführung* (S. 103–133). Wiesbaden: Gabler.
Kapferer, J.-N. (1992). *Die Marke – Kapital des Unternehmens*. Landsberg: Verlag Moderne Industrie.
Kroeber-Riel, W. (1993). *Bildkommunikation*. München: Verlag Vahlen.
Kroeber-Riel, W., & Esch, F.-R. (2011). *Strategie und Technik der Werbung*. Stuttgart: Kohlhammer.

Meffert, H., & Burmann, C. (2002). Theoretisches Grundkonzept der identitätsorientierten Markenführung. In H. Meffert, C. Burmann, & M. Koers. (Hrsg.), *Markenmanagement – Grundfragen der identitätsorientierten Markenführung*. Wiesbaden: Gabler.
Paivio, A. (1986). *Mental representation – A dual-coding approach*. New York: Oxford University.
PwC/Sattler/GfK. (2012). Markenstudie 2012, PwC, Frankfurt a. M.
Rothschild, M. L. (1987). *Marketing communications*. Lexington: Heath & Co.
Springer, S. P., & Deutsch, G. (1998). *Linkes – rechtes Gehirn*. Heidelberg: Spektrum.
Tomczak, T., Will, M., Kernstock, J., Brockdorff, B., & Einwiller, S. (2001). Corporate branding. *Thexis, 2*(2001), 2–4.

Prof. Dr. Franz-Rudolf Esch ist Professor für Markenmanagement und Automotive Marketing an der EBS Universität für Wirtschaft und Recht, Oestrich-Winkel, und Direktor des Instituts für Marken- und Kommunikationsforschung (IMK). Davor lehrte er in Saarbrücken, Trier, St. Gallen, Innsbruck und Gießen. Weiterhin ist er Gründer und wissenschaftlicher Beirat von ESCH. The Brand Consultants, Saarlouis. Seine Forschungsschwerpunkte liegen in den Bereichen Markenmanagement, Kommunikationsforschung und Konsumentenforschung.

Identität durch Positionierung fokussieren und wirksam nach innen und außen umsetzen

5

Franz-Rudolf Esch und Janina Petri

Zusammenfassung

Die Markenidentität ist durch die Positionierung weiter zu fokussieren. Durch die Positionierung möchte man mit einem kurzen und knappen Satz zum Ausdruck bringen, warum die Anspruchsgruppen die eigene Marke und keine andere wählen sollen. Dabei gilt es aufbauend auf den Stärken der Unternehmensmarke relevante Bedürfnisse der Anspruchsgruppen zu adressieren und diese eigenständig und langfristig umzusetzen. Im folgenden Kapitel wird beschrieben, wie Markenidentität und Positionierung wirksam verankert und markt- sowie geschäftsbereichsspezifisch umgesetzt werden können. Ziel ist es, dass die Marke nach innen und außen gelebt wird. Die Umsetzung bezieht sich demnach auf externe Kontaktpunkte, also Konsumenten, genauso wie interne Kontaktpunkte, also Mitarbeiter.

5.1 Identität durch Markenpositionierung fokussieren und Hürden bei der Umsetzung beachten

Die Markenidentität bringt zum Ausdruck, wofür eine Marke stehen soll. Sie umfasst die essentiellen, wesensprägenden und charakteristischen Merkmale einer Marke (Esch 2012, S. 81). Sie bildet somit die Grundlage für die Durchsetzung der Marke an alle Mitarbeiter innerhalb eines Unternehmens sowie an alle Anspruchsgruppen nach außen. Mit einer

---

F.-R. Esch (✉) · J. Petri
EBS Universität für Wirtschaft und Recht, Oestrich-Winkel, Deutschland
E-Mail: Franz-Rudolf.Esch@ebs.edu

J. Petri
E-Mail: janina.petri@ebs.edu

© Springer Fachmedien Wiesbaden 2014
F.-R. Esch et al. (Hrsg.), *Corporate Brand Management*,
DOI 10.1007/978-3-8349-3862-6_5

markenkonformen Umsetzung der Identität an allen Berührungspunkten mit internen (Führungskräfte und Mitarbeiter) sowie externen Anspruchsgruppen (Kunden, Lieferanten, Handel, Financial Community, Presse und Medien, Öffentlichkeit) steht und fällt der Aufbau eines klaren Markenimages für eine Unternehmensmarke (Esch 2012, S. 147 ff.; ähnlich Aaker 1996, S. 68). Idealerweise reflektiert sich eine Markenidentität als klares Markenbild und Markenimage in den Köpfen der Anspruchsgruppen.

Fokussierung auf Kernwerte und Positionierung als Voraussetzung zur wirksamen Umsetzung

So wichtig es ist, die Markenidentität in allen relevanten Facetten zu erfassen, so schwierig ist es, all diese Inhalte auch im Unternehmen umzusetzen. Die Umsetzung kann man sich somit als Drei-Stufen-Modell vorstellen.

Stufe 1 ist die Entwicklung der Identität. Diese dient den spezialisierten Abteilungen für ihre Arbeit, sie ist aber nicht in Gänze durch das Unternehmen tragbar. Der Grund dafür ist, dass die Inhalte meist komplexer sind.

Stufe 2 ist die Reduktion auf drei bis vier Werte, wo man eine erste Extraktion besonders wichtiger wesensprägender Merkmale vornimmt. Dabei kann man als Orientierung jeweils einen Soft Fact mit einem Hard Fact kombinieren (siehe den Beitrag zur Markenidentität). So erfolgte bei der BASF eine Fokussierung auf folgende drei Werte:

- *Pioneering:* Gemeinsam mit unseren Partnern suchen wir nach neuen Möglichkeiten und Herausforderungen. Mit unseren einzigartigen Möglichkeiten streben wir aus eigenem Antrieb danach, die gesteckten Ziele zu erreichen.
- *Professional:* In allem, das wir tun, versuchen wir die höchsten Anforderungen an unser Können und unsere Einsatzbereitschaft zu erfüllen. Wir sind fachlich kompetent, vertrauen auf dieses Können und setzen es gezielt ein.
- *Passionate:* Jeder von uns setzt sich persönlich – mit ganzem Herzen und größter Begeisterung – für unsere Partner und den gemeinsamen Erfolg ein (Esch et al. 2014; Gress et al. 2009; Schubert und Grünewald 2007).

Stufe 3 ist dann die Entwicklung der Markenpositionierung. So lautet der Positionierungssatz bei der BASF, dass sie mit intelligenten Lösungen einen Beitrag dazu leisten möchte, die Zukunft ihrer Partner erfolgreich und nachhaltig zu gestalten (Esch et al. 2014).

▶ Die *Positionierung* ist die hohe Schule des Marketings.

Mit Hilfe der Positionierung soll die Wahrnehmung der Abnehmer so beeinflusst werden, dass das Angebot

- in den Augen der Zielgruppen so attraktiv ist und
- gegenüber konkurrierenden Angeboten so abgegrenzt wird,

dass es den konkurrierenden Angeboten vorgezogen wird (Esch 2012, S. 157).

Maßstab für die Positionierung ist stets die Marktposition der Konkurrenz, von der sich das Angebot vorteilhaft abheben soll. „Eine Marke kann deswegen keine Position haben, solange sie keine Konkurrenzmarken hat, mit denen sie verglichen werden kann" (Rothschild 1987, S. 155). Mit einer solchen Position ist die Stellung einer Marke in den Köpfen der Konsumenten gemeint.

Es geht bei der Positionierung also darum, der Marke durch alle sinnlich wahrnehmbaren Markenmaßnahmen (Marktkommunikation, Produktdesign usw.) in der subjektiven Wahrnehmung der Abnehmer eine solche Position zu verschaffen, dass sie den Idealvorstellungen der Konsumenten nahe kommt und den Konkurrenzpositionen fernbleibt. Demnach stellen solche Positionen keine faktischen Realitäten sondern subjektive Sichtweisen der Konsumenten dar. Was diese nicht wahrnehmen, leistet demnach auch keinen Beitrag zur Markenpositionierung.

> **Beispiel**
> Objektiv ist ein Hyundai i30 qualitativ so gut wie ein vergleichbares Modell von VW, subjektiv wird die Wertigkeit des VW von den Konsumenten jedoch höher eingeschätzt. Hingegen wurde auf YouTube ein Video des Vorstandsvorsitzenden des Volkswagen-Konzerns, Martin Winterkorn, gezeigt, der offensichtlich überrascht von der Qualität des Hyundai und der Tatsache war, dass sich die Lenksäule, anders als bei VW oder BMW, geräuschlos verstellen ließ (Esch und Isenberg 2013).

Wahrscheinlich geht der unzureichende Markterfolg vieler Unternehmen auf Mängel bei der Positionierung zurück. Nachfolgend werden typische Mängel sowie Regeln zu ihrer Überwindung erörtert. Dabei wird zunächst bei generellen Anforderungen begonnen, bevor dann auf spezifische Erweiterungen für Unternehmen eingegangen wird.

Allgemeine Anforderungen an die Positionierung Besonderheiten des Unternehmens herausstellen:
Bei innovativen Unternehmen mit neuen und für den Konsumenten relevanten Eigenschaften ist schnell geklärt, welche Besonderheit durch die Marketingmaßnahmen herausgestellt werden soll. Dies wäre etwa bei dem ersten Elektroauto möglich gewesen. In dieser beneidenswerten Lage sind jedoch nur wenige Anbieter. Die für die Positionierung geeigneten Eigenschaften von Produkten und Dienstleistungen zu finden, ist meistens eine schwierige Aufgabe. Es gibt zwei klassische Ansatzpunkte dafür:

- Die Positionierung kann an sachliche und funktionale Eigenschaften des Produktes anknüpfen. Sie ist dann mehr oder weniger informativ angelegt. Dacia ist ein Beispiel dafür: Hier wurde die sachliche Information „ist billig" als Besonderheit ins Zentrum der Kommunikation gesetzt: „Jeder hat ein Recht auf Auto." (s. Abb. 5.1). Üblicherweise wird hier von einem USP (Unique Selling Proposition) gesprochen.
- Die Positionierung kann dem Produkt ein besonderes Erlebnisprofil geben. Manchmal wird dann von „kommunikativer Positionierung" gesprochen (UCP = Unique Communication Proposition). Beispiel: Ferrari weckt Emotionen und steht für pure Sportlich-

Abb. 5.1 Beispiel für eine sachlich-funktionale Positionierung

keit und italienische Eleganz. Unabhängig von der sachlichen und funktionalen Qualität oder nur lose damit verknüpft, vermitteln die Marketingmaßnahmen dann emotionale Erlebnisse und Erfahrungen, die mit dem angebotenen Produkt verknüpft werden und die von den konkurrierenden Angeboten nicht geboten werden.

Die Grenzen zwischen informativer und emotionaler Kommunikation der Positionierungsbotschaft sind allerdings fließend, denn manchmal wird eine Produkteigenschaft wie die Sicherheit eines Autos als Erlebnis vermittelt, z. B. das Sicherheitserlebnis eines Autos durch die Darstellung eines schlafenden Babys im Fond, das sich mehr oder weniger von der sachlichen Eigenschaft löst.

Manche Unternehmen haben tatsächlich eine Besonderheit, bei anderen ist es schwieriger, diese zu finden. So haben beispielsweise die Volksbanken und Raiffeisenbanken die Besonderheit, dass die Gründer Raiffeisen und Schulze-Delitsch festlegten, dass man in Bedrängnis geratenen Mitgliedern helfen möchte, ihre rechtliche und wirtschaftliche Selbständigkeit zu sichern. Daraus wurde die Programmformel „Wir machen den Weg frei" abgeleitet (Kroeber-Riel und Esch 2011). Andere Unternehmen müssen bei fehlender Besonderheit besser auf den nächsten Stufen arbeiten:

Für den Konsumenten attraktiv sein:
Welche Besonderheit des Unternehmens für die Positionierung auch immer ausgewählt wird, sie muss stets von den Konsumenten als attraktive Eigenschaft des Unternehmens wahrgenommen oder erlebt werden. Bildlich gesprochen (Kroeber-Riel und Esch 2011):

▶ *Der Köder muss dem Fisch und nicht dem Angler schmecken!*

Anbieter neigen dazu, in Produkteigenschaften zu denken, aber die Konsumenten kaufen keine Produkteigenschaften, sondern subjektiven Produktnutzen (Rothschild 1987, S. 156).

Zu dieser wichtigen Differenzierung meinte bereits Charles Revlon treffend: „In the factory we make cosmetics, but in the stores we sell hope." Ebenso klar differenzierte Leo McGinnero zwischen Eigenschaften und Nutzen: „Kunden wollen keine Viertel-Zoll-Bohrer. Sie wollen Viertel-Zoll-Löcher."

Es darf deshalb nicht überraschen, dass nach Analysen der Werbeagentur BBDO (2009) über viele Produktkategorien hinweg eine hohe wahrgenommene Markengleichheit herrscht. Die Markengleichheit wurde für das Jahr 2009 über alle untersuchten Kategorien hinweg mit 64 % angegeben.

Die Frage der *Relevanz für den Kunden* ist eine ganz entscheidende: Manager sollten aus Sicht der Kunden die Frage beantworten können: What's in it for me? Nimmt der Kunde keinen sachlichen oder emotionalen Nutzen wahr, wird sich kaum eine positive Einstellung zur Marke bilden. Triviale Eigenschaften leisten somit keinen echten Beitrag zur Profilierung beim Kunden (Esch und Elste 2013).

Bei der Suche nach Eigenschaften und Erlebnissen, die für den Konsumenten wichtig sind, ergibt sich häufig folgendes Problem (Kroeber-Riel und Esch 2011): Die Idealvorstellungen der Konsumenten werden in der Praxis häufig durch die Marktforschung ermittelt. Die Marktforschung spielt aber nur die derzeit auf dem Markt verbreiteten Ansichten über Produkte und Dienstleistungen zurück. Zudem äußern sich Kunden in solchen Befragungen meist rationaler, als sie sich tatsächlich verhalten. Positionierung ist aber stets zukunftsorientiert, sie soll den Interessen und Wünschen der Konsumenten von morgen entsprechen. Die auf einem Markt vorherrschenden Idealvorstellungen von einem Unternehmen werden oft von Klischees geprägt, welche die derzeitige Kommunikation – insbesondere die Kommunikation des Marktführers – vermittelt. Wer sich bei der Positionierung zu stark an der Marktforschung orientiert, übernimmt leicht Branchenklischees, die veraltet und verbraucht sind und seine Kommunikation austauschbar machen.

Sich gegenüber der Konkurrenz abheben: Nehmen wir einmal an, man erfährt durch die Marktforschung tatsächlich, welche langfristig wirksamen Ansprüche die Konsumenten an ein Unternehmen stellen. Diese Erkenntnis ist in der Regel allen konkurrierenden Anbietern zugänglich. Es besteht dann die Gefahr, dass Produkteigenschaften und -erlebnisse, die diesen Ansprüchen in ganz besonderem Maße entsprechen, von allen Anbietern herausgestellt werden. Gerade solche wichtigen Produkteigenschaften und -erlebnisse sind deswegen mit höchster Vorsicht für die Positionierung heranzuziehen (Kroeber-Riel und Esch 2011).

▶   *Positionierung ist immer auf die Zukunft gerichtet.*

Die zur Positionierung erforderliche eigenständige Strategie ist stets auf die Entwicklung von neuen und zukunftsbezogenen Konzepten angewiesen. Die Positionierung erhält dadurch spekulative Elemente, die zwar durch die Anwendung von sozialtechnischen Erkenntnissen verringert, aber nicht umgangen werden können. Das Aufbauen auf Ergebnissen der Marktforschung täuscht meistens lediglich Sicherheit vor.

Langfristige Positionen aufbauen: Eine Positionierung ist mittel- bis langfristig anzulegen. Das erfordert ein Konzept, das nicht alle zwei Jahre geändert wird. Ein eklatanter Widerspruch zum strategischen Denken liegt vor, wenn sich die Kommunikation im Ausgleich von Imagedefiziten erschöpft (Esch 2012, S. 178). Es ist weit verbreitet, dass man zur Vorbereitung der Unternehmenswerbung Imageuntersuchungen durchführt und dabei Defizite im Vergleich zum Image der Konkurrenten oder zum Idealimage feststellt. Viele Unternehmen entdecken zum Beispiel zurzeit einen Mangel an „Jugendlichkeit" und an „Dynamik". Sie weisen dann der Kommunikation die Aufgabe zu, solche Imagedefizite auszugleichen. Ein solcher Ausgleich von Imagedefiziten durch Kommunikation ersetzt kein strategisches Konzept.

Er spiegelt vielmehr ein reaktives Marketing wider. Das Unternehmen reagiert – in taktischer Weise – auf die Wahrnehmung der Abnehmer. Es rennt bloß hinter dem Ausgleich von Imagedefiziten her. Ist die Kommunikation nach einiger Zeit erfolgreich und das Imagedefizit ausgeglichen, so werden wieder andere Imagedefizite sichtbar und zum Gegenstand der Kommunikation. So folgt zum Beispiel auf das Defizit an Dynamik (ausgeglichen durch eine Kommunikation mit der Darstellung von Jugendlichen), ein Defizit an Zuverlässigkeit (das nun durch Kommunikation mit seriösen Präsentern ausgeglichen wird) usw.

Auf diese Weise erreicht das Unternehmen niemals eine klare Position. An die Stelle einer Imagedefizitausgleichswerbung sollte eine strategisch angelegte Kommunikation treten, mit der eine eigenständige Position des Unternehmens angestrebt wird. Diese führt meist auch zur Abschwächung von Imagedefiziten. Der Grund ist einfach: Ein klareres Markenimage hat meist auch positive Ausstrahlungseffekte auf Eigenschaften, die nicht explizit angesprochen werden. Zudem ist es möglich, durch die Gestaltung der Werbung nebenbei Imagedefizite auszugleichen, ohne das Hauptziel einer langfristigen und eigenständigen Positionierung aufzugeben. Der Ausgleich von Imagedefiziten sollte somit als Nebenbedingung für eine Kommunikationsstrategie gesehen werden und nicht als selbständiges strategisches Kommunikationsziel.

Die Kommunikation für die Automobilmarke Citroën stellt ein typisches Beispiel für eine Defizitausgleichsstrategie dar: So wurde u. a. ein wahrgenommenes Defizit hinsichtlich der Sicherheit des Automobils durch die Betonung der Sicherheit in der Kommunikation bekämpft und ein anderes Defizit bezüglich der Erwartungen der Konsumenten durch den Slogan angesprochen („Mehr als Sie erwarten"). Zweifelsfrei wäre hier eine Konzentration auf die Stärken der Marke, die vor allem in einem bequemen und komfortablen Fahren „wie in einer Sänfte" liegen, besser gewesen. Gegen das Konzept der Langfristigkeit wird häufig verstoßen, entweder weil man sich nicht hinreichend Zeit für die Ableitung der Positionierung genommen hat oder dieser, sofern sie zweckmäßig ist, nicht genügend Zeit zur Durchsetzung gibt. Ein Indikator dafür sind die häufigen Sloganwechsel bei Marken. So hat die Marke Ford im Zeitraum von 1965 bis heute insgesamt 14 verschiedene Slogans verwendet, die Marke BMW im gleichen Zeitraum hingegen nur zwei: Man wechselte bei BMW von „Aus Freude am Fahren" zu „Freude am Fahren" (Esch und Knörle 2008).

Spezifische Anforderungen für die Unternehmenspositionierung
Generell gilt: Je spitzer das Unternehmen aufgestellt ist, umso fokussierter kann das Unternehmen vorgehen. Dies ist dann der Fall, wenn man nur wenige, zusammenhängende Produkte und Dienstleistungen anbietet und wenige, klar definierte Zielgruppen hat, wie dies bei Apple (Design, ease of use, Lifestyle), BMW (Dynamik, Sportlichkeit, Freude am Fahren) oder Red Bull (verleiht Flügel) der Fall ist. Im Umkehrschluss: Je breiter das Unternehmen aufgestellt ist, umso schwieriger wird es, eine spitze Positionierung zu finden. Stattdessen gilt es, die Heterogenität des Unternehmens und der Zielgruppen abzubilden und daraus ein Leistungsversprechen abzuleiten, das für alle Bereiche und Zielgruppen Gültigkeit hat.

> **Beispiel**
> Bilfinger ist ein Unternehmen, dessen Konzernleistung sich aus den Bereichen Bau und Dienstleistungen zusammensetzt. Es geht somit darum, die Qualitäten und den Ideenreichtum des Ingenieurs mit der Kundenorientierung und Haltung eines Dienstleisters zusammen zu bringen. In einem internen Prozess wurden drei Werte abgeleitet: „we create", „we care", „we can" und darauf aufbauend das Positionierungsversprechen gebildet: „We make it work" (Bilfinger 2013). Es passt zu Bilfinger, ist andererseits aber auch breit genug, um alle Bereiche und Kundengruppen abzudecken bzw. zu adressieren.

Hürden der Umsetzung bewältigen
Nach Festlegung von Markenidentität und Markenpositionierung ist das Nadelöhr die Umsetzung. Grundsätzlich gilt (Esch 2012, S. 173 ff.): Umsetzung ist Strategie!

Bei der Umsetzung der Markenidentität und -positionierung können Probleme bei der Durchsetzung nach innen und nach außen auftreten.

Nach innen bezieht sich vor allem auf

- die Durchsetzung gegenüber Führungskräften und Mitarbeitern sowie auf
- die markt- und geschäftsbereichsspezifische Deklination der Markenidentität und der Markenpositionierung.

Nach außen bezieht sich auf

- die Ansprache unterschiedlicher Anspruchsgruppen,
- die markenidentitätskonforme Gestaltung des Buying-Cycles und
- die Deklination der Kommunikationsketten.

Auf diese Hürden bei der wirksamen Durchsetzung einer Markenidentität nach innen und außen wird im Folgenden eingegangen.

5.2 Markenidentität und Markenpositionierung nach innen durchsetzen

5.2.1 Markenidentität im gesamten Unternehmen bei Mitarbeitern verankern

> Great brands are personal. They become an integral part of people's lives by forging emotional connections. We wanted to bring the brand to life … to express its specialness in people's lives. Deborah McCarthy, Coca-Cola

Marken müssen nach außen und innen gelebt werden! Denn eine schöne Hülle ohne Kern bleibt immer nur eine Hülle. Viele Unternehmen meinen, Markenführung richte sich nur nach außen und mit einer schönen Kampagne sei genüge getan. Das ist falsch. Nur wenn die Marke auch im Unternehmen gelebt wird, kann sie ihre volle Kraft entfalten. Dies ist jedoch die Ausnahme, nicht die Regel: 85 % aller Mitarbeiter haben kein Commitment zu ihrem Unternehmen. Der daraus erwachsende Schaden wird von Gallup alleine in Deutschland auf 122 Mrd. € geschätzt (Gallup 2013).

Die Durchsetzung einer Corporate Brand nach außen reicht demnach bei weitem nicht aus. Man muss auch ein *Brand Engagement Programm nach innen* umsetzen (Esch et al. 2014; siehe auch die Beiträge zur internen Markenführung in diesem Buch). Gerade für Dienstleistungsunternehmen und B2B-Unternehmen ist dies eine vordringliche Aufgabe. Hier steht und fällt die Umsetzung einer Markenidentität damit, ob die Mitarbeiter mit Kundenkontakt diese auch tatsächlich leben.

Dies sollte natürlich alle Mitarbeiter betreffen. Allerdings machen die *Mitarbeiter mit Kundenkontakt* den Unterschied. Diese sind verantwortlich für

- den ersten guten Eindruck, den ein Kunde von einem Unternehmen erhält,
- das Antizipieren, Verstehen und Erfüllen von Kundenwünschen,
- die Weitergabe von Kundenempfindungen, -kommentaren und -einstellungen an die für die Markenführung verantwortlichen, sowie für
- die Unterstützung des Managements bei der Entwicklung adäquater Ansätze zur wirksamen Umsetzung der Markenidentität (Landmann 2001, S. 3).

Die interne Markenbildung ist wichtig für das *Selbstverständnis der Mitarbeiter* und deren Auftritt nach außen. Dadurch:

- werden Loyalitäts- und Commitment-Verluste der Mitarbeiter aufgrund von Misstrauen, Unsicherheit, Orientierungslosigkeit (insbesondere nach Strategiewechseln oder Fusionen) vermieden,
- erfolgt eine Absicherung des externen Markenversprechens,
- wird eine kooperative Weiterentwicklung der Markenstrategie möglich,
- werden Mitarbeiter zusätzlich motiviert,
- wird die Selbstselektion von Bewerbern unterstützt (Esch et al. 2014; Joachimsthaler 2002, S. 29).

Herb Kelleher, CEO von Southwestern Airlines und Fred Smith, CEO von Federal Express betonen deshalb sinngemäß „Our people come first, even before our customers." (Michlitsch 2000, S. 29). Der Grund: Sie glauben, dass nur dann die Bedürfnisse der Kunden durch die Mitarbeiter auch wirklich markenkonform befriedigt werden können.

Deshalb fragt Mitchell zu Recht: „You tell customers what makes you great. Do your employees know?" (Mitchell 2002, S. 99). Will ein Unternehmen beispielsweise als Partner für herausragende Servicequalität gelten, ist es eine zwingende Voraussetzung, dass Mitarbeiter sich darüber bewusst sind, durch welches Verhalten sie dieses Markenversprechen am besten erfüllen können (Vallaster 2004).

Entsprechend ist den Mitarbeitern zu erläutern, wofür die Marke steht, was ihnen die Marke bringt und was man von ihnen erwartet. Die markenspezifischen Inhalte müssen für die jeweiligen Mitarbeiter operationalisiert und in konkrete Aktionen umgesetzt werden. Es nützt nichts, nur über Werte zu reden, man muss sie leben. Schließlich muss man den Mitarbeitern zeigen, wann sie ein vorgegebenes Ziel erreicht haben und dieses auch messen. Erst dann kann jeder einzelne Mitarbeiter einen sinnvollen Beitrag zum Erfolg der Marke beisteuern und die Marke auch „leben" (de Chernatony 2001, S. 34; Tosti und Stotz 2001, S. 28).

Häufig ist dies eben nicht der Fall. Ein Beispiel: Bei den Volksbanken und Raiffeisenbanken wurde die Marke zwar nach außen dekliniert, jedoch nicht nach innen. Auf der Basis der Vorstellungen der Gründer Raiffeisen und Schulze-Delitsch, die in Bedrängnis geratenen Mitgliedern helfen wollten, ihre rechtliche und wirtschaftliche Selbständigkeit zu wahren, fußt die Markenidentität. Diese wird durch die Programmformel „Wir machen den Weg frei" und das Schlüsselbild des freien Wegs vermittelt. Selbst Marketingleiter in selbständigen Volksbanken und Raiffeisenbanken können jedoch die Inhalte des freien Wegs nicht im Detail erläutern. Vorstände wollen zudem keine Mitglieder werben, weil diese teurer sind als herkömmliche Kunden. Man muss ihnen schließlich etwas ausschütten. Der Gedanke von Raiffeisen und Schultze-Delitzsch wird konterkariert, statt durch die Mitarbeiter gelebt zu werden.

In anderen Unternehmen ist dies anders. Bei 3M wird die Marke gelebt: Der Kern der Marke besteht darin, dass man bislang ungelöste Probleme mit innovativen Ansätzen lösen möchte. Jeder Mitarbeiter kann bei 3M jederzeit selbst kreativ und innovativ werden. Dafür werden den Mitarbeitern Zeitfenster eingeräumt und eine entsprechende Kultur und Atmosphäre geschaffen. Demnach ist die Fluktuation niedrig. Sie liegt gerade einmal bei 0,6 % (Esch et al. 2014). Mitarbeiter bei Google sind ebenfalls Stolz auf ihre Marke. Sie kennen und leben die Markenwerte. Das Unternehmen tut alles, um die besten Mitarbeiter zu gewinnen und diesen eine tolle Arbeitsumgebung zu schaffen. Bei Cisco-Systems wird jährlich 5 % der Mitarbeiter nahegelegt, sich einen neuen Arbeitgeber zu suchen. Zwei Kriterien dienen hierfür als Vorgabe: die Leistung und die Passung der Mitarbeiter zur Markenidentität. Entwickeln Mitarbeiter ein Verständnis für die Corporate Brand, verstehen sie sich selbst als wertvolles Mitglied zur Gestaltung des Unternehmenserfolgs. Dadurch steigt auch ihr Commitment und die Bereitschaft, sich stärker für die Ziele der Corporate Brand zu engagieren (LePla und Parker 1999; Mitchell 2002). Mitarbeiter werden zu Markenbotschaftern (s. auch den Beitrag dazu in diesem Buch).

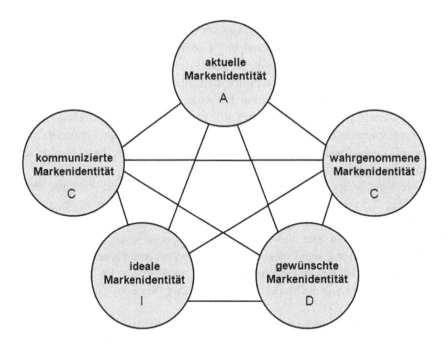

Abb. 5.2 Fünf Identitäten des AC²ID-Tests. (Quelle: Balmer und Greyser 2002, S. 74)

Studien belegen, dass Unternehmen, die in dieser Form Mitarbeiter entwickeln, fördern und halten, bessere Ergebnisse aufweisen als andere Unternehmen: „They have higher stock price to book values ratios, market values per employee that are 41,000 $ higher, five year annual return of 27.5 % compared to 17.3 %, and a higher five-year survival rate of initial public offerings" (Friedman et al. 1998; Grant 1998, S. 12). Aus einem größeren Verständnis (intellectual buy-in) und einem höheren Commitment (emotional buy-in) resultiert ein entsprechend markenbezogenes Handeln. Landmann (2001) spricht deshalb von

- „heads (understand),
- hearts (feel) and
- hands (do)."

Balmer und Greyser (2002, S. 73 f.) schlagen zur Analyse des *aktuellen Status* der Verbreitung einer Markenidentität im Unternehmen den *AC²ID-Identitätstest* vor (s. Abb. 5.2): Danach ist zunächst die aktuelle Markenidentität im Unternehmen zu erfassen (A = Actual Identity). Diese ist in Beziehung zu setzen zur kommunizierten Identität (C = Communicated Identity). Darunter fallen alle kontrollierten Kommunikationsinhalte (Corporate Brand Communication), aber auch die nicht-kontrollierbaren Kommunikationsinhalte (persönliche Kommunikation usw.). Die wahrgenommene Identität (C = Conceived Identity) erfasst schließlich das wahrgenommene Image der Corporate Brand und deren Reputation. Die ideale Identität (I = Ideal Identity) spiegelt das Optimum bezüglich der Markenidentität aus Sicht der Organisation, wohingegen die gewünschte Identität (D = Desired Identity) der Vision entspricht, die durch den Vorstandsvorsitzenden geprägt wird. Durch diesen Vergleich lassen sich Abweichungen analysieren und bewerten.

Vallaster (2004) bemängelt dabei zu Recht, dass der Prozess zur Erfassung des Status der Markenidentität und der Maßnahmen zur Veränderung dieser Identität oft noch zu einseitig mit klassischen Befragungen betrieben wird. Deshalb plädiert sie stärker für den Einsatz verschiedener qualitativer Methoden im Rahmen eines *action research-Ansatzes*.

Grundsätzlich stehen dabei zwei zentrale Zugänge im Vordergrund:

1. Die *Rolle der Führungskräfte* in einem solchen Prozess ist zu bestimmen (*Leadership*). Manager in Führungsrollen können Mitarbeiter zu einem besseren Verständnis und zur größeren Akzeptanz der Markenstrategie führen (Esch und Vallaster 2005). Hierbei sind typische Maßnahmen, wie man sie aus anderen Bereichen zur Umsetzung von Identitäten kennt, von Bedeutung (Scholz 2014). Darunter fallen u. a. auch markenkonforme Geschichten und Handlungen, die entsprechend Verbreitung finden. Durch die gezielte Weitergabe von erinnerungsträchtigen Geschichten über die Marke an die Mitarbeiter, können wichtige Teile des Markenimages gezielt bei den Mitarbeitern verankert werden. Bei Wal-Mart werden solche Geschichten gezielt zur Vermittlung der Markenpositionierung (‚ultimative Kundenorientierung') weitergegeben: „One Sunday morning, Jeff, a pharmacist at a Wal-Mart store in Harrison, Ark., received a call from his store. A store associate informed him that one of his pharmacy customers a diabetic, had accidentally dropped her insulin down her garbage disposal. (…) Jeff immediately rushed to the store, opened the pharmacy and filled the customer's insulin prescription" (Wal-Mart 2003).
2. Der *organisationale Diskurs* ist zu fördern, da dieser ebenfalls einen entscheidenden Einfluss darauf nimmt, wie stark die Markenidentität im Unternehmen aufgegriffen und gelebt wird. Hier geht es vor allem darum, die soziale Interaktion im Unternehmen markenkonform zu steuern. Zudem erhält man durch diese Form der Interaktion wiederum ein Feedback zur aktuellen Markenidentität, die man für ein weiteres Fein-Tuning nutzen kann.

Gerade bezogen auf den letztgenannten Punkt plädiert Vallaster für den Einsatz verschiedener qualitativer Verfahren, um tiefere Erkenntnisse über die soziale Interaktion, aber auch über die vorherrschenden Wissensstände der einzelnen Mitarbeiter zu erhalten. Dazu zählen u. a. Tiefeninterviews, projektive Verfahren, Erzählungen, Beobachtung, aber auch die semiotisch-inhaltsanalytische Durchforstung von Sekundärmaterial (Esch 2012; Früh 2011; Morris 1946).

Dazu kann der action-research-Ansatz herangezogen werden, der auf Überlegungen zum Wandel und zum Lernen ansetzt und einen klassischen Lernzyklus voraussetzt (Eden und Huxham 1996). Dieser umfasst vier Phasen, wobei der Lernprozess in jeder dieser Phasen starten kann (Kolb und Fry 1975):

1. Konkrete Erfahrungen, z. B. bei dem Kontakt mit Kunden,
2. Beobachtungen und Reflektionen, z. B. bezüglich des Erfolgs des Kontaktes mit Kunden,
3. Bildung abstrakter Konzepte, z. B. darüber, wie man die Kontakte mit Kunden optimieren kann,
4. Test in neuen Situationen, d. h. die andere Kundenkontaktstrategie wird in weiteren Situationen geprüft.

Da es sich gerade bei der Implementierung einer neuen oder veränderten Markenidentität um einen *Change-Management-Prozess* in den Köpfen der Mitarbeiter und den Strukturen des Unternehmens handelt, sind entsprechende Lernprozesse zu fördern, die über einfache Lernmechanismen hinausgehen (s. Abb. 5.3). Üblicherweise überprüft man eine bestimmte Strategie in Bezug auf die daraus resultierenden Konsequenzen. Kommt es nicht zu dem gewünschten Ergebnis, korrigiert man die Strategie, ohne allerdings die beeinflussenden Variablen zu überdenken. Dies ist ein einfaches Single-loop learning (Argyris 1992; Vallaster 2004), welches jedoch bei einer Veränderung oder der Neueinführung einer Markenidentität nicht ausreicht. Mit anderen Worten: Beim Single-loop learning werden Ziele, Werte und Rahmenbedingungen als gegeben vorausgesetzt. Anders verhält es sich beim Double-loop learning: Hier werden die grundlegenden Annahmen und Ideen hinter den möglichen Strategien auf den Prüfstand gestellt und in Bezug auf ihre Konsequenzen für die Strategien und das Handeln hinterfragt (Vallaster 2004). Genau dies ist jedoch grundlegend für die Einführung einer neuen oder veränderten Markenidentität in einem Unternehmen.

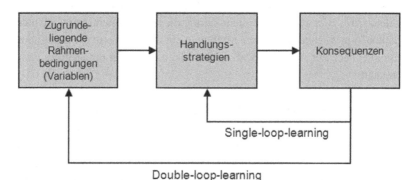

Abb. 5.3 Change-Management zur Durchsetzung der Markenidentität durch Double-loop learning. (Quelle: In Anlehnung an Argyris 1992; Vallaster 2004)

5 Identität durch Positionierung fokussieren und wirksam nach innen …   91

Sensibilisieren	Involvieren	Integrieren	Realisieren
Workshops, Klausurtagungen, Runde Tische, Lobbying, Führungskräftedialog	Open Space, Brown Paper-Sessions, Informationsrunden, Kultur- und Klimaumfragen, Workshops, Business Lunch	Business-TV, Roadshows, Theater, Betriebsvers., Kick Off-Veranstaltungen, Feste, Ausflüge, Zeitschrift, Infomessen, Intranet, Videos, Führungsdialog, Pressemitteilungen, Präsentationen, T-Shirts, Tassen	Foren, Nachtreffen, Interessengruppen, Monatsgespräche, Intranet, kont. Workshops, Kurzmeetings, Lunchgespräche, Business-TV, schwarzes Brett, Teamsitzungen, Sprechstunden, offene Türen, Hotline, Konferenzen, Kummerkasten
Sensibilisieren	Involvieren	Integrieren	Realisieren

Abb. 5.4 Markenspezifischer Change-Management-Prozess mit beispielhaften, unterstützenden Maßnahmen. (Quelle: Esch 2012, S. 132)

Der Change-Management-Prozess zur *Umsetzung einer neuen Markenidentität* kann sich an dem SIIR-Ansatz orientieren (s. Abb. 5.4; zum Change-Management-Prozess Krüger 2009; Esch 2012). Danach unterscheidet man grob gesprochen vier Phasen:

1. *Sensibilisieren*: In vielen Unternehmen sind sich Manager und Mitarbeiter oft nicht der Bedeutung der Marke bewusst. Deshalb muss man in einem ersten Schritt die Manager vom Wert einer Marke und dem Beitrag der Marke (ob Corporate Brand oder Product Brand) zur Wertschöpfung überzeugen.
2. *Involvieren*: In dieser zweiten Stufe geht es darum, Manager relevanter Abteilungen konkreter in die Maßnahmen zur Marke einzubeziehen. Hier werden die Markenüberlegungen und die Markenidentität auf die Verantwortungsbereiche der Manager bezogen. Exemplarisch werden für diese Bereiche Nutzen aus der Markenidentität, aber auch Anforderungen an die Verantwortlichen dargelegt. Im Kern geht es darum, ein gedankliches „Warm Up" der Manager zu bewirken. Die Erkenntnis, dass die Markenidentität auch für jeden Einzelnen von Nutzen sein kann, ist die Basis für die Entwicklung bestmöglicher Umsetzungen in der nächsten Stufe.
3. *Integrieren*: Hier geht es darum, gemeinsam mit den verantwortlichen Personen in den einzelnen Abteilungen zu prüfen, inwieweit die Markenidentität im vollen Umfange in dem jeweiligen Bereich umgesetzt werden kann oder Anpassungen erfolgen müssen. Anschließend sind durch die verantwortlichen Personen in entsprechend moderierten Projektgruppen konkrete Umsetzungsvorschläge für die Markenidentität in den betreffenden Bereichen zu entwickeln.

4. *Realisieren*: Last but not least erfolgt auf Basis der Vorüberlegungen der entsprechende Umsetzungsprozess, der in einem vorab festgelegten Rahmen erfolgen sollte. Um Fortschritte bei der Umsetzung der Markenidentität zu dokumentieren, sind entsprechende Zielvorgaben für Personen und umzusetzende Inhalte zu entwickeln, die kontrolliert werden sollten.

Im Rahmen dieses Change-Managements-Prozesses ist ein besonderes Augenmerk auf *Änderungswiderstände* zu legen. Solche Änderungswiderstände können Veränderungen im Allgemeinen betreffen oder sich auf die spezifische Umsetzung der Markenidentität beziehen (Wittke-Kothe 2001, S. 33). Zudem können sie entweder in der Person (persönliches Wollen oder individuelles Können) oder in der Situation (soziales Dürfen sowie organisatorische Ermöglichung) begründet sein (Rosenstil 1992, S. 48 f.). Diese Änderungswiderstände sind zu identifizieren und zu konkretisieren, um entsprechende Maßnahmen zur Überwindung derselben entwickeln zu können (s. Abb. 5.5).

Um Änderungswiderstände aufzulösen, müssen den relevanten Anspruchsgruppen Antworten auf folgende Fragen gegeben werden (Esch 2012; Esch et al. 2014):

- Warum ist die Veränderung der Markenidentität bzw. die Implementierung einer Markenidentität wichtig?
- Wer ist der Initiator dieses Projektes (idealerweise der Vorstandsvorsitzende bzw. die Geschäftsführung)?
- Welche Ergebnisse sollen aus der Umsetzung der Markenidentität realisiert werden?
- Wie soll der Wandel vollzogen werden?
- Wer wird alles in den Wandel involviert und welche Unterstützung erhalten diese Personen?
- Welche konkreten Maßnahmen werden von der eigenen Person erwartet?
- Welchen Nutzen hat man als Einzelperson von der Implementierung einer Markenidentität?

Hierbei ist es wichtig, den relevanten Anspruchsgruppen das Gefühl zu vermitteln, dass sie umfassend informiert werden. Ein Roll-Out durch eine große Anfangsveranstaltung und die Vermittlung der Markenidentität durch Videos und ähnliche Materialien ist dabei keineswegs ausreichend (Joachimsthaler 2002; Landmann 2001; Larkin und Larkin 1996). Vielmehr ist die persönliche Kommunikation in einer entsprechenden Hierarchie der zentrale Zugang zur Durchsetzung der Markenidentität: Die Vorgaben müssen jeweils durch den unmittelbaren Vorgesetzten erfolgen, der Vorschläge der Mitarbeiter zur markenkonformen Umsetzung der Identität entgegennimmt (Larkin und Larkin 1996).

Dabei ist die *Steuerung durch eine zentrale Projektgruppe*, ein Brand-Core-Team, von entscheidender Bedeutung für den Grad der Durchsetzung der Markenidentität. Diese zentrale Projektgruppe dient als Feedback- und Kontrollinstitution dazu, offene Fragen und strittige Fälle zu klären, um damit das Verständnis für die Maßnahmen zu vertiefen und zu verhindern, dass eine Umsetzung auf dem kleinsten gemeinsamen Nenner erfolgt. Damit

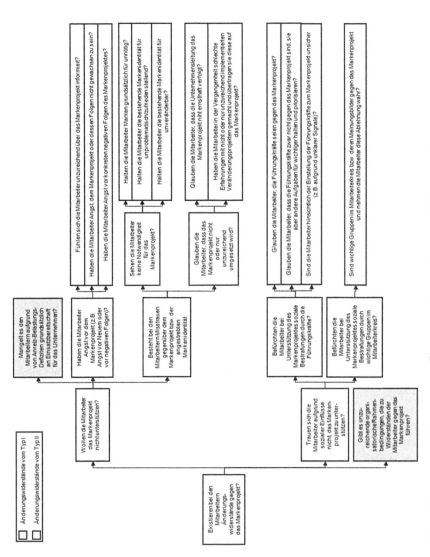

Abb. 5.5 Operationalisierung von Änderungswiderständen mit Hilfe eines Ursachenbaums. (Quelle: In Anlehnung an Wittke-Kothe 2001, S. 92)

diese Projektgruppe auch über eine entsprechende Durchsetzungskraft verfügt, ist sie zentral zu implementieren und unmittelbar dem Vorstand unterzuordnen.

Die Umsetzung der Markenidentität betrifft sowohl das Unternehmen als Ganzes als auch einzelne Geschäfts- und Länderbereiche (siehe unten). Für das gesamte Unternehmen sind vor allem kulturpolitische Maßnahmen zu ergreifen, damit die Markenidentität im Unternehmen auch gelebt wird. Dazu zählen (Wittke-Kothe 2001, S. 127 ff.):

- die Ableitung von Kommunikations- und Verhaltensrichtlinien und deren Umsetzung im Unternehmen, die sich in internen Memos, Mitarbeiterzeitschriften, Ansprachen des Managements sowie beim Verhalten der Führungskräfte und der Mitarbeiter reflektieren sollte. Compaq und viele andere Unternehmen geben beispielsweise klare Richtlinien für Unternehmenspräsentationen vor.
- symbolische Handlungen im Unternehmen (beispielsweise Rituale oder Feste) (Deal und Kennedy 1987; Esch und Langner 2003), welche die Markenidentität widerspiegeln. So initiierte der Wal-Mart Gründer Sam Walton die regelmäßige Durchführung eines Rituals, um das Zugehörigkeitsgefühl seiner Mitarbeiter zum Unternehmen gezielt zu fördern. Hierzu kommen die Wal-Mart Mitarbeiter regelmäßig zusammen, um den Wal-Mart Cheer gemeinsam zu absolvieren. Im Chor rufen die Mitarbeiter: „Give me a W! Give me an A! Give me an L! Give me a Squiggly! Give me an M! Give me an A! Give me an R! Give me a T! What's that spell? W a l – M a r t! Who's number one? The Customer! Always!" (Wal-Mart 2003).
- die Umsetzung der Markenidentität im Arbeitsumfeld der Mitarbeiter. So leistet bei Würth die Architektur des Gebäudes einen Beitrag zur Markenidentität.
- die Etablierung von Gruppen, welche die Markenidentität leben und von anderen Mitarbeitern als attraktiv empfunden werden.
- die Suche nach neuen Mitarbeitern mit identitätskonformen Wertvorstellungen (Esch et al. 2014).

Entscheidend für den Erfolg der Umsetzung der Markenidentität sind demnach die konkreten Informationen über die Markenidentität durch den unmittelbaren Vorgesetzten, der auch die Umsetzung durch entsprechende Trainings- und Kommunikationsprogramme sowie messbare Ziele für die Umsetzung der Markenidentität verfolgt und kontrolliert. Erst dadurch kann die Markenidentität nachhaltig implementiert und bei Mitarbeitern zum Leben erweckt werden (Esch et al. 2014).

5.3 Markenidentitäten und Markenpositionierungen markt- und geschäftsbereichsspezifisch deklinieren

Zum Problem des kleinsten gemeinsamen Nenners In vielen großen Unternehmen formieren sich oft Widerstände bei der Umsetzung einer Markenidentität in unterschiedlichen Länder- oder Geschäftsbereichen. Je größer die bisherigen Freiheitsgrade der einzelnen

Bereiche, umso stärker sind zwangsläufig die Widerstände. Der Grund ist naheliegend: Es droht ein Verlust an Freiheiten bei der Gestaltung der Marketingmaßnahmen und des Auftritts des Unternehmens in dem jeweiligen Land oder dem Geschäftsbereich. Durch Anzweifeln der Übertragbarkeit der grundlegenden Markenidentität versuchen Opponenten ihre Eigenständigkeit zu wahren. Außerdem wird die Akzeptanz nicht zuletzt dadurch erschwert, dass den verantwortlichen Managern oft die Vorteile einer starken Marke mit einer abgestimmten Markenidentität nicht bewusst sind (siehe oben). Insofern überrascht es nicht, dass das Unternehmen HILTI nach der Entwicklung der Markenidentität die erste Phase der Umsetzung von der Zentrale aus gesteuert und durchgesetzt hat. In dieser ersten Phase kam der verantwortlichen Abteilung die Rolle des „Policeman" zu, der im Zweifelsfall auch sanktionieren konnte, wenn etwas nicht markenkonform umgesetzt wurde.

Vorgehen zum Umgehen der Fallgruben der Umsetzung Um diese Fallgruben zu umschiffen und eine möglichst hohe, der jeweiligen Situation angepasste Übereinstimmung von Markenidentität und -positionierung zwischen der Corporate Brand und einzelnen Länder- und Geschäftsbereichen zu realisieren, empfiehlt sich folgendes Vorgehen:

1. Bei der Ermittlung der Soll-Markenidentität sind Studien in allen relevanten Ländern und Geschäftsbereichen durchzuführen.
2. In der Projektgruppe zur Entwicklung der Markenidentität sind frühzeitig Vertreter verschiedener Länder und Geschäftsbereiche einzubeziehen.
3. Zur Durchsetzung der Markenidentität im Rahmen eines Change-Management-Prozesses sind unterschiedliche Stufen zu durchlaufen, die durch ein zentrales Umsetzungsteam zu begleiten sind (siehe oben).

Länderspezifische Modifikationen der Markenidentität und -positionierung ergeben sich aufgrund

- kulturspezifischer Unterschiede sowie
- marktspezifischer Unterschiede hinsichtlich der Marktentwicklung, der Wettbewerber und der Bedürfnisse und Wünsche der Kunden.

Hinsichtlich der Anpassung an *kulturspezifische Unterschiede* bieten die umfassenden Arbeiten von Hofstede (1980; 1986; 1994) einen Zugang. Nach Hofstede lassen sich zur Charakterisierung von Länderkulturen fünf Dimensionen heranziehen (s. Abb. 5.6):

- *Machtdistanz*: In Ländern mit hoher Machtdistanz erwarten Menschen Machtunterschiede, während sich Machtverhältnisse in Gesellschaften mit geringer Machtdistanz egalisieren.
- *Individualismus*: Solche Länder sind durch eher lockere Bindungen zwischen Menschen gekennzeichnet, im Gegensatz zu kollektivistischen Kulturen mit stärkerer Einbindung in soziale Gruppen.

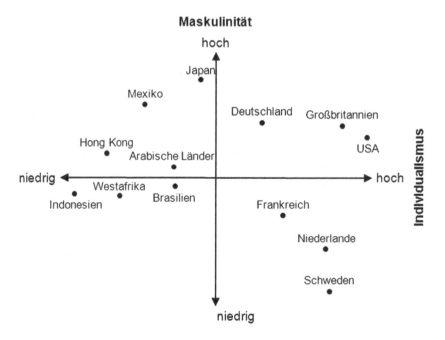

Abb. 5.6 Einteilung ausgewählter Länder auf den Kulturdimensionen Individualität und Maskulinität. (Quelle: Hofstede 1994, S. 6 in einer Darstellung von Homburg 2012, S. 1062)

- *Maskulinität*: Diese Dimension kennzeichnet die Bestimmtheit eines Auftritts in der Gesellschaft, anderenfalls dominieren Werte wie Bescheidenheit und Fürsorglichkeit.
- *Unsicherheitsvermeidung*: In solchen Kulturen fühlen sich Menschen durch ungewisse Situationen bedroht, während Kulturen mit niedriger Ausprägung auf dieser Dimension eine höhere Risikobereitschaft aufweisen.
- *Langfristigkeit der Orientierung*: Dieser Aspekt kennzeichnet eine Zukunftsorientierung, bei der Wert auf Ausdauer und Sparsamkeit gelegt wird. Hingegen erfolgt bei einer kurzfristigen Orientierung eine Ausrichtung auf Werte wie Respekt oder Tradition.

Die Ausführungen zu den unterschiedlichen Kulturdimensionen verdeutlichen, dass diese nur selten zur Veränderung der festgelegten Markenidentität und der Markenpositionierung führen müssen, wohl aber einer länderspezifischen Interpretation und kommunikativen Umsetzung bedürfen können (Scholz 2014).

Anders verhält es sich bei den *marktbezogenen Aspekten*, wie dem Entwicklungsstand eines Marktes, Art, Zahl und Positionierung der Wettbewerber sowie den Bedürfnissen und Wünschen der Kunden. Das Beispiel Volkswagen mag dies verdeutlichen: In Märkten wie in Südamerika werden zum Teil noch völlig andere Modelle in anderen Ausstattungsvarianten angeboten als in Europa. Die Marke Volkswagen steht entsprechend auch für andere Werte und Positionierungsversprechen.

Es liegt auf der Hand, dass hier Anpassungen notwendig werden. Solche Anpassungen beziehen sich in der Regel jedoch weniger auf die Markenidentität, sondern vielmehr auf die Markenpositionierung. Demnach sind bei der Markenpositionierung durchaus marktspezifische Anpassungen zu berücksichtigen.

Geschäftsbereichsspezifische Modifikationen werden aus ähnlichen Gründen erforderlich wie marktspezifische Anpassungen. Gerade bei Corporate Brands, bei denen die Freiheiten für die Geschäftsbereiche vor der Festlegung der Markenidentität groß waren, werden die Änderungswiderstände nachvollziehbar hoch sein. Gründe dafür können u. a. darin liegen, dass in einem erfolgreichen Geschäftsbereich bereits eine bereichsspezifische Identität gelebt wird. Entsprechend sind hier *Überlegungen zur Markenarchitektur* heranzuziehen, um abzuschätzen, inwieweit in dem jeweiligen Geschäftsbereich die Corporate Brand

- dominant,
- gleichberechtigt mit dem Geschäftsbereich oder
- den Geschäftsbereich unterstützend

eingesetzt wird (siehe auch den Beitrag zur Markenarchitektur in diesem Buch). Danach richten sich letztendlich auch die notwendigen Anpassungsmaßnahmen der Markenidentität und der Markenpositionierung aus.

5.4 Markenidentitäten nach außen durchsetzen

5.4.1 Markenidentitäten im Buying-Cycle umsetzen

Grundsätzlich befinden sich die verschiedenen Anspruchsgruppen einer Corporate Brand situationsabhängig in Phasen, in denen das Interesse an der Corporate Brand größer oder geringer ist. Eine bevorstehende Bilanzpressekonferenz erregt das Interesse von Medien und Financial Analysts, ein Umweltskandal die bei einer Fabrik lebenden Anwohner usw. Ähnlich verhält es sich bei der zentralen Zielgruppe, den Kunden. Das Involvement, d. h. das Engagement, mit dem man sich in diesem Fall einer Marke widmet (Kroeber-Riel und Esch 2011, S. 133; Laurent und Kapferer 1985; Zaichkowsky 1985), bestimmt demnach in hohem Maße, welche Botschaften man in welchen Phasen des Buying-Cycles vermitteln kann.

Low-Involvement-Phasen, also Phasen, in denen Kunden und andere Anspruchsgruppen der Corporate Brand eher geringes Interesse entgegenbringen, bedürfen anderer Umsetzungen als High-Involvement-Phasen. Ein Beispiel: FRAPORT ist der größte Arbeitgeber in Hessen. Dennoch wird sich das Interesse der Bevölkerung an dieser Corporate Brand normalerweise in Grenzen halten. Anders wäre dies bei der Diskussion um die Erweiterung des Flughafens um eine weitere Start- und Landebahn. Hier wird sich – zumindest vorübergehend – das Involvement gegenüber FRAPORT, ausgelöst durch betroffene Anwohner, Umweltschutzverbände und die Presse, erhöhen. In dem Maße, in dem es FRAPORT gelingt, in einer Low-Involvement-Phase die Reputation und das Image der

Abb. 5.7 Buying-Cycle für die Marke Yello Strom. (Quelle: Esch 2012, S. 150)

Corporate Brand zu erhöhen, kann diese positive Voreinstellung zu einer anderen Beurteilung in der heiklen Phase der Flugbahnerweiterung führen.

Deshalb ist es wichtig, gerade bezogen auf die Kernzielgruppe der Letztabnehmer der Leistungen, den Buying Cycle des Kunden marken- und bedürfnisspezifisch zu begleiten! Vereinfacht kann man den Buying-Cycle in eine Vorkauf-, Kauf- und Nachkaufphase einteilen. Folgend soll dieser am Beispiel Yello Strom dargestellt werden (s. Abb. 5.7).

Die Einteilung der Phasen lässt sich am Beispiel von Kunden erläutern: In *Vorkaufphasen* sind Kunden eher wenig an Kommunikation für Marken interessiert: Sie haben Zeitdruck und beschäftigen sich nur flüchtig mit Informationen. Dies ist allerdings die Phase der Markenprägung. Sie ist grundlegend für die Fundierung der Markenidentität. Die Markenbekanntheit und das Markenimage werden in dieser Phase aufgebaut. Da die Kunden in dieser Phase eher wenig involviert sind, spielen Sachargumente, die man mit großen gedanklichen Anstrengungen verarbeiten müsste, eine untergeordnete Rolle. Die Verarbeitungstiefe der Kommunikation ist eher gering. Deshalb ist der periphere Weg der Beeinflussung einzuschlagen, nach dem Motto: „Gefallen geht über Verstehen." (Kroeber-Riel und Esch 2011, S. 139; Petty und Cacioppo 1983). Durch diese Prägungsphase soll eine Marke in das evoked set of alternatives gelangen, also zu den bekannten und akzeptierten Alternativen aufgenommen werden. Bekanntermaßen ist dieses Bündel akzeptierter Alternativen gering. Es ist demnach die erste Hürde, die man in der Kommunikation nehmen muss.

Beim Ersatzanlass oder in der *Kaufphase* steigt das Involvement. Es zählen plötzlich hard facts und Argumente, man sucht nach vertiefenden Informationen. Die Qualität und

Art der Argumente, die man mit entsprechend hoher Verarbeitungstiefe analysiert, spielen hier die entscheidende Rolle. Allerdings zeigen Studien immer wieder, dass man vor allem nach Informationen für akzeptierte Marken sucht. Marken also, die durch Vorprägung in das Set akzeptierter Marken gelangen.

In der *Nachkaufphase* sinkt das Involvement normalerweise wieder ab. Zwar kann man hier in der ersten Phase nach dem Kauf noch von einem erhöhten Involvement ausgehen, was nicht zuletzt durch Nachkaufdissonanzen erklärbar ist, danach sinkt das Involvement jedoch merklich, solange keine kritischen Ereignisse bei der Nutzung der Marke auftreten (Stauss 1994). Entsprechend gilt es in der Nachkaufphase durch markenbezogene Customer-Relationship-Maßnahmen die Bindung zum Kunden aufrecht zu erhalten und auszubauen (Esch und Möll 2006). Dies wirkt quasi als Verstärker des Markenimages und somit auch positiv auf die Durchsetzung der Markenidentität.

▸ Bei der Umsetzung der Positionierung in Richtung Kunden muss in Phasen unterschiedlichen Involvements gedacht werden. Diese bestimmen, welche Botschaften wie vermittelt werden können.

Deshalb wird eine Aufgabenteilung im Kommunikations-Mix benötigt: In der Phase der Prägung ist der periphere Weg der Beeinflussung einzuschlagen: Gefallen geht über Verstehen. Hier geht es um den Aufbau von Markenbekanntheit und einem Markenimage. In der Kaufphase hingegen gilt der zentrale Weg der Beeinflussung: Hier werden zusätzliche Informationen über Nutzen und Produkte erforderlich (Petty und Cacioppo 1983). Die Nachkaufphase ist schließlich die Bindungsphase: Zwar sind hier ebenfalls hard facts notwendig, jedoch nicht hinreichend für die Bindung. Hinreichend sind die emotionalen Bestätigungen der Kunden zur Marke.

Um den Buying-Cycle optimal auf die Markenidentität und die Kunden auszurichten, sind *kommunikative Kontaktpunktanalysen* durchzuführen und zu analysieren, wo das Unternehmen in welcher Reihenfolge zu welchem Zweck von welchen Kunden genutzt wird. Erst eine solche Analyse ermöglicht die Abstimmung und eine adäquate inhaltliche und formale Ausgestaltung der Kontaktpunkte. Die „moments of truth" müssen zielorientiert gestaltet werden.

Miele ist ein gutes Beispiel dafür: Auf der Homepage wird die herausragende Miele-Qualität erklärt. Die Miele Waschmaschine vermittelt die Qualität. Der Kunde kann zwar nicht prüfen, ob die Qualität tatsächlich gut ist, aber durch Irradiationen kann der Hersteller diesen Eindruck erwecken (Kroeber-Riel und Gröppel-Klein 2013). Eine Miele ist beispielsweise immer schwerer als jede andere Waschmaschine. Der Schluss „ist schwer – muss gut sein" liegt nahe. Qualität und Zuverlässigkeit vermittelt auch der Kundendienst – seit Jahren ist er Nr. 1 im Kundenbarometer. Der Miele-Kundendienst zieht sich an der Haustüre Überzieher über die Schuhe, um die Wohnung oder das Haus nicht zu verschmutzen. Bevor der Werkzeugkasten auf den Boden gestellt wird, breitet er ein Tuch aus, auf das der Kasten abgestellt wird. Zuverlässigkeit, Vertrauen und Qualität wird dadurch vermittelt und gelebt. Das „Immer besser"-Prinzip wird ebenfalls auf der Homepage erläutert. Zudem gibt es eine Sammlerbörse für alte – und natürlich funktionstüchtige –

Miele-Geräte. In diesen Kontaktpunkten spiegeln sich somit erlebbar die Identitätsmerkmale der Marke Miele wider.

Um die kommunikativen Kontaktpunkte wirksam auf die Bedürfnisse der Anspruchsgruppen und die Markenidentität abzustimmen, schlagen Davis und Dunn (2002, S. 64) folgendes *Vorgehen bei der kommunikativen Markenkontaktpunktanalyse* vor (Esch 2012, S. 149 ff.; s. Abb. 5.8):

1. Im ersten Schritt sind die relevanten Kontaktpunkte aus Sicht des Managements zu bestimmen. Die Bedeutung dieser kommunikativen Kontaktpunkte für die Marke ist einzuschätzen. Anschließend ist zu prüfen, inwiefern die Managementkapazitäten ausreichen, diese Kontaktpunkte wirksam markenspezifisch zu gestalten.
2. Auf der zweiten Stufe sind nun die relevanten Anspruchsgruppen dahingehend zu analysieren, wie aus deren Sicht aktuelle und ideale kommunikative Kontaktpunkte zur Marke aussehen. Hierbei erfolgen gleichzeitig eine Kategorisierung der Kontaktpunkte

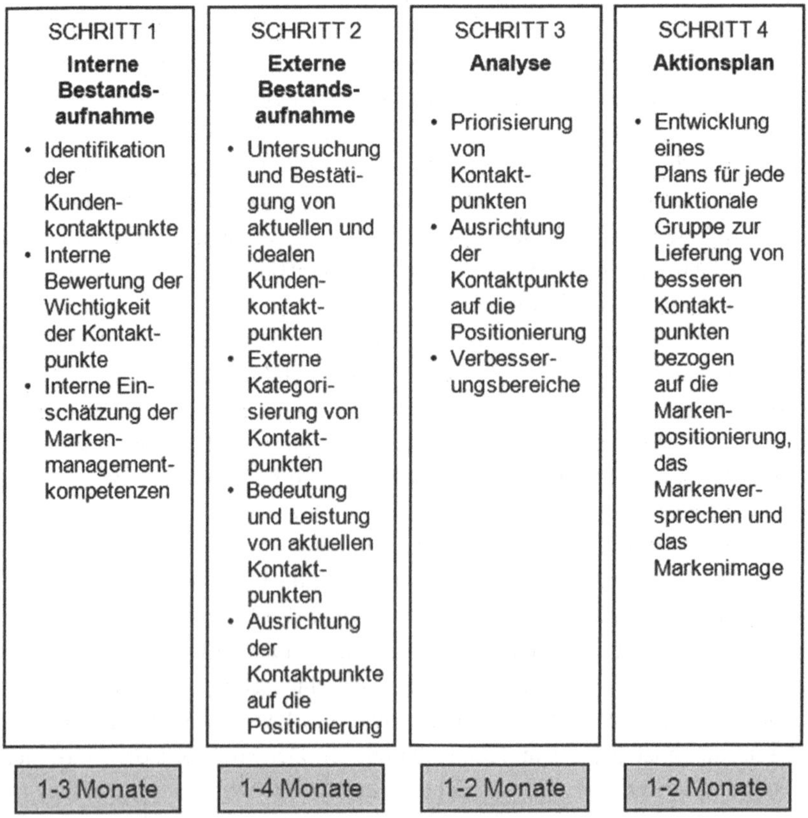

SCHRITT 1	SCHRITT 2	SCHRITT 3	SCHRITT 4
Interne Bestandsaufnahme	**Externe Bestandsaufnahme**	**Analyse**	**Aktionsplan**
• Identifikation der Kundenkontaktpunkte • Interne Bewertung der Wichtigkeit der Kontaktpunkte • Interne Einschätzung der Markenmanagementkompetenzen	• Untersuchung und Bestätigung von aktuellen und idealen Kundenkontaktpunkten • Externe Kategorisierung von Kontaktpunkten • Bedeutung und Leistung von aktuellen Kontaktpunkten • Ausrichtung der Kontaktpunkte auf die Positionierung	• Priorisierung von Kontaktpunkten • Ausrichtung der Kontaktpunkte auf die Positionierung • Verbesserungsbereiche	• Entwicklung eines Plans für jede funktionale Gruppe zur Lieferung von besseren Kontaktpunkten bezogen auf die Markenpositionierung, das Markenversprechen und das Markenimage
1-3 Monate	1-4 Monate	1-2 Monate	1-2 Monate

Abb. 5.8 Prozess der kommunikativen Kontaktpunktanalyse im Rahmen eines Buying-Cycle. (Quelle: In Anlehnung an Davis und Dunn 2002, S. 64)

sowie eine Zuordnung zu den einzelnen Phasen des Buying Cycles. Die Wichtigkeit sowie die Leistungsstärke der kommunikativen Kontaktpunkte sind ebenso zu erfragen, wie die subjektiv empfundene Übereinstimmung zur Markenpositionierung.
3. Im dritten Schritt erfolgen auf Basis des Abgleichs zwischen der Innensicht und der Außensicht eine Priorisierung der Kontaktpunkte sowie eine Analyse, inwieweit diese mit der angestrebten Markenpositionierung in Einklang stehen, um Optimierungspotenzial zu erarbeiten.
4. Im abschließenden Schritt wird ein konkreter Plan zur Optimierung der kommunikativen Kontaktpunkte und dessen Umsetzung entwickelt.

In der ersten Stufe, der *Analyse aus Sicht des Managements*, geht es vor allem um die Beantwortung der folgenden Fragen (in Anlehnung an Davis und Dunn 2002, S. 66 f.):

- Wie tritt die Corporate Brand zum derzeitigen Stand mit Kunden in Kontakt? Welche Zugänge der Corporate Brand zu Kunden existieren?
- Welche Zugänge wären künftig wünschenswert, um in Kontakt mit den Kunden zu treten und dadurch die langfristigen Ziele im Rahmen der Markenführung zu realisieren?
- Wie erfolgt das Management der kommunikativen Kontaktpunkte derzeit? Wer ist für die kommunikativen Kontaktpunkte verantwortlich? Wurde der kommunikative Kontaktpunkt markenspezifisch ausgestaltet?
- Wie ist aus Sicht der Corporate Brand die Leistungsfähigkeit jedes einzelnen kommunikativen Kontaktpunktes zu bewerten hinsichtlich
  - interner Erwartungen und Vorgaben,
  - externer Erwartungen,
  - der gesetzten Markenziele,
  - des relevanten Wettbewerbs?
- Welche Maßnahmen muss das Unternehmen ergreifen, um Lücken zwischen internen und externen Erwartungen zu erfüllen? Welche Kosten erwachsen daraus? Welche Anforderungen sind an die Organisation zu stellen?

Bei der *externen Analyse* der kommunikativen Kontaktpunkte bei den *Zielgruppen* ist festzustellen,

- was die zentralen Bedürfnisse und Informationswünsche der Kunden an den jeweiligen Kontaktpunkten sind,
- was die Kunden bei den jeweiligen Kontaktpunkten am meisten berührt, von ihnen als angenehm oder unangenehm bzw. als passend oder unpassend empfunden wird,
- wie die Leistungsfähigkeit der einzelnen Kontaktpunkte aus Sicht der Kunden relativ zum Wettbewerb und deren eigenen Erwartungen eingeschätzt wird (in Anlehnung an Davis und Dunn 2002, S. 72).

Bei den externen Analysen der kommunikativen Kontaktpunkte empfiehlt es sich, vorhandene Kunden, abgewanderte Kunden und potenzielle Kunden zu befragen. Dadurch kann man am ehesten erfahren, was Kunden bewegt, bei einer Marke zu bleiben bzw. abzuwandern oder sie in Erwägung zu ziehen.

Innen- und Außensicht sind anschließend *zusammenzuführen* und zu *bewerten*. Dabei spielt die Wichtigkeit eines Kontaktpunktes aus Marken- und Kundensicht sowie die Anforderungen an die Optimierung eines Kontaktpunktes in finanzieller, sachlicher, zeitlicher, organisatorischer und personeller Hinsicht eine zentrale Rolle.

5.4.2 Kommunikationsketten markenspezifisch deklinieren

Sofern man die kommunikativen Kontaktpunkte ermittelt hat, gilt es diese markenspezifisch zu deklinieren. Dazu ein positives Beispiel: Coca-Cola setzt seine etablierten Eisbären beispielsweise gezielt über alle Kanäle ein: Durch den Kauf von Coca-Cola Flaschen kann man aktuell Plüsch-Eisbären gewinnen. Hierzu muss man jedoch den Internetauftritt des Unternehmens besuchen, wo z. B. auch lustige Bilder der Bärchen für Chats wie WhatsApp heruntergeladen werden können. Weitere Unterstützung wird durch einen Fernsehspot und Hinweise in der Coca-Cola Facebook Gruppe geliefert.

Die *Deklination der Kommunikationsketten* setzt Kenntnis darüber voraus,

- in welcher Reihenfolge die einzelnen Kontaktpunkte typischerweise abfolgen,
- wie groß das Involvement der Anspruchsgruppen in den unterschiedlichen Situationen und Kontaktpunkten ist, da sich daraus ergibt, wie diese anzusprechen sind,
- welche Anforderungen die Anspruchsgruppen an diese Kontaktpunkte haben (siehe oben),
- was im Rahmen eines Kontaktpunktes bewirkt werden soll: die Verstärkung der Markenbekanntheit oder des Markenimages, die Markenbindung oder andere verhaltenswissenschaftliche Größen,
- wie die Kontaktpunkte inhaltlich und formal gestaltet werden können, damit daraus eine bestmögliche Abstimmung der Maßnahmen resultiert.

Die Deklination markenspezifischer Kommunikationsketten impliziert auch immer die Abstimmung der Kommunikation, also die Integration kommunikativer Maßnahmen. Unter *integrierter Kommunikation* versteht man die inhaltliche und/oder formale Abstimmung aller Maßnahmen der Markenkommunikation, um die durch die Kommunikation erzeugten Eindrücke zu vereinheitlichen und zu verstärken (Kroeber-Riel und Esch 2011; Esch 2011).

▶ Integrierte Kommunikation ist eine Basisanforderung, die auch bei zielgruppenspezifischem Vorgehen nicht vernachlässigt werden darf!

Mit der integrierten Kommunikation zielt man demnach auf eine kontinuierliche Durchsetzung der Marke in allen Kommunikationsinstrumenten, die zum Einsatz kommen, ab.

Es geht um die langfristige Ausgestaltung der Kommunikation durch formale und inhaltliche Mittel. Erstere leisten vor allem einen Beitrag zur Stärkung der Markenbekanntheit. So tritt Sixt immer in den Farben orange und schwarz auf, das taiwanesische Transportunternehmen Evergreen immer in der Farbe Grün. Bei der inhaltlichen Integration geht es hingegen um die gezielte Vermittlung der Markenpositionierung durch verbale und nonverbale Elemente. So bringen die Volksbanken und Raiffeisenbanken durch die Kampagne „Wir machen den Weg frei" mit dem Schlüsselbild des freien Wegs zum Ausdruck, dass sie in Bedrängnis geratenen Mitgliedern und Kunden helfen, ihre Unabhängigkeit zu wahren (Esch 2011). Die Integration der kommunikativen Maßnahmen wird umso schwerer, je mehr interne Abteilungen involviert sind und je mehr Geschäftsbereiche unter einer Klammer zusammengefasst werden sollen. Zudem tritt eine weitere Erschwernis durch Integration externer Partner in einer vertikalen Kette auf (Bruhn 2013), wie dies beispielsweise bei der Integration von Händlern einer Automobilmarke der Fall ist. Hier wird die Durchsetzung integrativer Maßnahmen durch die mehr oder weniger große Selbständigkeit der Partner und der daraus resultierenden Entscheidungsfreiheit erschwert, so dass die Abstimmung der Maßnahmen entsprechend ausgestalteter Partnerprogramme bedarf (Dahlhoff und Eickhoff 2013, S. 218 ff.; Esch et al. 2013, S. 196 ff.).

5.4.3 Kommunikation anspruchsgruppenspezifisch deklinieren

Die Vermittlung der Markenidentität durch Kommunikation muss immer anspruchsgruppenkonform gestaltet sein. Dies liegt an den unterschiedlichen Interessenslagen der Anspruchsgruppen. Dies trifft zweifelsfrei auch zu: Finanzanalysten interessieren sich vor allem für die Performance eines Unternehmens, potenzielle Arbeitnehmer hingegen für soziale Fragen und Aufstiegsmöglichkeiten, Kunden für Produkte und der Handel für Konditionen und Produktprogramme. Diese Informationen müssen zwar maßgeschneidert zur Verfügung gestellt werden. Allerdings ist darüber hinaus bei allen Anspruchsgruppen das gleiche Image einer Corporate Brand zu zementieren (Esch 2011, S. 398), damit die Markenidentität gleichermaßen bei allen Zielgruppen eine entsprechende Durchsetzung findet.

Ein integrierter Markenauftritt ist deshalb sinnvoll, weil man die Kommunikationskanäle für die unterschiedlichen Anspruchsgruppen nicht überschneidungsfrei voneinander separieren kann. Die Anspruchsgruppen nehmen auch Kommunikation wahr, die sich an andere Zielgruppen richtet. Zudem schlüpfen Anspruchsgruppen auch in verschiedene Rollen. Ein Finanzanalyst kann ebenso wie ein Arbeitnehmer am Wochenende die Rolle eines Konsumenten einnehmen. Auch wird er mit klassischer Werbung in Publikumszeitschriften, die er aus Interesse am Wochenende liest, konfrontiert (Esch 2012, S. 506). Gerade dies spricht für die oben angesprochene Aufgabenteilung im Kommunikations-Mix, durch die man sowohl anspruchsgruppenkonforme Informationen zur Marke ergänzend, als auch imageprägende und somit identitätsfördernde Informationen zur Marke vermitteln kann.

▶ Trotz integrierter Kommunikation müssen bei der Positionierungsumsetzung die unterschiedlichen Interessenslagen von Anspruchsgruppen aufgegriffen werden werden.

5.5 Ausblick: Herausforderungen für die Realisation einer Markenidentität: Umsetzung ist Strategie

Viele Markenidentitäten existieren zwar auf einem Konzeptpapier, allerdings selten in der Realität. Die Gründe sind vielfältig: Sie reichen von einer mangelnden Einsicht, dass der Prozess der Umsetzung einer solchen Markenidentität im Unternehmen genauso wichtig ist wie die Umsetzung nach außen, bis hin zu Problemen bei der Umsetzung und deren Kontrolle aufgrund von Änderungswiderständen, einem nicht nachhaltig genug durchgeführten Umsetzungsprozess sowie oberflächlichen und vordergründigen Maßnahmen zur Implementierung der Markenidentität.

Markenidentitäten können allerdings nur dann wirken, wenn sie sichtbar nach innen und außen umgesetzt werden. So wichtig der konzeptionelle Prozess ist, das Nadelöhr ist meist die Umsetzung: der zeitliche und organisatorische Aufwand wird oft unterschätzt, die Identität wird selten nachhaltig umgesetzt. Zum Teil, weil es auch an entsprechenden Kontrollmechanismen mangelt. Darin müssen Unternehmen, gerade Corporate Brands und Unternehmen im Dienstleistungs- und B2B-Bereich künftig die zentrale Herausforderung sehen, um schlummernde Wertschöpfungspotenziale zu aktivieren.

Literatur

Aaker, D. A. (1996). *Building strong brands*. New York: Free Press.
Argyris, C. (1992). *On organizational learning*. Cambridge: Blackwell.
Balmer, J. M. T., & Greyser, S. A. (2002). Managing the multiple identities of the corporation. *California Management Review, 44*(3), 72–86.
BBDO. (2009). Brand Parity Studie 2009. http://www.batten-company.com/uploads/media/20090219_Brand_Parity_Studie_2009_01.pdf. Zugegriffen: 10. März 2014.
Bilfinger (2013). Der neue Bilfinger. http://www.bilfinger.com/magazin/identitaet/. Zugegriffen: 10. März 2014.
Bruhn, M. (2013). *Qualitätsmanagement für Dienstleistungen: Handbuch für ein erfolgreiches Qualitätsmanagement. Grundlagen – Konzepte – Methoden*. Berlin: Springer.
Dahlhoff, D., & Eickhoff, J. (2013). Den Automobilvertrieb und -handel markengerecht aufbauen und steuern. In F.-R. Esch (Hrsg.), *Strategie und Technik des Automobilmarketing* (S. 215–235). Wiesbaden: Springer Gabler.
Davis, S. M., & Dunn, M. (2002). *Building the brand-driven business*. San Francisco: Jossey-Bass.
De Chernatony, L. (2001). A model for strategically building brands. *Journal of Brand Management, 9*(1), 32–44.
Deal, T., & Kennedy, A. (1987). *Unternehmenserfolg durch Unternehmenskultur*. Bonn: Rentrop.

Eden, C., & Huxham, C. (1996). Action research for the study of organizations. In S. R. Clegg, C. Hardy, & W. R. Nord (Hrsg.), *Handbook of organizational studies* (S. 526–542). London: Sage.
Esch, F.-R. (2011). *Wirkung integrierter Kommunikation*. Wiesbaden: Gabler.
Esch, F.-R. (2012). *Strategie und Technik der Markenführung*. München: Vahlen.
Esch, F.-R., & Isenberg, M. (2013). Markenidentität und Markenpositionierung festlegen. In F.-R. Esch (Hrsg.), *Strategie und Technik des Automobilmarketing* (S. 35–57). Wiesbaden: Springer Gabler.
Esch, F.-R., & Elste, R. (2013). Weniger ist mehr. *Harvard Business Manager, 2*(7–9).
Esch, F.-R., & Knörle, C. (2008). Identitätskonformes Management von Kommunikation und Kontaktpunkten mit der Marke. *Zeitschrift für Automobilwirtschaft (ZfAW), 3*, 6–14.
Esch, F.-R., & Langner, T. (2003). Markenführung in Wertschöpfungsnetzwerken. In N. Bach, W. Buchholz, & B. Eichler (Hrsg.), *Geschäftsmodelle für Wertschöpfungsnetzwerke* (S. 239–266). Wiesbaden: Gabler.
Esch, F.-R., & Möll, T. (2006). Die Bedeutung der Marke im CRM. In K. D. Wilde & H. Hippner (Hrsg.), *Grundlagen des CRM – Konzepte und Gestaltung* (S. 225–249). Wiesbaden: Gabler.
Esch, F.-R., & Vallaster, C. (2005). Mitarbeiter zu Markenbotschaftern machen: Die Rolle der Führungskräfte. In F.-R. Esch (Hrsg.), *Moderne Markenführung* (S. 1009–1020). Wiesbaden: Gabler.
Esch, F.-R., Stenger, D., Krieger, K. H., & Knörle, C. (2013). Die Kommunikation orchestrieren. In F.-R. Esch (Hrsg.), *Strategie und Technik des Automobilmarketing* (S. 171–209). Wiesbaden: Springer Gabler.
Esch, F.-R., Knörle, C., & Strödter, K. (2014). *Interne Markenführung: Mitarbeiter gewinnen und zu Markenbotschaftern machen*. München: Vahlen.
Friedman, B., Hatch, J., & Walker, D. (1998). *Delivering on the promise: How to attract, manage, and retain human capital*. New York: Free Press.
Früh, W. (2011). *Inhaltsanalyse: Theorie und Praxis*. Konstanz: UVK/UTB.
Gallup. (2013). Präsentation zum Gallup Engagement Index 2012. http://www.gallup.com/strategicconsulting/160904/praesentation-gallup-engagement-index −2012.aspx. Zugegriffen: 30. Juli 2013.
Grant, L. (12. Januar 1998). Happy workers, high return. *Fortune*, 81.
Gress, F., Kiefer, H., Esch, F.-R., & Roth, S. (2009). Aktives Management der Corporate Brand BASF. In F.-R. Esch & W. Armbrecht (Hrsg.), *Best Practice der Markenführung* (S. 79–98). Wiesbaden: Gabler.
Hofstede, G. (1980). *Culture's consequences: International differences in work-related values*. Beverly Hills: Sage.
Hofstede, G. (1986). Cultural differences in teaching and learning. *International Journal of Intercultural Relations, 10*(3), 301–320.
Hofstede, G. (1994). Management scientists are human. *Management Science, 40*(1), 4–13.
Homburg, C. (2012). *Marketingmanagement: Strategie – Instrumente – Umsetzung – Unternehmensführung*. Wiesbaden: Springer Gabler.
Joachimsthaler, E. (2002). Mitarbeiter: Die vergessene Zielgruppe für Markenerfolge. *Absatzwirtschaft, 35*(11), 28–34.
Kolb, D. A., & Fry, R. (1975). Toward an applied theory of experiential learning. In C. Cooper (Hrsg.), *Theories of group process* (S. 33–57). London: Wiley.
Kroeber-Riel, W., & Esch, F.-R. (2011). *Strategie und Technik der Werbung*. Stuttgart: Kohlhammer.
Kroeber-Riel, W., & Gröppel-Klein, A. (2013). *Konsumentenverhalten*. München: Vahlen.
Krüger, W. (2009). *Excellence in Change: Wege zur strategischen Erneuerung*. Wiesbaden: Gabler.
Landmann, R. (2001). Connecting your people with your brand – or: The magic of practicing what you preach. In R. Landmann, H. Wolters, W. Bernhart, & H. Harsten (Hrsg.), *The future of the automotive industry* (S. 125–143). Warrendale: SAE International.

Larkin, T. J., & Larkin, S. (Mai–Juni 1996). Reaching and changing frontline employees. *Harvard Business Review, 95*–104.

Laurent, G., & Kapferer, J.-N. (1985). Measuring consumer involvement profiless. *Journal of Marketing Research, 22,* 41–53.

LePla, J. F., & Parker, L. M. (1999). *Integrated branding: Becoming brand-driven through company-wide action*. London: Greenwood.

Michlitsch, J. F. (2000). High-performing, loyal employees: The real way to implement strategy. *Strategy & Leadership, 28*(6), 28–33.

Mitchell, C. (2002). Selling the brand inside. *Harvard Business Review, 80,* 99–104.

Morris, C. S. (1946). *Signs, language, and behavior*. New York: G. Braziller.

Petty, R. E., & Cacioppo, J. T. (1983). Central and peripheral routes to persuasion: Application to advertising. In L. A. Percy & A. G. Woodside (Hrsg.), *Advertising and consumer psychology* (S. 3–24). Toronto: Rowman & Littlefield.

von Rosenstil, L. (1992). *Grundlagen der Organisationspsychologie*. Stuttgart: Schäffer-Poeschel.

Rothschild, M. L. (1987). *Marketing communications: Fromfundamentals to Strategies*. Lexington: Health & Co.

Scholz, C. (2014). *Personalmanagement*. München: Vahlen.

Schubert, C., & Grünewald, T. (2007). Unternehmensbranding. In P. Szyszka & U.-M. Dürig (Hrsg.), *Strategische Kommunikationsplanung* (S. 103–114). Konstanz: UVK.

Stauss, B. (1994). Der Einsatz der Critical Incident Technique. In T. Tomczak & C. Belz (Hrsg.), *Kundennähe realisieren* (S. 233–250). St. Gallen: Thexis.

Tosti, D. T., & Stotz, R. D. (2001). Brand: Building your brand from the inside out. *Marketing Management, 10*(2), 28–33.

Vallaster, C. (2004). Action research for study internal branding. In R. Buber; J. Gadner, & L. Richards (Hrsg.), *Applying qualitative methods to marketing management* (S. 194–205). New York: Palgrave Macmillan.

Wal-Mart. (2003). The Wal-Mart culture. http://www.walmartstores.com. Zugegriffen: 10. März 2003.

Wittke-Kothe, C. (2001). *Interne Markenführung: Verankerung der Markenidentität im Mitarbeiterverhalten* (Reihe Marken- und Produktmanagement). Wiesbaden: DUV.

Zaichkowsky, J. L. (1985). Measuring the involvement construct. *Journal of Consumer Research, 12,* 341–352.

Prof. Dr. Franz-Rudolf Esch ist Professor für Markenmanagement und Automotive Marketing an der EBS Universität für Wirtschaft und Recht, Oestrich-Winkel, und Direktor des Instituts für Marken- und Kommunikationsforschung (IMK). Davor lehrte er in Saarbrücken, Trier, St. Gallen, Innsbruck und Gießen. Weiterhin ist er Gründer und wissenschaftlicher Beirat von ESCH. The Brand Consultants, Saarlouis. Seine Forschungsschwerpunkte liegen in den Bereichen Markenmanagement, Kommunikationsforschung und Konsumentenforschung.

Janina Petri, Dipl.-Wirtsch.-Angl., ist wissenschaftliche Mitarbeiterin am Institut für Marken- und Kommunikationsforschung (IMK) sowie Doktorandin am Lehrstuhl für Markenmanagement und Automobilmarketing der EBS Universität für Wirtschaft und Recht, Oestrich-Winkel. Sie studierte Angewandte Fremdsprachen und Wirtschaft an der Justus-Liebig-Universität Gießen, der San José State University (USA) und der Tecnológico de Monterrey in Querétaro (Mexiko).

Das Branding der Corporate Brand gestalten

6

Tobias Langner und Franz-Rudolf Esch

> **Zusammenfassung**
> Branding bedeutet, ein Angebot aus der Masse gleichartiger Angebote herauszuheben und eine eindeutige Zuordnung des Angebots zu einer Marke zu ermöglichen. Markenname, Bild- und Designelemente, die jeweils einheitlich und integriert genutzt werden, sind dafür wesentliche Hebel. In diesem Kapitel werden Handlungs empfehlungen zur Gestaltung eines wirkungsvollen Brandings erläutert. Zudem wird auf Besonderheiten bei der Umsetzung komplexe Markenarchitekturen eingegangen.

6.1 Bedeutung des Corporate Branding erkennen

That which we call a rose, by any other name would smell as sweet; so would, were he not Romeo call'd, retain that dear perfection which he owes.

Julia zu Romeo in William Shakespeares „Romeo und Julia"

Wäre Julia Markendesigner geworden, hätte sie nach dem Motto gearbeitet „Markiere Deine Angebote mit irgendwelchen Namen und Zeichen, wenn die Angebotsqualität stimmt, wird sich der Markenerfolg schon einstellen" (Collins 1977, S. 343). Betrachtet man die Marketing-Praxis könnte man den Eindruck gewinnen, Julia hätte tatsächlich eif-

---

T. Langner (✉)
Bergische Universität, Wuppertal, Deutschland
E-Mail: Langner@wiwi.uni-wuppertal.de

F.-R. Esch
EBS Universität für Wirtschaft und Recht, Oestrich-Winkel, Deutschland
E-Mail: Franz-Rudolf.Esch@ebs.edu

rig bei der Gestaltung vieler Marken mitgewirkt. Abstrakte Namen wie E.ON, SEB oder VHV sowie nichts sagende Markenbilder wie die Logos von Bilfinger und Merck folgen treu ihrem Ansatz (s. Abb. 6.7).

Wie viele prominente Beispiele (z. B. IBM, SAP, 3M) zeigen, kann ein Unternehmen tatsächlich mit jedem Namen oder Zeichen erfolgreich sein. Zumindest solange ein großes Werbebudget vorhanden ist. Erfolg hat eben seinen Preis. Nur kann der größer oder kleiner sein. Nichts sagende Markennamen und -zeichen, die keine konkreten Assoziationen vermitteln, leisten keinen Beitrag zur Markenpositionierung. Ein enormer kommunikativer Druck ist vielmehr notwendig, um sie überhaupt in den Köpfen der Anspruchsgruppen zu verankern und mit entsprechenden positionierungsrelevanten Inhalten aufzuladen. Oftmals können Konsumenten abstrakte Markenelemente noch lange nach der Markeneinführung nicht richtig zuordnen. Für das Branding gilt eben doch die bekannte Ansicht James Joyce „A rose is a rose is rose…" (auch Collins 1977, S. 344 ff.). Wirkungsbezogen gestaltete Markennamen und Markenzeichen leisten einen bedeutenden Beitrag zum Markenaufbau und helfen so wertvolle Euros zu sparen.

In den letzten Jahrzehnten haben Corporate Branding-Entscheidungen außerordentlich an *Bedeutung* gewonnen. Gründe hierfür sind die deutlich gestiegene Zahl von Unternehmensfusionen und -aufkäufen, die wachsende Globalisierung der Märkte und die Zunahme neuer Marken (Esch und Langner 2005, S. 575; Esch 2012; Langner 2003, S. 6 ff.).

Unternehmensfusionen und -aufkäufe: In vielen Branchen hat die wachsende Verschärfung des Wettbewerbs zu einer Zunahme von Unternehmensfusionen und -aufkäufen geführt. Müller-Stewens (2000, S. 44) identifiziert beispielsweise in den USA während der letzten 105 Jahre fünf große Wellen von Unternehmenszusammenschlüssen. Die letzte große Welle, die bis heute andauert, begann Anfang der 90er Jahre (auch Rudolph 2006, S. 483). Im Jahr 2000 haben deshalb weltweit über 2000 Unternehmen ihren Namen aufgrund von Fusionen und Übernahmen geändert (Brand and Identity Consultancy Enterprise IG 2001). Im Kontext von Unternehmenszusammenschlüssen stellt sich jedes Mal die Frage, wie mit dem Branding der beteiligten Unternehmen zu verfahren ist. Grundsätzlich sind folgende Optionen möglich (Langner 2003, S. 6 f.; Brockdorff und Kernstock 2001):

- die beteiligten Markennamen werden zu einem Namen verschmolzen (z. B. JPMorgan Chase, ThyssenKrupp),
- die Markennamen werden durch einen neuen gemeinsamen Namen ersetzt (z. B. CIBA und Sandoz wurden Novartis),
- die Markennamen werden wie bisher erhalten (z. B. Procter & Gamble führt die Marke Gillette und Facebook die Marke WhatsApp weiter),
- das aufgekaufte Unternehmen übernimmt den Namen des Aufkäufers (z. B. Plus übernimmt den Namen des Aufkäufers Netto), oder
- der Aufkäufer übernimmt den Namen des aufgekauften Unternehmens (z. B. C&N Touristic übernimmt den Namen des aufgekauften Unternehmens Thomas Cook als Dachmarke für ihre Touristikmarken).

Bei jeder dieser Optionen sollte analysiert werden, welche Werte und Einstellungen von den Zielgruppen mit den beteiligten Marken verbunden und welche Potenziale sich mit dem Aufbau einer neuen Marke realisieren ließen (Esch und Langner 2005, S. 575). Durch eine individuelle Kosten-Nutzen-Analyse gilt es die Fragen zu beantworten, inwiefern es sinnvoll ist, bestehende Marken zu eliminieren, neue Marken aufzubauen oder den Status Quo zu erhalten.

Globalisierung der Märkte: Die zunehmende wirtschaftliche Globalisierung hat dazu geführt, dass viele vormals nationale Marken internationalisiert wurden. Branding-Aspekte rücken somit auch bei bereits etablierten Marken wieder in den Mittelpunkt des Interesses. Von einer internationalen Vereinheitlichung des Markenauftritts erhoffen sich viele Unternehmen Größen- und Synergieeffekte. Durch eine europaweite Standardisierung der Pampers-Verpackung realisierte Procter & Gamble beispielsweise eine einheitliche Lagerhaltung, durch die Millionenbeträge eingespart wurden (Esch und Langner 2005, S. 576). Die internationale Vereinheitlichung von Marken stellt allerdings stets einen Spagat zwischen den Anforderungen der Standardisierung des Markenauftritts und der Notwendigkeit des Eingehens auf nationale Konsumentenbedürfnisse dar. Oftmals werden zentrale, imageträchtige Elemente der Marke allzu sorglos verändert und Markenwert sinnlos vernichtet (Langner 2003, S. 7).

Eintragung neuer Marken: Überlegungen zum Branding sind schließlich immer dann von Relevanz, wenn neue Unternehmen bzw. Marken aufgebaut werden sollen. Insbesondere sehr innovative Angebote, die einen geringen Fit zu den bisher im Unternehmen geführten Marken aufweisen, machen eine Neumarkierung erforderlich. Die Zahl neuer Markeneintragungen stagniert inzwischen auf hohem Niveau (2012: 46.099, Deutsches Patent- und Markenamt 2014).

6.2 Handlungsfelder des Corporate Branding definieren

Aufbauend auf der Definition des Markenbegriffs der American Marketing Association (AMA 1960; Bennett 1995, S. 27) und anknüpfend an den historischen Wurzeln des Branding, das ursprünglich als Begriff für die Brandmarkung von Tieren geprägt wurde, wird hier von folgender Definition ausgegangen (Esch und Langner 2005, S. 577): *Branding bezeichnet alle Maßnahmen zur Gestaltung eines Angebots, die dazu geeignet sind, ein Angebot aus der Masse gleichartiger Angebote herauszuheben und die eine eindeutige Zuordnung des Angebots zu einer konkreten Marke ermöglichen.*

Dieser Markierungsanspruch kann beim Corporate Branding vor allem durch den *Markennamen*, das *Markenzeichen* bzw. *Markenbild*, die *Angebotsgestaltung* (Produkt- bzw. Verpackungsgestaltung) und durch sonstige *Corporate Design Elemente* (Formen, Farben) erfüllt werden. Durch diese Elemente werden Marken von Wettbewerbern differenziert und eine eindeutige Zuordnung der Angebote zu einer konkreten Marke ermöglicht.

Gemäß diesem Verständnis erfolgt hier eine klare Trennung zwischen Fragestellungen des Designs einer Marke, die vor allem in der Phase der Markenschöpfung relevant sind, und allgemeinen Aspekten des Marketing-Mix, die auch noch im Zuge der Markenpflege eine zentrale Rolle spielen.

Branding-Überlegungen sind innerhalb des Corporate Brand Management grundsätzlich bei der Gestaltung der *Corporate Brand* und bei der Gestaltung von *Produktmarken* von Relevanz. Je nachdem, welche Markenstrategie ein Unternehmen verfolgt, kommt den beiden Markenebenen eine unterschiedliche Bedeutung zu. Branding-Fragestellungen betreffen somit bei der Einzelmarkenstrategie die Gestaltung der Corporate Brand und das Design der unterschiedlichen Einzelmarken. Verfolgt ein Unternehmen eine Familienmarkenstrategie, sind Branding-Überlegungen hingegen grundsätzlich bezüglich der Gestaltung der Corporate Brand und der Familienmarken anzustellen.

Aus Sicht des Corporate Brand Management ist auch die horizontale und vertikale Interaktion zwischen den einzelnen Marken eines Unternehmens von Bedeutung. In *vertikaler Richtung* stellt sich die Frage, ob und, wenn ja wie dominant die Angebote einer Einzel- bzw. Familienmarke mit dem Branding der Corporate Brand markiert werden. Unternehmensmarke und Einzel- bzw. Familienmarke können hier gleichberechtigt kommuniziert werden (z. B. Haribo Colorado) oder das Branding einer der beiden Marken wird dominant vermittelt (z. B. Spee von Henkel). In horizontaler Richtung stellt sich für Unternehmen die Frage, ob die Unternehmenszugehörigkeit unterschiedlicher Marken durch eine Familienähnlichkeit in der Branding-Gestaltung ausgedrückt werden soll oder, ob die Marken nach außen vollständig unabhängig voneinander auftreten. Alle diese Fragestellungen sind bei der Entwicklung des Branding zu berücksichtigen.

6.3 Anforderungen an das Branding festlegen

Menschen verbinden mit starken Marken klare Vorstellungen und Bilder (Esch 2005, S. 133; Esch 2012). Mit der Provinzial Versicherung verknüpfen viele Konsumenten Schutz, Geborgenheit und Nähe, verkörpert durch das Bild des Schutzengels. Solche Markenvorstellungen werden zum einen durch das Branding einer Marke und zum anderen durch persönliche Erfahrungen mit den Marken und durch Kommunikation geprägt. Dabei sind diese Bereiche miteinander verknüpft, weil man sowohl durch Kommunikation als auch durch persönliche Erfahrung mit dem Branding der Marke konfrontiert wird.

Damit das Branding einen *möglichst großen Beitrag zum raschen Aufbau eines verhaltenswirksamen Markenimages* leistet, sollte es deshalb derart gestaltet sein, dass es starke, positive, eigenständige, positionierungskonforme und leicht lernbare Assoziationen vermittelt (Keller 2012, S. 191 f.; Langner 2003, S. 24 f.). Diese Anforderungen an das Branding lassen sich wie folgt operationalisieren:

1. *Identifikation und Differenzierung gewährleisten*: Das Branding muss sich hinreichend von konkurrierenden Marken abgrenzen und gleichzeitig eine eindeutige Zuordnung zur Marke ermöglichen.

Abb. 6.1 TUI-Branding

2. *Positionierung vermitteln*: Je nachdem, ob eine breite oder enge Positionierung angestrebt wird, sollen durch das Branding allgemeine (z. B. Qualität, Vertrauen) oder spezielle Assoziationen (z. B. Innovation, Tradition) vermittelt werden.
3. *Gefallen erzeugen*: Das Branding sollte durch eine gefällige Gestaltung stets positive Emotionen bei den Anspruchsgruppen hervorrufen.
4. *Erinnerung schaffen*: Eine erinnerungsstarke Gestaltung des Branding hilft Marketingbudgets effizient einzusetzen, da Werbedruck für die Penetration der Marke gespart werden kann.
5. *Rechtliche Schützbarkeit sicherstellen*: Eine Marke sollte schließlich rechtlich schützbar sein, da ansonsten die Gefahr groß ist, dass wertvolle Investitionen in die Marke von Trittbrettfahrern mitgenutzt werden.

Das Corporate Branding von TUI erfüllt diese Anforderungen mustergültig (s. Abb. 6.1): Es sticht deutlich aus dem stereotypen Konkurrenzumfeld der Touristikbranche heraus, vermittelt positive, positionierungsrelevante Assoziationen (z. B. Freude), ist gefällig gestaltet und wird aufgrund seiner Konkretheit leicht erinnert.

▶ Das Branding sollte derart gestaltet werden, dass es die Marke eindeutig differenziert und identifiziert, die beabsichtigte Positionierung der Marke eindeutig vermittelt, den Anspruchsgruppen gefällt, leicht erinnert wird und außerdem noch rechtlich schützbar ist.

6.4 Corporate Branding integriert gestalten

6.4.1 Wirkungen des integrierten Branding durchdringen

Unter *integriertem Branding* wird im Folgenden das Zusammenspiel zwischen dem Markennamen, dem Markenzeichen und dem Corporate Design (Formen, Farben usw.) der Corporate Brand bzw. der Verpackung bei der Produktmarke verstanden (s. Abb. 6.2). Dabei gilt ein Branding dann als integriert, wenn alle Markenelemente hinsichtlich der von ihnen vermittelten Assoziationen aufeinander abgestimmt sind, also kohärent wirken und gleiche Eindrücke vermitteln (Langner 2003; Esch 2012).

Der fiktive Unternehmensname Dimeus und das Logo des Tempels vermitteln beispielsweise starke Assoziationen, die in Bezug zu Griechenland stehen (Langner 2003; s.

Abb. 6.2 Branding-Dreieck. (Quelle: Langner 2003, S. 27)

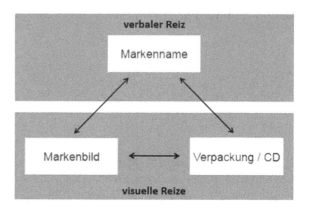

Abb. 6.3). Die Assoziationen beider Markenelemente verstärken sich so gegenseitig. Die Kombination aus dem Namen Dimeus und dem Logo des Schmetterlings vermittelt hingegen keine eindeutige Aussage, da die Assoziationen der beiden Markenelemente nicht aufeinander abgestimmt sind (ebd. S. 220 ff.).

Fraktal ist fatal! Studien belegen, dass ein integriertes Branding den Markenaufbau erheblich beschleunigt – fraktales, nicht abgestimmtes Branding ihn hingegen verzögert. Eine Integration von Markenname und Markenbild führt zu deutlich besseren Kommunikationswirkungen hinsichtlich aller Anforderungen an das Branding (Langner 2003):

- *Integriertes Branding schafft eindeutige Markenpositionierungen!* Redundante Wort-Bild-Kombinationen, d. h. Verknüpfungen von inhaltlich kongruenten Namen und Zeichen, werden wesentlich rascher verarbeitet als diskrepante Kombinationen (Langner 2003, u. a. S. 231 f.). Praktisches Beispiel hierfür ist das Branding der Marken Jaguar, Apple oder Puma (s. auch Abb. 6.7). Es fällt Rezipienten also deutlich leichter, Assoziationen zu einem integrierten Branding abzuleiten als zu einem fraktalen Branding. Redundante Wort-Bild-Kombinationen werden außerdem von fast allen Betrachtern gemäß der beabsichtigten Positionierung verstanden. Die Assoziationen zu Wort-Bild-Diskrepanzen sind hingegen völlig heterogen und oftmals widersprüchlich. Sie sind

Abb. 6.3 Integriertes und fraktales Branding. (Quelle: Langner 2003)

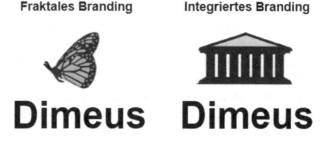

nicht dazu geeignet, eine Markenpositionierung zu vermitteln (Langner 2003, u. a. S. 234 f.).
- *Integriertes Branding gefällt besser!* Redundante Wort-Bild-Kombinationen rufen deutlich bessere ästhetische Beurteilungen hervor als diskrepante Kombinationen.
- *Integriertes Branding wird besser gelernt!* Wort-Bild-Redundanzen werden deutlich besser erinnert als Wort-Bild-Diskrepanzen (Langner 2003, S. 268 f.; Lutz und Lutz 1977).

▶ Integriertes Branding ist intelligentes Branding. Die überlegenen Kommunikationswirkungen eines integrierten Branding bedeuten einen geringeren Zwang zum Werbedruck für die Penetration einer Corporate Brand. Wertvolle Marketinginvestitionen werden hierdurch effizienter angelegt.

6.4.2 Branding-Prozess integriert gestalten

Der Entwicklung von Markennamen wird in der Praxis meist große Aufmerksamkeit geschenkt. Die Ableitung von Markenbildern und -zeichen wird dagegen eher stiefmütterlich behandelt. Viele der vorgeschlagenen Branding-Prozesse beziehen sich deshalb fast ausschließlich auf die Ableitung von Markennamen (z. B. Chernatony und McDonald 1998, S. 98; Keller 2012; Kohli und Labahn 1997, S. 69; Kircher 2005, S. 593 ff.). Schnittstellen zum Prozess der Markenbildgestaltung existieren oftmals nicht. Folgt man diesen Prozessempfehlungen, werden Markenname und Markenzeichen isoliert voneinander entwickelt. Das ist fatal, da dies fast unweigerlich zu einem fraktalen Branding mit unterlegenen Kommunikationswirkungen führt und einer Verschwendung von Marketing-Ressourcen gleichkommt. Solche fraktalen Prozessbetrachtungen werden den heutigen Kommunikationsbedingungen nicht gerecht.

Zur Realisierung der überlegenen Kommunikationswirkungen eines integrierten Branding müssen Markenname und Markenbild deshalb innerhalb eines abgestimmten Prozesses gemeinsam entwickelt werden (Langner 2003, S. 297; s. Abb. 6.4). Ein solcher Prozess verläuft *nicht immer sequenziell* in streng voneinander getrennten Entwicklungsschritten. Rückkopplungen von einer nachgelagerten in eine vorgelagerte Phase sind häufig unumgänglich.

Schritt 1: Festlegung der angestrebten Markenidentität: Die Gestaltung einer neuen Marke beginnt mit der Festlegung der beabsichtigten Markenidentität. Sie spiegelt alle charakteristischen Merkmale der Marke wider. Die Markenidentität umfasst demnach die zentralen emotionalen Eindrücke (Tonalitäten) und die wichtigsten rationalen Benefits und Reasons Why der Marke. Apple ist beispielsweise jung, menschlich, modern und steht u. a. als Synonym für Benutzerfreundlichkeit. Manager von Corporate Brands vernachlässigen gerne den emotionalen Bereich ihrer Marken. Dies ist gefährlich, da sich die

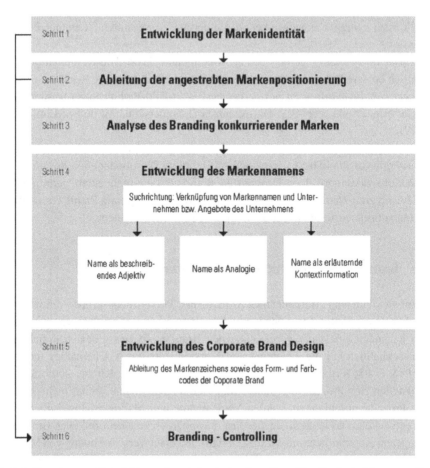

Abb. 6.4 Vorgehen zur Entwicklung eines integrierten Branding. (Quelle: In Anlehnung an Langner 2003, S. 297)

meisten Marken kaum hinsichtlich ihrer Benefits und Reasons Why von den Wettbewerbern unterscheiden und besonders emotionale Eindrücke für eine langfristige Bindung der Anspruchsgruppen (z. B. Mitarbeiter, Kunden, Anteilseigner) verantwortlich sind.

Schritt 2: Ableitung der beabsichtigten Markenpositionierung: Als Vorgabe für das Branding ist die Markenidentität weiter zu fokussieren. Die Attribute der Markenidentität, die für die Zielgruppen die größte Relevanz haben und zudem eine deutliche Abgrenzung von den Wettbewerbern ermöglichen, bilden den Input für die Positionierung einer Marke. Ziel der Markenpositionierung ist die aktive, zielorientierte Anwendung der Marketing-Mix-Instrumente, insbesondere der Markenkommunikation und des Branding, um eine Marke so im Bewusstsein der Anspruchsgruppen zu verankern, dass sie attraktiv ist und sich gleichzeitig möglichst stark von konkurrierenden Marken abhebt (Haedrich und Tomczak

1996, S.136 f.; Kroeber-Riel und Esch 2011, S. 90; Esch 2005, S. 133 f.). Letztlich soll die Markenpositionierung dazu beitragen, dass die Angebote einer Marke konkurrierenden Angeboten gegenüber vorgezogen werden (ebd.). Die Formulierung der Markenpositionierung bildet die Grundlage jeder Markenstrategie. Alle Überlegungen bezüglich einer konkreten Branding-Gestaltung müssen sich folglich stets an der angestrebten Markenpositionierung orientieren. Gerade hier können sich Probleme bei sehr breit aufgestellten Dachmarken ergeben. Deshalb erscheint es hier sinnvoll, sofern sich für das Branding keine klare Vorgabe einer Markenpositionierung realisieren lässt, die folgenden Schritte mit noch mehr Sorgfalt zu realisieren.

Schritt 3: Analyse des Branding konkurrierender Marken: Ein Branding leistet nur dann einen Beitrag zum Markenaufbau, wenn es die Marke hinreichend von konkurrierenden Marken differenziert. Der vermeintliche Vorteil der Vermittlung der Branchenzugehörigkeit wird oft mit mangelhaften Kommunikationswirkungen des Branding erkauft. Deutlicher als mit einem stereotypen Branding kann man den Anspruchsgruppen nicht zeigen, dass es eigentlich egal ist, welche Marke man kauft oder für welches Unternehmen man arbeitet. Austauschbare Markennamen oder Markenzeichen leisten keinen Beitrag zum Markenaufbau.

▶ Austauschbare Markennamen, Markenbilder sowie Form- und Farbcodes leisten keinen Beitrag zum Aufbau einer eigenständigen Markenpositionierung.

Stereotype Namen wie Dibropharm, Drossapharm oder Pharmacos, Pharmakon und Pharmaton ermöglichen keine Abgrenzung von der Konkurrenz und erschweren deshalb den Aufbau einer eigenständigen Markenpositionierung. Aufgrund ihrer geringen Differenzierungskraft, sind sie außerdem besonders schwierig zu lernen. Selbst lange nach der Markeneinführung können solche Namen von den Anspruchsgruppen nicht korrekt zugeordnet werden. Besonderer Beliebtheit erfreuen sich stereotype Namensbestandteile in technischen und pharmazeutischen Branchen.

Bei der Gestaltung von *Markenbildern* wird ebenfalls gerne auf das Naheliegende zurückgegriffen. Viele Unternehmen führen beispielsweise Kugeln als Logo (s. Abb. 6.5). Genauso wenig wie austauschbare Namen tragen solche Markenbilder zur Differenzierung der Marke und zum Aufbau einer eigenständigen Markenpositionierung bei.

Das gleiche gilt schließlich für die Gestaltung des Form- und Farbcodes, bei dem in vielen Branchen ebenfalls eine große Einfallslosigkeit vorherrscht.

Zur Vermeidung einer austauschbaren Markengestaltung empfiehlt es sich deshalb, der Namens- und Logoentwicklung sowie der Gestaltung des Form- und Farbcodes eine Analyse des Branding konkurrierender Marken vorzuschalten. Relevant sind hier alle Marken,

Abb. 6.5 Austauschbare Markenbilder

die um die gleichen Anspruchsgruppen wie die eigene Marke werben. Branchenstereotype, wie häufig verwendete Namensbestandteile, Bildelemente, Farben oder Formen, können dadurch leicht aufgedeckt und bei der Gestaltung der eigenen Marke vermieden werden.

Schritt 4: Entwicklung des Markennamens: Die Namensentwicklung bildet einen *Engpass* innerhalb des Branding- Prozesses und sollte deshalb vor der CD-Entwicklung stattfinden. Ursache hierfür ist die juristische Eintragung des Markennamens, ohne deren erfolgreichen Abschluss der Name nicht genutzt werden sollte (Latour 1996, S. 169; Kircher 2005, S. 591; Kohli et al. 2001, S. 471 f.; Schröder 2005, S. 353 ff.; Esch 2012). Dass ein Markenname nicht schützbar ist, bedeutet nicht zwingend, dass er nicht genutzt werden darf. Es macht allerdings keinen Sinn, eine Marke aufzubauen, die nicht gegen Angriffe Dritter geschützt werden kann. Die Gefahr ist ansonsten groß, dass wertvolle Investitionen in die Marke von Trittbrettfahrern mitgenutzt werden. Eine Marke sollte deshalb beim Patentamt eingetragen werden und zwar bevor mit dem Markenaufbau begonnen wird. Einen umfassenden Überblick über die juristische Eintragung von Marken gibt Schröder (2005).

Um eine potenzielle Verzögerung des Prozesses zu vermeiden, die sich bei der Ablehnung des Namensfavoriten ergäbe, empfiehlt es sich, mehrere (4–5) geeignete Namen parallel auf ihre juristische Schützbarkeit zu analysieren (Kircher 2001,S. 487; Kohli et al. 2001, S. 474). Diese alternativen Namen sollten ihre Wirksamkeit bereits in Assoziationstests mit Probanden aus der angestrebten Zielgruppe bewiesen haben. Um den Prozess der Branding-Entwicklung weiter zu beschleunigen, kann schon hier mit der Suche nach Markenbildern zu den potenziellen Markennamen begonnen werden.

Ziel sollte die Entwicklung eines *imagerystarken Markennamen* sein, der die beabsichtigte Markenpositionierung vermittelt. Hierunter versteht man Markennamen, die klare und bildliche Assoziationen bei den Anspruchsgruppen hervorrufen. Markennamen mit lexikalisierten Bedeutungen erfüllen diese Anforderung grundsätzlich am besten. Aufgrund ihrer mangelhaften rechtlichen Schützfähigkeit spielen sie in der heutigen Branding-Praxis allerdings eine geringere Rolle (Langner 2003; Esch 2012). Eindeutige Assoziationen können aber auch durch die Phonetik *assoziativer Kunstwörter* vermittelt werden (Ertel 1969, S. 47 ff., 110; Langner 2003, S. 30 ff.). Solche Markennamen, die wie Securitas (Positionierung: sicher) oder Milea von Jacobs (Positionierung: mild) eindeutige Assoziationen kommunizieren, leisten einen deutlichen Beitrag zum Markenaufbau: Sie werden rascher gelernt (Robertson 1987, S. 9 ff.; Paivio 1991) und können anders als abstrakte Namen eine Markenpositionierung vermitteln. Kunstwörter bergen weiterhin den Vorteil, dass sie rechtlich schützbar und häufig auch international einsetzbar sind (Herstatt 1994, S. 763). Namen, die an Vokal- und Konsonantenstrukturen fundamentaler Sprachstämme (z. B. romanischer oder indogermanischer Sprachstamm) anknüpfen, rufen oft sprachübergreifend ähnliche Assoziationen hervor (Latour 1996, S. 38 ff.; Kircher 2005, S. 592; Langner 2003, S. 31).

Fallstricke der Namensgestaltung: Viele Unternehmensnamen leisten keinen Beitrag zum Markenaufbau, da sie die beabsichtigte Markenpositionierung nicht vermitteln, nicht gefallen und schwierig zu erinnern sind. Wohl aus der Überzeugung heraus, die breite Positionierung der Unternehmensmarke verbiete die Wahl von Markennamen mit konkreten Assoziationen, werden häufig für viel Geld *abstrakte, nichts sagende Markennamen* entwickelt. Die vermeintlich hinter einem abstrakten Namen stehende Botschaft bleibt den Anspruchsgruppen der Corporate Brand dagegen meist verborgen. Die mit E.ON verfolgte Aussage „energy on" wird sich beispielsweise höchstens den Mitarbeitern, nicht aber den Konsumenten erschließen. Abkürzungsnamen wie beispielsweise SEB oder GMX sind außerdem extrem schwierig zu lernen. Selbst geraume Zeit nach der Markeneinführung konnten 67,8 % von 1000 Befragten diese Namen nicht korrekt zuordnen (Endmark 2001). Unnötiger kommunikativer Druck ist hier notwendig, um ein Markenelement im Kopf der Anspruchsgruppen zu verfestigen, das eigentlich selbst die Funktion eines Gedächtnisankers für die Corporate Brand übernehmen soll. Schließlich vermitteln solche Abkürzungsnamen auch keine Assoziationen, die irgendeinen Beitrag zum Aufbau eines positiven Images für die jeweilige Unternehmung leisten. Unternehmen, die konkrete Markennamen verwenden, begehen dagegen oftmals den zuvor bereits erwähnten, leicht vermeidbaren Fehler einer *branchenstereotypen Namensgestaltung*.

▶ Nichts sagende, abstrakte Markennamen leisten keinen Beitrag zum Markenaufbau, da sie keine positionierungsrelevanten Assoziationen vermitteln und schlecht erinnert werden.

Zugänge zur Suche nach neuen Markennamen: Die Suche nach imagerystarken Markennamen, die die beabsichtigte Positionierung vermitteln, kann grundsätzlich über drei Zugänge erfolgen (Langner 2003, S. 296 ff.; s. Abb. 6.6):

1. Der Name als beschreibendes Adjektiv,
2. der Name als Analogie und
3. der Name als erläuternde Kontextinformation.

Zu 1: Der Name als beschreibendes Adjektiv: Hier wird nach einem Markennamen gesucht, der eine positionierungsrelevante Eigenschaft der Unternehmung bzw. der von der Unternehmung vertriebenen Angebote beschreibt. Die ausgewählte Eigenschaft sollte dabei möglich eine dauerhafte Abgrenzung der Marke von konkurrierenden Anbietern gewährleisten. Darüber hinaus muss sie für die wichtigsten Anspruchsgruppen des Unternehmens langfristig von Relevanz sein. Es bietet sich an, zunächst nach Adjektiven zu suchen, die die beabsichtigte Positionierung vermitteln. Passende Adjektive werden dann in associative Kunstwörter überführt. Der Automobilmarkenname Mini ist ein Beispiel für diesen Suchzugang: Der Name stellt wie ein Adjektiv eine der Positionierungseigenschaf-

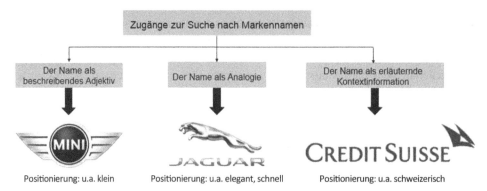

Abb. 6.6 Mögliche Suchzugänge zur Entwicklung neuer Markennamen. (Quelle: In Anlehnung an Langner 2003)

ten des Autos heraus. Solche Markennamen vermitteln eine Positionierung sehr rasch und leicht verständlich (Langner 2003, S. 199 ff.)

Zu 2: Der Name als Analogie: Bei diesem Suchzugang wird mit dem Markennamen ein Objekt assoziiert, das über eine herausstechende Eigenschaft verfügt, die auf die Unternehmung bzw. ihre Angebote übertragen werden soll. Name und Unternehmung bzw. Angebote werden hier über den Vergleich „ist wie" miteinander verbunden. Auch hier gilt, dass die vom Namen thematisierte Eigenschaft möglichst eigenständig und für die Anspruchsgruppen relevant ist. Ein Beispiel für diesen Suchzugang ist die Automobilmarke Jaguar, die die Eleganz und Schnelligkeit des Automobils als zentrale Positionierungseigenschaft herausgestellt. Diese Markennamen vermitteln eine Positionierung ebenfalls rasch und eindeutig (Langner 2003, S. 203 ff.).

Zu 3: Der Name als erläuternde Kontextinformation: Der Markenname kommuniziert hier eine Aussage, die zu einem thematischen Bezug zum Unternehmen bzw. seinen Angeboten steht. Name und Unternehmen teilen keine gemeinsamen Eigenschaften, sondern werden über eine thematische Relation wie „kommt aus", „ist gemacht aus", „ist für" oder „verursacht" in einen sinnvollen Kontext eingebunden. Das Bankunternehmen Credit Suisse oder der Matratzenhersteller Swissflex stellen beispielsweise die Herkunft ihrer Produkte als zentrale Positionierungseigenschaft heraus. Mittels einer „kommt aus" Beziehung wird hier der Markenname mit den Angeboten verknüpft. Bei der Verwendung geläufiger Relationen (z. B. „verursacht", „gemacht aus", „für/zum", „kommt aus") wird eine Markenpositionierung gut verstanden. Allerdings dauert die Verarbeitung der Positionierung häufig länger als bei den vorangegangen Suchzugängen (Langner 2003, S. 208 ff.).

Markierung von Dachmarken: Bei Dachmarken, unter denen sehr heterogene Angebote vermarktet werden, ist oftmals keine spitze Markenpositionierung möglich bzw. erwünscht. Die Positionierung der Dachmarke bezieht sich hier in der Regel auf allgemeine Aspekte wie Qualität und Vertrauen. Auch wenn Namen für solche Marken keine konkreten, unternehmensbezogenen Assoziationen vermitteln müssen, sollten sie zumindest derart gestaltet sein, dass sie Vertrauen erwecken, leicht zu erinnern sind und gefallen. Ein Beispiel hierfür ist der Unternehmensname Veolia als Bezeichnung für einen internationalen Mischkonzern des Energiesektors. Veolia vermittelt zwar keine konkreten, positionierungsrelevanten Assoziationen, hebt sich aber deutlich von dem durch abstrakte Namen geprägten Branchenumfeld ab, ist deshalb auch leicht lernbar und erzeugt außerdem positive Gefallenswirkungen.

Herstellung eines Branchenbezugs: Soll der Markenname einen Branchenbezug herstellen, kann nach Synonymen für die Bezeichnung der Angebotskategorie oder nach Objekten und Tätigkeiten gesucht werden, die stellvertretend für die betreffende Kategorie stehen. Die gefundenen Begriffe können dann in einen assoziativen Markennamen übersetzt werden (z. B. der fiktive Name Financo als Name für einen Finanzdienstleister; Dentagard von Colgate-Palmolive als Name für eine Zahncreme). Die Gefahr auf Branchenstereotype hereinzufallen, ist bei diesen Markennamen allerdings besonders groß. Globalwords als Name für ein Übersetzungsunternehmen stellt beispielsweise einen deutlichen Kategoriebezug her, ohne sich dabei den zahllosen stereotypen Namensbestandteilen (z. B. „lingua", „trans") konkurrierender Unternehmen zu bedienen.

Schritt 5: Entwicklung des Corporate Designs: Im Anschluss an die Ableitung des Markennamens erfolgt die Entwicklung des Markenbildes sowie des Form- und Farbcodes der Marke.

Gestaltung des Markenbildes: Das Markenzeichen sollte redundant zum Markennamen gestaltet werden, d. h. die gleichen Assoziationen hervorrufen, da dies überlegene Kommunikationswirkungen bewirkt. Solche Wort-Bild-Redundanzen werden besser erinnert (Lutz und Lutz 1977), gefallen besser (Langner 2003, S. 261 f.) und können eine Markenpositionierung eindeutig und rasch vermitteln (Langner 2003, S. 220 ff.). Besteht hingegen kein Zusammenhang zwischen Markenname und Markenbild wird die Kommunikation einer eindeutigen Markenpositionierung kaum möglich (Langner 2003, S. 222 ff.).

▶   Beste Kommunikationswirkungen werden erzielt, wenn Markenname und Markenbild die gleichen Assoziationen hervorrufen.

Fallstricke der Markenbildgestaltung: Markenbilder sollten stets konkret und nie abstrakt gestaltet sein. Konkrete Markenbilder wie der Kranich der Lufthansa, das Känguru von Quantas oder der Baum von Timberland werden bereits nach wenigen Kontakten dauerhaft gespeichert (s. Abb. 6.7). Die Wiedererkennung abstrakter Zeichen ist dagegen meist schlecht (z. B. Paivio 1991). Abstrakte Markenzeichen bedürfen deshalb eines hohen kommunikativen Drucks über einen langen Zeitraum, um in den Köpfen der Anspruchsgruppen verankert zu werden. Außerdem können sie keine konkreten Assoziationen her-

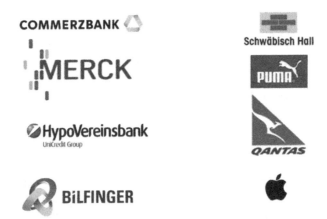

Abb. 6.7 Abstrakte und konkrete Markenlogos

vorrufen, die zur Markenpositionierung beitragen. Die von den Designern in den abstrakten Markenbildern versteckten Botschaften, erschließen sich meist nur den verantwortlichen Managern und entbehren jeglicher Relevanz für die jeweiligen Anspruchsgruppen.

▶ Auf abstrakte Markenbilder sollte verzichtet werden, da sie nur schwierig gelernt werden und keine positionierungsrelevanten Assoziationen vermitteln.

Gestaltung des Farb- und Formcodes: Form- und Farbcode sollten einen zentralen Beitrag zur Differenzierung der Corporate Brand leisten. Vor allem eigenständige Farben bewirken, dass das Branding auch bei beiläufiger Wahrnehmung eindeutig einer Marke zugeordnet werden kann. Dominant eingesetzte Farben, wie das Gelb von Yello oder das Magenta der Telekom sind beispielsweise so fest in den Köpfen der Anspruchsgruppen verankert, dass bereits beiläufige Kontakte mit dem Corporate Design zu einer Aktivierung der Corporate Brand führen.

Durch die gezielte Gestaltung von Form und Farbe kann außerdem die Positionierungsvermittlung wesentlich unterstützt werden. So können Farben Träger konkreter Assoziationen sein (Heller 1989). Grün steht beispielsweise wie keine zweite Farbe für Natürlichkeit und Frische (ebd.; Petri 1995). Ebenso können Formen positionierungsrelevante Assoziationen transportieren. Spitzwinklige Formen wirken beispielsweise eher dynamisch und mächtig, runde Formen dagegen langsam und schwach und rechteckige Formen langsam und mächtig (Espe und Krampen 1986, S. 72 ff.). Eine prägnante Umsetzung des Corporate Design durch Farbe vollzieht das taiwanesische Unternehmen EVERGREEN MARINE CORP., bei dem alle Container, LKW, Kräne usw. in einem prägnanten Grün, das zusätzlich den Namen stützt, auftreten.

Fallstricke der Gestaltung von Form- und Farbcode: Auch für die Gestaltung des Farb- und Formcodes gilt die zentrale Erkenntnis, dass es sich beim Branding einer Marke um ein stark vernetztes System aus Einzelelementen handelt. Farbe und Form dürfen dem-

Abb. 6.8 Die Gefallenswirkung von Wort-Bild-Kombinationen in Abhängigkeit der Farbgestaltung des Markennamens. (Quelle: Langner 2003)

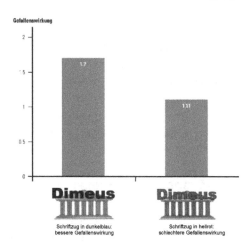

nach nicht losgelöst von Markenname und -zeichen gestaltet werden. Studien zeigen, dass beispielsweise alleine die Veränderung der Farbe des Markennamens einer redundanten Wort-Bild-Kombination zu einer deutlichen Veränderung der Gefallenswirkung führen kann (Langner 2003; s. Abb. 6.8): Auf einer siebenstufigen Skala verursachte der Wechsel des Farbtons eine signifikante Veränderung der Gefallenswirkung von 0,59 (-3 = gefällt überhaupt nicht, $+3$ = gefällt sehr gut). Markenname, Markenzeichen sowie Farb- und Formcode sollten deshalb derart gestaltet werden, dass die jeweils mit ihnen verbundenen Assoziationen möglichst ähnlich sind. Fraktale Branding-Prozesse, bei denen das Branding-Briefing meist den einzigen Schnittpunkt zwischen Auftraggeber, Namens-, Design- sowie Werbeagentur darstellt, führen in der heutigen Branding- Praxis allerdings häufig zu einem Verstoß gegen diese Anforderung.

Schritt 6: Controlling des Branding: Für das Testen der Branding-Wirkungen ist die Erkenntnis der *Ganzheitlichkeit der menschlichen Wahrnehmung* grundlegend (u. a. Arnheim 1974, S. 4 ff., 67 ff.; Goldstein 2002, S. 146 ff.). Reize werden bei ihrer Wahrnehmung demnach nicht in ihre Einzelteile zerlegt und isoliert verarbeitet, sondern wirken ganzheitlich auf den Menschen. Bereits kleine Änderungen eines Objektes können seine Kommunikationswirkung völlig wandeln und einen ganz anderen Eindruck vermitteln.

Getreu dem Leitsatz der Gestaltpsychologen, „Das Ganze ist mehr als die Summe seiner Einzelteile", muss die Analyse des Branding *ganzheitlich* erfolgen. Die Realität in der Praxis sieht oftmals anders aus: Der Markenname wird von der Namensagentur analysiert (z. B. Kohli et al. 2001, S. 464 ff.) und das Markenbild von der Designagentur. Ein integrierter Branding-Test findet hingegen häufig nicht statt. Das Branding sollte immer in der Gestalt getestet werden, in der es in der Regel von den Anspruchsgruppen wahrgenommen wird. Wird das Branding überwiegend zusammen mit dem Produkt kommuniziert, wie dies bei den meisten Product Brands der Fall ist, sollte es auch zusammen mit dem Produkt analysiert werden. Treten Branding und Produkt hingegen meist isoliert voneinander auf, wie dies oftmals bei Corporate Brands geschieht, sollte das Branding auch getrennt von den Angeboten getestet werden. Als *Zielgrößen des Controlling* dienen die zuvor formulierten Anforderungen an ein erfolgreiches Branding (Langner 2003, S. 300 ff.): Identifikation und Differenzierung, Vermittlung der Markenpositionierung, Gefallens- und Erinnerungswirkung.

▶ Die Analyse der Wirkungen eines Branding auf die Anspruchsgruppen sollte grundsätzlich ganzheitlich erfolgen.

6.5 Branding komplexer Markensysteme gestalten

In den bisherigen Ausführungen stand die Gestaltung der Corporate Brand im Vordergrund. Viele Marken treten heute jedoch im Verbund mit anderen Marken auf. Laforet und Saunders (1994, S. 69) fanden in ihrer inhaltsanalytischen Untersuchung bereits in den 90er-Jahren heraus, dass auf rund 50% der 400 untersuchten Verpackungen mindestens zwei Marken dargeboten wurden (auch Esch und Bräutigam 2005, S. 849 f.). Die Verknüpfungen zwischen den Marken eines Portfolios können dabei vertikal zwischen Corporate Brand und Product Brand sowie horizontal zwischen den unterschiedlichen Product Brands einer Corporate Brand gestaltet werden.

Das *Ziel* der Führung solcher Markenarchitekturen ist die Maximierung des Markenwerts des gesamten Portfolios (Keller 2012). Zur Erreichung dieses Ziels gilt es die *Synergien* zwischen den unterschiedlichen Marken des Portfolios beim Aufbau von Image und Bekanntheit sowie bei der Produktion (economies of scale; economies of scope) bestmöglich zu nutzen (Esch und Bräutigam 2005, S. 857 ff.). Dem entgegen steht allerdings die Notwendigkeit zur *eigenständigen Positionierung* der einzelnen Product Brands, um die Bedürfnisse der unterschiedlichen Zielgruppen optimal befriedigen zu können. Je mehr Gemeinsamkeiten die einzelnen Marken aufweisen, desto größer sind die Synergien, die sich hinsichtlich Bekanntheit und Image ergeben (ebd.). Mit zunehmenden Überschneidungen verlieren die Marken allerdings auch ihr eigenständiges Profil und werden so den unterschiedlichen Bedürfnissen verschiedener Zielgruppen weniger gerecht. Es gilt die *optimale Abstimmung zwischen notwendiger Eigenständigkeit und hinreichender Synergie* zu finden. Ein gelungenes Beispiel hierfür ist die Umsetzung der Markenarchitektur der Telekom (s. Abb. 6.9).

Voraussetzung zur Nutzung markenpolitischer Synergien ist eine entsprechende Vermittlung der Zusammengehörigkeit unterschiedlicher Marken eines Portfolios. Die Ver-

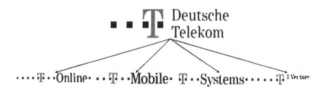

Abb. 6.9 Branding-System in der Markenarchitektur der Telekom

knüpfungen *zwischen den Marken können grundsätzlich über die Gestaltung des Markennamens, Markenzeichens sowie des Form- und Farbcodes realisiert werden.*

Markennamen als Mittel zur Umsetzung von Markenverknüpfungen: Vertikale Verknüpfungen werden häufig durch das Abbilden des Markennamens der Corporate Brand auf den Angeboten der jeweiligen Product Brands kommuniziert. Zahlreiche Product Brands von Henkel (z. B. Persil, Spee, Weißer Riese) und Nestlé (KitKat, Aquarel, Beba) verfügen beispielsweise über einen deutlich wahrnehmbaren Hinweis auf die Corporate Brand.

Horizontale sowie vertikale Verknüpfungen innerhalb eines Markenportfolios können auch durch die Entwicklung *semantisch und/ oder phonetisch ähnlicher Markennamen* erzielt werden. Diese durch inhaltliche und/oder phonetische Gemeinsamkeiten der Markennamen vermittelte Zusammengehörigkeit von Product Brands und Corporate Brands wird als *Corporate Naming* bezeichnet. Semantische Ähnlichkeit wird hierbei dadurch erzielt, dass die verwendeten Markennamen Assoziationen vermitteln, die der gleichen inhaltlichen Kategorie entstammen. Blaupunkt markiert beispielsweise viele seiner Produkte mit Städtenamen (z. B. Miami, San Francisco, Seattle). Durch die Verwendung gleich oder ähnlich klingender *Namensbestandteile* lassen sich ebenfalls Zusammengehörigkeiten zwischen Marken kommunizieren. Durch den Rückgriff auf die Silbe „Nes" stellt Nestlé beispielsweise bei ihren Product Brands Nesquik, Nescafe und Nespresso eine vertikale Verknüpfung zur Corporate Brand und eine horizontale Verbindung zwischen den verschiedenen Product Brands her (s. Abb. 6.11).

Markenbilder als Mittel zur Umsetzung von Markenverknüpfungen: Bei dieser Form der Integration nutzen unterschiedliche Marken ähnliche oder sogar das gleiche Logo. Die unterschiedlichen Subbrands Thomson, Arkefly oder Jetairfly von TUI führen beispielsweise alle das Logo der Corporate Brand von TUI (s. Abb. 6.10).

Form- und Farbcode als Mittel zur Umsetzung von Markenverknüpfungen: Das Branding unterschiedlicher Marken wird bei dieser Variante durch einen ähnlichen oder identischen Farb- und Formcode integriert. Die Zusammengehörigkeit wird hier durch die Verwendung gleicher Farbtöne, Schriftarten und Logogestaltungen hergestellt. Typisches Beispiel hierfür ist die Telekom, die im Rahmen der Kennzeichnung der einzelnen

Abb. 6.10 Horizontale und vertikale Verknüpfung bei TUI

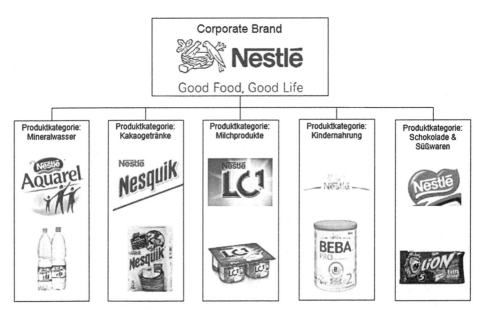

Abb. 6.11 Corporate Branding bei Nestlé

Geschäftsfelder und Marken stark auf den Color-Code magenta und grau sowie auf das „T" bei der Benennung der einzelnen Bereiche zurückgreift (s. Abb. 7.9).

Fallstricke der Gestaltung von vertikalen und horizontalen Verknüpfungen: Bei der Gestaltung der Markenverknüpfungen innerhalb eines Portfolios ist von zentraler Bedeutung, dass die beabsichtigten Beziehungen zwischen den Marken auch tatsächlich für die Anspruchsgruppen wahrnehmbar kommuniziert werden. Das Branding von Marken, die unterschiedlich positioniert sind wie Persil („Entdecken Sie die strahlende Reinheit von Persil!") und Spee („Die schlaue Art zu waschen") von Henkel, sollte möglichst stark differenzieren, da ansonsten die Ansprache verschiedener Kundenbedürfnisse unglaubwürdig zu werden droht. Soll hingegen vor dem Hintergrund einer ähnlichen Positionierung eine eindeutige Familienähnlichkeit der Marken erkennbar sein, stellen sich die gewünschten Synergieeffekte allerdings nur dann ein, wenn die Zusammengehörigkeit der Marken auch eindeutig vermittelt wird. Es ist beispielsweise fraglich, ob die Verwendung des einheitlichen Endvokals „o" bei den Product Brands (z. B. Tacto, Flecto, Permo) des Dächerproduzenten Klöber ausreicht, um den Zielgruppen die gewünschte Verbindung zwischen den Marken effektiv zu vermitteln.

Bei der Markierung von Product Brands mit dem Label der Corporate Brand ist außerdem darauf zu achten, dass ein einheitliches Branding der Unternehmensmarke realisiert wird. Nestlé setzt beispielsweise je nach Produktkategorie ein anderes Branding für die Corporate Brand ein. Markenname und Markenzeichen werden jedes Mal anders dargestellt. Dies trägt nicht zur Schärfung des Images der Corporate Brand bei. Auch wenn sich die einzelnen Labels an unterschiedliche Ziel- und Anspruchsgruppen richten, ist ein *ein-*

heitliches Branding der Corporate Brand zwingend notwendig. Zum einen kann eine differenzierte Zielgruppenansprache nie völlig überschneidungsfrei realisiert werden, zum anderen kommen Mitarbeiter, Aktionäre oder Finanzanalysten auch als Konsumenten mit der Corporate Brand in Kontakt. Zeigt sich die Marke dann jedes Mal mit einem anderen Gesicht, verwässert sich der Eindruck von der Corporate Brand.

6.6 Zukünftige Herausforderungen abschätzen

Corporate Branding ist kein Selbstzweck. Es kann vielmehr einen bedeutenden Beitrag zum Markenaufbau leisten, indem es die Corporate Brand von Wettbewerbern differenziert, die Positionierung eindeutig vermittelt, angenehme Emotionen vermittelt und die Marke mit Name und Zeichen wirkungsvoll im Kopf der Anspruchsgruppen verankert.

Die Kommunikationsbedingungen für Corporate Brands und Product Brands werden auch in Zukunft immer schwieriger werden. Die Anspruchsgruppen sehen sich im privaten wie im beruflichen Alltag mit einer stetig wachsenden Informationsüberlastung konfrontiert (Kroeber-Riel und Esch 2011). Unzählige Marken ringen in unzähligen Medien um die Aufmerksamkeit der Kunden. Ein Großteil der Informationen wird deshalb nur oberflächlich oder gar nicht wahrgenommen.

Das Corporate Branding muss sich deshalb von überkommenen, abstrakten, primär Corporate-Design geprägten Branding-Überlegungen verabschieden. Ein wirksames Branding nutzt die Stärke bildhafter Markennamen und Markenzeichen und verlässt sich nicht auf abstrakte, nichts sagende Markenelemente. Gefordert ist ein integriertes Corporate Branding-Denken, das eine Ausgewogenheit zwischen möglichen Synergien innerhalb des Markenportfolios und notwendigen Eigenständigkeiten der Product Brands realisiert.

Literatur

AMA (American Marketing Association). (1960). *Marketing definitions: A glossary of marketing terms*. Chicago: American Marketing Association.
Arnheim, R. (1974). *Art and visual perception: A psychology of the creative eye*. Berkeley: University of California Press.
Bennett, P. D. (1995). *Dictionary of marketing terms*. Chicago: NTC Business Books.
Brand and Identity Consultancy Enterprise IG. (2001). *Names changes*. Hamburg: Brand and Identity Consultancy Enterprise IG.
Brockdorff, B., & Kernstock, J. (2001). Brand integration management – Erfolgreiche Markenführung bei Mergers & Acquisitions. *Thexis, 18*(4), 54–60.
Chernatony, L. de, & McDonald, M. H. B (1998). *Creating powerful brands in consumer, service and industrial markets*. Oxford: Butterworth-Heinemann.
Collins, L. (1977). A name to conjure with. *European journal of marketing, 11*(5), 339–363.
Deutsches Patent- und Markenamt. (2014). DPMA-Presse – Marken. http://presse.dpma.de. Zugegriffen: 27. Feb. 2014.

Endmark. (2001). *Trendstudie: Zuordnung neuer Markennamen zu den jeweiligen Produkten, Dienstleistungen und Unternehmen*. Köln: Endmark AG.

Ertel, S. (1969). *Psychophonetik: Untersuchungen über Lautsymbolik und Motivation*. Göttingen: Hogrefe.

Esch, F.-R. (2005). Markenpositionierung als Grundlage der Markenführung. In F.-R. Esch (Hrsg.), *Moderne Markenführung* (S. 131–164). Wiesbaden: Gabler.

Esch, F.-R. (2012). *Strategie und Technik der Markenführung*. München: Vahlen.

Esch, F.-R., & Bräutigam, S. (2005). Analyse und Gestaltung komplexer Markenarchitekturen. In F.-R. Esch (Hrsg.), *Moderne Markenführung* (S. 839–862). Wiesbaden: Gabler.

Esch, F.-R., & Langner, T. (2005). Branding als Grundlage zum Markenaufbau. In F.-R. Esch (Hrsg.), *Moderne Markenführung* (S. 573–586). Wiesbaden: Gabler.

Espe, H., & Krampen, M. (1986). Eindruckswirkungen visueller Elementarformen und deren Interaktion mit Farben. In H. Espe (Hrsg.), *Visuelle Kommunikation: Empirische Analysen*. (S. 72–101), Hildesheim: Georg Olms Verlag.

Goldstein, E. B. (2002). *Sensation and perception*. Pacific Grove: Wadsworth-Group.

Haedrich, G., & Tomczak, T. (1996). *Produktpolitik*. Stuttgart: Kohlhammer.

Heller, E. (1989). *Wie Farben wirken: Farbpsychologie, Farbsymbolik, kreative Farbgestaltung*. Reinbeck: Rowohlt.

Herstatt, J. D. (1994). Entwicklung von Markennamen. In M. Bruhn (Hrsg.), *Handbuch Markenartikel* (Bd. 2, S. 753–771). Stuttgart: Schaeffer-Poeschel.

Keller, K. L. (2012). *Strategic brand management: Building, measuring, and managing brand equity*. Upper Saddle River: Prentice Hall.

Kircher, S. (2001). Gestaltung von Markennamen. In F.-R. Esch (Hrsg.), *Moderne Markenführung* (S. 475–493), Wiesbaden: Gabler.

Kircher, S. (2005). Die Strategische Bedeutung des Markennamens. In F.-R. Esch (Hrsg.), *Moderne Markenführung* (S. 587–602), Wiesbaden: Gabler.

Kohli, C., & Labahn, D. W. (1997). Observations: Creating effective brand names: A study of the naming process. *Journal of Advertising Research, 7*(1), 67–75.

Kohli, C., Labahn, D. W., & Thakor, M. (2001). Prozess der Namensgebung. In F.-R. Esch (Hrsg.), *Moderne Markenführung* (S. 451–474), Wiesbaden: Gabler.

Kroeber-Riel, W., & Esch, F.-R. (2011). *Strategie und Technik der Werbung*. Stuttgart: Kohlhammer.

Laforet, S., & Saunders, J. (1994). Managing brand portfolios: How the leaders do it. *Journal of Advertising Research, 34*(5), 64–76.

Langner, T. (2003). *Integriertes Branding: Baupläne zur Gestaltung erfolgreicher Marken*. Wiesbaden: Deutscher Universitäts-Verlag.

Latour, S. (1996). *Namen machen Marken: Handbuch zur Entwicklung von Firmen- und Produktnamen*. Frankfurt a. M.: Campus.

Lutz, K. A., & Lutz, R. J. (1977). Effects of interactive imagery on learning: Application to advertising. *Journal of Applied Psychology, 62*(4), 493–498.

Müller-Stewens, G. (2000). Akquisitionen und der Markt für Unternehmenskontrolle: Entwicklungstendenzen und Erfolgsfaktoren. In A. Picot, A. Nordmeyer & P. Pribilla (Hrsg.), *Management von Akquisitionen* (S. 41–61). Stuttgart: Schäffer-Poeschel.

Paivio, A. (1991). *Images in mind: The evolution of a theory*. New York: Harvester-Weatsheaf.

Petri, C. (1995). *Kreativität auf Knopfdruck: Assoziationen als Quelle kreativer Bildideen. Bd. 2: Ideendatenbank*. Offenburg: Mildenberg.

Robertson, K. R. (1987). Recall and recognition effects of brand name imagery. *Psychology & Marketing, 4*, 3–15.

Rudolph, B. (2006). *Unternehmensfinanzierung und Kapitalmarkt: Neue ökonomische Grundrisse*. Tübingen: Mohr Siebeck.

Schröder, H. (2005). Markenschutz als Aufgabe der Markenführung. In F.-R. Esch (Hrsg.). *Moderne Markenführung* (S. 351–380). Wiesbaden: Gabler.

Prof. Dr. Tobias Langner ist Professor für Betriebswirtschaftslehre, insb. Marketing, an der Bergischen Universität Wuppertal. Seine Forschungsgebiete sind Markenmanagement, Kommunikation, Konsumentenverhalten sowie die verhaltenswissenschaftlichen Grundlagen der Marketingforschung.

Prof. Dr. Franz-Rudolf Esch ist Professor für Markenmanagement und Automotive Marketing an der EBS Universität für Wirtschaft und Recht, Oestrich-Winkel, und Direktor des Instituts für Marken- und Kommunikationsforschung (IMK). Davor lehrte er in Saarbrücken, Trier, St. Gallen, Innsbruck und Gießen. Weiterhin ist er Gründer und wissenschaftlicher Beirat von ESCH. The Brand Consultants, Saarlouis. Seine Forschungsschwerpunkte liegen in den Bereichen Markenmanagement, Kommunikationsforschung und Konsumentenforschung.

Management-Verantwortung, Prozesse und Strukturen für das Corporate Brand Management klären

7

Joachim Kernstock, Franz-Rudolf Esch und Torsten Tomczak

Zusammenfassung

Erfolgreiches Corporate Brand Management hat mit klaren Verantwortlichkeiten, einer koordinierten Vernetzung von Unternehmensbereichen und Arbeitsteilung zu tun. In diesem Kapitel werden die Rollen von Top-Management, von Marketing- und PR-Bereich sowie von externen Dienstleistern für die Führung der Corporate Brand umrissen.

7.1 Die interne Aufstellung des Corporate Brand Management als Einfluss begreifen

Die Corporate Brand hat sich in das Ziel- und Strategiesystem des Gesamtunternehmens einzugliedern, sie muss dieses sogar in einem starken Maß mitprägen. Zudem ist die Unternehmensmarke organisatorisch sowie hierarchisch zu verankern. Das Instrumentarium zur internen und externen Umsetzung der Corporate Brand beschränkt sich dabei

---

J. Kernstock (✉)
Kompetenzzentrum für Markenführung St. Gallen (KMSG), St. Gallen, Schweiz
E-Mail: joachim.kernstock@km-sg.ch

F.-R. Esch
EBS Universität für Wirtschaft und Recht, Oestrich-Winkel, Deutschland
E-Mail: Franz-Rudolf.Esch@ebs.edu

T. Tomczak
Universität St. Gallen, St. Gallen, Schweiz
E-Mail: torsten.tomczak@unisg.ch

© Springer Fachmedien Wiesbaden 2014
F.-R. Esch et al. (Hrsg.), *Corporate Brand Management*,
DOI 10.1007/978-3-8349-3862-6_7

nicht nur auf den Marketing-Mix, sondern ist durch alle Maßnahmen des Unternehmens zu fundieren. So wie alle Aktivitäten des Unternehmens die Corporate Brand mitprägen, beeinflusst und steuert auch die Corporate Brand explizit und implizit alle Leistungen und Aktivitäten des Unternehmens. Somit gilt:

▶ Die Corporate Brand hat einen wesentlichen Einfluss auf das Ziel- und Strategiesystem, die Organisation sowie auf das Marketinginstrumentarium eines Unternehmens.

Diese Eingriffs- und Mitbestimmungsmöglichkeiten gelten auch in umgekehrter Richtung. Erst durch die funktions- und hierarchieübergreifende Konzeption der Identität einer Unternehmensmarke kann sichergestellt werden, dass die Corporate Brand innerhalb des Unternehmens auch gelebt sowie ein adäquates Markenimage bei den Anspruchsgruppen aufgebaut und gestützt wird.

Dennoch bleibt vielfach unklar, wie das Corporate Brand Management organisatorisch zu verankern ist. Wer verantwortet welche Aufgabe? In vielen Unternehmen ist die Frage nach der organisatorischen Gestaltung von Kompetenz, Verantwortung und Delegation des Corporate Brand Management völlig ungeklärt oder nicht präzise definiert.

Keller (2001, S. 5) beschreibt die Markenführung generell als organisatorisch vernachlässigt: „A relatively neglected area of branding is prescriptive analysis of how different types of firms should best be organised for brand management. Additionally, there needs to be more insight into how to align brand management within the organisation, and those efforts directed to existing or prospective customers outside the organization."

Was für die Markenführung generell gilt, trifft für das Corporate Brand Management im Besonderen zu. Denn einerseits sind weite Teile innerhalb der Organisation des Unternehmens zu involvieren. Andererseits ist das Corporate Brand Management außerhalb der Organisation nicht nur auf Kunden, sondern auf die Anspruchsgruppen insgesamt auszurichten. Es stellen sich in der Praxis Fragen wie: Inwieweit sollte sich das *Top-Management* und damit die strategische Führung mit dem Corporate Brand Management befassen? Reicht eine Delegation an die Abteilung Öffentlichkeitsarbeit? Ist das Corporate Brand Management eine typische Aufgabe, die die Marketingabteilung gleich mit erledigen sollte?

Schließlich arbeiten dort oft Mitarbeiter, die sich schon seit langem mit der Corporate Identity und dem Corporate Design des Unternehmens beschäftigen. Welche Rolle spielt der Personalbereich? Zudem tummeln sich typischerweise in vielen Unternehmen eine ganze Reihe von externen Beratern, die sich in das Geschäft um das Corporate Brand Management einbringen. In einigen seltenen Fällen bilden Unternehmen sogar eigenständige Abteilungen, in denen Fragestellungen des Corporate Brand Management behandelt werden (Frigge und Houben 2002, S. 35).

7.2 Die interne Aufstellung des Corporate Brand Management gestalten

7.2.1 Das Top-Management-Team einbringen

Die erste Aufgabe des Top-Managements hinsichtlich der Corporate Brand ist „overcoming turf and internal rivalry in managing the brand" (Schultz und Chernatony 2002, S. 111). „No one internal department can claim to control or own the brand as their internal turf" (Schultz und Chernatony 2002, S. 111). Insofern kommt dem Top-Management die Aufgabe zu, zunächst die adäquate Handhabung des Corporate Brand Management zu erkennen und vorzusteuern. Diese Vorsteuerungsfunktion kann in eine Inhalts- und eine Prozessdimension unterschieden werden.

Aufgabe des Top-Managements im Rahmen der *Inhaltsdimension* des Corporate Brand Management ist es, für die Entwicklung einer zentralen Idee für die Marke zu sorgen. King (1991) sieht den Erfolg vieler Marken in ihrer starken Idee. Unternehmerische Vorsteuergröße für die Corporate Brand ist die zentrale „Idee", die idealtypisch konkret formuliert vorliegt. Die strategische Führung der Corporate Brand strebt an, mit dieser Idee das Image bei den verschiedenen Anspruchsgruppen sowie die Identität innerhalb des Unternehmens vorzusteuern (s. zur Rolle von Ideen bei der Führung von Unternehmen auch Kirsch und Kernstock 1997, S. 315 ff.).

Von entscheidender Bedeutung für die strategische Führung der Corporate Brand ist es, dass sich deren einzelne Elemente nicht widersprechen. Dafür ist die strategische Führung des Unternehmens verantwortlich. Die Elemente müssen sich vielmehr wie Mosaiksteine zu einem Gesamtbild zusammenfügen. Die Identität des Unternehmens wird verstanden als das tatsächliche Wesen des Unternehmens, bestehend aus dessen zentralen, beständigen und differenzierenden Eigenschaften und Werten. Ohne eine klar definierte Idee als Richtgröße verläuft die Entwicklung von Image und Identität meist eher zufällig und ungesteuert. Damit stellt eine eindeutige Markenidee den Anker und den Ausgangspunkt für den erfolgreichen Aufbau einer Corporate Brand dar (s. Abb. 7.1).

Wie gelingt nun dieser Aufbau eines konsistenten und stimmigen Gesamtbildes der Corporate Brand? Entscheidend für die Führung der Corporate Brand ist es, dass sich die verschiedenen Elemente der Markenidee in den Köpfen der unterschiedlichen Zielperso-

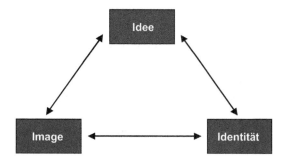

Abb. 7.1 Die Triade Idee-Image-Identität. (Quelle: Tomczak et al. 2001, S. 3)

nen nicht widersprechen, sondern sich zu einem konsistenten Gesamtbild zusammenfügen. Vorgaben für das angestrebte Markenimage ist die Strategie des Unternehmens, die idealtypisch auch als Markenidee vorliegt. Diese Markenidee beschreibt den konkreten Geschäftszweck, der sich insbesondere vom konkreten Wettbewerb unterscheidet.

Die Markenidee lässt sich am *Beispiel TUI* skizzieren: Eine Beschreibung, wie z. B. „Wir wollen der führende Reise- und Touristik-Konzern in Europa werden", wäre als Markenidee nicht geeignet. TUI interpretiert die zentrale Markenidee folgendermaßen: „TUI is the most beautiful time of the year" ist die Vision, „Putting a smile on people's face" die Mission (Lamberts und Schütz 2001, S. 45) für die „World of TUI", die sich sowohl an die Kunden, als auch an die anderen Anspruchsgruppen richtet. Diese Markenidee basiert auf den Werten „Opening Doors, Going Beyond, Enjoying Life". Diese Werte bringen eine weltoffene, transparente und ehrliche Grundhaltung zum Ausdruck. Beste Qualität, bester Service und Innovationsführerschaft sind das Bestreben. TUI ist das Unternehmen, das sich zu einem Beitrag zu mehr Lebensfreude verpflichtet hat (Lamberts und Schütz 2001, S. 46). Die Aufgabe der Führung der Corporate Brand besteht nun darin, das externe Image und die interne Identität durch die zentrale Markenidee vorzusteuern. Die Unternehmensidee stellt die Richtgröße dar, nach der die Entwicklung von Image und Identität geführt wird. Eine konkrete und konsistente Idee ist somit Anker und Ausgangspunkt für den erfolgreichen Aufbau einer Corporate Brand.

Es ist sicherlich nicht einfach, eine *Idee für die Corporate Brand* zu *entwickeln*, die die erforderliche Kraft entfalten kann, um langfristig tragfähig das Image und die Identität eines Unternehmens vorzusteuern. King (1991, S. 50) beschreibt das Kernproblem, welches sich bei der Entwicklung und Beurteilung von Ideen für Marken ergibt: „It is easier to recognize a good idea years later than to see it at the time or to describe it." Eine Idee für die Corporate Brand kann letztlich nur aus dem Unternehmen selbst heraus entwickelt werden und darf nicht extern ohne inneren Halt dem Unternehmen aufgesetzt werden (Kirsch und Kernstock 1997, S. 351 ff.).

▶ Die Grundidee einer Corporate Brand kann nur aus dem Unternehmen selbst heraus entwickelt werden.

Im Rahmen der *Prozessdimension* kommt dem Top-Management die Gestaltung der Aufgabenteilung zwischen Marketing, Öffentlichkeitsarbeit, Personalbereich und evtl. externer Unterstützung zu. Ein Teil der Verantwortung für das Corporate Brand Management liegt klar beim Top-Management. Dennoch werden zu viele Aufgaben als Top-Management-Aufgaben missverstanden (King 1991; Balmer 2001a; Balmer 2001b, 2013). Schließlich ist der Erfolg vieler Unternehmen in effektiver und effizienter Aufgabenteilung und -delegation zu suchen. Für das Top-Management gilt es, die strategische Führung des Unternehmens wahrzunehmen hinsichtlich:

1. dem unmittelbaren Commitment zur Idee und den Werten der Corporate Brand,
2. dem Vorleben der Identität des Unternehmens,

3. der Nutzung der Corporate Brand für die strategische Ausrichtung des Unternehmens, und
4. der Wahl des richtigen Mix zwischen Verantwortung und Delegation des Corporate Brand Management an die involvierten Funktionalbereiche.

7.2.2 Die Rolle des Marketing definieren

Marketing wird als marktorientierte Unternehmensführung verstanden (führungsbezogene Sicht; Meffert 2000, S. 8). Damit umfasst das Marketing auch wesentliche Bereiche einer strategischen Führung des Unternehmens. Dennoch sind in der Praxis existierende Marketingabteilungen oftmals im Sinne eines gleichberechtigten Funktionalbereiches neben anderen Funktionen nur für Teile der Unternehmensführung verantwortlich (funktionsorientierte Sicht). Der vorliegende Ansatz unterstellt diese Sichtweise, auch wenn man sich generell eine stärkere marktorientierte Führung wünschen mag. Nimmt das Top-Management im oben beschriebenen Verständnis seine Rolle wahr, kommt dem Marketing im Rahmen des Corporate Brand Management eine *koordinierende Rolle* zu.

Die Aufgabe der Marketingabteilung erstreckt sich daher über

- die Koordination des Einsatzes der Marketinginstrumente hinsichtlich der operativen Umsetzung der Corporate Brand,
- die Abstimmung der Markendefinitionen der einzelnen Produktmarken im gesamten Markenportfolio auf die Corporate Brand,
- die Koordination der Umsetzung mit den Bereichen Öffentlichkeitsarbeit/Investor-Relations und Personal sowie,
- die Koordination und Beauftragung externer Unterstützung, z. B. kreativer Dienstleistung, und
- die Umsetzungsverantwortung hinsichtlich der Einhaltung von Corporate Design-Richtlinien.

Das Marketing nimmt die primäre Aufgabe wahr, das Corporate Brand Management zu koordinieren und im Unternehmen zu vernetzen. Erst auf dieser Basis kann sich die notwendige Ganzheitlichkeit und Langfristigkeit sowie die Verknüpfung der Corporate Brand mit dem Markenportfolio entwickeln (Baumgarth 2000, S. 191).

▶ Der Funktionsbereich Marketing koordiniert das Corporate Brand Management und vernetzt es im Unternehmen.

7.2.3 Die Rolle der Öffentlichkeitsarbeit definieren

Kein Unternehmen kann sich heute mehr der Öffentlichkeit entziehen. Die Abteilung Öffentlichkeitsarbeit (PR) ist – auf sich allein gestellt – oftmals mit der Handhabung der Öffentlichkeit überfordert. Größere Zielorientierung entsteht dann, wenn das Unternehmen weiß, für was es in der Öffentlichkeit stehen will. Das erste inhaltliche Ziel, was gleichsam für alle Corporate Brands angestrebt werden sollte, ist Reputation (Fombrun 2001; s. auch den Beitrag zum Reputation Management in diesem Buch). Die Reputation eines Unternehmens stellt zwar per se keine Differenzierung dar, ist aber für das Unternehmen und die Corporate Brand ein wichtiger Gradmesser für deren Wahrnehmung und Akzeptanz in der Öffentlichkeit.

Die Öffentlichkeitsarbeit wird dann erleichtert, wenn *klare inhaltliche Ziele* für das Corporate Brand Management vorliegen. Erstens wird die Zielorientierung durch Öffentlichkeitsarbeit gestärkt. Zweitens läuft die Öffentlichkeitsarbeit nicht Gefahr, mit eigenen Botschaften die Corporate Brand zu konterkarieren und deren Wirkung bei allen Anspruchsgruppen zu schwächen. Denn: ein Teil der Öffentlichkeit sind Kunden und potenzielle Kunden; ein anderer Teil sind Mitarbeiter oder potenzielle Mitarbeiter und wieder andere sind Anteilseigner und potenzielle Anteilseigner. Manche wiederum sind in der Personalunion allen Teilöffentlichkeiten gleichzeitig zugehörig. Die Öffentlichkeitsarbeit ist somit Partner im Corporate Brand Management. Idealerweise ist sie gut abgestimmt mit dem Marketingbereich. Ihre idealtypische Nähe zum Top-Management einerseits, aber auch zum Sprachrohr der Öffentlichkeit, den Medien, andererseits, begründet eine tragende Rolle der Öffentlichkeitsarbeit beim Entwicklungsprozess der Markenidee.

▶ Der Bereich Öffentlichkeitsarbeit ist wichtiger Partner im Corporate Brand Management.

Schließlich sollte bei der Öffentlichkeitsarbeit ein gutes Gespür für tragfähige Ideen vorhanden sein. Die Abteilung Öffentlichkeitsarbeit ist somit Begleiter bei der Umsetzung als auch Generator und Verifikator bei der Entwicklung der Markenidee. Gleichsam als Ordnungsmaß dient dabei die anzustrebende Steigerung der Reputation des Unternehmens. Primäre Aufgabe ist es, Öffentlichkeit durch Corporate Brand Management zu gewinnen. Dies gelingt umso besser, je stärker die Reputation der Corporate Brand entwickelt ist.

7.2.4 Das Personalmanagement einbeziehen

Es ist nicht davon auszugehen, dass in den Führungsetagen des Personalbereiches die gleichen Vorstellungen über das Corporate Brand Management existieren wie im Marketing oder im Bereich der Öffentlichkeitsarbeit. Bereits King (1991, S. 48) erkennt: „At the moment, there tends to be a barrier between personnel and marketing departments, with different strands of theoretical background, consultants, research agencies, communication methods and this is surely wrong". Allerdings sollte man nicht vollkommen pessimistisch sein. Vielmehr geht es darum, den Personalbereich angemessen in das Corporate Brand Management einzubeziehen: „Die wesentliche Aufgabe des Personalmanagement besteht in der Kommunikation der Markenbotschaft nach innen" (Stuart 2001). Die Markenkommunikation nach innen ist bei außerordentlichen Ereignissen, wie z. B. beim Launch eines neuen Produktes oder bei einer Fusion sorgsam zu gestalten. Viel wichtiger erscheint es aber, dass die Botschaft der Corporate Brand regelmäßig in bestehende Programme des Führungskräftetrainings oder in die Nachwuchsforderung integriert wird. Einerseits wird so die systematische Auseinandersetzung der Mitarbeiter mit der Corporate Brand sichergestellt. Andererseits werden damit auch Feedbackschleifen eingezogen, auf deren Grundlage eine Weiterentwicklung der Corporate Brand von innen erst möglich wird.

Viele Markenstrategien, insbesondere in Dienstleistungsunternehmen, scheitern bereits an der *unzureichenden Kommunikation nach innen*. Wie soll ein Kunde die Botschaft eines Dienstleistungsunternehmens verstehen, wenn sie nicht durch den Mitarbeiter des Unternehmens vermittelt wird? Manche Markenbotschaften adressieren ihren Mitarbeiterbezug aggressiv im Markt: UBS, eine Schweizer Bank, kommuniziert die Werbebotschaft „Wir werden nicht ruhen", „We will not rest" nicht zuletzt an die eigenen Mitarbeiter. Allerdings sollten hier begleitende Maßnahmen im Unternehmen eingeführt werden, damit die Idee nicht wie ein Bumerang vom Markt und von Mitarbeitern gleichermaßen zurückkommt. Nachhaltigkeit wird hier zum zentralen Führungsthema (Stuart 2013).

> **Beispiel**
> Bei der Einführung der Meta-Marke Star Alliance als Markenkonzept für eine Airline-Allianz wurden umfassende Kommunikations- und Schulungsmaßnahmen entwickelt, um das „Nebeneinander" von Lufthansa und Star Alliance in Markt und Wettbewerb für die Mitarbeiter verständlich zu machen (s. Kernstock 1998). Mehr als 6000 von zu diesem Zeitpunkt 25.000 Mitarbeitern der Lufthansa-Passage nahmen an mehr als 500 Workshops im Rahmen des Programms teil (s. Weber 2003, S. 302). So konnte eine drohende Konfusion bei den Mitarbeitern vermieden werden. Vor allem wurde eine höhere Identifikation mit der „neuen, fremden" Marke erreicht.

Die primäre Aufgabe des Personalbereiches im Rahmen des Corporate Brand Management ist die Kommunikation mit den Mitarbeitern. Dabei ist die Kommunikation als Zweibahnstraße zu konzipieren: Werte der Marke sollten vermittelt werden und Feedback-Schleifen sollten die Basis für eine Weiterentwicklung der Corporate Brand legen.

7.2.5 Externe Berater einsetzen

Ein großer Teil der Aufgaben des Corporate Brand Management muss im Unternehmen intern bearbeitet werden. Die Führungskompetenz der Marke sollte auf keinen Fall extern ausgelagert werden. Es wird allerdings immer einen Teil von Aufgaben geben, der an externe Dienstleister vergeben werden sollte. Sei es, weil es wirtschaftlich nicht sinnvoll erscheint, Kapazitäten in Bereichen aufzubauen, die nicht dauerhaft für den Leistungserstellungsprozess im Unternehmen notwendig sind, oder weil im Unternehmen die erforderlichen Kompetenzen fehlen. So können auf allen Stufen des Corporate Brand Management externe Dienstleister hinzugezogen werden.

Organisation und Verantwortung des Corporate Brand Management	CEO/ Top Management	Marketing	Öffentlichkeitsarbeit	Personal-Management	Externe Berater
Aufgabe im Corporate Brand Management	Führung Idee Werte	Koordination Einsatz der Marketinginstrumente Abstimmung Markensystem	Aufbau der Reputation Verankerung der Corporate Brand in der Öffentlichkeit	Verankerung der Corporate Brand bei den Führungskräften und Mitarbeitern	Unterstützungsfunktion Kreativleistung
Kompetenz	Entscheidet über strategische Einschnitte (z.B. M&A, neue Firmierung)	Verantwortet Markenhierachie Verantwortet Markenkommunikation Beauftragt externe Berater Stimmt sich mit Öffentlichkeitsarbeit und Personalmanagement ab	Verantwortet Kommunikation zu Aktionären/ Interessensgruppen/ Öffentlichkeit	Verantwortet die Mitarbeiterkommunikation Brand Behavior	Moderation Spezialisierung Expertise
Umsetzung	Lebt Vision vor Schafft Commitment zu Werten	Entwicklung der Marktpositionierung und Kommunikationsstrategie	Aufbau von Kommunikationskanälen Ansprechpartner für die Öffentlichkeit	Aufbau von Kommunikationskanälen Ansprechpartner für die Mitarbeiter	Marktforschung Gestaltung Kommunikation
Perspektive	Normativ/strategisch	Strategisch/operativ	Operativ	Operativ	Operativ

Abb. 7.2 Corporate Brand Management organisieren

▶ Auf keinen Fall dürfen originäre Führungsansprüche der Corporate Brand an externe Berater ausgelagert werden.

Bezüglich externer Unterstützung für die eigene Markenstrategie wird man ein unüberschaubares Angebot von Strategieberatern, spezialisierten Brand Consultants bis hin zu Werbeagenturen vorfinden. Bei der Überprüfung und Validierung der Markenstrategie helfen Marktforschungsinstitute. Bei der Gestaltung der Marken(design)elemente kann wiederum auf eine Vielzahl von Grafikern und Designern zurückgegriffen werden. Bei der Namensfindung unterstützen Spezialisten, die entweder die Namenssuche mit computergestützten Methoden unterstützen um auch entsprechende Internetpräsenz sicherzustellen, oder mit semantisch differenzierten Ansätzen arbeiten, die die Assoziationskraft der Namensgebung ausloten (Kachersky und Palermo 2013). Möglichkeiten zur externen Vernetzung gibt es also hinreichend. Bei der Auswahl sind die verfolgten Ziele zu beachten.

Große Herausforderungen bei der Einbindung von externen Beratern bestehen darin, *das richtige Team* zusammenzustellen und vor allem die *Schnittstellen* in die bestehende Organisation eindeutig zu definieren. Nur wenn die Einbindung externer Berater klar definiert ist, kann das Unternehmen auch den maximalen Nutzen daraus ziehen. Manche Unternehmen arbeiten gerade beim Corporate Brand Management sehr langfristig mit externer Unterstützung zusammen. Einen zusammenfassenden Überblick über die Überlegungen zur Organisation eines Corporate Brand Management gibt Abb. 7.2.

Literatur

Balmer, J. M. T. (2001a). Corporate identity, corporate branding and corporate marketing. *European Journal of Marketing, 35*(3/4), 248–291.

Balmer, J. M. T. (2001b). Corporate brands: Ten years on – What's new? Working Paper Series, Bradford School of Management.

Balmer, J. M. T. (2013). Corporate Brand Orientation: What is it? What of it?, *Journal of Brand Management, 20*(9), 723–741.

Baumgarth, C. (2000). *Markenpolitik*. Wiesbaden: Gabler.

Fombrun, C. J. (2001). Corporate reputation – It's measurement and management. *Thexis, 18*(4), 23–26.

Frigge, C., & Houben, A. (2002). Mit der Corporate Brand zukunftsfähiger werden. *Harvard Business Manager, 24*(1), 28–35.

Kachersky, P., & Palermo N. (2013). How personal pronouns influence brand name preference. *Journal of Brand Management, 20*(7), 558–570.

Keller, K. L. (2001). Editorial: Brand research imperatives. *Journal of Brand Management, 9*(1), 4–6.

Kernstock, J. (1998). Meta-Marke STAR ALLIANCE – eine neue Herausforderung für das Markenmanagement. In T. Tomczak, M. Schögel, & E. Ludwig (Hrsg.), *Markenmanagement für Dienstleistungen* (S. 222–230). St. Gallen: Thexis.

King, S. (1991). Brand-building in the 1990s. *Journal of Consumer Marketing, 8*(4), 43–52.

Kirsch, W., & Kernstock, J. (1997). Die Beobachter und die Ökologie des Wissens. In W. Kirsch (Hrsg.), *Wegweiser zur Konstruktion einer evolutionären Theorie der strategischen Führung* (2. Aufl., S. 315–372). München: Verlag Barbara Kirsch.

Lambertz, M., & Schütz, P. (2001). World of TUI, ein Geschäftsmodell wird zum Markenerlebnis. *Absatzwirtschaft, 44*(11), 40–46.

Meffert, H. (2000): *Marketing: Grundlagen marktorientierter Unternehmensführung: Konzepte – Instrumente – Praxisbeispiele* (9. Aufl.). Wiesbaden: Gabler.

Schultz, M., & Chernatony, L. de (2002). The challenges of corporate branding. *Corporate Reputation Review, 5*(2/3), 105–112.

Stuart, H. (2001). The role of employees in successful corporate branding. *Thexis, 18*(4), 48–50.

Stuart, H. (2013). Positioning the corporate brand as sustainable: Leadership de rigueur. *Journal of Brand Management, 20*(9), 793–799.

Tomczak, T., Will, M., Kernstock, J., Brockdorff, B., & Einwiller, S. (2001). Corporate Branding – Die zukunftsweisende Aufgabe zwischen Marketing, Unternehmenskommunikation und strategischem Management. *Thexis, 18*(4), 2–4.

Weber, T. (2003). Dialogbilder als Element der Mitarbeiterkommunikation. In R. Rapp & A. Payne (Hrsg.), *Handbuch Relationship Marketing – Konzeption und erfolgreiche Umsetzung* (2. Aufl., S. 293–307). München: Vahlen.

Dr. Joachim Kernstock leitet das Kompetenzzentrum für Markenführung St. Gallen (KMSG). Sein Beratungsschwerpunkt ist Corporate Brand Management und Brand Behavior. Er ist Lehrbeauftragter für Betriebswirtschaftslehre mit besonderer Berücksichtigung des Marketing an der Universität St. Gallen und Co-Editor-in-Chief des Journal of Brand Management (JBM), London.

Prof. Dr. Franz-Rudolf Esch ist Professor für Markenmanagement und Automotive Marketing an der EBS Universität für Wirtschaft und Recht, Oestrich-Winkel, und Direktor des Instituts für Marken- und Kommunikationsforschung (IMK). Davor lehrte er in Saarbrücken, Trier, St. Gallen, Innsbruck und Gießen. Weiterhin ist er Gründer und wissenschaftlicher Beirat von ESCH. The Brand Consultants, Saarlouis. Seine Forschungsschwerpunkte liegen in den Bereichen Markenmanagement, Kommunikationsforschung und Konsumentenforschung.

Prof. Dr. Torsten Tomczak ist Ordinarius für Betriebswirtschaftslehre mit besonderer Berücksichtigung des Marketings sowie Direktor des Center for Customer Insight (FCI) an der Universität St. Gallen, Schweiz. Seine Arbeits- und Forschungsgebiete umfassen u.a. Kundenverhalten und Markenforschung, Strategisches Marketing, Marketing Performance Management und Innovation.

Fallstudie: Rebranding – vom Ende her denken

8

Jürgen Lieberknecht und Franz-Rudolf Esch

Zusammenfassung

Im Februar 2010 wurde der Schalter umgelegt: Aus der Citibank wurde in Deutschland die TARGOBANK. In kaum mehr als einem Jahr wurden dazu die Weichen gestellt – eine Herkulesaufgabe für eine Organisation, die diesen Prozess in der tiefsten Finanz- und Vertrauenskrise von Banken zusätzlich zum Tagesgeschäft bewältigen musste. Wenngleich nicht alle Erkenntnisse auf andere Unternehmen übertragbar sind, gibt es dennoch wichtige Aspekte, die bei der Markenmigration von Unternehmensmarken zu berücksichtigen sind. Auf diese wird in dem folgenden Kapitel eingegangen.

8.1 Die Herausforderung

Zunächst einige Fakten zur Markenmigration der TARGOBANK und zu deren Erfolg: Die Citibank wurde im Jahr 2008 von der Citigroup in der Finanzkrise und aufgrund einer Neuordnung der strategischen Prioritäten an Crédit Mutuel verkauft. Die Citibank Deutschland war im Hinblick auf die Performance im Privatkundengeschäft das Juwel der Citigroup in Europa. Die damalige Citibank war insbesondere im Konsumentenkredit-

---

J. Lieberknecht (✉)
Targobank, Düsseldorf, Deutschland
E-Mail: juergen.lieberknecht@targobank.de

F.-R. Esch
EBS Universität für Wirtschaft und Recht, Oestrich-Winkel, Deutschland
E-Mail: Franz-Rudolf.Esch@ebs.edu

geschäft stark. Dies führte auch immer wieder zu Imageproblemen. Hinzu kam im Herbst 2008 der vorläufige Höhepunkt der Finanzkrise, die Insolvenz der Investmentbank Lehman Brothers. Die Citibank hatte wie andere Banken und Sparkassen in Deutschland Zertifikate von Lehman Brothers verkauft, die mit der Insolvenz wertlos wurden. Die Kunden fühlten sich aufgrund des Totalverlustes ihrer Anlagegelder nicht gut beraten und trugen ihren Unmut darüber in Form von presserelevanten Aktivitäten und Protestaktionen gegen die beratenden Banken und Sparkassen in die Öffentlichkeit.

Nachdem im Dezember 2008 der offizielle Eigentumsübergang der Citibank Deutschland an die Crédit Mutuel abgeschlossen war, begann für das Management der Citibank die Uhr zu ticken. Vertraglich war vereinbart worden, dass für maximal weitere 15 Monate die Namensrechte der Citibank genutzt werden konnten. Es musste also ein neuer Name für die Bank gefunden werden. Zudem musste die Kernbankplattform umgestellt, die Integration in die Crédit Mutuel Bankgruppe gestemmt und der Prozess einer sog. Markenmigration unter höchstem Zeitdruck geleistet werden. Das alles vor dem Hintergrund der Finanzkrise und der sehr schlechten Imagewerte für die Citibank.

Um es kurz zu machen: Alle Herausforderungen wurden bewältigt und der Name TARGOBANK im Februar 2010 erfolgreich in den Markt eingeführt. Und heute, drei Jahre später, zeigen alle qualitativen und quantitativen Performance-Kennzahlen steil nach oben:

- Die Markenbekanntheit der TARGOBANK ist 3 Jahre nach Launch von null auf 85 % (gestützt) und knapp 30 % (ungestützt) gestiegen.
- Die Markenrelevanz liegt mit 44 % bereits nach 3 Jahren deutlich über Citibank.
- Das Markenimage hat sich im Vergleich zur Citibank substantiell gebessert. Mittlerweile hat man zu den Images anderer Banken aufgeschlossen und bewegt sich schon im Mittelfeld der Bankenlandschaft.
- Das prägnante Markenlogo der TARGOBANK, mit der TARGOBANK Figur, liegt heute von der Bekanntheit her nur knapp hinter dem Logo der Deutschen Bank.
- Der Slogan „So geht Bank heute" ist der 4-bekannteste Slogan im Markt.
- Der Marktanteil im Kreditneugeschäft ist auf ca. 12 % gestiegen, und die TARGOBANK wächst stärker als der Marktdurchschnitt.

Das wirtschaftliche Ergebnis konnte jedes Jahr gesteigert werden und verbesserte sich von 208 Mio. € in 2009 auf 373 Mio. € in 2012. Auch andere wichtige Kennzahlen lagen teilweise deutlich über den Zielvorgaben.

Was waren hierfür die wesentlichen Erfolgsfaktoren (s. Abb. 8.1)?

> **Der Idealprozess in 10 Schritten:**
>
> 1. Bei der Namensgebung nicht dem ersten Reflex folgen.
> 2. Die Kunst der kleinen Schritte: Der Name ändert sich sofort, die Menschen und die Kultur verändern sich deutlich langsamer.
> 3. Das Commitment des Top-Managements sichern und einen klaren Anspruch definieren.
> 4. Mission, Vision, Unternehmensgrundsätze, Markenidentität und Markenpositionierung aus einem Guss entwickeln.
> 5. Die Mitarbeiter auf die Reise mitnehmen und schulen (Kunden- und Mitarbeiter-Erwartungen sowie Company-DNA müssen in das neue Zielbild integriert werden).
> 6. Eine Initialaktivierung durch einen Big Bang schaffen – für Mitarbeiter und Kunden!
> 7. Nicht schludern bei der Kommunikation – die Launch-Kampagne prägt die Marke!
> 8. Eine nachvollziehbare Story für die Überführungs-Kommunikation schaffen und Kunden in den Entwicklungsprozess einbeziehen.
> 9. Den Rollout-Prozess an den Customer-Touchpoints sofort starten.
> 10. Nichts dem Zufall überlassen – Marketing-KPIs definieren, messen und auf Top-Management-Ebene verankern (=Performance Marketing Ansatz).

Abb. 8.1 Der Idealprozess Rebranding in 10 Schritten. (Markenrechte: Autoren)

8.2 Die Erfolgsfaktoren in zehn Schritten

8.2.1 Bei der Namensgebung nicht dem ersten Reflex folgen

Bei Übernahmen ist es häufig so, dass das übernommene Unternehmen den Namen des neuen Eigentümers übernimmt oder zumindest eine Namensähnlichkeit hergestellt wird. Dies ist zu einfach. Vielmehr ist zunächst aus strategischer Sicht zu prüfen, inwiefern die Geschäftsmodelle der Unternehmen übereinstimmen und sich die jeweiligen Märkte und Zielgruppen unterscheiden. Auf dieser Basis kann dann entschieden werden, welche Konsequenzen dies für die Markenführung und die Namensgebung hat. Die Namensgebung selbst kann schon der erste Anstoß zur Partizipation der Mitarbeiter sein. Bei der Citibank wurden die Mitarbeiter aktiv aufgefordert, „sprechende" Namen für die neue Bank zu entwickeln – mit großem Erfolg: Insgesamt 1.700 Namen wurden vorgeschlagen und von Konsumenten auf ihre Akzeptanz bewertet. Insbesondere das Markenlogo traf schon in dieser Phase auf eine große Akzeptanz und Sympathie in der Bevölkerung.

Trotz der vielen Namenvorschläge liegt der Engpass jedoch bei den Markenrechten. Dies kann in einem solchen Prozess nicht früh genug geprüft werden. Daher musste ein neuer, neutraler Markenname für die Citibank entwickelt werden. Sobald man sich jedoch für einen neutralen Markennamen entscheidet, muss das Bewusstsein im Top-Management geschärft werden, dass durch ein entsprechend konkretes und bildhaftes Markenlogo und durch eine einprägsame und integrierte Kommunikation das schnelle Lernen des neuen Markennamens zu fördern ist.

8.2.2 Die Kunst der kleinen Schritte: Der Name ändert sich sofort, die Menschen und die Kultur verändern sich deutlich langsamer

In einem Prozess der Neuausrichtung eines Unternehmens kann man leicht dem Trugschluss unterliegen, mit einem neuen Namen könne man alles neu machen. Als würde man eine Konzeption auf einem weißen Blatt Papier entwickeln. Dabei werden aber zum einen Dinge über Bord geworfen, die bislang kulturprägend für das Unternehmen waren, andererseits auch Dinge angestrebt, die zu weit von der DNA des Unternehmens entfernt sind.

So wurden auch bei der TARGOBANK in einer ersten Task Force sehr ambitionierte Vorgaben für die Unternehmensphilosophie, Markenidentität und Markenpositionierung gemacht. Durch Validierungsworkshops auf der Ebene des mittleren Managements stellte sich dann allerdings schnell heraus, dass viele dieser Inhalte nicht die Vorstellungen der Manager reflektierten, manche auf massive Widerstände stießen und wiederum andere, die prägend für die alte Citibank-Kultur waren, vermisst wurden. Dies gab den Anstoß dafür, einen methodisch differenzierten Abgleich durchzuführen, um wünschenswerte Inhalte zu erhalten, negativ empfundene Verhaltensweisen zu identifizieren und zu eliminieren sowie weitere ambitionierte, aber machbare Inhalte zu ergänzen.

8.2.3 Das Commitment des Top-Managements sichern und einen klaren Anspruch definieren

Nach einer Übernahme ist das Top-Management in besonderem Maße gefordert. Neben der Adjustierung der Ausrichtung des Unternehmens bedarf es natürlich auch einer Anpassung und eines intensiven Austausches mit dem Mutterunternehmen. Je unterschiedlicher die jeweiligen Kulturen, Strukturen, Prozesse und Entscheidungswege sind, umso aufwändiger ist dies. Das kann dazu führen, dass Aufgaben, die als weniger wichtig erachtet werden, delegiert werden. Da gerade die neue Marke jedoch erfolgskritisch ist, bedarf es hier des vollen Commitments der obersten Führungsebene. Vor allem die weichen Faktoren wie Mission, Vision, Unternehmensgrundsätze und Markenidentität prägen dauerhaft das Unternehmen und das Verhalten der Mitarbeiter. Umso wichtiger ist es, dass man dem Prozess der Entwicklung der Inhalte hinreichend Zeit einräumt. Bei der TARGOBANK hat es sich bewährt, dass man hierzu bewusst Vorstands-Off-Sites genutzt hat, um in regelmäßigen Abständen über das inhaltliche Fundament der TARGOBANK außerhalb des Tagesgeschäfts zu diskutieren. Der Anspruch muss dabei klar und ambitioniert definiert sein. Gemeinsame Diskussionen helfen dabei nicht nur, Positionen und mögliche Probleme auf dem Weg der Umsetzung besser zu verstehen und zu antizipieren, sondern auch dabei, die wichtige gemeinsame Basis in grundsätzlichen Haltungen zu schaffen.

8.2.4 Mission, Vision, Unternehmensgrundsätze, Markenidentität und Markenpositionierung aus einem Guss entwickeln

Unternehmenszweck, Unternehmensgrundsätze, Vision, Markenidentität und Markenpositionierung bilden das konzeptionelle Fundament der Markenführung. Je besser miteinander verzahnt diese einzelnen Komponenten sind, umso klarer, prägnanter und kohärenter kann die Marke aufgebaut werden. Zur Entwicklung dieser so wichtigen strategischen Grundlagen wurden folgende einfache Fragen gestellt:

- Was treibt uns an? Warum gibt es uns? Damit wurde die Mission gefasst.
- Wofür stehen wir ein? Die Frage war die Grundlage für die Entwicklung der Unternehmenswerte.
- Welchen Berg wollen wir besteigen? Dies diente der Entwicklung einer anspruchsvollen Vision.
- Wer sind wir? Damit wurde die Markenidentität, wurden also die wesensprägenden Merkmale der Marke erfasst.
- Warum sollen die Kunden uns wählen? Hiermit wurde die Markenpositionierung bestimmt – in Abgrenzung zum Wettbewerb.

Die einzelnen Fundamente der Marke und des Unternehmens wurden sodann in einem systematischen Prozess aufeinander abgestimmt und in einer Markenpyramide für die TARGOBANK subsumiert. Die Vorgabe für die einzelnen Bereiche lautete: Macht alles so einfach wie möglich, nicht nur einfacher als vorher.

Diesem Prozess wurde viel Raum gewidmet. Die Erwartungen von Konsumenten, Kunden und Mitarbeitern wurden in vielen über das Bundesgebiet verteilten qualitativen Workshops eruiert und in Befragungen quantifiziert. In Off-Sites mit dem Top-Management wurden die identifizierten Erwartungen dahingehend geprüft und diskutiert, wie viel davon schon in dem Unternehmen steckt und was von dem, was neu ist, auch unter den gegebenen Restriktionen wirklich realisierbar erscheint. Ein Beispiel: Die vier in diesem Prozess entwickelten Markenwerte der TARGOBANK lauten: einfach, leistungsstark, auf Augenhöhe und zuverlässig (s. Abb. 8.2). Für jeden dieser Markenwerte wurden Proofpoints in unterschiedlichen Kategorien umgesetzt.

Abb. 8.2 Markenwerte der TARGOBANK. (Bildrechte: Targobank)

8.2.5 Die Mitarbeiter auf die Reise mitnehmen und schulen

Kunden- und Mitarbeitererwartungen sowie die Company-DNA müssen in das neue Zielbild integriert werden.

Insbesondere bei Dienstleistungsunternehmen sind Mitarbeiter erfolgskritisch. Sie müssen sich mit der neuen Marke identifizieren können und diese in Denken, Fühlen und Handeln übernehmen. Der Grund: An vielen Kontaktpunkten haben Mitarbeiter unmittelbaren Kontakt zu Kunden und müssen dort das Markenversprechen erlebbar machen. Darüber hinaus gestalten auch Mitarbeiter und Manager im Backoffice und in der Hauptverwaltung die Leistungen der Marke. Ein entsprechendes Markenverständnis fördert markenkonforme Umsetzungen. Und schließlich können Mitarbeiter durch Empfehlungen im familiären und privaten Umfeld die Marke positiv platzieren.

Entsprechend empfiehlt es sich, eine vertikale (nach Managementebenen) und horizontale (nach Arbeitsbereichen, Kontakt mit Kunden sowie anderen Kriterien) Mitarbeiterpyramide zu bilden. Sie dient als Grundlage für die Intensität der Einbindung in den Prozess der Markenmigration. Neben einer aktiven Partizipation bei der Entwicklung der Marke können auch Markenbotschafter identifiziert und – je nach Bedeutung für die Marke und die Kunden – unterschiedlich umfangreiche Schulungsprogramme für Mitarbeiter entwickelt werden. Dieses Vorgehen hat sich in diesem Fall bewährt, weil dadurch jeder Mitarbeiter vor dem Launch mit den Markenwerten und der grundsätzlichen Stoßrichtung der neuen Marke in Kontakt gekommen ist, und schon erste Maßnahmen für verhaltenskonforme Umsetzungen und Do's and Don'ts im Sinne der Markenidentität entwickelt werden konnten.

8.2.6 Eine Initialaktivierung durch einen Big Bang schaffen – für Mitarbeiter und Kunden

Ein großes Erlebnis eint und hinterlässt nachhaltig Eindrücke. Feiern stimmt positiv ein für den langwierigen Weg des Markenaufbaus und ist ein Dank für Geleistetes. Diesen Effekt sollte man nicht unterschätzen. Bei der TARGOBANK wurden alle ca. 6.500 Mitarbeiter und die französischen Eigentümer am Wochenende vor dem Marktstart der TARGOBANK eingeladen. Für die Bank bedeutete dieser Event ein erhebliches Investment, welches sich aber ausgezahlt hat. Denn für die Mitarbeiter, die dabei waren, ist es noch heute eine starke Erinnerung und Motivation für das Unternehmen. Zu dieser Veranstaltung wurden die Markenwerte nochmals vor Augen gerufen, die großen Ziele vermittelt und die kommunikative Umsetzung an den unterschiedlichsten Touchpoints gezeigt. Die Mannschaft wurde dadurch auf das große gemeinsame Ziel eingeschworen.

8.2.7 Nicht schludern bei der Kommunikation – die Launch-Kampagne prägt die Marke

Oftmals wird die Launch-Kampagne in ihrer Langfrist-Wirkung unterschätzt. Sie wird a priori als erster Anlauf der neuen Marke gesehen, den man eventuell auch wieder wechselt. Ex post stellt man aber doch die markenprägende Wirkung dieser ersten Kampagne fest. Deshalb empfiehlt es sich, dem Briefing der Agenturen für den Pitch klar die Anforderungen an wirksame Kommunikation beizufügen. Ebenso wichtig ist das Motto „Quantity breeds Quality": Viele Ideen führen hoffentlich zu einer guten Idee für die Umsetzung. Ebenso wichtig ist jedoch die rigorose Begleitung der Optimierung kommunikativer Vorschläge. Dabei helfen sechs wesentliche Stoßrichtungen zur Prüfung der Wirkung, die man weiter verfeinern kann:

- Reflektiert die Umsetzung klar und unmissverständlich die Markenwerte und die Markenpositionierung?
- Trifft die Umsetzung in das Herz der Zielgruppe?
- Unterscheidet sich die Umsetzung klar vom Wettbewerb und von Branchenstereotypen?
- Ist die Schlüsselbotschaft auch bei flüchtigem Betrachten erkennbar?
- Ist die Kommunikation über alle Touchpoints deklinierbar und integriert?
- Gibt es merkfähige Elemente in der Kommunikation, die den Zugriff darauf erleichtern und das Ganze einprägsam machen?

Mehrere Kampagnen-Routen wurden entworfen und von Konsumenten und Kunden bewertet. Auf Basis dieses Feedbacks und unter Berücksichtigung der o. g. Anforderungen wurde die Launch-Kampagne entwickelt, die die Schlüsselbotschaft „Einfaches Banking" sehr gut transportiert und über das „merkfähige Element" in Form des Logos am Himmel

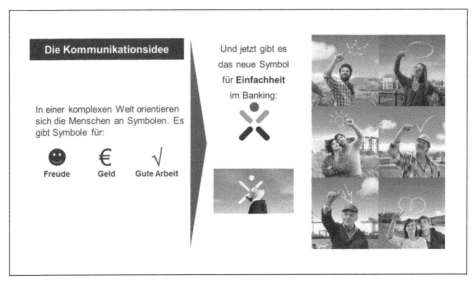

Abb. 8.3 Kommunikative Umsetzung bei der TARGOBANK. (Bildrechte: Targobank)

die neue TARGOBANK im Markt (s. Abb. 8.3) verankert hat – und inzwischen auch für eine hohe Wiedererkennung gesorgt hat.

Das Konzept wurde über alle Kontaktpunkte dekliniert: TV-Kampagne, die Bank-Filiale, Internetauftritt, die Prospekte, im Direktmarketing usw. Dabei wurde den Markenwerten Rechnung getragen.

Kommunikation ist notwendig für den Erfolg neuer Marken. Selbst nach drei Jahren ist die Marke noch abhängig von dem kommunikativen Druck. Dies sollte man entsprechend bei der mittelfristigen Planung der Budgets berücksichtigen. Zwar ist ein erhöhter kommunikativer Aufwand zur Einführung der neuen Marke erforderlich, allerdings muss man auch danach noch substantielle Budgets vorhalten, um die Zielvorgaben realisieren zu können.

8.2.8 Eine nachvollziehbare Story für die Überführungs-Kommunikation erschaffen und Kunden in den Entwicklungsprozess einbeziehen

Der Marken-Claim „So geht Bank heute" wurde bereits 8 Monate vor dem Rebranding von der Citibank zur TARGOBANK im Juli 2009 mit einer eigenen Internetseite als „Transition-Kampagne" eingeführt. Interaktive Elemente wie Votings bspw. für Produkt-Namen und Farben oder viral verbreitete Filme ermöglichten einen Dialog mit Early Adoptern und Mitarbeitern.

Für Reichweite sorgten das Bundesliga-Trikot und die Werbebanden im Stadion, aber auch gezielte PR-Aktionen, die für Traffic auf der Internetseite sorgten. In dieser ersten

Abb. 8.4 Claim-Lauch „So geht Bank heute" im Sponsoring-Umfeld. (Bildrechte: Targobank)

Phase konnte der Claim „So geht Bank heute" (s. Abb. 8.4) auf dem Trikot der Fußballmannschaft Werder Bremen erstmalig einer großen Öffentlichkeit präsentiert werden. Über 3 Mio. Seitenaufrufe wurden in den 7 Monaten vor Launch generiert.

8.2.9 Rollout-Prozess an den Customer-Touchpoints sofort starten

In den meisten Fällen startet der Prozess mit einer neuen Werbekampagne, welche zum Start der Marke mit hohem Mediadruck ausgestrahlt wird. IT-Systeme stellen einen Austausch des Marken-Logos bspw. in Systembriefen sicher. Filialen werden mit neuen Design-Elementen an der Fassade und im Innenbereich ausgestattet.

Hier ist ein wichtiges Veränderungs-Signal an das Unternehmen erforderlich. Der Marken-Prozess startet nun erst und ist nicht etwa bereits abgeschlossen. Ein neues einheitliches Markenerlebnis im Sinne der neuen Markenpositionierung bedarf eben weiterer jahrelanger Anstrengungen. Hier gilt es, die Customer Touchpoints der Services und Produkte zu analysieren, und Prozesse und Kommunikation sukzessive anzupassen. Dabei bestehen IT-Herausforderungen, aber auch Change-Management-Herausforderungen bspw. in der Kundenberatung.

8.2.10 Nichts dem Zufall überlassen – Marken-KPIs definieren, messen und auf Top-Management-Ebene verankern

„What gets measured gets done." Egal wie gut die Maßnahmen geplant sind, bedarf es einer ständigen Adjustierung und weiteren Optimierung. Hier ist es essentiell,

- in regelmäßigen Abständen die Performance der Kommunikation zu analysieren und Effektivität und Effizienz der Kommunikation auf den Prüfstand zu stellen.
- intern bei den Mitarbeitern den Grad der Markenidentifikation, der Kenntnis und des Lebens der Markenwerte und des Markencommitments zu erfassen.
- über Kundenbefragungen die internen und externen Bewertungen der wesentlichen Kontaktpunkte hinsichtlich Prozessqualität sowie marken- und kundenkonformer Umsetzungen zu prüfen.

- Zufriedenheitsmessungen und Messungen der Servicequalität durchzuführen.
- Benchmarks zu wesentlichen Wettbewerbern und Best Practice-Beispielen als Zielvorgaben zu implementieren.

Ein großer Teil des Erfolgs der TARGOBANK liegt auch und gerade in dem „hart machen" weicher Faktoren.

Jürgen Lieberknecht, Dipl.-Kfm., ist im Vorstand der TARGOBANK und dort verantwortlich für Produktmanagement, Marketing und Digital. Er studierte an der Universität Mannheim Betriebswirtschaftslehre und war u. a. bei der Deutschen Bank und bei Procter & Gamble in verantwortlichen Marketing-Positionen tätig.

Prof. Dr. Franz-Rudolf Esch ist Professor für Markenmanagement und Automotive Marketing an der EBS Universität für Wirtschaft und Recht, Oestrich-Winkel, und Direktor des Instituts für Marken- und Kommunikationsforschung (IMK). Davor lehrte er in Saarbrücken, Trier, St. Gallen, Innsbruck und Gießen. Weiterhin ist er Gründer und wissenschaftlicher Beirat von ESCH. The Brand Consultants, Saarlouis. Seine Forschungsschwerpunkte liegen in den Bereichen Markenmanagement, Kommunikationsforschung und Kommunikationsforschu.

9 Fallstudie: Mission, Vision und Unternehmensgrundsätze als Erfolgsfaktoren der REWE Group

Franz-Rudolf Esch und Daniela Büchel

Zusammenfassung

Die REWE Group entwickelte im Rahmen von strukturellen Reformen Mission, Vision und Grundsätze als normative Vorgaben. Das Einbeziehen der eigenen Mitarbeiter, insbesondere der Führungskräfte, sicherte zum einen die Plausibilität der Entwicklung und zum anderen das Commitment in den eigenen Reihen. Der Prozess begann demnach Top-Down und wurde in alle Bereiche dekliniert und soweit heruntergebrochen, dass jeder Mitarbeiter seinen Beitrag verstand. Heute hängen Werte, Mission und Vision in jedem Unternehmensgebäude und auch der finanzielle Erfolg des Unternehmens bestätigt die Wichtigkeit der internen Markenführung.

9.1 Ausgangssituation: Notwendigkeit zur Orientierung nach turbulenten Zeiten erkannt

Überblick REWE Group: Die REWE Group war zum Zeitpunkt der Neuentwicklung von Mission, Vision und Unternehmensgrundsätzen eine Gruppe mit rund 45 Mrd. € Umsatz. Die Gruppe war in zwei Kernbereiche strukturiert: Zum einen in den Handelsbereich mit der Strategischen Geschäftseinheit (SGE) Vollsortiment National und Marken wie REWE,

---

F.-R. Esch (✉)
EBS Universität für Wirtschaft und Recht, Oestrich-Winkel, Deutschland
E-Mail: Franz-Rudolf.Esch@ebs.edu

D. Büchel
REWE Group, Köln, Deutschland
E-Mail: Daniela.Buechel@rewe-group.com

Toom, nahkauf in Deutschland, der SGE Vollsortiment International unter anderem mit BILLA, BIPA und MERKUR, der SGE Discount mit Penny im In- und Ausland, der SGE B2B mit Fegro/Selgros-Cash&Carry-Märkten und dem REWE Food Service sowie der SGE Fachmarkt National mit toom Baumarkt und ProMarkt. Zum anderen in den Touristikbereich mit Veranstaltermarken wie DER, Meiers Weltreisen, ITS und Jahn Reisen sowie dem Reisevertrieb. Im Jahr 2013 erzielte die REWE Group mit diesen beiden Kernbereichen einen Gesamtaußenumsatz von 50,6 Mrd. €. Allerdings erfolgte zwischenzeitlich eine klare Fokussierung und Konsolidierung auf besonders wichtige Marken und SGEs. Deshalb wurde unter anderem im Handelsbereich das B2B-Geschäft veräußert und die Unterhaltungselektroniksparte ProMarkt aufgegeben sowie im Touristikbereich die Dachmarke DER Touristik eingeführt.

Ausgangspunkt für die Entwicklung: Nach vielen Jahren der Kontinuität in der REWE Group begann ab 2004 eine Phase struktureller Reformen mit dem Ziel der Erhöhung der operativen und Organisationseffizienz sowie der Stärkung der Marken – allen voran der Entwicklung von REWE zu einer bundesweiten Retail Brand. Insbesondere die vielen Akquisitionen der Vergangenheit hatten zu Parallelorganisationen und Ineffizienzen auch in der Markenführung beigetragen. Zudem gab es teilweise Verunsicherungen im Management, bei den Mitarbeitern, aber auch bei den selbstständigen Kaufleuten als Mitglieder der genossenschaftlich organisierten REWE Group. Mit Übernahme des Vorstandsvorsitzes durch Alain Caparros wurden dann klare Prioritäten für die REWE Group gesetzt. Neben vielen strategischen und operativen Stellhebeln, die bewegt wurden, war ein entscheidender Erfolgsbaustein die Entwicklung eines normativen Systems mit Mission, Vision und Unternehmensgrundsätzen (Abb. 9.1).

Zwar lagen bereits Leitsätze und ähnliche Aussagen vor, allerdings stellte sich einerseits die Frage nach deren Aktualität, andererseits waren diese recht komplex und im Unternehmen selbst wenig durchgesetzt. Der Vorstand war deshalb davon überzeugt, dass man Mitarbeitern, Führungskräften und den Mitgliedern der Genossenschaften sowie externen Anspruchsgruppen eine klare Vorstellung davon geben muss

- warum die Gruppe existiert und was sie antreibt (Mission),
- welchen „Hafen" sie in der Zukunft erreichen möchte (Vision) (s. Abb. 9.1) und
- an was die Gruppe glaubt und wofür sie einsteht (Unternehmensgrundsätze) (s. Abb. 9.2).

Der Bereich „Konzernstrategie" wurde entsprechend mit der Entwicklung dieses normativen Gerüstes beauftragt mit der Maßgabe, wichtige Protagonisten im Unternehmen und den diversen SGEs mit einzubeziehen.

Abb. 9.1 Mission und Vision der REWE Group als Ausgangspunkt für die Ableitung der Unternehmensgrundsätze

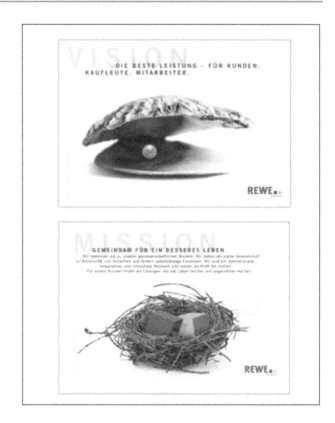

9.2 Einen integrativen Top-Down-Ansatz mit Rückkopplung zur Entwicklung von Mission, Vision und Grundsätzen einsetzen

Generell kann man – vor allem bei der Entwicklung der Unternehmensgrundsätze – Bottom-Up, Top-Down oder in einer Kombination beider Ansätze vorgehen.

Für die REWE Group hat sich ein Top-Down-Ansatz empfohlen. Denn zum einen wäre der Ansatz, dass man „von unten" unter Einbeziehung der Mitarbeiter aller SGEs und der Zentrale das normative Gerüst entwickelt, sehr zeitaufwendig und teuer gewesen. Zum anderen ging es aber vor allem darum, zunächst in der Führung der REWE Group ein gemeinsames Mindset zu entwickeln, von dem alle Protagonisten überzeugt sind und welches man in der gesamten Gruppe ausrollen kann. Zudem werden Bottom-Up grundsätzlich auch eher solche Aspekte manifestiert, die zwar tief im Unternehmen verankert sind, aber gerade deshalb häufig zu wenig Anspruch und Perspektive für die Zukunft beinhalten.

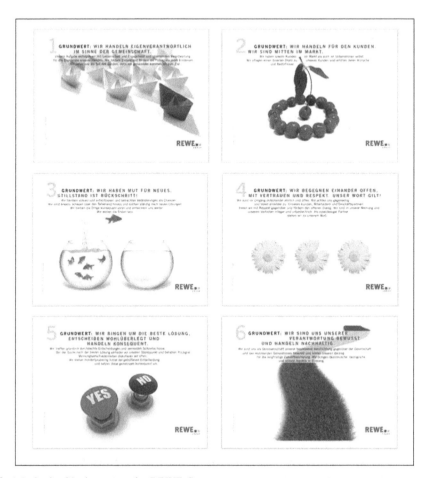

Abb. 9.2 Sechs Glaubenssätze der REWE Group

Deshalb entschied sich die Führung der REWE Group für einen Top-Down-Ansatz mit Rückkopplung. Es ging vor allem darum den Vorstand, die Führungskräfte und die Mitglieder – repräsentiert durch den Aufsichtsrat – für das normative System zu gewinnen und zugleich eine Durchlässigkeit in die einzelnen SGEs zu ermöglichen.

9.3 Vorgehen und Methodik im Rahmen der Entwicklung beachten

Zwar ist das Vorgehen immer unternehmensspezifisch zu entwickeln und zu adjustieren, allerdings haben sich bei der REWE Group folgende grundlegenden Schritte beim Vorgehen bewährt:

1. Festlegung der konkreten Ziele
2. Entwicklung einer Roadmap mit Milestones

3. Auswahl des Kernteams und weiterer in dem Prozess zu berücksichtigender Protagonisten
4. Entwicklung von Methodik und Bewertungssystemen
5. Konkretisierung der Roll-Out-Planung und Umsetzung
6. Multiplikation in die Geschäftseinheiten zur Adjustierung bereichsspezifischer Vorgaben

Zu 1 Festlegung der Ziele: Bei der Festlegung der Ziele waren zwei Aspekte von besonderer Bedeutung: Erstens ist die REWE Group anders als die einzelnen SGEs mit ihren Marken (wie dem Vollsortimenter REWE oder dem Discounter Penny) nicht direkt im Markt tätig, sondern fungiert als Holding mit Schutz-, Koordinations- und Servicefunktionen für die SGEs. Dadurch ergeben sich zum Teil andere spezifische Anspruchsgruppen, die es zu berücksichtigen gilt, aber auch die Notwendigkeit, ein normatives System zu bilden, das als Ausgangsbasis für eine weitere Detaillierung und Konkretisierung in den einzelnen SGEs und den Marken innerhalb dieser SGEs dienen kann.

Zweitens sollten Mission und Grundsätze als Orientierungsrahmen für alle Mitarbeiter der REWE Group dienen: vom Vorstand bis zur Kassiererin in einer Filiale. Deshalb war eine weitere Anforderung, die Vorgaben so einfach, verständlich und bildhaft wie möglich zu machen. Zudem waren die Grundsätze konkret auf Umsetzbarkeit und konkretes operatives Handeln hin zu prüfen.

Vision und Leitsätze hingegen sollten für jede SGE in einem späteren Schritt separat entwickelt werden, um die Nähe zum Geschäft zu gewährleisten.

Zu 2 Entwicklung einer Roadmap mit Milestones: Bei der Entwicklung der Roadmap geht es zum einen darum, einen realistischen Plan mit Puffer zu entwickeln und eventuell auftretende Rückkopplungsschleifen mit daraus resultierendem Mehraufwand zu berücksichtigen, um keine Milestones zu reißen. Entsprechend waren die Workshops mit dem Kernteam terminlich und inhaltlich abzustimmen mit den Interviews von Vorständen und anderen wichtigen Gatekeepern. Erster wichtiger Rückkopplungsprozess war der Termin zur Diskussion und Adjustierung von Mission und Unternehmensgrundsätzen. Der zweite wichtige Termin war die Diskussion der Vision und der „vivid description". Nach diesen Abstimmungsterminen wurde ein eineinhalbtägiges Meeting mit allen Führungskräften in Wien der Vorstellung, Bewertung und Adjustierung von Mission, Vision und Grundsätzen gewidmet. Dadurch wurden die Führungskräfte nicht nur frühzeitig involviert, sondern auch aktiv am Entwicklungsprozess beteiligt. Dies ist nicht nur notwendig, sondern mehr als fruchtbar. Die aus dem Führungskräftemeeting gewonnenen Erkenntnisse wurden in einem weiteren Workshop vom Kernteam berücksichtigt und zur weiteren Schärfung von Mission, Vision und Grundsätzen genutzt. Danach fand die Präsentation der Ergebnisse im Vorstand statt, wo die finale Entscheidung durch Auswahl von Alternativen mit unterschiedlichem Ambitionierungsgrad erfolgte. Abschließend wurden Vertreter der Mitgliedsgenossenschaften umfassend über Mission, Vision und Grundsätze informiert.

Zu 3 Auswahl des Kernteams und weiterer in dem Prozess zu berücksichtigenden Protagonisten: Grundsätzlich sind die Anforderungen an ein Kernteam sehr hoch, da mit seiner Arbeit die Qualität des Ergebnisses steht und fällt. Deshalb sollten die Mitglieder des Kernteams wichtige Bereiche des Unternehmens reflektieren, einen gewissen Erfahrungshintergrund im Unternehmen mitbringen, über strategische und operative Kenntnisse verfügen, als Sprachrohr und positiver Multiplikator im Unternehmen dienen können und vor allem die Motivation haben, an einem solchen Prozess mitzuwirken, weil sie dessen Bedeutung und Notwendigkeit erkennen. Um die Arbeitsfähigkeit des Teams sicherzustellen, sollte das Kernteam nicht mehr als acht bis zwölf Mitglieder umfassen. Andere Protagonisten kann man entweder durch Sounding-Board-Workshops oder in persönlichen Interviews mit einbeziehen.

In manchen Fällen findet der Leitbild-Entwicklungsprozess in Form von Interviews statt, deren Ergebnisse und Inhalte anschließend zu einem finalen Resultat verdichtet werden. Unserer Erfahrung nach wird aber die Qualität des Ergebnisses dadurch besser, dass ein Kernteam über einen längeren Prozess systematisch an der Entwicklung von Mission, Vision und Grundsätzen arbeitet. Denn durch diese Methode kann sehr viel tiefergehend und umfassender geprüft werden, was wirklich wichtig für ein Unternehmen ist. Bei den diesen Prozess ergänzenden Interviews wurden im konkreten Fall der REWE Group die Vorstände und die SGE-Verantwortlichen mit einbezogen.

Zu 4 Entwicklung von Methodik und Bewertungssystemen: Wichtig für den Erfolg und die Erzielung des bestmöglichen Ergebnisses sind

- die klare Trennung in die Phasen des Sammelns (Quantity breeds Quality), des Verdichtens und des Bewertens,
- die Anreicherung des Sammelns mit Kreativitätstechniken, die Anstöße dazu geben, in die Breite und in die Tiefe zu bohren („Der Kopf ist rund, damit das Denken die Richtung ändern kann" [Francis Picabia]),
- die systematische Clusterung und Hierarchisierung der extrahierten Inhalte, um eine Verdichtung zu erzielen,
- die Entwicklung harter und operationaler Prüffragen, um die Spreu vom Weizen zu trennen,
- bereits zu Beginn des Prozesses die Klärung der Bewertungskriterien zur Auswahl der vielversprechendsten Ansätze, sowie
- die Entwicklung von Alternativen mit unterschiedlichem Ambitionierungsgrad als Stresstest dafür, was sich die Top-Manager als realisierbar vorstellen können und was nicht.

Zu 5 Konkretisierung der Roll-Out-Planung und Umsetzung: Bei der Konkretisierung des Roll-Out-Plans geht es konkret darum, wen man wann, wie und mit welcher Intensität ins Boot holt. Dabei kann man einerseits die Klaviatur der massenkommunikativen Maßnahmen (Mitarbeiterzeitung, Intranet, Plakate, Give-Aways, Bildschirmschoner usw.) spielen, andererseits aber auch in Form persönlicher Kommunikation (Foren, Workshops, Tagungen usw.) die Botschaften ins Unternehmen tragen.

Zu 6 Multiplikation in die Geschäftseinheiten: Nach Festlegung und Verabschiedung von Mission, Vision und der Grundsätze für die REWE Group, wobei Mission und Grundsätze für die gesamte Gruppe verbindlich und handlungsleitend sind, war es wichtig, die spezifischen Besonderheiten der einzelnen SGEs zu berücksichtigen und dort eigene Leitbilder zu entwickeln. Dies geschah in einem ähnlichen Prozess wie schon auf Gruppenebene. Auch hier wurde ein stark partizipativer Ansatz gewählt, der zum Teil über mehrere Monate andauerte.

9.4 Umsetzung von Mission, Vision und Grundsätzen sichern

Die Mission der REWE Group lautet: „Gemeinsam für ein besseres Leben". Sechs Glaubenssätze wurden entwickelt. Diese lauten:

1. Wir handeln eigenverantwortlich im Sinne der Gemeinschaft.
2. Wir handeln für den Kunden. Wir sind mitten im Markt.
3. Wir haben Mut für Neues. Stillstand ist Rückschritt.
4. Wir begegnen einander offen, mit Vertrauen und Respekt. Unser Wort gilt!
5. Wir ringen um die beste Lösung, entscheiden wohlüberlegt und handeln konsequent.
6. Wir sind uns unserer Verantwortung bewusst und handeln nachhaltig (Abb. 9.2).

Die Vision lautet: Die beste Leistung – für Kunden, Kaufleute und Mitarbeiter. Es geht darum, dass man „Gemeinsam einen Schritt voraus" ist.

Werte, Mission und Vision hängen heute in jedem Gebäude der REWE Group. Das normative Gerüst wurde erfolgreich in die einzelnen SGEs übertragen. Nachstehende Abbildung zeigt beispielhaft die Leitsätze der SGE Vollsortiment National (s. Abb. 9.3).

Aufbauend auf den Unternehmenswerten wurden viele operative Maßnahmen zur Durchsetzung ergriffen. So reflektiert der Slogan „Besser leben" der Vertriebsmarke REWE klar die Mission der REWE Group.

9.5 Lessons Learned auswerten

Viele Unternehmen sehen sich einer wachsenden Zahl an immer schneller wechselnden Themen im operativen Geschäft gegenüber. Bei der Bewältigung zunehmender Themenvielfalt und Komplexität lassen sich Manager auf allen Unternehmensebenen häufig von aktuellen Managementmethoden leiten und inspirieren. Diese oftmals sehr spezifischen

1. Wir begeistern unsere Kunden durch Frische und beste Sortimente.
 2. Wir erfüllen Wünsche und finden Lösungen. Bei uns spüren die Kunden Freundlichkeit.
 3. Wir sind erfolgreich, wenn unsere Kaufleute und Marktmanager erfolgreich sind.
 4. Wir arbeiten zielorientiert und engagiert miteinander.
 5. Wir überzeugen durch Qualität. Ständig besser zu werden, ist unser Anspruch.
 6. Wir handeln verantwortungsvoll und denken heute schon an morgen.
 7. Wir gehen fair, offen und respektvoll miteinander um. Wir stehen zu unserem Wort.

Abb. 9.3 Leitsätze SGE Vollsortiment National

Methoden mit jeweils eng gefasster Fokussierung auf aktuelle Herausforderungen vernachlässigen aber in vielen Fällen die ganz einfachen Fragen, die einem immer und überall helfen können, die Orientierung und Richtung zu bewahren und alle im Unternehmen auf ein großes Ziel einzuschwören.

Die Fragen lauten:

- Warum gibt es uns? Was treibt uns an? (Mission)
- Wofür stehen wir ein? Was sind unsere Glaubenssätze? (Grundsätze)
- Wo wollen wir in zehn bis fünfzehn Jahren sein? Welchen Hafen wollen wir erreichen? (Vision)

Wir haben bei der REWE Group gesehen, dass ein solches normatives Gerüst hilft – und zwar aus folgenden Gründen:

1. Es gibt den Mitarbeitern Halt und Orientierung. Denn es erhöht zum einen ihren Stolz auf das Unternehmen und stärkt dadurch ihre Loyalität und Bindung. Zum anderen zeigt es konkret was Einzelne leisten können, um diese Grundsätze Tag für Tag in der Praxis zum Leben zu erwecken.
2. Es schafft den notwendigen Fokus. Man ertrinkt nicht in kurzfristiger Aktionitis, sondern hat das langfristige Ziel vor Augen.
3. Es schafft Klarheit bei Entscheidungen: Man kann zu treffende Entscheidungen immer anhand der Grundsätze und Vorgaben prüfen, z. B. durch die einfache Frage, ob eine Maßnahme zur Nachhaltigkeit beiträgt oder nicht.
4. Es schafft Vorgaben für das operative Geschäft und beeinflusst somit die konkrete Praxis des täglichen Handelns.

5. Es schafft Zusammenhalt in einem System selbstständig operierender Einheiten.
6. Es schafft Transparenz und Glaubwürdigkeit nach außen in den verschiedenen Stakeholderbeziehungen.

Prof. Dr. Franz-Rudolf Esch ist Professor für Markenmanagement und Automotive Marketing an der EBS Universität für Wirtschaft und Recht, Oestrich-Winkel, und Direktor des Instituts für Marken- und Kommunikationsforschung (IMK). Davor lehrte er in Saarbrücken, Trier, St. Gallen, Innsbruck und Gießen. Weiterhin ist er Gründer und wissenschaftlicher Beirat von ESCH. The Brand Consultants, Saarlouis. Seine Forschungsschwerpunkte liegen in den Bereichen Markenmanagement, Kommunikationsforschung und Kommunikationsforschung.

Dr. Daniela Büchel ist Leiterin des Bereichs Nachhaltigkeit/Konzernmarketing/Public Affairs der REWE Group. Sie studierte Wirtschaftswissenschaften an der Universität Hohenheim und promovierte an der Universität zu Köln. Als Projektmanagerin am Institut für Handelsforschung, Köln, führte sie eine Vielzahl an Beratungsprojekten mit verschiedenen Unternehmen aus Industrie und Dienstleistung durch.

Teil III
Die Beziehung von Corporate Brand, Produkt- und Familienmarken

Markenpotential durch die Gestaltung der Markenarchitektur ausschöpfen

10

Franz-Rudolf Esch, Sabrina Eichenauer und Christian Knörle

Zusammenfassung

In einer Welt, die durch die Inflation von Marken, Produkten und kommunikativen Maßnahmen an Komplexität gewinnt, ist es für Marken und Unternehmen immer schwieriger, vom Konsumenten wahrgenommen zu werden. Deswegen ist die Entlastung des Konsumenten heute ein wichtiger Wettbewerbsvorteil geworden. Unter dem Stichwort Mental Convenience wird bereits bei vielen Produkten und Dienstleistungen versucht, die gedankliche Leistung des Konsumenten so gering wie möglich zu halten um ihm ein schnelles Verständnis zu ermöglichen. Auch mit einer gezielten Gestaltung der Markenarchitektur kann dieser positive Effekt erreicht werden: Klare Strukturen, die sich dem Konsumenten leicht erschließen, ermöglichen das Ausnutzen von Synergien. Der in diesem Kapitel vorgestellte systematische Prozess verdeutlicht die Verankerung und Ableitung der optimalen Markenarchitektur nach innen und außen: Mitarbeiter verstehen die Rolle der Marken besser, tragen diese an den Kunden heran und liefern damit ein wichtiges Kriterium zur Kaufentscheidung.

F.-R. Esch (✉)
EBS Universität für Wirtschaft und Recht, Oestrich-Winkel, Deutschland
E-Mail: Franz-Rudolf.Esch@ebs.edu

S. Eichenauer
EBS Universität für Wirtschaft und Recht, Oestrich-Winkel, Deutschland
E-Mail: Sabrina.Eichenauer@ebs.edu

C. Knörle
Stuttgart, Deutschland
E-Mail: christian.knoerle@web.de

© Springer Fachmedien Wiesbaden 2014
F.-R. Esch et al. (Hrsg.), *Corporate Brand Management*,
DOI 10.1007/978-3-8349-3862-6_10

10.1 Bedeutung und Entstehung von Markenarchitekturen verstehen

Noch in den Dreißigerjahren erschien die Welt der Marken leicht zu überblicken und einfach zu strukturieren (Domizlaff 2005). Heute ist jedoch durch Unternehmenszusammenschlüsse, Innovationen und immer differenziertere Kundenbedürfnisse ein Dickicht an Marken gewachsen (Esch 2012, S. 501; Esch und Bräutigam 2005; Laforet und Saunders 1999, S. 52 ff.). Allein in Deutschland sind nach Angaben des Deutschen Patent- und Markenamtes (2013, S. 28) Ende 2012 784.820 Marken registriert. Die Markenportfolios vieler Unternehmen sind längst nicht mehr überschaubar, und immer mehr Produkte und Dienstleistungen werden mit mehreren Marken gekennzeichnet. Diese Komplexität führt auf der einen Seite dazu, dass die Vorteile von Markenarchitekturen nicht mehr ausgenutzt werden können und auf der anderen Seite dazu, dass Kunden immer häufiger verwirrt sind, was sogar negativ auf Marken zurückfallen kann. Erschwerend kommt hinzu, dass z. B. auch Kommunikationsmittel, Produktdesigns und Gütesiegel immer inflationärer genutzt werden und die Flut der auf den Konsumenten einströmenden Eindrücke stetig zunimmt (Esch 2012, S. 30 ff.; Esch und Knörle 2009, S. 224).

Auch Tork, eine B2B-Marke für Hygieneprodukte, sah sich im Jahre 2002 dem Problem eines unklaren Portfolios und verwirrten Kunden gegenüber. Durch eine umfassende Restrukturierung, die z. B. eine Straffung des Portfolios, eine einheitliche und klare Produktbenennung sowie den Einsatz von Farben als Orientierungshilfe umfasste, konnten zwei entscheidende Ergebnisse erzielt werden. Zum einen sahen Kunden nun eine klare Differenzierung von Tork zu Wettbewerbern und zum anderen stellten sich schnell auch ökonomische Erfolge ein (Esch 2012, S. 399 ff.). Durch eine gezielte Gestaltung von Markenarchitekturen kann den aktuellen Entwicklungen also entgegen gewirkt werden. Vorteile wie Synergien und Kosteneinsparungen, die Reduzierung von Unsicherheit sowie ein Vertrauensvorsprung gegenüber der Konkurrenz und eine gesteigerte Kundenloyalität rücken hierdurch wieder in greifbare Nähe (Esch 2012, S. 528 f.; Esch und Knörle 2009, S. 221). Entscheidend bei der Markenarchitekturgestaltung ist, dass sich insbesondere Kunden, aber auch anderen Anspruchsgruppen wie z. B. Mitarbeitern, die Struktur einer Markenarchitektur ohne besonderen gedanklichen Aufwand erschließt (Esch 2012, S. 506; Esch und Knörle 2009, S. 220; Joachimsthaler und Pfeiffer 2004, S. 731).

Den Grundstein der Markenarchitektur und den Startpunkt deren Gestaltung bildet dabei die Marke: Gemäß „Starke Marken schaffen Wert" (Esch und Knörle 2009, S. 220) gilt es, das vorhandene Potential zu erkennen und auszuschöpfen.

10.2 Synergie und Eigenständigkeit als Gegenpole in der Wahl der Markenstrategie sehen

Die Extrempunkte der Markenarchitekturgestaltung bilden die Führung einer Unternehmensmarke (Corporate Brand), also das Vereinen aller Marken des Unternehmens unter einem Namen (dem sog. Branded House), und das Nutzen einer Produktmarke (Product

Abb. 10.1 Konkurrierende Ziele der Markenarchitekturgestaltung. (Quelle: Esch und Bräutigam 2005, S. 858)

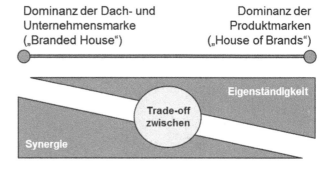

Brand), also die Selbstständigkeit aller Marken eines Unternehmens (dem sog. House of Brands). Im ersten Fall steht die Erzielung von Synergien im Vordergrund und im zweiten Fall möchte man maximale Eigenständigkeit erreichen (Esch 2012, S. 528 f.; s. Abb. 10.1). Diese beiden Formen sind gemäß den klassischen Markenstrategien der Dach- und Einzelmarkenstrategie zuzuordnen.

Ferrero verfolgt mit den Produkten Milchschnitte, tictac oder Raffaello eine Einzelmarkenstrategie. Ein Beispiel für das Ausnutzen von Synergien im Rahmen einer starken Dachmarkenorientierung liefert hingegen BMW. Von der dominanten Unternehmensmarke erfolgt insbesondere die Übertragung der Eigenschaften „Sportlichkeit" und „Freude am Fahren" auf alle Subbrands (BMW 1er-, 3er-, 5er- oder 7er-Reihe). Mittig auf dem Kontinuum, welches diese beiden Formen Einzel- und Dachmarke aufspannen, findet sich die dritte Form der klassischen Markenstrategien, die Familienmarkenstrategie (s. Abb. 10.2). Sie zeichnet sich durch das Zusammenfassen aller Produkte einer Produktkategorie aus. So eint Beiersdorf Produkte zur Köperpflege in der Familienmarke Nivea und Produkte aus dem Bereich Klebstoff werden unter dem Namen tesa zusammengefasst.

Die vorgestellten drei Grundformen, Einzel-, Familien- und Dachmarkenstrategie stellen isoliert betrachtet eine Marke auf einer Hierarchieebene dar. Durch ihre Kombination

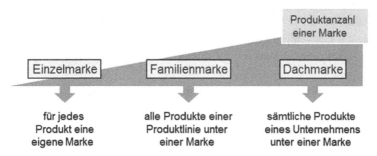

Abb. 10.2 Produktumfang bei klassischen Markenstrategien. (Quelle: In Anlehnung an Becker 2005; Esch und Bräutigam 2005, S. 842)

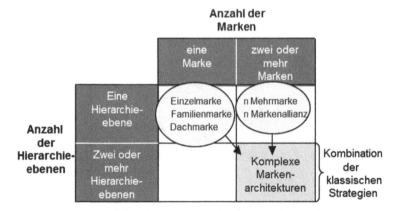

Abb. 10.3 Markenarchitektur-Matrix. (Quelle: Esch und Bräutigam 2001, S. 715)

können jedoch *komplexe Markenarchitekturen* entstehen. Gleiches gilt für Mehrmarkenstrategien (z. B. die Waschmittelmarken von Henkel) und Markenallianzen (z. B. zwischen Nike Laufschuhen und Apple iPod), welche sich in Reinform ebenfalls auf eine Hierarchieebene beschränken, aber zwei oder mehr Marken umfassen (s. Abb. 10.3).

▶ Unter einer Markenarchitektur versteht man die Anordnung aller Marken eines Unternehmens zur Festlegung 1) der Positionierung, 2) der Beziehung der Marken und 3) der jeweiligen Produkt-Marken-Beziehung aus strategischer Sicht (Aaker 2004, S. 13; Esch und Bräutigam 2005, S. 844; Kapferer 2012, S. 309 ff.; Keller 2013, S. 398).

Das Ziel jeder Form einer Markenarchitektur besteht darin, bei ausreichender Eigenständigkeit die *größtmöglichen Synergiepotentiale* zu nutzen. Ausgangspunkt dieser Gestaltung sollte immer die Wahrnehmung der Anspruchsgruppen sein. Es gilt eine Struktur zu finden, die sich Kunden wie Mitarbeitern einfach erschließt. Ist diese Balance zwischen Synergien und Eigenständigkeit gefunden, ist die Markenarchitektur „mentally convenient" gestaltet, und klare Vorstellungsbilder zu den jeweiligen Marken können aufgebaut werden. Mental Convenience ist dabei kein Selbstzweck, sondern erhöht die Glaubwürdigkeit und Akzeptanz der Marken in der Markenarchitektur (Esch 2012, S. 393).

▶ Mental Convenience bezeichnet eine kognitive Entlastung, die affektiv positiv empfunden und erlebt wird und aus der für den Konsumenten vorteilhafte Auswirkungen auf die Informationsaufnahme und -verarbeitung resultieren (Rutenberg 2008, S. 10).

Dieser Orientierung folgt die Klassifizierung komplexer Markenarchitekturen aus wahrnehmungsbezogener Sicht nach Esch und Bräutigam (2005, S. 855; s. Abb. 10.4). Auch hier wird der Konsument als kritischer Faktor betrachtet. Komplexe Markenarchitekturen

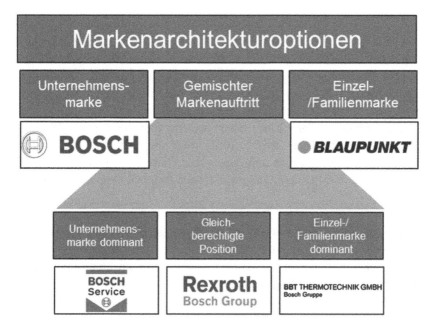

Abb. 10.4 Wirkungsbezogene Klassifikation von Markenarchitekturen. (Quelle: Esch und Bräutigam 2005, S. 855)

liegen demnach vor, wenn Produkt- und Unternehmensmarke gemeinsam auftreten, also gemischte Marken eingesetzt werden. Die drei folgenden Formen unterscheiden sich dabei nach dem Grad der Stützung bzw. Dominanz der Unternehmensmarke. Dabei kann die Unternehmensmarke (z. B. HP DeskJet) genauso wie die Produktmarke (z. B. Pringles von Procter & Gamble) dominant auftreten oder die Marken in den Augen der Kunden gleichberechtigt sein (z. B. Nestea von Nestlé) (Bräutigam 2004).

Bosch vereint sogar alle (Rein-)Formen (s. Abb. 10.4): Bei der Corporate Brand Bosch steht deren Kapitalisierung im Vordergrund (s. Abb. 10.1). Diese bezieht sich insbesondere auf allgemeine Eindrücke, wie Kompetenz, Vertrauen und Sympathie, sowie die Markenbekanntheit. Der Einsatz dieser Corporate Brand Strategie ist darüber hinaus sinnvoll, wenn die Unternehmensmarke alle Imageelemente umfasst, die auch für die Produktmarke relevant sind (Aaker und Joachimsthaler 2000, S. 34; Esch 2012, S. 513 ff.).

▶ Je größer der Grad der zu realisierenden Synergien, umso stärker tritt die Unternehmensmarke in den Vordergrund. Eine zusätzliche Marke kann die Unternehmensmarke modifizieren und/oder ergänzen, indem sie weitere Imagefaktoren hinzufügt (Esch 2012, S. 522).

Genügen diese Synergien durch allgemeine Aspekte nicht mehr, kommt die gemischte Strategie zum Tragen: Bei der Mehrfachmarkierung Bosch Services tritt die Unternehmensmarke in den Vordergrund, wodurch die Produktmarke eine Art Spezialisierung erhält ohne von den Imagewerten der Unternehmensmarke abzuweichen. Das Erreichen von Synergien ist also das übergeordnete Ziel. Ausgewogen ist das Verhältnis beider Marken bei der Rexroth Bosch-Group. Man möchte also die Balance zwischen Eigenständigkeit und Synergie halten. Schließlich tritt Bosch bei der Produktmarke Bbt. Thermotechnik untergeordnet auf. Hier werden Synergien zugunsten von Eigenständigkeit und produktmarkenspezifischen Imagewerten aufgegeben. Die Unternehmensmarke tritt also lediglich stützend, z. B. über die Vermittlung von Bekanntheit und Vertrauen, auf (Esch 2012, S. 513 ff.).

> Je geringer der Grad der zu realisierenden Synergien und je höher die Notwendigkeit zur eigenständigen Gestaltung, umso mehr übernimmt die Unternehmensmarke eine unterstützende Funktion, indem sie Kompetenz und Vertrauen auf andere Marken überträgt (Esch 2012, S. 522).

Alle Ausprägungen dieser gemischten Produkt- und Unternehmensmarken-Kombination haben gemein, dass beide Marken voneinander profitieren. Die Unternehmensmarke wird aktualisiert und wirkt kompetenter, die Produktmarke hingegen profitiert vom Bekanntheits- und Vertrauensvorsprung, den die Unternehmensmarke liefert (Esch 2012, S. 513 ff.).

Am anderen Ende des beschriebenen Kontinuums steht die Einzelmarkenstrategie, welche im Falle Bosch von Blaupunkt belegt wird. Die Unternehmensmarke findet hier keine Nennung mehr.

10.3 Die optimale Markenarchitekturgestaltung konzipieren

Im Folgenden wird auf den Prozess der Markenarchitektur-Optimierung eingegangen, der bei Restrukturierungen genauso herangezogen werden kann wie bei der Einbindung einer neuen Marke. Unilever zeigte eindrucksvoll, wie viele Marken heute tatsächlich obsolet sind und reduzierte die Zahl der eigenen Marken auf ein Viertel, von ursprünglich 1600 auf nur noch 400 (Esch 2004).

10.3.1 Systematische Analyse zur Ableitung von Identität und Positionierung nutzen

In diesem ersten Schritt gilt es ein *einheitliches Verständnis der Marke* zu erreichen. Die Frage zu klären „Was ist alles eine Marke?" ist besonders in technologieintensiven B-2-B Unternehmen ein wichtiger Ausgangspunkt (Esch und Knörle 2009, S. 226). Bei ihrer Beantwortung sollten drei Perspektiven beachtet werden. Neben der typischen strategischen Analyse bezüglich finanzieller und rechtlicher Aspekte, sollten Kunden genauso wie Mitarbeiter einbezogen werden. Beide können als Filter der strategischen Überlegungen angesehen werden. Mitarbeiter, insbesondere im intensiven Kundenkontakt wie bei Dienstleistungen, können durch ihr Verhalten die Marke stärken oder einen schlechten Eindruck erzeugen. Diese bilden also einen Berührungspunkt des Konsumenten mit der Marke. Doch auch jeder weitere Kontakt, z. B. über Produkte oder kommunikative Mittel fließt in die Wahrnehmung des Konsumenten ein und ist wichtig, um ein einheitliches Bild und damit die gewünschte Wirkung zu erzielen.

Zunächst sollte eine *Erfassung der Marken im Portfolio* erfolgen, die eine Klärung der Eigentumsverhältnisse und rechtlichen Einschränkungen mit einschließt, da diese die Restrukturierung beeinflussen können (Esch und Knörle 2009, S. 227). Auf dieser Basis kann das Augenmerk nun auf die strategische Rolle der Marke, im Sinne ihrer Identität und Positionierung gelegt werden. Das Selbstbild, aus interner Sicht, wird dabei in der Markenidentität festgelegt. Über das Identitäts-Steuerrad werden gemäß der Logik der beiden Gehirnhälften eher rationale Aspekte (Markenattribute und -nutzen) sowie eher emotionale Eindrücke (Markentonalitäten und -bild) zur Klärung der zentralen Frage „Wer bin ich" genutzt und liefern einen Soll-Zustand.

▶ Die Markenidentität bringt zum Ausdruck, wofür eine Marke stehen soll. Sie umfasst die essenziellen und wesensprägenden Merkmale der Marke (Esch 2012, S. 81).

Hieraus werden zentrale Positionierungseigenschaften abgeleitet. Im Kontakt mit den (potentiellen) Kunden stehen diese jedoch unter dem Einfluss der Umwelt, also den Kommunikationsbedingungen genauso wie den (Maßnahmen der) Wettbewerbern.

Eine Markenpositionierung zielt darauf ab, dass die Marke
• in den Augen der Zielgruppe so attraktiv ist und
• gegenüber konkurrierenden Marken so abgegrenzt wird,
dass sie gegenüber diesen Konkurrenzmarken vorgezogen wird (Esch 2012, S. 157).

Das Bild, das letztendlich alle diese Filter durchlaufen hat und bei der Anspruchsgruppe entsteht, ist das Markenimage. Die Analyse des Images muss also neben der Betrachtung der eigenen Marke auch Kundenwahrnehmung, Konkurrenzsituation und Kommunikations- sowie Marktbedingungen berücksichtigen (Esch 2012, S. 157 f.; S. 174 ff.). Diese Betrachtung darf natürlich nicht in der Gegenwart verharren. Die Tauglichkeit für die Zukunft ist ebenso wichtig. Hierbei spielen auch finanzielle Gesichtspunkte wie der potentielle Umsatz oder prognostizierte Marktanteile eine Rolle (Esch und Knörle 2009, S. 228).

Im dritten Schritt gilt es, sich von den einzelnen Marken zu lösen und das gesamte *Leistungsspektrum* zu betrachten, also welche Produkte und Services abgedeckt werden. Hier geht es demnach um das Angebot aus Kundensicht. Unilever deckt z. B. mit seinen

Margarinemarken alle erdenklichen Bedürfnisse ab. Der Konsument findet von der gesundheitsfördernden Becel, über Sanella zum Backen bis hin zur mediterranen Version mit Olivenöl von Bertolli alles, was er sich wünschen kann. Genauso ist die geographische Marktabdeckung im internationalen Kontext zu betrachten (Esch und Knörle 2009, S. 228).

Zuletzt ist die *Verankerung der Marke(n) im Unternehmen* zu analysieren, also zum einen deren Rolle im Geschäftsmodell und der Vertriebsstruktur sowie zum anderen die Verantwortlichkeiten der Markenführung. In diesem Zusammenhang ist zu klären welche Kontaktpunkte die Marke aufweist und ob diese im Einklang mit der Positionierung sind.

Checkliste – Marke erfassen und analysieren
1. Eigentumsverhältnisse
   - Welche Marken existieren im Portfolio des Unternehmens?
   - Gibt es rechtliche Einschränkungen bei der Führung der Marke?
2. Markenidentität, Markenpositionierung und strategische Rolle der Marken
   - Für welche Inhalte stehen die Marken? Wie sind diese Marken positioniert? Wer sind Kunden, zentrale Wettbewerber und Anspruchsgruppen einer Marke?
   - Wie ist die aktuelle und zukünftige Markenposition der Marke zu beurteilen? Wie hoch sind der aktuelle Umsatz und das Umsatzpotential der Marke? Welche Bedeutung hat die Marke für den Gesamtumsatz?
3. Leistungsspektrum und geographische Abdeckung der Marken
   - Welches Produkt- und Servicespektrum decken die Marken ab?
   - Wie stellt sich die geographische Abdeckung der Marken dar?
4. Verankerung der Marke im Unternehmen
   - Wie gestaltet sich die Rolle der Marke in der Vertriebsstruktur und im Geschäftsmodell? An welchen Kundenkontaktpunkten tritt die Marke auf?
   - Wie sind diese Marken organisatorisch verankert? Wer trägt für die Führung dieser Marken die Verantwortung?

10.3.2 Kundenwahrnehmung und -verhalten als kritischen Faktor der Markenportfoliogestaltung erkennen

Neben der internen Betrachtung der strategischen, finanziellen und rechtlichen Aspekte spielt die Analyse der Marke(n) von außen ebenfalls eine zentrale Rolle. Hierbei geht es um kritische Schwellen der Markenwahrnehmung und -beurteilung. Nimmt die Marke die erste Hürde und wird wahrgenommen, bedeutet dies noch nicht automatisch, dass diese positiv beurteilt und in das „Relevant Set" der Kaufentscheidung aufgenommen wird. Die letzte Schwelle stellt dann der tatsächliche Kauf dar, bei dem die finale Entscheidung für oder gegen eine Marke fällt (Freter 2008, S. 84).

Neben der Frage, ob die Marke den Konsumenten erreicht, ist auch entscheidend, welches Leistungsversprechen und Image der Kunde wahrnimmt. Die Bedürfnisse aktueller und potentieller Kunden sollten hier genauso einbezogen werden wie deren Sicht auf Wettbewerber (Esch und Knörle 2009, S. 229 f.). Hierzu ist der Einsatz von Marktforschung sinnvoll (Petromill et al. 2002, S. 23).

Checkliste Kundenwahrnehmung
- Welche Marken nehmen Kunden tatsächlich wahr? Welche Rolle spielt die Marke für den Kaufprozess?
- Welches Leistungsversprechen und Image nehmen die Kunden wahr?
- Was sind Kundenbedürfnisse bei bestehenden und potentiellen Kunden?
- Wer sind die relevanten Wettbewerber aus Kundensicht? (Esch und Knörle 2009, S. 230)

10.3.3 Markenarchitekturentscheidung treffen und Masterplan ableiten

Ziel dieses Schritts ist ein Masterplan für die Erstellung oder Restrukturierung der Markenarchitektur, also die Überleitung der Ist- in die Soll-Struktur. Hierbei werden alle gewonnenen in- und externen Informationen gebündelt und ausgewertet.

Gemäß der Logik der Fragen der vorangegangenen beiden Kapitel kann ein Entscheidungsbaum zur Wahl der Brandingoption eingesetzt werden. Stufenweise wird hier die Entscheidung eingegrenzt und herbeigeführt (s. Abb. 10.5). Dieses System kann z. B. auch genutzt werden, wenn neue Marken in die bestehende Markenarchitektur eingegliedert werden.

Als weiteres Werkzeug, um eine Markenarchitekturentscheidung zu treffen, ist die Szenarioanalyse geeignet. Sie kann eine inhaltliche sowie eine finanzielle Perspektive einnehmen. Im zweiten Fall kommt die Discounted Cashflow-Methode zum Einsatz und erlaubt Prognosen über Kostenstrukturen (z. B. Einsparungen in Marketingprozessen, Personal- und Mediakosten) und Umsatzentwicklungen (z. B. Markeninvestitionen) (Esch und Knörle 2009, S. 230).

Konnte das *Markenarchitekturkonzept* mit diesen Mitteln festgelegt werden, ist ein *Masterplan* zu erstellen, um die gewünschte Zielstruktur zu erreichen. Die Umsetzung dieser ist besonders erfolgskritisch, da nur mit ihr die Veränderung nach außen und damit in die Wahrnehmung der Anspruchsgruppen rücken kann (Bauer et al. 2003, S. 6; Voeth und Wagemann 2004, S. 1089).

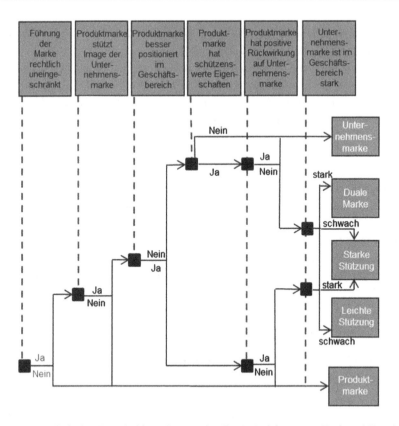

Abb. 10.5 Exemplarischer Entscheidungsbaum. (Quelle: In Anlehnung an Esch und Knörle 2009, S. 231)

Im ersten Schritt sollte für jede involvierte Marke eine Migrationsstrategie beschlossen werden. Hierbei steht die zeitliche Komponente der Veränderung im Vordergrund. Restrukturierungsmaßnahmen, wie der Wechsel des Namens, können ohne zeitliche Verzögerung oder schrittweise erfolgen. Der erste Fall findet Einsatz, wenn eine bestehende schwache Marke mit geringem Potential durch eine neue oder stärkere Marke ersetzt wird (Kapferer 1992, S. 257, 2001, S. 380 f.; Liedtke 1994, S. 805; Riezebos et al. 2003, S. 205). Dem Vorteil, dass es zu keiner Überlagerung zwischen Gedächtnisinhalten von neuer und alter Marke kommt (Esch und Langner 2005, S. 576), steht der Nachteil eines möglichen Widerstandes bei den Mitarbeitern und Verwirrung bei den Kunden gegenüber. Besonders wichtig bei einer abrupten Umstellung ist eine gründliche Vorbereitung dieser, damit die neue Marke über alle Marketing-Mix-Instrumente hinweg ganzheitlich wirken kann (Esch und Knörle 2009, S. 232). Hapag-Lloyd wählte diesen Ansatz bei der Umstellung des Logos (s. Abb. 10.6).

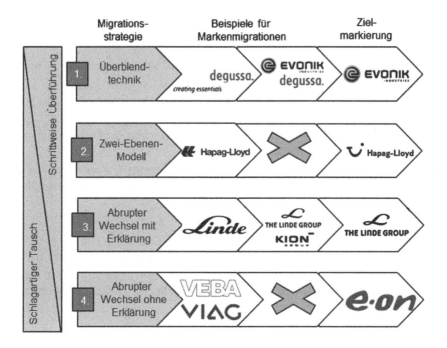

Abb. 10.6 Markenmigrationsstrategien. (Quelle: Esch und Knörle 2009, S. 232)

Der Einsatz einer zeitlichen Verzögerung streckt die Umstellung über mehrere Jahre, in denen die Marken parallel verwendet werden. Diese Art der Umstellung soll Verwirrung beim Konsumenten verhindern und damit ein geringeres Risiko für die Marke bergen. Ein Beispiel für diesen Weg ist die Umstellung von Degussa zur Zielmarkierung Evonik (s. Abb. 10.6).

Der Masterplan umfasst die Bereiche Strategie, Struktur, Verhalten und Prozesse. Damit die Maßnahmen zu deren Zielerreichung stetig und aufeinander abgestimmt ablaufen, kann eine Roadmap, z. B. in Form eines kurz- bis mittelfristigen 100-Tage-Plans, eingesetzt werden. Mögliche Inhalte sind Kommunikationsprojekte, Neuausrichtungen von Budgets, Planungsoptimierung bis hin zu Personalabbau, aber auch Umstrukturierungen zum Erreichen von Gruppensynergien (Esch und Knörle 2009, S. 233).

Zuletzt muss ein *Migrationsbudget* für die Erreichung der Soll-Markenarchitektur festgelegt werden. Abhängig ist dieses von der Migrationsstrategie, dem zeitlichen Rahmen, den finanziellen Mitteln und dem Commitment der involvierten Mitarbeiter (Esch und Knörle 2009, S. 233).

Für die interne und externe Umstellung sollten insbesondere die folgenden Kosten berücksichtigt werden:

Checkliste Umstellungskosten
- externe Berater und Agenturen, die in Marktforschung, Analyse und Entwicklung der Markenarchitektur einbezogen werden,
- externe Agenturen, die das Corporate Design und unternehmensspezifische Bildwelten umsetzen,
- mit der Einführung verbundene Events und Kommunikationskampagnen in Fach- und Publikumsmedien,
- Umstellungskosten im Rahmen des Change Managements, je nach Umfang der organisatorischen und kommunikativen Änderungen (Esch und Knörle 2009, S. 233).

Die Kosten einer Umstellung schwanken zwischen Unternehmen sehr stark. BASF investierte z. B. rund 7 Mio. €, während die Neueinführung von Evonik 30 Mio. € benötigte (Esch und Knörle 2009, S. 224; Schubert und Gründwald 2007, S. 222;). Allgemein kann man jedoch festhalten:

▶ Je schneller die Migration, je geringer die Markenbekanntheit und je weniger ausgeprägt das Image neuer Marken in der Zielstruktur ist, desto teurer wird […] ein Projekt (Esch und Knörle 2009, S. 234).

Deutlich wird hierbei insbesondere, dass Kosten, z. B. über die Migrationsdauer, gesteuert werden können. Bei dieser Betrachtung sind neben Kosten jedoch auch positive finanzielle Effekte durch die Markenkonsolidierung nicht zu vernachlässigen. Heidelberger Druckmaschinen gelang es z. B. über die Einführung einer Dachmarke das Marketingbudget um 71 % zu kürzen (Langner und Esch 2003):

▶ Je besser alle Branding-Elemente aufeinander abgestimmt sind, desto schneller gelingt der Aufbau einer neuen Markenarchitektur und desto weniger muss in die Markenkommunikation investiert werden (Esch und Knörle 2009, S. 234; Langner und Esch 2003).

Checkliste Masterplan Markenrestrukturierung
- Welcher zeitliche Rahmen ist für die Markenmigrationsstrategien vorgesehen?
- Ist die Umsetzung des Masterplans in einer konkreten Roadmap festgelegt?
- Mit welchen Investitionen für die Markenmigration muss gerechnet werden? (Esch und Knörle 2009, S. 231)

10.4 Markenarchitektur verankern

Das bisher beschriebene Vorgehen bietet eine Basis, um sicherzustellen, dass die Soll-Struktur nicht an Umsetzungsbarrieren scheitert, sondern wirksam und nachhaltig implementiert werden kann (Esch und Knörle 2009, S. 234). Ein besonderes Augenmerk ist nun auf die Verankerung in der Unternehmensorganisation und der Kommunikation zu legen.

10.4.1 Verankerung der Markenarchitektur in der Kommunikation sichern

In der Kommunikation gilt es jeden Berührungspunkt marken- und anspruchsgruppenspezifisch zu gestalten. Im Sinne der Orientierung an der Anspruchsgruppe muss also berücksichtigt werden, dass verschiedene Anspruchsgruppen unterschiedliche Kontaktpunkte mit den Marken einer Markenarchitektur haben: Kunden nehmen meist die Produktmarke als relevant wahr, da sie mit dieser in direktem Kontakt stehen. Das Interesse von Lieferanten hingegen schließt auch die Corporate Brand mit ein. Letztendlich ist die Corporate Brand im Fokus der breiten Öffentlichkeit, also z. B. für Aktionäre oder Medien die Marke von Interesse (s. Abb. 10.7).

Es gilt also Regeln festzulegen, an welchem Kontaktpunkt welche Marke relevant ist (Langner und Esch 2006, S. 124). Hier sollte auch die konkrete Umsetzung im Rahmen dieses Kontaktes spezifiziert werden. Dabei geht es um folgende Umsetzungselemente:

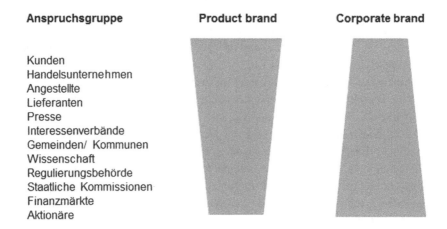

Abb. 10.7 Bedeutung von Unternehmensmarke und Produktmarke für unterschiedliche Anspruchsgruppen. (Quelle: Esch 2012, S. 506 in Anlehnung an Kapferer 2004, S. 326; Esch und Bräutigam 2001, S. 28)

Checkliste Umsetzungselemente
- Relevante Eigenschaften sind den Marken zuzuordnen (z. B. kann die Unternehmensmarke Qualität repräsentieren und die Produktmarke Emotion zum Ausdruck bringen, wie z. B. im Fall von VW und Seat).
- Der Name der Produktmarke kann mit oder ohne Bezug auf eine Unternehmensmarke gestaltet sein (z. B. findet man beim Schokorigel „Mars" einen besonders starken Verweis auf die Unternehmensmarke, welcher jedoch bei der Produktmarke Pedigree vermieden wird).
- Spezifische Bildwelten sind je nach Nähe von Produkt und Unternehmensmarke zu gestalten (z. B. lassen sich die Bildwelten der Unternehmensmarke BMW auf alle Subbrands (3er, 5er usw.) übertragen).
- Form- und Farbcode sind markenspezifisch einzusetzen, um ein schnelles Erkennen zu sichern (Langner und Esch 2006, S. 124) (z. B. erkennt man Nivea Produkte schnell über die blaue Färbung).

Bisher wurde das Zusammenspiel von Produkt- und Unternehmensmarke betrachtet, nun soll ein Augenmerk auf das *Verhältnis zwischen Produktmarken* gelegt werden. Beziehen sich die Marken auf den gleichen Markt, spricht man in diesem Zusammenhang von einer Mehrmarkenstrategie. Die verschiedenen Produktmarken unterscheiden sich hierbei inhaltlich und formal, also in ihrem Leistungsschwerpunkt genauso wie in ihrer Gestaltung. Ansatzpunkte für die Differenzierung sind hierbei Regionen (z. B. setzt Unilever Surf in der Schweiz und Kuner in Österreich ein), Distributionskanäle (L'Oréal vertreibt Kosmetik unter der Marke Vichy in Apotheken und unter Maybellin Jade im Einzelhandel), Bedürfnisse (z. B. die Margarinemarken von Unilever) sowie Preise (z. B. Sektmarken der Oetker-Gruppe) (Esch 2012, S. 474 f.).

Das Prinzip der Differenzierung nach dem Preis liegt auch dem Führen von Handelsmarken (Off-Brands) neben den Herstellermarken (On-Brands) zu Grunde. So ist ja! eine Handelsmarke der REWE Group, die das untere Preissegment abdecken soll. Handelsmarken sind jedoch heute nicht mehr in an dieses Schema gebunden. Daneben wurden im mittleren Preissegment die Handelsmarken REWE und REWE Bio eingeführt und im oberen Preissegment die Marke REWE Feine Welt.

Auch Tork zog bei seiner Restrukturierung den Preis als Kriterium heran. Unter einer unveränderten Dachmarke wurden die Subbrands nach drei Qualitätsstufen eingeteilt. Diese Unterscheidung zwischen Universal, Advanced und Premium findet sich auch in der Verpackungsgestaltung wieder.

10.4.2 Verankerung der Markenarchitektur in der Organisationsstruktur und durch Mitarbeiter sicherstellen

Verantwortlichkeiten und die Abstimmung zwischen den Mitarbeitern bzw. den Marken sind hier unverzichtbar. Abstimmungs- und Koordinationsprobleme sollten definiert und idealerweise in der Stellenbeschreibung integriert sein. Austausch zwischen den Marken bezieht sich hierbei insbesondere auf das Analysieren von Synergien und das Festlegen der Rollen der Marken im Portfolio (Esch und Knörle 2009, S. 234). Abstimmung kann im Rahmen von regelmäßigen Brand Councils erfolgen. Insgesamt soll auf diesem Wege eine Abkapselung der Marken voneinander verhindert werden (Esch und Knörle 2009, S. 234).

Vollhardt (2007) konnte den enormen *Einfluss eines umfassenden Portfoliomanagements* nachweisen. Seine Untersuchungen ergaben, dass gegenüber dem Einsatz eines schwachen Markenportfoliomanagements eine um 60 % höhere Effektivität und 18 % höhere Profitabilität erreicht werden kann. Formalisierung, Partizipation des Top Managements, Ressourcenzugang, Ressourcenkomplementarität, abteilungsübergreifende Zusammenarbeit und Teamspirit sind dabei signifikante Einflussfaktoren auf die Effektivität des Markenportfolios und somit Treiber von Markenerfolg und letztendlich von Profitabilität. Die Relevanz dieser Erfolgsfaktoren schwankt jedoch je nach Gestaltung des Markenportfolios: Für eine Organisation in Form eines House of Brands sind insbesondere die Top Management Partizipation und die Ressourcenkomplementarität erfolgskritisch, im Branded House hingegen die abteilungsübergreifende Zusammenarbeit sowie der Teamspirit. Formalisierung, also die Festlegung von Abläufen und Erstellung von Richtlinien sowie Stellenbeschreibungen stellt einen allgemein gültigen erfolgskritischen Faktor dar.

Neben einer Abstimmung zwischen Marken und Mitarbeitern auf hoher bzw. strategischer Ebene sind Mitarbeiter im direkten Kundenkontakt besonders wichtig, um die Marke(n) nach außen zu tragen. Haben diese ein klares Bild der Markenstrukturen und können dieses einfach darlegen, ist es möglich dem Kunden ökonomische und emotionale Nutzen zu vermitteln (Esch und Knörle 2009, S. 239). Im Idealfall ist die Stellung der Marke bereits in das Verhalten der Mitarbeiter übergegangen. Beispielsweise nutzen Servicemitarbeiter von Qualitätsanbietern häufig Überziehschuhe, wenn sie die Wohnung eines Kunden betreten.

10.5 Komplexitätsreduktion als Wettbewerbsvorteil nutzen

Nachdem die Strategie gewählt und die Umsetzung ausgeführt ist, endet der Prozess der Markenarchitektur Gestaltung jedoch nicht. Nur durch eine dynamische Sicht kann die Restrukturierung ihre volle Wirkung entfalten und auch in Zukunft das Markenpotential ausgenutzt werden (Esch und Knörle 2009, S. 240). Ist diese Verankerung gewährleistet, kann eine klare Struktur sogar als Wettbewerbsvorteil fungieren. Einfache Strukturen erleichtern die Entscheidung des Konsumenten. Komplexität und eine hoher Zeitaufwand um Strukturen zu durchdringen, wird hingegen gemieden. Genauso positiv ist eine klare Struktur für die Mitarbeiter. Sie kennen so zum einen eindeutig ihren Platz im Unternehmen/der Markenarchitektur und können diesen zum anderen in wenigen Sätzen dem Kunden näherbringen und so wertvolle Überzeugungsarbeit leisten (Esch und Knörle 2009, S. 240).

Entscheidend ist also nicht allein die Tiefe und Breite der Markenarchitektur. Die Komplexität kann gezielt über eine klare Strukturierung reduziert werden (Esch et al. 2004, S. 761). In Anbetracht der sich zuspitzenden Rahmenbedingungen wird diese Orientierungshilfe für den Konsumenten immer wichtiger. Einfachheit und Klarheit sind bereits heute für viele Marken ein Schlüsselmerkmal geworden. So wirbt der Mobilfunkanbieter simyo z. B. mit „Weil einfach einfach einfach ist" und bietet einen 9-Cent Tarif, der auf Zusätze wie Vertragslaufzeit, Mindestumsatz und Grundgebühr verzichtet. Der Konsument kann seine Entscheidung und damit seine Kosten dadurch sehr gut überblicken. Ein Verzicht auf zu viele, zu ähnliche und unklare Tarife verhindert Konsumentenverwirrtheit. Dieser Einheitstarif entspricht darüber hinaus auch dem Wunsch nach Bequemlichkeit und kann deswegen als „mentally convenient" eingestuft werden. Viele andere Anbieter zwingen ihren Kunden durch einen Tarif-Dschungel komplexe Entscheidungen auf, welche zum Einsatz von Reduktionsstrategie, suboptimalen Kaufentscheidungen und schließlich Unzufriedenheit führen (Spomer 2013).

Zusammenfassend gilt es also für jedes Unternehmen individuell, die Balance der eigenen Marken zwischen Synergie und Eigenständigkeit zu finden. Eine „mentally conveniente" Struktur wird dabei in Zukunft noch an Bedeutung gewinnen, da unsere Umwelt stetig an Komplexität und Dynamik gewinnt.

Literatur

Aaker, D. A. (2004). *Brand portfolio strategy*. New York: The Free Press.
Aaker, D. A., & Joachimsthaler, E. (2000). *Brand leadership*. New York: The Free Press.
Bauer, H. H., Mäder, R., & Valtin, A. (2003). Auswirkungen des Markennamenswechsels auf den Markenwert. Wissenschaftliche Arbeitspapiere Nr. W70 des Instituts für Marktorientierte Unternehmensführung, Universität Mannheim.
Becker, J. (2005). Einzel-, Familien- und Dachmarken als grundlegende Handlungsoptionen. In F.-R. Esch (Hrsg.), *Moderne Markenführung* (S. 381–402). Wiesbaden: Gabler.
Bräutigam, S. (2004). *Management von Markenarchitekturen – Ein verhaltenswissenschaftliches Modell zur Analyse und Gestaltung von Markenportfolios*. Dissertation am Lehrstuhl für Marketing an der Justus-Liebig-Universität, Gießen.
Deutsches Patent- und Markenamt. (2013). Jahresbericht 2012. http://www.dpma.de/docs/service/veroeffentlichungen/jahresberichte/dpma_jahresbericht2012_barrierefrei.pdf. Zugegriffen: 22. Aug. 2013.
Domizlaff, H. (2005). *Die Gewinnung des öffentlichen Vertrauens: Ein Lehrbuch der Markentechnik*. Hamburg: Verlag Marketing Journal.
Esch, F.-R. (2004). Die Positionierung der Marke. *Frankfurter Allgemeine Zeitung, 297*, 22.
Esch, F.-R.; Langner, T. (2005). Branding als Grundlage zum Markenaufbau. In Moderne Markenführung (S. 573–586). Wiesbaden: Gabler.
Esch, F.-R. (2012). *Strategie und Technik der Markenführung*. München: Vahlen.
Esch, F.-R., & Bräutigam, S. (2001). Corporate brands vs. product brands? Zum Management von Markenarchitekturen. *Thexis, 18*(4), 27–35.
Esch, F.-R., & Bräutigam, S. (2005). Analyse und Gestaltung komplexer Markenarchitekturen. In F.-R. Esch (Hrsg.), *Moderne Markenführung* (S. 839–861). Wiesbaden: Gabler.

Esch, F.-R., & Knörle, C. (2009). Markenarchitekturstrategien in B-to-B-Märkten erfolgreich konzipieren und umsetzen. In C. Baumgarth (Hrsg.), *B-to-B-Markenführung: Grundlagen – Konzepte – Best Practice* (S. 219–241). Wiesbaden: Gabler.

Esch, F.-R., Bräutigam, S., Möll, T., & Nentwich, E. (2004). Gestaltung komplexer Markenarchitekturen. In M. Bruhn (Hrsg.), *Handbuch Markenführung* (S. 747–769). Wiesbaden: Gabler.

Freter, H. (2008). *Markt- und Kundensegmentierung*. Stuttgart: Kohlhammer.

Joachimsthaler, E., & Pfeiffer, M. (2004). Strategie und Architektur von Markenportfolios. In M. Bruhn (Hrsg.), *Handbuch Markenführung* (S. 723–746). Wiesbaden: Gabler.

Kapferer, J.-N. (1992). *Die Marke*. Landsberg: Mi Wirtschaftsbuch.

Kapferer, J.-N. (2001). *Les Marques, Capital de l'entreprise*. Paris: Eyrolles.

Kapferer, J.-N. (2012). *The new strategic brand management: Creating and sustaining brand equity long term*. London: Kogan Page.

Keller, K. L. (2013). *Strategic brand management – building, measuring, and managing brand equity*. Harlow: Pearson.

Laforet, S., & Saunders, J. (1999). Managing brand portfolios: Why leaders do what they do. *Journal of Advertising Research, 39*(1), 51–66.

Langner, T., & Esch, F.-R. (2003). In sechs Schritten zum erfolgreichen Branding. *Absatzwirtschaft, 46*(7), 48–51.

Langner, T., & Esch, F.-R. (2006). Corporate Branding auf Handlungsoptionen abstimmen. In F.-R. Esch, T. Tomczak, J. Kernstock, & T. Langner (Hrsg.), *Corporate Brand Management* (S. 101–128). Wiesbaden: Gabler.

Liedtke, A. (1994). Der Wechsel des Markennamens. In M. Bruhn (Hrsg.), *Handbuch Markenartikel* (S. 791–811). Stuttgart: Kohlhammer.

Petromilli, M., Morrison, D., & Million, M. (2002). Brand architecture. *Strategy & Leadership, 30*(5), 22–28.

Riezebos, R.; Kist, B., & Kootstra, G. (2003). *Brand management*. Harlow: Pearson.

Rutenberg, J. (2008). *Der Einfluss der Informationsqualität und -menge auf die Mental Convenience in Kaufentscheidungen*. Hamburg: Kovač.

Schubert, C., & Grünewald, T. (2007). Unternehmensbranding. In P. Szyszka & U.-M. Dürig (Hrsg.), *Strategische Kommunikationsplanung* (S. 103–114). Konstanz: UVK.

Spomer, O. (2013). *Mental Convenience bei Produktlinien: Kognitiv entlastende Gestaltung der Informationen auf Produktverpackungen*. Wiesbaden: Gabler.

Voeth, M., & Wagemann, D. (2004). Internationale Markenführung. In M. Bruhn (Hrsg.), *Handbuch Markenführung* (S. 1071–1089). Wiesbaden: Gabler.

Vollhardt, K. (2007). *Management von Markenportfolios: Gestaltung und Erfolgswirkung aus Unternehmenssicht*. Wiesbaden: Deutscher Universitätsverlag.

Prof. Dr. Franz-Rudolf Esch ist Professor für Markenmanagement und Automotive Marketing an der EBS Universität für Wirtschaft und Recht, Oestrich-Winkel, und Direktor des Instituts für Marken- und Kommunikationsforschung (IMK). Davor lehrte er in Saarbrücken, Trier, St. Gallen, Innsbruck und Gießen. Weiterhin ist er Gründer und wissenschaftlicher Beirat von ESCH. The Brand Consultants, Saarlouis. Seine Forschungsschwerpunkte liegen in den Bereichen Markenmanagement, Kommunikationsforschung und Konsumentenforschung.

Sabrina Eichenauer, M.A., ist wissenschaftliche Mitarbeiterin am Institut für Marken- und Kommunikationsforschung (IMK) sowie Doktorandin am Lehrstuhl für Markenmanagement und Automobilmarketing an der EBS Universität für Wirtschaft und Recht, Oestrich-Winkel. Sie studierte Betriebswirtschaftslehre mit dem Schwerpunkt Marketing an der Justus-Liebig-Universität in Gießen.

Dr. Christian Knörle war Mitarbeiter in der Strategieentwicklung im Bereich Global Trucks Strategy & Multi-Brand Management der Daimler AG, Stuttgart. Zuvor war er als Senior Consultant bei ESCH. The Brand Consultants tätig, Saarlouis, und verantwortete dort Projekte in den Branchen Automotive, Aviation, Media, FMCG/Retail und Financial Services.

Multi-Marken-Systeme führen

11

Franz-Rudolf Esch und Simone Roth

Zusammenfassung

Viele Unternehmen führen eine Vielzahl von Marken. Zum Teil agieren dabei mehrere eigene Marken im gleichen Produktbereich. Solche Multi-Marken-Systeme sind in der Praxis weit verbreitet. Für Unternehmen wie Henkel oder Procter & Gamble ist es ein wichtiger Erfolgsfaktor, gleichzeitig mit mehrere Marken in einem Produktbereich im Markt aktiv zu sein. Dies birgt große Chancen, die gerade auch im Rahmen des Corporate Branding genutzt werden können. Dennoch bestehen auch Grenzen dieser strategischen Ausrichtung. Die Potentiale und Restriktionen von Multi-Marken-Systemen werden im folgenden Kapitel analysiert. Weiter werden Ausgestaltungsoptionen für den Einsatz solcher Systeme im Rahmen des Corporate Branding abgeleitet. Zudem wird eine Vorgehensweise aufgezeigt, mit der Multi-Marken-Systeme analysiert und Empfehlungen zur zukünftigen Gestaltung abgeleitet werden können.

11.1 Multi-Marken-Systeme für den Unternehmenserfolg nutzen

In den Portfolios umsatzstarker Unternehmen findet sich heute eine Vielzahl von Marken. Diese bedienen nicht nur unterschiedliche Märkte wie Calvin Klein Kleidung und Calvin Klein Parfum. Vielmehr werden von den Unternehmen mehrere Marken in ein und dem-

---

F.-R. Esch (✉)
EBS Universität für Wirtschaft und Recht, Oestrich-Winkel, Deutschland
E-Mail: Franz-Rudolf.Esch@ebs.edu

S. Roth
Brand Academy, Hamburg, Deutschland
E-Mail: simone.roth@brand-acad.com

© Springer Fachmedien Wiesbaden 2014
F.-R. Esch et al. (Hrsg.), *Corporate Brand Management*,
DOI 10.1007/978-3-8349-3862-6_11

selben Produktbereich angeboten. Diese Mehrmarken- oder *Multi-Branding-Strategie* (Murray 1996, S. 295) ist in der Praxis weit verbreitet. Unternehmen wie Henkel oder Procter & Gamble leben davon, unterschiedliche Marken in einem Produktbereich anzubieten. Beispielsweise dominieren Henkels Waschmittelmarken Persil, Weißer Riese und Spee den Markt für Universalwaschmittel. Dazu bietet Henkel noch Feinwaschmittel (Perwoll), Weichspüler (Vernel) und Spezialwaschmittel (Sil gegen Fleckenentfernung, dato gegen Gilb in Gardinen) etc. an. Beste Beispiele für eine Multi-Marken-Strategie finden sich auch in der Schokoladenindustrie. Der US-amerikanische Nahrungsmittelkonzern Mars Inc. hat im Schokoladenbereich eine Bandbreite unterschiedlicher Marken von Mars über Milky Way, Dove, Snickers und M&Ms bis hin zu Bounty positioniert. Mit dieser Multi-Marken-Strategie hat es Mars Inc. zum weltweit größten Schokoladenhersteller (33 Mrd. US-Dollar Nettoumsatz) gebracht (Mars 2012). Ebenso sieht dies in anderen Bereichen der Konsumgüter oder im Industriegüterbereich aus. Die konsequente Mehrmarkenstrategie des Volkswagenkonzerns mit Marken wie Bentley, Bugatti, Lamborghini und Audi ergänzt um VW, Seat und Skoda belegt dies ebenso wie die Marken Glasurit und R-M, die als Lacke von BASF angeboten werden.

Unternehmen haben in den vergangenen Jahren auf eine Mehrmarkenstrategie zurückgegriffen, um aus sich heraus in Märkten zu wachsen (Esch 2012; Kapferer 2012). Daneben haben Unternehmensfusionen und -akquisitionen zu zusätzlichen Marken in den Markenportfolios geführt, die auf einen Produktbereich ausgerichtet sind. Ein Experte auf diesem Gebiet ist der niederländisch-britische Konsumgüterriese Unilever. Neben seinem größten Bereich der Nahrungsmittelsparte ist er auch im Geschäft für Haushaltsreiniger/ Waschmittel und Körperpflege aktiv. Eine beeindruckende Bilanz von 453 Unternehmensaufkäufen und 281 Unternehmensverkäufen wies Unilever seit Mitte der 80er-Jahre bis Ende der 90er auf (Sachs 2002, S. 12). Doch damit war es noch lange nicht genug. Die Kauf und Verkaufslust von Unilever setzt sich in den vergangenen Jahren fort, Akquisitionen gehören weiter zu der konsequenten Wachstumsstrategie des Konzerns. Bestes Beispiel ist der Körperpflegebereich, den Unilever in den letzten Jahren weiter fokussiert stärkte, sei es durch den Kauf des US-amerikanischen Konkurrenten Sara Lee und den Körperpflegemarken Duschdas und badedas (2011, rund 1,3 Mrd. $) oder die Übernahme der Haarpflege-Marken Tigi und Toni & Guy (2009, US-$ 411 Mio.). Gerade deswegen verfügt das Unternehmen über viele Marken in einem Produktbereich und hat große Erfahrung in der Führung von Multi-Marken-Systemen. Ein Gegenentwurf zum Thema Multi-Marken-Systemen ist Google. Wesentliche Unternehmenszukäufe wurden unter die globale Marke Google integriert, z. B. ging das Online Werbenetzwerk DoubleClick Inc. nach dem Kauf in Google Adwords auf.

Zweifelsohne eröffnet der Einsatz von mehreren Marken in einem Segment für Unternehmen große Potentiale, die gerade auch im Rahmen des Corporate Branding genutzt werden können. Dennoch sind einer solchen Strategie Grenzen gesetzt. Diese Potentiale und Restriktionen werden nachfolgend analysiert und Ausgestaltungsoptionen für den Einsatz von Multi-Marken-Systemen im Rahmen des Corporate Branding abgeleitet. Schließlich wird ein Raster entwickelt, mit dessen Hilfe Multi-Marken analysiert und Empfehlungen zur zukünftigen Gestaltung abgeleitet werden können.

11.2 Potentiale und Restriktionen von Multi-Marken-Systemen erkennen

Unter einer Mehrmarken – oder neudeutsch Multi-Marken-Strategie – versteht man das *Angebot mehrerer Marken in ein und demselben Produktbereich* (Murray 1996, S. 295). Kennzeichnend für eine Multi-Marken-Strategie ist, dass die Marken zwar auf den gleichen Markt ausgerichtet sind, sich aber durch sachlich-funktionale oder durch emotionale Eigenschaften voneinander unterscheiden und dementsprechend auch getrennt im Markt auftreten. Manchmal zeigt sich dies auch in der internen Unternehmensstruktur, wenn solche Marken organisatorisch getrennt voneinander geführt werden (Esch 2012, S. 472; in enger Anlehnung an Meffert und Perrey 2005b, S. 217). Durch mehrere Marken in einem Produkt-Segment eröffnen sich vielschichtige Potentiale, um den Markenwert des Gesamtportfolios eines Unternehmens zu erhöhen (Meffert und Perrey 2005a). Doch nicht immer ist eine Multi-Marken-Strategie erfolgreich. Beschränkt wird der Einsatz durch die Erfordernisse des Marktes, die Bedürfnisse und Wünsche der Zielgruppen, durch die Tragfähigkeit der Marken selbst und durch Rahmenbedingungen innerhalb des Unternehmens. Für Unternehmen gilt es daher, neben den Potentialen ebenso die Restriktionen für die Führung von Multi-Marken-Systemen zu erkennen.

Potentiale von Multi-Marken-Systemen Die Multi-Marken-Strategie bietet besonders auf gesättigten Märkten die Möglichkeit, sich auf eine segmentierte Nachfrage einzustellen (Kapferer 2012; Murray 1996, S. 295 f.). Die Marken können sehr unterschiedliche Positionierungen aufweisen und zielgerichtet die mehr und mehr heterogenen *Bedürfnisse und Wünsche der Zielgruppen* ansprechen (Aaker und Joachimsthaler 2000a, S. 107; Laforet und Saunders 1999, S. 60 und 63). Eine Marke alleine kann nicht mehrere Qualitäten gleichzeitig vermitteln, ohne möglicherweise die Identität zu verwässern (Kapferer 2012). Eine solch spitze Positionierung ermöglicht zudem auch, die Marken auf unterschiedliche Benefits der Produkte zu fokussieren (Aaker und Joachimsthaler 2000a, S. 107; Laforet und Saunders 1999, S. 60 und 63), und zu signalisieren, dass ein *Angebot neu ist* (Aaker und Joachimsthaler 2000a, S. 104 und 108). So hat beispielsweise Henkel die Marke Syoss zur Markierung einer neuen Profi-Haarpflege-Serie mit Friseurqualität im Einzelhandel für den kleinen Geldbeutel (Launch im Jahr 2009) genutzt. Syoss wurde als eigenständige Marke und nicht unter das Dach der Marke Schwarzkopf positioniert. Das Ergebnis war eine klare und eigenständige Markenpositionierung. Diese von Friseuren mitentwickelte Profi-Haarpflege-Serie hatte aber nie den Anspruch, das Fach-Know-how und die Beratungsleistung eines Friseurs zu ersetzen – damit wurden Kannibalisierungseffekte mit salonexklusiven Produkten reduziert. Das Resultat dieser gezielten Positionierung ist eine der erfolgreichsten Marken-Einführung der letzten Jahrzehnte, inzwischen gehört Syoss selbst als Dachmarke in Haarpflege, Coloration und Styling zu den Top-3 Beauty Care Marken von Henkel.

Durch Multi-Marken-Systeme ist eine gezielte Positionierung und damit die Ansprache eines größeren Kundenkreises möglich, der die Marke erstmalig oder wiederholt kauft. Dies kann letztendlich zu einer höheren Bindung und Loyalität von Zielgruppen führen

(Meffert und Perrey 2005a). Im Falle von Markenwechslern wird die Chance erhöht, dass diese innerhalb der Marken des eigenen Unternehmens wechseln und nicht zur Konkurrenz abwandern (Esch 2012; Meffert und Perrey 2005a). In Marktgrößen ausgedrückt, führt der erfolgreiche Einsatz von Multi-Marken-Systemen für das Unternehmen insgesamt zu einem höheren Marktanteil, verglichen mit einer breiter angelegten einzelnen Marke (Esch 2012; Kapferer 2012; Meffert und Perrey 2005a).

Die Verwendung von mehreren Marken in einem Produktbereich *reduziert* aber auch das *Risiko des Unternehmens* bzw. weiterer Marken im Portfolio. Da jede Marke unabhängig von der anderen ist, haben Maßnahmen einer Marke keine Auswirkungen auf die anderen Marken (Kapferer 2012; Hill und Hill 2001, S. 122). Dies gilt generell für alle Maßnahmen innerhalb des Marketing-Mix. Beispielsweise wird ein geringer Preis einer Marke von den Zielgruppen nicht in Beziehung zu anderen Marken des Portfolios gesetzt (Aaker und Joachimsthaler 2000a, S. 99). Ebenso können Multi-Marken-Systeme Konflikte zwischen unterschiedlichen Vertriebswegen vermeiden (Kapferer 2012). So führt L'Oréal die Marke The Bodyshop und damit auch den Vertriebskanal völlig unabhängig, da es dem Image des „Nature's way of beautiful" abträglich wäre, wenn eine klare Verbindung zu dem Eigentümer L'Oréal vorhanden wäre. Die Risikostreuung ergibt sich aber auch noch in anderer Hinsicht: Bei einer Änderung der Bedürfnisstruktur mag die Positionierung einer Marke für die Zielgruppe nicht mehr relevant sein (Meffert und Perrey 2005a). Doch gilt dies nicht unbedingt für die Positionierung der anderen Marke.

Potentiale der Multi-Marken-Systeme können Unternehmen ebenfalls gegenüber den Konkurrenten nutzen. Durch mehrere inhaltlich fokussierte Marken in einem Produktbereich werden *Konkurrenten vom Markt abgeschottet* oder es wird die *Ausdehnung der Konkurrenten* am Markt beschränkt (Kapferer 2012). Dies belegt das Beispiel Danone. Mit unterschiedlichen Markenangeboten wie Actimel, Activia, Fruchtzwerge und z. B. Dany Sahne im Joghurtmarkt hat Danone eine hohe Eintrittsbarriere für Konkurrenten errichtet.

Letztlich kann auch das *Unternehmen intern* Potentiale realisieren. Durch neue Produktionstechniken können die Kosten für die Produktvariationen reduziert werden (Murray 1996, S. 296). Die Differenzierung wird auf die letztmögliche Produktionsstufe gelegt (Kapferer 2012). Dies zeigt das Beispiel der Volkswagengruppe, die Autos aus dem VW Markenportfolio ebenso umfasst wie Seat. Durch die Verwendung gleicher Plattformen bspw. zwischen dem Kleinwagen VW Lupo und Seat Arosa und durch Synergien im Bereich der Forschung und Entwicklung können Potentiale realisiert werden (Esch und Knörle 2010). Ein weiterer interner Vorteil ist die Zunahme des Wettbewerbs zwischen den zuständigen Bereichen, der zu einer Rendite- und Ertragssteigerung führen kann (Meffert und Perrey 2005a).

Zu den internen Potentialen gehören auch *internationale Synergien*. Gelingt es, eine Marke international erfolgreich am Markt zu verwenden, können enorme finanzielle Potentiale gehoben werden. Beispielsweise in der Kommunikation: Ein TV-Spot wird eben nur einmal entwickelt, geshootet und in mehreren Ländern on Air gegeben, wobei im Idealfall nur die Sprache adaptiert werden muss. Das gilt für alle Elemente des Marketing Mix.

▶ Die Potentiale einer Multi-Marken-Strategie sind vielfältiger Natur und bieten dem Unternehmen die Möglichkeit, trotz Sättigung eines Marktes, Wachstum zu erzielen.

Restriktionen einer Multi-Marken-Strategie Eine Multi-Marken-Strategie macht langfristig nur Sinn, wenn jede Marke ihr eigenes Konsumentensegment anspricht (Kapferer 2012). Gelingt dies nicht, werden Konsumenten, die bereits eine Marke des Unternehmens gekauft haben, bspw. bei einer Neueinführung in dem gleichen Produktbereich zu der neu eingeführte Marke wechseln (Mason und Milne 1994, S. 168; Murray 1996, S. 296). Diese *Kannibalisierung* wird besonders gefördert, wenn die Marken zu viele Gemeinsamkeiten haben oder die Unterschiede nicht wahrnehmbar kommuniziert werden (Kapferer 2012; Aaker und Joachimsthaler 2000a, S. 98). Negative Effekte können insbesondere bei unterschiedlicher Preisgestaltung resultieren: Ohne wahrnehmbare Unterschiede kann der Käufer einer teuren Marke die billigere Alternative des gleichen Unternehmens wählen (Aaker und Joachimsthaler 2000a, S. 98). Der Marktanteil der Unternehmen wird aufgrund der Kannibalisierung dann insgesamt – trotz Neueinführung – nicht oder nur gering steigen (Kapferer 2012). Bis zu einem gewissen Grad ist allerdings für Unternehmen eine Kannibalisierung nicht vermeidbar, da Marktsegmente teilweise nahe beieinander liegen (Cravens et al. 2000, S. 382; Esch 2012). Auch ist die Multi-Marken-Strategie darauf angewiesen, dass die Marktsegmente über einen gewissen Zeitraum hinweg konstant sind. Dennoch kann eine solche Segmentierung des Marktes im Laufe der Zeit überflüssig werden.

Ebenso kann ein Markt nicht in beliebig viele Marktsegmente zerlegt werden. Der Markt darf nicht *übersegmentiert* werden, da dann die Kosten einer gezielten Ansprache der heterogenen Bedürfnisse durch das zu kleine Marktsegment wirtschaftlich nicht gerechtfertigt sind (Meffert und Perrey 2005a).

Außerdem ist das *Floprisiko* einer Produkteinführung unter einer neuen Marke deutlich größer als unter einer vorhandenen Marke. Nicht nur das Konzept der Produktneuheit muss den Nerv der Konsumenten treffen, sondern auch die Etablierung der neuen Marke muss gelingen.

Restriktionen ergeben sich auch im Hinblick auf *Synergien innerhalb des Markenportfolios* eines Unternehmens. Die neue Marke kann von der Bekanntheit oder dem Image einer bereits am Markt etablierten Marke nicht profitieren, da üblicherweise keine sichtbare Verbindung zwischen den Marken besteht (Kapferer 2012). Dies hat auch Auswirkungen auf die Bereitschaft des Handels, Marken in das Sortiment aufzunehmen. Erfolgreiche Marken werden aufgrund eines geringeren Risikos vom Handel eher in seinem Sortiment geführt als unbekannte Marken, die erst aufgebaut werden müssen (Kapferer 2012).

Im Hinblick auf die Budgetgrößen und Kosten innerhalb eines Unternehmens führt die Multi-Marken-Strategie zu einer *suboptimalen Ressourcenverwendung* (Meffert und Perrey 2005a). Eine Produktneueinführung heißt für das Unternehmen auch gleichzeitig (Ein-)Führung einer neuen Marke (Kapferer 2012). Dies zieht hohe Investitionen nach sich. Hierfür sind *notwendige Budgetgrößen* zwingend, sonst gelingt es weder, genügend

Bekanntheit für eine Marke zu schaffen noch ein klares Image aufzubauen. Ebenso bindet die Pflege mehrerer Marken in einem Segment hohe Investitionen. Da die Ressourcen beschränkt sind, können nicht alle Marken gleichermaßen gefördert werden (Kapferer 2012). Gerade hier kann es noch zu einem weiteren negativen Effekt innerhalb des Markenportfolios eines Unternehmens kommen: *Ressourcenverlagerungen weg von den Stammmarken.* Durch die Bindung von Ressourcen und dabei insb. Bindung von Kapital auf neue Marken werden oft Budgets auf Stammmarken gekürzt. Ein Beispiel war Milka. Durch eine Vielzahl von Innovationen und Markendehnungen in andere Segmente (z. B. Milka im Joghurtregal etc.), die vom Markenkern entfernt waren, wurden Investitionen gebunden, die der Stammmarke fehlten. Im Ergebnis krankten Stammprodukte wie Milkas Schokoladentafeln und das generelle Markenimage: Markenschärfe in der Positionierung ging verloren. Es war und ist ein Umdenken erforderlich, um die Marke Milka wieder zu schärfen. Generell zielt eine Multi-Marken-Strategie nicht auf die Minimierung der Kosten im Unternehmen ab. Dennoch sollte die Differenzierung an dem letzten, möglichen Punkt in der Produktionskette vorgenommen werden (Kapferer 2012).

Damit einher geht eine weitere Restriktion: *die Komplexität der Markenführung.* Sie steigt mit jeder neuen Marke, die dem Multi-Marken-System zugefügt wird. Je mehr Marken intern und extern in der Produkt- und Kommunikationsentwicklung betreut werden, desto mehr zeitliche, personelle und finanzielle Ressourcen werden auf eine Vielzahl von Marken zersplittert. So ist nicht verwunderlich, dass für Finanz-Analysten ein wichtiges Element von Bewertungen börsennotierter Unternehmen ist, wie viel Umsatz/Profit mit wie vielen Marken erwirtschaftet wird. „Je konzentrierter das Markenportfolio, desto effizienter und damit profitabler" lautet die zugrunde liegende Hypothese. Diese Bewertung erfolgt dabei unter Berücksichtigung von Marktgegebenheiten: In manchen Märkten ist eine Multi-Marken-Strategie und deren Umfang stärker ausgeprägt als in anderen Märkten.

▶ Die Durchführung einer Multi-Marken-Strategie ist mit vielen Schwierigkeiten und Restriktionen verbunden ist. Eine allein kosten-/profitgetriebene Sicht im Marketing könnte dazu führen, dass keine Multi-Marken-Strategie durchgeführt wird.

11.3 Verflechtungen zwischen Multi-Marken-Systemen und Corporate Brand identifizieren

Unternehmen, die eine Multi-Marken-Strategie verwenden, können das Zusammenspiel zwischen der Unternehmensmarke (Corporate Brand) und den Produktmarken unterschiedlich ausgestalten.

Wie wichtig für Unternehmen das Zusammenspiel zwischen der Unternehmens- und den Produktmarken ist, zeigt folgendes Beispiel: Die Philip Morris Holding, zu der neben Zigaretten auch Marken aus der Lebensmittelbranche gehören, benannte sich in Altria Group Inc. um. Ein wesentlicher Grund dafür war sicherlich das negative Image, das mit dem Zigarettengeschäft verbunden war und auf das Unternehmen übertragen wurde.

11 Multi-Marken-Systeme führen

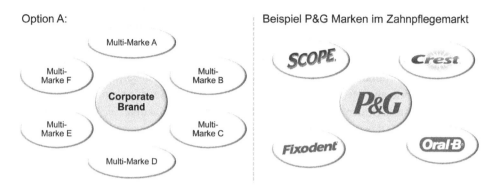

Abb. 11.1 Geringer Grad der Übereinstimmung zwischen Corporate Brand und Multi-Markensystem

Werden die definitorischen Grenzen von Multi-Marken-Systemen eng gezogen, ist eine dominante Stellung der Produktmarken im Vergleich zur Corporate Brand die Konsequenz (House of Brands) (Aaker und Joachimsthaler 2000b, S. 10). Es besteht keine Verbindung zwischen der Corporate Brand und den Produktmarken eines Produktbereichs, jedes Produkt ist mit einer eigenen Marke versehen (s. Abb. 11.1, Option A). Der Name des Unternehmens bleibt der Öffentlichkeit folglich unbekannt (Esch und Bräutigam 2001, S. 30 f.; Kapferer 2012; Tomczak et al. 2001, S. 3). Konsequent wird die Produktmarkenpolitik im Rahmen einer Multi-Marken-Strategie bei Procter & Gamble (Zahnpasten: Blendax, Blend a Med, Crest etc.) umgesetzt.

Durch die *strikte Trennung der Produkt- und Unternehmensmarke* kommen die oben beschriebenen Vor- und Nachteile einer Multi-Marken-Strategie voll zur Geltung. Neue Möglichkeiten eröffnen sich aber, wenn die Corporate Brand ebenfalls zur Markierung der Produktmarken eingesetzt wird. Dies kennzeichnet Formen des dual oder endorsed brandings (Aaker und Joachimsthaler 2000b, S. 12). In diesem Fall weist die Markierung der Multi-Marken Gemeinsamkeiten mit der Corporate Brand auf oder die Corporate Brand wird zusätzlich zur Markierung der Multi-Marken verwendet (s. Abb. 11.2, Option B).

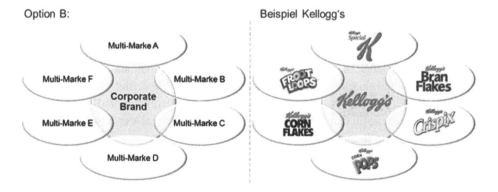

Abb. 11.2 Hoher Grad der Übereinstimmung zwischen Corporate Brand und Multi-Markensystem

Eine mögliche Folge der Unterstützung durch die Corporate Brand ist eine Steigerung der Präferenz für das markierte Produkt (Saunders und Guoqun 1997, S. 44). Allerdings hängt dieser positive Effekt bspw. von der Stärke des vorherigen kommunikativen Aufwands für die Corporate Brand oder dem Zusammenhang von der Corporate Brand mit der Produktkategorie ab (Esch und Bräutigam 2005, S. 729 f.; Saunders und Guoqun 1997, S. 45). Der Einfluss, den die Corporate Brand auf die Produktmarken hat, ist dementsprechend von Marktsegment zu Marktsegment verschieden (Saunders und Guoqun 1997, S. 42, 47). Ein Grund für diesen positiven Effekt mag die Übertragung von Imagebestandteilen der Corporate Brand auf die Produktmarken sein (Aaker und Joachimsthaler 2000a, S. 109, 111 f.).

In *Mischformen der Multi-Marken-Systeme* fallen Unternehmen wie Nestlé oder PepsiCo. Bei Nestlé enthalten manche Produktmarken (Nescafé) Teile der Corporate Brand. Deutlich schwächer ist die Verknüpfung bei der PepsiCo Inc. ausgeprägt. Zu diesem Unternehmen für Erfrischungsgetränke gehören Marken wie PepsiCola, 7up, Gatorade etc. Nur die Mehrmarke PepsiCola weist Elemente der Corporate Brand auf, die anderen nicht.

▶ Je dominanter die Corporate Brand in den Vordergrund tritt, desto mehr entfernt sich das Unternehmen von einer Produktmarkenpolitik und damit von dem Angebot mehrerer eigenständiger Marken (Multi-Marken) hin zu einer Unternehmensmarkenpolitik (Branded House).

Entscheidendes Kriterium für die strategische Einordnung ist die Rolle, welche die Marken in der Wahrnehmung der Konsumenten haben und dementsprechend in der Kaufentscheidung spielen. In dem Maße, in dem die Corporate Brand die Kauf- oder Nutzungsentscheidung prägt und nicht mehr die Einzelmarke, verlässt ein Unternehmen die Produktmarkenpolitik (Aaker und Joachimsthaler 2000a, S. 103) und damit auch die Multi-Marken-Strategie. So sind die beiden Hotelmarken Courtyard by Marriott und Fairfield Inn by Marriott (Aaker und Joachimsthaler 2000b, S. 12) noch zu den Multi-Marken-Systemen zu zählen. Doch bei Marken wie Google Earth oder Google Maps dominiert die Corporate Brand Google die Produktmarken. Daher kann hier nicht mehr von einer Multi-Marken-Strategie gesprochen werden. Im Rahmen der Multi-Marken-Strategie sollte jeweils geprüft werden, ob der Rückgriff auf die Corporate Brand von Nutzen sein könnte. Formen, bei denen die Corporate Brand zu den Produktmarken hinzugenommen wird, greifen manche Schwachstellen einer reinen Produktmarkenpolitik auf. Sie verlieren damit aber auch die Möglichkeiten einer klaren Abgrenzung der Marken (Saunders und Guoqun 1997, S. 44) und bergen die Gefahr eines negativen Transfers unvereinbarer Assoziationen zwischen der Corporate Brand und der Produktmarke.

11.4 Multi-Marken-Systeme analysieren und erfolgreich gestalten

Die Durchführung einer Multi-Marken-Strategie ist ein Balanceakt zwischen Potentialen und Restriktionen. Um diese realistisch bewerten zu können, muss daher als Grundlage jeder Multi-Marken-Strategie ein Verständnis für den zu bearbeitenden Markt entwickelt werden. Dies setzt genaue Kenntnisse über die Akteure am Markt, die Wettbewerber und Konsumenten voraus. Dafür ist eine schrittweise Analyse des heutigen Ist-Multi-Marken-Systems im relevanten Marktsegment hilfreich. Aufbauend auf diesen Erkenntnissen kann ein Unternehmen das zukünftige Multi-Marken-System erfolgreich gestalten.

11.4.1 Das heutige Multi-Markensystem analysieren

Zur Analyse des heutigen Multi-Marken-Systems ist in Schritt 1 eine Analyse des Marktes, der relevanten Konsumentenbedürfnisse, der vorhandenen Marken und der Abdeckung der identifizierten Segmente sinnvoll. In Schritt 2 werden dann im Rahmen einer Portfolio-Analyse Synergiepotentiale mit vorhandenen Marken und Markt-Lücken identifiziert (s. Abb. 11.3). Dieser anschließende Abgleich zwischen angebotenen Marken und den Konsumentenbedürfnissen liefert dann den wesentliche Ansatz für die spätere Ableitung des zukünftigen Multi-Marken-Systems. Dabei kann ein Unternehmen unternehmensinterne Rahmenbedingungen nicht außer Acht lassen. Der Einsatz von mehreren Marken in einem Marktsegment wird auch von finanziellen, personellen oder organisatorischen Ressourcen determiniert, schließlich können strategische Zielsetzungen des Unternehmens den Aufbau und Einsatz der Multi-Marken-Strategie beeinflussen. Grundsätzlich gilt, dass Ausgangspunkt einer jeden Marktbearbeitungsstrategie die Konsumentenbedürfnisse und Wünsche darstellen. Die organisatorische Struktur eines Unternehmens ist dann die logische Konsequenz der entwickelten Strategie.

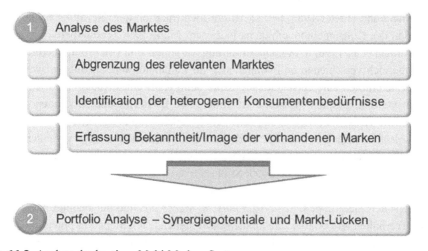

Abb. 11.3 Analyse des heutigen Multi-Marken-Systems

Schritt 1: Analyse des Marktes Eine fokussierte und klare Analyse der aktuellen Situation im Markt, der Konsumentenbedürfnisse und damit der Marktsegmente ermöglicht den Erfolg. Doch eines darf an dieser Stelle nicht aus den Augen verloren werden. Wichtig im Rahmen dieser Analyse sind Annahmen über zukünftig relevante Trends im Markt und damit Annahmen über die zukünftigen Bedürfnisstrukturen im Markt. Ohne Annahmen und auch Gespür für relevante Markttrends, die mittel- und langfristig eine Rolle spielen in dem jeweiligen Markt ist eine langfristige erfolgreiche Marktbearbeitung nicht möglich.

- *Abgrenzung des relevanten Marktes*
  Die Multi-Marken-Strategie knüpft an die Idee mehrerer selbständiger Marken an, die auf ein und denselben Markt ausgerichtet sind. Dabei ist eine Abgrenzung des bearbeiteten Marktes und damit der auf diesem Markt angebotenen Marken nicht immer trennscharf. Entscheidend ist, welche Marken die Konsumenten als Alternativen (Substitute) zur Befriedigung eines Bedürfnisses ansehen (Freter 1983, S. 19). Beispielsweise bedient der Reisekonzern Thomas Cook das Bedürfnis Entspannung und Erholung in Urlaubsreisen mit Marken wie Neckermann Reisen, Aldiana und Bucher Reisen oder der Wettbewerber TUI bedient das Bedürfnis der tagesaktuellen und/oder kostengünstigen Urlaubsflüge mit 1–2-Fly, Airtours oder Discount Travel im Urlaubsflugsegment. Diese Marken können von sonnenhungrigen Touristen gegeneinander substituiert werden. Durch die Erfassung von Substitutionsbeziehungen gewinnt das Unternehmen Erkenntnisse, welche eigenen und fremden Marken miteinander konkurrieren.
- *Analyse der Bedürfnisse und Wünsche der Zielgruppen*
  Das Angebot eigenständiger Marken in einem Produktbereich ist nur dann sinnvoll, wenn gezielt unterschiedliche Zielgruppen angesprochen werden. Daher ist der Analyse der Bedürfnisse und Wünsche der Konsumenten im Markt besonderes Gewicht beizumessen.
- *Analyse der Erklärungsvariablen des Konsumentenverhaltens*
  Damit ein Markt in möglichst homogene aktuelle und potentielle Zielgruppen eingeteilt werden kann (Freter 1983, S. 18), ist die Identifikation der relevanten Erklärungsvariablen des Konsumentenverhaltens in diesem Markt bzw. Produktbereich notwendig (Guiltinan et al. 1996, S. 80). Die Erklärungsvariablen sind von Produktbereich zu Produktbereich verschieden und können sich im Zeitablauf ändern. Beispielsweise spielt das Einkommen eine entscheidende Rolle beim Kauf eines Autos, nicht jedoch beim Kauf von Kaugummis (Mason und Milne 1994, S. 165). Generell können sozioökonomische Kriterien (Geschlecht, Alter etc.), psychographische Kriterien (Risikofreudigkeit, Einstellungen etc.) oder Kriterien des beobachtbaren Kaufverhaltens (Preisverhalten, Markentreue etc.) zur Segmentierung des Gesamtmarktes eingesetzt werden (Freter 1983, S. 46; Stecking 2000, S. 11).
  Diese Kriterien leisten einen unterschiedlich starken Beitrag zur Erklärung des Verhaltens der Zielgruppen. *Sozioökonomische Merkmale* sind nur bedingt geeignet, das Kaufverhalten zu erklären. Sie können dazu dienen, Zielgruppen in potentielle Käufer oder Nichtkäufer eines Produktes einzuteilen, eignen sich aber weniger zur Erklärung

der Markenwahl (Esch 2012; Freter 1983, S. 56). Für das Management von mehreren Marken in einem Segment ist aber genau dies bedeutsam. Dazu sind insbesondere die *psychographischen Kriterien* geeignet. Psychographischen Kriterien sind nicht beobachtbare Konstrukte, die das beobachtbare Kaufverhalten bestimmen. Diese Kriterien geben bspw. Aufschluss darüber, welche Einstellungen oder Motive dazu führen, dass eine Marke gewählt wird (Esch 2012; Freter 1983, S. 59 ff., 64 ff.). Insbesondere Lebensstile bieten funktionale und emotionale Ansatzpunkte zur Segmentierung (Freter 1983, S. 82 ff.). *Kriterien des beobachtbaren Kaufverhaltens* können insbesondere dazu verwendet werden, die Zielgruppen am Markt zu beschreiben (z. B. überwiegend markentreue Käufer) (Freter 1983, S. 87). Sie kennzeichnen jedoch nicht die Bestimmungsgründe des Käuferverhaltens. Diese können dann mit Hilfe von soziodemographischen und psychographischen Kriterien erklärt werden (Freter 1983, S. 93). Letztlich spielen in dieser Phase der Analyse die *Erwartungen und Annahmen von zukünftigen Trends* eine Rolle, die Einfluss auf den relevanten Markt haben. So kann der Trend zur nachhaltigen Lebensgestaltung auch einen Einfluss auf das Kaufverhalten und beispielsweise die Wahl der Einkaufsstätte haben. Handelsunternehmen wie Edeka oder Rewe greifen diese Trends unterschiedlich auf, um Konsumentenbedürfnisse zu treffen. Trends, die in der Haute Couture sichtbar sind und auf den berühmten Laufstegen in Paris, Mailand oder anderen Ländern präsentiert werden, setzen Trends und beeinflussen die Bedürfnisstruktur in unterschiedlichen Branchen, sei es der Modemarken, der Kosmetikmarken oder anderen Produkten rund um die Schönheit der Konsumenten.

- *Segmentierung des Marktes*
Die relevanten Kriterien zur Erklärung des Kaufverhaltens sind meist nicht eindimensional. Erst die Kombination verschiedener Kriterien ermöglicht es, den Markt korrekt abzubilden, zu segmentieren und auch zukünftige Marktsegmente vorherzusehen. So vollzieht es auch die Thomas Cook AG. Die beiden Pauschalreiseanbieter Kreutzer und Terramar werden durch die Marke Thomas Cook im Bereich für Pauschalreisen ersetzt. Das Kundensegment sieht Thomas Cook in Personen mit einem Monatsnettoeinkommen von mindestens 1500 € (soziodemographisches Kriterium) und einer Lifestyle-Orientierung (psychographisches Kriterium) (o. V. 2002b, S. 13). Die Verknüpfung mit Erkenntnissen über Käuferpotential (Größe) und zeitliche Stabilität (zukünftige Entwicklung) bestimmen dann die Attraktivität eines Segments (Doyle und Saunders 1985, S. 25). Die Marktsegmente müssen lebensfähig sein, damit sich der Einsatz von mehreren Marken in einem Segment und damit eine Multi-Marken-Strategie finanziell lohnen (Murray 1996, S. 297). Dafür kann eine Segmentierung nach dem beobachtbaren Kaufverhalten hilfreich sein. Rückschlüsse auf das Käuferpotential der Zukunft liefert bspw. die Markentreue. Wer in der Vergangenheit markentreu war, wird wahrscheinlich auch in Zukunft Markentreue aufweisen (Freter 1983, S. 93). Ebenso muss die Position der Konkurrenz in einem Zielsegment und deren Fähigkeiten und Ziele berücksichtigt werden (Doyle und Saunders 1985, S. 25). Davon hängt ab, ob eine neue Marke Kunden bei Konkurrenten abwerben könnte.

- *Analyse der Image- und Bekanntheitswerte der am Markt agierenden Marken*
  An die Erfassung miteinander konkurrierender Marken und heutiger und zukünftiger Konsumentenbedürfnisse schließt sich die Informationssammlung über Bekanntheits- und Imagedaten der Marken an, die am Markt konkurrieren (Esch 2012). Die Daten beziehen sich dabei auf jede einzelne Marke, können aber auch zueinander in Beziehung gesetzt werden.
- *Analyse der einzelnen Marke:* Ergibt die Erhebung, dass eine Marke weder eine ausreichende Bekanntheit noch ein gutes Image aufweist, liegen generelle Probleme in der Markenführung vor. Im Sinne der Multi-Marken-Strategie ist dieser Fall gleichbedeutend mit einer zwar hohen Markenbekanntheit, aber einem schwach ausgeprägten Markenimage. In beiden Fällen kann die Zielgruppe nicht zielgerichtet angesprochen werden. Der Aufbau und die Pflege von Markenbekanntheit und Markenimage sind daher notwendige Bedingungen zur Durchführung einer Multi-Marken-Strategie.
- *Vergleich der Marken des Multi-Marken-Systems:* Die hinreichende Bedingung im Rahmen einer Multi-Marken-Strategie zeigt sich bei den Vergleichen der Marken untereinander: die Marken eines Portfolios müssen untereinander differenzieren. Starke Überlappungen in den gemessenen Images zwischen den Marken eines Unternehmens zeigen an, dass die Marken nicht klar voneinander differenzierbar sind. Die Kannibalisierung ist die logische Konsequenz. Aufschluss darüber können sogenannte Kreuz-Einkaufs-Tabellen geben. Dabei werden Personen nach kaufrelevanten Alternativen gefragt. Kannibalisierung ist anzunehmen, wenn sich bei den Käufern einer Marke des eigenen Unternehmens im Set der kaufrelevanten Alternativen ebenfalls andere eigene Marken finden (Lomax et al. 1997, S. 30).
- *Vergleich eigener Marken mit Konkurrenzmarken:* Der Vergleich der Bekanntheit und des Images eigener Marken mit Konkurrenzmarken kann ebenso wie im Falle des Abgleichs eigener Marken vorgenommen werden. Je enger die Images beieinander liegen, desto stärker wird die Konkurrenzbeziehung zwischen eigenen und Konkurrenz-Marken. Ein besonders lohnendes Geschäft durch eine hohe Wechselbereitschaft besteht, wenn die Konkurrenzmarke nicht besonders stark ist.

Schritt 2: Portfolio Analyse – Synergiepotentiale und Markt-Lücken Die Prüfung der Passung zwischen den angebotenen Marken und den zu bearbeitenden Segmenten ist dann der zweite Schritt. Die Erkenntnis, welche homogenen und tragfähigen Zielgruppensegmente gebildet werden können und welche Bedürfnisse (Einstellungen, Motive oder Lebensstile) dahinter stehen, wird in Beziehung zu den Bekanntheits- und Imagedaten vorhandener Marken gesetzt.

Hier zeigen sich Synergiepotentialen zwischen vorhandenen Marken im eigenen Portfolio (getrennte Marken haben keine Notwendigkeit) oder aber Markt-Lücken (finanziell tragfähige Segmente werden noch nicht ausreichend bearbeitet). Genau an dieser Stelle findet die Entscheidung für die Markenstrategie statt. Also die Entscheidung, ob für eine neue Produktidee ein neues Angebot bzw. eine neue Marke im Markt geschaffen werden sollte oder eine vorhandene Marke im eigenen Portfolio in diesen Bereich ausgedehnt werden kann.

Die Portfolio-Analyse und der Fit für neue Produktideen basiert auf folgenden Erkenntnissen:

- *Analyse einzelner Marken:* Im Hinblick auf die eigenen Marken muss man sich fragen, ob Zielgruppensegmente angesprochen werden, oder ob die Images der eigenen Marke an den Zielgruppensegmenten vorbeigehen.
- *Vergleiche zwischen eigenen Marken:* Ebenso müssen Vergleiche zwischen den Marken gezogen werden. Sprechen die Marken des eigenen Unternehmens möglicherweise die gleichen Zielgruppensegmente an, liegt Handlungsbedarf vor.
- *Vergleich mit Konkurrenzmarken:* Daneben ist der Vergleich mit Konkurrenzmarken wichtig. Unternehmen benötigen Informationen, welche und wie die Konkurrenten einzelne Segmente ansprechen.
- *Strategische Rollen der Marken:* Letztlich zählt auch der Blick auf das gesamte Markenportfolio. Marken können innerhalb des Portfolios verschiedene Rollen übernehmen, die einen Fortbestand notwendig erscheinen lassen (Esch 2012). Diese strategischen Rollen sind abhängig von den Potentialen, die Unternehmen mit dem Multi-Marken-System realisieren wollen. Die strategische Rolle kann im Hinblick auf die Zukunft des Unternehmens oder im Hinblick auf Konkurrenten definiert werden (Aaker und Joachimsthaler 2000a, S. 136; Meffert und Perrey 2005b). Zu den strategischen Rollen im Hinblick auf die Konkurrenten gehört bspw. die Errichtung von Markteintrittsbarrieren, die Beschränkung der Ausdehnung der Konkurrenten am Markt oder die Erhöhung der Marktdurchdringung (Kapferer 2012; Meffert und Perrey 2005b). Eine Marke kann aber auch eine strategisch wichtige Rolle für den zukünftigen Profit oder die zukünftige Entwicklung des Unternehmens haben (Aaker und Joachimsthaler 2000a, S. 136 f.).

11.4.2 Das zukünftige Multi-Marken-System gestalten

Aus der Analyse des Status Quo des heutigen Multi-Marken-Systems ergeben sich Anknüpfungspunkte zur Gestaltung und Führung des zukünftigen Multi-Marken-Systems (s. Abb. 11.4). Aufbauend auf den identifizierten Marktakteuren kann das Unternehmen Stärken und Schwächen in Bekanntheit und Image der angebotenen Marken ableiten. Durch einen Abgleich mit möglichen Zielgruppensegmenten ergeben sich klare Implikationen für die Gestaltung des zukünftigen Multi-Marken-Systems. Allerdings werden diese Implikationen von der generellen Markenstrategie und unternehmensinternen Rahmenbedingungen moderiert.

Abb. 11.4 Gestaltung des zukünftigen Multi-Marken-Systems

Die möglichen Maßnahmen zur Gestaltung des zukünftigen Multi-Marken-Systems können sich dabei auf einer qualitativen und auf einer quantitativen Dimension bewegen. Da der erfolgreiche Einsatz mehrerer Marken bei der zielgerichteten Ansprache der Bedürfnisse der Zielgruppen ansetzt, ist die inhaltliche (qualitative) Komponente der Marken innerhalb eines Multi-Marken-Systems von besonderer Wichtigkeit. Das Verständnis für die Positionierung der Marken und damit der aufzubauenden Imagekomponenten ist die Grundlage für die Gestaltung. Diese inhaltlichen Erkenntnisse fließen dann in die quantitative Dimension des zukünftigen Multi-Marken-Systems ein. Zusammen mit den Rahmenbedingungen, bspw. der Rolle der Marken im Portfolio des Unternehmens, ergibt sich daraus entweder die Ausweitung, die Verringerung oder die Beibehaltung des Multi-Marken-Systems (Brockdorff und Kernstock 2001, S. 59).

Ausweitung des Multi-Marken-Systems Die Entwicklung einer neuen eigenständigen Marke ist teuer und schwierig (Aaker und Joachimsthaler 2000a, S. 123). Es müssen daher zwingende Gründe für eine neue Marke sprechen.

Alternative Zielsegmente Eine Ausweitung des Multi-Marken-Systems ist dann erforderlich, wenn ein weiteres Zielgruppensegment identifiziert wurde, welches unbearbeitet, genügend groß und dauerhaft ist (Aaker und Joachimsthaler 2000a, S. 127). Ebenso kann die Analyse der Marktsituation ergeben, dass ein Zielgruppensegment durch Konkurrenten nicht adäquat bearbeitet wird. Könnte ein Segment durch eine neue, eigene Marke besser als durch eine Konkurrenzmarke bearbeitet werden, empfiehlt sich ebenfalls eine neue Marke.

Argumente für die Wahl einer neuen Marke Die tatsächliche Entscheidung zur Einführung einer neuen Marke fällt erst dann, wenn keine vorhandene Marke des eigenen Portfolios ein entsprechendes Image aufweist. Nur wenn das neu identifizierte Zielgruppensegment nicht durch den Anbau an eine vorhandene Marke bedient werden kann, ohne diese zu verwässern oder zu schädigen, sollte eine neue Marke eingeführt werden (Aaker und Joachimsthaler 2000a, S. 125; Laforet und Saunders 1999, S. 62 f.). Die verschiedenen Bedürfnisse in diesem Segment sind dann nicht nur unterschiedlich, sondern in der Wahrnehmung der Zielgruppen unvereinbar (Kapferer 2012). Bspw. wäre die Lifestyle Shampoo-Marke Pantene von Procter & Gamble nicht mit einer Marke für ein Haarwaschmittel gegen Schuppen (Head&Shoulders) vereinbar gewesen (Aaker und Joachimsthaler 2000a, S. 124). Unvereinbar kann das neue Produkt mit der vorhandenen Marke auch aufgrund von Qualitäts- oder Preisunterschieden sein. Umgekehrt sollte dann eine neue Marke eingeführt werden, wenn die vorhandene Marke nicht die Möglichkeiten bietet, auf ein neues innovatives Angebot zu fokussieren (Aaker und Joachimsthaler 2000a, S. 124).

Letztlich empfiehlt sich die Einführung einer neuen Marke, wenn sich strategische Vorteile ergeben. Können die Kunden bei Konkurrenten abgeworben werden und nicht von Marken im eigenen Portfolio, erzeugt die Einführung einer neuen Marke strategische Vorteile. Dies spricht für die Einführung einer neuen Marke.

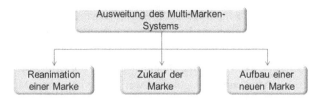

Abb. 11.5 Optionen zur Ausweitung des Multi-Marken-Systems

Kontrolle der Ausweitung Die Ausweitung eines Multi-Marken-Systems sollte unbedingt kontrolliert werden. Dadurch kann festgestellt werden, von wem die Kunden abgeworben wurden. Die Einführung einer neue Marke führt zu Verlusten bei allen existierenden Anbieter in dem Markt (erwartete Kannibalisierung; Lomax et al. 1997, S. 28, 30). Eine exzessive oder extreme Kannibalisierung, also der überproportionale Verlust bei einer anderen Marke des eigenen Portfolios sollte unbedingt vermieden werden (Lomax et al. 1997, S. 28; Traylor 1986, S. 72). Eine Befragung der Konsumenten, welche andere Marke am ehesten durch die neue Marke ersetzt werden könnte, gibt bereits erste Hinweise dafür (Traylor 1986, S. 74). Ebenso kann ein sogenannter Affinitätsindex zwischen den Marken aus Sicht der Konsumenten ermittelt werden.

Möglichkeiten zur Ausweitung des Multi-Marken-Systems Die erste Option stellt die Reanimation von Marken dar, die sich bereits im Besitz befinden, aber momentan nicht verwendet werden. Daneben kann der Kauf oder die Lizenzierung einer Marke (Aaker und Joachimsthaler 2000a, S. 98 f.) und letztlich der Aufbau einer völlig neuen Marke gewählt werden (s. Abb. 11.5):

Die größte Herausforderung für Unternehmen stellt der Aufbau einer neuen Marken dar. Für ein Unternehmen sind die Investitionen im Falle der Einführung einer neuen Marke besonders hoch. Dazu kommt das Risiko, dass die neue Marke ein Flop werden könnte. Für einen Neuaufbau spricht, dass das Markenimage besonders zielgerichtet aufgebaut werden kann. Doch die hohen Kosten und das hohe Risiko veranlassen immer mehr Unternehmen, Marken aufzukaufen (Doyle 1990, S. 15; dort findet sich eine detaillierte Diskussion zur Entscheidung „Kauf vs. Neuaufbau" einer Marke). Bspw. kaufte Philipp Morris im Jahr 1988 für 22,4 Mrd. Mark Marken von Kraft Foods ein (o. V. 1998, S. 17) oder BMW im Jahr 1994 die Marke Rover. Nachteile eines Aufkaufs im Rahmen einer Multi-Marken-Strategie liegen in der Thematisierung in den Medien. Spektakuläre Aufkäufe oder Firmenübernahmen erhalten ein enormes Echo in den Medien, wie der Kauf von The Bodyshop durch L'Oréal. Die Konsumenten werden sich dadurch der Tatsache bewusst, dass ein und dasselbe Unternehmen hinter verschiedenen Marken in einem Produktbereich steht. Besonders bei inkompatiblen Positionierungen könnte dies von Nachteil sein.

Letztlich können Unternehmen auch solche Marken reaktivieren, die sich bereits im Portfolio befinden, aber nicht mehr am Markt eingesetzt werden (Aaker und Joachimsthaler 2000a, S. 99). So holte Mercedes den Namen „Maybach" wieder aus der Vergessenheit

(Pander 2001) und etablierte im Jahre 2002 unter diesem Namen ein Auto im Luxussegment. Diese „wiederbelebten" Marken verfügen bereits über einen gewissen Grad an Markenbekanntheit oder Markenimage. Dadurch reduzieren sich zwar die Kosten einer Ausweitung des Multi-Marken-Systems. Dennoch müssen hohe Investitionen in den Aufbau eines spezifischen Markenimages geleistet werden. Je länger die Marken vorher aus dem Markt waren, umso größer ist das Risiko. Dies zeigt auch das Beispiel Maybach: Die Marke wurde wegen mangelnden Erfolges von Daimler wieder aus dem Markt genommen, sicherlich nicht zuletzt deshalb, weil die Ähnlichkeit zu Mercedes-Benz zu groß war und die Markenkraft nicht ausreichte, dies zu kompensieren.

Verringerung der Marken im Multi-Marken-System Durch die Aufgabe einer Marke wird möglicherweise Wert vernichtet. Viele Investitionen in den Aufbau und die Pflege von Markenbekanntheit und Markenimage werden im Nachhinein obsolet. Daher müssen für die Verringerung des Multi-Marken-Systems zwingende Gründe vorliegen, die einen solchen Schritt rechtfertigen.

Schwachstellen der Markenführung Hat die Analyse des heutigen Multi-Marken-Systems Schwachstellen aufgedeckt, kann dies Anlass für die Verringerung der Anzahl der Marken sein. Schwachstellen liegen vor, wenn

- die Markenidentität einer Marke des Multi-Marken-Systems verwässert ist,
- eine hohe Kannibalisierung zwischen eigenen Marken vorliegt,
- die Passung der Marken zum Zielgruppensegment nicht gegeben ist,
- das Potential des Marktsegments heute oder in Zukunft zu gering ist.

Gründe für die Verringerung Verfügt eine Marke über keine klaren Inhalte, liegt Kannibalisierung vor oder lässt eine Marke die Passung zur Zielgruppe vermissen, ist die Verringerung der Marken des Multi-Marken-Systems dann notwendig, wenn der finanzielle Aufwand zur Stärkung der Marke (oder Umpositionierung) durch die Weiterführung der Marke nicht gedeckt werden kann, keine strategischen Argumente die Weiterführung erfordern oder nicht genügend finanzielle Ressourcen verfügbar sind. Im Falle des zu kleinen Potentials des bearbeiteten Marktsegments, bspw. aufgrund der Veränderung in Nachfragestrukturen oder einer Übersegmentierung, sollte die Marke aufgegeben werden (Brockdorff und Kernstock 2001, S. 59). Zu einer solchen Erkenntnis ist bspw. auch Unilever gelangt. Mit Marken wie Rama, Lätta, Becel, Sanella, DuDarfst, Florasoft und Bertolli deckt Unilever nahezu den gesamten Margarinemarkt ab. Jede Marke einzeln zu positionieren, ist jedoch teuer; Rama als die Familienmargarine, Lätta als die für junge Frauen, Becel für die Cholesterin-Bewussten, Sanella für das Backen etc. Doch statt zu prüfen ob es möglich ist, mit weniger Marken auszukommen warb Franzi von Almsick vor kurzer Zeit gebündelt für die „gesunde Pflanzenkraft" von Rama, Lätta und Becel.

Letztlich können exogene Faktoren den Verkauf einer Marke notwendig erscheinen lassen. So musste Unilever nach dem Kauf von Bestfoods in Deutschland auf Druck der Kartellbehörde bspw. die Marken Raguletto und Heiße Tasse verkaufen, damit das Unter-

Abb. 11.6 Optionen zur Verringerung des Multi-Marken-Systems

nehmen keine marktbeherrschende Stellung im kulinarischen Segment erhielt (Sachs 2002, S. 16).

Kontrolle des Verringerung Wird die Verringerung des Multi-Marken-Systems vollzogen, ist zu kontrollieren, wohin die Verkäufe der eliminierten Marke gehen. Um die Abwanderungen vorher abschätzen zu können, kann die Messung der kaufrelevanten Alternativen (Messung der Kannibalisierung) hilfreich sein (Mason und Milne 1994, S. 169). Entfällt die präferierte Marke, werden Kunden die nächste der kaufrelevanten Alternativen wählen.

Optionen zur Verringerung des Multi-Marken-Systems Die Verringerung kann das Unternehmen ebenfalls auf unterschiedlichen Wegen vornehmen. Grundsätzlich sollte hier eher ein evolutionärer als ein revolutionärer Prozess gewählt werden.

Folgende Optionen stehen dem Unternehmen zur Verringerung des Multi-Marken-Systems zur Verfügung (s. Abb. 11.6):

Der einfachste Fall ist, dass die Marke aus dem Portfolio entfällt. Dies kann entweder bedeuten, dass Marken an Konkurrenten verkauft oder Marken einfach nicht mehr verwendet werden. Hier steht die Chance, durch den Verkauf hohe Erlöse zu erzielen, dem Risiko gegenüber, den Konkurrenten eine Marke mit bspw. hoher Markenbekanntheit zur Verfügung zu stellen. Dies ist im Bereich der Multi-Marken-Systeme besonders kritisch, da sie auf den eigenen Produktbereich ausgerichtet sind. So verkauft Unilever die Marke Biskin flüssig nicht, um die Konkurrenz nicht zu stärken (Sachs 2002, S. 16). Zudem sind die Reaktionen der Kunden zu beachten. Führt die Streichung einer Marke zur Verärgerung der Kunden, und überträgt sich dies negativ auf die Corporate Brand oder weitere Marken des Unternehmens, empfiehlt sich der evolutionäre Weg, die Migration (Sachs 2002, S. 17): Die zu streichende Marke geht in einer anderen auf. Dadurch gehen Wissensbestandteile nicht vollständig verloren. Es gibt aber auch Marken, die nicht zu migrieren sind, weil sie die Marke nicht stärken würden. Beispielsweise würde Sanella mit einer starken emotionalen Back-Positionierung Rama als potentiellen Aufnahmekandidaten nicht weiter stärken und Markenwert auf beiden Seiten vernichten (Sachs 2002, S. 16).

Beibehaltung des Multi-Marken-Systems Der vermeintlich einfachste Fall ist die Beibehaltung des Multi-Marken-Systems. Dabei bezieht sich die Beibehaltung lediglich auf die quantitative Dimension. Die qualitative, inhaltliche Dimension kann sich trotzdem verändern. Grundsätzlich hat das Unternehmen folgende Möglichkeiten: entweder werden die Marken wie bisher weitergeführt, oder aber die Marken werden umpositioniert.

Der Idealfall liegt vor, wenn Marken über klare Inhalte verfügen, sehr unterschiedliche, tragfähige Segmente zielgerichtet ansprechen und keine weiteren Zielgruppensegmente identifiziert wurden. Das Multi-Marken-System kann ohne Veränderung weitergeführt werden.

Daneben gibt es Gründe, welche die Veränderung einer Positionierung bedingen können:

- Veränderungen in der Bedürfnisstruktur,
- Überlappung zwischen den Images eigener Marken,
- Anpassung der Marke an Zielgruppensegmente und
- Bearbeitung eines neuen Zielgruppensegments.

Während die ersten drei Punkte Schwachstellen aus der Ist-Analyse aufgreifen, bezieht sich der letzte Punkt auf die Erschließung neuer Zielgruppensegmente, die bisher gar nicht oder nur von Konkurrenten bearbeitet wurden.

Letztlich können auch interne Rahmenbedingungen dazu führen, dass Marken des Multi-Marken-Systems wie bisher weitergeführt werden. Beispielsweise sind die erforderlichen Ressourcen nicht gerechtfertigt oder verfügbar, um die Positionierung einer Marke zu verändern (Aaker und Joachimsthaler 2000a, S. 135). Dennoch bringt die Marke mehr ein, als eine Streichung aus dem Portfolio ergeben würde. Ebenso kann eine Marke zur Absicherung der strategischen Position gegenüber der Konkurrenz beibehalten werden.

11.5 Fazit

Auf gesättigten Märkten sind die Bedürfnisse und Wünsche der Zielgruppen meist zu heterogen, um sie mit einer einzelnen Marke zu bearbeiten. Das Management von Multi-Marken-Systemen knüpft an diese Markterfordernisse an. Es verfolgt eine spezifisch auf ein Segment ausgerichtete Positionierung der einzelnen Marke bei einer klaren Abgrenzung von anderen Marken des eigenen Unternehmens. Daneben können strategische Rollen innerhalb des Markenportfolios oder im Vergleich zu Konkurrenten Gründe für eine Multi-Marken-Strategie sein. Die Multi-Marken-Strategie kann einem Unternehmen daher die Möglichkeit verschaffen, seine monetären Ziele wie Marktwachstum zu erreichen.

Literatur

Aaker, D. A., & Joachimsthaler, E. (2000a). *Brand leadership*. New York: The Free Press.
Aaker, D. A., & Joachimsthaler, E. (2000b). The brand relationship spectrum: The key to the brand architecture challenge. *California Management Review, 42*(4, Summer), 8–23.

Brockdorff, B., & Kernstock, J. (2001). Brand Integration Management – Erfolgreiche Markenführung bei Mergers & Acquisitions. *Thexis, 4,* 54–60.
Cravens, D. W., Piercy, N. F., & Prentice, A. (2000). Developing market-driven product strategies. *Journal of Product & Brand Management, 9*(6), 369–388.
Doyle, P. (1990). Building successful brands: The strategic options. *The Journal of Consumer Marketing, 7*(2, Spring), 5–20.
Doyle, P., & Saunders, J. (1985). Market segmentation and positioning in specialised industrial markets. *Journal of Marketing, 49*(Spring), 24–32.
Esch, F.-R. (2005). *Moderne Markenführung.* Wiesbaden: Gabler.
Esch, F.-R. (2012). *Strategie und Technik der Markenführung.* München: Vahlen.
Esch, F.-R., & Bräutigam, S. (2001). Corporate brand versus product brands? Zum Management von Markenarchitekturen. *Thexis, 4,* 27–34.
Esch, F.-R., & Bräutigam, S. (2005). Analyse und Gestaltung komplexer Markenarchitekturen. In F.-R. Esch (Hrsg.), *Moderne Markenführung* (S. 839–862). Wiesbaden: Gabler.
Esch, F.-R., & Knörle, C. (2010). Mehrmarkenstrategien für Automobilkonzerne im Zeitalter der Globalisierung. *Zeitschrift für Automobilwirtschaft, 2,* 1–14.
Freter, H. (1983). *Marktsegmentierung.* Stuttgart: Kohlhammer.
Guiltinan, J. P., Gordon, W. P., & Madden, T. J. (1996). *Marketing management – strategies and programs.* Bosten: McGraw-Hill.
Hill, L., & Hill, S. (2001). *The infinite asset: Managing brands to build new value.* USA: Harvard Business School Publishing Cooperation.
Kapferer, J.-N. (2012). *The new strategic brand management: Advanced insights and strategic thinking.* London: Kogan Page.
Laforet, S., & Saunders, J. (1999). Managing brand portfolios: Why leaders do what they do. *Journal of Advertising Research, 39*(1), 51–66.
Lomax, W., Hammond, K., East, R., & Clemente, M. (1997). The measurement of cannibalization. *Journal of Product & Brand Management, 6*(1), 27–39.
Mars. (2012). Unsere gelebten Prinzipien – Zusammenfassung 2012. http://www.mars.com/global/about-mars/people-planet-performance.aspx. Zugegriffen: 12. März 2014.
Mason, C. H., & Milne, G. R. (1994). An approach for identifying cannibalization within product line extensions and multi-brand strategies. *Journal of Business Research, 31,* 163–170.
Meffert, H., & Perrey, J. (2005a). Mehrmarkenstrategien – Ansatzpunkte für das Management von Markenportfolios. In F.-R. Esch (Hrsg.), *Moderne Markenführung* (S. 811–838). Wiesbaden: Gabler.
Meffert, H., & Perrey, J. (2005b). Mehrmarkenstrategie – Identitätsorientierte Führung von Markenportfolios. In H. Meffert, C. Burmann, & M. Koers (Hrsg.), *Markenmanagement* (S. 213–243). Wiesbaden: Gabler.
Murray, J. A. (1996). *Strategy and process in marketing.* Englewood Cliff: Prentice Hall.
o. V. (1998). Der Wert der Marke in Mark und Pfennig. *Media & Marketing, 6,* 16–23.
o. V. (28. Mai 2002). Aus Condor und Kreutzer wird Thomas Cook. *Frankfurter Allgemeine Zeitung,* 13.
Pander, J. (11. September 2001). Luxus gibt die Richtung an. *Spiegel Online.*
Sachs, A. (2002). Portfolio-Management bei Unilever. *Marketingjournal, 2,* 8–17.
Saunders, J., & Guoqun, F. (1997). Dual branding: How corporate names add value. *Journal of Product & Brand Management, 6*(1), 40–48.
Stecking, R. (2000). *Marktsegmentierung mit Neuronalen Netzen.* Wiesbaden: Dt. Universitätsverlag.
Tomczak, T., Will, M., Kernstock, J., Brockdorff, B., & Einwiller, S. (2001). Corporate Branding – Die zukunftsweisende Aufgabe zwischen Marketing, Unternehmenskommunikation und strategischem Management. *Thexis, 4,* 2–4.
Traylor, M. B. (1986). Cannibalism in multibrand firms. *The Journal of Consumer Marketing, 3*(Spring), 69–75.

Prof. Dr. Franz-Rudolf Esch ist Professor für Markenmanagement und Automotive Marketing an der EBS Universität für Wirtschaft und Recht, Oestrich-Winkel, und Direktor des Instituts für Marken- und Kommunikationsforschung (IMK). Davor lehrte er in Saarbrücken, Trier, St. Gallen, Innsbruck und Gießen. Weiterhin ist er Gründer und wissenschaftlicher Beirat von ESCH. The Brand Consultants, Saarlouis. Seine Forschungsschwerpunkte liegen in den Bereichen Markenmanagement, Kommunikationsforschung und Konsumentenforschung.

Prof. Dr. Simone Roth is Professorin für International Brand Management (M.A.) an der Brand Academy in Hamburg. Zuvor arbeitete sie 10 Jahre als leitende Führungskraft auf verschiedenen Führungspositionen im internationalen Marketing, dem nationalen Marketing und dem Vertrieb bei Henkel Beauty Care, Firmensitz Düsseldorf. Sie ist außerdem Alumna der Bertelsmann Stiftung. Sie promovierte im Bereich der Markenkommunikation an der Justus-Liebig-Universität Gießen.

Corporate Brands bei Mergers & Acquisitions integrieren

12

Joachim Kernstock und Torsten Tomczak

Zusammenfassung

Bei Unternehmensübernahmen und Fusionen sind i. d. R grundlegenden Entscheidungen darüber zu treffen, ob und in welcher Konstellation die Corporate Brands sowie die Produktmarken der beteiligten Unternehmen beibehalten werden sollen. Diese Fragestellungen zur Markenintegration sind einerseits in der Pre-Merger-Phase bedeutsam, andererseits sind auch im Post-Merger-Management entsprechende Weichenstellungen erfolgsrelevant. Im folgenden Kapitel werden Wechselwirkungen, wichtige Entscheidungskriterien und mögliche strategische Alternativen aus diesem Themenkomplex vorgestellt.

12.1 Mergers & Acquisitions als Herausforderung der Markenführung erkennen

Mergers & Acquisitions (M&A) sind nach wie vor ein Top-Thema unseres heutigen Wirtschaftsgeschehens. Die Verschärfung des Wettbewerbs in vielen Branchen führt zu einer drastischen Zunahme von Unternehmenszusammenschlüssen. Müller-Stewens (2000, S. 43 ff.) identifiziert im vergangenen Jahrhundert *fünf große M&A-Wellen*, von denen die letzte große Anfang der 90er Jahre begann und bis heute andauert. Sie übersteigt in Bezug auf die Transaktionsvolumina und die internationale Tragweite alles Vorangegangene. Regelmäßig realisierten die Transaktionspreise dabei neue Rekordhöhen (Picken 2003, S. 5).

J. Kernstock (✉)
Kompetenzzentrum für Markenführung St. Gallen (KMSG), St. Gallen, Schweiz
E-Mail: joachim.kernstock@km-sg.ch

T. Tomczak
Universität St. Gallen, St. Gallen, Schweiz
E-Mail: torsten.tomczak@unisg.ch

© Springer Fachmedien Wiesbaden 2014
F.-R. Esch et al. (Hrsg.), *Corporate Brand Management*,
DOI 10.1007/978-3-8349-3862-6_12

76 Mrd. US-$ bei Glaxo Wellcome und Smithkline Beecham sowie 165 Mrd. US-Dollar bei AOL und Time Warner anfangs des Jahrtausends sind nach wie vor die größten Übernahmen. Im Zuge der feindlichen Übernahme des Mannesmann-Konzerns durch Vodafone wurde 1999 mit 203 Mrd. EUR ein bis heute unübertroffener Rekord aufgestellt. Im Jahr 2000 belief sich der Gesamtwert der weltweit angekündigten Transaktionen auf die Rekordmarke von 3.498 Mrd. US-Dollar (Herden und Thiell 2002, S. 328 ff.; Herden und Mbonimana 2002, S. 144 ff.). Seitdem sind die M&A-Volumina rückläufig, insbesondere in Deutschland.

Mit M&A, also Übernahmen und Fusionen, verfolgen Unternehmen vielfältige, oftmals hochgesteckte Ziele. Einer Studie der Unternehmensberatung A.T. Kearney zufolge sollen vorrangig Kostenvorteile durch Synergieeffekte und der Ausbau des Stammgeschäftes verwirklicht werden (Keite 2001, S. 59). Weiterhin von Bedeutung sind häufig die Realisation einer geographischen Ausweitung, die Beschleunigung des Unternehmenswachstums sowie die Verbesserung der Marktstellung. Von vielen beteiligten Managern werden den Aktionären M&A daher als Königsweg zu einer florierenden Unternehmenszukunft angepriesen. Die Zusammenführung bisher unabhängiger Unternehmen bzw. Unternehmensteile wird von der Öffentlichkeit deshalb auch gerne als ein Zeichen besonders fortschrittlichen Wirtschaftens interpretiert. Die „Gier nach Größe", wie Kritiker das Phänomen der M&A beschreiben (Eglau 1997, S. 39; Picken 2003, S. 3), führt in der Realität allerdings recht selten zum erwünschten Erfolg.

M&A machen einen wesentlichen und nicht mehr wegzudenkenden Teil der heutigen Wirtschaftsaktivitäten aus (Capron 1999). Die Gründe für M&A-Transaktionen sind vielfältig, wobei die angestrebten Vorteile entweder externer oder interner Natur sind. Interne Vorteile, wie erwartete kostenbasierte Synergien und Einsparungen, stellen für Unternehmen eine wichtige strategische Option dar (Capron 1999; Knowles et al. 2011). Als externe Motive für M&A-Transaktionen werden Wachstum und Markteintrittsvorteile in zunehmendem Wettbewerb sowie ertragsbasierte Synergien gesehen (Capron 1999; Basu 2006).

Im Falle der M&A-Aktivitäten kommt die *Frage nach einer angemessenen Markenstrategie* auf, da die Corporate Brand Identity als Schlüsselfaktor einer erfolgreichen Transaktion angesehen werden kann (Balmer und Dinnie 1999; Melewar und Harrold 2000; Bhadadir et al. 2008; Knowles et al. 2011). Allerdings weisen Marken in Transaktionen unterschiedlich wichtige Rollen auf. Bhadadir et al. (2008) halten fest, dass beim Kauf von Gillette 49 % des Unternehmenswertes dem Markenwert zugerechnet wurden, wobei bei der Akquisition von Latitude durch Cisco Systems nur 1,51 % dem Markenwert zugeschrieben werden konnten. Marken spielen in M&A-Transaktionen insgesamt eine entscheidende Rolle und machen oft einen signifikanten Teil des Transaktionswertes aus (Bhadadir et al. 2008).

In Forschung und Praxis wurde dem Brand Management bei Übernahmen bis anhin nur wenig Aufmerksamkeit geschenkt (Homburg und Bucerius 2005; Basu 2006). Einige Autoren heben die Relevanz der Corporate Visual Identity (Rosson und Brooks 2004) sowie von Markenname und Logointegration (Knowles et al. 2011) hervor oder fokussieren die Konsumentenreaktionen gegenüber M&A-Transaktionen (Thorbjornsen und Dahlen 2011). Die ganzheitliche Betrachtung der Zusammenführung von Marken, die *Marken-*

integration, wird bei vielen Transaktionen jedoch wenig untersucht. Ebenso oft wird dies auf angewandter Seite durch das jeweilige Management vernachlässigt. Andererseits ist festzuhalten, dass viele Übernahmen aufgrund von nicht beachteten Markenintegrationsprozessen scheitern (Balmer und Dinnie 1999).

▶ Marken spielen in M&A-Transaktionen oft eine Schlüsselrolle, ihre Werte prägen nicht selten einen signifikanten Teil des Transaktionswertes. Die ganzheitliche Betrachtung der Integration bisher getrennt agierender Marken ist daher ein relevantes Thema, das allerdings bei vielen Übernahmen oder Fusionen nur wenig professionelle Steuerung erfährt.

Bei Zusammenführungen von Unternehmen ist eine Fülle anspruchsvoller Integrationsschritte zu durchlaufen. Einer dieser Schritte besteht ohne Zweifel in der Integration der Unternehmens- und Produktmarken der beiden Unternehmen. Trotz hoher Bedeutsamkeit führt die Markenintegration jedoch meist ein Schattendasein: Ettenson und Knowles (2006) fanden heraus, dass die Markenstrategie bspw. in Pre-Merger-Diskussionen bei fast zwei Drittel aller Transaktionen nur eine niedrige Priorität einnahm. Wiederum wird in manchen Fällen eine „neue Marke" quasi schon vor der Bekanntgabe der Transaktionen festgelegt. In anderen Fällen wird das Thema Markenintegration sogar im Post-Merger-Prozess gar nicht beachtet. Die Konsequenz solcher Nichtbeachtung von Fragen der Markenintegration ist nicht verwunderlich: Existierende Markenwerte können nicht weiter genutzt werden oder werden sogar zerstört.

M&A aus Markenperspektive Aus Markenperspektive kann zwischen markenbezogenen und nicht markenbezogenen Transaktionen unterschieden werden.

- Bei *markenbezogenen Transaktionen* steht die Akquisition der Marke im Vordergrund. Als Beispiel hierfür können die Übernahmeverhandlungen zwischen Volkswagen und BMW für den britischen Autohersteller Rolls-Royce genannt werden, da hier der Markenname eine entscheidende Rolle einnahm. Die Markenrechte von Rolls-Royce verblieben bei BMW. Volkswagen übernahm die Marke Bentley und die Werke. Transaktionen mit Absicht der Markenübernahme ermöglichen die Ausweitung des existierenden Markenportfolios und öffnen den Zugang zu neuen Marktsegmenten. Hierfür wird im Voraus eine detaillierte Analyse der zu akquirierenden Marken vorgenommen. Der Status der Marke sowie deren Rolle in der Strategie der übernehmenden Firma ist der stärkste Treiber für die Kaufentscheidung und die Kaufpreisbestimmung.
- Bei *nicht markengetriebenen Transaktionen* stehen die Realisierung von möglichen Synergien, die Akquisition von Kunden und weiterem Know-how im Vordergrund. Bei der Übernahme der Marke handelt es sich hier in den meisten Fällen nur um einen Nebeneffekt. Der ausschließliche Fokus auf die Nutzung von Synergien und den Ausbau des Kundenstamms vernachlässigt in vielen Fällen aber die marktorientierte Integration der übernommenen Marken.

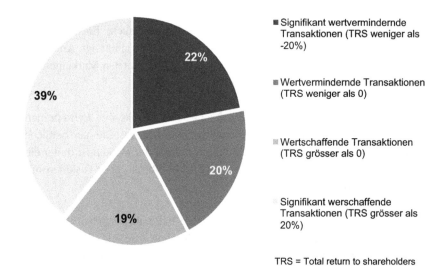

Abb. 12.1 Der Einfluss von M&A auf den Shareholder-Value 2002–2009. (Quelle: Accenture 2012, S. 3)

Auch bei markenorientierten Transaktionen werden Entscheidungen, welche die Marke betreffen, oft zu spät gefällt oder im ganzen Prozess gar nicht erst diskutiert. Solche Entscheidungen werden zudem oftmals hastig herbeigeführt und berücksichtigen die Langzeiteffekte nicht ausreichend. Bei nicht markenbestimmten Transaktionen wird der Prozess der Markenfortführung oder -elimination häufig einseitig durch subjektive Manager-Präferenzen der übernehmenden Unternehmen, sofern diese größer und einflussreicher als die Zielunternehmungen sind, beeinflusst (Thorbjornsen und Dahlen 2011; Basu 2006). Die strategische Passung zwischen den zu integrierenden Marken spielt hingegen meist eine vernachlässigbare Rolle. Die notwendige detaillierte Analyse der einzelnen Marken sowie des gesamten Markenportfolios wird oft nicht durchgeführt. Ad-hoc-Managemententscheidungen überwiegen.

Eine Studie, die belegt, dass die Mehrzahl der mit Unternehmenszusammenschlüssen verbundenen Erwartungen erfüllt wurde, steht bislang aus. Die festgestellte Misserfolgsrate liegt vielmehr häufig über 80 % (Keite 2001, S. 59). Umsatz und Gewinn unterschreiten regelmäßig die zuvor realisierten Werte. Einer Studie von Habeck et al. (2002, S. 13 ff.) zufolge führten 58 % der Zusammenschlüsse nicht zu einer Steigerung des Unternehmenswertes. Zu einem ähnlichen Ergebnis kommt auch eine aktuelle Analyse der Beratung Accenture (2012), wonach sich

M&A-Transaktionen lediglich in rund einem Drittel der Fälle wertsteigernd auf die betroffenen Unternehmen auswirken (s. Abb. 12.1). In 42 % der Fälle wurde im Zeitraum 2002–2009 durch den Zusammenschluss sogar Wert vernichtet (Accenture 2012).

Ein bedeutender Grund für die unterdurchschnittliche Performance vieler M&A-Aktivitäten liegt im oftmals unreflektierten Umgang mit den vom Zusammenschluss betroffenen Marken. Mazur (2000, S. 16) bringt die Problematik auf den Punkt: „... the vision and values of the newly-combined brand and it's visual representation can end up as almost an afterthought".

Markenpotenziale und das Verhalten bei M&A-Prozessen passen oft schlicht nicht zusammen: Gerade Unternehmensmarken bilden einen zentralen Motivator für die unterschiedlichen Anspruchsgruppen. Im Innenverhältnis sind sie der zentrale Treiber der Unternehmenskultur; im Außenverhältnis fungieren sie als wertvoller Leitfaden für das Auftreten gegenüber den Marktpartnern. Gegenüber den Kunden bilden Marken den zentralen Zusatznutzen, der die Grundlage der Kaufentscheidung und einer langfristigen Loyalität zur Marke bzw. zum Unternehmen bildet. Umso überraschender ist es, dass Unternehmen M&A anhand der realisierbaren Wachstumspotenziale und der Profitabilität beurteilen, den Hebel von Marken dabei aber übersehen. Der Fit der zu integrierenden Marken und die sich daraus ergebenden Markensynergien spielen bei Vereinigungsüberlegungen nach Aussage der betroffenen Unternehmen meist eine weniger wichtige Rolle. Dieses *Ausblenden vorökonomischer Stellgrößen* ist fatal, da es den Blick auf Kunden und Mitarbeiter versperrt. Entscheidend für den ökonomischen Erfolg ist ja gerade, wie diese Anspruchsgruppen auf eine mögliche mit dem Unternehmenszusammenschluss einhergehende Markenintegration reagieren. Es gilt also, die Frage zu analysieren, wie Kunden und Mitarbeiter die neue Verbindung wahrnehmen, was diese für das Image der beteiligten Marken und die daraus resultierende Markenbindung bedeutet.

▶ Eine Hauptursache für das Scheitern von Unternehmenszusammenschlüssen stellt vielfach die unzureichende Berücksichtigung von Marken (Unternehmens- und Produktmarken) und deren Markenwerten dar.

Eine *Markenverträglichkeit* (Marken-Fit) ist ein zentraler Aspekt für den Erfolg solcher Maßnahmen. Huber und Hieronimus (2001) belegen dies am Beispiel des inzwischen wieder gelösten Zusammenschlusses von DaimlerChrysler. An diesem Fall weisen sie durch eine einfache Analyse zur Passung der Markenpersönlichkeiten erhebliche Diskrepanzen zwischen den Marken nach, die sich negativ auf die Anspruchsgruppen, z. B. auf Mitarbeiter und Kunden, auswirken können. Es zeigt sich, dass beispielsweise bei den für die Marke Daimler-Benz bedeutenden Persönlichkeitsfacetten, wie Aufrichtigkeit (operationalisiert durch „mit beiden Beinen fest auf dem Boden", „ehrlich", „gesund, gut für mein Wohlbefinden", „fröhlich") und Kompetenz (operationalisiert durch „zuverlässig", „intelligent", „erfolgreich") starke Unterschiede zur Markenpersönlichkeit von Daimler-Chrysler bestehen. Im Zeitablauf hat sich klar dargestellt, dass die Unterschiede tatsächlich zu groß waren, auch wenn die neuerliche Aufspaltung nicht allein auf die Differenz der Markenpersönlichkeit zurückzuführen ist.

▶ Die zentrale Frage des Marken-Fit bleibt bei M&A-Überlegungen meist unberücksichtigt.

Der Marken-Fit erlaubt außerdem schon eine erste Ableitung für die konkrete markentechnische Ausgestaltung eines Unternehmenszusammenschlusses: Je geringer der Marken-Fit ist, umso weniger empfiehlt sich eine Verschmelzung beider Marken unter einem neuen Markennamen oder die Zusammensetzung der beiden Marken zu einem neuen, gemeinsamen Markennamen (Brockdorff 2003, S. 133 ff.).

12.2 Grundlagen der Markenintegration bei Mergers & Acquisitions verstehen

Bei M&A-Transaktionen stellt sich stets die Frage, wie mit den beteiligten Marken zu verfahren ist. Eine Antwort hierauf sollte immer vor dem Hintergrund einer markenwertbezogenen Kosten-Nutzen-Analyse gesucht werden. Viele M&As haben in der Vergangenheit zu sehr großen, unübersichtlichen, wenig strukturierten Markenportfolios geführt (Brockdorff und Kernstock 2001, S. 56). Informationsüberlastung, Markeninflation und die damit einhergehende Abnahme der Kommunikationseffizienz führen dann zu ständig steigenden Kosten der Markenführung. Die Erfolgsaussichten überfrachteter Markenportfolios nehmen vor diesem Hintergrund schlagartig ab. Eine zentrale Aufgabe im Rahmen von M&A ist deshalb die erfolgreiche Zusammenführung der Markenportfolios der beteiligten Unternehmen auf der Corporate Brand- sowie der Geschäftsfeldebene (Brockdorff und Kernstock 2001, S. 56).

- Auf der *Corporate Brand-Ebene* geht es darum, die Marke(n) für das bzw. die im Zuge der Vereinigung entstehende(n) Unternehmen zu gestalten, mit der gegenüber den Anspruchsgruppen Kunden, Anteilseigner, Öffentlichkeit und Mitarbeiter kommuniziert wird.
- Auf der *Geschäftsfeldebene* werden dagegen die Marken betrachtet, mit denen das Unternehmen vorrangig die Kundenbedürfnisse am Markt befriedigt.

Bei einigen Unternehmen, wie beispielsweise bei vielen Dienstleistungsunternehmen (Deutsche Bank, Sixt, Swisscom), sind Corporate Brand- und Geschäftsfeldebene identisch. Ziel der Markenführung im Zuge der M&A-Transaktion ist die Gestaltung einer konsistenten und effizienten Markenarchitektur (s. hierzu auch den Beitrag Gestaltung von Markenportfolios in diesem Buch).

Integrationsstrategien auf der Corporate Brand-Ebene Die grundsätzlichen Strategieoptionen auf der Corporate Brand-Ebene werden im Überblick in Abb. 12.2 dargestellt.

Im Zuge der Integration der Corporate Brands gilt es zu klären, welche Chancen sich durch die Schaffung einer neuen Corporate Brand (z. B. Novartis), die Führung des Unternehmens unter der Firmierung einer der beteiligten Marken bei gleichzeitiger Eliminierung der anderen Marken (z. B. Thomas Cook) oder die Verschmelzung bestehender Cor-

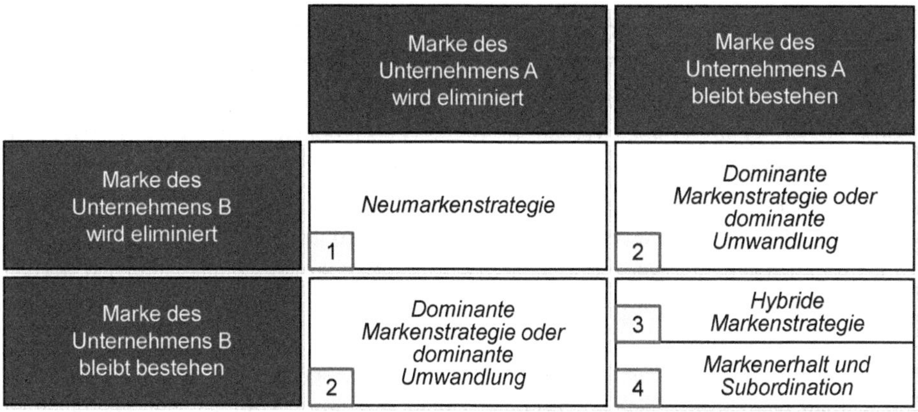

12 Corporate Brands bei Mergers & Acquisitions integrieren

	Marke des Unternehmens A wird eliminiert	Marke des Unternehmens A bleibt bestehen
Marke des Unternehmens B wird eliminiert	1 Neumarkenstrategie	2 Dominante Markenstrategie oder dominante Umwandlung
Marke des Unternehmens B bleibt bestehen	2 Dominante Markenstrategie oder dominante Umwandlung	3 Hybride Markenstrategie / 4 Markenerhalt und Subordination

Abb. 12.2 Markenstrategien bei Mergers & Acquisitions. (Quelle: in Anlehnung an Kernstock und Brexendorf 2013, S. 77)

porate Brands (Arcelor und Mittal werden zu ArcelorMittal) eröffnen. In diesem Kontext ist auch zu prüfen, welche Markenwerte durch die Eliminierung alteingeführter Marken vernichtet werden (z. B. Rhone Poulenc und Hoechst wurden zu Aventis; dieser Markenname wird selbst wiederum Geschichte nach der Verschmelzung mit Sanofi-Synthélabo zu zwischenzeitlich Sanofi-Aventis und heute Sanofi).

M&A-Transaktionen können als disruptive Ereignisse angesehen werden, welche den Status-Quo beenden und zu einer fundamentalen Neuauslegung der Kundenbeziehung zur Marke sowie zu einer fusionierten Identität führen (Thorbjornsen und Dahlen 2011; Mizik et al. 2011). M&A-Transaktionen liegen dabei innerhalb des Einflussbereiches des Managements und der Eigentümer, aber außerhalb des Einflussbereiches des Konsumenten und können dessen Beziehung und Verhalten zu den Marken beeinflussen. Daher besteht für Unternehmen bei Transaktionen das Risiko, dass Kunden verloren gehen (Thorbjornsen und Dahlen 2011).

Eine eindeutige Markenstrategie erscheint wichtig, damit die Kundenvorstellungen basierend auf den strategischen Intentionen der M&A-Transaktionen bedient werden können und interne Anspruchsgruppen wie Arbeitnehmer ihre Bemühungen anpassen (Basu 2006; Balmer und Greyser 2002). *Die Hauptaufgabe des Corporate Brand Management im Kontext von M&A-Transaktionen besteht aus einer soliden und aussagekräftigen Entscheidung über die Akquisition, Fortführung, Löschung oder Erstellung einer neuen Marke.* Das Ziel der Markenintegration ist der Zukunftstransfer des aktuell bestehenden Markenwerts sowie das Abschöpfen des Wertes für die neue Unternehmung. Der Prozess des Markenwertaufbaus ist kostspielig und zeitintensiv (Keller 1993). Folglich sollte die neue Markenarchitektur das Erbe des Markenwertes der fusionierten Corporate Brands berücksichtigen (Muzellec und Lambkin 2008).

Ein systematischer und integrierter Ansatz ermöglicht das Wachstum des Markenwertes zusammen mit dem Shareholder-Value und stellt einen untrennbaren Teil der Integration des Fusionsprozesses dar (Yang et al. 2011). Diesbezüglich werden mehrere Markenintegrationsstrategien diskutiert. Wenn zwei Unternehmen fusionieren oder eines von einem anderen übernommen wird, dann muss eine gemeinsame, möglicherweise auch eine neue Corporate Brand ausgebildet werden. In M&A-Transaktionen sollte die Markenstrategie dabei einerseits die Unternehmensmarken sowie andererseits auch Produktmarken mitberücksichtigen. Mögliche Integrationsstrategien unterscheiden sich danach, inwiefern die Marken der fusionieren Unternehmen bestehen bleiben oder ausgelöscht werden. Hierbei kann zwischen synergetischen und nicht-synergetischen Strategien unterschieden werden (Basu 2006; Jaju et al. 2006).

Option 1: Neue Markenstrategie ohne Nutzung von Synergie und Transferpotential Hierbei werden beide existierenden Corporate Brands von einer komplett neu entwickelten Corporate Brand ersetzt. Die Entwicklung und Nutzung des neuen Corporate Brand ist angemessen, wenn keine der existierenden Marken eine klare Positionierung im Markt aufweist und den zukünftigen Anforderungen und Bedürfnissen der Kunden nicht gerecht wird. Nachteilige Auswirkungen dieser Strategie entstehen durch den Verlust des existierenden Corporate Brand-Wertes (Jaju et al. 2006) und den Entwicklungskosten sowie der Kommunikation der neuen Corporate Brand.

Option 2: Dominante Markenstrategie oder dominante Umwandlung Eine der beiden Marken wird als zukünftige Corporate Brand genutzt, die andere Marke wird ganz aufgegeben. Dies ist oft in akquisiteur-dominanten Strategien der Fall. Als Beispiel für diese Strategie kann die Übernahme von Hewlett-Packard durch Compaq genannt werden. Unter Aufgabe des Markennamens Compaq wurde die neue Unternehmung HP genannt. Die übernehmende Firma übernimmt oder strebt nach der Identität und den Markenpotenzialen der übernommenen Firma (Jaju et al. 2006). Ein weiteres Beispiel für das Auslöschen von Marken ist die Übernahme der Banken Payne Webber und Warburg Dillon Read durch die Schweizer Bank UBS. Ihre Unternehmensidentität und das Unternehmenserbe leben jedoch intern in mindestens einer von drei Geschäftseinheiten weiter.

Option 3: Hybride Markenstrategie Die hybride Markenstrategie ist ein „Zusammenschluss" von beiden Corporate Brands. Daimler und Chrysler haben diese hybride Markenstrategie nach dem Unternehmenszusammenschluss genutzt. In jüngerer Zeit wurde diese Option vermehrt in Übernahmen in der Finanzindustrie gezeigt: Die deutsche Tochter Hypovereinsbank agiert mit dem Corporate Logo seiner italienischen Mutter Unicredit. In gleicher Weise nutzt die Commerzbank das Corporate Logo der ehemaligen Dresdner Bank, nachdem sie im Jahr 2011 vollständig in die Commerzbank integriert wurde. Die Schweizer Bank Credit Suisse verwendet das Segeltuch-Symbol, das Corporate Logo der US-Investment Bank First Boston.

Option 4: Untergeordnete Markenstrategie und Nutzung von Synergie und Transferpotential Diese Strategie sieht vor, beide Marken zu behalten. Eine Marke wird als neue Corporate Brand genutzt, wobei die andere auf Ebene der Produktmarke verankert wird. Die übernehmende Firma behält somit ihre Identität und nutzt den Markennamen des übernommenen Unternehmens für eine einzelne Division oder eine Tochtergesellschaft der neuen Firma (Jaju et al. 2006).

Die Motive, warum Unternehmen zu einer dieser Optionen tendieren, sind größtenteils unklar. Untersuchungen von M&A-Aktivitäten identifizierten jedoch einige für den Übernahmekontext relevante Kriterien. Jaju et al. (2006) heben die folgenden Kriterien als relevant hervor: Markenvertrautheit, erkennbare Übereinstimmung mit der Corporate Brand und Haltung zur Corporate Brand.

Hingegen werden analytischere Beurteilungen, die Messung des Markenwissens des Kunden (Keller 1993) oder das Marken-Commitment der Arbeitnehmer (Thomson et al. 1999) üblicherweise vernachlässigt, ganz zu schweigen von einer tiefgründigen Analyse der Stärken der Unternehmensgeschichte und -kultur sowie dessen Relevanz für den Markenwert. Man sollte sich stets vor Augen führen, dass starke Marken tief in der Kultur eines Unternehmens und dessen Strukturen verwurzelt sind (Capron und Hulland 1999). Insofern scheint es wichtig, sich dem Wert der relevanten Marke(n) in angemessener Form zu nähern, um die Marken der neuen Markenarchitektur richtig führen zu können (Kapferer 2008).

▶ Markenintegrationen können auf Corporate Brand-Ebene und auf Geschäftsfeldebene betrachtet werden.

Integrationsstrategien auf der Geschäftsfeldebene Auf der Geschäftsfeldebene liegt die Herausforderung in der Schaffung eines Markenportfolios, bei dem

- die Synergien zwischen den unterschiedlichen Marken bestmöglich ausgenutzt und
- potenzielle Kannibalisierungseffekte zwischen den unterschiedlichen Produktmarken weitest gehend vermieden werden.

Grundsätzlich existieren hier die Optionen der Beibehaltung des Status Quo, die Eliminierung einzelner Produktmarken sowie die Einführung neuer Produktmarken (Brockdorff und Kernstock 2001, S. 57 ff.). Für die detaillierte Betrachtung dieser Fragestellungen sei auf den Abschnitt zur Steuerung von Markenportfolios in diesem Buch verwiesen. In diesem Kapitel erfolgt eine Konzentration auf die Gestaltung der Markenintegration auf der Corporate Brand-Ebene.

12.3 Positionierung als zentrale Determinante der Strategiewahl beachten

12.3.1 Anforderungen an die Positionierung der Corporate Brand bei Mergers & Acquisitions

Entscheidend für die Wahl der markenbezogenen Integrationsstrategie auf Corporate Brand-Ebene ist die nach der Unternehmensvereinigung *angestrebte Markenpositionierung*. Unter Positionierung versteht man – wie in den vorigen Kapiteln bereits dargelegt wurde – den Aufbau positiver und eigenständiger Gedächtnisstrukturen in den Köpfen der Anspruchsgruppen mit dem Ziel, die Marke von konkurrierenden Marken positiv zu differenzieren, damit sie bei der jeweiligen Entscheidung (z. B. Kaufentscheidungen bei Produkten und Aktien, Personalakquisition) gegenüber den Wettbewerbern vorgezogen wird (Kroeber-Riel und Esch 2004; Esch 2005, S. 142 ff.). Mit starken Marken verbinden Menschen prägnante Assoziationen und klare innere Bilder, von denen ein starker Bedürfnisappell ausgeht. BMW steht beispielsweise als Synonym einer erfolgreichen Automobilmarke wie kein anderes Unternehmen für die sportliche und prestigeträchtige „Freude am Fahren". Marken ohne prägnante Positionierungen wie Citroen verfügen hingegen lediglich über diffuse Assoziationen in den Köpfen der Zielgruppen. Interessant ist, dass von einer erfolgreichen Positionierung positive Verhaltenswirkungen bei allen Anspruchsgruppen zu beobachten sind. Marken mit starken Positionierungen sind beliebtere Arbeitgeber, rufen bei den Konsumenten positive Preis- und/oder Mengeneffekte hervor und generieren in der Folge oftmals einen besseren Return to Shareholder (Brockdorff 2003, S. 83).

Die Positionierung der Corporate Brand bei Mergers & Akquisitions sollte daher so gewählt werden, dass sie

- die *Erwartungen der wichtigsten Anspruchsgruppen* erfüllt,
- zum *Eigen- und Fremdbild* der betroffenen Unternehmen passt,
- eine *Abgrenzung von den Wettbewerbern* ermöglicht,
- in effizienter Weise die *vorhandenen Markenwerte nutzt*,
- *langfristig verfolgt* werden kann.

Erwartungen der wichtigsten Anspruchsgruppen treffen Bei einer erfolgreichen Positionierung stehen die Wünsche und Bedürfnisse der Anspruchsgruppen im Mittelpunkt (Esch 2005, S. 142 ff.). Oftmals klaffen hier große Lücken zwischen den Vorstellungen der Manager von den Erwartungen der Kunden und deren tatsächlichen Bedürfnissen. Wie von Charles Revlon treffend formuliert, sollte der Nutzen für die Anspruchsgruppen stets im Mittelpunkt der Positionierungsüberlegungen stehen. „In the factory we make cosmetics, but in the stores we sell hope".

Einen zentralen Einfluss auf die Erwartungen und das Verhalten der Anspruchsgruppen gegenüber Corporate Brands übt das Involvement aus. Das Involvement beschreibt das

Engagement, mit dem sich Anspruchsgruppen u. a. einer Corporate Brand widmen (Kroeber-Riel und Weinberg, 2003). Das Involvement spielt im Zuge von Mergers & Acquisitions eine besondere Rolle, da es ein Indikator dafür ist, welche Bedeutung die Betroffenen einer Unternehmensvereinigung beimessen und wie stark das von ihnen zu erwartende Engagement für oder gegen den Zusammenschluss ausfällt. Hoch involvierte Anspruchsgruppen verfügen über eine größere Bereitschaft, sich aktiv für ihre Ziele einzusetzen und verfolgen Veränderungen bei der Corporate Brand mit großer Aufmerksamkeit. Konsumenten auf gesättigten Märkten sind in der Regel gering involviert, daher eher passiv und ohne starkes Engagement. Im Zuge ihrer Kaufentscheidungen setzen sie sich nur oberflächlich mit den Angeboten und den dahinter stehenden Marken auseinander. Eine effektive Kommunikation der M&A- Transaktion setzt eine Abstimmung auf das Involvement der Anspruchsgruppen voraus. Hoch involvierte Anspruchsgruppen sollten rechtzeitig detailliert informiert und aktiv in den Veränderungsprozess eingebunden werden. Gering involvierten Gruppen fehlt hingegen die Bereitschaft, sich aktiv mit dem Veränderungsprozess und den entsprechenden Informationen auseinanderzusetzen. Ihre Passivität ist bei der Kommunikationsgestaltung entsprechend zu berücksichtigen.

Positionierung auf Eigen- und Fremdbild der Corporate Brand abstimmen Eine Positionierung kann nur dann erfolgreich und glaubhaft in den Köpfen der Anspruchsgruppen verankert werden, wenn sie zum Eigenbild der Mitarbeiter sowie zum Fremdbild der externen Anspruchsgruppen von der Corporate Brand passt. Mitarbeiter werden eben nur dann zu effektiven Kommunikatoren der Positionierung, wenn diese aktiv in der Unternehmenskultur gelebt wird. Nur dann kann über die Außenkontakte bei den externen Stakeholdern ein starkes Markenbild aufgebaut werden (Chernatony und Harris 2000, S. 269; Chernatony et al. 1998, S. 421; Kiriakidou und Millward 2000, S. 49 f.; Morsing und Kristensen 2001, S. 26 f.). Folgerichtig fordert Stuart: „(…) employees need to be aware of and ‚buy into' the corporate brand values" (Stuart 2001, S. 48). Ist eine Positionierungsstrategie dagegen nicht auf die Unternehmenskultur abgestimmt, wird sie als Fremdkörper empfunden und im Extremfall sogar von den Mitarbeitern sabotiert.

Speziell unter den Bedingungen von M&A ist es möglich, dass die Umsetzbarkeit einer Markenentscheidung durch die mangelnde *Akzeptanz- und Umsetzungsbereitschaft* auf Seiten der betroffenen Mitarbeiter von vornherein geschmälert wird. Vielfach ist dies dann der Fall, wenn das Verhältnis der vom Zusammenschluss betroffenen Unternehmen vorbelastet ist. Eine Situation ist meist dann belastet, wenn ein Zusammenschluss gegen den Willen eines Großteils der Beteiligten erfolgt. Dies betrifft feindliche Übernahmen oder Situationen, die im Vorfeld des Zusammenschlusses durch Spannungen zwischen den späteren M&A-Partnern gekennzeichnet waren. Letzteres war beispielsweise bei der Übernahme von Mannesmann durch Vodafone der Fall (Mazur 2000, S. 16). Auch bei der Zusammenführung ehemaliger Wettbewerber kann eine historisch konditionierte Feindschaft zu Integrationshürden führen (Müller-Stewens und Spickers 1993, S. 6). Beispielhaft für eine problematische Integrationssituation ist die Fusion von Thyssen und Krupp, die schließlich mit Hilfe der Politik durchgesetzt wurde und dementsprechend als „Vernunftehe" bezeichnet werden kann. Noch lange nach dem Zusammenschluss war eine gedankliche Trennung zwischen den zusammengeführten Unternehmen zu spüren. So standen beispielsweise am Eingang des Unternehmensgebäudes zwei Empfangstische und es wurde von den „Kruppianern" und „Thyssianern" gesprochen. Um eine starke neue Corporate Brand zu schaffen, welche die bestmögliche Voraussetzung für eine Akzeptanzbereitschaft der Betroffenen und damit für eine reibungslose Umsetzung der Marke sowie für die Entstehung von Identifikation seitens der internen Stakeholder legt, müssen derartige Situationsgegebenheiten bei der Markenentscheidung mit einbezogen werden. Bei ThyssenKrupp erfolgte dies beispielsweise durch Beibehaltung beider Marken.

Analoges gilt für die externen Anspruchsgruppen: Eine Positionierung, die nicht zu den Assoziationen passt, die üblicherweise mit der Corporate Brand verbunden werden, wird als unglaubwürdig empfunden und findet letztlich keine Verankerung in den Köpfen der Anspruchsgruppen.

Abgrenzung von den Wettbewerbern sicherstellen Grundvoraussetzung, damit eine Marke anderen vorgezogen wird, ist, dass sie sich in irgendeiner Weise positiv von den Wettbewerbern abhebt (Esch 2005b, S. 145). Aufgrund der großen Austauschbarkeit der Angebote ist auf vielen Märkten eine Differenzierung über sachlich-funktionale Eigenschaften kaum noch möglich. Hier gewinnen emotionale Aspekte der Marken enorm an Bedeutung.

Effiziente Nutzung der vorhandenen Markenpositionierungen Bei der Wahl eines geeigneten Positionierungskonzepts sollten die „alten" Positionierungen der am Unternehmenszusammenschluss beteiligten Corporate Brands soweit wie möglich genutzt werden. Neben Argumenten, die die Effektivität der Positionierung in den Mittelpunkt rücken (Ansprache von relevanten Erwartungen der Anspruchsgruppen, Fit von Selbst- und Fremdidentität sowie Differenzierung), müssen Effizienzüberlegungen berücksichtigt werden. Insbesondere angesichts von Informationsüberlastung und eines sich immer mehr verschärfenden Kommunikationswettbewerbs ist zu prüfen, inwieweit sich in der Vergangenheit getätigte Investitionen in den Aufbau der jeweiligen Markenpositionierungen in geeigneter Form nutzen lassen. Die Beachtung der beteiligten Markenidentitäten ist essenziell, um über zu wählende Positionierungen zu entscheiden (s. den Beitrag zur Markenidentität in diesem Buch).

Langfristige Wirksamkeit der Positionierung sicherstellen Die Positionierung einer Corporate Brand sollte so gewählt werden, dass sie an Bedürfnisse der Anspruchsgruppen anknüpft, die eine langfristige Relevanz besitzen. Die langfristige Festlegung der Positionierung ist allerdings nicht mit einer Erstarrung der Marketingmaßnahmen zu verwechseln. Lediglich das Positionierungskonzept sollte zeitlich konstant gehalten werden, die Umsetzungsmaßnahmen müssen dagegen mitunter regelmäßig modernisiert werden (Esch 2005b, S. 146 f.).

▶ Die zu wählende Positionierung für die Corporate Brand stellt einen zentralen Erfolgsfaktor eines Unternehmenszusammenschlusses dar. Bisher verfolgte Positionierungen sollten ebenso wie die bestehenden Markenimages im Entscheidungsprozess beachtet werden.

12.3.2 Positionierungsoptionen im Zuge von Mergers & Acquisitions differenzieren

Im Kontext von Mergers & Akquisitions stellt sich nun die Frage, wie die betroffenen Corporate Brands zukünftig positioniert werden sollen. Grundsätzlich sind folgende Optionen möglich (Haedrich und Tomczak 1996, S. 102 ff.; Esch 2005, S. 152 ff.; Kuss und Tomczak 2002, S. 166 ff.):

- *Beibehaltung der Positionierung*: Eine Positionierung sollte unverändert beibehalten werden, wenn sie weitgehend die aktuellen und zukünftigen Idealvorstellungen der wichtigsten Anspruchsgruppen trifft. Verfügt eine der an der M&A-Transaktion beteiligten Corporate Brands über eine solche Positionierung und weichen die restlichen Marken stärker von der Idealpositionierung ab, bietet es sich grundsätzlich an, diese Marke in das Zentrum einer Monomarkenstrategie bei gleichzeitiger Eliminierung der anderen Marken zu stellen.
Entsprechen hingegen die Positionierungen mehrerer Marken den idealtypischen Anforderungen der Anspruchsgruppen, besteht die Option, sie parallel im Zuge einer Mehrmarkenstrategie weiterzuführen oder sie bei Vorliegen einer hinreichenden Kompatibilität im Zuge einer Markenverschmelzung zu einer Corporate Brand zusammenzuführen. Bei der Fusion von Quelle und Karstadt wurde beispielsweise auf der Corporate Brand-Ebene die neue Marke KarstadtQuelle AG geschaffen. Auf der Geschäftsfeldebene wurden hingegen die ursprünglichen Positionierungen der Marken Neckermann, Karstadt und Quelle weitestgehend unverändert beibehalten (Brockdorff und Kernstock 2001, S. 57). Auf Corporate Ebene wurde dann für die KarstadtQuelle AG die völlig neue Marke Arcandor geschaffen (2007). Mit der Insolvenz von Arcandor (2009) und Quelle (2009) ging die Marke Arcandor wieder unter. Die Marken Karstadt und Quelle existieren allerdings weiterhin. Karstadt nach wie vor als Warenhausmarke und die Marke Quelle wurde 2011 von der Otto Group aus der Insolvenzmasse herausgekauft und lebt als Online-Store Brand weiter. An diesem Beispiel zeigt sich, dass das grundsätzliche Kompetenzspektrum einer Marke durchaus Irrungen und Wirrungen von Fusionen und Transaktionen überdauern kann.
- *Umpositionierung*: Eine Umpositionierung wird dann notwendig, wenn die Positionierungen der betroffenen Corporate Brands zwar relevante Bedürfnisse der wichtigsten Anspruchsgruppen ansprechen, sie aber dennoch nicht hinreichend befriedigen. In diesem Fall bieten sich die Optionen der Monomarkenstrategie und bei hinreichendem Markenfit die Markenverschmelzung an. Beide Corporate Brands weiterzuführen

macht in der Regel wenig Sinn, da ein erheblicher kommunikativer Druck zur Umpositionierung der Marken notwendig ist und durch die Reduktion auf eine Marke Kosten vermieden werden können. Durch die Beibehaltung einer oder beider Corporate Brands bzw. einzelner Markenelemente wird ein Bezug zur Vergangenheit hergestellt und an die bestehenden Identitäten angeknüpft. Diese Strategie verfolgte beispielsweise die UBS, die durch die Beibehaltung entsprechender Markenbestandteile der Schweizer Bankgesellschaft und der UBS im Zuge des Unternehmenszusammenschlusses an die Markenhistorie anknüpfte, um gleichzeitig die Positionierung der Corporate Brand gezielt weiterzuentwickeln. So wurden von der Schweizer Bankgesellschaft die prägnanten Schlüssel weiter im neuen Logo verwandt, von der UBS (Union Bank of Switzerland) hingegen der prägnante Color-Code sowie die drei Buchstaben UBS, die jedoch neu interpretiert wurden (Brockdorff 2003, S. 131). Im Kontext der Umpositionierung unterscheidet man zwischen essenziellen und akzidenziellen Eigenschaften einer Marke (Meffert und Burmann 2005a, S. 46). Während es sich bei den ersten um zentrale Positionierungsdimensionen handelt, die im Zeitablauf eine Kontinuität aufweisen und nicht verändert werden sollten, stellen letztere zusätzliche Positionierungseigenschaften dar, die variiert werden können, ohne die Grundaussage der Positionierung zu verändern. Sie dienen dazu, der Marke Aktualität zu verleihen und ermöglichen die Erweiterung auf neue Aktivitätsfelder.

- *Neupositionierung*: Eine Neupositionierung wird dann erforderlich, wenn die Ist-Positionierungen der betroffenen Corporate Brands so weit von den Idealvorstellungen entfernt sind, dass auch durch eine Umpositionierung der bestehenden Marken keine hinreichende Befriedigung der Bedürfnisse der wichtigsten Anspruchsgruppen zu erwarten ist. Die vorangegangenen Investitionen in die bestehenden Corporate Brands haben nicht zur angestrebten Positionierung geführt und sind als „sunk costs" zu betrachten (Esch 2005a, S. 155). In diesem Fall bietet sich die Strategie der Markenneuschaffung an, die für einen klaren Neuanfang steht. So wurde bei der Fusion von Viag und Veba unter anderem das Ziel verfolgt, mit der Marke E.ON ein deutliches Zeichen für einen Neubeginn zu setzen: „Die neue Kraft, die neue Struktur und die neue Ausrichtung spiegeln sich auch in der Tatsache wider, dass sich der neue Konzern einen neuen Namen gibt" (Veba Viag 1999, S. 5).

Fallstricke der Positionierungsveränderung Um- bzw. Neupositionierung bedeuten stets die Initiierung eines Wandlungsprozesses bei den Anspruchsgruppen – vor allem bei den betroffenen Mitarbeitern. Nur wenn es gelingt, die Neuausrichtung der Marke in ihren Köpfen zu verankern, kann den externen Anspruchsgruppen die neue Positionierung stringent vermittelt werden. Häufige Auswirkungen eines fehlgesteuerten Post-Merger-Integrationsprozesses sind ein Identitäts- und Autonomieverlust sowie eine Orientierungslosigkeit auf Seiten der Mitarbeiter (Mazur 2000). Hieraus können sich unterschiedliche, den Erfolg der Unternehmensvereinigung gefährdende Szenarien ergeben. Als problematischste Entwicklung beschreibt Scott-Morgan (1994, S. 45 ff.) dabei die Situation „from sabotage to suicide". Hier sabotieren die Mitarbeiter die angestrebte Unternehmensstrategie, weil sie aufgrund der angestrebten Veränderung ihren „moralischen Kontrakt mit dem Unternehmen" verletzt fühlen (Scott-Morgan 1994, S. 64). Die Wettbewerbsfähigkeit der Corporate Brand wird hierdurch massiv gefährdet. Diese „Sabotagegefahr" lauert vor allem dann, wenn durch die Maßnahmen zur Umpositionierung grundlegende Werte der Corporate Brand berührt werden.

Ableitung und Implementierung der Positionierungsstrategie Die aktive und frühzeitige Einbindung der Mitarbeiter in den Wandlungsprozess ist essenziell für den Erfolg der Positionierungsstrategie sowie des Unternehmenszusammenschlusses im Ganzen (s. zum Change-Management-Prozess: Krüger 2002; Brockdorff 2003, S. 173, 211).

Eine gute Orientierung zur Gestaltung des Change-Management-Prozesses bei der Konzeption und Umsetzung der neuen Positionierung bietet der *SIIR-Ansatz*. Die neue Positionierung wird hierbei in Form eines kombinierten top-down-bottom-up-Vorgehens abgeleitet: Die leitenden Manager erarbeiten einen Positionierungsvorschlag, der anschließend in Workshops mit einer breiten Mitarbeiterbasis im Hinblick auf seine Umsetzung diskutiert und ggf. modifiziert wird. Durch die aktive Einbeziehung der Mitarbeiter wird die Stimmigkeit der Positionierung zur Unternehmenskultur sichergestellt und die Akzeptanz der Strategie gewährleistet. Außerdem wird hierdurch bereits früh eine Verankerung der neuen Positionierung bei Mitarbeitern erreicht.

12.4 Grundlegende Strategieoptionen auf der Corporate Brand Ebene nutzen

12.4.1 Einseitige Markenlöschung

Bei dieser Strategieoption wird die Corporate Brand eines Unternehmens eliminiert und durch die Corporate Brand des anderen Unternehmens ersetzt. In diesem Vorgehen spiegelt sich häufig ein „Merger of Unequals" wider. Bei der Vereinigung der Deutschen Bank und von Bankers Trust wurde beispielsweise die Corporate Brand von Bankers Trust weitgehend durch die Corporate Brand Deutsche Bank ersetzt. Ein Knackpunkt für den Erfolg dieser Strategie ist das Ausmaß, zu dem es gelingt, die Mitarbeiter-, Aktionärs- und Kundenbindung der eliminierten Marke(n) auf die weiter existierende Corporate Brand zu übertragen. Der Gestaltung des Markennamenwechsels kommt deshalb bei dieser Strategieoption eine zentrale Bedeutung zu (Brockdorff 2003, S. 193, 195 ff.).

Gestaltung des Markennamenswechsels Die Transformation der Markierung einer Corporate Brand kann grundsätzlich im Zuge eines schlagartigen Tausches oder einer schrittweisen Überführung stattfinden (s. Abb. 12.3).

Sollen nach dem Namenswechsel die gleichen Zielgruppen mit einer ähnlichen Positionierung wie mit der ursprünglichen Marke angesprochen werden, ist aus lerntheoretischer Sicht eine schrittweise Überführung vorzuziehen. Der Übergang von der alten zur

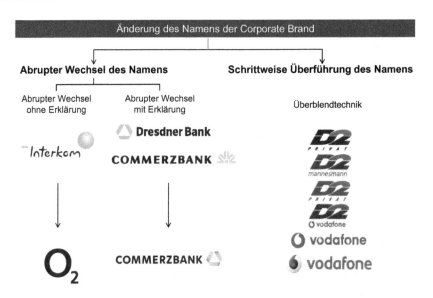

Abb. 12.3 Alternative Vorgehensweisen bei der Transformation von Markierungen bei Corporate Brands

neuen Marke erstreckt sich hierbei über einen längeren Zeitraum. Im Zuge der *Überblendtechnik* wird die alte Markierung mit der neuen kombiniert. Im Zeitverlauf wird die Darstellung des neuen Namens (z. B. Vodafone) dominanter, die der alten Marke (z. B. D2) dagegen stetig zurückgenommen, bis schließlich nur noch die neue Markierung verwendet wird. Dieses Vorgehen birgt den Vorteil, dass sich die Anspruchsgruppen an die neue Markierung gewöhnen, zentrale Imagebestandteile der alten Marke auf die neue transferiert werden können und schließlich die Wahrscheinlichkeit groß ist, dass das der alten Marke entgegengebrachte Vertrauen auch der neuen zu Teil wird (Langner 2003; Esch und Langner 2005, S. 576 ff.). Eine ähnliche Positionierung ist jedoch nicht der einzige Grund für die Nutzung der Überblendtechnik. So nutzen große Unternehmen im Zuge der Internationalisierung bei starken nationalen Marken häufig diese Technik, auch wenn die neue Positionierung von der „Landesmarke" abweicht. Die Deutsche Telekom setzte beispielsweise die Überblendtechnik im ungarischen Markt ein (beispielsweise bei der Marke Pegasus), um einen Kompetenztransfer der alten auf die in diesem Land neue T-Marke zu gewährleisten. Sukzessive wurde bei diesem Prozess sowohl die Positionierung als auch das Corporate Design umgestellt. Die Notwendigkeit zu einer solchen Maßnahme ergibt sich hier teilweise auch aus Konkurrenzgründen. Da große Mitbewerber der Telekom, wie beispielsweise Vodafone, mit einer einheitlichen Marke internationalisieren, ergibt sich daraus ein gewisser Zugzwang auch für die Telekom.

Geht hingegen mit dem Namenswechsel eine Neupositionierung einher, ist ein *schlagartiger Wechsel* vorzuziehen, da es ansonsten zu Gedächtnisüberlagerungen zwischen alten und neuen Markeninhalten kommen würde, was die Neupositionierung beeinträchtigen könnte (Esch und Langner, 2005, S. 576). Der schlagartige Tausch sollte allerdings nie

Abb. 12.4 Markenverschmelzung bei HypoVereinsbank, PWC und UBS

– wie bei der Überführung von Viag Interkom in O2 – ohne eine umfangreiche Erklärung erfolgen, da dies zu einer beträchtlichen Verunsicherung der Anspruchsgruppen führen kann. Die Gefahr, Kunden zu verlieren ist hier groß, da diese plötzlich ihre vertraute Marke nicht mehr wiederfinden. Besser ist da ein schlagartiger Übergang wie von Condor auf Thomas Cook, bei dem den Anspruchsgruppen über einen längeren Zeitraum vermittelt wird, dass die alte Marke in der neuen aufgeht und welche Vorteile sich hierdurch ergeben: „Fliegen unter neuem Namen mit vertrauter Qualität – Thomas Cook powered by Condor: Ab April 2003 heben alle Ferienflieger der Condor im neuen Design ab. (…) Bewährte Eigenschaften, wie Servicequalität, fliegerische Kompetenz und technische Zuverlässigkeit stehen selbstverständlich auch weiterhin im Vordergrund…".

12.4.2 Strategie der Markenverschmelzung

Bei der Markenverschmelzung werden die Corporate Brands der beteiligten Unternehmen gleichermaßen berücksichtigt und zu einer neuen Corporate Brand zusammengeführt. Die Zusammenschlüsse zu ArcelorMittal, HypoVereinsbank oder PriceWaterhouseCoopers sind historische Beispiele für diese Strategie (s. Abb. 12.4).

Der *Vorteil* der Markenverschmelzung ist, dass im Idealfall keine Markenwerte vernichtet werden, da die beteiligten Marken nominell im Markennamen der neuen Corporate Brand weiter bestehen. Ein solches Vorgehen wird häufig dann gewählt, wenn den Anspruchsgruppen ein deutliches Signal der Gleichberechtigung der am Zusammenschluss beteiligten Unternehmen vermittelt werden soll. Die Schaffung einer hinreichend großen *Identifikation der Mitarbeiter* mit der verschmolzenen Corporate Brand sollte deshalb auch rascher erfolgen als bei einer Monomarkenstrategie, bei der die Mitarbeiter eines der beteiligten Unternehmens plötzlich unter der Markierung einer ihnen meist völlig fremden Corporate Brand arbeiten (Brockdorff 2003, S. 140). Dies ist eine weit verbreitete Meinung, der man allerdings nicht immer folgen kann. Ob eine solche Identifikation tatsächlich schneller gewährleistet ist, steht und fällt mit der Passung der Marken zueinander. Bei DaimlerChrysler ist dieser positive Effekt zumindest bei Mercedes-Benz-Mitarbeitern zunächst nicht eingetreten, weil man sich nicht mit einer Marke wie Chrysler, die für viele Mercedes-Mitarbeiter für überholte Technik stand, identifizieren konnte. Auch auf *Kundenseite* erhöht sich durch die Fortführung der bekannten Marken die Chance, dass das den beteiligten Marken entgegengebrachte Vertrauen auch der verschmolzenen Marke entgegengebracht wird. Voraussetzung dafür ist der gemeinsame Auftritt der neuen Corporate Brand auch gegenüber den Kunden, was bei DaimlerChrysler in Deutschland zunächst nicht der Fall war. Beim Zusammenschluss von PriceWaterhouse und Coopers&Lybrand zu PriceWaterhouseCoopers waren diese Überlegungen beispielsweise von zentraler Bedeutung. Die mit einem potenziellen Identifikationsverlust einhergehende Minderung der Einsatzbereitschaft oder sogar die Abwanderung von Mitarbeitern, eine der bedeutendsten Ressourcen von Wirtschaftsprüfungsunternehmen schlechthin, sollte unbedingt vermieden werden (Dutton et al. 1994, S. 240; Brockdorff 2003, S. 130). Gleichzeitig sollte den Kunden signalisiert werden, dass das neue zusammengeschlossene Unternehmen die Kompetenzen beider Corporate Brands vereint und sie deshalb bei PriceWaterhouseCoopers mindestens so gut aufgehoben sind wie zuvor bei PriceWaterhouse oder bei Coopers&Lybrand.

Diese positiven Effekte werden von den beteiligten Unternehmen oftmals als Argument für die Strategie der Markenverschmelzung vorgebracht. Das Streben nach Wachstum wird dabei allerdings häufig von einer finanziellen bzw. bilanziellen Sichtweise geprägt (Huber und Hieronimus 2001, S. 12). Getreu dem Motto „Fisch kauft Fahrrad" werden dann Corporate Brands miteinander verschmolzen, die über stark unterschiedliche Kulturen und Images verfügen. Die verantwortlichen Manager übersehen dabei, dass sich die positiven Effekte der Markenverschmelzung nur dann einstellen, wenn die beteiligten Corporate Brands über einen hinreichenden Fit verfügen. Ein *mangelnder Markenfit* bedeutet für die Mitarbeiter, dass sie sich mit einer Unternehmenskultur konfrontiert sehen, die in wesentlichen Aspekten (z. B. Qualitätsansprüche, Kundennähe) nicht zur eigenen, praktizierten Kultur passt. Die Folge ist ein gefährliches Konglomerat von Unternehmenskulturen, das nicht selten zu einem Identifikationsverlust führt, da man beispielsweise die eigenen Werte nicht mehr ausreichend in der neuen Corporate Brand gewürdigt sieht. Analoges gilt für die Kundenseite: Ein unzureichender Markenfit führt zur Verunsicherung der Kunden, da nicht eindeutig klar wird, für welches Versprechen die Markenfusion steht. Resultat ist ein verwässertes Image, von dem nur eine geringe Kaufmotivation ausgeht.

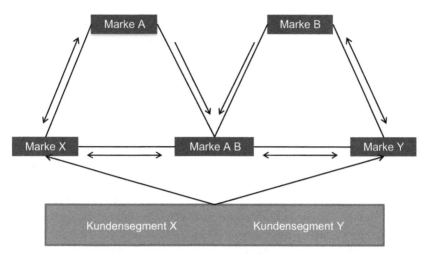

Abb. 12.5 Bewertung der Bündnisfähigkeit von Corporate Brands im Zuge der Markenverschmelzung. (Quelle: Huber und Hieronimus 2001, S. 16)

▶ Der Markenfit stellt einen zentralen Erfolgsfaktor bei der Markenverschmelzung dar.

Analyse des Markenfit Huber und Hieronimus (2001) schlagen deshalb zur Prüfung der Bündnisfähigkeit von Corporate Brands ein zweistufiges Vorgehen vor (s. Abb. 12.5). Die Autoren konzentrieren sich bei ihren Ausführungen auf einen Vergleich der Markenpersönlichkeiten. Dieser Ansatz erscheint indes zu eng. Ausgangspunkt sollte vielmehr die jeweilige Markenidentität sein, die mehr als nur die Markenpersönlichkeit umfasst. Allerdings sind von diesen Markenidentitäten nur solche Aspekte nutzbar, die einen Vergleich zwischen den jeweiligen Corporate Brands zulassen. Im Mittelpunkt des Verfahrens steht die Analyse der Markenidentitäten der betroffenen Marken.

In einem *ersten Schritt* werden die Markenidentitäten der zu verschmelzenden Marken (Marke A, Marke B) sowie einer idealtypischen Referenzmarke (Marke X, Marke Y) für jede Anspruchsgruppe ermittelt. Die Erfassung der Referenzmarken ermöglicht Einblicke in die Anforderungen, die eine Marke der betreffenden Branche erfüllen sollte, um die Erwartungen der Anspruchsgruppen bestmöglich zu befriedigen. Zur Identifikation branchenspezifischer Besonderheiten bzw. Stereotype sollten außerdem die Markenidentitäten der Hauptwettbewerber erhoben werden. Schließlich wird die Markenidentität der im Zuge der Verschmelzung entstehenden neuen Corporate Brand (Marke AB) erfragt.

In einem *zweiten Schritt* wird die Identität der neuen Marke (AB) mit den Referenzmarken (X und Y) und den Ausgangsmarken der Fusion (A und B) verglichen. Auf Basis dieses Vergleichs werden wertvolle Aussagen bezüglich der Bündnisfähigkeit der Corporate Brands möglich. Von einem zu geringen Fit sowie den daraus resultierenden negativen Konsequenzen ist auszugehen, falls sich die Markenpersönlichkeit der Markenfusion sehr weit von den Ursprungsmarken entfernt. Besonderes Augenmerk sollte dabei auf die Identitätsfacetten gelegt werden, die für die Zielgruppen besonders wichtig sind und deshalb einen starken Einfluss auf die Kaufabsicht ausüben. Kommt es hier zu kritischen Veränderungen, sollte auf die Markenverschmelzung verzichtet und eine der anderen Strategien gewählt werden (Eliminierung einer Marke zugunsten der anderen; Neumarkenschaffung). Moderaten Abweichungen der Markenverschmelzung vom Ideal kann hingegen durch entsprechende kommunikative Maßnahmen begegnet werden.

Markierungstechnische Fallstricke der Markenverschmelzung Zentral für den Aufbau eines prägnanten Markenimages ist die leichte Lernbarkeit des Markennamens (s. dazu auch den Beitrag zum Branding in diesem Buch). Dabei üben das Involvement und die Frequenz, mit der die Anspruchsgruppen mit einem Namen in Kontakt treten, den wichtigsten Einfluss auf die Lernleistung aus. Durch die Addition der an der Unternehmensvereinigung beteiligten Marken können im Zuge der Markenverschmelzung lange und komplizierte Markennamen entstehen (z. B. Dresdner Kleinwort Wasserstein, TotalFinaElf). Solche Namen hemmen grundsätzlich den Markenaufbau, da sie schwierig zu lernen sind und die Wiedererkennung der Marke beeinträchtigen (Richards und Heller 1976; Brockdorff 2003, S. 130 f.). Dieser Effekt kommt besonders bei wenig involvierten Anspruchsgruppen mit seltenen Kontakten zur Marke zum Tragen. Bei gering involvierten Konsumenten wird sich deshalb die Penetration langer und nicht prägnanter Namen langwierig und schwierig gestalten. Etwas anders sieht dies bei der Anspruchsgruppe der Mitarbeiter aus. Sie kommen häufig und meist in Situationen hohen Involvements mit der durch die Markenverschmelzung entstandenen Corporate Brand in Kontakt. Aufgrund der wesentlich besseren Lernleistung können hier grundsätzlich auch längere Namen erfolgreich in den Köpfen verankert werden. Wird eine Corporate Brand wie beispielsweise Procter & Gamble ausschließlich gegenüber hoch involvierten Zielgruppen (z. B. Mitarbeiter, Anteilseigner) kommuniziert, sind die Freiheitsgrade der Namensgestaltung demnach größer. Stellt die Corporate Brand jedoch einen wichtigen Markierungsbestandteil bei der Vermarktung der Angebote dar, sollte unbedingt auf prägnante und leicht lernbare Namen zurückgegriffen werden, da der zur Penetration komplexer Namen notwendige enorme Werbedruck einer Verschwendung kommunikativer Ressourcen gleich käme. Im Zuge einer Unternehmensvereinigung ist deshalb bei der Entstehung eines langen, nicht prägnanten Corporate Brand Name situativ abzuwägen, ob die Gründe, die für eine Markenverschmelzung sprechen, tatsächlich so schwer wiegen, dass sie die Nachteile schwierig lernbarer Namen rechtfertigen.

Ein Ausweg aus diesem Dilemma bietet sich dadurch, dass in der neuen Corporate Brand nicht alle Bestandteile der früheren Marken aufgenommen werden und der neue Name so auf eine praktikable Länge reduziert wird (HypoVereinsbank: Vereinigung der Bayerischen Hypotheken- und Wechselbank und Bayerische Vereinsbank). Die Wahl von Abkürzungsnamen bietet hingegen keinen Vorteil. Abkürzungsnamen wie EADS, SEB oder GMX sind ebenfalls sehr schwierig zu lernen und werden selbst lange Zeit nach der Einführung von den Zielgruppen nicht richtig zugeordnet (Endmark 2001; Langner und Esch 2003).

12.4.3 Strategie der Markenneuschaffung

Die Wahl dieser Strategieoption bietet sich, wie oben schon ausgeführt, vor allem dann an, wenn keine der an der Vereinigung beteiligten Corporate Brands über eine Positionierung verfügt, mit der sich die Bedürfnisse der wichtigsten Anspruchsgruppen in Zukunft erfolgreich befriedigen lassen. Die ursprünglichen Corporate Brands werden deshalb durch eine neu zu schaffende Marke ersetzt.

Die Corporate Brands Hoechst und Rhone Poulenc schlossen sich beispielsweise zu der neuen Marke Aventis zusammen. Von der neuen Marke erhoffte man sich eine Trennung von der belasteten Reputation der Chemieunternehmen sowie die glaubhafte Vermittlung der Neuausrichtung des Konzerns auf die Pharmabranche. Die mit der Eliminierung der alteingesessenen Corporate Brands Hoechst und Rhone Poulenc einhergehende Vernichtung von Markenguthaben wurde bewusst in Kauf genommen, da man sich von der Neupositionierung langfristig einen größeren Erfolg verspricht (Brockdorff 2003, S. 137).

Ein zentraler *Vorteil der Markenneuschaffung* besteht darin, dass eine neue Corporate Brand mit relativ großen Freiheitsgraden auf die Idealerwartungen der wichtigsten Anspruchsgruppen zugeschnitten werden kann. Damit geht einher, dass sich Mitarbeiter mit einer neu geschaffenen Marke oftmals rascher identifizieren können als mit der Corporate Brand des anderen am Zusammenschluss beteiligten Unternehmens (Brockdorff 2003, S. 138). Ein *Nachteil* der Markenneuschaffung ergibt sich allerdings durch die hohen Kosten des Markenneuaufbaus. Unter den heutigen Markt- und Kommunikationsbedingungen wird es immer schwieriger, eine hinreichende Bekanntheit und ein positives Image in den Köpfen der Anspruchsgruppen zu verankern. Die Kosten zur Einführung einer neuen Schokoladenmarke in Deutschland wurden beispielsweise bereits im Jahr 1995 auf durchschnittlich 150 Mio. DM geschätzt (Sattler 1997, S. 88). Die Kosten, die zur Penetration einer neuen Marke notwendig sind, hängen auch stark von der Professionalität der Markengestaltung ab. Durch eine Markierung, die leicht lernbar ist und starke positionierungsrelevante Assoziationen vermittelt, lassen sich beispielsweise die für den Markenaufbau notwendigen Kommunikationskosten erheblich reduzieren. Erfahrungen aus der Praxis zeigen außerdem, dass das Ausmaß der zeitlichen Investitionen zur Ableitung einer neuen Markierung (z. B. Suchen und Testen eines geeigneten Markennamens, markenrechtliche Prozesse etc.) oftmals unterschätzt wird. Bei E.ON hat beispielsweise allein die Prüfung und Freistellung der entsprechenden Internet-Domain rund sechs Monate in Anspruch genommen (Wolff 2001, S. 62). Für die umfassende markenrechtliche Eintragung einer internationalen Marke veranschlagt man sogar eine Dauer von mindestens einem Jahr und mehr.

12.4.4 Mehrmarkenstrategie: Beibehaltung des Status Quo

Bei dieser Option bleiben die ursprünglichen Unternehmensmarken nebeneinander bestehen. Dieses Vorgehen bietet sich vor allem dann an, wenn die Corporate Brands unterschiedlich positioniert sind und die beiden Positionierungen auch in Zukunft eine erfolgreiche Befriedigung der Bedürfnisse der wichtigsten Anspruchsgruppen ermöglichen. Der Volkswagen-Konzern liefert ein Beispiel hierfür: Die Marken Audi, Skoda und Seat gehören zwar zu Volkswagen, werden aber eigenständig geführt.

Der große Vorteil dieser Strategie ist, dass im Zuge des Unternehmenszusammenschlusses kein aufwändiger Wandlungsprozess zum Wechsel der Marke notwendig wird und alle hiermit verbundenen Probleme somit gar nicht erst entstehen. Andererseits besteht die *Gefahr*, dass potenzielle Synergieeffekte zwischen den verschiedenen Unternehmen ungenutzt bleiben. Dies ist immer dann der Fall, wenn die Corporate Brands sehr ähnlich positioniert sind und durch die Einführung einer einheitlichen Corporate Brand Kosten der Markenführung eingespart werden können.

12.5 Zukünftige Herausforderungen der Markenführung bei Mergers & Acquisitions abschätzen

Die Markt- und Kommunikationsbedingungen für Corporate Brands und Product Brands werden auch in Zukunft zumindest schwierig bleiben. Klare Markenpositionierungen und eine anspruchsgruppenadäquate Umsetzung der Positionierung sind für den Markterfolg unerlässlich. Gerade in Bezug auf die Integration der beteiligten Marken im Zuge von Transaktionen klaffen hier allerdings noch erhebliche Professionalitätslücken. Vielfach steht die Realisation von Kosten- und Wachstumspotenzialen im Mittelpunkt des Managementprozesses. *Der markt- und anspruchsgruppenorientierten Integration* der Corporate Brands und Product Brands wird dagegen oftmals nicht die notwendige strategische Bedeutung beigemessen. Infolgedessen kämpfen heute zahlreiche Unternehmen mit den Altlasten zurückliegender Transaktionen: Das Commitment der Mitarbeiter mit der Corporate Brand wurde bei vielen Integrationsprozessen durch einen unprofessionellen Change-Management-Prozess beschädigt. Außerdem behindern vielfach die durch M&A entstandenen aufgeblähten und teilweise redundanten Markenportfolios ein effektives und effizientes Wirtschaften. Unilever reduzierte sein durch zahlreiche Übernahmen gewachsenes Markenportfolio von ehemals 1600 Marken auf rund 400 (Sachs 2002).

Die Frage nach der Markenintegration sollte deshalb nicht nur ein zentraler Bestandteil des Post-Mergers-Integration-Managements sein, sondern bereits vor dem Zusammenschluss einen entsprechenden Platz innerhalb des Entscheidungsprozesses einnehmen.

Literatur

Accenture. (2012). Outlook 2012. Nr. 1. 2012.
Balmer, J. M. T., & Dinnie, K. (1999). Merger madness: The final coup de grace. *Journal of General Management, 24*(4), 53–70.
Balmer, J. M. T., & Greyser, S. A. (2002). Managing the multiple identities of the corporation. *California Management Review, 44*(3), 72–86.
Basu, K. (2006). Merging brands after mergers. *California Management Review, 48*(4), 28–40.

Bhadadir, S. C., Bharadwaj, S. G., & Srivastava, R. K. (2008). Financial value of brands in mergers and acquisitions: Is value in the eye of the beholder? *Journal of Marketing, 72*(November), 49–64.

Brockdorff, B. (2003). *Die Corporate Brand bei Mergers & Acquisitions: Konzeptualisierung und Integrationsentscheidung*. Bamberg: Difo Druck GmbH.

Brockdorff, B., & Kernstock, J. (2001). Brand integration management – Erfolgreiche Markenführung bei Mergers & Acquisitions. *Thexis, 18*(4), 54–60.

Capron, L. (1999). The long-term performance of horizontal acquisitions. *Strategic Management Journal, 20*(11), 987–1018.

Capron, L., & Hulland, J. (1999). Redeployment of brands, sales forces, and general marketing management expertise following horizontal acquisitions: A resource-based view. *Journal of Marketing, 63*(April), 41–54.

Chernatony, L. de, & Harris, F. J. (2000). Developing corporate brands through considering internal and external stakeholders. *Corporate Reputation Review, 3*(3), 268–274.

Chernatony L. de, Dall'Olmo Riley, F., & Harris, F. (1998). Criteria to assess brand success. *European Journal of Marketing, 14*(7), 765–781.

Dutton, J. E., Dukerich, J. M., & Harquil, V. V. (1994). Organizational images and member identification. *Administrative Science Quarterly, 39*(2), 239–263.

Eglau, H. O. (31. Oktober 1997). Reine Gier nach Größe. *Die Zeit, 45*, 39.

Endmark. (2001). *Trendstudie: Zuordnung neuer Markennamen zu den jeweiligen Produkten, Dienstleistungen und Unternehmen*. Köln: Endmark AG.

Esch, F.-R. (2005a). *Moderne Markenführung*. Wiesbaden: Gabler.

Esch, F.-R. (2005b). *Strategie und Technik der Markenführung*. München: Vahlen.

Esch, F.-R., & Langner, T. (2005). Branding als Grundlage zum Markenaufbau. In F.-R. Esch (Hrsg.), *Moderne Markenführung* (S. 573–586). Wiesbaden: Gabler.

Ettenson, R., & Knowles, J. (2006). Merging the brands and branding the merger. *MIT Sloan Management Review, 47*(4), 38–49.

Habeck, M. M., Kröger, F., & Träm, M. (2002). *Wi(e)der das Fusionsfieber: Die sieben Schlüsselfaktoren erfolgreicher Fusionen*. Wiesbaden: Gabler.

Haedrich, G., & Tomczak, T. (1996a). *Produktpolitik*. Stuttgart: Verlag Kohlhammer.

Herden, R. W., & Mbonimana, D. (2002). M & A Markt – Nachhaltiger Rückgang im Jahr 2001. *M & A Review, 3*, 144–148.

Herden, R. W., & Thiell, C. (2002). M & A-Markt – Abwärtstrend des vergangenen Jahres setzt sich ungebremst fort. *M & A Review, 6*, 328–331.

Homburg, C., & Bucerius, M. (2005). A marketing perspective on mergers and acquisitions: How marketing integration affects postmerger performance. *Journal of Marketing, 69*(1), 95–113.

Huber, F., & Hieronimus, F. (2001). Hai sucht Hose. *Markenartikel, 63*(1), 12–18.

Jaju, A., Joiner, C., & Reddy, S. K. (2006). Consumer evaluations of corporate brand redeployments. *Journal of the Academy of Marketing Science, 34*(2), 206–215.

Kapferer, J. N. (2008). *The new strategic brand management: Creating and sustaining brand equity long term*. London: Kogan Page.

Keite, L. (2001). Fusionen: Einen Schritt vor, zwei zurück. *Absatzwirtschaft, 44*(9), 58–64.

Keller, K. L. (1993). Conceptualizing, measuring, and managing customer-based brand equity. *Journal of Marketing, 57*(1), 1–22.

Kernstock, J., & Brexendorf, T. O. (2013). Corporate brand integration in mergers and acquisitions. In J. M. T. Balmer, L. Illia, & A. Gonzales del Valle Brena (Hrsg.), *Contemporary perspectives on corporate marketing – Contemplating corporate branding, marketing and communications in the twenty-first century* (S. 72–82). London: Routledge.

Kiriakidou, O., & Millward, L. (2000). Corporate identity: External reality or internal fit? *Corporate Communications: An International Journal, 5*(1), 49–58.

Knowles, J., Dinner, I., & Mizik, N. (2011). Why fusing company identities can add value. *Harvard Business Review*, 26.

Kroeber-Riel, W., & Esch, F.-R. (2004). *Strategie und Technik der Werbung*. Stuttgart: Kohlhammer.

Kroeber-Riel, W., & Weinberg, P. (2003). *Konsumentenverhalten*. München: Vahlen.

Krüger, W. (2002). *Excellence in Change: Wege zur strategischen Erneuerung*. Wiesbaden: Gabler.

Kuss, A., & Tomczak, T. (2002). Marketingplanung: Einführung in die marktorientierte Unternehmens- und Geschäftsfeldplanung. Wiesbaden: Gabler.

Langner, T. (2003). *Integriertes Branding: Baupläne zur Gestaltung erfolgreicher Marken*. Wiesbaden: Deutscher Universitäts-Verlag.

Langner, T., & Esch, F.-R. (2003). In sechs Schritten zum erfolgreichen Branding. *Absatzwirtschaft*, 46(7), 48–51.

Mazur, L. (16. Marz 2000). When brands and cultures clash. *Marketing*, 16–17.

Meffert, H., & Burmann, C. (2005a). Theoretisches Grundkonzept der identitätsorientierten Markenführung. In H. Meffert, C. Burmann, & M. Koers (Hrsg.), *Markenmanagement – Grundfragen der identitätsorientierten Markenführung* (S. 37–72). Wiesbaden: Gabler.

Meffert, H., & Burmann, C. (2005b). Wandel in der identitätsorientierten Markenführung – vom instrumentellen zum identitätsorientierten Markenverständnis. In H. Meffert; Ch. Burmann, & M. Koers (Hrsg.), *Markenmanagement – Grundfragen der identitätsorientierten Markenführung* (S. 19–36). Wiesbaden: Gabler.

Melewar, T., & Harrold, J. (2000). The role of corporate identity systems in merger and acquisition activity. *Journal of General Management*, 26(2), 17–31.

Mizik, N., Knowles, J., & Dinner, I. (2011). Value implications of corporate branding in mergers. Working paper.

Morsing, M., & Kristensen, J. (2001). The question of coherency in corporate branding – over time and across stakeholders. *Journal of Communication Management*, 6(1), 24–40.

Müller-Stewens, G. (2000). Akquisitionen und der Markt für Unternehmenskontrolle: Entwicklungstendenzen und Erfolgsfaktoren. In A. Picot, A. Nordmeyer, & P. Pribilla (Hrsg.), *Management von Akquisitionen* (S. 41–61). Stuttgart: Schäffer-Poeschel.

Müller-Stewens, G., & Spickers, J. (1993). Akquisitionsmanagement als Organisation des Wandels. Diskussionsbeiträge des Instituts für Betriebswirtschaft an der Universität St. Gallen, Nr. 2.

Muzellec, L., & Lambkin, M. (2008). Corporate rebranding and the implications for brand architecture management: The case of Guinness (Diageo) Ireland. *Journal of Strategic Marketing*, 16(4), 283–299.

Picken, L. G. (2003). *Unternehmensvereinigung und Shareholder Value*. Frankfurt: Peter Lang.

Rosson, P., & Brooks, M. R. (2004). M & As and corporate visual identity. *Corporate Reputation Review*, 7(2), 181–194.

Sachs, A. (2002). Portfolio-Management bei Unilever. *Marketingjournal*, 2, 8–17.

Sattler, H. (1997). Das Millionenspiel. *Absatzwirtschaft*, 40(12), 86–90.

Scott-Morgan, P. (1994). *The unwritten rules of the game. Master them, shatter them, and break through the barriers to organizational change*. New York: McGraw-Hill.

Stuart, H. (2001). The role of employees in successful corporate branding. *Thexis*, 18(4), 48–50.

Thomson, K., de Chernatony, L., Arganbright, L., & Khan, S. (1999). The buy-in benchmark: How staff understanding and commitment impact brand and business performance. *Journal of Marketing Management*, 15(8), 819–835.

Thorbjornsen, H., & Dahlen, M. (2011). Customer reactions to acquirer-dominant mergers and acquisitions. *International Journal of Research in Marketing*, 28, 332–341.

Veba Viag. (1999). Veba Viag – Die Fusion. Düsseldorf.

Wolff, M.-L. (2001). Corporate Brands bei Mergers & Acquisitions am Beispiel E.ON. *Thexis*, 18(4), 61–65.

Yang, D., Davis, D. A., & Robertson, K. R. (2012). Integrated branding with mergers and acquisitions. *Journal of Brand Management*, 19(5), 438–456.

Dr. Joachim Kernstock leitet das Kompetenzzentrum für Markenführung St. Gallen (KMSG). Sein Beratungsschwerpunkt ist Corporate Brand Management und Brand Behavior. Er ist Lehrbeauftragter für Betriebswirtschaftslehre mit besonderer Berücksichtigung des Marketing an der Universität St. Gallen und Co-Editor-in-Chief des Journal of Brand Management (JBM), London.

Prof. Dr. Torsten Tomczak ist Ordinarius für Betriebswirtschaftslehre mit besonderer Berücksichtigung des Marketings sowie Direktor des Center for Customer Insight (FCI) an der Universität St. Gallen, Schweiz. Seine Arbeits- und Forschungsgebiete umfassen u. a. Kundenverhalten und Markenforschung, Strategisches Marketing, Marketing Performance Management und Innovation.

Teil IV
Die Corporate Brand und die Anspruchsgruppe Mitarbeiter

13
Den Funnel als Analyse- und Steuerungsinstrument von Brand Behavior heranziehen

Daniel Wentzel, Torsten Tomczak, Joachim Kernstock,
Tim Oliver Brexendorf und Sven Henkel

Zusammenfassung

Das im folgenden Kapitel beschriebene Modell dient der Analyse und Steuerung des Brand Behavior. Der sogenannte „Funnel" postuliert, dass Mitarbeiter ein der Markenidentität konformes Verhalten an den Tag legen, sofern alle folgenden drei Voraussetzungen erfüllt sind: Wissen, wofür die Marke steht, Commitment zur Marke und die notwendigen Fähigkeiten, das Markenversprechen einzulösen. Mit Hilfe des Funnels ist einerseits ein pragmatischer, handlungsorientierter Ansatz zur Gliederung des Mitarbeiterverhaltens in seine elementaren Bestandteile gegeben. Andererseits liegt mit dem Funnel ein Analyse- und Steuerungsinstrument für das Brand Behavior vor. Zusammenfassend ermöglicht der Funnel einen effektiven Einsatz von Behavioral-Bran-

---

D. Wentzel (✉)
RWTH Aachen, Aachen, Deutschland
E-Mail: wentzel@time.rwth-aachen.de

T. Tomczak
Universität St. Gallen, St. Gallen, Schweiz
E-Mail: torsten.tomczak@unisg.ch

J. Kernstock
Kompetenzzentrum für Markenführung St. Gallen (KMSG), St. Gallen, Schweiz
E-Mail: joachim.kernstock@km-sg.ch

T. O. Brexendorf
WHU – Otto Beisheim School of Management, Vallendar, Deutschland
E-Mail: tim.brexendorf@whu.edu

S. Henkel
Universität St. Gallen, St. Gallen, Schweiz
E-Mail: sven.henkel@unisg.ch

ding Maßnahmen. Da es sich um ein allgemeines Modell handelt, ist vor einer Implementierung zu klären, welche unternehmensspezifischen Charakteristika Einfluss auf die Komponenten des Funnels nehmen. Diese sind dann im Rahmen von Trainings entsprechend zu berücksichtigen.

13.1 Relevanz des Behavioral Branding Funnels verstehen

Die Mitarbeiter eines Unternehmens können einen prägenden Einfluss auf das Markenbild eines Konsumenten ausüben. Dies ist insbesondere bei dienstleistungsbasierten Branchen, in denen wesentliche Teile der Unternehmensleistung von den Mitarbeitern erbracht werden, der Fall. Aber diese Überlegungen sind durchaus auch für Produktmarken relevant. Der Reiz der Marke Harley-Davidson basiert z. B. nicht auf der technologischen Überlegenheit der Motorräder, sondern auf dem Gefühl von Abenteuer, Rebellion und Unabhängigkeit, das die Marke verkörpert (Johar et al. 2005, S. 458). Gelingt es einem Mitarbeiter nicht, dieses Gefühl in einem Verkaufsgespräch zu bestätigen, werden die Kunden enttäuscht reagieren und sich von der Marke distanzieren. Die eigenen Mitarbeiter stellen daher einen zentralen Erfolgsfaktor der Markenführung dar und sind eine wichtige und eigenständig zu bearbeitende Zielgruppe in der Markenkommunikation.

Die bisherige *Forschung zu Brand Behavior* lässt sich zumeist in zwei Bereiche aufteilen. Der erste Bereich befasst sich mit den Interaktionen, die zwischen Kunden und Mitarbeitern stattfinden, und untersucht, auf welche Weise und in welcher Intensität ein Mitarbeiter das Markenbild eines Kunden prägt (Wentzel 2009; Wentzel und Tomczak 2012; Matta und Folkes 2005; Brexendorf et al. 2007; Hennig-Thurau et al. 2006). Der zweite Bereich beschäftigt sich mit der Schnittstelle zwischen dem Unternehmen und den Mitarbeitern. Diese Studien untersuchen, wie Mitarbeiter für die eigene Marke begeistert werden können und welche Rollen die Selektion, die Ausbildung und die Führung der Mitarbeiter in diesem Zusammenhang spielen (Henkel et al. 2007; Forster et al. 2012; Morhart et al. 2007; Mitchell 2002; Ostrom et al. 2005; Wentzel et al. 2008, 2010).

Der vorliegende Beitrag betrachtet Brand Behavior aus der Perspektive eines einzelnen Mitarbeiters. Es wird untersucht, wie ein markenkonformes Mitarbeiterverhalten entsteht und welche psychischen und physischen Dispositionen des Mitarbeiters hierfür notwendig sind. Das Modell, das auch in Abb. 13.1 dargestellt ist, postuliert, dass für ein markenkonformes Verhalten drei Komponenten erfüllt sein müssen, die in einem engen und logischen Zusammenhang stehen (von Rosenstiel et al. 2005, S. 259 ff.).

1. *Wissen:* Der Mitarbeiter muss wissen und verstehen, wofür die Marke steht und wie sein Verhalten zur Markenbildung beiträgt (Stichwort „Wissen").
2. *Commitment:* Der Mitarbeiter muss – neben seinem Wissen – auch ein gewisses Commitment gegenüber der Marke aufweisen (Stichwort „Wollen").

Abb. 13.1 Der Brand Behavior Funnel. (Quelle: von Rosenstiel et al. 2005, S. 259 ff.)

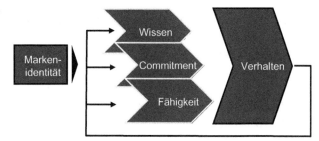

3. *Fähigkeit:* Schließlich muss der Mitarbeiter die physischen und/oder psychischen Fähigkeiten besitzen, um die Markenwerte in der Interaktion mit einem Kunden vermitteln zu können (Stichwort „Können").
4. *Verhalten:* Wenn ein Mitarbeiter diese drei Komponenten erfüllt, kann er ein Verhalten an den Tag legen, das im Einklang mit der angestrebten Markenidentität steht.

Das Wissen, das Commitment und die Fähigkeiten sind zwar eng miteinander verbunden, bauen aber in einer gewissen Weise aufeinander auf. Erst wenn ein Mitarbeiter das notwendige Wissen besitzt, kann er ein Commitment zur Marke aufbauen und die für ihn geeigneten Fähigkeiten erwerben. Zwar ist es möglich, dass ein Mitarbeiter auch ohne jegliches Markenwissen ein Commitment zur Marke aufweist, jedoch könnte ein solches Commitment fehlgeleitet und dem Zufall unterlegen sein (Thomson et al. 1999, S. 829). Daher kann das Modell als ein „Funnel" oder Trichter betrachtet werden, in welchem vorgelagerte Stufen erfüllt werden müssen, damit nachgelagerte erreicht werden können. Die einzelnen Komponenten werden in den folgenden Abschnitten näher erläutert.

▶ Wissen, Commitment und Fähigkeiten sind eng miteinander verbunden und dem Verhalten vorgelagert. Die Beziehung kann als Funnel dargestellt werden.

Die Vorteile eines solchen Funnels liegen auf der Hand: Auf diese Weise kann das (Fehl-) Verhalten eines Mitarbeiters in seine einzelnen Bestandteile aufgegliedert und somit einer *genaueren Analyse* zugänglich gemacht werden. Dies wiederum ermöglicht eine gezielte und systematische *Verbesserung des Behavioral Branding*, die die individuellen Bedürfnisse des Mitarbeiters berücksichtigt. Die Konzeption des Funnels weist Parallelen zu der Zielsetzungstheorie von Locke und Latham (1990), dem Rubikon-Modell von Gollwitzer (1991) und Heckhausen (1989) sowie den Überlegungen von von Rosenstiel et al. (2005) auf. Auch diese Theorien postulieren, dass einem Verhalten verschiedene kognitive Prozesse vorausgehen, und untersuchen die Zusammenhänge zwischen diesen Prozessen. Insbesondere das Rubikon-Modell kann für die interne Markenführung von Nutzen sein (Wittke-Kothe 2001; Herrmann et al. 2002, S. 186 ff.).

13.2 Die Komponenten des Funnels durchdringen

13.2.1 Wissen

Das Markenwissen bezieht sich auf die kognitive Repräsentation der Marke in den Köpfen der Mitarbeiter und zeigt die vorhandenen Vorstellungen, Kenntnisse und Assoziationen der Mitarbeiter auf. Das Wissen der Mitarbeiter wird dabei durch sogenannte Schemata repräsentiert. Schemata sind „große, komplexe Wissenseinheiten, welche typische Eigenschaften und standardisierte Vorstellungen von Objekten, Ereignissen und Situationen umfassen" (Esch 2010, S. 61). Schemata erfüllen eine wichtige kognitive Funktion, da sie es uns erleichtern, neue Informationen aus unserem Umfeld wahrzunehmen und ihnen eine Bedeutung zuzuschreiben (Brewer und Nakamura 1984, S. 199 ff.; Fischer und Wiswede 2002, S. 185 ff.). Daher ist es für den Erfolg einer Marke von immanenter Bedeutung, das Markenwissen über den Aufbau kognitiver Schemata zu erhöhen. Im Rahmen des Behavioral Branding sollte dabei zwischen dem Markenwissen im weiteren Sinne und dem Markenwissen im engeren Sinne unterschieden werden.

Das *Markenwissen im weiteren Sinne* bezieht sich auf die allgemeinen Wissensstrukturen der Mitarbeiter. Mitarbeiter können – ähnlich wie Konsumenten – ein differenziertes Bild über die Marke entwickeln, das sich nicht nur aus ihrer Arbeit im Unternehmen speist; vielmehr wird ihr Markenwissen auch durch ihre eigenen Konsumerlebnisse, die Meinungen von Freunden und Bekannten, Berichte in den Medien und die Werbung der Marke geprägt sein. Zur Operationalisierung kann diese Art von Markenwissen in zwei Komponenten – die Markenbekanntheit einerseits und das Markenimage andererseits – aufgeteilt werden (Esch et al. 2005, S. 46 ff.; Keller 1993, S. 3 ff.).

Die Markenbekanntheit stellt eine notwendige Bedingung dar, damit spezifische Vorstellungen und Eigenschaften überhaupt mit der Marke verbunden werden können. Da davon auszugehen ist, dass Mitarbeiter die Marke, für die sie arbeiten, kennen, soll die Markenbekanntheit an dieser Stelle keine weitere Betrachtung erfahren. Das Markenimage hingegen bezeichnet das allgemeine Vorstellungsbild der Mitarbeiter über die Marke. Es beinhaltet sowohl verbale als auch in anderen Modalitäten gespeicherte Wissensbausteine, die mehr oder weniger stark emotionalisiert sein können. Das Markenwissen kann insofern eine „emotionale Gussform" für immer wiederkehrende Gefühle gegenüber der Marke darstellen (Esch 2010, S. 62 ff.). In diesem Zusammenhang stellt sich die wichtige Frage, ob das Image, das die Mitarbeiter von der Marke haben, mit der vom Unternehmen angestrebten Markenidentität übereinstimmt. Aufgrund unterschiedlicher Erfahrungen der Mitarbeiter mit der Marke und/oder einer unzureichenden Penetration der Marke im Unternehmen kann es hier zu Differenzen kommen (Wittke-Kothe 2001, S. 32 ff.). In diesem Fall können in einem Unternehmen unterschiedliche Sichtweisen über die Identität der Marke vorherrschen. Mit anderen Worten: Wissen die Mitarbeiter überhaupt, wofür die Marke stehen soll und welche Werte an die verschiedenen Anspruchsgruppen der Marke kommuniziert werden sollen? Es versteht sich von selbst, dass ohne ein solches Wissen ein effektives Behavioral Branding nicht möglich sein wird. Daher muss darauf geachtet werden, dass die angestrebte Markenidentität konsistent, kontinuierlich und in der angemessenen Tiefe an alle Mitarbeiter des Unternehmens kommuniziert wird.

Das *Markenwissen im engeren Sinne* bezieht sich konkret auf die Umsetzung von markenkonformem Verhalten und die damit verbundenen Wissensstrukturen der Mitarbeiter. Die Mitarbeiter müssen wissen und verstehen, durch welche Verhaltensweisen das Markenversprechen eingelöst werden kann (Henkel et al. 2007, S. 16). Wenn sie dieses Wissen nicht besitzen, kann ein systematisches und effektives Brand Behavior selbstverständlich nicht stattfinden. Diese Art von Wissen unterscheidet sich in zweierlei Hinsicht von dem allgemeinen Markenwissen und sollte daher separat betrachtet werden. Zum einen ist es sehr viel differenzierter. Das markenkonforme Verhalten eines Servicemitarbeiters wird sich in vielerlei Hinsicht von dem eines Außendienstmitarbeiters unterscheiden; insofern müssen diese beiden Mitarbeitergruppen ein auf ihr Jobprofil zugeschnittenes und differenziertes Wissen aufweisen. Zum anderen ist dieses Wissen sehr viel handlungsorientierter. Es darf sich nicht auf die Vermittlung einer angestrebten und abstrakten Markenidentität beschränken. Vielmehr muss den Mitarbeitern gezeigt werden, wie die Markenidentität durch eine Reihe von konkreten und nachvollziehbaren Verhaltensweisen umgesetzt werden kann.

13.2.2 Commitment

Es reicht nicht aus, dass die Mitarbeiter wissen, wie sie die Markenidentität in der Interaktion mit einem Kunden umsetzen können. Vielmehr müssen sie dies auch wollen. In diesem Zusammenhang ist ein Rückgriff auf das Konstrukt des Commitment sehr hilfreich. Esch und Strödter (2012) definieren das Markencommitment eines Mitarbeiters „als die psychologische Bindung der Mitarbeiter gegenüber ihrer Unternehmens-, Familien- oder Produktmarke, die zu der Bereitschaft führt, Anstrengungen im Sinne dieser Marke zu ergreifen". Von einem beobachtbaren Verhalten lässt sich dabei nicht eindeutig auf das zugrunde liegende Commitment schließen. So kann ein markenkonformes Verhalten sowohl auf das Commitment des Mitarbeiters, seine Angst vor Sanktionen oder die Hoffnung auf eine monetäre Belohnung zurückzuführen sein. Eine eingehende Betrachtung des Commitment erscheint daher lohnenswert.

In der betriebswirtschaftlichen Forschung werden i. d. R. drei *verschiedene Arten von Commitment* unterschieden, nämlich affektives, rationales und normatives Commitment (Allen und Meyer 1990). Das affektive Commitment beschreibt die emotionale Bindung des Mitarbeiters an die Marke, während das rationale Commitment die Kosten- und Nutzenüberlegungen des Mitarbeiters in den Vordergrund stellt. Das normative Commitment hingegen bezieht sich auf die empfundene moralische Verpflichtung des Mitarbeiters und ist zumeist durch eine langfristige Sozialisation erlernt. Diese drei Arten von Commitment schließen einander nicht aus und können daher gleichzeitig bei einem Mitarbeiter vorhanden sein (Meyer und Allen 1997, S. 13). Das affektive Commitment besitzt jedoch das größte Potenzial im Rahmen des Behavioral Branding und sollte daher in den Mittelpunkt der Betrachtung gerückt werden (Esch und Strödter 2012).

Bei einem affektiven Commitment besteht eine hohe emotionale Verbundenheit zwischen dem Mitarbeiter und der Marke sowie eine starke Identifikation des Mitarbeiters mit den Werten der Marke (Burmann und Zeplin 2005, S. 1027). Die Ziele der Marke und die Ziele des Mitarbeiters stimmen in diesen Fällen überein. Der Mitarbeiter muss daher nicht zu einem Verhalten, das mit der Marke in Einklang steht, „gezwungen" werden. Es entspricht vielmehr seinem eigenen Willen und seiner eigenen Motivation, so dass davon ausgegangen werden kann, dass er versuchen wird, die erwünschten Verhaltensweisen umzusetzen (Burmann und Zeplin 2005, S. 1027). Weiterhin weisen Meyer und Allen (1991, S. 67) darauf hin, Commitment „a) characterizes the employee's relationship with the firm, and b) has implications for the decision to continue membership in the organization". Bei einem hohen affektiven Commitment möchte der Mitarbeiter im Unternehmen verbleiben und die Beziehung zur Marke aufrechterhalten. Insofern erscheint es wahrscheinlich, dass sich der Mitarbeiter auf eine Art und Weise verhalten wird, die dem Erfolg der Marke zuträglich ist und damit seinen Verbleib im Unternehmen ermöglicht.

Ein niedriges affektives Commitment kann hingegen mit einer Reihe von negativen Konsequenzen verbunden sein. In diesen Fällen fühlt sich der Mitarbeiter der Marke nicht verbunden und weist keine intrinsische Motivation auf, sich stets im Sinne der Marke zu verhalten. Dies kann dazu führen, dass er nur dann ein markenkonformes Verhalten an den Tag legen wird, wenn er dafür explizit belohnt wird und/oder er befürchtet, dass sein Verhalten durch das Unternehmen kontrolliert wird. Diese Überlegungen verdeutlichen, dass ein erfolgreiches Brand Behavior durch ein hohes Commitment der Mitarbeiter ungemein erleichtert wird. Bei einem niedrigen Commitment ist dies nur durch einen höheren finanziellen und/oder organisatorischen Aufwand zu erreichen.

13.2.3 Fähigkeit

Weiterhin muss der Mitarbeiter die notwendigen Fähigkeiten besitzen. Darunter werden hier die Kompetenzen und Fertigkeiten des Mitarbeiters verstanden, die durch die Markenidentität vorgegebenen Richtlinien in ein spezifisches, wahrnehmbares und konsistentes Verhalten umzuwandeln. Fähigkeiten sind dabei als psychische und physische Handlungskompetenzen zu verstehen, die ein Individuum bis zu einem gewissen Zeitpunkt entwickelt hat (Erpenbeck und von Rosenstiel 2003). Fähigkeiten können sowohl angeboren sein (z. B. Intelligenz) als auch erlernt werden (z. B. Fremdsprachen). In Handlungssituationen können Fähigkeiten das Verhalten eines Individuums lenken und sind daher selbststeuernd, dynamisch und situationsspezifisch einsetzbar. In diesem Sinne unterscheiden sich Fähigkeiten von reinen Qualifikationen, da letztere eher eine Form statischen und abprüfbaren Wissens darstellen (Erpenbeck und von Rosenstiel 2003). Im Rahmen des Behavioral Branding ist diese Selbststeuerung durch Fähigkeiten von großem Vorteil. Viele der Interaktionen, die zwischen Kunden und Mitarbeitern stattfinden, sind von hoher

Komplexität und lassen sich oftmals nur unzureichend durch ein standardisiertes Raster bewältigen (Surprenant und Solomon 1987, S. 88). Insofern können durch *selbststeuernde* und dynamische *Fähigkeiten* meist bessere Ergebnisse erzielt werden als durch statische Instruktionen/Qualifikationen. In diesem Zusammenhang stellt sich auch die Frage nach der Beobachtbarkeit von Fähigkeiten. Oftmals lassen sich Fähigkeiten nur anhand des tatsächlichen Verhaltens – der Anwendung der Fähigkeiten – beobachten. Die Analyse von Fähigkeiten ist demnach eng mit der Analyse des Verhaltens verbunden und beinhaltet stets einen Interpretationsprozess.

Viele Autoren haben eine grundsätzliche Unterscheidung zwischen funktionalen und sozio-emotionalen Fähigkeiten getroffen (van Dolen et al. 2002, S. 266; Winsted 1997, S. 341 ff.; Morhart et al. 2007, S. 255; Gwinner et al. 1998, S. 102). Erstere umfassen die Kompetenz des Mitarbeiters, sein fachliches Wissen einzusetzen und die Probleme und Bedürfnisse des Kunden auf eine adäquate Weise zu erfüllen. Sozio-emotionale Fähigkeiten gehen über die Erfüllung funktionaler Bedürfnisse hinaus. „Socio-emotional aspects comprise those behaviors that foster interpersonal relationships and satisfy customers' emotional needs. These facilitate interactions (…) by being friendly, enthusiastic, attentive, and showing empathy for the customer" (van Dolen et al. 2002, S. 266). Beide dieser Fähigkeiten sind im Rahmen des Behavioral Branding wichtig. So muss ein Bankberater sicherlich eine fachliche Kompetenz besitzen, um eine Anlagestrategie zu entwickeln, die für den Kunden zufrieden stellend ist. Gleichzeitig muss er aber auch eine soziale Kompetenz aufweisen, um das Vertrauen des Kunden zu gewinnen und die emotionale Bindung an die Marke zu verstärken.

Eine Differenzierung zwischen funktionalen und sozio-emotionalen Fähigkeiten ist aus zweierlei Gründen sinnvoll. Einerseits können sich verschiedene Jobprofile hinsichtlich der geforderten Fähigkeiten unterscheiden. So stehen bei einem Call-Center-Mitarbeiter sicherlich funktionale Fähigkeiten stärker im Vordergrund, während bei einem Außendienstmitarbeiter sowohl funktionale als auch soziale Fähigkeiten von hoher Relevanz sein können. Andererseits können sich verschiedene Mitarbeiter hinsichtlich ihrer funktionalen und sozio-emotionalen Fähigkeiten unterscheiden. Eine Differenzierung ermöglicht daher eine sehr viel präzisere Analyse und Förderung der Fähigkeiten der Mitarbeiter. Das Ausmaß, in welchem ein Mitarbeiter verschiedene Arten von Fähigkeiten in einer Kundeninteraktion einsetzen muss, hängt auch von der Identität der jeweiligen Marke ab, da diese sowohl funktionale als auch emotional-symbolische Komponenten aufweisen wird (Esch 2010, S. 101 ff.).

13.2.4 Verhalten

Erst wenn ein Mitarbeiter das notwendige Wissen besitzt, ein ausreichendes Commitment aufweist und über die entsprechenden Fähigkeiten verfügt, kann es zu einem *markenkonformen Verhalten* kommen. In der Verhaltensbiologie wird Verhalten als eine Anpassungsleistung eines intakten Organismus an seine natürliche Umwelt verstanden. Im Rahmen

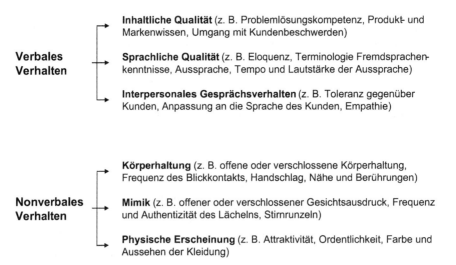

Abb. 13.2 Überblick über verbale und nonverbale Verhaltensweisen. (Quelle: Watzlawick et al. 2000, S. 51)

von Brand Behavior umfasst markenkonformes Verhalten alle Aktivitäten eines Mitarbeiters, die im Einklang mit der Markenidentität stehen und dazu beitragen, den Markenwert und die Markenbindung direkt oder indirekt zu verstärken (Tomczak et al. 2005, S. 28; Henkel et al. 2007, S. 13).

In der Kommunikationsforschung und in der Psychologie werden verbales und nonverbales Verhalten voneinander unterschieden (DePaulo 1992, S. 203 ff.). Verbales Verhalten bezeichnet die Übermittlung von Informationen mit Hilfe der Sprache. So müssen sich ein Kunde und ein Mitarbeiter im Rahmen einer Interaktion zumeist miteinander unterhalten. Der Einfluss eines Mitarbeiters ist aber nicht auf sein verbales Verhalten beschränkt; vielmehr kann sein nonverbales Verhalten eine gleichwertige Wirkung erzielen. Unter nonverbalem Verhalten versteht man die Übermittlungen von Gefühlen, Gedanken und Informationen ohne die Verwendung von Worten. Solche nonverbalen Verhaltensweisen umfassen u. a. die Körperhaltung des Mitarbeiters, seine Mimik und Gestik, seinen Sprachrhythmus und seine physische Erscheinung (Sundaram und Webster 2003, S. 212 ff.). Stellen Sie sich z. B. vor, welchen Eindruck eine Parfümerie-Fachverkäuferin mit schmutzigen Fingernägeln, ein hektisch agierender Yogalehrer oder ein schlampig angezogener Anwalt hinterlassen würden. Während solche Faktoren auf den ersten Blick zweitrangig erscheinen mögen, zeigen Studien aus der Psychologie, dass Menschen weit reichende und oftmals unbewusste Schlussfolgerungen aus solchen nonverbalen Verhaltensweisen ziehen können (Uleman et al. 1996, S. 211; Ambady et al. 2000, S. 201). In diesem Sinne kann das metakommunikative Axiom von Watzlawick im Brand Behavior Anwendung finden: Man kann nicht nicht kommunizieren (Watzlawick et al. 2000, S. 51). Eine Übersicht der relevanten verbalen und nonverbalen Verhaltensweisen findet sich in Abb. 13.2.

> **Beispiel**
> Die vorangegangenen Überlegungen verdeutlichen, auf welche Weise die vier Komponenten zusammenhängen und einander bedingen. Dies kann an dem Beispiel Singapore Airlines illustriert werden. Dieses Unternehmen wirbt damit, die Romantik des Fliegens wieder entdeckt zu haben und verspricht seinen Kunden ein exklusives, beruhigendes und komfortables Flugerlebnis (Singapore Airlines 2007). Ein erfolgreiches Behavioral Branding kann nur dann stattfinden, wenn a) ein Flugbegleiter weiß, welche Verhaltensweisen der Marke entsprechen, b) er gewillt ist, das Markenversprechen einzulösen und c) er die Fähigkeiten besitzt, um die erforderten Verhaltensweisen auch tatsächlich umzusetzen. Wenn eine dieser Voraussetzungen nicht erfüllt ist, wird ein erfolgreiches Behavioral Branding nicht stattfinden können. Wenn der Flugbegleiter z. B. ein hohes Wissen und ein hohes Commitment aufweist, aber nicht die nötigen Fähigkeiten besitzt, wird er das Markenversprechen nicht einlösen können und der Marke – trotz seines guten Willens – eventuell schaden. Fehlt es ihm hingegen am nötigen Commitment, wird er trotz seiner guten Fähigkeiten keine Anstrengungen unternehmen, um die Marke zu stärken. Alle drei Komponenten müssen demnach bei den Mitarbeitern gefördert werden.

13.3 Analyse und Steuerung von Brand Behavior umsetzen

Um den Funnel bei der Analyse und der Steuerung von Brand Behavior im Unternehmen einzusetzen, müssen drei verschiedene Schritte durchgeführt werden. Zu Anfang muss die Markenidentität in konkrete Verhaltensweisen übersetzt werden, da ansonsten eine sinnvolle Messung von Brand Behavior nicht möglich ist. Anhand dieser Soll-Vorgaben kann der Ist-Zustand des Behavioral Branding gemessen werden, und – falls bedeutende Lücken bestehen – eine Ursachenanalyse durchgeführt werden. Eine solche Analyse kann die Frage beantworten, ob die Lücken auf ein unzureichendes Wissen, ein unausgeprägtes Commitment oder mangelhafte Fähigkeiten zurückzuführen sind. Schließlich können auf Grundlage der Ursachenanalyse geeignete Maßnahmen entwickelt werden, um das Brand Behavior zu verbessern. Diese drei Schritte werden im Folgenden in größerem Detail dargestellt.

▸ Der Funnel kann zur Analyse und zur Steuerung von Brand Behavior genutzt werden.

13.3.1 Übersetzung der Markenidentität

In einem ersten Schritt muss die Markenidentität in eine Reihe von konkreten und umsetzbaren Verhaltensweisen übersetzt werden. Für jede Facette der Markenidentität ist zu prüfen, in welchem Ausmaß sie durch die Mitarbeiter beeinflusst wird und welche Ver-

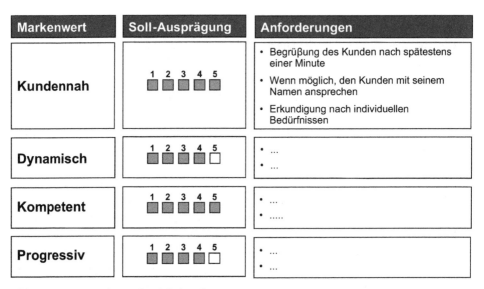

Abb. 13.3 Ausgestaltung einer Markencharta

haltensweisen der Mitarbeiter notwendig sind, um die angestrebte Ausprägung bei den einzelnen Facetten zu erreichen. Ohne eine detaillierte Definition der gewünschten Verhaltensweisen ist eine Analyse des Mitarbeiterverhaltens und eine nachfolgende Verbesserung und Steuerung nicht möglich.[1]

Die Soll-Verhaltensweisen können in so genannten „Markenchartas" festgehalten werden (s. Abb. 13.3). Eine *Markencharta* dokumentiert, welche Anforderungen und Verhaltensweisen den jeweiligen Markenwerten entsprechen und leistet damit eine wichtige Orientierungsfunktion für die Mitarbeiter. Je präziser die Anforderungen in einer Markencharta formuliert werden, desto besser lassen sie sich im Nachhinein auch messen und analysieren. Dabei ist es empfehlenswert, spezifische Chartas für unterschiedliche Jobprofile (z. B. Marketing und Vertrieb) zu entwickeln, da sich die notwendigen Verhaltensweisen je nach dem betrachteten Jobprofil unterscheiden können. Weiterhin kann eine Markencharta auch aufzeigen, welche Relevanz die verschiedenen Markenwerte für die einzelnen Mitarbeitersegmente und deren Verhalten besitzen. So ist es z. B. denkbar, dass die Erfüllung eines bestimmten Markenwerts für die Mitarbeiter aus dem Marketing wichtiger ist als für die Mitarbeiter aus dem Vertrieb. Durch eine klare und segmentspezifische Priorisierung der Markenwerte kann vermieden werden, dass unrealistische oder gar unnötige Ansprüche an die einzelnen Mitarbeitergruppen gestellt werden.

13.3.2 Analyse der Funnelkomponenten

In einem zweiten Schritt muss nun geprüft werden, inwiefern das Verhalten der Mitarbeiter den Vorgaben aus den Markenchartas entspricht. Dies setzt natürlich voraus, dass die

---

[1] Weitere Ausführungen zur Übersetzung der Markenidentität finden sich bei Esch (2012).

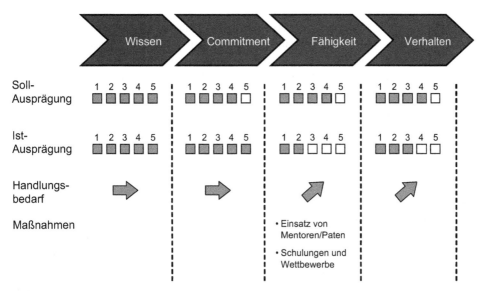

Abb. 13.4 Messung und Analyse der Funnelkomponenten

angestrebten Verhaltensweisen in einem ausreichenden Ausmaß definiert worden und dadurch *einer objektiven Messung* zugänglich sind. Aufgrund einer solchen Messung kann der Ist-Zustand des Behavioral Branding bei einer bestimmten Mitarbeitergruppe mit dem Soll-Zustand verglichen werden. Eine solche Analyse kann Auskunft darüber erteilen, ob die tatsächlichen Verhaltensweisen der Mitarbeiter auch den angestrebten entsprechen oder ob bedeutende Abweichungen bestehen.

Im Anschluss an diese Messung sollte eine Ursachenanalyse durchgeführt werden. Im vorigen Abschnitt wurde postuliert, dass ein markenkonformes Verhalten erst durch die Komponenten Wissen, Commitment und Fähigkeit zustande kommen kann. Insofern lassen sich etwaige *Abweichungen* im Mitarbeiterverhalten auf Defizite beim Wissen, beim Commitment oder bei den Fähigkeiten zurückführen. Eine alleinige Messung des Verhaltens kann sich demnach als unzureichend erweisen, da dadurch keine eindeutigen Rückschlüsse auf die Ursachen des (Fehl-)Verhaltens gezogen werden können. Eine Messung des Mitarbeiterverhaltens sollte also stets mit einer Messung der anderen Funnelkomponenten verbunden werden (s. Abb. 13.4). Nur auf diese Weise können die Ursachen eindeutig identifiziert und geeignete Maßnahmen eingeleitet werden. Um eine solche Ursachenanalyse durchführen zu können, müssen notwendigerweise auch Soll-Zustände für das Wissen, das Commitment und die Fähigkeiten festgelegt werden und geeignete Messverfahren ausgewählt werden.

13.3.3 Entwicklung von Maßnahmen

In einem letzten Schritt müssen Maßnahmen entwickelt werden, um die identifizierten Defizite auszugleichen und das Brand Behavior zu verbessern. Dies verdeutlicht, warum eine alleinige Analyse des Mitarbeiterverhaltens nicht ausreichend sein kann. Ein Verhalten, das nicht der Markenidentität entspricht, kann auf verschiedene Ursachen zurückzuführen sein. Diese Ursachen können sich weiterhin zwischen verschiedenen Mitarbeitergruppen oder verschiedenen Mitarbeitern unterscheiden. Während bei einem Mitarbeiter ein mangelndes Commitment für das Fehlverhalten verantwortlich ist, besitzt ein anderer schlichtweg nicht die notwendigen Fähigkeiten, um das Markenversprechen umzusetzen. Da die Instrumente, die zur Förderung von Brand Behavior zur Verfügung stehen, nicht in gleichem Ausmaß für alle Funnelkomponenten geeignet sind, ist eine genaue Analyse der Ursachen erforderlich, um die effektivsten Instrumente einsetzen zu können (Brexendorf et al. 2012). Beispielsweise können implizite und schwer verbalisierbare Wissensbestandteile sehr gut über das Instrument des Storytelling vermittelt werden. Eine Story verleiht einer abstrakten Markenidentität einen konkreten Rahmen und zeigt auf eine nachvollziehbare Weise, wie die Markenidentität im unternehmerischen Alltag umgesetzt werden kann (Wentzel et al. 2008, 2012). Für die Stärkung des Commitment kann hingegen ein CEO, der als Markenbotschafter in der Öffentlichkeit auftritt und die Markenidentität personifiziert, sehr dienlich sein (Burmann und Zeplin 2005, S. 1031; Henkel et al. 2007, S. 16). *Eine genaue Analyse der Funnelkomponenten ermöglicht demnach einen effektiven und zielgerichteten Einsatz der Maßnahmen.*

In diesem Zusammenhang ist ein Hinweis wichtig: Die Konzeption des Funnels basiert auf der impliziten Annahme, dass die Entstehung eines markenkonformen Verhaltens in erster Linie von dem Willen und der Disposition des Mitarbeiters abhängig ist. Dies stellt natürlich eine vereinfachende Annahme dar. In der Realität wird das Brand Behavior auch durch Rahmenbedingungen determiniert, die sich außerhalb des direkten Einflusses des Mitarbeiters befinden. Zu diesen Rahmenbedingungen zählen u. a. die Kultur des Unternehmens (Homburg und Pflesser 2000, S. 450), die Führung der Mitarbeiter durch ihre Vorgesetzten (Morhart et al. 2007, S. 255), die monetären und nicht-monetären Anreizsysteme (Oliver und Anderson 1994, S. 56 f.) und die spezifische Struktur der Interaktion (Surprenant und Solomon 1987, S. 86). Beispielsweise wird es für einen Mitarbeiter schwierig sein, ein markenkonformes Verhalten an den Tag zu legen, wenn sein direkter Vorgesetzter andere Ziele verfolgt und entsprechende Anstrengungen untergräbt. Weiterhin kann die Struktur der Interaktionssituationen (z. B. ein hoher Effizienzdruck und eine ausgeprägte Standardisierung) der Realisierung des Markenversprechens (z. B. Empathie und Fürsorge) entgegenwirken. Dies wird z. B. bei vielen Fluglinien der Fall sein. Das Brand Behavior wird also stets durch die im Unternehmen vorherrschenden Rahmenbedingungen geprägt sein, und es muss daher darauf geachtet werden, dass diese Rahmenbedingungen ein markenkonformes Verhalten der Mitarbeiter ermutigen und fördern.

> ▶ Neben den Funnel-Komponenten beeinflussen auch andere Komponenten wie bspw. die Unternehmenskultur, das Führungsverhalten des Vorgesetzten oder das monetäre Anreizsystem das konkrete markenbezogene Mitarbeiterverhalten. Diese Komponenten sollten ebenso auf ihre unterstützende Wirkung hinsichtlich markenkonformen Verhaltens geprüft werden.

Literatur

Allen, N. J., & Meyer, J. P. (1990). The measurement and the antecedents of affective, continuance and normative commitment to the organization. *Journal of Occupational Psychology, 63*(1), 1–18.

Ambady, N., Bernieri, F. J., & Richeson, J. A. (2000). Toward a histology of social behavior: Judgmental accuracy from thin slices of the behavioral stream. In M. Zanna (Hrsg.), *Advances in experimental social psychology* (S. 201–271). San Diego: Emerald.

Brewer, W. F., & Nakamura, G. V. (1984). The nature and function of schemas. In R. S. Wyer & T. K. Srull (Hrsg.), *Handbook of social cognition* (S. 425–446). Hillsdale: L. Erlbaum Associates.

Brexendorf, T., Mühlmeier, S., & Tomczak, T. (2007). *The impact of sales encounter satisfaction on salesperson and brand loyalty.* EMAC Conference, Reykjavik.

Brexendorf, T. O., Tomczak, T., Kernstock, J., Henkel, S., & Wentzel, D. (2012). Der Einsatz von Instrumenten zur Förderung des Brand Behavior. In T. Tomczak, F.-R. Esch, J. Kernstock, & A. Herrmann (Hrsg.), *Behavioral Branding – Wie Mitarbeiterverhalten die Marke stärkt* (S. 337–372). Wiesbaden: Gabler.

Burmann, C., & Zeplin, S. (2005). Innengerichtete Markenkommunikation. In F.-R. Esch (Hrsg.), *Moderne Markenführung – Grundlagen – Innovative Ansätze – Praktische Umsetzungen* (S. 1021–1036). Wiesbaden: Gabler.

DePaulo, B. M. (1992). Nonverbal behavior and self-presentation. *Psychological Bulletin, 111*(2), 203–243.

van Dolen, W., Lemmink, J., de Ruyter, K., & de Jong, A. (2002). Customer-sales employee encounters: A dyadic perspective. *Journal of Retailing, 78*(4), 265–279.

Erpenbeck, J., & von Rosenstiel, L. (2003). *Handbuch Kompetenzmessung.* Stuttgart: Schäffer Poeschel.

Esch, F.-R. (2010). *Strategie und Technik der Markenführung.* München: Vahlen.

Esch, F.-R. (2012). Markenidentität als Basis für Brand Behavior. In T. Tomczak, F.-R. Esch, J. Kernstock, & A. Herrmann (Hrsg.), *Behavioral Branding – Wie Mitarbeiterverhalten die Marke stärkt* (S. 35–46). Wiesbaden: Gabler.

Esch, F.-R., & Strödter, K. (2012). Aufbau des Markencommitment in Abhängigkeit des Mitarbeiter-Marken-Fits. In T. Tomczak, F.-R. Esch, J. Kernstock, & A. Herrmann (Hrsg.), *Behavioral Branding – Wie Mitarbeiterverhalten die Marke stärkt* (S. 141–160). Wiesbaden: Gabler.

Esch, F.-R., Wicke, A., & Rempel, J. E. (2005). Herausforderungen und Aufgaben des Markenmanagements. In F.-R. Esch (Hrsg.), *Moderne Markenführung. Grundlagen – Innnovative Ansätze – Praktische Umsetzungen* (S. 3–54). Wiesbaden: Gabler.

Fischer, L., & Wiswede, G. (2002). *Grundlagen der Sozialpsychologie.* München: Oldenbourg.

Forster, A., Erz, A., & Jenewein, W. (2012). Employer Branding – Ein konzeptioneller Ansatz zur markenorientierten Mitarbeitergewinnung. In T. Tomczak, F.-R. Esch, J. Kernstock, & A. Herrmann (Hrsg.), *Behavioral Branding – Wie Mitarbeiterverhalten die Marke stärkt* (S. 277–294). Wiesbaden: Gabler.

Gollwitzer, P. (1991). *Abwägen und Planen: Bewusstseinslagen in verschiedenen Handlungsphasen.* Göttingen: Verlag für Psychologie.

Gwinner, K. P., Gremler, D. D., & Bitner, M. J. (1998). Relational benefits in services industries: The customer's perspective. *Journal of the Academy of Marketing Science, 26*(2), 101–114.

Heckhausen, H. (1989). *Motivation und Handeln.* Berlin: Springer.

Henkel, S., Tomczak, T., & Wentzel, D. (2007). Bringing the brand to life: Structural conditions of brand consistent employee behavior. *Thexis, 24*(1), 13–18.

Hennig-Thurau, T., Groth, M., Paul, M., & Gremler, D. D. (2006). Are all smiles created equal? How emotional contagion and emotional labor affect service relationships. *Journal of Marketing, 70*(3), 58–73.

Herrmann, A., Huber, F., & Wittke-Kothe, C. (2002). Interne Markenführung – Verankerung der Markenidentität im Mitarbeiterverhalten. *Journal für Betriebswirtschaft, 52*(5/6), 186–205.

Homburg, C., & Pflesser, C. (2000). A multiple-layer model of market-oriented organizational culture: Measurement issues and performance outcomes. *Journal of Marketing Research, 37*, 449–462.

Johar, G. V., Sengupta, J., & Aaker, J. L. (2005). Two roads to updating brand personality impressions: Trait versus evaluative inferencing. *Journal of Marketing Research, 42*, 458–469.

Keller, K. L. (1993). Conceptualizing, measuring, and managing customer-based brand equity. *Journal of Marketing, 57*, 1–22.

Locke, E. A., & Latham, G. P. (1990). *A theory of goal setting and task performance*. Englewood Cliffs: Prentice Hall.

Matta, S., & Folkes, V. S. (2005). Inferences about the brand from counterstereotypical service providers. *Journal of Consumer Research, 32*, 196–206.

Meyer, J. P., & Allen, N. J. (1991). A three-component conceptualization of organizational commitment. *Human Resource Management Review, 1*(1), 61–89.

Meyer, J. P., & Allen, N. J. (1997). *Commitment in the workplace: Theory, research, and application*. Thousand Oaks: Sage.

Mitchell, C. (2002). Selling the brand inside. *Harvard Business Review, 80*(1), 99–105.

Morhart, F. M., Herzog, W., & Tomczak, T. (2007). Driving brand-building behaviors among employees: The role of brand-specific transformational leadership. American Marketing Association Winter Educators' Conference, San Diego, CA.

Oliver, R. L., & Anderson, E. A. (1994). An empirical test of the consequences of behavior- and outcome-based sales control systems. *Journal of Marketing, 58*, 53–67.

Ostrom, A., Iacobucci, D., & Morgan, F. N. (2005). Services branding. In A. M. Tybout & T. Calkins (Hrsg.), *Kellog on branding* (S. 186–200). Hoboken: Wiley.

von Rosenstiel, L., Molt, W., & Rüttinger, B. (2005). *Organisationspsychologie*. Stuttgart: Oldenbourg.

Singapore Airlines. (2007). The experience. http://www.singaporeair.com/saa/en_UK/content/exp/index.jsp. Zugegriffen: 20. Aug. 2007.

Sundaram, D. S., & Webster, C. (2003). The role of nonverbal communication in service encounters. In S. Kusluvan (Hrsg.), *Managing employee attitudes and behaviors in the tourism and hospitality industry* (S. 208–221). New York: NOVA.

Surprenant, C., & Solomon, M. R. (1987). Predictability and personalization in the service encounter. *Journal of Marketing, 51*, 86–96.

Thomson, K., de Chernatony, L., Arganbright, L., & Khan, S. (1999). The buy-in benchmark: How staff understanding and commitment impact brand and business performance. *Journal of Marketing Management, 15*(8), 819–835.

Tomczak, T., Herrmann, A., Brexendorf, T., & Kernstock, J. (2005). Behavioral Branding – Markenprofilierung durch persönliche Kommunikation. *Thexis, 22*(1), 28–30.

Uleman, J. S., Newman, L. S., & Moskowitz, G. B. (1996). People as flexible interpreters: Evidence and issues from spontaneous trait inference. In M. Zanna (Hrsg.), *Advances in Experimental Social Psychology* (S. 211–279). San Diego: Academic.

Watzlawick, P., Beavin, J. H., & Jackson, D. D. (2000). *Menschliche Kommunikation. Formen, Störungen, Paradoxien*. Bern: Huber.

Wentzel, D. (2009). The impact of employee behavior on brand personality impressions and brand attitudes. *Journal of the Academy of Marketing Science, 37*(3), 359–374.

Wentzel, D., & Tomczak, T. (2012). Ein sozialpsychologischer Erklärungsansatz von Brand Behavior. In T. Tomczak, F.-R. Esch, J. Kernstock, & A. Herrmann (Hrsg.), *Behavioral Branding – Wie Mitarbeiterverhalten die Marke stärkt* (S. 47–64). Wiesbaden: Gabler.

Wentzel, D., Tomczak, T., Herrmann, A., & Heitmann, M. (2008). Interne Markenführung durch Markengeschichten. *Die Betriebswirtschaft, 68*(4), 418–439.

Wentzel, D., Henkel, S., & Tomczak, T. (2010). Can I live up to that ad? The impact of implicit theories of ability on service employees' responses to print advertisements. *Journal of Service Research, 13*(2), 137–152.

Wentzel, D., Tomczak, T., & Herrmann, A. (2012). Storytelling im Behavioral Branding. In T. Tomczak, F.-R. Esch, J. Kernstock, & A. Herrmann (Hrsg.), *Behavioral Branding – Wie Mitarbeiterverhalten die Marke stärkt* (S. 425–442). Wiesbaden: Gabler.

Winsted, K. F. (1997). The service experience in two cultures: A behavioral perspective. *Journal of Retailing, 73,* 337–360.

Wittke-Kothe, C. (2001). *Interne Markenführung: Verankerung der Markenidentität im Mitarbeiterverhalten.* Wiesbaden: Gabler.

Dr. Daniel Wentzel ist Professor für Betriebswirtschaftslehre mit Schwerpunkt Marketing an der RWTH Aachen. Seine Forschungsschwerpunkte konzentrieren sich auf die Bereiche Konsumentenverhalten, Dienstleistungsmanagement, Produktdesign und Branding. Im Rahmen anwendungsorientierter Forschung arbeitete er in den letzten Jahren eng mit Unternehmen verschiedener Branchen (u. a. Automobil, Finanzdienstleistungen, Handel) zusammen.

Prof. Dr. Torsten Tomczak ist Ordinarius für Betriebswirtschaftslehre mit besonderer Berücksichtigung des Marketings sowie Direktor des Center for Customer Insight (FCI) an der Universität St. Gallen, Schweiz. Seine Arbeits- und Forschungsgebiete umfassen u. a. Kundenverhalten und Markenforschung, Strategisches Marketing, Marketing Performance Management und Innovation.

Dr. Joachim Kernstock leitet das Kompetenzzentrum für Markenführung St. Gallen (KMSG). Sein Beratungsschwerpunkt ist Corporate Brand Management und Brand Behavior. Er ist Lehrbeauftragter für Betriebswirtschaftslehre mit besonderer Berücksichtigung des Marketing an der Universität St. Gallen und Co-Editor-in-Chief des Journal of Brand Management (JBM), London.

Dr. Tim Oliver Brexendorf ist Assistenzprofessor für Consumer Goods Marketing an der WHU – Otto Beisheim School of Management, Vallendar, und Head of the Henkel Center for Consumer Goods (HCCG), Deutschland. Er ist außerdem Permanent Research Scholar an der Tuck School of Business, Dartmouth College, und Co-Editor-in-Chief des Journal of Brand Management.

Prof. Dr. Sven Henkel ist Assistenzprofessor an der Universität St. Gallen und Vizedirektor der Forschungsstelle für Customer Insight. Er ist Habilitand an der Universität St. Gallen und forscht zu den Themenfeldern Branding, Markenverhalten und Marketingkommunikation.

Die Corporate Brand in Richtung Mitarbeiter gestalten und verankern

14

Joachim Kernstock und Tim Oliver Brexendorf

Zusammenfassung

Mitarbeiter werden als Anspruchsgruppe eines Corporate Brand Managements oft nicht berücksichtigt. Sie verkörpern jedoch die Marke ganz wesentlich nach innen und außen und sollten daher zentrale Markenversprechen kennen, verstehen und auch teilen. Mit diesem Themenkomplex befasst sich das interne Brand Management, das Inhalt dieses Kapitels ist. Relevante Vorgehensweisen, Zielstellungen und Instrumente werden dazu dargestellt.

14.1 Rolle des internen Corporate Brand Management erkennen

14.1.1 Rahmenbedingungen des internen Corporate Brand Management berücksichtigen

Im letzten Jahr kam jeder unserer 12 Mio. Kunden mit ungefähr fünf SAS-Mitarbeitern in Kontakt, wobei jede Begegnung durchschnittlich 15 s. dauerte. So wird die SAS in der Vorstellung unserer Kunden 60 Mio. Male pro Jahr sozusagen neu geschaffen. Letztlich sind es diese 60 Mio. „Augenblicke der Wahrheit", die darüber entscheiden, ob die SAS als Unternehmen erfolgreich ist oder

J. Kernstock (✉)
Kompetenzzentrum für Markenführung, St. Gallen, Schweiz
E-Mail: joachim.kernstock@km-sg.ch

T. O. Brexendorf
WHU – Otto Beisheim School of Management, Vallendar, Deutschland
E-Mail: tim.brexendorf@whu.edu

scheitert. In diesen Augenblicken gilt es, unseren Kunden zu beweisen, dass die SAS für sie die beste Wahl ist (Carlzon 1990, S. 19).

Marketing – und damit auch die Markenführung – ist traditionell auf Kunden und deren Zufriedenheit fokussiert. *Mitarbeiter als Anspruchsgruppe* finden hingegen eher selten explizite Berücksichtigung in Konzeptionen der Markenführung. Dies bestätigt auch eine Untersuchung von Kienbaum, nach der lediglich ein Viertel der befragten Unternehmen eigene Mitarbeiter zu Markenbotschaftern ausbildet und nur ein Fünftel Markenschulungen für die Belegschaft organisiert (Kienbaum 2012). Mit der verstärkten Fokussierung auf Corporate Brands erfolgt jedoch eine zunehmende Rezeption des Stakeholderansatzes (Freeman 1984). Mitarbeiter sind Teil dieser unternehmerischen Anspruchsgruppen. Dies erfolgt unter anderem aus der Erkenntnis, dass der Erfolg einer Marke nicht allein durch eine herausragende werbliche Umsetzung gesichert ist. Die werblichen Botschaften bleiben leere Versprechungen, wenn sie nicht auch (vor-)gelebt werden. Die Identifikation der Mitarbeiter mit dem Unternehmen und die Motivation für die Aufgaben der Mitarbeiter muss kontinuierlich erarbeitet und im Bewusstsein verankert werden (Sandrock 1998, S. 212, 219; Piehler 2011, S. 537). Dieser Vorgang, welcher die „Verbundenheit eines Mitarbeiters mit der Marke" (Burmann und Zeplin 2005, S. 120) stärken soll, wird als *Behavioral Branding* bezeichnet. Die Corporate Brand kann hier Wesentliches beitragen. Denn schlussendlich sind es die Mitarbeiter, die durch den direkten Kontakt mit den Konsumenten – besonders bei Dienstleistungs- und Business-to-Business-Unternehmen – die Corporate Brand repräsentieren beziehungsweise verkörpern.

▶ Mitarbeiter verkörpern die Corporate Brand nach außen und nach innen.

Eine hohe Mitarbeitermotivation, Mitarbeiterzufriedenheit und Identifikation mit „ihrer" Corporate Brand führt schließlich zu einer höheren Kundenzufriedenheit. Unternehmens- und Markenkultur bedingen einander, denn die Mitarbeiter behandeln ihre Kunden häufig so, wie sie sich selbst im Unternehmen behandelt fühlen (Aumüller 1994, S. 496). Dieser Effekt rückt die Bedeutung der Mitarbeiter zur Steigerung der Kundenzufriedenheit in das Betrachtungsfeld des Marketing und damit auch der Markenführung. Der internen Markenführung (dem internen Corporate Brand Management) ist die gleiche Bedeutung beizumessen wie der externen Markenführung gegenüber Kunden (Mellor 1999, S. 26; Tosti und Stotz 2001, S. 29; Brexendorf und Tomczak 2004; Mast 2010, S. 396).

▶ Dem internen Corporate Brand Management ist die gleiche Bedeutung zuzumessen wie dem externen Corporate Brand Management.

Die Profilierung der Corporate Brand bei den Mitarbeitern wurde in den letzten Jahren stark vernachlässigt (Maathuis 1999, S. 188; Kirchgeorg und Lorbeer 2002, S. 40; Piehler 2011, S. 19). Mittlerweile ist zumindest das Bewusstsein der Unternehmen dafür gestiegen, wie wertvoll die Mitarbeiter für die eigene Marke sind (Kienbaum 2012).

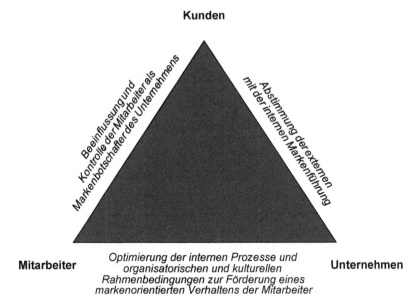

Abb. 14.1 Einsatzfelder des internen Corporate Brand Management

Die Integration und Berücksichtigung der Mitarbeiter im Rahmen der Markenführung ist insbesondere vor dem Hintergrund der Veränderung von unternehmerischen Rahmenbedingungen von hoher Bedeutung. Der Glaube des Mitarbeiters an das eigene Unternehmen wird im signifikantem Maße negativ von unternehmenstrategischen Entscheidungen wie Mergers & Acquisitions, den Wechsel von CEOs, Kürzungen von Arbeitsstellen sowie im Rahmen des gesamtwirtschaftlichen Abschwungs beeinflusst (Joachimsthaler 2002, S. 29). Die Bedeutung der Mitarbeiter und der Corporate Brand als Orientierungsanker für Kunden rückt aber gerade in Zeiten begrenzter Marketingbudgets in den Vordergrund der Betrachtung (Reed 2001, S. 59; Einwiller 2007, S. 121).

Im Rahmen des Corporate Brand Management sind neben der externen Markenführung auch die innerorganisationalen markenbezogenen Interaktionsbeziehungen zwischen den Unternehmensmitgliedern bzw. Mitarbeitern zu integrieren und zielgerichtet zu unterstützen (s. Abb. 14.1). Zunächst soll aber auf die Bedeutung der internen Markenführung näher eingegangen werden.

14.1.2 Bedeutung des internen Corporate Brand Management einschätzen

„Brands (…) start their lives through the work of employees." (de Chernatony 2010, S. 71). Die Aussage de Chernatonys zeigt die hohe Bedeutung der Mitarbeiter für das Unternehmen. Es ist offensichtlich, dass Mitarbeiter eine hohe Bedeutung für den Erstellungsprozess von Produkten und Dienstleistungen besitzen und auch im hohen Maße über die Entstehung, Wirkung und Entwicklung einer Corporate Brand entscheiden (Tomczak und Brockdorff 2000, S. 496; de Chernatony 2010, S. 2; Schultz und de Chernatony 2002, S. 106; Brexendorf 2010, S. 10 ff.). Betritt beispielsweise ein Konsument eine Bankfiliale, dann kommt er mit einer Fülle von Kontaktpunkten und mit Elementen des Angebots in Berührung, die er visuell wahrnimmt und als Schlüsselinformationen für seine Qualitätsbeurteilung nutzt (Dobree und Page 1990, S. 20; Stauss 1995a). Zu diesen Kontaktpunkten gehören – in diesem Fall der Bankfiliale – auch die Mitarbeiter. Bei der persönlichen Interaktion werden über das Kundenkontaktpersonal Schlüsselinformationen wahrgenommen. Nach einer Studie der „Walker Information" erhalten 22 % der Konsumenten von großen und bekannten Unternehmen ihre Produkt- und Unternehmensinformationen von Unternehmensmitarbeitern (zitiert nach Saxton 1998, S. 394). Die Markenidentität eines Unternehmens wird somit im hohen Maße von den Mitarbeitern bestimmt (Post und Griffin 1997, S. 165; Ind 1997, S. 83; Lemmink und Mattsson 1998, S. 505), da sie mit den Stakeholdern des Unternehmens kommunizieren und somit die Wahrnehmung des Markenimages bei den externen Anspruchsgruppen beeinflussen (de Chernatony und Harris 2000, S. 268). Buckingham geht sogar davon aus, dass 80 % der Markenwahrnehmung des Kunden durch das Verhalten der Mitarbeiter geprägt wird (Colyer 2003). Brexendorf (2010 S. 313) konnte in einer dyadische Studie von Verkäufer-Mitarbeiter-Interaktionen zeigen, dass die Zufriedenheit mit dem Verkaufsgespräch zwischen Verkäufern und Kunden im hohen Maße die Einstellung und Loyalität zur Marke prägen.

Die Mitarbeiter bilden somit die Schnittstelle zwischen der internen und der externen Umgebung der Marke (Schneider und Bowen 1985, S. 423; Balmer und Wilkinson 1991, S. 20). Durch die Unternehmensmitarbeiter kann das Unternehmen nach außen positiv oder negativ repräsentiert werden (Saxton 1998, S. 393; Brexendorf 2010, S. 12 ff.). Da man im Kundenkontakt „nicht nicht kommunizieren kann" (Watzlawick et al. 1996, S. 51), vermittelt jedes Verhalten des Mitarbeiters einen Eindruck beim Kunden. Markenslogans wie „Nichts ist unmöglich" von Toyota und „We try harder" von Avis wecken Erwartungen, die von den Mitarbeitern eingelöst werden müssen (s. dazu auch Kernstock 2003, S. 194 f.). Mitarbeiter können somit auch als „Brand Ambassadors", als Botschafter einer Marke, bezeichnet werden, die eine markenstützende oder markenbedrohende Wirkung ausüben können (Gregory und Wiechmann 1997, S. 98; Hemsley 1998, S. 50; Gotsi und Wilson 2001a, S. 101). Die Mitarbeiter stellen das Unternehmen nach außen dar und spiegeln die Kompetenz und Qualität des Unternehmens im „Moment of Truth" wider (Bieger 2007, S. 6). Der persönlichen Kommunikation zwischen Mitarbeitern und Kunden kommt somit eine hohe Bedeutung auch für den Aufbau, der Stärkung und Entwicklung der Marke zu (Brexendorf 2010, S. 5 ff.).

▶ Mitarbeiter sind eine strategische Ressource zur Gestaltung der Corporate Brand nach innen und sind nach außen Botschafter und Multiplikatoren der Corporate Brand.

Weiterhin führen Mitarbeiter eines Unternehmens eine indirekte Multiplikatorwirkung aus (de Chernatony und Harris 2000, S. 269; Frigge und Houben 2002, S. 30; Joachimsthaler 2002, S. 29). Mitarbeiter kommunizieren und interagieren mit Kunden an einer Vielzahl von Schnittstellen und beeinflussen die Markeneinstellung und -loyalität der Kunden (Brexendorf 2010). Wenn zufriedene Kunden bereit sind, ihre guten Erfahrungen im Umgang mit den Unternehmensmitarbeitern anderen mitzuteilen (Apostel), profitiert damit das Unternehmen und die Corporate Brand von der positiven Mund-zu-Mund-Propaganda. Studienergebnissen zufolge teilen sich zufriedene Kunden an 3 Personen mit, während unzufriedene Kunden ihre Verstimmung an 9–10 Personen, 13 % von ihnen sogar mehr als 20 Personen vermitteln (Schütze 1992, S. 14, Tomczak und Dittrich 1996, S. 16). Demnach ist insbesondere in Dienstleistungsunternehmen und in Business- to-Business-Unternehmen ein *konsistenter Umgang mit der Corporate Brand* unumgänglich (Frigge und Houben 2002, S. 32).

Die Herstellung einer einheitlichen, differenzierenden Markenwahrnehmung an jedem Kontaktpunkt ist gerade in der Dienstleistungsbranche eine besondere Herausforderung. Die besonderen Eigenschaften der Dienstleistung wie ihre Intangibilität hat zur Folge, dass der Anteil an den Produkteigenschaften, die erst während oder nach dem Kauf beurteilt werden können, sehr groß ist (Meffert und Bruhn 2009, S. 266). Aus diesem Grund wächst das Bedürfnis, sich im Vorfeld subjektive Sicherheit zu verschaffen. Unternehmen, die eine starke Marke geschaffen haben, befriedigen dieses Bedürfnis des Kunden zu ihrem eigenen Vorteil (Meffert und Bruhn 2009, S. 267). Der Konsument greift auf äquivalente Indikatoren wie die Corporate Brand zurück, die ihm Sicherheit geben (Bieger 2007, S. 313).

> **Beispiel**
>
> Ein Beispiel für eine gelungene Umsetzung der internen Markenführung stellt die Walt Disney Corporation dar. Jeder einzelne Mitarbeiter der Walt Disney Parks – vom Darsteller bis zur Servicekraft – verkörpert den „Geist" von Walt Disney und ist für die Umsetzung der „Disney Welt" in jeder seiner Handlungen verantwortlich. Vor Beginn seiner Tätigkeit wird jeder Mitarbeiter im Rahmen einer Schulung mit den Werten von Walt Disney vertraut gemacht (Frigge und Houben 2002, S. 32 f.; Gordon 2002, S. 19).

Unternehmen sollten die Mitarbeiter daher als strategische Ressource zur Gestaltung und Entwicklung ihrer Corporate Brand erkennen (Gofton 2000, S. 30). Eine Corporate Brand, die von den Mitarbeitern des Unternehmens gestützt wird, stellt eine mögliche dauerhafte Quelle zur Erzielung komparativer Wettbewerbsvorteile dar (de Chernatony et al. 1998, S. 765). Im Folgenden wird auf die interne Markenführung eingegangen, in deren Rahmen zunächst auf die Analyse der Ist-Situation und die Ziele der internen Markenführung betrachtet werden.

14.2 Die Corporate Brand intern analysieren

14.2.1 Wahrnehmung der Corporate Brand analysieren

Da sich die Erfolgswahrscheinlichkeit eines internen Markenführungsprogramms mit der Kenntnis der zu verändernden Situation und der betroffenen Zielgruppe erhöht, stellt der Ausgangspunkt der internen Markenführung eine Analyse der bestehenden Ist-Situation dar.

Im Rahmen einer internen Marktforschung hat eine „systematische Sammlung, Aufbereitung, Analyse und Interpretation von Daten über Führungskräfte und Mitarbeiter des Unternehmens zum Zweck der Informationsgewinnung für Entscheidungen zu deren Beeinflussung" zu erfolgen (Wittke-Kothe 2001, S. 15). Der Hauptfokus ist dabei auf das Erkennen der Bedürfnisse und das Feststellen der Einstellungen und Verhaltensweisen der Mitarbeiter gegenüber der Corporate Brand zu legen (George und Grönroos 1995, S. 75). Folgende Fragen sollten im Rahmen der Analyse beantwortet werden (Sinickas 2002, S. 8):

- Wie interessiert sind die Mitarbeiter an der Corporate Brand?
- Wie gut sind die Mitarbeiter über die Corporate Brand informiert?
- Wie viele Merkmale einer Corporate Brand können Mitarbeiter identifizieren?
- Wie passend empfinden Mitarbeiter die Merkmale einer Corporate Brand?
- In welchem Maße identifizieren sich Mitarbeiter mit den Merkmalen einer Corporate Brand?
- In welchem Maße glauben die Mitarbeiter, dass sie mit ihrem Verhalten die Wahrnehmung der Corporate Brand beeinflussen?
- Durch welche Verhaltensweisen glauben Mitarbeiter die Wahrnehmung der Corporate Brand beeinflussen zu können?

Die Erforschung der Einstellung und Verhaltensweisen der Mitarbeiter kann zur Weiterentwicklung und Verbesserung des Markenversprechens genutzt werden (Jacobs 2003, S. 26). Zum Einsatz können bekannte Marktforschungsmethoden verwendet werden (Ind 2001, S. 96 f.; Mitchell 2002, S. 103). Grundsätzlich können hinsichtlich des Anlasses und des Zeitablaufs folgende interne Zugänge unterschieden werden:

- Laufende, routinemäßige Erfassung und
- ereignisbezogene Erfassung bei der Einführung einer Corporate Brand bzw. deren Modifizierung.

Die Abb. 14.2 zeigt einen Erfassungsbogen, der im Rahmen von Change Management-Prozessen bei der Änderung der Identität einer Corporate Brand eingesetzt werden kann. Wie bei der externen Marktforschung kann auch bei der internen Marktforschung Primär- als auch Sekundärforschung angewendet werden. Die Analyse der Wahrnehmung einer

	Beispielhafte Fragen	Beispielhafte Antwortmöglichkeiten		
Analyse des einheitlichen Verständnisses von der Markenphilosophie und den Zielen, Inhalten und Auswirkungen des Markenprojektes	Mir ist völlig klar, wofür unsere Marke in Zukunft im Markt stehen soll.	Stimme ich überhaupt nicht zu	1 2 3 4 5	Stimme voll und ganz zu
	Die angestrebte Markenphilosophie lässt sich am besten wie folgt beschreiben:	Text A	Text B	Text C
	Die Realisierung der angestrebten Markenidentität wird dem Unternehmen in den nächsten fünf Jahren...Prozent Umsatzwachstum bringen.	0%	5% 10% 15%	20%
	Ich fühle mich gut über das bevorstehende Markenprojekt informiert	Stimme ich überhaupt nicht zu	1 2 3 4 5	Stimme voll und ganz zu
	Für unsere Mitarbeiter wird sich die Realisierung der angestrebten Markenidentität viel ändern.	Stimme ich überhaupt nicht zu	1 2 3 4 5	Stimme voll und ganz zu
Analyse der Bereitschaft zur aktiven Unterstützung der Realisierung der angestrebten Markenidentität und des Markenprojektes	Die Realisierung der angestrebten Markenidentität ist für den zukünftigen Erfolg des Unternehmens von grosser Bedeutung.	Stimme ich überhaupt nicht zu	1 2 3 4 5	Stimme voll und ganz zu
	Das Image einer Marke ist für den Erfolg von Unternehmen in unserer Branche ausserordentlich wichtig.	Stimme ich überhaupt nicht zu	1 2 3 4 5	Stimme voll und ganz zu
	Das Image unserer Marke bei den Kunden lässt sich durch das bevorstehende Markenprojekt verändern.	Stimme ich überhaupt nicht zu	1 2 3 4 5	Stimme voll und ganz zu
	Ich halte die angestrebte Markenphilosophie inhaltlich für richtig.	Stimme ich überhaupt nicht zu	1 2 3 4 5	Stimme voll und ganz zu
	Ich fühle mich gut über das bevorstehende Markenprojekt informiert	Stimme ich überhaupt nicht zu	1 2 3 4 5	Stimme voll und ganz zu
	Die Realisierung der angestrebten Markenidentität muss die erste Priorität des Unternehmens in den nächsten fünf Jahren sein.	Stimme ich überhaupt nicht zu	1 2 3 4 5	Stimme voll und ganz zu
	Ich bin überzeugt, dass die Realisierung der angestrebten Markenidentität erfolgreich sein wird.	Stimme ich überhaupt nicht zu	1 2 3 4 5	Stimme voll und ganz zu
	Wir werden mit dem geplanten Markenprojekt bei den Mitarbeitern eine Verhaltensänderung im Sinne der angestrebten Markenidentität erreichen können.	Stimme ich überhaupt nicht zu	1 2 3 4 5	Stimme voll und ganz zu
	Ich bin überzeugt, dass alle Führungskräfte die Realisierung der angestrebten Markenidentität unterstützen.	Stimme ich überhaupt nicht zu	1 2 3 4 5	Stimme voll und ganz zu

Abb. 14.2 Beispielhafter Fragebogen zur Analyse des einheitlichen Verständnisses der Marke und der Unterstützungsbereitschaft der Führungskräfte. (Quelle: Wittke-Kothe 2001, S. 90)

Corporate Brand dient dabei als informative Basis für die Auswahl und Gestaltung der Instrumente zur internen Markenkommunikation und kann bereits konsensbildend wirken (Ind 2001, S. 95; Wittke-Kothe 2001, S. 15). Zusammen mit den Ergebnissen der externen Marktforschung können die durch interne Marktforschung erzielten Ergebnisse als Grundlage für die interne Markenführung Anwendung finden (Wittke-Kothe 2001, S. 145; Brexendorf und Tomczak 2004, S. 4; Zeplin 2006, S. 136 ff.).

Auf Basis der gewonnenen Erkenntnisse können die Ziele der internen Markenführung näher spezifiziert werden.

14.2.2 Ziele des internen Corporate Brand Management definieren

Alle Maßnahmen der internen Markenführung sollten gleichermaßen dazu dienen, die Mitarbeiter selbst zu einem an den Bedürfnissen externer Zielgruppen orientierten Verhalten zu veranlassen, als auch den Bedürfnissen der Mitarbeiter weitestgehend zu entsprechen. Die interne Markenführung zielt nicht nur auf eine verbesserte Mitarbeitermotivation, sondern auf ein kundenorientiertes Arbeitsverhalten (Piehler 2012, S. 79). Den zentralen Orientierungspunkt der internen Markenführung stellen nicht die Bedürfnisse der Mitarbeiter dar, sondern die der externen Anspruchsgruppen (Stauss 1994a, S. 478). Die interne Markenführung bewegt sich somit im *Spannungsfeld zwischen Kunden- und Mitarbeiterorientierung* (Meyer und Oppermann 1998, S. 1008). Der Betrachtungshorizont sollte die Beziehung zwischen Unternehmen und Mitarbeiter und zwischen Mitarbeiter und weiteren externen Anspruchsgruppen, wie den Kunden, beinhalten.

Zur Systematisierung der verschiedenen Ziele der internen Markenführung ist demnach eine *Unterscheidung von unternehmensinternen und -externen Zielbereichen sowie strategischen und operativen Zielgrößen* zweckmäßig. Die folgende Abb. 8.3 zeigt die grundlegenden Zielgrößen der internen Markenführung auf.

Den strategisch-internen Zielsetzungen sind insbesondere jene Ziele zuzuordnen, die auf die langfristige Sicherung der Unternehmung wie die Erhaltung der Existenz des Unternehmens oder der Erreichung ökonomischer Erfolgsgrößen abzielen. Die operativ-internen sowie die operativ-externen Ziele lassen sich dagegen eher den verhaltenswissenschaftlichen Zielen der internen Markenführung zuordnen.

Die Vermittlung des Markenbildes sollte dabei eine Anschlussfähigkeit an die Unternehmensvision und die bestehenden Unternehmenswerten besitzen. Auf Unternehmensebene kann interne Markenführung auch dazu dienen, verschiedene Marken, die unter der Corporate Brand bestehen, nach innen zu verknüpfen (Bergstrom et al. 2002, S. 135). Hier kann die mitarbeiterbezogene Kommunikation der Corporate Brand einen positiven Gegenbeitrag leisten. Voraussetzung für die Schaffung von Unterstützungsbereitschaft für die Realisierung der angestrebten Markenidentität ist, dass die Mitarbeiter über die Ziele der internen Markenführung informiert sind. Den Mitarbeitern muss kommuniziert werden, welche Markenidentität und -positionierung angestrebt wird. Darüber hinaus sollte den Mitarbeitern vermittelt werden, welche ökonomischen Ziele das Unternehmen mit der Markenidentität verfolgt.

14.3 Die Corporate Brand intern verankern

14.3.1 Corporate Brand-Commitment aufbauen

Eine besondere Herausforderung der internen Markenführung besteht darin, innerhalb des Unternehmens eine entsprechende markenorientierte Denkhaltung zu vermitteln und zu festigen. Studien zeigen, dass Unternehmen, bei denen die Mitarbeiter ein hohes Commitment zur Marke besitzen, diese sich durch eine bessere Unternehmensperformance auszeichnen (Kotter und Heskett 1992; Rucci et al. 1998). Jamieson und Richards zeigen, dass das Commitment der Mitarbeiter zum Unternehmen je nach Branche und Stellung der Mitarbeiter im Unternehmen variiert (Jamieson und Richards 1996). Die folgende Abb. 14.3 zeigt auf, dass das Mitarbeiter-Commitment branchenspezifisch unterschiedlich ist.

Um ein hohes Commitment zur Corporate Brand zu erzielen, ist es notwendig, dass die Mitarbeiter die Werte der Corporate Brand internalisieren und ihr Verhalten an diesen

14 Die Corporate Brand in Richtung Mitarbeiter gestalten und verankern

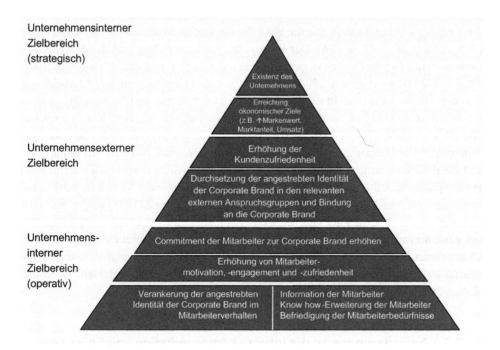

Abb. 14.3 Zielsystem des internen Corporate Brand Management.

ausrichten. Das Unternehmensmanagement muss daher die Werte der Corporate Brand festlegen, diese nach innen leben und intern kommunizieren, um die Mitarbeiteridentifikation und das Commitment gegenüber der Corporate Brand zu fordern (de Chernatony 1999; Wittke-Kothe 2001, S. 170). Vielfach besteht in Unternehmen eine hohe Diskrepanz in der Wahrnehmung der aktuellen und der idealen Markenidentität. Bei Mitarbeitern, die eine hohe Diskrepanz zwischen der aktuellen und der idealen Markenidentität wahrnehmen, besteht ein geringes Commitment gegenüber der Corporate Brand und damit eine geringere Beteiligung zur Realisierung der Unternehmensziele (Kiriakidou und Millward 2000, S. 57). Unternehmen müssen demnach sicherstellen, dass die Mitarbeiter die Unternehmensvision und die Unternehmenswerte verinnerlichen und ein gemeinsames Markenverständnis über die Corporate Brand besteht (de Chernatony und Harris 2000, S. 272; Gotsi und Wilson 2001a, S. 101). Ausgaben für das Markenversprechen sind vor diesem Hintergrund zwecklos, wenn die Werte der Mitarbeiter des Unternehmens nicht mit den Werten des Markenversprechens übereinstimmen (de Chernatony 2001, S. 2).

▶ Das Markenversprechen muss von den Mitarbeitern geteilt und durch sie nach außen kommuniziert werden.

Die *Konsensbildung* kann auf verschiedene Art und Weise erfolgen. Sie sollte jedoch nicht über die Minimierung von Konflikten und dem „Weg des geringsten Widerstandes" erfolgen, da ein einheitliches Bild über die Corporate Brand die Grundlage für ein Commitment der Mitarbeiter darstellt und die Basis für die interne Markenkommunikation bildet (Bergstrom et al. 2002, S. 136). Der Prozess der Konsensbildung und des Aufbaus von Commitment ist kontinuierlich zu gestalten und kann durch verschiedene Methoden unterstützt werden (Bergstrom et al., 2002, S. 137). Ein hohes Commitment der Mitarbeiter zur Corporate Brand kann erreicht werden, indem die Mitarbeiter in der Überzeugung gestärkt werden, dass ohne ihren Beitrag die Ziele der internen Markenführung nicht zu erreichen sind (Wittke-Kothe 2001, S. 110). Soziale Belohnungen wie die öffentliche Betonung der Mitarbeiter, Verschenkung von Eintrittskarten zu persönlichen Anlässen der Mitarbeiter und die Betonung herausragender Leistungen von Mitarbeitern können das Commitment zur Corporate Brand und der Realisierung der Ziele der internen Markenführung ebenso steigern (Wittke-Kothe 2001, S. 115). Schweiger und Denisi (1991) zeigen auf, dass in Unternehmen, in denen der internen Kommunikation eine hohe Bedeutung beigemessen wird, dies zu einem besseren Verständnis und höherem Commitment gegenüber dem Unternehmen führt. Unternehmen sollten daher ihre internen Kommunikationsaktivitäten und ihr Personalmanagement auf die Werte der Corporate Brand ausrichten (Gotsi und Wilson 2001a, S. 101 f.; Gotsi und Wilson 2001b).

14.3.2 Anforderungen an die interne Kommunikation von Corporate Brands erkennen

Im Rahmen der internen Markenführung können in Anlehnung an Stauss (1994b, 1995b, S. 264) alle Instrumente eingesetzt werden, „mit deren Hilfe Einfluss auf die Motivation, Einstellung und Verhalten des Personals genommen werden kann." Helmuth von Moltke von BASF hat die Bedeutung der internen Markenkommunikation wie folgt umschrieben: „Anytime you do a campaign that has as its stated intention to sum up or to personify the company, one of your most important audiences has to be your own employee" (zitiert nach Gregory und Wiechmann 1997, S. 99). Die Relevanz der internen Markenkommunikation ist insbesondere vor dem Hintergrund von Bedeutung, dass über 50 % der Mitarbeiter angeben, die Marketingziele des Unternehmens nicht oder nur ungenau zu kennen (Bruhn und Grund 2000, S. 952; s. dazu auch Joachimsthaler 2002, S. 30).

An die unternehmensmarkenbezogene, interne Kommunikation sind diverse *Anforderungen* zu stellen. Sie grenzen den Medieneinsatz ein und definieren die Inhalte einer markenbezogenen Kommunikation gegenüber den Mitarbeitern. Folgende Anforderungen sind an die interne Markenkommunikation zu richten:

- *Abstimmung des Instrumenteneinsatzes auf die Markenidentität und die Zielgruppe der internen Markenkommunikation*
  Im Rahmen der Kommunikation ist zu berücksichtigen, dass sie vor dem Hintergrund der Markenidentität erfolgt. Um Missverständnisse in der internen Kommunikation der Markenidentität zu vermeiden, bedarf es eines auf die verschiedenen Funktionen und Zielgruppen abgestimmten Vorgehens. Darüber hinaus kommt die interne Kommuni-

kation der Markenidentität dem Informationsbedürfnis der Mitarbeiter entgegen und vermeidet somit den Interpretationsspielraum (Thomson et al. 1999, S. 822). Wenn die Kommunikation nicht mit der vom Mitarbeiter zugesprochenen Markenidentität harmoniert, kann dies bei den Mitarbeitern zu Dissonanzen und auch zum Scheitern des Unternehmens führen.

> **Beispiel**
> So wollte die Fluggesellschaft British Airways ihre Internationalität dadurch ausdrücken, dass sie die britische Flagge am Heck der Flugzeuge durch bunte, expressionistische Bilder ersetzte. Die Mitarbeiter empfanden dies allerdings als einen Affront gegen ihre nationale Ehre. Der Konkurrent Virgin Atlantic nutzte diesen Umstand und brachte auf seinen Flugzeugen die britische Flagge an – und warb mit einschlagendem Erfolg mit dem Slogan „We are proud to fly under the british flag" (Joachimsthaler 2002, S. 31).

- *Integrierte Nutzung von interner und externer Markenkommunikation*
  Mitarbeiter nehmen sowohl die externe Kommunikation gegenüber Kunden aber auch die interne Mitarbeiterkommunikation wahr. Vielfach besteht zwischen diesen eine starke Diskrepanz in den Inhalten der Kommunikationsbotschaften (Mitchell 2002, S. 100). So kann auch die externe Markenkommunikation die Mitarbeiter als „second audience" erreichen (Berry 1984, S. 275; s. auch Gilly und Wolfinbarger 1998). Um Unsicherheit bei den Mitarbeitern zu vermeiden, sollte die interne Markenkommunikation vor der externen Kommunikation an die Anspruchsgruppen erfolgen (Bruhn und Grund 2000, S. 951). Im Idealfall werden die Instrumente der internen und externen Markenkommunikation aufeinander abgestimmt, dass ein konsistentes Bild der Marke bei allen Anspruchsgruppen erzielt wird (Stauss und Schulze 1990, S. 149; Meyer und Oppermann 1998, S. 1006 f.). *Die Informationsflüsse zur Marke sollten zunächst die Mitarbeiter erreichen, bevor die externe Markenkommunikation erfolgt.* Insbesondere bei markenstrategischen Änderungen zum Markenauftritt oder der Markenpositionierung ist eine frühzeitige Integration und das Commitment der Mitarbeiter von hoher Bedeutung (Esch 2005, S. 246).
- *Nutzung mehrerer interner Kommunikationsinstrumente*
  Eine Übertragung der Instrumente der externen Kommunikation auf die interne, markenbezogene Kommunikation greift zu kurz (Joachimsthaler 2002, S. 30; Schulze 1991, S. 116). Insbesondere etablierte interne Kommunikationsmedien wie E-Mail können zur internen Verbreitung der relevanten Botschaften genutzt werden (Kunde 2000, S. 224).
- *Dialogkommunikation*
  Die klassische interne Markenkommunikation besitzt den Charakter einer Einweginformation mit geringer Interaktion und geringer Dialogorientierung (Bruhn 1998a, S. 1046). Die interne auf die Markenbildung einer Corporate Brand gerichtete Kom-

munikation muss den *Dialog zwischen den Mitarbeitern fördern* und sowohl eine horizontale wie auch vertikale Kommunikation ermöglichen. Eine vertikale Top-Down-Kommunikation verspricht nicht den gewünschten Erfolg (Joachimsthaler 2002, S. 33; Jacobs 2003, S. 26). Eine falsch verstandene Verlautbarungstaktik baut eher Barrikaden auf anstatt Verständnis zu fördern (Kappas 1996, S. 275).

- *Akzeptanz und Relevanz der Information*
Die vermittelte Markenbotschaft muss für die Mitarbeiter eine hohe Relevanz und Akzeptanz besitzen. Sie wird nur dann von den Mitarbeitern wahrgenommen, wenn sie sich in den täglichen Arbeitsablauf integriert und für den Mitarbeiter erfahrbar bleibt. Interne Markenbildungsprogramme müssen dafür zunächst die Aufmerksamkeit der Mitarbeiter bekommen. Interne Markenbildungsprogramme sind demnach dann erfolgreich, wenn sie an den Bedürfnissen und den täglichen Aufgaben der Mitarbeiter des Unternehmens ansetzen (Joachimsthaler 2002, S. 32 ff.; Grönroos 1985). Mitarbeiter verstehen sich als Partner des Unternehmens, die einen Beitrag für den Gesamterfolg leisten und über die Lage des Unternehmens informiert werden möchten (Joachimsthaler 2002, S. 32 ff.). Eine Vermittlung theoretischer Markenkonzepte oder die oberflächliche Darstellung der Vision des CEOs greifen zu kurz und werden nicht von Mitarbeitern wahrgenommen, wenn sie lediglich top-down kommuniziert werden (Joachimsthaler 2002, S. 33; Mitchell 2002, S. 103).

- *Dauerhaftigkeit*
Interne Markenführung bedarf der Kontinuität, da nur eine nachhaltige Integration und Information im Rahmen der Markenführung einer Corporate Brand erfolgreich ist. Nur ein kontinuierlicher Dialog ermöglicht den Aufbau eines vertrauensvollen Verhältnisses (Kappas 1996, S. 274). Einzelinitiativen wie die Erstellung und Lancierung eines Image-Videos scheitern hingegen oft, da sie bei den Mitarbeitern lediglich in die Schublade oder ins Regal wandern (Bergstrom et al. 2002, S. 137; Joachimsthaler 2002, S. 33).

Die hier skizzierten Anforderungen sind von den im Folgenden dargelegten Instrumenten der Kommunikation zu erfüllen.

14.3.3 Instrumente zur internen Kommunikation von Corporate Brands einsetzen

Die Instrumente der internen Markenkommunikation (s. Abb. 14.4) können zur Strukturierung hinsichtlich des Einsatzortes und der beabsichtigten Zielrichtung differenziert werden (Bruhn 1995b, S. 38).

Die Markenkommunikationsinstrumente, die im Rahmen der internen Markenführung eingesetzt werden können, werden in der obenstehenden Graphik als Typ 1 – Typ 3 bezeichnet. Typ 1 umfasst Markenkommunikationsinstrumente, die intern mit internen Zielsetzungen eingesetzt werden (z. B. Unternehmenszeitschrift). Dagegen werden unter Typ

14 Die Corporate Brand in Richtung Mitarbeiter gestalten und verankern

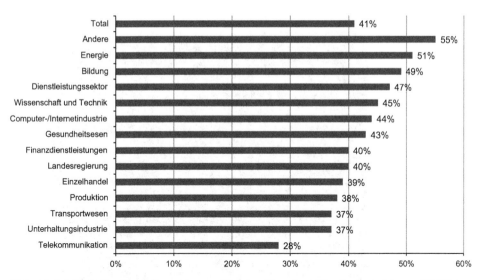

Abb. 14.4 Mitarbeiter-Commitment in verschiedenen Branchen. (Quelle: In Anlehnung TNS Intersearch 2003)

2 Markenkommunikationsinstrumente subsumiert, die extern mit internen Zielsetzungen eingesetzt werden. Hierunter fallen z. B. extern gerichtete Anzeigen mit Mitarbeitermotiven, die eine positive Wirkung auf die Mitarbeiter ausüben und eine Mitarbeiterbindung erzielen sollen (z. B. die Markenbotschaft „We try harder" von Avis). Unter Typ 3 fallen alle Markenkommunikationsinstrumente, die intern mit externen Zielsetzungen eingesetzt werden. Hierbei handelt es sich zum Beispiel um Trainingsprogramme, die die Werte der Marke nach innen vermitteln sollen, um diese an den Kunden zu transportieren.

Die Instrumente, die zur Stützung der Marke verwendet werden können, sind zum Teil nicht neu und werden bereits in vielen Unternehmen eingesetzt (s. Abb. 14.5). Bei ihnen geht es vielmehr darum, sie an der zentralen Botschaft der Corporate Brand auszurichten. Zur Strukturierung der Gesamtheit der Kommunikationsmaßnahmen im Rahmen der internen Markenführung erfolgt eine Unterscheidung nach der Kontinuität (kontinuierlich vs. unregelmäßig) und nach der Anzahl der durch das Medium erreichten Personen (Individual- vs. Massenkommunikation) (Abb. 14.6).

Eine Vielzahl der Unternehmen nutzt allerdings nur eine begrenzte Anzahl von Instrumenten zur internen Kommunikation. So verwenden 90 % der Unternehmen die klassische Mitarbeiterzeitschrift und das Intranet zur internen Kommunikation (Joachimsthaler 2002, S. 33). Es geht aber auch anders: Ein Kommunikationsinstrument wie ein *Spiel*, das bei richtiger Gestaltung und richtigem Zielgruppeneinsatz ein höheres Mitarbeiterinvolvement und eine wiederholte Nutzung gewährleistet, kann ebenso die zentralen Botschaften der Corporate Brand vermitteln. Darüber hinaus erlernen die Mitarbeiter die Markenwerte durch spielerische Erfahrung in einer u. U. privaten Umgebung (Ind 2001, S. 123). Auch interne *Brand-Workshops* können eingesetzt werden, um ein hohes Involvement der Mitarbeiter gegenüber der Corporate Brand zu erzielen. Beispielsweise wurden bei Luft-

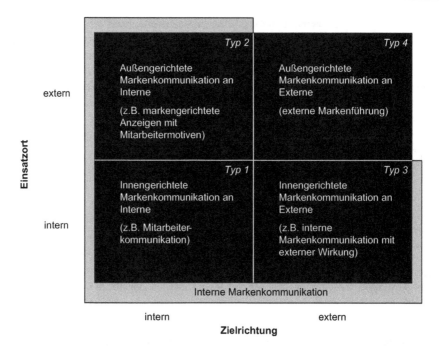

Abb. 14.5 Einsatzorte und Zielrichtungen von Instrumenten zur internen Markenkommunikation. (Quelle: in Anlehnung an Bruhn 1995b, S. 38)

hansa im Rahmen von 500 internen Workshops den Mitarbeitern mittels „Dialogbildern" komplexe Zusammenhänge vermittelt, die insbesondere das Zusammenwirken zwischen Lufthansa und Star Alliance aufgriffen. Unter den Titeln „Unsere Welt", „Monopoly des Luftverkehrs", „Ein-Blick" und „Unsere Kunden" nahmen mehr als 6000 Mitarbeiter an diesen Workshops mit hohem spielerischen Charakter teil (Kernstock 1998; Weber 2003, S. 299 ff.).

Beispiel

Die Mineralölgesellschaft British Petroleum (BP) nutzte die interne Markenkommunikation im Rahmen eines Mergers mit Amoco beziehungsweise ARCO. Die Gesellschaft gestaltete ihr Logo um, führte eine Markenumpositionierung von einer Minaralölgesellschaft zum Energiekonzern durch und startete parallel eine Kommunikationskampagne mit dem Titel „bp on the street", die allen Anspruchsgruppen des Unternehmens die neue Markenidentität vermitteln sollte. Insbesondere die Mitarbeiter sollten mit den Werten der Corporate Brand vertraut gemacht werden. Nach der Durchführung der Kampagne zeigte eine Umfrage, dass sich bereits 76 % der Mitarbeiter mit der Corporate Brand identifizierten, 80 % der Mitarbeiter bereits die neuen Werte der Corporate Brand verinnerlicht hatten und 90 % der Mitarbeiter der Überzeugung waren, dass das Unternehmen den richtigen Weg verfolge, und somit der Corporate Brand weiterhin

		Individualkommunikation	Massenkommunikation
verbal	kontinuierlich, regelmäßig	Mitarbeiter-Jahresgespräche	Mitarbeiterzeitschrift, Intranet, Mitarbeiter-Jahresberichte, Handbücher, Schwarzes Brett
verbal	unregelmäßig, anlassbezogen	anlassbezogene individuelle oder Kleingruppen-Gespräche sowie Workshops mit Informations- bzw. Kommunikationszielen, E-Mails	Sonderausgabe Mitarbeiterzeitschrift, E-Mails, Informationsmärkte, Sonderveranstaltung zum Start eines Projektes, Videos, Mitarbeiter-TV, Poster, Firmen-CD-ROMs, Spiele
non-verbal		Verhalten, Entscheidungen und Prioritäten der Unternehmensleitung gegenüber einzelnen MItarbeitern	Verhalten, Entscheidungen und Prioritäten der Unternehmensleitung, Symbole bzw. Hinweisreize (z.B. Farbcodes, Logos)

Abb. 14.6 Beispiele für Maßnahmen der internen Kommunikation. (Quelle: in Anlehnung an Wittke-Kothe 2001, S. 12.)

verbunden waren. Der Erfolg der Kampagne führte dazu, dass BP den Helios Award für Projekte und Arbeiten verleiht, die die Werte der Corporate Brand (Green, Innovation, Performance und Progressive) unterstützt. Der Preis wird von den Mitarbeitern geschätzt und wird bereits im 3. Jahr vergeben (Mitchell 2002, S. 100; Colyer 2003).

Oft sind gerade die Unternehmen im Aufbau und in der Entwicklung der Corporate Brand erfolgreich, in der die *Geschäftsführung als Hauptbotschafter* der Marke fungiert (Saxton 1998, S. 393). Der bedeutendste externe als auch interne Markenbotschafter ist die Unternehmensleitung oder der CEO (Bergstrom et al. 2002, S. 137). Ein CEO tritt als sichtbares Symbol des Unternehmens zum Vorschein und verkörpert es nach innen und außen (Bazil 2001, S. 1). Er beeinflusst somit im hohen Maße die Wahrnehmung des Unternehmens bei internen und externen Anspruchsgruppen (Gaines-Ross 2000, S. 366). Laut einer repräsentativen Umfrage, die Güttler+Klewes Communications Management durchgeführt hat, ist das Image der Person an der Spitze des Unternehmens entscheidend für die Imagebildung des Unternehmens und somit auch der Corporate Brand (Bazil 2001, S. 15).

Im Folgenden sollen die relevanten Instrumente aus Prozesssicht sowie hinsichtlich der inhaltlichen Umsetzung erläutert werden.

Auf *Prozessebene* gestalten sich Zielsetzung und Anwendung der Instrumente folgendermaßen:

1. Zur Lenkung, Orientierung, Kontrolle und Motivation werden operationalisierbare Zielsetzungen festgelegt.
2. Zielgruppensegmente werden nach jenen Kriterien gegliedert, welche für den Aufbau der Markenidentität von Relevanz sind, und anschließend nach Bedeutsamkeit bewertet.
3. Instrumente werden nach Zielerreichungsebene (Wissen aufbauen, Commitment schaffen, Fähigkeiten ausbilden oder Verhalten induzieren) ausgewählt.
4. Die Instrumente werden darauf geprüft, ob sie die Markenziele des Unternehmens stützen, aber auch den Bedürfnissen der Mitarbeiter gerecht werden.
5. Der Instrumentenmix wird abgeleitet, indem die Wirkungsbereiche (Wissen, Commitment, Fähigkeiten) der Instrumente berücksichtigt und aufeinander abgestimmt werden.

Ausgewählte Instrumente werden nachfolgend in ihrer *Funktionsweise* kurz erläutert (s. hierzu auch Brexendorf et al. 2012). Einige Instrumente, wie CEO, Storytelling oder Anreizsysteme sind besonders herauszuheben, da sie in jedem Unternehmen vorhanden sind, unabhängig davon, ob sie bereits explizit für die interne Kommunikation genutzt werden, oder nicht.

CEO Der CEO kann strukturelle (A) als auch kommunikative (B) Funktionen einnehmen:

a. Aufbau und Pflege der Marke nach innen durch entsprechende Ressourcenbereitstellung, Festlegung von Inhalt und Organisation des Behavioral Branding, Sensibilisierung für die Marke im gesamten Unternehmen. Der integrierende Charakter der Markenführung verlangt jedoch nach Prozessen und Strukturen, in denen die verschiedenen Bereiche und Funktionen innerhalb der Unternehmung an der Steuerung beteiligt werden.
b. Stärkung des Markenbildes in der Rolle als gewichtiger interner sowie externer Markenbotschafter: den Mitarbeitern markengerechtes Verhalten vorleben. Steigerung der Motivation und Leistungsbereitschaft der Mitarbeiter durch symbolische und charismatische Führung

Elementar für die erfolgreiche Kommunikation des CEO ist, dass dessen Verhalten als authentisch und nicht artifiziell wahrgenommen wird. Dennoch ist die intensive Nutzung des CEO ein „zweischneidiges Schwert". Denn wird der CEO zu sehr in den Mittelpunkt insbesondere der externen Kommunikation gestellt, sind die „kommunikativen Rüstkosten" bei einem Wechsel umso grösser. Insofern bietet es sich an, insbesondere bei Familien-Unternehmen oder Unternehmen, in denen der Gründer eine wesentliche Rolle spielt, den CEO in den Mittelpunkt zu stellen. Dennoch bleibt auch hier die Frage der kommunikativen Kontinuität zu klären, wie das Unternehmen Apple jetzt auf tragische Weise erfahren muss.

Storytelling Geschichten vermitteln und interpretieren vergangene oder zukünftige Ereignisse. In Verbindung mit den individuellen Erfahrungen der Mitarbeiter können sie identitäts- und sinnstiftend wirken. Sie schaffen emotionale Bindung, bleiben lange im Gedächtnis und wirken nicht belehrend. Markenstorys im Speziellen erfüllen zwei Funktionen:

- Präskriptive Funktion: Sie zeigt auf, welche Werte im Unternehmen von Bedeutung sind.
- Deskriptive Funktion: Sie zeigt auf, wie die Werte im Unternehmen angewendet und umsetzt werden.

Markengeschichten können gezielt eingesetzt werden, um neuen oder bestehenden Mitarbeitern Markenwissen zu vermitteln (präskriptiv) und die in den Handlungen umgesetzten Markenwerte darzulegen. Gefahr besteht jedoch darin, dass Geschichten stets mehrdeutig sind. Dies kann zu unterschiedlichen und möglicherweise nicht erwünschten Reaktionen seitens der Mitarbeiter führen.

Dialogbilder Dialogbilder sollen den Mitarbeitern komplexe Unternehmenszusammenhänge veranschaulichen. Durch Grafiken, Statistiken und Tabellen werden die Einzelausschnitte der Unternehmung (z. B. Abteilungen) miteinander vernetzt und zu einem „Big Picture" der Unternehmung aggregiert. Die Erstellung der Dialogbilder sollte daher auch gemeinsam mit den Mitarbeitern in einem Bottom-Up-Prozess geschehen, der Raum für Austausch, Anregung und Einwände lässt. Dialogbilder können gut als Grundlage genutzt werden, um einen moderierten Prozess der Wissensvermittlung im Unternehmen zu stützen.

Markenwelten Markenwelten sind erschaffene Erlebniswelten von Marken, die nichtphysischer (z. B. Markenstorys) oder physischer (z. B. Erlebniszentren wie Flagship-Stores) Art sein können. Mit ihnen wird das Ziel verfolgt, der Zielgruppe (Mitarbeitern und Kunden) Emotionen und Markenwissen zu vermitteln. Da die Marke in den physischen Erlebniswelten mit allen Sinnen wahrgenommen werden kann, entsteht eine Vielzahl von bleibenden Eindrücken.

Markenspiele und - wettbewerbe Spiele können Inhalte auf unterhaltsame Weise vermitteln und gleichzeitig die Motivation der Teilnehmer erhöhen. Sie regen die Phantasie an und fördern Kommunikation sowie Interaktion. Während Lernspiele (Memospiele, Domino, Puzzles, Brett- und Kartenspiele, etc.) sich vornehmlich dazu eignen, Wissen über die Marke zu vermitteln, sollen Rollenspiele die Fähigkeiten der Mitarbeiter erweitern. In nachgestellten, möglichst praxisnahen Situationen werden den Teilnehmern feste Rollen zugeteilt, innerhalb derer sie selbst handeln müssen. Ein „Unternehmenstheater" kann so auch als Trainingscenter für kritische und konfliktgeladene Situationen der Mitarbeiter-Kunden-Interaktion genutzt werden.

Corporate Songs bzw. Firmenhymnen Lieder wecken Emotionen und schaffen Zusammengehörigkeit. Corporate Songs können intern sowie extern eingesetzt werden. Sie fassen die Unternehmensphilosophie auf eingängige und einprägsame Weise in eine musikalische Form. Als Firmenhymne können sie beispielsweise auf internen Unternehmenspräsentationen und -veranstaltungen sowie Firmenhandys und -rechnern eingesetzt werden.

Corporate Architecture Ähnlich wie bei den Markenwelten können die Markenwerte bei der Gestaltung von Firmenzentrale und anderen Niederlassungen miteinfließen. Dies wirkt identitätsstiftend und erhöht das Commitment der Mitarbeiter zu ihrer Marke.

Markenschulungen und -workshops Schulungen stellen ein bereits vielfach eingesetztes Instrument der Personalentwicklung dar. Sie sollten nicht als reine Informationsveranstaltung abgehalten, sondern mit unterhaltsamen Elementen unterlegt werden. Ein Beispiel dafür bildet die Markenakademie, wie sie z. B. sehr aufwändig von BMW und Lufthansa entwickelt wurden, in der vorwiegend Mitarbeitern, aber auch in ausgewählten Fällen Geschäftspartnern die Bedeutung von Marken im Allgemeinen und die eigenen Markenwerte im Speziellen vermittelt werden. Zudem können die Fähigkeiten der Mitarbeiter trainiert werden, die markenspezifisches Handeln ermöglichen (z. B. Beratungsgespräche). Patenprogramme können ebenfalls als Schulungen betrachtet werden, die den Austausch von Erfahrungen zwischen den Mitarbeitern fördern. So werden nicht nur Wissen und Fähigkeiten vermittelt, sondern auch soziale Beziehungen geschaffen.

Empowerment Im Kontext des internen Corporate Branding bedeutet Empowerment die Vergrößerung und Schaffung von Handlungsspielräumen für die Mitarbeiter. Indem den Mitarbeitern Handlungsbefugnisse übertragen oder verschiedene Handlungsoptionen aufgezeigt werden steigt jedoch auch deren Verantwortung. Ziel ist es, dadurch die Eigeninitiative und Motivation der Mitarbeiter zu fördern.

Anreiz- und Belohnungssysteme Markenkonsistentes Mitarbeiterverhalten kann über ein entsprechendes Anreiz- und Belohnungssystem induziert werden. Somit sollten auch qualitative Aspekte in die Belohnungsstrukturen integriert werden. Zu bevorzugen sind dabei jene Anreize, die die intrinsische Motivation der Mitarbeiter fördern. Zunächst muss dabei für die einzelnen Arbeitsbereiche festgelegt werden, welches Verhalten erwünscht und welches unerwünscht ist. Daraus werden Anforderungen und Richtlinien für die Mitarbeiter abgeleitet.

14.4 Corporate Brand Management intern nutzen

Alle Kontaktpunkte eines Konsumenten mit der Marke, sei es mit dem Unternehmensgebäude, der Unternehmensbroschüre oder dem Call Center-Mitarbeiter müssen ein konsistentes Bild der Corporate Brand wiedergeben, um eine einzigartige, positiv besetzte Wahrnehmung beim Konsumenten zu erreichen.

Der Mitarbeiter spielt bei diesen Kontaktpunkten eine herausragende Rolle, da er in der direkten Interaktion mit dem Kunden eine zentrale Repräsentationsfunktion einnimmt. Über den Kundenkontaktmitarbeiter bildet sich der Kunde ein unverfälschtes, eigenes Bild über das Unternehmen. Ein motivierter Mitarbeiter transportiert die Identität der Corporate Brand am besten. Dabei ist Voraussetzung, dass der Mitarbeiter sich mit „seiner" Corporate Brand identifiziert und diese Repräsentationsfunktion mit einem gewissen Stolz ausübt. Ein motivierter, zufriedener und informierter Mitarbeiter wird „seine" Corporate Brand (bewusst oder unbewusst) besser repräsentieren und „verkaufen" als ein unzufriedener, desinformierter Kollege.

▶ Die einfache Formel lautet: Information schafft Identifikation und sorgt für Motivation.

Information ist folglich zentral. Dabei geht es nicht in erster Linie um das „WAS", sondern um das „WIE". Konkret heißt dies, dass die unternehmensinterne Informationspolitik gegenüber den Mitarbeitern sich nicht allein auf die Präsentation von Inhalten beschränkt. Wichtig ist, dass die Mitarbeiter so früh wie möglich in strategische Überlegungen einbezogen werden, vor allem dann, wenn diese – wie beispielsweise die Einführung eines neuen Erscheinungsbildes – auch eine hohe Außenwirkung entfaltet. Für den dauerhaften Erfolg einer Corporate Brand gilt es, Commitment und ehrliche Überzeugung, eben Emotionen zu wecken (Berry und Lampo 2004, S. 24). Nur dann erreicht man die nötige Motivation, damit im Rahmen der Außenwirkung der Corporate Brand alle „am gleichen Strang ziehen".

Literatur

Aumüller, J. (1994). Dienstleistungsperspektive. *Markenartikel, 56*(10), 494–496.
Bazil, V. (2001). Reputation Management – Die Werte aufrechterhalten. In G. Bentele, M. Piwinger, & G. Schönborn (Hrsg.), *Kommunikationsmanagement: Strategien, Wissen, Lösungen* (S. 1–22). Neuwied: Luchterhand.
Bergstrom, A., Blumenthal, D., & Crothers, S. (2002). Why internal branding matters: The case of Saab. *Corporate Reputation Review, 5*(2/3), 133–142.
Berry, L., & Lampo, S. S. (2004). Branding labour-intensive services. *Business Strategy Review, 15*(1), 18–25.
Berry, L. (1984). The employee as customer. In C. Lovelock (Hrsg.), *Service marketing* (S. 271–278). Englewood Cliffs: Prentice Hall.
Bieger, T. (2007). *Dienstleistungsmanagement: Einführung in Strategien und Prozesse bei persönlichen Dienstleistungen*. Bern: Haupt.
Brexendorf, T. O.; Tomczak, T. (2004). „Interne Markenführung", in: Albers, S.; Hassmann, V.; Tomczak, T. (Hrsg.) (2004): Verkauf: Kundenmanagement, Vertriebssteuerung, E-Commerce, Loseblattsammlung, Düsseldorf: Symposion, Sektion 03.15, Personal und Führung.
Brexendorf, T. O. (2010). *Markenloyalität durch persönliche Kommunikation. Eine dyadische Analyse von Verkäufer-Kunden-Interaktionen am Beispiel der Marke BMW*. Göttingen: Cuvillier.

Brexendorf, T. O., Tomczak, T., Kernstock, J., Henkel, S., & Wentzel, D. (2012). Der Einsatz von Instrumenten zur Förderung von Brand Behavior. In T. Tomczak, F.-R. Esch, J. Kernstock, & A. Herrmann (Hrsg.), Behavioral branding (S. 337–372). Wiesbaden: Gabler.

Bruhn, M. (1995a). Internes Marketing als Forschungsgebiet der Marketingwissenschaft. In M. Bruhn (Hrsg.), *Internes Marketing – Integration der Kunden und Mitarbeiterorientierung: Grundlagen, Implementierung, Praxisbeispiele* (S. 14–61). Wiesbaden: Gabler.

Bruhn, M. (Hrsg.). (1998a). *Wertorientierte Unternehmensführung: Perspektiven und Handlungsfelder für die Wertsteigerung von Unternehmen.* Wiesbaden: Gabler.

Bruhn, M. (1998b). Interne Kommunikation. In A. Meyer (Hrsg.), *Handbuch Dienstleistungs-Marketing* (Bd. 1, S. 1045–1062). Stuttgart: Schaeffer-Poeschel.

Bruhn, M., & Grund, M. (2000). Mitarbeiterzufriedenheit und Mitarbeiterbindung. In A. Herrmann & C. Homburg (Hrsg.), *Marktforschung* (S. 933–956). Wiesbaden: Gabler.

Burmann, C., & Zeplin, S. (2005). Innengerichtetes identitätsbasiertes Markenmanagement. In H. Meffert, C. Burmann, & M. Koers (Hrsg.), *Markenmanagement – Identitätsorientierte Markenführung und praktische Umsetzung* (S. 115–142). Wiesbaden: Gabler.

Carlzon, J. (1990). *Alles für den Kunden: Jan Carlzon revolutionierte ein Unternehmen.* Frankfurt a. M.: Campus Verlag.

de Chernatony, L. (1999). Brand management through narrowing the gap between brand identity and brand reputation. *Journal of Marketing Management, 5*(1–3), 157–177.

de Chernatony, L. (2001a). *From brand vision to brand evaluation: Strategically building and sustaining brands.* Oxford: Butterworth Heinemann.

de Chernatony, L. (2001b). A model for strategically building brands. *Journal of Brand Management, 9*(1), 32–44.

de Chernatony, L. (2010). *From brand vision to brand evaluation: The strategic process of growing and strengthening brands.* Oxford: Butterworth Heinemann.

de Chernatony, L., Dall'Olmo Riley, F., & Harris, F. (1998). Criteria to assess brand success. *European Journal of Marketing, 14*(7), 765–781.

de Chernatony, L., & Harris, F. J. (2000). Developing corporate brands through considering internal and external stakeholders. *Corporate Reputation Review, 3*(3), 268–274.

Colyer, E. (2003). Promoting brand alliegance within. www.brandchannel.com/start1.asp?id=171. Zugegriffen: 19. Sept. 2003.

Dobree, J., & Page, A. S. (1990). Unleashing the power of service brands in the 1990s. *Management Decision, 28*(6), 14–28.

Einwiller, S. (2007). Corporate Branding. Das Management der Unternehmensmarke (Corporate branding. In Florack,A., Scarabis, M., Primosch, E. (Hrsg..), Psychologie der Markenführung (S. 113–135). München: Vahlen.

Esch, F.-R. (2005a). *Moderne Markenführung* (4. Aufl). Wiesbaden: Gabler.

Esch, F.-R. (2005b). *Strategie und Technik der Markenführung.* München: Vahlen.

Freeman, R. E., & Reed, D. L. (1983). Stockholders and stakeholders: A new perspective on corporate governance. *California Management Review, 25*(3), 88–106.

Freeman, R. E. (1984). Strategic management – A stakeholder approach, Boston: Pitman.

Frigge, C., & Houben, A. (2002). Mit der Corporate Brand zukunftsfähiger werden. *Harvard Business Manager, 24*(1), 28–35.

Gaines-Ross, L. (2000). CEO reputation: A key factor in shareholder value. *Corporate Reputation Review, 3*(4), 366–370.

George, W., & Grönroos, C. (1995). Internes Marketing: Kundenorientierte Mitarbeiter auf allen Unternehmensebenen. In M. Bruhn (Hrsg.), *Internes Marketing – Integration der Kunden- und Mitarbeiterorientierung: Grundlagen, Implementierung, Praxisbeispiele* (S. 63–86). Wiesbaden: Gabler.

Gilly, M. C., & Wolfinbarger, M. (1998). Advertising's internal audience. *Journal of Marketing, 62*(1), 69–88.

Gofton, K. (2000). „Putting staff first in brand evolution", in: Marketing, 03.02.2000, S. 29–30.

Gordon, W. (2002). Minding your brand manners. *Marketing Management, 11*(5), 18–20.

Gotsi, M., & Wilson, A. M. (2001a). Corporate reputation management: Living the brand. *Management Decision, 39*(2), 99–104.

Gotsi, M., & Wilson, A. M. (2001b). Corporate reputation: Seeking a definition. *Corporate Communications: An International Journal, 6*(1), 24–30.

Gregory, J. R., & Wiechmann, J. G. (1997). *Leveraging the corporate brand*. Lincolnwood: NTC Business Books.

Grönroos, C. (1985). Internal marketing – Theory and practice. In T. M. Bloch, G. D. Upah, & V.A. Zeithaml (Hrsg.), *Services marketing in a changing environment* (S. 41–47). Chicago: American Marketing Association.

Hemsley, S. (2. April 1998). Internal affairs. *Marketing Week, 25*(5), 49–50.

Ind, N. (1997). The corporate brand, London: Macmillan Press Limited

Ind, N. (2001). *Living the brand – How to transform every member of your organization into a brand champion*. London: Kogan Page.

Jacobs, R. (2003). Turn employees into brand ambassadors. *ABA Bank Marketing, 35*(3), 22–26.

Jamieson, D., & Richards, T. (1996). Committed employees – The key focus in strategic development, Market Research Society, Conference Paper.

Joachimsthaler, E. (2002). Mitarbeiter – die vergessene Zielgruppe für Markenerfolge. *Absatzwirtschaft, 45*(11), 28–34.

Kappas, E. (1996). Interne Kommunikation. In N.-P. Sokianos (Hrsg.), *Personalpolitik: Human Resources gestalten statt verwalten* (S. 265–282), Frankfurt a. M: Frankfurter Allgemeine Zeitung.

Kernstock, J. (1998). Meta-Marke STAR ALLIANCE – eine neue Herausforderung für das Markenmanagement. In T. Tomczak, M. Schögel, & E. Ludwig (Hrsg.), *Markenmanagement für Dienstleistungen* (S. 222–230). St. Gallen: Thexis.

Kernstock, J. (2003). Möglichkeiten und Grenzen des Corporate Brand Management. In K. Weiermair, M. Peters, H. Pechlaner, & M.-O. Kaiser (Hrsg.), *Unternehmertum im Tourismus – Führen mit Erneuerungen* (S. 187–202). Berlin: Erich Schmidt Verlag.

Kienbaum, C. (2012). Benchmark-Studie – Internal Employer Branding 2012.

Kirchgeorg, M., & Lorbeer, A. (2002). *Anforderungen von High Potentials an Unternehmen – eine Analyse auf der Grundlage einer bundesweiten Befragung von High Potentials und Personalentscheidern*. HHL-Arbeitspapier Nr. 49, Leipzig.

Kiriakidou, O.; Millward, L. (2000): „Corporate identity: External reality or internal fit?", in: Corporate Communications: An International Journal, Vol. 5, No. 1, S. 49–58.

Kotter, J. P., & Heskett, J. L. (1992). *Corporate culture and performance*. New York: NY Free Press.

Kunde, J. (2000). *Corporate religion*. London: Financial Times Prentice Hall.

Lemmink, J., & Mattson, J. (1998). Warmth during non-productive retail encounters: The hidden side of productivity. *International Journal of Research in Marketing, 15*(5), 505–518.

Maathuis, O. J. M. (1999). *Corporate branding – The value of the corporate brand to customers and managers*. Dissertation Erasmus Universität Rotterdam.

Mast, C. (2010). *Unternehmenskommunikation: Ein Leitfaden*. Stuttgart: UTB.

Meffert, H., & Bruhn, M. (2009). *Dienstleistungsmarketing. Grundlagen – Konzepte – Methoden*. Wiesbaden: Gabler.

Mellor, V. (1999). Delivering brand values through people. *Strategic Communication Management, 3*(2), 26–29.

Meyer, A., & Oppermann, K. (1998). Bedeutung und Gestaltung des Internen Marketing. In A. Meyer (Hrsg.), *Handbuch Dienstleistungs-Marketing* (Bd. 1, S. 991–1009). Stuttgart: Schaeffer-Poeschel.

Mitchell, C. (2002). Selling the brand inside. *Harvard Business Review, 80*(1), 90–105.

Piehler, R. (2011). *Interne Markenführung – Theoretisches Konzept und fallstudienbasierte Evidenz.* Wiesbaden: Gabler.

Post, J. E., & Griffin, J. J. (1997). Corporate reputation and external affairs management. *Corporate Reputation Review, 1*(1/2), 165–171.

Reed, A. (2001). Distinguished marques. *People Management, 7*(20), 59.

Rucci, A., Kirn, S., & Quinn, R. (1998). The employee-customer-profit chain at Sears. *Harvard Business Review, 76*(1), 82–97.

Sandrock, M. (1998). Emotionen als Erinnerungsverstärker – Markenmanagement by British Airways. In T. Tomczak, M. Schögel, & E. Ludwig (Hrsg.), *Markenmanagement für Dienstleistungen* (S. 212–221). St. Gallen: Thexis.

Saxton, K. (1998). Where do reputations come from? *Corporate Reputation Review, 1*(4), 393–399.

Schneider, B., & Bowen, D. (1985). Employee and customer perceptions of service in banks: Replication and extension. *Journal of Applied Psychology, 70*(3), 423–433.

Schultz, M. & de Chernatony, L. (2002). The challenges of corporate branding. *Corporate Reputation Review, 5*(2/3), 105–112.

Schulze, H. S. (1991): Internes Marketing von Dienstleistungsunternehmen: Fundierungsmöglichkeiten mittels ausgewählter Konzepte der Transaktionsanalyse, Frankfurt et al.: Lang.

Schütze, R. (1992). *Kundenzufriedenheit: After-Sales-Marketing auf industriellen Märkten.* Wiesbaden: Gabler.

Schweiger, D., & Denisi, A. (1991). Communication with employees following a merger: A longitudinal field experiment. *Academy of Management Journal, 34*(1), 110–135.

Sinickas, A. (2002). Measuring the brand internally. *Strategic Communication Management, 6*(4), 8.

Stauss, B. (1994a). Internes Marketing. In H. Diller (Hrsg.), *Vahlens Großes Marketing Lexikon* (S. 477–479). München: Vahlen.

Stauss, B. (1994b). Der Einsatz der „Critical Incident Technique". In T. Tomczak & C. Belz (Hrsg.), *Kundennähe realisieren* (S. 233–250). St. Gallen: Thexis.

Stauss, B. (1995a). „Augenblicke der Wahrheit" in der Dienstleistungserstellung: Ihre Relevanz und ihre Messung mit Hilfe der Kontaktpunkt-Analyse. In M. Bruhn & B. Stauss (Hrsg.), *Dienstleistungsqualität: Konzepte, Methoden, Erfahrungen* (S. 379–399), Wiesbaden: Gabler.

Stauss, B. (1995b). Internes Marketing als personalorientierte Qualitätspolitik. In M. Bruhn & B. Stauss (Hrsg.), *Dienstleistungsqualität: Konzepte, Methoden, Erfahrungen* (2. Aufl., S. 257–276). Wiesbaden: Gabler.

Stauss, B., & Schulze, H. (1990). Internes marketing. *Marketing ZFP, 12*(3), 149–158.

Thomson, K., de Chernatony, L., Arganbright, L., & Khan, S. (1999). The buy-in benchmark: How staff understanding and commitment impact brand and business performance. *Journal of Marketing Management, 15*(8), 819–835.

TNS Intersearch. (2003). Employee commitment links to bottom line success, TNS Intersearch Organisational Effectiveness Practice, 2003.

Tomczak, T., & Brockdorff, B. (2000). Bedeutung und Besonderheiten des Markenmanagements für Dienstleistungen. In C. Belz & T. Bieger (Hrsg.), *Dienstleistungskompetenz und innovative Geschäftsmodelle* (S. 486–502). St. Gallen: Thexis.

Tomczak, T., & Dittrich, S. (1996). Die Kundenzufriedenheit als strategischer Erfolgsfaktor. In E. Dichtl (Hrsg.), *Kundenzufriedenheit – Erreichbar und bezahlbar?* (S. 16–36). Mainz: SFV Verlag.

Tosti, D. T., & Stotz, R. D. (2001). Building your brand from the inside out. *Marketing Management, 10*(2), 28–33.

Watzlawick, P., Beavin, J. H., & Jackson, D. D. (1996). *Menschliche Kommunikation.* Bern: Huber.

Weber, T. (2003). Dialogbilder als Element der Mitarbeiterkommunikation. In R. Rapp & A. Payne (Hrsg.), *Handbuch Relationship Marketing – Konzeption und erfolgreiche Umsetzung* (S. 293–307). München: Vahlen.

Wittke-Kothe, C. (2001). *Interne Markenführung – Verankerung der Markenidentität im Mitarbeiterverhalten*. Wiesbaden: Deutscher Universitäts-Verlag.

Zeplin, S. (2006). Innengerichtetes identitätsbasiertes Markenmanagement. Wiesbaden.

Dr. Joachim Kernstock leitet das Kompetenzzentrum für Markenführung St. Gallen (KMSG). Sein Beratungsschwerpunkt ist Corporate Brand Management und Brand Behavior. Er ist Lehrbeauftragter für Betriebswirtschaftslehre mit besonderer Berücksichtigung des Marketing an der Universität St. Gallen und Co-Editor-in-Chief des Journal of Brand Management (JBM), London.

Dr. Tim Oliver Brexendorf ist Assistenzprofessor für Consumer Goods Marketing an der WHU – Otto Beisheim School of Management, Vallendar, und Head of the Henkel Center for Consumer Goods (HCCG), Deutschland. Er ist außerdem Permanent Research Scholar an der Tuck School of Business, Dartmouth College, und Co-Editor-in-Chief des Journal of Brand Management.

Führungskräfte als Markenbotschafter nutzen

15

Franz-Rudolf Esch, Janina Petri, Johannes Hanisch, Christian Knörle und Daniel Kochann

> **Zusammenfassung**
>
> Starke Marken kommunizieren über alle Kanäle hinweg ein ansprechendes und konsistentes Bild. Nicht nur die optimale Orchestrierung der Kommunikationsmaßnahmen, sondern auch Kontaktpunkte der Konsumenten mit Vorständen, Führungskräften und Mitarbeitern einer Marke tragen erfolgskritisch zu diesem Bild bei. In diesem Kapitel wird die Rolle des Top-Managements und der Führungskräfte bei der Durchsetzung von markenorientiertem Verhalten im Unternehmen besprochen. Ausgangspunkt bildet die Markenidentität. Sie muss von allen Unternehmensmitgliedern klar und einheitlich verstanden werden. Vorbildliches Verhalten, ein transformationaler Führungsstil, die Schaffung von Handlungsfreiräumen sowie das Agieren als Change Manager sind Instrumente, die Führungskräfte einsetzen können, um markenkonformes Verhalten zu

---

F.-R. Esch (✉) · J. Petri · J. Hanisch
EBS Universität für Wirtschaft und Recht, Oestrich-Winkel, Deutschland
E-Mail: Franz-Rudolf.Esch@ebs.edu

J. Petri
E-Mail: janina.petri@ebs.edu

J. Hanisch
E-Mail: johannes.hanisch@ebs.edu

Dr. C. Knörle
Stuttgart, Deutschland
E-Mail: christian.knoerle@web.de

D. Kochann
ESCH. The Brand Consultants, Saarlouis, Deutschland
E-Mail: d.kochann@esch-brand.com

© Springer Fachmedien Wiesbaden 2014
F.-R. Esch et al. (Hrsg.), *Corporate Brand Management*,
DOI 10.1007/978-3-8349-3862-6_15

erzielen. Kurze Praxisbeispiele verdeutlichen die theoretischen Grundlagen und hauchen ihnen Leben ein.

15.1 Die Relevanz der Führungskräfte als Markenbotschafter erkennen

Markenführung ist Chefsache. In einem Unternehmen muss auf oberster Ebene klar sein, wofür die Marke steht und welche Werte sie beinhaltet, um dies unmissverständlich in das Unternehmen hinein, aber auch an die Öffentlichkeit tragen zu können.

Vorstände und Führungskräfte sind wichtige Treiber, um eine Marke nach innen durchzusetzen. Vorständen obliegt es einerseits, die zentralen Markenwerte intern den Mitarbeitern zu vermitteln. Andererseits ist es ihre Aufgabe, das Markenversprechen einer Vielzahl von Anspruchsgruppen außerhalb der Unternehmung nahe zu bringen und somit das Markenbild in der Öffentlichkeit nachhaltig zu formen. Diese imageprägende Außenwirkung des Vorstands hat wiederum einen Einfluss auf die Identifikation der Mitarbeiter mit der Marke.

Auch die direkten Vorgesetzten beeinflussen durch die unmittelbare Interaktion mit den Mitarbeitern deren Markencommitment und -identifikation. Ihnen kommt daher eine Reihe wichtiger Funktionen zu:

- Sie agieren als zentrale Change Agents für die Marke,
- sie kommunizieren das Markenversprechen gegenüber ihren Mitarbeitern nach innen,
- sie verstehen sich als Hüter der Marke, lassen aber gleichzeitig eine notwendige Individualität der Mitarbeiter zu,
- sie entwickeln Umsetzungskonzepte gemeinsam mit den Mitarbeitern und
- sie kontrollieren die Fortschritte (Esch und Vallaster 2005).

Ein wichtiger Faktor für eine erfolgreiche interne Markenführung ist die Verankerung markenorientierter Führung im Top-Management. So gilt es zunächst den CEO bzw. die Geschäftsführung von der Relevanz der Marke und dem Markenidentitätskonzept zu überzeugen, so dass sie ihr Verhalten markenorientiert gestalten und eine Vorbildfunktion nach innen und außen einnehmen können. Nur auf diese Weise kann auf Mitarbeiterseite Glaubwürdigkeit und Dringlichkeit für interne Markenführung vermittelt werden (Esch und Vallaster 2004; Esch und Vallaster 2005; Schultz 2003; Vallaster und de Chernatony 2003).

▶ Nur wenn das Top-Management hinter der Marke steht, ist markenkonformes Verhalten bei Mitarbeitern durchsetzbar.

Dies geht auf die soziale Lerntheorie zurück, nach der Menschen durch Imitation von Verhaltensweisen oder durch die Beobachtung der Konsequenzen lernen (Homburg und Stock 2004, S. 183 f.). Aus diesem Grund ist ein vorbildliches Verhalten der Führungskräfte essentiell. Über die Vorbildfunktion hinaus kann davon ausgegangen werden, dass unterschiedliche Arten von Führungsstilen auf das Markencommitment der Mitarbeiter mehr oder weniger positiv wirken. Die Wirkung unterschiedlicher Führungsstile wurde bereits umfassend untersucht. Dabei sind zwei grundlegende Ansätze zu unterscheiden: In der eigenschaftstheoretischen Forschung wird versucht, grundsätzlich erfolgreiche Persönlichkeitsmerkmale von Führungskräften zu identifizieren. Die verhaltenstheoretische Forschung hingegen analysiert erfolgreiche Verhaltensmuster von Führungskräften. Führungstheorien bauen darauf auf und ergänzen diese Ansätze um Aussagen über die Zusammenhänge zwischen Führungsperson, Geführten, organisatorischen Anforderungen und Führungserfolg (Staehle 1999, S. 347).

15.2 Das Markenverständnis im Unternehmen durch Führungskräfte sichern

Bevor man Markeninhalte an die internen und externen Anspruchsgruppen weitergeben kann, gilt es ein einheitliches Verständnis im Sinne einer Markenstrategie zu erzielen. Ausgangspunkt hierfür ist die *Markenidentität*, welche als Selbstbild der Marke dient und ausdrückt, wofür diese stehen soll. Sie ist von hoher strategischer Bedeutung und muss vom Vorstand aus entwickelt und getragen werden. Alle Aktivitäten der Marke, von der strategischen Fokussierung bis hin zur konkreten Umsetzung des Markenversprechens im Marketing und im Verhalten der Mitarbeiter, sind an ihr auszurichten (Esch et al. 2013, S. 40).

▶ Im Unternehmen ist ein einheitliches Verständnis der Marke unabdingbar. Dadurch wird gemeinsames Handeln gesichert und die Identifikation mit der Marke gesteigert (de Chernatony 2010).

Wie relevant das Mitarbeiterverhalten im Sinne der Marke in der Praxis eingeschätzt wird, zeigt eine Befragung von Marketingmanagern: Über 90 % aller Befragten sehen das markenorientierte Verhalten von Mitarbeitern als sehr wichtig an. Zur Erreichung zielgerichteten Markenverhaltens ist die Übersetzung von abstrakten Markenwerten und Markeninhalten in konkrete Handlungsfelder und –anweisungen besonders entscheidend (Henkel et al. 2012, S. 225).

Ein Erfolg kann jedoch nur dann in der internen Markenführung eintreten, wenn dafür Relevanz, Notwendigkeit und Glaubwürdigkeit vorhanden sind (Esch und Vallaster 2005, S. 1011; Schultz 2003). Um dies zu erreichen spielen Führungskräfte, im Besonderen der CEO und der Vorstand bzw. die Geschäftsführung, eine zentrale Rolle. Sie tragen die Verantwortung Mitarbeitern, Stakeholdern und Kunden gegenüber die Bedeutung der Marke herauszustellen und die Marke als Vorbilder nach innen und außen vorzuleben. Dabei ist es von entscheidender Wichtigkeit, dass das Verhalten des Top-Managements mit den Inhalten und Werten, die in der Unternehmenskommunikation herausgestellt werden konform ist (Brexendorf und Tomczak 2004). Andernfalls kann die Glaubwürdigkeit der Marke stark in Frage gestellt werden, was sich negativ auf das Image auswirken kann (Esch et al. 2013, S. 53 f.).

▶ 54 % der CEO's sehen sich selbst als Einflussfaktor auf den Ruf des Unternehmens (Laurence 2004). Studien zeigen, dass das Image von Vorständen mit bis zu 15 % auf den Unternehmenswert Einfluss nimmt (Machning und Mikfeld 2003).

Beispiel

ENRON

Bei ENRON, einem der größten Konzerne der USA, hat inkonformes Markenverhalten des Top Managements sogar zur Insolvenz geführt. Die Manager hielten wichtige Informationen zurück und waren in Aktienbetrug verstrickt.

ERGO

Hier waren die Führungskräfte der Vertriebsabteilung für den Imageverlust verantwortlich. Sie belohnten ihre Mitarbeiter für besonders gute Leistungen mit Lustreisen. Fehlverhalten, unabhängig auf welcher Hierarchiestufe es auftritt, beeinflusst das Image negativ. ERGO musste größte Anstrengungen leisten, um die Marke wieder zu alter Stärke zurück zu führen.

Zur Vermittlung der Markenidentität nach innen dient der Behavioral Branding Ansatz. Dieser beinhaltet nicht nur die notwendige Markenkommunikation, sondern soll Mitarbeiter konkret dazu anleiten, sich markenkonform zu verhalten (Tomczak et al. 2005). Dadurch wird wiederum auch in der Außenwirkung ein integriertes Bild der Marke erzielt. Der Behavioral Branding Prozess setzt als erstes an den Führungskräften an, denn sie sollen als Vorbilder für markenkonformes Verhalten dienen und somit zu Botschaftern der Marke werden. Die Marke ist in ihrem Denken, Fühlen und Handeln zu verinnerlichen, sofern dies nicht bereits der Fall ist (Esch et al. 2012; s. dazu den Beitrag zum Employer Branding in diesem Buch).

15.2.1 Die Rolle des Top-Management als zentrale Markenbotschafter bewusst machen

Für die interne Markenführung steht häufig der Vorstandsvorsitzende als zentrale Figur im Fokus. Jedoch kann das Bewusstsein des Vorstandsvorsitzenden bzw. Geschäftsführers über die Rolle der Marke in unterschiedlichen Unternehmen stark divergieren. Die Ausgangssituation für eine erfolgreiche Implementierung einer internen Markenführung ist dadurch mehr oder weniger vorteilhaft. Folgende Szenarien lassen sich dabei grob unterscheiden (Esch 2012, S. 88 ff.):

1. Alle Unternehmensaktivitäten werden durch die Marke bestimmt und an ihr ausgerichtet. Der obersten Hierarchieebene ist die Rolle der Marke nicht nur bewusst, sondern sie wird auch gezielt umgesetzt.

2. Die Marke agiert als wichtiger Wegweiser bei der Entwicklung zukünftiger Unternehmensstrategien und dient dem Top-Management demnach als zentraler Orientierungspunkt. Sie ist jedoch anderen Bereichen nicht bestimmend übergeordnet, was zu Zielkonflikten zwischen den verschiedenen Unternehmensabteilungen führen kann. So ist es möglich, dass beispielsweise das ökonomische Ziel der optimalen Auslastung einer Produktionsstätte dem Imageziel der Wahrung einer Premiumposition im Markt gegenüber stehen.
3. Die Marke wird als nebensächlich betrachtet und gilt als Spielwiese des Marketing. Wird ein Unternehmen so geführt, ist es eine große Herausforderung die Unternehmensleitung als Botschafter der Marke zu verpflichten. Als erster Schritt muss hier Verständnis für die Rolle der Marke in der gesamten Unternehmensstrategie geschaffen werden. Die Wahrnehmung muss von einer rein kommunikations- und absatzgetriebenen zu einer ganzheitlichen Sichtweise überführt werden. Andernfalls können die internen Anspruchsgruppen weiterhin nicht in ausreichendem Maße angesprochen werden.

Der Ansatzpunkt für die interne Markenführung ist somit je nach Status der Marke im Unternehmen anders zu wählen. Mangelt es bereits auf Führungsebene an Markenverständnis, so gilt es zunächst hier entsprechendes Engagement zu wecken, bevor die Aktivitäten auf weitere Hierarchieebenen ausgedehnt werden können.

In jedem Fall sollte jedoch eine durchgängige Integration der Markenwerte in die Handlungen und Äußerungen des Vorstandsvorsitzenden stattfinden (Dunn und Davis 2004, S. 242; Ind 2007). Ein Beispiel hierfür liefert der ehemalige Vorstandsvorsitzende der BASF AG, Dr. Jürgen Hambrecht. Er lebte die Marke vor, indem er die Markenwerte in seinen Vorträgen unterstrich und durch Symbole, wie z. B. das stetige Tragen eines BASF-Markenpins, zu jeder Zeit sein Commitment klar demonstrierte (Ruess 2005, S. 68).

Werden hingegen Botschaften gesendet, die von den propagierten Markenwerten stark abweichen, wird das Verständnis der Marke negativ beeinflusst. Es ist nicht mehr eindeutig, wofür die Marke tatsächlich steht, was sich wiederum auf den Eindruck der Corporate Brand auswirkt. Dies lässt sich an dem Auftreten von Dr. Josef Ackermann, ehemaliger Vorstand der Deutsche Bank AG, verdeutlichen (Zeplin 2006, S. 124; s. Abb. 15.1). Möchte eine Bank als seriös und zuverlässig wahrgenommen werden, so muss auch der Vorstand dies durch sein Verhalten widerspiegeln. Das „Peace-Zeichen" von Ackermann sendet jedoch eine konträre Botschaft. Eine Führungsperson trägt demnach nicht nur Verantwortung dafür, wie die eigene Person in der Öffentlichkeit wirkt, sondern auch für das Image aller Mitarbeiter. Die Glaubwürdigkeit und Authentizität eines Vorstandsvorsitzenden kann zudem durch schlechte Kommunikation in Mitleidenschaft gezogen werden. Beispielsweise wurde in Zeiten von Massenentlassungen die Rolex-Uhr des damaligen Siemens-Chefs Klaus Kleinfeld auf einem Foto retuschiert (s. Abb. 15.1).

Der Einfluss des Top-Managements auf die interne und externe Wahrnehmung der Marke wird durch obige Beispiele deutlich. Mitarbeiter werden internen Markenmanagementinitiativen nur dann offen gegenübertreten und Glaubwürdigkeit schenken, wenn kommunizierte Werte und tatsächliches Verhalten korrespondieren. Aus diesem Grund ist

Josef Ackermann   Klaus Kleinfeld

Abb. 15.1 Negativ wahrgenommene Auftritte von Vorstandsvorsitzenden. (Quelle: Esch und Knörle 2012, S. 377.)

zunächst auf oberster Ebene das Verständnis für die Aktivitäten zu sichern und anschließend das Commitment der Geschäftsleitung klar den Mitarbeitern gegenüber herauszustellen. Ist dies gelungen, verfügt die interne Markenführung über ausreichend Durchsetzungsvermögen, um auf allen nachgelagerten Hierarchieebenen erfolgreich wirken zu können (Tosti und Stotz 2001, S. 31).

> **Beispiel**
> Der Erfolg eines Unternehmens ist abhängig davon, wie gut Unternehmenskultur, Mission und Vision auf die Markenwerte abgestimmt sind. Mitarbeiter und vor allem Manager sind basierend auf ihrer Passung zur Marke und ihren Werten auszuwählen. Dies ist besonders auf Dachmarkenebene wichtig. Hilti zeigt sich in diesem Bereich vorbildlich. Kultur und Markenwerte gehen dort Hand in Hand und auch Top Manager werden nach Passung zur Marke selektiert. Stellt sich nach einer gewissen Zeit heraus, dass im Arbeitsalltag diese Passung doch nicht gegeben ist, so heißt es selbst für Mitarbeiter mit herausragenden Leistungen: „Take another bus."

Dass das innengerichtete Markenmanagement oben beginnen muss, wird durch die Aussagen von 365 Führungskräften in einer internationalen Befragung untermauert:

▶ Führungskräfte beurteilen das Verhalten des CEO als zentrale Triebfeder für Entscheidungen, die Markenwerte betreffend (Ehren 2005).

Folglich muss die Geschäftsführung von der Relevanz der Marke und dem Markenidentitätskonzept überzeugt werden, so dass sie markenorientiertes Verhalten verinnerlicht und sowohl nach innen als auch nach außen vorleben kann. Nachteil einer solch herausragenden Stellung des CEO ist, dass durch einzelne unreflektierte Handlungen und Aussagen das Image einer Marke sowie das Mitarbeitercommitment langfristig beschädigt werden können. Darüber hinaus darf die Markenidentität nicht von der Persönlichkeit des CEO abhängig gemacht werden. Andernfalls besteht die Gefahr, dass sie nach einem Wechsel dieser zentralen Führungskraft an Substanz verliert und bedeutungslos wird: Eine Tendenz, die in jüngster Zeit für die Marke Apple zu beobachten ist. Als Steve Jobs zum ersten Mal Apple verließ, begab sich das Unternehmen auf Talfahrt. Dies wird nun abermals prophezeit (Pepitone 2013; Rao 2013). Die Markenidentität muss also vom CEO gestützt werden und nicht umgekehrt. Dies ist jedoch nur möglich, wenn ein charismatischer und starker CEO bereit ist, seine Persönlichkeit der Markenidentität unterzuordnen (Pälike 2000).

15.2.2 Markenbotschafter auf unterschiedlichen Hierarchieebenen bestimmen, um markenorientiertes Verhalten zu sichern

Wenngleich der Vorstand als wichtiges Sprachrohr der Marke erste Triebkraft im Unternehmen ist, um markenkonformes Verhalten zu erreichen, so ist der Kontakt zu den Mitarbeitern doch vergleichsweise selten und häufig indirekt. Getreu dem Motto „steter Tropfen höhlt den Stein" ist es folglich der tägliche Kontakt zwischen den Führungskräften auf den nachgelagerten Ebenen und deren Mitarbeitern, der die Verankerung der Markenwerte erst ermöglicht (Tosti und Stotz 2001, S. 31). Durch ihr eigenes Verhalten beeinflussen die direkten Vorgesetzten maßgeblich das Markencommitment ihrer Mitarbeiter (Duck und Fielding 2003, S. 399; Shamir et al. 1993, S. 581; Vallaster und de Chernatony 2006, S. 773). Darüber hinaus besitzen sie genaue Kenntnisse über die Mitarbeiter, können somit das Potential jedes einzelnen für die Umsetzung der Markenziele identifizieren und deren Erreichung durch Empowerment fördern. Diese Freiräume führen letztendlich zu einer Erhöhung des Markencommitments der Mitarbeiter (Bono und Judge 2003, S. 562; Shamir et al. 1998, S. 400; Walumbwa und Lawler 2003, S. 1096 f.). Dementsprechend sind die unmittelbaren Vorgesetzten früh in den Prozess der internen Markenführung zu integrieren:

- Im ersten Schritt gilt es die Bedeutung der jeweiligen Abteilung für die Unternehmensmarke herauszustellen und zu hierarchisieren. Je nach Einflussstärke auf die Marke werden der Handlungsbedarf und die Dringlichkeit der markenkonformen Gestaltung abgeleitet.
- Schritt zwei umfasst Schulungen der Führungskräfte, die sie anleiten, als Markenbotschafter in ihrem eigenen Verantwortungsbereich aufzutreten und ihre Mitarbeiter ausbilden zu können. Ziel ist es, das einheitliche Verständnis der Markenidentität sicherzustellen und basierend darauf für jeden Bereich konkrete Maßnahmen sowie deren Umfang zur Durchsetzung der Marke zu konzipieren. Einzelne Workshops dienen dazu, Führungskräften das Selbstverständnis der Marke sowie die Wahrnehmung der Marke auf Kundenseite zu vermitteln und daraus die Maßnahmen abzuleiten.

- Sind die Führungskräfte als Markenbotschafter gewonnen, können in einem dritten Schritt die Mitarbeiter der Abteilungen einbezogen werden. Gemeinsam mit ihnen werden nun die Umsetzungsmaßnahmen weiter konkretisiert. Dies ist ein wichtiger Schritt, denn das Verständnis und die Motivation für die Umsetzung sind umso höher, je stärker die Mitarbeiter an der Gestaltung beteiligt sind (Calla und Monroe 1997). Um den Erfolg zu sichern, gilt es die Markenwerte plastisch anhand von konkreten Beispielen und Erfahrungen den Mitarbeitern zu vermitteln. Über das Verständnis hinaus sollen auch sie in der Lage sein, die mit der Marke verbundenen Erfahrungen und Inhalte lebendig weitergeben zu können. Zudem gilt es das Bewusstsein zu schaffen, dass auch das eigene Verhalten dazu beiträgt, zu welchem Grad der Kunde das Markenversprechen als erfüllt wahrnimmt.

15.3 Markenkonformes Verhalten durch die Mitarbeiterführung erreichen

Die Rolle der Geschäftsleitung und der unmittelbaren Führungskräfte bei der Belebung des markenkonformen Verhaltens der Mitarbeiter ist nun etabliert. Als nächstes gilt es zu bestimmen, in welcher Form die Führung der Mitarbeiter auszugestalten ist, um die etablierten Ziele zu erreichen. Verschiedene Instrumente können angewendet werden, um die Mitarbeiter im Sinne des markenorientierten Verhaltens positiv zu beeinflussen:

- durch die Vorbildfunktion markenorientiertes Verhalten fördern,
- durch den Führungsstil markenorientiertes Verhalten erreichen,
- durch Handlungsfreiräume markenorientiertes Verhalten motivieren,
- Führungskräfte als Change Manager einsetzen, um markenorientiertes Verhalten zu erzielen.

Nachfolgend wird konkreter auf diese Instrumente eingegangen.

15.3.1 Durch vorbildliches Verhalten der Führungskräfte markenorientiertes Verhalten der Mitarbeiter fördern

Mitarbeiter lernen im Arbeitsalltag intensiv durch das Vorleben der Führungskräfte. Führungspersonen sind besonders erfolgreich, wie bspw. der ehemalige CEO von GE, Jack Welch, wenn sie leidenschaftliche Vertreter des Markenversprechens sind. Die persönlichen Werthaltungen und die Motivation einer Führungskraft werden über diese emotionale Komponente greifbar. Aus diesem Grund müssen Führungskräfte Botschafter der Marke sein und die Markenidentität vorleben.

Mitarbeiter lernen häufig durch Beobachtung ihrer Führungskräfte und Kollegen, welche Verhaltensweisen und Einstellungen allgemein im Unternehmen akzeptiert und gefördert werden. Dieses Lernverhalten geht, wie eingangs beschrieben, auf die soziale Lerntheorie zurück (Bandura 1977). Der Lernvorgang vollzieht sich durch das Imitieren von beobachteten Verhaltensweisen oder durch Beobachtung deren Konsequenzen (Homburg und Stock 2004, S. 183 f.). Die Sozialisation von Mitarbeitern im neuen Arbeitsumfeld findet also in Form von sozialem Lernen auf informeller Ebene statt, wodurch sie die Markenidentität in ihr individuelles Selbstkonzept einbinden können.

Der Erfolg des internen Markenbildungsprozesses ist abhängig von der Grundhaltung der Führungsperson. Dabei ist es nicht ausreichend, die Inhalte der internen Markenführung verbal weiter zu geben, sondern das Führungsverhalten muss sich wahrnehmbar verändern und in den unternehmerischen Strukturen widerspiegeln. Nur so entsteht das Bewusstsein bei den Mitarbeitern, dass sie durch ihr Handeln die Markenidentität mit formen. Geschieht dies nicht, wird die operative Umsetzung nicht nachhaltig weitergeführt werden (Tosti und Stotz 2001).

▶ Mitarbeiter sehen sich nur veranlasst markenorientiert zu handeln, wenn das Top-Management die Markenwerte glaubhaft, authentisch und konsistent vorlebt.

Verhalten sich Führungskräfte markenorientiert, so stellen sie damit ihre Loyalität unter Beweis und können der Marke das nötige emotionale Moment verschaffen. Führungskräfte müssen authentisch und ehrlich das Markenversprechen verkörpern, denn nur so können sie das Vertrauen und den Respekt der Mitarbeiter erlangen (Snyder und Graves 1994; Esch et al. 2010). Dies ist Voraussetzung dafür, dass die Mitarbeiter dem Verhalten nachstreben und das Markenversprechen an allen Markenkontaktpunkten einlösen. Erfolgsentscheidend ist hier, dass die Kommunikation der Führung nach innen und außen glaubwürdig und konsistent gestaltet ist. Widerspruchsfreies Verhalten fördert die Glaubwürdigkeit und das Vertrauen der Mitarbeiter in das Markenversprechen. Damit befähigt es die Führungskräfte markenkonformes Handeln von ihren Mitarbeitern einzufordern (Stephenson 2004).

Beispiel
Werner & Mertz

Hinter den bekannten Marken Frosch und Erdal steht das Unternehmen Werner & Mertz. Dieses hat sich dem zentralen Markenwert „ganzheitlich nachhaltig" verschrieben. Dies spiegelt sich in verschiedenen Bereichen wider: Der Neubau der Mainzer Hauptverwaltung ist besonders ökologisch, Werner & Mertz engagiert sich in vielen Nachhaltigkeitsbereichen und Herr Schneider, geschäftsführender Gesellschafter, fährt ein Elektrofahrzeug.

EWE ENERGIE AG

Der Vorstand für den Bereich Erneuerbare Energien, Dr. Torsten Köhne, ist der einzige Vorstand in seiner Region, von dem bekannt ist, dass er ein Elektroauto als Dienstfahrzeug besitzt. In Interviews betont er, dass er einen persönlichen Beitrag zur Energiewende leisten und mit gutem Beispiel vorangehen möchte. Damit sendet er eine unmissverständliche Nachricht nach außen und innen.

SONY

Der ehemalige CEO und Member of the Board von SONY Sir Howard Stringer, fiel im Frühling 2005 aus Markensicht negativ auf. Er wurde in einem Fahrstuhl beobachtet, wie er Musik auf seinem iPod hörte. Dies wurde in der Presse sogleich als Eingeständnis der Niederlage gegen Apple interpretiert. Mitarbeiter erhielten den Eindruck, dass ihr CEO nicht für die eigenen Produkte einsteht.

Microsoft

Direkte Vorgesetzte können ebenso starke Signale durch ihr Verhalten senden. Fehlendes Commitment kann zu Verunsicherung und Zweifeln führen, die sich im ungünstigsten Fall in Aussagen wie der des ehemaligen Entwicklungsabteilungsleiters für Windows Vista, Jim Allchin, niederschlagen: „Ich würde einen Mac kaufen, würde ich nicht bei Microsoft arbeiten."

Formelle und informelle Elemente der Kommunikation sind aufeinander abzustimmen. Erst dadurch kann ein uniformes Bild der Markenidentität entstehen (de Chernatony und Segal–Horn 2003; Thomson et al. 1999). Den Anspruchsgruppen im Unternehmen muss klar kommuniziert werden, was das nach außen getragene Markenversprechen beinhaltet. Mit steigendem Verständnis für die Inhalte des Markenversprechens und die daraus resultierenden Aufgaben, wachsen das Commitment und die Loyalität gegenüber der Marke auf Seiten der Mitarbeiter (Esch et al. 2013).

15.3.2 Durch den Führungsstil zu markenorientiertem Verhalten anleiten

Die Erreichung markenkonformen Verhaltens wird maßgeblich durch den Führungsstil des Vorstandes und der direkten Vorgesetzten beeinflusst. Dabei lassen sich grundsätzlich zwei Führungsstile unterscheiden:

- der transaktionale Führungsstil und
- der transformationale Führungsstil.

Der Begriff der *transaktionalen Führung* beinhaltet bereits das zugrundeliegende Prinzip dieses Stils. Es findet nämlich ein Austausch von Leistung und Gegenleistung statt (Burns 1978; Bass 1990).

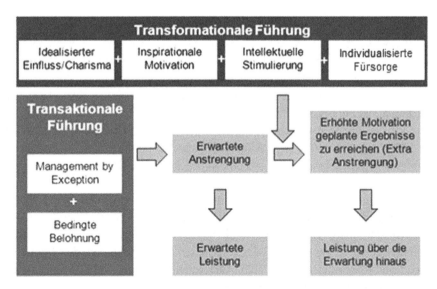

Abb. 15.2 Inhalte und Konsequenzen transaktionaler und transformationaler Führung. (Quelle: Esch und Knörle 2012)

Die *transformationale Führung* ist stärker emotional geprägt und zielt auf eine Veränderung der Mitarbeiter im Sinne der Marke ab. Genauer gesagt, soll die Identifikation und das Commitment mit der Marke erreicht werden.

Der Austausch von Leistung und Gegenleistung beim transaktionalen Führungsstil gestaltet sich in der Form, dass die Führungskraft von ihren Mitarbeitern als Leistung verlangt, sich für die Werte und Ziele der Marke zu engagieren und markenkonform zu verhalten. Es werden also Leitplanken gesetzt, die das erwünschte Verhalten und Arbeitsergebnis lenken sollen. Als Gegenleistung erhalten die Mitarbeiter zum Beispiel größere Entscheidungsfreiräume oder mehr Eigenverantwortung, sofern die Leistungen als erfüllt betrachtet werden. Ist dies nicht der Fall, so ist mit entsprechenden Korrekturmaßnahmen zu rechnen, um das markenorientierte Verhalten in die angestrebte Richtung zu lenken. Anders ausgedrückt, die Erfüllung der geforderten Leistungen führt zu positiven und die Nichterfüllung zu negativen Folgen für den Mitarbeiter (s. Abb. 15.2). Dies soll erwünschte Verhaltensweisen verstärken und unerwünschte Handlungen verdrängen (Esch und Vallaster 2005, S. 1012). Der hier beschriebene Mechanismus wird auch als „Management by Exception" bezeichnet. Bei der transaktionalen Führung wird von einem prognostizierbaren Verhalten ausgegangen. Motivation und Handeln der Führungskräfte und Mitarbeiter sind überwiegend rational getrieben.

Die transformationale Führung geht über die rationalen Aspekte hinaus und strebt den Aufbau einer emotionalen Verbindung der Mitarbeiter mit der Marke und dem Unternehmen an. Führung und Mitarbeiter arbeiten stärker Hand in Hand, um die Ziele gemeinsam zu erreichen. Hierarchieebenen verschwimmen, wodurch Führungskraft und Mitarbeiter sich als Partner verstehen. Eine Angleichung der Verhaltensweisen wird damit begünstigt sowie eine gemeinsame emotionale Basis für das Handeln geschaffen. Die Führung leitet die Mitarbeiter dazu an, ihre Werte und Motivationen dahingehend zu transformieren, dass die eigenen Ziele den Zielen der Marke untergeordnet werden (Yukl 1989, S. 272). Dabei übernimmt die Führungskraft die Rolle eines Moderators, der die gegenseitige Unterstützung zur Erreichung des markenorientierten Verhaltens durch seine Autorität bewirkt (Burns 1978; Esch und Knörle 2012, S. 382). Die transformationale Führung zeichnet sich durch folgende Eigenschaften aus (Esch und Knörle 2012, S. 382):

- Die transformationalen Führungskräfte sind charismatisch und dadurch in der Lage, Stolz und Respekt bei den Mitarbeitern zu bewirken. Durch das Beschreiben einer Vision, also einer klaren Zielsetzung für die Weiterentwicklung der Marke, und das authentische Vorleben der Markenidentität schaffen sie Vertrauen bei den Mitarbeitern (Gebert und Rosenstiel 2002, S. 222). Auch intellektuell sind die Führungskräfte ein Vorbild, was die Mitarbeiter zusätzlich motiviert.
- Transformationale Führungspersonen integrieren in ihr Verhalten symbolische Handlungen, die das Zusammengehörigkeitsgefühl untermalen sollen. Die Identifikation mit den Führungspersonen wird so gesteigert und das Verhalten im Sinne der Marke weiter gefördert.
- Gegenseitige Anerkennung und Respekt sind charakteristisch für den Umgang zwischen transformationalen Führungskräften und ihren Mitarbeitern. Anliegen von Mitarbeitern werden nicht mit Pauschallösungen abgespeist, sondern die individuellen Bedürfnisse werden von der Führungskraft erkannt. Sowohl auf beruflicher als auch auf privater Ebene fungiert sie daher als wichtiger Mentor für jeden Mitarbeiter.
- Transformationale Führungspersonen schließen ihre Mitarbeiter in wichtige Prozesse ein und schaffen somit Verständnis für ihre Verantwortlichkeiten. Darüber hinaus kann diese Integration zu einer Steigerung des Selbstwertgefühles, kreativen Ansätzen und einer erhöhten Motivation führen, die in einer Übererfüllung der Aufgaben resultieren können (Calla und Monroe 1997).

Eng verbunden mit der lebhaften Beschreibung einer Vision, ist der Aufbau von Commitment. Dies ist relevant, da hohes Mitarbeitercommitment zu höherer Motivation und damit größerer Effizienz und geringeren Fehlzeiten führt (Gallup 2013, s. den Beitrag zum Employer Branding in diesem Buch). Bei der Vermittlung der Markenidentität und Vision müssen Mitarbeiter auch auf emotionaler Ebene angesprochen werden. Erst dadurch kommt es zum „emotional buy in", was die Bereitschaft für markenunterstützendes Verhalten fördert (Esch et al. 2013, S. 42). *Commitment* ist als langfristige psychologische Bindung der Mitarbeiter an die Marke zu verstehen, wodurch Einstellungen und Verhalten entscheidend beeinflusst werden (Zeplin 2006, S. 85). Dabei sind drei Formen zu unterscheiden (Meyer und Allen 1997, S. 17):

- das rationale Commitment
- das normative Commitment
- das affektive Commitment.

Im Rahmen des rationalen Commitments verhält sich der Mitarbeiter lediglich deshalb markenorientiert, weil er Belohnungen erhalten und Bestrafungen vermeiden möchte. Der Mitarbeiter ist aus finanziellen Gründen im Unternehmen und möchte nur aus diesem Grund dort verweilen (Becker 1960; Esch 2012, S. 128).

Normatives Commitment zeigt sich dadurch, dass sich Mitarbeiter dazu verpflichtet fühlen im Unternehmen zu bleiben. Die Bindung geht also auf moralische Beweggründe zurück (Meyer und Allen 1997; Felfe 2005). Dies resultiert in der Internalisierung der Markenwerte und wird in markenorientiertes Handeln übersetzt.

Das affektive Commitment ist von der intensivsten emotionalen Bindung der Mitarbeiter geprägt. Sie haben den starken Wunsch im Unternehmen zu bleiben und identifizieren sich in ausgeprägter Form mit der Marke und ihren Werten. Die Schnittmenge der persönlichen und der Markenwerte ist hier am größten, was sich somit am positivsten und intensivsten auf das Markenverhalten auswirkt.

Führungskräfte spielen eine entscheidende Rolle, das Markenwissen greifbar weiterzuvermitteln und damit die Mitarbeiter für die Marke zu begeistern. Eine hohe Identifikation und Commitment sind dabei das Ziel. Gelingt dies, so wirkt es sich positiv auf das markenkonforme Verhalten aller Mitarbeiter aus. Das Markenimage wird nach innen und außen gestärkt.

Beispiel

Commitment zeigen

Hipp

Der Geschäftsführer Claus Hipp stellt sein Commitment heraus, indem er mit seinem Namen für die Qualität und die gesellschaftlich verantwortungsvolle Herstellung seiner Produkte steht.

Microsoft

Der CEO von Microsoft, Steve Ballmer zeigt die starke emotionale Bindung zur Marke durch seine ausdrucksvollen „Ansprachen". Sein Verhalten signalisiert klar den Enthusiasmus, den er für die Marke besitzt.

Beispiel

Symbolische Handlungen

Beiersdorf/Nivea

Der ehemalige Vorstandsvorsitzende von Beiersdorf, Rolf Kunisch, demonstrierte seine Verbundenheit zur Marke, indem er die Nähe zu seinen Mitarbeitern suchte. Er suchte das persönliche Gespräch, um die Hintergründe für ihr Tun zu erfragen, bezog die Mitarbeiter somit in den internen Markenprozess ein und lebte gleichzeitig die Marke authentisch vor. Als der Erstautor ihn in einem Gespräch fragte, wie er die Marke Nivea stringent führe, so erwiderte er: „Ich halte bestimmt mehr als 200 Vorträge intern in unterschiedlichen Ländern und Business Units und zeige immer an Beispielen: Das ist Nivea und das ist Nivea nicht."

Hat ein Unternehmen den Anspruch, seine Mitarbeiter in transformationaler Form zu führen, so besteht die Möglichkeit, die Führungskräfte in dieser Hinsicht zu schulen. Alle oben genannten Charakteristika – sogar Charisma – sind erlernbar durch sogenannte Executive Trainings oder persönliche Coachings (Bass 1990, S. 27 ff.; Gardner und Avolio 1998; Nerdinger und von Rosenstiel 1999; Esch und Knörle 2012). Ein positiver Zusammenhang zwischen transformationalem Führungsstil und affektivem Commitment wurde von Kark et al. (2003) belegt. Transformational gestaltete interne Markenführung kann demnach die Identifikation bzw. das Commitment der Mitarbeiter mit der Marke positiv beeinflussen (Meyer et al. 2002).

▶ Je transformationaler die Mitarbeiterführung, desto größer die Wahrscheinlichkeit, dass Mitarbeiter eine starke affektive Bindung zur Marke aufbauen.

Leben Führungskräfte die Markenwerte glaubhaft und authentisch vor, so ist die Bereitschaft der Mitarbeiter vorhanden, sich ebenso stark einzusetzen. Sie werden durch das Charisma der Führungsperson angeregt, dem Verhalten nachzueifern.

Durch die Verinnerlichung markenkonformer Verhaltensweisen verliert die strikte Kontrollfunktion, wie sie in der transaktionalen Führung zu finden ist, an Bedeutung. Die gegenseitige Unterstützung zwischen Führungskräften und Mitarbeitern übernimmt diese Funktion. Damit einher gehen größere Handlungs- und Entscheidungsfreiräume, die zu einer erhöhten Mitarbeitermotivation und Prozessoptimierungen durch kreative Lösungen führen (Pesch 1994). Die Mitarbeiter können durch dieses Empowerment Schritt für Schritt erkennen, welchen Beitrag sie zum Erfolg der Marke leisten und ihre Freiräume nutzen, um diesen Beitrag auszuweiten. Dies steigert wiederum das affektive Markencommitment (Bono und Judge 2003, S. 562; Walumbwa und Lawler 2003, S. 1096 f.).

15.3.3 Durch Handlungsfreiräume markenorientiertes Verhalten motivieren

Die Schaffung von Handlungsfreiräumen, auch Empowerment, steht in starkem Zusammenhang mit dem transformationalen Führungsstil und ist somit eine weitere Komponente, die sich positiv auf markenkonformes Verhalten auswirken kann. Mitarbeiter werden durch das Empowerment ermächtigt, Entscheidungen zu treffen und Handlungsfreiräume zu nutzen, die vormals den Führungskräften vorbehalten waren. Eine höhere Mitarbeitermotivation sowie schnellere und kreativere Lösungen im Arbeitsalltag werden mit diesem

Ansatz verfolgt (Pesch 1994). Auch das Commitment mit der Marke wird erhöht, da die Mitarbeiter die Möglichkeit haben, wichtigere Entscheidungen zu treffen und damit einen größeren persönlichen Beitrag zum Markenerfolg leisten können (Bono und Judge 2003, S. 562; Shamir et al. 1998, S. 400; Walumbwa und Lawler 2003, S. 1096 f.). Dies wirkt sich positiv auf die gesamten Arbeitsabläufe an den Markenkontaktpunkten aus. Die Kundeninteraktion erfolgt zügiger und die Bearbeitung von Reklamationen geht mit einem größeren Enthusiasmus sowie stärkerer Eigeninitiative von statten (Bowen und Lawler 1992, S. 33 f.).

Zu rigide Regeln, die kaum Entfaltungsspielraum zulassen, sind wenig geeignet, um markenorientiertes Verhalten zu motivieren. Das Schaffen von Handlungsfreiräumen birgt jedoch auch Risiken. Mitarbeiter können sich mit einem sehr großen Verantwortungsfeld überfordert und verunsichert fühlen (Argyris 2006). Der zur Verfügung stehende Entscheidungsrahmen muss daher abgesteckt werden (Bell und Zelke 1988, S. 80 f.). Es sollten grobe Wegweiser an die Hand gegeben werden, die das Handeln im Sinne der Marke lenken und gleichzeitig Freiräume für die Persönlichkeit jedes Einzelnen bieten. Werden die Handlungsfreiräume erfolgreich gesteuert, so beeinflusst dies das markenorientierte Handeln positiv und stärkt es, wie erste Studien bereits belegen konnten (Henkel et al. 2007, S. 315). Konkret formulierte Visionen und Markencredos können Mitarbeitern als Wegweiser für das eigene Handeln dienen. Unterstützend können diese in die Bürogestaltung oder in Form von Brandcards, die die Mitarbeiter stets bei sich tragen, in den Arbeitsalltag eingebunden werden.

> **Beispiel**
>
> Visionen inspirierend formulieren:
> Bereits Anfang des 20. Jahrhunderts machte Henry Ford vor, wie man eine inspirierende Vision formuliert. Sein Ziel hieß „democratize the automobile". Eine Aussage, die jeder Mitarbeiter verstand. Zu damaliger Zeit ein hoch gestecktes Ziel, doch er verwirklichte dieses.
>
> Durch Markencredos zu markenorientiertem Verhalten anleiten:
> Die Hotelkette Ritz-Carlton führte Brandcards ein, welche die Mitarbeiter zu jederzeit bei sich tragen und sie an die Markenwerte erinnern. So werden die Mitarbeiter angeleitet nach der Maxime „We are all ladies and gentlemen serving ladies and gentlemen" zu handeln (Esch 2012, S. 140).
>
> Der CEO von Starbucks, Howard Schultz, formuliert als Markencredo „We are not in the coffee business serving people, we are in the people business serving coffee".

Darüber hinaus ist je nach Aufgabenfeld zu bewerten, wie groß die Freiheitsgrade gewählt werden können. Die Delegation von Kompetenzen ist nicht in allen Tätigkeitsfeldern angebracht. Ein Empowerment ist beispielsweise vor allem dann ungeeignet, wenn es sich um hoch standardisierte Aufgabenfelder handelt, deren Effizienz von der konsequenten Einhaltung einfacher Routine-Tätigkeiten abhängig ist. Prägen jedoch komplexe Aufgaben den Arbeitsalltag, welche die Herleitung spezifischer, situationsbedingter Lösungen erfordern, bietet das Empowerment große Vorteile (Bowen und Lawler 1992, S. 37 ff.; Ahmed und Rafiq 2002). Innerhalb eines Unternehmens können demnach die Freiheitsgrade des Empowerment variieren.

15.3.4 Im Prozess zur Erreichung markenorientierten Verhaltens sollten Führungskräfte als Change Manager agieren

Bei der Umsetzung einer internen Markenstrategie kann es zu strukturellen Veränderungen im Unternehmen kommen. Das Aufgabenfeld der Mitarbeiter kann sich verändern oder erweitert werden. Solche Umstellungen und Neuerungen können zu Unsicherheit und Widerständen führen, da für die Mitarbeiter nicht unmittelbar einschätzbar ist, ob sie die neue Situation bewältigen können und sich in ihr wohlfühlen. Darüber hinaus ist es ihr Ziel, zumindest den Status Quo zu erhalten, aber in jedem Fall Schlechterstellungen zu vermeiden (Esch und Vallaster 2005, S. 1017). An dieser Stelle spielen die Führungskräfte eine wichtige strategische Rolle, um dem Wandlungsprozess den Weg durch das Unternehmen zu ebnen. Veraltete Denkweisen und ungünstige Verhaltensweisen, die sich womöglich über Jahre hinweg in die Arbeitsabläufe eingeschlichen haben, gilt es aufzubrechen. Gleichzeitig besteht die Herausforderung Offenheit für neue Ideen und Herangehensweisen zu schaffen, die dem kollektiven Markenverständnis zuträglich sind. Die Führungskräfte gehen in diesem Zusammenhang als Markenbotschafter mit positivem Beispiel voraus und agieren dabei als *Change Manager*. Ihre Aufgabe ist es, den Prozess der internen Markenführung im Unternehmen zu implementieren, Verständnis für die Notwendigkeit dieses Ansatzes zu erreichen und die Mitarbeiter für die Veränderungen im Sinne der Marke zu motivieren (Esch et al. 2013, S. 45).

Change Manager können auf zwei unterschiedliche Weisen in dem Wandlungsprozess wirken (Krüger 2009, S. 146 ff.):

- als Promotoren oder
- als Enabler.

Als Promotor obliegt es den Führungskräften, den internen Markenführungsprozess zu initiieren sowie die nötige Energie im Unternehmen aufzubauen und zu kanalisieren (Bruch und Vogel 2009). Promotoren lassen sich nach ihrer hierarchischen Position und ihren Aufgaben in folgende Kategorien untergliedern: Machtpromotor, Fachpromotor und Prozesspromotor (Krüger 2009, S. 164).

Der *Machtpromotor* befindet sich an der Spitze der Hierarchie und ist verantwortlich für die Veranlassung des Behavioral Branding Prozesses. Ziele und Aktionspläne, die der Steuerung der Mitarbeiter dienen, werden durch ihn vorgegeben. Im transaktionalen Führungsstil findet sich die Rolle des Machtpromotors wieder.

Auf der nächsten Ebene ist der *Fachpromotor* angesiedelt. Dieser ist Experte und liefert das fachspezifische Wissen, Inspiration und Ansätze für den Markenaufbau nach innen.

Der Marketing- und Vertriebsvorstand oder der Marketingleiter sind typische Personen, die als Fachpromotoren fungieren. Sie sind vorrangig mit der Wissensvermittlung über die Markeninhalte und -konzepte betraut.

Der *Prozesspromotor* spielt eine Schlüsselrolle im internen Markenführungsprozess. Er begleitet ihn von Beginn an und steht während der gesamten Zeit als wichtiger Ansprechpartner zur Verfügung. Damit hat er maßgeblichen Einfluss auf die Ausgestaltung des Prozesses. Prozesspromotoren sind in der Regel in den Markenmanagement- oder Markenabteilungen auf Mitarbeiterebene angesiedelt.

Agieren Führungskräfte als *Enabler*, so treten sie nach Initiierung des Behavioral Branding Prozesses in Erscheinung. Statt strikte Vorgehensweisen abzuarbeiten, geben Enabler lediglich Leitplanken vor, in denen sich der Prozess auf eigene Weise weiterentwickelt und die Mitarbeiter das markenorientiere Verhalten annehmen. Zur optimalen Unterstützung des Prozesses ist es die Aufgabe des obersten Managements, die nötigen Freiräume für innovatives Denken zur Verfügung zu stellen. Zudem muss eine Basis geschaffen werden, die den Austausch und die Verknüpfung von Ideen ermöglicht sowie markenorientiertes Verhalten institutional verankert. Zum Einsatz kommen in diesem Zusammenhang Brand Scorecards, Markenworkshops, Brand Days sowie das Festhalten von Vereinbarungen markenspezifischer Ziele. Der transformationale Führungsstil bietet die passenden Rahmenbedingungen für Führungskräfte als Enabler zu wirken. Sie kommunizieren zukunftsweisend die Vision und Stoßrichtung der Marke sowie wofür sie stehen soll. Zudem schaffen sie bei den Mitarbeitern Akzeptanz für markenkonformes Verhalten, indem sie dessen Vorteile herausstellen (Krüger 2009, S. 149 f.).

Durch die eingangs beschriebenen möglichen Umstellungen im Arbeitsalltag der Mitarbeiter können Zweifel und Ängste entstehen. So können Befürchtungen aufkommen, dass der Verlust von Ansehen oder Annehmlichkeiten innerhalb des Unternehmens durch die Veränderungen droht oder neue Arbeitsabläufe und Technologien zu Überforderung führen (Esch und Vallaster 2005, S. 1017). In der Rolle als Change Manager besteht die Herausforderung für die Führungskräfte darin, mit Fingerspitzengefühl individuell auf die Ängste und Zweifel jedes Einzelnen einzugehen und sie aufzulösen. Neue Abläufe, Technologien oder Änderungen in Verantwortlichkeiten sollen als Chance betrachtet werden, sich persönlich weiter entwickeln zu können. Der Ansatz des Empowerment bietet hier großes Erfolgspotential in Verbindung mit einer charismatischen Führungsweise, die Vertrauen schafft (Henkel et al. 2007, S. 315).

15.4 Führungskräfte spielen eine Schlüsselrolle um markenkonformes Verhalten zu erzielen

Führungskräften auf allen Hierarchieebenen kommen in ihrem Verantwortungsbereich zahlreiche Funktionen zu, die den Erfolg eines internen Markenführungsprozesses maßgeblich beeinflussen. Das Top-Management muss federführend für die Markenwerte einstehen und diese konsistent nach außen und innen vorleben. So schaffen sie Glaubwürdigkeit und unterstreichen die immense Wichtigkeit markenorientierten Verhaltens für den Unternehmenserfolg. Die nachgelagerten Hierarchieebenen sichern das Handeln im Sinne der Marke im Arbeitsalltag und können aufgrund ihrer Nähe zu den Mitarbeitern individuell auf sie eingehen. Markenkonformes Verhalten kann durch die Erfüllung einer Vorbildfunktion, den persönlichen Führungsstil, die Schaffung von Freiräumen sowie durch die Unterstützung der Mitarbeiter als Change Manager im Wandlungsprozess positiv beeinflusst werden. Das Markencommitment kann so gesteigert und Brand Behavior im Unternehmen nachhaltig verankert werden. Die interne Markenführung ist dann von Erfolg gekrönt, wenn die Führungskräfte zu Markenbotschaftern werden und in den Mitarbeitern das Markenfeuer zum Leuchten bringen. Das Markenversprechen wird auf diese Weise greifbar und erlebbar gemacht.

Literatur

Ahmed, P. K., & Rafiq, M. (2002). *Internal marketing: Tools and concepts for customer focused management*. Oxford: Routledge.

Argyris, C. (2006). Empowerment: The emperor's new clothes. In J. Henry (Hrsg.), *Creative management and development* (S. 185–190). London: Sage.

Bandura, A. (1977). *Social learning theory*. Englewood Cliffs: Prentice Hall.

Bass, B. M. (1990). From transactional to transformational leadership: Learning to share the vision. *Organization Dynamics, 18*(3), 19–31.

Becker, H. S. (1960). Notes on The Concept of Commitment. *American Journal of Psychology, 66*, 32–40.

Bell, C. R., & Zemke, R. (1988). Do service procedures tie employees' hands? *Personnel Journal, 67*, 77–83.

Bono, J., & Judge, T. (2003). Self-concordance at work: Toward understanding the motivational effects of transformational leadership. *Academy of Management Journal, 46*(5), 554–571.

Bowen, D. E., & Lawler, E. E. III (1992). The empowerment of service workers: What, why, how and when. *Sloan Management Review, 33*(3), 31–39.

Brexendorf, T. O., & Tomczak, T. (2004). Bedeutung der internen Markenführung. In S. Albers, V. Hassmann, & T. Tomczak (Hrsg.), *Verkauf – Kundenmanagement, Vertriebssteuerung, E-Commerce* (S. 1–26). Düsseldorf: Symposium.

Bruch, H., & Vogel, B. (2009). *Organisationale Energie: Wie sie das Potential Ihres Unternehmens ausschöpfen*. Wiesbaden: Gabler.

Burns, J. M. (1978). *Leadership*. New York: Harper.

Calla, A. A. Jr., & Monroe, M. J. (1997). Contrasting perspectives on strategic leaders: Toward a more realistic view of top managers. *Journal of Management, 23*(3), 213–237.

de Chernatony, L. (2010). *From brand vision to brand evaluation: Strategically building and sustaining brands*. Oxford: Taylor & Francis.

de Chernatony, L., & Segal–Horn, S. (2003). The criteria for successful service brands. *European Journal of Marketing, 37*(7/8), 1095–1118.

Duck, J. M., & Fielding, K. S. (2003). Leaders and their treatment of subgroups: Implications for evaluations of the leader and the superordinate group. *European Journal of Social Psychology, 33*(3), 387–401.

Dunn, M., & Davis, S. (2004). Creating the brand–driven business: It's the CEO who must lead the way. *Handbook of Business Strategy, 5*(1), 241–245.

Ehren, H. (18. März 2005). Wenn Moral-Apostel mogeln. *Financial Times Deutschland.*
Esch, F.-R. (2012). *Strategie und Technik der Markenführung* (7. Aufl.). München: Vahlen.
Esch, F.-R., & Knörle, C. (2012). Führungskräfte als Markenbotschafter. In T. Tomczak, F.-R. Esch, J. Kernstock, & A. Herrmann (Hrsg.), *Behavioral Branding – Wie Mitarbeiterverhalten die Marke stärkt* (S. 373–387). Wiesbaden: Gabler.
Esch, F.-R., & Vallaster, C. (2004). Mitarbeiter zu Markenbotschaftern machen. Erfolg durch konsequente Führung. *Markenartikel, 66*(2), 8–12, 46–47.
Esch, F.-R., & Vallaster, C. (2005). Mitarbeiter zu Markenbotschaftern machen: Die Rolle der Führungskräfte. In F.-R. Esch (Hrsg.), *Moderne Markenführung* (S. 1009–1020). Wiesbaden: Gabler.
Esch, F.-R., Hartmann, K., & Gawlowski, D. (2010). Interne Markenführung zum Aufbau von Mitarbeiter-Marken-Beziehungen. In D. Georgi & K. Hadwich (Hrsg.), *Management von Kundenbeziehungen. Perspektiven – Analysen – Strategien – Instrumente* (S. 485–503). Wiesbaden: Gabler.
Esch, F.-R., Frisch, J., & Gawlowski, D. (2012). Die Mitarbeiter und den Handel zu Markenbotschaftern machen. In F.-R. Esch (Hrsg.), *Strategie und Technik des Automobilmarketings* (S. 301–335). Wiesbaden: Springer.
Esch, F.-R., Hanisch, J., & Kochann, D. (2013). Führungskräfte zu Botschaftern der Marke machen. In F. Keuper & J. Becker (Hrsg.), *Leadership reputation* (S. 37–57). Berlin: Logos.
Felfe, J. (2005). *Charisma, transformationale Führung und Commitment.* Köln: Kölner Studien.
Gallup (2013). State of the Global Workplace.
Gardner, W. L., & Avolio, B. J. (1998). The charismatic relationship: A dramaturgical perspective. *Academy of Management Review, 23*(1), 32–58.
Gebert, D., & von Rosenstiel, L. (2002). *Organisationspsychologie: Person und organisation.* Stuttgart: Kohlhammer.
Henkel, S., Tomczak, T., Heitmann, M., & Herrmann, A. (2007). Managing brand consistent employee behavior: Relevance and managerial control of behavioural branding. *Journal of Product and Brand Management, 16*(5), 310–320.
Henkel, S., Tomczak, T., Heitmann, M., & Herrmann, A. (2012). Determinanten eines erfolgreichen Behavioral Branding. In T. Tomczak, F.-R. Esch, J. Kernstock, & A. Herrmann (Hrsg.), *Behavioral Branding – Wie Mitarbeiterverhalten die Marke stärkt* (S. 213–236). Wiesbaden: Gabler.
Homburg, C., & Stock, R. (2004). Führungsverhalten als Einflussgröße der Kundenorientierung von Mitarbeitern: Ein dreidimensionales Konzept. In C. Homburg (Hrsg.), *Perspektiven der marktorientierten Unternehmensführung* (S. 175–201). Wiesbaden: Deutscher Universitätsverlag.
Ind, N. (2007). *Living the brand – How to transform every member of your organization into a brand champion.* London: Kogan Page.
Kark, R., Shamir, B., & Chen, G. (2003). The two faces of transformational leadership: Empowerment and dependency. *Journal of Applied Psychology, 88*(2), 246–255.
Krüger, W. (2009). *Excellence in Change: Wege zur strategischen Erneuerung.* Wiesbaden: Gabler.
Laurence, A. (2004). So what really changed after Enron? *Corporate Reputation Review, 7*(1), 55–63.
Machning, M., & Mikfeld, B. (2003). Erweiterte Markenführung, Stakeholder-Kommunikation im politisch-öffentlichen Raum. In O. Göttgens, A. Gelbert, & C. Böing (Hrsg.), *Profitables Markenmanagement: Strategien – Konzepte – Best Practices* (S. 257–262). Wiesbaden: Gabler.
Meyer, J.P. & Allen, N.J. (1997). *Commitment in the Workplace: Theory, Research and Application.* Thousand Oaks/CA: Sage Publications.
Meyer, J. P., Stanley, D. J., Herscovitch, L., & Topolnytsky, L. (2002). Affective, continuance, and normative commitment to the organization: A meta-analysis of antecedents, correlates, and consequences. *Journal of Vocational Behavior, 61*(1), 20–52.
Nerdinger, F. W., & von Rosenstiel, L. (1999). Die Umgestaltung der Führungsstrukturen im Rahmen der Implementierung des internen Marketing. In M. Bruhn (Hrsg.), *Internes Marketing:*

Integration der Kunden– und Mitarbeiterorientierung: Grundlagen – Implementierung – Praxisbeispiele (S. 175–190). Wiesbaden: Gabler.
Pälike, F. (2000). Die Manager–Marke kommt! Persönlichkeit ist ein Added Value. *Absatzwirtschaft, 43*, 16–18 (Sonderheft Oktober).
Pepitone, J. (2013). Larry Ellison: Apple won't be ‚nearly so successful' without Steve Jobs. CNN Money. http://money.cnn.com/2013/08/13/technology/mobile/larry-ellison-apple/index.html. Zugegriffen: 5. Sept. 2013.
Pesch, A. (1994). Empowerment. *WISU, 6,* 508.
Rao, D. (2013). Can Apple succeed without jobs: Lessons from billion-dollar entrepreneurs. Resource document. Forbes Magazine. http://www.forbes.com/sites/dileeprao/2013/08/26/can-apple-succeed-without-jobs-lessons-from-billion-dollar-entrepreneurs. Zugegriffen: 5. Sept. 2013.
Ruess, A. (2005): Schaffe, net schwätze – Keiner kann Chemie und sein Unternehmen so gut verkaufen wie der BASF-Vorstandsvorsitzende Jürgen Hambrecht, in: Wirtschaftswoche, Heft Nr. 39, 68.
Schultz, D. E. (2003). Live the brand: Creating a brand-supportive culture isn't easy, but it's possible. *Marketing Management, 12*(4), 8–9.
Shamir, B., House, R. J., & Arthur, M. B. (1993). The motivational effects of charismatic leadership: A self-concept theory. *Organization Science, 4*(4), 577–594.
Shamir, B., Zakay, E., Breinin, E., & Popper, M. (1998). Correlates of charismatic leader behavior in military units: Subordinates' attitudes, unit characteristics and superiors' appraisal of leader performance. *Academy of Management Journal, 41*(4), 387–409.
Snyder, N. H., & Graves, M. (1994). Leadership and vision. *Business Horizons, 37*(1), 1–6.
Staehle, W. H. (1999). *Management: eine verhaltenswissenschaftliche Perspektive.* München: Vahlen.
Stephenson, C. (2004). Rebuilding trust: The integral role of leadership in fostering values, honesty and vision. *Ivey Business Journal, 68*(3), 1–5.
Thomson, K., de Chernatony, L., Arganbright, L., & Khan, S. (1999). The buy–in benchmark: How staff understanding and commitment impact brand and business performance. *Journal of Marketing Management, 15*(8), 819–835.
Tomczak, T., Herrmann, A., Brexendorf, T. O., & Kernstock, J. (2005). Behavioral Branding – Markenprofilierung durch persönliche Kommunikation. *Thexis, 22*(1), 28–31.
Tosti, D. T., & Stotz, R. D. (2001). Building your brand from the inside out. *Marketing Management, 10*(2), 28–33.
Vallaster, C., & de Chernatony, L. (2003). How much do leaders matter in internal brand building? An international perspective. *International Journal of Management Research, 3*(12), 71–81.
Vallaster, C., & de Chernatony, L. (2006). Internal branding building and structuration: The role of leadership. *European Journal of Marketing, 40*(7/8), 761–784.
Walumbwa, F. O., & Lawler, J. J. (2003). Building effective organizations: Transformational leadership, collectivist orientation, work-related attitudes, and withdrawal behaviors in three emerging economies. *International Journal of Human Resource Management, 14*(7), 1083–1101.
Yukl, G. (1989). Managerial leadership: A review of theory and research. *Journal of Management, 15*(2), 251–289.
Zeplin, S. (2006). *Innengerichtetes identitätsbasiertes Markenmanagement.* Wiesbaden: Gabler.

Prof. Dr. Franz-Rudolf Esch ist Professor für Markenmanagement und Automotive Marketing an der EBS Universität für Wirtschaft und Recht, Oestrich-Winkel, und Direktor des Instituts für Marken- und Kommunikationsforschung (IMK). Davor lehrte er in Saarbrücken, Trier, St. Gallen, Innsbruck und Gießen. Weiterhin ist er Gründer und wissenschaftlicher Beirat von ESCH. The Brand Consultants, Saarlouis. Seine Forschungsschwerpunkte liegen in den Bereichen Markenmanagement, Kommunikationsforschung und Konsumentenforschung.

Janina Petri, Dipl.-Wirtsch.-Angl., ist wissenschaftliche Mitarbeiterin am Institut für Marken- und Kommunikationsforschung (IMK) sowie Doktorandin am Lehrstuhl für Markenmanagement und Automobilmarketing der EBS Universität für Wirtschaft und Recht, Oestrich-Winkel. Sie studierte Angewandte Fremdsprachen und Wirtschaft an der Justus-Liebig-Universität Gießen, der San José State University (USA) und der Tecnológico de Monterrey in Querétaro (Mexiko).

Johannes Hanisch, Dipl.-Kfm., ist Doktorand am Lehrstuhl für Markenmanagement und Automobilmarketing an der EBS Universität für Wirtschaft und Recht, Oestrich-Winkel. Er studierte Wirtschaftswissenschaften an der Justus-Liebig-Universität Gießen u.a. mit dem Schwerpunkt Marketing und war in der Automobilwirtschaft sowie einer Unternehmensberatung tätig. Seine Arbeitsgebiete sind Automobildesign, Markenmanagement und Employer Branding.

Dr. Christian Knörle war Mitarbeiter in der Strategieentwicklung im Bereich Global Trucks Strategy & Multi-Brand Management der Daimler AG, Stuttgart. Zuvor war er als Senior Consultant bei ESCH. The Brand Consultants tätig, Saarlouis, und verantwortete dort Projekte in den Branchen Automotive, Aviation, Media, FMCG/Retail und Financial Services.

Daniel Kochann, Dipl.-Kfm., ist Senior Consultant bei ESCH. The Brand Consultants, Saarlouis. Zuvor war er Consultant und Trainer für Projektmanagement bei der Mercedes-Benz Technology Group. Er studierte Betriebswirtschaftslehre an der Universität Trier mit den Schwerpunkten Marketing und Sozialpsychologie.

Mit Employer Branding die Arbeitgeberattraktivität steigern

16

Franz-Rudolf Esch und Sabrina Eichenauer

> **Zusammenfassung**
>
> Erfolgreiche Markenführung braucht heute mehr als nur die Ausrichtung auf den Konsumenten. Der Mitarbeiter als Erfolgsfaktor rückt mehr und mehr in den Fokus. Hier setzt Employer Branding an: Es geht darum, die richtigen Mitarbeiter zu gewinnen und über entsprechende Maßnahmen im Unternehmen langfristig zu binden. Innen stehen motivierte Mitarbeiter, die engagiert und im Sinne des Unternehmens handeln, und nach außen entsteht ein einheitliches, positives Bild der Marke als Arbeitgeber. Interne und externe Analysen sowie insbesondere die Ableitung aus der Unternehmensmarke bilden den Ausgangspunkt der Führung einer Employer Brand. Für die langfristige Verankerung und konsistente Umsetzung im Unternehmen kann darauf aufbauend das ASS-Modell herangezogen werden: Die Ansprache von Interessenten, die Auswahl der richtigen Potenzialträger und die Sozialisation der eigenen Mitarbeiter sind dabei die drei relevanten Phasen. Das Kapitel führt in die strategische Verankerung und die operative Umsetzung des gesamten Implementierungsprozesses ein.

F.-R.Esch (✉) · S.Eichenauer
EBS Universität für Wirtschaft und Recht, Oestrich-Winkel, Deutschland
E-Mail: Franz-Rudolf.Esch@ebs.edu

S.Eichenauer
E-Mail: Sabrina.Eichenauer@ebs.edu

Abb. 16.1 Beziehung zwischen Markenstärke und Arbeitgeberattraktivität. (Quelle: Trendence 2013)

16.1 Employer Branding als wirksames Instrument im „War of Talents" einsetzen

Aktuelle Zahlen belegen einen Fachkräftemangel in Deutschland – für 166.000 Stellen fehlen entsprechend ausgebildete Mitarbeiter (Spiegel Online 2011). Ursachen sind u. a. die Internationalisierung des Arbeitsmarktes, die durch den Einsatz des Internets die Konkurrenz zwischen Arbeitgebern verschärft sowie das mangelnde „Nachrücken" von Bewerbern durch die demographische Entwicklung. Auffällig neben dieser Entwicklung der Rahmenbedingungen ist, dass die Anzahl der Bewerber pro Unternehmen extrem schwankt. Audi z. B. erhält 45.000 Bewerbungen pro Jahr während 80 % der deutschen Unternehmen Schwierigkeiten bei der Besetzung offener Stellen beklagen (Wirtschaftswoche 2009). Der Zusammenhang ist deutlich erkennbar: Starke Marken haben großen Zulauf (s. Abb. 16.1). Adidas, Google oder Porsche haben einen Überfluss an Initiativbewerbungen und dadurch eine große Auswahl an Bewerbern – Fachkräftemangel ist hier ein untergeordnetes Thema. Entsprechend dem hohen Interesse werden auch die Maßnahmen dieser Marken aktiv von der Zielgruppe genutzt: Ein Video, in dem Porsche sich als Arbeitgebermarke vorstellt, wurde z. B. 42.000 Mal aufgerufen.

Der Grundstein dieses Erfolgs liegt in einem langfristigen und ganzheitlichen Marketing dieser starken Marken. Sie genießen sowohl eine hohe Bekanntheit als auch ein gutes Image und werden dadurch im gleichen Atemzug auch hinsichtlich emotionaler (z. B. Arbeitsatmosphäre) sowie kognitiver Kriterien (z. B. Karrierechancen) besser wahrgenommen als unbekannte Unternehmen. Dies gilt selbst wenn diese in der gleichen Branche tätig sind oder gar zu den Hidden Champions zählen. Diesbezüglich bereits im Nachteil, verwundert es nur noch mehr, dass nur 20 % der Unternehmen ihre Arbeitgebermarke als klar definiert ansehen (Saatkorn 2013).

Bei vielen Stellen, die erfolgreich besetzt werden konnten, bleibt jedoch auch ein bitterer Beigeschmack: 86 % der Arbeitnehmer in Deutschland bringen ihrem Arbeitgeber nur ein geringes oder sogar gar kein emotionales Commitment entgegen. Dies zieht einen volkswirtschaftlichen Schaden von bis zu 138 Mrd. € nach sich (Gallup 2013). Ein Grund hierfür kann darin liegen, dass das Unternehmen nach außen vermittelte Versprechen nicht halten kann und so neue Mitarbeiter enttäuscht. Im Interesse der Unternehmen sowie der Gesamtwirtschaft ist es also, diesen „Missstand" zu bekämpfen. Employer Branding bietet hierfür den richtigen Ansatz.

▶ Eine Employer Brand kann definiert werden als „the package of functional, economic and psychological benefits provided by employment, and identified with the employing company" (Ambler und Barrow 1996, S. 287) und erfüllt eine Orientierungs-, Vertrauens-, Entlastungs-, Qualitätssicherungs-, Prestige- sowie Identifikationsfunktion (Meffert et al. 2005, S. 10 f.).

Ziel ist es, eine einzigartige Arbeitgebermarke zu schaffen, die sympathisch und begehrenswert wahrgenommen wird. Wichtig ist hierbei ein klares, nicht austauschbares Bild in den Köpfen der Zielgruppe zu erzeugen. Diese Arbeitgebermarke wirkt dann in zwei Richtungen, nach *innen* und nach *außen*: Für bestehende Mitarbeiter ist sie ein Identifikationspunkt, der Loyalität sichert, diese emotional an das Unternehmen bindet, markenkonformes Verhalten fördert und Mitarbeiter zu Markenbotschaftern macht. Für potentielle Mitarbeiter bietet sie einen Orientierungspunkt und wirkt als Filter, der die „richtigen" Arbeitnehmer anzieht (Esch et al. 2013, S. 273 ff.). Neben einer Verbesserung von Image und Bekanntheit bietet Employer Branding also auch eine Vorselektion potentieller Mitarbeiter. Die folgenden Abschnitte zeigen den systematischen Einsatz von Employer Branding als strategischen Hebel zur Mitarbeitergewinnung und -bindung. Es wird verdeutlicht, dass es sich um einen ganzheitlichen Prozess handelt und nicht wie in der Praxis häufig angenommen, um eine einmalige Imagekampagne.

16.2 Fünf Schritte zur systematischen Implementierung der Employer Brand nutzen

16.2.1 Analyse: Wahrnehmung aus Innen- und Außensicht

Interne Sicht: Glaubwürdigkeit der Employer Brand
Bevor man eine Employer Brand ableiten kann, ist zunächst die Wahrnehmung aus interner Sicht zu erfassen (s. Abb. 16.2). Konkret geht es darum festzustellen, was Mitarbeiter als charakteristische Merkmale der Marke sehen, wie sie Stärken und Schwächen der

Abb. 16.2 Prozess zur Employer Brand Entwicklung. (Quelle: Esch und Schmitt 2013, S. 14.)

Marke wahrnehmen und wie sie wesentliche Markenwerte beurteilen. Zusätzlich ist zu ermitteln, wie stark die Identifikation mit dem Unternehmen ist, die Werte also tatsächlich auch gelebt werden. Dieser Schritt ist besonders wichtig, um bei der Entwicklung der Employer Brand zu große Abweichungen zur bisherigen Wahrnehmung zu verhindern und glaubwürdig zu bleiben. Zum Beispiel ist es als Unternehmen mit einem anspruchsvollen und arbeitsintensiven Arbeitsumfeld nicht empfehlenswert, die eigene Arbeitgebermarke über die vielfach geforderte Work-Life-Balance zu positionieren, da dies im Widerspruch zur Erfahrung der eigenen Mitarbeiter steht und Konflikte auslöst. Auch das Ziel, neue Arbeitskräfte zu gewinnen, wird hierdurch nicht nachhaltig realisiert: Nicht erfüllte Erwartungen führen zu Unzufriedenheit und einer entsprechend kurzen Verweildauer im Unternehmen. Die *Überprüfung des Potentials der Arbeitgebermarke* muss dabei auch vorhandene Personalkonzepte und die Führungskultur einbeziehen, um nicht an der Realität vorbei zu planen (Esch und Schmitt 2013, S. 14 f.). In diesem Schritt empfiehlt sich die Einbeziehung möglichst vieler Mitarbeiter. Dadurch wird nicht nur ein guter Ausgangspunkt geschaffen, sondern bereits Mitarbeiterbindung aufgebaut (Esch und Schmitt 2013, S. 15).

Externe Sicht: Attraktivität und Eigenständigkeit der Employer Brand
Die externe Analyse umfasst zwei Perspektiven: die Wünsche, Bedürfnisse und Anforderungen potentieller Arbeitnehmer (s. Abb. 16.3) sowie die differenzierte Betrachtung des (erweiterten) Wettbewerbsumfeldes. Im ersten Fall gilt es, das eigene Arbeitgeberimage, die Idealvorstellungen und die Abweichung beider aus externer Sicht zu hinterfragen (Esch und Schmitt 2013, S. 15). Diese Auskunft der potentiellen Arbeitnehmer kann bereits existierenden Studien entnommen werden, die einen Überblick über allgemeine Bedürfnisse liefern (z. B. Arbeitsplatzsicherheit, Work-Life-Balance oder individuelle Entfaltungsmöglichkeit) (s. Abb. 16.3). Zudem existieren Rankings, wie beispielsweise von Trendence, Great Place to Work usw., anhand derer man die Bewertung des eigenen Unternehmens ablesen kann, so es denn gelistet ist. Eigene Studien ermöglichen als zweite Alternative eine exaktere Abstimmung der Befragungsinhalte an den Markenwerten. Eine Spiegelung mit den Erkenntnissen der internen Analyse kann darüber hinaus sehr hilfreich sein, um z. B. falsche Erwartungshaltungen aufzudecken (Esch et al. 2014).

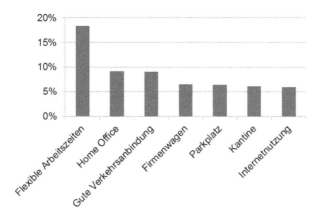

Abb. 16.3 Wesentliche Anforderungen an Arbeitgeber aus Sicht potentieller Arbeitnehmer. (Quelle: Statista 2013)

Der zweite Bereich, die *Wettbewerbsanalyse* ist unerlässlich, um eine einzigartige Arbeitgebermarke zu etablieren. Nur wenn man die Maßnahmen bzw. Stoßrichtung der Wettbewerber kennt, kann Austauschbarkeit verhindert werden. Pflicht ist hier die Analyse des engeren Branchenwettbewerbs mit den zentralen „Playern" im relevanten Markt. Es kann aber auch hilfreich sein, eine erweiterte Perspektive einzunehmen und Best-Practice-Beispiele anderer Branchen einzubeziehen, um daraus Anregungen gewinnen zu können (Esch und Schmitt 2013, S. 15).

Sehr schnell kann man bei diesen Betrachtungen branchentypische Inhalte sowie trendbezogene Themen ermitteln, bei deren Nutzung man entsprechend vorsichtig sein sollte. Beispielsweise kommunizieren derzeit sehr viele Unternehmen die Themen Diversity und Chancengleichheit. Nicht zuletzt deshalb gab Mars die Recruiting-Kampagne „Entfalte dich" wegen mangelnder Differenzierung zur Konkurrenz auf. Es folgte eine Darstellung die mehr Wert auf die Schärfung des Unternehmensprofils legte und dadurch eine bessere Wirkung erzielen konnte (W&V 2008, S. 10).

16.2.2 Strategie: Ableitung einer „Great-Place-to-Work"-Botschaft aus der Markenidentität

Eine Marke ist nicht teilbar. Da die Arbeitgebermarke nicht isoliert wahrgenommen wird, ist sie aus der Unternehmensmarke, genauer gesagt deren Identität, abzuleiten (s. Abb. 16.4). Nur wenn arbeitgeberrelevante Attribute im Einklang mit allen anderen Eindrücken stehen, nehmen Kunden, Mitarbeiter und alle anderen Stakeholder die Marke wie aus einem Guss wahr (Esch et al. 2014). Besonders wichtig ist dies, da diese Gruppen nicht trennscharf sind, also Mitarbeiter auch Kunden sein können usw. So werden potentielle Bewerber von Audi oder BMW mit Sicherheit bereits mit Produkten und kommunikativen Maßnahmen der Marken in Berührung gekommen sein.

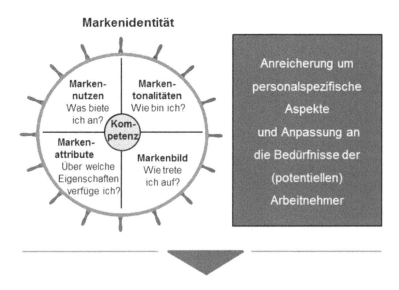

Abb. 16.4 Ableitung der Employer Brand aus der Corporate Brand

Ziel ist die Entwicklung einer *Employer Brand Value Proposition* und einer „Great place to work"-Botschaft, die eine klare Positionierung integriert über alle Kontaktpunkte mit der Marke vermittelt (Esch et al. 2014). Wie oben bereits angedeutet, hat dabei eine Marke zwei Stoßrichtungen: nach innen gegenüber vorhandenem Personal und nach außen, zur Gewinnung potentieller Mitarbeiter.

Die Markenwerte der Corporate Brand sind nach innen, ins Denken, Fühlen und Handeln der Mitarbeiter zu übersetzen, um Identifikation, Commitment und markenkonformes Verhalten zu erzeugen. Dies ist insofern wichtig, da sowohl die Mitarbeiter mit Kundenkontakt, als auch solche, die Kontaktpunkte mit Kunden beeinflussen das Bild der Marke prägen: Nur wenn ein kohärenter Eindruck entsteht, wird das Markenimage verstärkt. Für potentielle Mitarbeiter soll hingegen die Employer Brand Value Proposition ein Differenzierungskriterium darstellen und die Zielgruppe durch eine spezifische Botschaft in ihrer Arbeitgeberwahl positiv beeinflussen (Esch et al. 2013, S. 273 ff.).

Das Markensteuerrad ist bei der Betrachtung der Identität der Corporate Brand der Ausgangspunkt. Es ist in einer Analogie an die beiden Hemisphären gestaltet: Die linke Seite reflektiert die eher rationalen Eigenschaften (Hard Facts) und auf der rechten Seite findet man emotionale Eindrücke (Soft Facts). Die Verknüpfung der Bereiche Markenattribute, -nutzen, -tonalität, -bild und -kompetenz ergibt dabei eine klare Identität, die Ausgangspunkt einer eindeutigen und eigenständigen Positionierung ist (Esch 2009, S. 39 ff.). Bei der Entwicklung einer Employer Brand wird die Identität der Unternehmensmarke mit personalspezifischen Aspekten angereichert und im Sinne der Bedürfnisse aktueller und potentieller Mitarbeiter interpretiert (Esch et al. 2014).

Die beiden Seiten des Steuerrads spiegeln sich in folgenden Fragen (potentieller) Arbeitnehmer wieder: „What's in it for me?" spricht den Bereich der Nutzenversprechen an, die durch Markeneigenschaften unterstützt werden. Es sind somit die Hard Facts der Marke. Bei IKEA sind solche Eigenschaften beispielsweise die Einbindung in ein soziales Netzwerk mit 126.000 Mitarbeitern, Läden und Geschäftsstellen in 44 Ländern mit der gleichen starken Vision sowie eine familienfreundliche Umgebung. Apple nennt folgende Nutzen: „You'll be challenged, you'll be inspired and you'll be proud", „being part of something amazing" sowie „creating best loved technology on earth". „How do I feel about it?" repräsentiert hingegen die rechte Seite des Markensteuerrads und damit die Tonalität, also wie es sich anfühlt, in dem Unternehmen zu arbeiten. Es ist die weiche Seite der Marke. Hier ist ein besonderes Augenmerk auf die mit der Marke verbundenen Emotionen, Erlebnisse sowie Persönlichkeitsmerkmale zu legen, um den (potentiellen) Mitarbeitern einen emotionalen Mehrwert bieten zu können (e-fellow 2009; Esch 2012 S. 101 f.; Esch und Schmitt 2013, S. 15; Statista 2012; Wirtschaftswoche 2011). Coca-Cola nimmt für sich z. B. die Tonalitäten happy und full of joy in Anspruch; Google hingegen inclusive, innovative, collaborative, joyful und transparent. Gelingt es, beide Seiten des Markensteuerrades – also Herz und Hirn – gleichermaßen anzusprechen, ist der Weg zur attraktiven Employer Brand geebnet.

Die Marke kann, wie bereits angesprochen, ihre charakteristischen Merkmale in Richtung dieser Bedürfnisse anpassen, darf sich dabei jedoch nicht selbst aufgeben. Diese Gradwanderung zwischen der eigenen Identität und den Bedürfnissen und Wünschen der Zielgruppe kann mit dem Zusammenspiel von Yin und Yang verglichen werden: Das eine geht nicht ohne das andere. Neben der eigenen Attraktivität in den Augen der Zielgruppe, die häufig dominant erscheint, müssen auch die bisher aufgedeckten Wurzeln und Rahmenbedingungen (s. dazu Abschn. 4.2.1) einbezogen werden (Esch und Schmitt 2013, S. 15; s. Abb. 16.5). Anderenfalls droht die Verwässerung der Marke. *Nur so viel Abweichung wie nötig ist hier die Maxime.*

Eine weitere Fokussierung erfolgt im nächsten Schritt über das Positionierungsversprechen und die Ableitung der „Great Place to Work"-Botschaft.

▶ Ziel ist es, zum Ausdruck zu bringen, warum man diese Corporate Brand und keine andere als Arbeitgeber wählen soll. Dabei geht es darum,
  - die Besonderheiten der Corporate Brand darzustellen,
  - relevante Wünsche und Bedürfnisse potentieller Arbeitnehmer zu adressieren,
  - sich gegenüber dem Wettbewerb abzugrenzen und
  - die Position langfristig und kontinuierlich zu verfolgen (Esch 2012, S. 161).

Diese Positionierung ist durch die Ableitung aus in- und externer Perspektive keine leere Versprechung, sondern bleibt der Marke treu. Ein sehr gelungenes Beispiel für eine schlüssige Ableitung der Employer Brand Value Proposition liefert 3M. In diesem Unternehmen wird auf Basis der Mission, den Markenwerten und der Markenpositionierung eine überzeugende „Great Place to Work"-Botschaft abgeleitet, die sich stark am Unternehmenszweck „We want so solve unsolved problems innovatively" orientiert: „Freedom

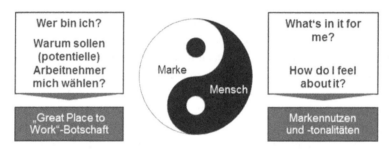

Abb. 16.5 Yin und Yang des Employer Brandings. (Quelle: Esch und Schmitt 2013, S. 15)

to think and shape – to solve unsolved problems". Diese Employer Branding Value Proposition findet z. B. in der 15-Prozent-Regel Verankerung, welche besagt, dass 15 % der Arbeitszeit auf Projekte verwendet werden soll, die den Mitarbeiter interessieren.

16.2.3 Umsetzung: Das ASS-Modell zur Ansprache potentieller und bestehender Mitarbeiter

Für die optimale Umsetzung im Rahmen der Touchpoint-Gestaltung, kann das *ASS-Modell* herangezogen werden. Es untergliedert sich in die Phasen: Attraktion, Selektion und Sozialisation (Esch et al. 2013, S. 284 f.; s. Abb. 16.6). Damit deckt es neben der häufig im Vordergrund stehenden Ansprache neuer Mitarbeiter auch die Ausrichtung auf bereits bestehende Mitarbeiter ab. Es liefert also einen wichtigen Beitrag beim Aufbau eines klaren unverwechselbaren Images über alle Kontaktpunkte hinweg.

Attraktion, um die eigene Zielgruppe zu erreichen
Die Phase der Attraktion zielt auf die Ansprache potentieller Mitarbeiter ab. Unternehmen können Bewerber über persönliche oder Massenkommunikation erreichen. Sie unterscheiden sich insbesondere durch die Intensität, Glaubwürdigkeit und Reichweite in der Ansprache der Zielgruppe (Esch et al. 2011, S. 13; s. Abb. 16.7). Erreicht man z. B. mit Werbung für Produkte oder Dienstleistungen des Unternehmens eine große Masse an Publikum, hinterlässt diese Form der Kommunikation häufig nur geringe Spuren, die zudem sehr unspezifisch sind. Das andere Extrem stellen z. B. Praktika dar. Praktikanten haben einen intensiven Kontakt zum Unternehmen und seinen Mitarbeitern, erreicht werden aber nur sehr wenige potentielle Arbeitnehmer. Der größte Vorteil des persönlichen, intensiven Recruiting-Kontaktpunkts ist wohl, dass neben informations- auch erlebnisorientierte Inhalte vermittelt werden können (Esch et al. 2013, S. 285).

Um erfolgreich zu sein muss die *Kontaktpunktgestaltung* der Unternehmen sich an den Wünschen und Bedürfnissen der potentiellen Mitarbeiter orientieren. Verwendeten diese noch vor wenigen Jahren Stellenanzeigen und Anzeigen in Tages- oder Fachpresse, ist heute das Internet auf dem Vormarsch: 94 % nutzen die Unternehmenshomepage, welche deswegen als *Leading Touchpoint* bezeichnet werden kann, und jeweils ein Viertel greift auf Jobbörsen bzw. Business Networks wie Xing zurück (Kienbaum 2012; s. Abb. 16.8).

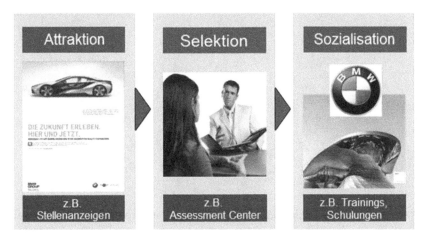

Abb. 16.6 Das ASS-Modell im Employer Branding. (Quelle: Esch et al. 2013, S. 285)

Wie wichtig das Internet bei der Jobsuche geworden ist, lässt sich leicht erahnen, wenn man die deutlich gestiegenen Nutzungszeiten betrachtet: 2012 wird es durchschnittlich 83 min am Tag verwendet. Das sind täglich 66 min mehr als noch im Jahre 2000, was beinahe einer Verfünffachung entspricht (ARD/ZDF 2013). Dem gegenüber nutzt die Arbeitgeberseite das Internet noch sehr viel verhaltener. Nur etwa 12,7 % schalten Anzeigen auf der Plattform Xing, 18 % suchen auch aktiv über das gleiche Social Media Tool und 12,9 % setzen Imagewerbung auf Facebook ein. Informationsangebot und -nachfrage sind im Bereich Internetkommunikation also nicht im Gleichgewicht. Hier geht Potential unge-

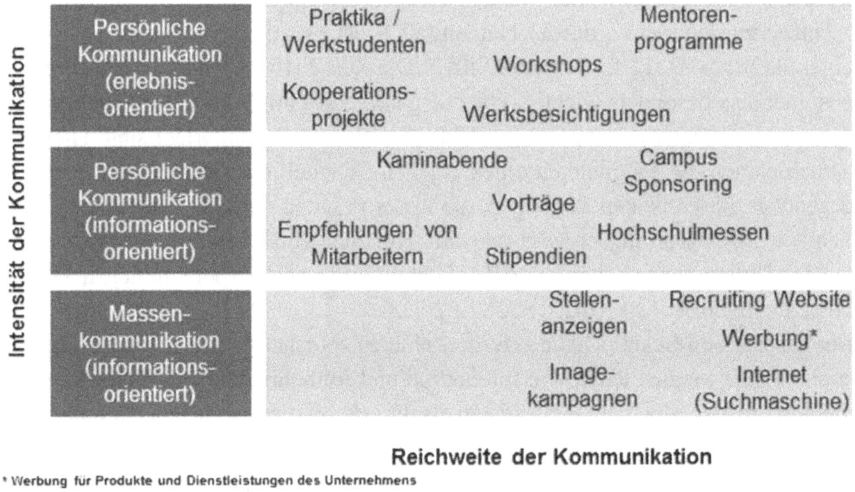

Abb. 16.7 Raster für Recruiting Touchpoints. (Quelle: Esch et al. 2013 in Anlehnung an Hieronimus et al. 2005)

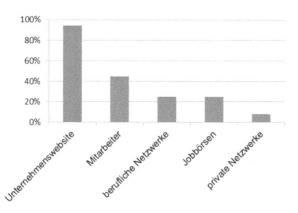

Abb. 16.8 Wichtige Recruiting-Touchpoints für potentielle Arbeitnehmer. (Quelle: Kienbaum 2012)

nutzt verloren. Dies spiegelt sich eindrucksvoll in der Einstellung der Arbeitgeber: 84,2 % sehen notwendige Veränderungen auf sich zukommen und nur ca. die Hälfte beurteilt Social Media als positive Entwicklung (Weitzel et al. 2011, S. 5 ff.). Als weiterer wichtiger Kontaktpunkt ist aber noch die Empfehlung von bestehenden Mitarbeitern (45 %) zu nennen. Sie spiegelt sich auch im hohen Einsatz der eigenen Mitarbeiter in Kommunikationskampagnen (Kienbaum 2012).

Insbesondere *Social Media* (vgl. dazu auch die Beiträge zu Social Media und zu neuen Kommunikationsinstrumenten in diesem Buch) ist als starker Trend hervorzuheben und wird heute zur Kontaktaufnahme mit potentiellen Arbeitnehmern genutzt. Die direkte und authentische Interaktion mit der Zielgruppe stellt wohl den größten Vorteil dar. Auch wenn es so einfach ist wie noch nie mit potentiellen Bewerbern ins Gespräch zu kommen, muss auch der Einsatz dieses Instruments gezielt und nach Regeln erfolgen. Mit 1,06 Mrd. Nutzern eignet sich Facebook z. B. besonders um das Unternehmen bekannt zu machen, also Traffic zu generieren, da die Nutzung sich häufig auf das Privatleben beschränkt (Esch et al. 2012a, S. 12 f.; Facebook 2012; Die Zeit 2010). Eine unterhaltsame Gestaltung ist hier also besonders wichtig. Porsche gelingt dies mit attraktiven Arbeitgeber- und Imagevideos, welche auf dem Internet-Videoportal Youtube hinterlegt sind. Hier besteht für Unternehmen die Möglichkeit einen eigenen Channel mit Videos einzurichten. Xing ist gegenüber diesen beiden Zugängen, die in der Prägung eingesetzt werden können, im tatsächlichen Rekrutierungsprozess relevant. Kontakte entstehen hier auf professioneller Ebene und Unternehmen haben Zugriff auf detaillierte Angaben potentieller Arbeitnehmer (Esch et al. 2012b, S. 12 f., 2013, S. 287 f.).

Der Einsatz von Social Media erfordert eine entsprechende Pflege seitens des Unternehmens. Diese Medien leben von Interaktion und Authentizität. Eine Vielzahl an wenig gepflegten Profilen, die nicht mehr bieten als die Informationen, die auch auf der Firmenhomepage zu finden sind, bringen keinen Mehrwert. Einblicke in die Mission, Vision und deren Bedeutung für den Unternehmensalltag oder Beiträge eigener Mitarbeiter sind für einen erfolgreichen Einsatz unerlässlich. „In sozialen Netzwerken erwarten die Nutzer

Abb. 16.9 Austauschbare kommunikative Auftritte bei Lidl und BASF.

Gefühle, Privates, Erlebnisse" gibt Prof. Dr. Thorsten Petry im Interview mit der Zeit (2010) an. Um diese Art von „Storytelling" erbringen zu können, muss dementsprechend aber auch die Bereitschaft sich einzubringen unter den Mitarbeitern vorhanden sein. Bayer setzt diese Forderung sehr gut um: Im Facebook-Profil findet man Erfahrungsberichte von Mitarbeitern aus verschiedenen Bereichen genauso wie Informationen über die unternehmenseigene Kinderbetreuung.

Trotz dieser starken Orientierung in die Online-Welt, darf die Integration von Online- und Offline Kommunikation nicht vernachlässigt werden. BMW setzt dies eindrucksvoll mit der Aurasma-App um. Diese aktiviert die Kamera des Smartphones und kann eine herkömmliche Print-Anzeige zum Leben erwecken und ein Video, das BMW als Arbeitgeber präsentiert, starten (Esch et al. 2012b, S. 13). Die Abstimmung mit allen anderen Maßnahmen meint auch, dass Eigenständigkeit und Integration aus diesen übernommen werden (Esch 2012, S. 304 ff.). Online wie offline ist hier eine eindeutige Positionierung der Schlüssel zum Erfolg. Selbst kreative Ideen, wie im Fall von BASF und Lidl tragen bei Austauschbarkeit nicht zum Erfolg des Employer Branding bei oder zahlen auf das Markenkonto der Konkurrenz ein (s. Abb. 16.9).

Alle Maßnahmen sollten als der Marke *zugehörig erkennbar sein, also formal und inhaltlich integriert gestaltet sein*. Nur durch konsistente Eindrücke entsteht ein klares Bild der (Arbeitgeber-) Marke und der Zugriff auf diese wird erleichtert (Esch 2012, S. 307 f.). Die Anzeigen von Audi vermitteln z. B. seit 2005 ein einheitliches Bild, seit 2011 ist darüber hinaus die Farbwahl homogen und ermöglicht ein schnelleres Zuordnen zur Marke (s. Abb. 16.10).

Darüber hinaus gilt es, Risiken wie den Kontrollverlust über die Marken, verbunden mit Verwässerung, und fragmentierter Kommunikation stets im Auge zu behalten. Un-

Abb. 16.10 Integrierter Auftritt bei Audi und mangelnde Zuordnung zur Marke bei Nestlé.

gesteuerte Kommunikation sollte man mit Hilfe eines strategischen Frühwarnsystems am Ausufern hindern. Es gilt auf negative Inhalte schnell und angemessen zu reagieren (Esch et al. 2012b, S. 14). Nestlé bekam die Eigendynamik solch negativer Kommunikation 2010 zu spüren: Greenpeace warf dem Unternehmen vor, für den Schokoriegel KitKat Palmöl zu verwenden, das aus der Rodung wertvoller Regenwälder stamme und so den Lebensraum des Orang-Utans zerstöre. Eine mangelnde Reaktion bzw. Einsicht seitens Nestlé wurde von vielen Internetnutzern in einer Kampagne gegen das Unternehmen geahndet, die sich rasend schnell verbreitete.

Auch das professionelle Management von Beschwerden fällt in diesen Bereich. Es verhindert nicht nur die Verbreitung potentiell schädigender Informationen über die Marke, sondern kann bei systematischem Einsatz sogar die Kundenzufriedenheit stärken und Markenbindung erhöhen (Esch et al. 2012b, S. 163).

Zusammenfassend sollten vor der Einführung einer Kommunikationsmaßnahme demnach folgende Fragen gestellt werden, um die Effektivität und Effizienz dieser zu gewährleisten:

- *Werden die Markenwerte klar vermittelt?*
  BASF konnte das lückenhafte Wissen, selbst bei den eigenen Mitarbeitern, über Analysen und die konsistente Umsetzung der Markenwerte „Pioneering" „Professional" „Passionate" hinter sich lassen und Sympathie, Vertrauen und Loyalität aufbauen. Im Gegensatz dazu vermittelt Axel Springer mit einem Spot, der einen unhöflichen Bewerber zeigt, der dem Vorstand vorschreibt, wie das Unternehmen zu führen ist, vermutlich nicht die tatsächlichen Unternehmenswerte.

- *Ist die Recruiting-Maßnahme inhaltlich und formal an die Anforderungen der Marke angepasst?*
  Audi erfüllt mit dem Einsatz der Farben grau bzw. silber und rot die formalen Anforderungen und sichert damit ein schnelles Erkennen des Absenders auch bei Employer Branding Maßnahmen. Zusätzlich werden auch inhaltlich konsistente Werte wie Innovativität und Stolz angesprochen. Nike trägt die inhaltliche Integration der Markenwerte sogar bis in die Bestätigungs-E-Mail mit dem Statement: „Use your imagination. If you are sure about what you want to do, you're half way there. There are no limits. Everyone at Nike has a dream. We use our life skills and professional talents to work towards it every day of our lives" (Ind 2004, S. 139). Keine gute Umsetzung findet man hingegen bei der Stellenanzeige von Nestlé. Anonymisiert könnte diese nicht dem Unternehmen zugeordnet werden (s. Abb. 16.10).
- *Ist die Recruiting-Maßnahme eigenständig gestaltet?*
  IKEA bindet seine Produkte sehr geschickt in jeden Kontaktpunkt im Employer Branding Bereich ein. Sei es in einer Anzeige, der Webseite oder dem Tool, um den Brand-Person-Fit des Bewerbers zu messen (s. Abb. 16.11). Aldi und Deloitte gelingt es hingegen nicht sich eigenständig und kreativ zu präsentieren. Die Anzeigen beider gleichen sich wie das eine Ei dem anderen (s. Abb. 16.12).
- **Werden relevante Bedürfnisse und Wünsche der Zielgruppe angesprochen?**
  McDonalds nahm eine Umpositionierung als Arbeitgebermarke vor um den Wünschen der Zielgruppe zu entsprechen. So konnte es sich vom einst ungeliebten Arbeitgeber zu einem wandeln, der Spaß bei der Arbeit und Förderung von Talenten groß schreibt. Im Falle der Kampagne „Thank God, it's Monday" von Henkel ist jedoch fragwürdig, ob selbst hoch motivierte Bewerber, diese Aussage unterstützen.
- *Sind die Maßnahmen direkt der Marke zurechenbar und sind sie auf die Informationsüberlastung abgestimmt?*
  Als Musterbeispiel der Zurechenbarkeit kann erneut IKEA genannt werden, aber z. B. auch DHL sichert durch die dominanten Farben gelb und rot das Wiedererkennen. DHL setzt darüber hinaus auf eine klare Hierarchisierung der Informationen (s. Abb. 16.13). Nestlé hingegen kann weder bei der Zurechenbarkeit noch einer Anpassung auf die Informationsüberlastung punkten (s. Abb. 16.9).

Selektion der Right Potentials für ein hohes affektives Commitment
Das Ziel der *Selektion* ist es, aus den verfügbaren Bewerbern diejenigen auszuwählen, die zum Unternehmen passen. Diese *Right Potentials* weisen eine hohe Kongruenz zur Marke auf. Idealerweise wird ein solcher Person-Brand-Fit bereits vor der Bewerbung über On-

Abb. 16.11 Eigenständigkeit des Employer Brandings der Marke IKEA am Beispiel der Webseite.

lineplattformen getestet. Alternativ finden Assessment-Center oder Interviews während des Bewerbungsprozesses Einsatz, was jedoch deutlich mehr Ressourcen beansprucht, andererseits aber den Vorteil des persönlichen Kontaktes bietet (Esch et al. 2014). Die Sicherstellung des Person-Brand-Fits ist über die folgenden Instrumente möglich (Esch et al. 2014):

Abb. 16.12 Austauschbarkeit: Anonymisierte Anzeigen von Aldi (*links*) und Deloitte (*rechts*).

Abb. 16.13 Formal integrierte und hierarchisierte Stellenanzeigen von DHL.

Self-Assessment durch Online-Szenarien:

- Wegen dem bereits angesprochenen Vorteil, Zeit und Geld zu sparen erfreut sich diese Art der Fit-Überprüfung einer steigenden Beliebtheit. IKEA nutzt hier einen besonders kreativen[1] Zugang und übersetzt den Grad der Übereinstimmung von Werten mit einem mehr oder weniger eingerichteten Zimmer, gemäß dem Motto „Nicht jedes Sofa passt zu jedem unserer Kunden. Und nicht alle unsere Jobs sind für alle Bewerber gleich attraktiv" (s. Abb. 16.13). Genauso wie IKEA haben auch BP und Lufthansa verstanden, dass weder möglichst viele noch die High Potentials zählen, sondern nur die Mitarbeiter, die auch zum Unternehmen passen. Ihre eingesetzten Systeme lassen neben dem Fit z. B. auch Stellenanforderungen in die Bewertung des Bewerbers einfließen (Job Matching[2]).
- Self-Assessment durch Spiele zu Markenwerten, dem Produktportfolio und dem Job: Diese Spiele zielen auf das Näherbringen der Unternehmenswerte, das Vorstellen der mit dem Job verbundenen Aufgaben sowie das Testen des Bewerbers in einer praktischen Arbeitssituation ab. Die Commerzbank bietet mit „Probier dich aus" besonders

---

[1] Originalität ist jedoch kein Selbstzweck. Ihr Einsatz ist nur sinnvoll, wenn sie der Marke dient. Der forsche Bewerber im Video des Axel Springer Verlags verdeutlicht diese Problematik gut. Gleiches gilt für den „BMW Praktikums-Rap", der wenig im Sinne eines dynamisch, sportlichen Premiumanbieters ist.

[2] Ein Paradebeispiel für Job Matching liefert ein Tätowier Studio. Dessen Anzeige zeigt einen QR Code, der mit ruhiger Hand ausgemalt werden muss und nur so zur Stellenanzeige führt.

Abb. 16.14 Messung des Person-Brand Fits bei IKEA.

viele Informationen zu Ausbildungsmöglichkeiten und das Spiel ist nah am Berufsalltag und einem Assessment Center gehalten. Marriott (My Marriott Hotel) und L'Oreal (Reveal) hingegen nutzen diesen Zugang spielerischer. Nichts desto trotz steht auch hier die Eignung der Bewerber im Vordergrund.

- Self-Assessment durch Recruiting-Events:
Danone testet seine Bewerber in einem mehrtägigen Event unter dem Namen „der Berg ruft". Hier erwarten den Bewerber neben klassischen Interviews z. B. auch Waldläufe oder ein Hochseilgarten. Ein weiteres Beispiel liefert ein Zusammenschluss von Unternehmen, der interessierte Ingenieure und Informatiker zum gemeinsamen Fußballspiel unter dem Titel „Football Career Cup – Bringen Sie Ihre Karriere ins Rollen" zum Kennenlernen auf ungezwungener Basis einlädt. Der größte Vorteil solcher Events ist, dass zentrale Markenselektionskriterien durch zukünftige Kollegen, die den Fit besonders gut beurteilen können, geprüft werden (Esch und Strödter 2009, S. 150 f.).

Porsche denkt noch früher an potentielle Mitarbeiter der Zukunft und setzt in der Selektionsphase auf sein Programm „Pole Position". Praktikanten, die besonders ambitioniert waren, werden in diese Datenbank aufgenommen. Muss nun eine Stelle neu besetzt werden, wird auf diesen Pool aus bereits „geprüften" potentiellen Mitarbeitern zurückgegriffen. Mit diesem exzellenten Selektionsmanagement gelingt es bis zu 80 % neuer Stellen im Unternehmen zu besetzen.

Neben der Reduktion des Risikos, den falschen Mitarbeiter einzustellen, führt ein subjektiv hoher Person-Brand-Fit zu affektivem Commitment und damit einem Verhalten im Sinne der Marke, was letztendlich zu besseren finanziellen Ergebnissen des Unternehmens führt (Friedman et al. 1998), da die Mitarbeiter sich aus Überzeugung engagieren und nicht lediglich Dienst nach Vorschrift versehen oder ausschließlich monetäre Ziele verfolgen (van Dick 2004).

Sozialisation, um Markenbotschafter „auszubilden"

Gemäß des *Employer Branding Funnels* verringert sich die Anzahl potentieller Mitarbeiter, wie in einem Trichter, mit jeder Stufe im Bewerbungsprozess. Dies beginnt damit, dass nicht jeder potentielle Mitarbeiter die Marke kennt, bzw. im zweiten Schritt auch attraktiv findet. Die nächste Hürde stellen das Übermitteln einer Bewerbung und das Meistern des Bewerbungsprozesses dar. Jedoch auch nach dieser intensiven Auswahl der Right Potentials kann das Engagement der Mitarbeiter sinken oder die Fluktuation steigen (Wentzel et al. 2009, S. 83 ff.). Das liegt daran, dass die Mehrheit der Unternehmen aus Kosten- und Zeitgründen die Sozialisation der Mitarbeiter vernachlässigt, also die positive Wirkung von Bindungsmaßnahmen unterschätzt.

Mitarbeiterschulungen, wie BMW sie in seiner eigenen Markenakademie durchführt, sind hierbei jedoch nur ein erster Schritt, um Commitment zu erzeugen, zu steigern und aufrecht zu erhalten. Insbesondere die Unternehmenskultur spielt bei der Sozialisation der Mitarbeiter eine Schlüsselrolle (Esch et al. 2013). Die des Weltkonzerns IKEA basiert z. B. stark auf seinen regionalen Wurzeln. Diese sind in Kamprad's „Testament eines Möbelhändlers" niedergeschrieben und werden bis heute gelebt. Die typisch schwedischen flachen Hierarchien äußern sich im Duzen der Kollegen auch über Hierarchieebenen hinweg, sowie dem Verzicht auf Titel und Statussymbole. Führungskräfte bei IKEA sollen sich nicht mit diesen rühmen, sondern durch ihre Leistung ein Vorbild sein. So werden gleichzeitig auch die Motivation und das Zusammenhörigkeitsgefühl gestärkt. Weitere wichtige Punkte von IKEAs Mitarbeiterorientierung sind die Maxime, dass zufriedene Mitarbeiter zu zufriedenen Kunden führen sowie das Angebot überdurchschnittlicher Sozialleistungen. Die Werte Sparsamkeit, Bescheidenheit und Erfindungsreichtum gehen hingegen auf die arme Region Småland zurück, die früh zum Kundenkreis des IKEA Gründers Kamprad zählte.

Außerdem können *Führungskräfte* einen großen Beitrag zur Sozialisation leisten. Ihre Vorbildfunktion ermöglicht es, die Markenwerte vorzuleben und so den Mitarbeitern weiterzugeben. Werden Manager nicht durch Bindungsmaßnahmen „abgeholt", steigt hingegen die Gefahr von sinkender Motivation und steigender Abstinenz aller Mitarbeiter (Esch et al. 2009, S. 173 ff.). Im Idealfall sind die Mitarbeiter der Marke in ihrem Denken, Fühlen und Handeln treu und strahlen dies gegenüber ihren Kollegen, genauso wie gegenüber Geschäftspartnern oder Kunden aus. *Brand Behavior* ist in diesem Sinne markenkonformes Verhalten, das durch Behavioral Branding erreicht wird. Dieses verfolgt das Ziel, den „Aufbau und die Pflege von Marken durch zielgerichtetes Verhalten und persönliche Kommunikation zu unterstützen" (Tomczak et al. 2005, S. 29). Mentoring-Programme setzen hier genauso an, wie das Einbeziehen von Mitarbeitern in Employer Branding Kampagnen (z. B. McDonalds „Mach Deinen Weg"). Gelingt die Sozialisation, fungieren Mitarbeiter häufig als Markenbotschafter in ihrem privaten und beruflichen Umfeld (Esch et al. 2009, S. 124).

Die *Nachhaltigkeit der Mitarbeitersozialisation* ist ein wichtiger Punkt an dem viele Unternehmen scheitern. Einmalige große Events für die Mitarbeiter sind wenig erfolgsversprechend, wenn diese nicht in einen Umsetzungsprozess eingebunden werden. Für

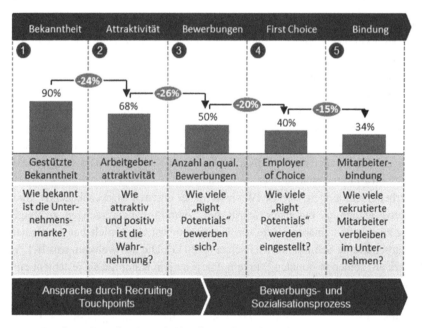

Abb. 16.15 Employer Branding Funnel. (Quelle: Esch et al. 2014)

markenkonformes Verhalten gilt das Motto: Steter Tropfen höhlt den Stein. Hiermit verbunden ist eine fortlaufende Kontrolle der Fortschritte der Maßnahmen: Nur wenn man z. B. den Stand des Commitments der Mitarbeiter kennt, können Optimierungsmaßnahmen eingeleitet werden (Esch et al. 2013).

16.3 Erfolgskontrolle der abgeleiteten Maßnahmen nach innen und außen sichern

Die Instrumente des Employer Brandings richten sich maßgeblich an den Zielsetzungen aus, welche unternehmensspezifisch und entlang des Employer Branding Funnels festzulegen sind (s. Abb. 16.15).

Zentrale Zielsetzungen können auf jeder Stufe des Employer Branding Funnels definiert werden, wie z. B. die Erhöhung der Bekanntheit oder Attraktivität als Arbeitgeber. Jedes Konstrukt wie „Attraktivität als Arbeitgeber" ist für das *Employer Brand Performance Measurement* klar zu definieren und anhand von Benchmarks (zeitlich, Wettbewerber etc.) klar zu messen. Zudem sind die initiierten Maßnahmen diesen Zielsetzungen klar zuzuordnen.

Bei der Erfolgsmessung sind sowohl absolute Werte als auch relative Werte (z. B. Conversions) für die einzelnen Prozessschritte bei der Gewinnung von neuen Mitarbeitern zu erfassen (s. Abb. 16.2). Die einzelnen Key Performance Indicators (KPI) für das Employer Branding lassen sich anhand verschiedener Quellen innerhalb und außerhalb des Unternehmens generieren (im Folgenden Esch et al. 2014).

Bekanntheit Der Erfolg des Employer Brandings lässt sich durch unternehmensexterne Informationen, wie z. B. die Arbeitgeber-Rankings messen. Dies bezieht sich jedoch nur auf die ersten Phasen im Employer Branding Prozess. Diese Rankings und Onlinemedien werden heute bereits von vielen Unternehmen genutzt. Laut Kienbaum (2012) ziehen 70 % der Unternehmen ihren Rang in Arbeitgeberrankings als Erfolgskriterium heran. 63 % der befragten Unternehmen überprüfen regelmäßig ihre Bewertung in Arbeitgeberbewertungsportalen. Ein Indikator der Arbeitgeber-Attraktivität ist also die Performance des eigenen Unternehmens in solchen Arbeitgeber-Rankings. Ein Beispiel hierfür ist das Trendence Graduate Barometer, das Unternehmen auf Basis von Bekanntheit und Attraktivität unter Absolventen bewertet. Der Schwerpunkt dieser Rankings liegt meist auf Absolventen der Wirtschaftswissenschaften und im Ingenieurwesen. Allerdings scheint diese Auszeichnung kein wirkliches Differenzierungskriterium zu sein – Je nach Auftraggeber sind Audi, Volkswagen, Roche oder British American Tobacco begehrtester Arbeitgeber. Laut Manager Magazin ist Audi der beliebteste Arbeitgeber, Volkswagen ist bester Arbeitgeber der Automobilbranche, British American Tobacco ist „Top Arbeitgeber Deutschland", Roche wiederum „Star"-Arbeitgeber (Die Zeit 2013). Es liegt somit an den Unternehmen selbst zu entscheiden, ob diese Rankings hinreichend Informationen bieten. Darüber hinaus sind diese Information zwar für große Unternehmen leicht zugänglich, kleinere Unternehmen werden aber oftmals nicht erfasst.

Arbeitgeberattraktivität Eine größere Vielfalt, Unabhängigkeit und Detailtiefe bieten Arbeitgeberbewertungen in Online-Portalen wie Kununu oder Glassdoor. Solche Portale machen es Unternehmen einfach, die eigene Bewertung direkt mit dem Wettbewerb zu vergleichen. Diese Analyse von Mitarbeiterbewertungen in Online-Portalen stellt eine sehr valide Ergänzung dar. Insbesondere vor dem Hintergrund, dass Mitarbeiter keine Konsequenzen mehr auf Zeugnisse oder Empfehlungsschreiben zu befürchten haben.

Anzahl an qualifizierten Bewerbungen Ein quantitatives Maß der Arbeitgeberattraktivität ist die Anzahl an qualifizierten Bewerbungen. Dies ist prinzipiell einfacher durch eine hohe Attraktivität und ein gutes Image erreichbar. Allerdings können auch wirtschaftlicher Aufschwung oder Rezession die Anzahl an qualifizierten Bewerbungen erheblich beeinflussen. Die reine Quantität ist daher stets mit Vorsicht zu betrachten.

Employer of Choice
Zentrales Ziel für Arbeitgebermarken ist es, der *Employer of Choice* (also die erste Wahl) bei den relevanten Bewerbern zu sein. Diese Kennzahl dient als Indikator für die Attraktivität aber auch Wettbewerbsfähigkeit des Arbeitgebers. Gerade für diesen Fit sind sowohl Employer Brand-Fit als auch Job-Fit kontinuierlich zu erheben. Letztlich wird ein Mitarbeiter nur bei einer entsprechenden Passung zufrieden mit seiner Arbeit sein. Ein „Overselling" hilft daher keinem Unternehmen, auch wenn der Personalbedarf hierdurch kurzfristig gedeckt wurde.

Verbleibedauer im Unternehmen Für viele Unternehmen ist die Fluktuationsrate eine zentrale Kennziffer für den Erfolg der Mitarbeiterbindung.

Mitarbeiterbindung und Kosten des Mitarbeiterverlusts Mit der Fluktuationsrate eng verwandt, müssen die Mitarbeiterbindung sowie die Gesamtkosten für den Verlust eines Mitarbeiters untersucht werden. Die „Total Cost of Loosing an Employee", also die realen Kosten eines Mitarbeiterverlustes, können dabei bis zu einem doppelten Jahresgehalt betragen.

Kontakt mit dem Unternehmen nach dem Unternehmensausstieg Für die meisten Unternehmen endet der Kontakt zu Mitarbeitern nach dem Ausstieg oder Jobwechsel. Allerdings sind genau diese Mitarbeiter auch ein wichtiges Sprachrohr für eine Employer Brand. Sie sind Meinungsbildner und können ein Unternehmen auch über ihre eigene Anstellung hinaus empfehlen oder von diesem abraten.

Um den Grad der Markendurchsetzung im Unternehmen zu erfassen, sind regelmäßige *Studien* bei den Mitarbeitern erforderlich (vgl. im Folgenden Esch et al. 2014). Die internationale HSBC (Hong Kong Shanghai Banking Corporation) führt zu diesem Zweck regelmäßig bei ihren weltweit 300.000 Mitarbeitern Markenstudien durch und vergleicht diese mit Kundenbefragungen, um das Verständnis und die Umsetzung der Marke zu prüfen (www.hsbc.com).

Der Erfolg der internen Markenführung kann anhand verschiedener KPIs erfasst werden. Die zentrale Herausforderung liegt in der Definition der richtigen Indikatoren sowie in der Zurechenbarkeit der Maßnahmen (Controllability). Mitarbeiter müssen demnach durch ihre Entscheidungen und ihr Verhalten auch den Erfolg, der durch KPIs gemessen wird, steuern können. Anhand des Brand Engagement-Programms sowie der darin definierten Zielsetzungen, sind die Kennzahlen zur Evaluation der Erfolgsmessung zu erheben.

Kenntnis der Markenwerte und des Leistungsversprechens Zu Beginn können anhand von internen Befragungen die Relevanz und Kenntnis der Marke abgefragt werden. Hierzu gehört auch die Kenntnis der Markenwerte sowie des Leistungsversprechens.

Operationalisierung und Umsetzung der Markenwerte Die konkrete Umsetzung kann anhand der Initiativen und deren Erfolg kontinuierlich in einem Tracking (s. dazu den Beitrag zu Längsschnittstudien in diesem Buch) und internen Statusbericht erfasst werden.

Markencommitment Das Markencommitment bildet das zentrale Messkonstrukt für die Verankerung der internen Markenführung. Es bezeichnet die psychologische Bindung der Mitarbeiter gegenüber ihrer Marke. Diese Bindung führt zur Bereitschaft, Anstrengungen im Sinne dieser Marke zu ergreifen. Eine sehr einfache Methode, um das Markencommitment zu erfassen, ist die Messung von Verhalten. So wurde bspw. bei einer Versicherung bei Mitarbeitern und Führungskräften in Workshops auch offen abgefragt, wer seine Versicherungen beim eigenen Unternehmen abgeschlossen hatte. Tendenziell war dies bei Führungskräften seltener der Fall, als bei Mitarbeitern. Ähnliche Beispiele sind auch in der Automobilindustrie zu beobachten. Hier genügt ein einfacher Blick auf den Firmenparkplatz, um das Commitment zur eigenen Marke zu erfassen. Häufig kann dies jedoch auch zu Fehlschlüssen führen. Finanzielle Spielräume von Mitarbeitern können zu einem abweichenden Verhalten führen, obwohl ein starkes Markencommitment vorliegt.

Eine einfache Möglichkeit bietet die Skala von Meyer und Allen (1991), die Markencommitment in den drei Facetten affektives, rationales und normatives Commitment erfasst (Strödter 2008). Die Erfassung ist inzwischen in vielen Unternehmen und Konzernen weit verbreitet, allerdings mit unterschiedlichen Messmethoden umgesetzt. Die Ergebnisse sind zudem mit Vorsicht zu interpretieren.

Erfassung des markenorientierten Verhaltens Der Erfolg von Maßnahmen sollte dort gemessen werden, wo diese ihre Wirkung entfalten. Bei der internen Markenführung ist dies einerseits gesamthaft auf der Unternehmensebene und individuell auf der Mitarbeiterebene. Die Bewertung auf Mitarbeiterebene kann insbesondere im Fall von markenbezogenen Zielvereinbarungen und Anreizsystemen mit beruflichen und finanziellen Konsequenzen verbunden sein. Mitarbeiterbezogene Messungen werden daher in Deutschland von den Betriebsräten genau in Augenschein genommen. Es ist daher außerordentlich wichtig, dass die Bewertung auf Mitarbeiterebene mit maximaler Fairness und Objektivität vorgenommen wird. Insbesondere eine als unfair wahrgenommene Bewertung kann Maßnahmen zur Steigerung der Mitarbeiterbindung zunichte machen.

16.4 Mit starken Employer Brands die Right Potentials anziehen

Employer Branding ist geeignet, um die Zufriedenheit und Identifikation der eigenen Mitarbeiter zu steigern und sie zu Markenbotschaftern zu machen. Dadurch kann ihr Arbeitseinsatz sowie die Außenwirkung des Unternehmens positiv beeinflusst werden.

Viele Unternehmen versuchen bereits, von Employer Branding zu profitieren – die meisten erlangen jedoch wegen Mängeln in der Umsetzung nicht die volle Wirkung. Zusammenfassend gesehen sind eine strategische inhaltliche und organisatorische Verankerung im Unternehmen, eine durchdachte kommunikative und integrierte Umsetzung sowie eine regelmäßige Erfolgskontrolle Eckpfeiler der Führung einer erfolgreichen Employer Brand. Mit dem letzten Schritt des Controllings sollte der Kreislauf dann erneut beginnen, um ein Perpetuum Mobile aus Attraktion, Selektion und Sozialisation zu schaffen, das eine gute Grundlage für markenkonformes Mitarbeiterverhalten ist: Mitarbeiter lernen nicht nur Markenwerte sondern verwachsen mit ihnen.

Literatur

Ambler, T., & Barrow, S. (1996). The employer brand. *Journal of Brand Management, 4*(3), 185–206.
ARD/ZDF (2013). ARD/ZDF Onlinestudie. http://www.ard-zdf-onlinestudie.de/index.php?id=353. Zugegriffen: 31. Juli 2013.
van Dick, R. (2004). *Commitment und Identifikation mit Organisationen.* Göttingen: Hogrefe.
Die Zeit (2010). Unternehmen und Bewerber funken aneinander vorbei. http://www.zeit.de/karriere/bewerbung/2010-10/personalsuche-soziale-netzwerke. Zugegriffen: 31. Juli 2013.
Die Zeit (2013). Wir sind spitze – Viele Unternehmen schmücken sich mit Titeln wie bester oder attraktivster Arbeitgeber. Doch wer ist es denn nun? http://www.zeit.de/2013/18/rankings-beste-arbeitgeber-sinn/seite-1. Zugegriffen: 20. Sept. 2013.
e-fellows (2009). „Spaß an der Arbeit" entscheiden bei der Arbeitgeberwahl. http://www.e-fellows.net/HOME/Archiv/Pressemitteilung15. Zugegriffen: 5. Aug. 2013.
Esch, F.-R. (2009). Markenidentität als Basis für Brand Behavior. In T. Tomczak, F.-R. Esch, J. Kernstock, & A. Herrmann (Hrsg.), *Behavioral Branding – Wie Mitarbeiterverhalten die Marke stärkt* (S. 35–46). Wiesbaden: Gabler.
Esch, F.-R. (2012). *Strategie und Technik der Markenführung.* München: Vahlen.
Esch, F.-R. (2013). *Strategie und Technik des Automobilmarketing.* Wiesbaden: Springer.
Esch, F.-R., & Schmitt, M. (2012). Employer Branding – Yin und Yang in Einklang bringen. *Markenartikel, 12*(12), 14–18.
Esch, F.-R., & Strödter, K. (2009). Aufbau des Markencommitment in Abhängigkeit des Mitarbeiter-Marken-Fits. In T. Tomczak, F.-R. Esch, J. Kernstock, & A. Herrmann (Hrsg.), *Behavioral Branding – Wie Mitarbeiterverhalten die Marke stärkt* (S. 141–159). Wiesbaden: Gabler.
Esch, F.-R., Fischer, A., & Hartmann, K. (2009). Abstrakte Markenwerte in konkretes Verhalten übersetzen. In T. Tomczak, F.-R. Esch, J. Kernstock, & A. Herrmann (Hrsg.), *Behavioral Branding – Wie Mitarbeiterverhalten die Marke stärkt* (S. 161–180). Wiesbaden: Gabler.
Esch, F.-R., Hartmann, K., & Stödter, K. (2009). Analyse und Stärkung des Markencommitment in Unternehmen. In T. Tomczak, F.-R. Esch, J. Kernstock, & A. Herrmann (Hrsg.), *Behavioral Branding – Wie Mitarbeiterverhalten die Marke stärkt* (S. 121–139). Wiesbaden: Gabler.
Esch, F.-R., Knörle, C., Gawlowski, D., & Isenberg, M. (2011). Erfolgsfaktoren für ein wirksames Employer Branding. *Markenartikel, 8*(8), 12–14.
Esch, F.-R., Gawlowski, D., & Hanisch, J. (März 2012a). Neue Potentiale durch den Einsatz von Social Media realisieren. *PERSONALQuarterly, 64,* 10–15.
Esch, F.-R., von Einem, E., Gawlowski, D., Rühl, V., & Isenberg, M. (2012b). Vom Konsumenten zum Markenbotschafter – Durch den gezielten Einsatz von Social Media die Konsumenten an die Marke binden. In M. Schulten, A. Mertens, & A. Horx (Hrsg.), *Social branding* (S. 147–165). Wiesbaden: Gabler.
Esch, F.-R., Hanisch, J., & Gawlowski, D. (2013). Die richtigen Mitarbeiter durch Employer Branding finden. In F.-R. Esch (Hrsg.), *Strategie und Technik des Automobilmarketing* (S. 269–292). Wiesbaden: Springer.
Esch, F.-R., Knörle, C., & Strödter, K. (2014). *Interne Markenführung – vom Employer Branding zum Behavioral Branding – Mitarbeiter zu Markenbotschaftern machen.* München: Vahlen (angekündigt).
Esch. The Brand Consultants. (2012). Schritte zur wirksamen Employer Brand. Saarlouis.
Facebook (2012). Geschäftsbericht von Facebook. http://investor.fb.com/releasedetail.cfm?ReleaseID=736911. Zugegriffen: 31. Aug. 2013.
Friedman, B., Hatch, J., & Walker, D. M. (1998). *Delivering on the promise how to attract, manage, and retain human capital.* New York: Free Press.

Gallup (2013). Präsentation zum Gallup Engagement Index 2012. http://www.gallup.com/strategicconsulting/160904/praesentation-gallup-engagement-index-2012.aspx. Zugegriffen: 30. Juli 2013.

Hieronimus, F., Schaefer, K., & Schröder, J. (2005). Using branding to attract talent. *The McKinsey Quarterly, 3,* 12–14.

Ind, N. (2004). *Living the brand: How to transform every member of your organization into a brand champion.* London: Kogan Page.

Kienbaum Executive Research Human Resource & Management Consulting. (2012). Absolventenstudie 2011/2012. http://www.kienbaum.de/desktopdefault.aspx/tabid−501/649_read −12776/. Zugegriffen: 31. Juli 2013.

Meffert, H., Burmann, C., & Koers, M. (2005). Stellenwert und Gegenstand des Markenmanagement. In H. Meffert, C. Burmann, & M. Koers (Hrsg.), *Markenmanagement – Grundlagen der identitätsorientierten Markenführung* (S. 3–15). Wiesbaden: Gabler.

Meyer, J. P., & Allen, N. J. (1991). A three-component conceptualization of organizational commitment. *Human Resource Management Review, 1*(1), 61–89.

Saatkorn (2013). index Personalmarketing-Report 2013. http://www.saatkorn.com/wp-content/uploads/2013/07/index_Personalmarketing-Report_2013-.pdf. Zugegriffen: 28. Aug. 2013.

Schulten, M., Mertens, A., & Horx, A. (2012). *Social branding.* Wiesbaden: Gabler.

Spiegel Online (2011). Fachkräftemangel: Wirtschaft macht MINT-Wind. http://www.spiegel.de/karriere/berufsleben/0,1518,800869,00.html. Zugegriffen: 30. Aug. 2013.

Statista (2012). Wie wichtig sind die Kriterien bei der Wahl des zukünftigen Arbeitgebers? http://de.statista.com/statistik/daten/studie/181885/umfrage/kriterien-fuer-die-wahl-des-arbeitgebers/. Zugegriffen: 3. Aug. 2013.

Statista (2013). Bedürfnisse von Mitarbeitern in deutschen Unternehmen. http://de.statista.com/statistik/daten/studie/187502/umfrage/beduerfnisse-von-mitarbeitern-in-deutschen-unternehmen/. Zugegriffen: 5. Aug. 2013.

Strödter, K. (2008). *Markencommitment bei Mitarbeitern: Bedeutung der Kongruenz von Mitarbeiter und Marke für das Markencommitment.* Berlin: Logos.

Tomczak, T., Herrmann, A., Brexendorf, T. O., & Kernstock, J. (2005). Behavioral Branding – Markenprofilierung durch persönliche Kommunikation. *Thexis, 22*(1), 28–31.

Trendence (2013). Trendence Graduate Barometer. http://www.trendence.com/unternehmen/rankings/germany.html. Zugegriffen: 30. Aug. 2013.

Weitzel, T., Eckhard, A., von Stetten, A., & Launer, S. (2011). Recruiting Trends 2011. https://www.social-media-consulting.at/wp-content/uploads/Recruiting+Trends+2011.pdf. Zugegriffen: 31. Aug. 2013.

Wentzel, D., Tomczak, T., Kernstock, J., Brexendorf, T., & Henkel, S. (2009). Der Funnel als Analyse- und Steuerungsinstrument von Brand Behavior. In T. Tomczak F.-R. Esch, J. Kernstock, & A. Herrmann (Hrsg.), *Behavioral Branding – Wie Mitarbeiterverhalten die Marke stärkt* (S. 81–99). Wiesbaden: Gabler.

Wirtschaftswoche (2009). Google ist Aufsteiger beim Arbeitgeber-Ranking. http://www.wiwo.de/management-erfolg/google-ist-aufsteiger-beim-arbeitgeber-ranking-397240/. Zugegriffen: 30. Aug. 2013.

Wirtschaftswoche (2011). Lieber Konstanz als Karriere. *Wirtschaftswoche, 49,* 120–123.

W&V (2008). Gummiband und Stifte. http://www.employerbranding.org/downloads/presse/DEBA_W&V_extra_07:08.pdf. Zugegriffen: 30. Aug. 2013.

Prof. Dr. Franz-Rudolf Esch ist Professor für Markenmanagement und Automotive Marketing an der EBS Universität für Wirtschaft und Recht, Oestrich-Winkel, und Direktor des Instituts für Marken- und Kommunikationsforschung (IMK). Davor lehrte er in Saarbrücken, Trier, St. Gallen, Innsbruck und Gießen. Weiterhin ist er Gründer und wissenschaftlicher Beirat von ESCH. The Brand Consultants, Saarlouis. Seine Forschungsschwerpunkte liegen in den Bereichen Markenmanagement, Kommunikationsforschung und Konsumentenforschung.

Sabrina Eichenauer, M.A., ist wissenschaftliche Mitarbeiterin am Institut für Marken- und Kommunikationsforschung (IMK) sowie Doktorandin am Lehrstuhl für Markenmanagement und Automobilmarketing an der EBS Universität für Wirtschaft und Recht, Oestrich-Winkel. Sie studierte Betriebswirtschaftslehre mit dem Schwerpunkt Marketing an der Justus-Liebig-Universität in Gießen.

17 Fallstudie: Employerengagement und Weiterempfehlungsmanagement bei Holcim

Christian Birck und Joachim Kernstock

Zusammenfassung

Holcim ist einer der weltweit führenden Baustofflieferanten und in ungefähr 70 Ländern tätig. Die Marke Holcim ist eine der stärksten globalen Marken im Baustoffsegment und eine der führenden Global-500-Brands. Als Konzern mit Hauptsitz in der Schweiz ist Holcim über 100 Jahre alt, die „Marke" Holcim an sich ist aber relativ jung und wurde erst im Jahr 2000 ins Leben gerufen. Zuvor bestand der Konzern aus einer Vielfalt von lokalen Marken und Positionierungen. Bis 2005 hatte man die neue Marke in vielen Ländern eingeführt, rangierte aber weit unter der Markenstärke der drei größten globalen Mitbewerber. 2006 wurde dann eine neue Markenstrategie sowie ein zentrales Markenmanagement eingeführt und die Markenführung bei Holcim professionalisiert – mit dem Resultat, dass Holcim seit 2010 die stärkste globale Marke im Baustoffsegment ist. In diesem Kapitel wird aus Sicht von Holcim erläutert, wie die Eckpfeiler dieses Weges mit Fokus auf das Mitarbeiterengagement, die Kundenloyalität und die Nachhaltigkeit der Markenführung aussehen.

C. Birck (✉) · J. Kernstock
Holcim, Rapperswil-Jona, Schweiz
E-Mail: Christian.Birck@holcim.com

J. Kernstock
Kompetenzzentrum für Markenführung St. Gallen (KMSG), St. Gallen, Schweiz
E-Mail: joachim.kernstock@km-sg.ch

17.1 Die strategischen Ziele der Markenführung bei Holcim erfassen

Die strategischen Ziele im Kontext der Markenführung von Holcim leiten sich sowohl aus den Unternehmenszielen, dem Mission Statement und den externen Herausforderungen ab:

1. *Die attraktivste und stärkste Marke bei allen relevanten Stakeholdern, in allen für uns relevanten Märkten, zu sein.*
   Das heißt, unsere Ambition ist die führende Marke in unserer Branche zu sein, wo immer wir agieren. Wir haben dieses Ziel operationalisiert und entsprechende Zielgrößen entwickelt, die wir periodisch messen. Zum Beispiel den *Brand Equity Index* des Marktforschungsunternehmens Nielsen, der uns die Stärke unserer Marke im Markt im Vergleich zu unseren Mitbewerbern aufzeigt. Dieses Ziel baut auf unserer Differenzierungsstrategie auf, bei der wir davon ausgehen, dass eine „Commodity"-Position in unserer Industrie nicht automatisch gegeben ist und wir uns durch eine starke Marke und entsprechende Angebote differenzieren können. Dies drückt sich nicht zuletzt in der Bewertung unserer Marke und deren Ranking im Vergleich zu anderen aus.
2. *Die höchste Kundenloyalität in unseren Märkten zu haben.*
   Dieses Ziel bezieht sich spezifisch auf unsere bestehenden Kunden, während das erste Ziel alle Stakeholder und auch Nichtkunden einbezieht. Es geht hier darum, dass unsere bestehenden Kunden und deren Markenerlebnis im Mittelpunkt aller Marketingaktivitäten von Holcim stehen sollen – es geht um das Liefern unserer Versprechen. Kundenorientierung und -loyalität ist ein Eckpfeiler unserer Strategie. Dieses Ziel operationalisieren wir durch den Vergleich unserer Net Promoter Scores (s. unten) bei unseren Kunden mit denen unseren jeweiligen Mitbewerber bei ihren Kunden. Wir erheben dies anonym durch unabhängige Markforschungsinstitute, um objektive Vergleiche zu gewährleisten.
3. *Die engagiertesten Mitarbeiter in unserer Industrie zu haben, die weltweit unsere Werte leben.*
   Dieses Ziel ist kritisch für unseren mittel- und längerfristigen Erfolg. Ein positives Markenerlebnis ist ohne engagierte Mitarbeiter kaum möglich, auch wenn man kurzfristig sicher mit viel Geld und umfangreicher Werbung die Verkaufszahlen und den „Markenwert" anheben kann. Der Return on Investment ist aber extrem schlecht. Wir sehen unsere langfristige Profitabilität als auf unseren Mitarbeitern und unserer Kundenloyalität aufbauend an.
4. *Konsistente und nachhaltige Umsetzung unserer Brand Identity.*
   Es mag banal klingen, aber es ist wichtig, dass die konsequente Umsetzung und nachhaltige Pflege unserer sichtbaren Markenmanifestation strategisch verankert ist. Eine Premiummarke muss auch wie eine solche aussehen und zwar wo immer man ihr begegnet. Sie hat zudem starken symbolischen Charakter und trägt durch die Symbolwirkung wesentlich zum Stolz der Mitarbeiter bei. Bei Holcim ist dies besonders wichtig und mit allen anderen Zielen eng verbunden. Um die Dimensionen etwas zu

erläutern: unser Markenbild wird weltweit u. a. von über 70.000 gebrandeten Verkaufsstellen und fast 10.000 Lastwagen, die unsere Marke tragen, geprägt.

17.2 Markenführung als System begreifen

Holcim versteht Markenführung als interdisziplinären Prozess, der weit über die traditionellen Aufgaben des Marketing oder des Corporate Communication Management hinausgeht. Dies bedingt in der Praxis eine enge Zusammenarbeit aller Beteiligten über traditionelle Abteilungsgrenzen hinweg. Im Prinzip baut der Markenführungsprozess bei Holcim auf folgenden Bausteinen auf (s. Abb. 17.1):

1. *Brand Promise:* Dies ist das zentrale Markenversprechen von Holcim, auf dem die gesamte Markenkommunikation und die „Brand to Life"-Maßnahmen zur Umsetzung des Markenversprechens an verschiedene Stakeholdergruppen aufbauen. Dieses Versprechen ist bei Holcim um das Leben unserer Unternehmenswerte herum aufgebaut – das Versprechen ist auf globaler Ebene ganz einfach: „We deliver on our values". In unseren Ländermärkten wird dies dann entsprechen auf lokale Gegebenheiten angewendet und konkretisiert. Wir unterscheiden seit 2006 nicht mehr zwischen Unternehmens- und Markenwerten, da in unserer Erfahrung diese Trennung künstlich und intern schwierig zu kommunizieren ist. Unser „Brand to Life"-Programm und die dahinter stehende Philosophie sind daher stark auf die Operationalisierung und Übersetzung dieser Werte in praktische Verhaltensnormen aufgebaut. Die Umsetzung unseres Mar-

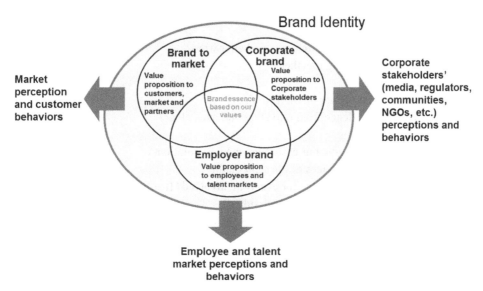

Abb. 17.1 Holcim Markenmanagement-System

kenversprechens findet unter vier strategischen Stoßrichtungen statt: Brand to Market, Employer Brand, Corporate Brand und Brand Identity Management. Diese Strategien werden global und vielen Ländergesellschaften jeweils durch eine zentrale Markenführung und ein Branding Committee (steuerndes Gremium, in dem die wichtigsten Top-Manager von Marketing bis Produktion vertreten sind) umgesetzt und unterstützt. Dazu unsere globalen Wertedefinitionen und grundsätzlichen Verhaltensnormen:

Value: Strength

- A solid partner
- Integrity and strength of character of our people
- A strong organization behind them with global leadership and competence
- Associated principles/ behaviors:
- Do we build strong and lasting relationships?
- Are we acting responsibly?
- Do we act with integrity (adhering to our code of conduct)?
- Does our organization encourage and support individuals in hard calls?
- Do we reward and build strength of character in our people?
- Are we leaders and the most competent in our field?
- Do we put sustainable growth before quick wins?

Value: Performance

- Delivering on our promises to each other and to our stakeholders
- Best solutions for our customers
- Demanding excellence
- Open and always searching for new and better ways
- Best results from working together
- Associated principles:
- Are we reliable and deliver on our promises?
- Do we demand excellence from ourselves and each other?
- Are we accountable?
- Do we listen well and give our customers the best solutions?
- Are our products and services of the right quality?
- Do we create sustainable value for everyone involved? (triple bottom line)
- Are we connected and learn from each other?
- Are we open and come up with better ways on all levels (relevant innovations)?

Value: Passion

- Dedication and commitment – we care about everything we do
- We care about our people, their safety and their development

- We care about our customers and their success
- We care about our world, in particular the communities we live and work in
- We take pride in performing well and recognize and celebrate success

Associated principles:

- Are we dedicated and passionate about everything we do?
- Do we care about safety?
- Do we empower our people?
- Do we care about the development of our people?
- Do we care about the needs and success of our customers?
- Do we care about the results of our actions (including the environment)?
- Are we dedicated to the communities we work in?
- Do we respect others?
- Do we recognize and celebrate success and achievements?

2. *Brand to Market:* Die Umsetzung unseres Markenversprechens an unsere Kunden, Vertriebspartner und Einflussnehmer wie Architekten und Bauingenieure durch Kommunikation, Produkte, Dienstleitungen und Partnerschaften. Dies ist vor allem die Aufgabe der Marketing- und Verkaufsabteilungen in den verschiedenen Geschäftssparten, Regionen und Ländern. Das Markenversprechen wird hier jeweils durch die Positionierung gegenüber unseren lokalen Mitbewerbern und auf Produktebene spezifiziert. Wir unterscheiden hierbei klar zwischen unserem Markenversprechen, das in Essenz global gleich ist, und längerfristig als Premiummarke und kompetentesten Anbieter in unserer Industrie ausrichtet und individuellen Positionierungen, die sich immer aus lokalen Markgegebenheiten ableiten und sich auch verändern können. Ein Hauptbestandteil der „Brand to Market" – Initiativen in allen Märkten ist unser Kundenweiterempfehlungsmanagement oder *Customer Experience Management-Programm*. Dies ist auf der Net Promoter Score-Philosophie (s. unten) und -messung aufgebaut. Durch diese befragen wir unsere Kunden direkt, inwieweit sie uns auf einer Skala von 0 bis 10 an Freunde oder Kollegen weiterempfehlen würden – und warum. Das System, dass hinter diesem Programm steht, ermöglicht es uns dann mit unseren individuellen Kunden direkt an der Verbesserung unserer Leistung für sie zu arbeiten (operationelles Customer Experience-Management) und darüber hinaus systematische Verbesserungen an unseren Produkten und Dienstleistung zu treffen, die auf der Summe aller Antworten unserer Kunden beruhen (strategisches Customer Experience Management). Mehr hierzu in den nächsten Abschnitten.
3. *Employer Brand Management:* Hierbei geht es um die Umsetzung des Markenversprechens an unsere Mitarbeiter und relevante Arbeitsmärkte. Auch diesen essentiellen Teil der Markenführung werden wir in den nächsten Abschnitten im Detail behandeln. Wir haben durch die Analyse unserer internen Mitarbeiter-Engagement-Studien und von externen Kunden- und Marktbefragungen mit insgesamt über 100.000 Teilneh-

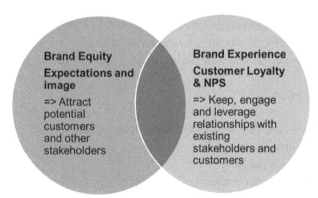

Abb. 17.2 Brand Equity und Brand Experience

mern festgestellt, dass in Märkten, in denen unser Mitarbeiterengagement um etwa 10 % höher ist, unsere Kundenloyalität oder unsere Net Promoter Scores bis zu 18 % höher sind. Damit ist die Employer Brand einer der größten Hebel der Markenführung. Intuitiv ist das einleuchtend – nur engagierte Mitarbeiter können auch außerordentliche Kundenerlebnisse liefern.

4. *Corporate Brand oder Reputation Management:* Unsere Umsetzung des Markenversprechens durch unsere Corporate Brand-Aktivitäten ist traditionell ein Eckstein unserer Markenführung. Wir subsumieren hier das Reputationsmanagement und unsere Sustainable Development (Nachhaltigkeit)-Aktivitäten. Dies ist für uns essentiell, da wir als Industriebetrieb und lokal produzierendes Unternehmen stark vom Goodwill lokaler als auch globaler Anspruchsgruppen abhängig sind, und unsere Verantwortung für die Zukunft sehr ernst nehmen. Dieser Bereich wird bei Holcim einerseits von den jeweiligen Corporate Communications- und Sustainable Development-Verantwortlichen getrieben, ist aber für uns ebenso eine generelle Top-Management Aufgabe.
5. *Brand Identity und Trademark-Management:* Das Brand Identity-Management führt bei Holcim alle Markenführungsaspekte mit dem Trademark-Management zusammen. Es geht hier vor allem um die Corporate Identity, die Kommunikation, die Markensymbolik und das ganzheitliche Management aller Markenelemente, sowie den rechtlichen Schutz der Trademarks. Diese Aufgabe gilt es nicht zu unterschätzen, da sie mit tausenden von LKWs und zehntausenden gebrandeten Verkaufsstellen wesentlich zu unserem äußeren Erscheinungsbild und Image beiträgt. Hinzu kommen Above-the-Line-Werbekampagnen, besonders in Entwicklungs- und Schwellenländern, in denen Zement durch weitläufige Verkaufskanäle an Endkunden vertrieben wird, und in denen die Marke eine zentrale Rolle für den Absatz spielt.

Im Prinzip geht es bei allen diesen Intiativen um zwei zentrale Punkte der Markenführung: Brand Equity herzustellen und ein entsprechendes Markenerlebnis bei allen relevanten Stakeholdergruppen zu erzeugen (s. Abb. 17.2).

17.3 Employerengagement- und Wertemanagement einsetzen

Unsere Philosophie ist einfach: nur engagierte Mitarbeiter können auch unsere Marke leben und letztendlich zu einem positiven Markenerlebnis bei allen anderen Stakeholdergruppen führen (s. Abb. 17.3).

Seit 2006 führen wir daher auch diesen kritischen Bereich der Marke systematisch. Zu diesem Zeitpunkt revidierten wir unsere Markenstrategie und Wertekommunikation grundsätzlich. Eckpfeiler unserer Strategie sind unsere Marken- und Unternehmenswerte, die wir unter Strength, Performance und Passion zusammenfassen. Für jeden Wert haben wir klare Definitionen und Verhaltensnormen entwickelt und weltweit kommuniziert.

17.3.1 Brand to Life- und Werteprogramm

Zunächst wurden in jeder Gruppengesellschaft von Holcim *Wertekommunikationsprogramme* ausgerollt und mit vertiefenden „Brand to Life"-Workshops von der Top Management-Ebene bis zu Fahrern und Werksmitarbeitern verankert. Diese Workshops waren essentiell, um das Ganze nicht auf eine nette aber mittelfristig ineffektive Kommunikationsinitiative zu reduzieren. Hier wurden durch jedes Team für den eigenen Bereich klare Verhaltensweisen entwickelt, um unsere globalen Werte und deren Definitionen auch wirklich und praktisch zu leben und umzusetzen. Unsere Philosophie ist, dass jeder Mitarbeiter beitragen kann und muss, um unser Markenversprechen umzusetzen.

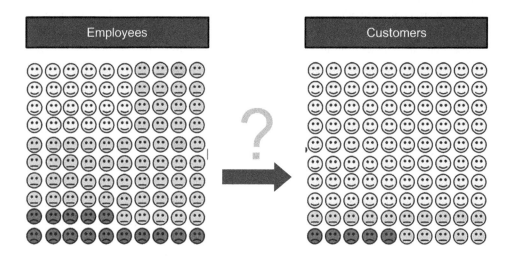

In Ländern, in denen das Mitarbeiterengagement 10% höher ist, ist der Holcim-NPS im Schnitt 18% höher

Abb. 17.3 Wirkung der Mitarbeiter auf das Kundenerlebnis

17.3.2 Mess- und Zielsystem

„Was man nicht messen kann, ist nicht real" – eine Realität in Großunternehmen. Ein weiterer zentraler Bestandteil unseres Mitarbeiterengagement und Werteprogramms war daher die globale Einführung eines vergleichbaren *Messsystems*, dass auch klare Handlungsempfehlungen zulässt. Hier entschieden wir uns, das Rad nicht neu zu erfinden und auf einer der weitverbreitetsten Employee Engagement-Studien aufzubauen (Aon Hewitt), durch die Ergebnisse auch mit tausenden von anderen Unternehmen und Länderwerten verglichen werden können. Wir bauten auf diesem System auf und entwickelten zusätzlich zum Standard-Mitarbeiter-Engagement-Quotient (und den entsprechenden Treiberfragen wie Top-Management-Kommunikation, Führung durch den direkten Vorgesetzten, Kompensationssysteme, etc.) spezifische Fragen, die das Verständnis unserer Werte und assoziierte Verhaltensweisen abdecken. Das Ganze resultierte dann in zwei Kernmesswerten, die wir weltweit einsetzen: dem Employee-Engagement-Quotient (EQ) und dem Holcim Values-Quotient (VQ). Hierdurch können wir unser Mitarbeiterengagement und das Leben unserer Werte nicht nur periodisch messen, sondern auch konkrete Maßnahmen zur Verbesserung der jeweiligen Situation in jedem Land und jeder Abteilung ableiten und den Fortschritt bei deren Umsetzung messen.

17.3.3 Zentrale Erfolgsfaktoren

Ausschlaggebend für den Erfolg dieser Initiative war (neben einem systematischen Ansatz zur Wertekommunikation, der Verankerung in Verhaltensweisen und einer klaren Erfolgsmessung) von Anfang an eine enge Kooperation und Partnerschaft der Human Resources- und der Markenführungsabteilungen. Sowohl zentral, als auch lokal. Dies mag selbstverständlich klingen, ist aber aus unserer Erfahrung nicht immer gegeben und muss von Anfang an expliziter Bestandteil der Strategie sein. Das Leben unserer Werte und engagierte Mitarbeiter stehen im Zentrum unseres Markenversprechens.

17.4 Kundenloyalitätsmanagement nutzen

Im Markenführungsbereich „Brand to Market", setzen wir neben traditionellen Kommunikationsmaßnahmen und Markenaktivierung seit etwa sechs Jahren auf das Net Promoter® (NPS)-System, dass wir bisher in über 80 % unserer Ländergesellschaften implementiert haben. Für uns ist es ist wichtig, das NPS-System nicht als eine vereinzelte Marktforschungsinitiative zu betrachten, sondern als kontinuierlichen Verbesserungsprozess der Kundenerlebnisse – und damit auch unserer Marke. Neben unserem Werteprogram und dem Mitarbeiterengagement ist dies eine kritische Initiative, um unser Markenversprechen und -erlebnis gegenüber unseren Kunden zu realisieren und kontinuierlich zu verbessern.

17.4.1 NPS-Philosophie bei Holcim

Unsere Grundphilosophie ist einfach: Einen bestehenden Kunden zu halten und die Geschäftsbeziehung mit diesen auszubauen, ist um einiges günstiger und auch befriedigender, als ständig neue Kunden zu gewinnen.

Das NPS System baut auf der Messung von Weiterempfehlung auf. Die Grundfrage, die wir unseren Kunden stellen, ist: „Auf einer Scala von 0 bis 10, wie wahrscheinlich würden Sie uns an einen Freund, Kollegen oder Bekannten weiterempfehlen?". Nur Antworten mit 9 und 10 gelten als Promoters. Jene mit Werten von 0 bis 7 sind Detractors.

Der Net Promoter Score spiegelt die Differenz zwischen unseren Promoters und Detractors und zeigt damit auf einfache und intuitive Weise, wie es um unserer Kundenloyalität bestimmt ist (s. Abb. 17.4). Dieser Ansatz ist für uns relevanter, als traditionelle Kundenzufriedenheitsmessungen, da es hier um die eigene Reputation und Weiterempfehlung geht. Zufriedenheit ist wichtig, aber nicht genug.

Zusätzlich abgefragt werden Aspekte, die verschiedene Bereiche des Kundenerlebnisses messen, wie zum Beispiel unsere Produkt- und Servicequalität, bis hin zu sehr spezifischen Themen wie die Korrektheit unserer Rechnungen oder dem Abrechnungsprozess. Wie viele andere Unternehmen, die dieses System verwenden, unterscheiden wir zwischen strategischem und operationellem NPS- Prozess.

17.4.2 Operationeller NPS-Prozess

Der *operationelle NPS-Prozess* erlaubt es uns, unsere Kunden direkt und periodisch zum NPS und ihrer Zufriedenheit mit spezifischen Aspekten ihres Kundenerlebnisses zu be-

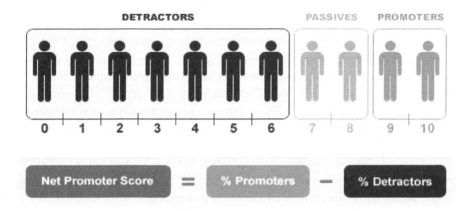

Abb. 17.4 NPS bei Holcim. (Quelle: Satmetrix 2013)

Abb. 17.5 Operationeller NPS-Prozess

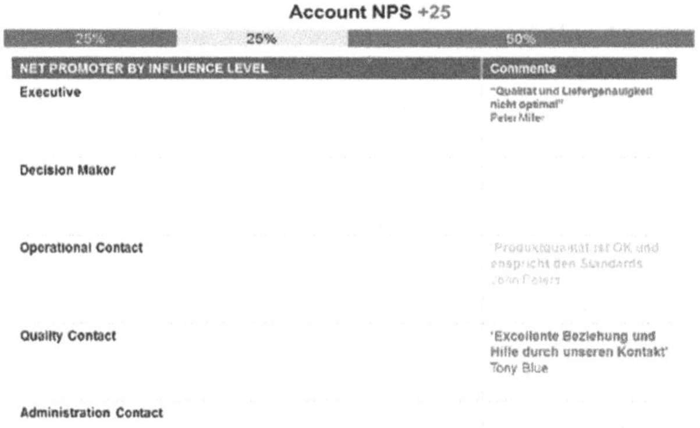

Abb. 17.6 NPS Buying-Center-Ansicht

fragen und basierend auch deren Antworten dann direkt mit unseren Kunden zu sprechen und Verbesserungsmaßnahmen einzuleiten (s. Abb. 17.5). Dieser Prozess wird auch als „Closing the Loop" bezeichnet und ist mindestens so wichtig, wie die Messung an sich. Wir unterstützen dies mit einer Softwarelösung, die nicht nur die Befragung, sondern auch den weitergehenden Prozess bis hin zur Lösung der aufgezeigten Probleme abbildet.

Kritisch ist es auch, relevante Fragen an die richtigen Kunden zu richten. Wir verwenden hier das Konzept des Buying-Centers, bei dem bei einem Kunden nicht einfach alle Befragten gleich sind, sondern von Anfang an unterschieden wird, welche Position oder Funktion ein Befragter in einem Kundenunternehmen einnimmt. Hierzu kommt eine „Touchpoint"-Analyse zum Einsatz, durch die wir bestimmen, welche spezifischen Teile des Kundenerlebnisses für jede bestimmte Position beim Kunden relevant sind. Das heißt, dass der Geschäftsleitungsebene eher Fragen zur gesamten Kundenbeziehung und Qualität gestellt werden, während operationelle Positionen wie Projektleitern eher Fragen zum Lieferservice, der Qualität der Produkte und der Kompetenz unserer Mitarbeiter an der Front gestellt werden (s. Abb. 17.6). Diese Unterscheidung ist wichtig, da wir daraus nicht nur ein differenziertes Bild der Kundenbeziehung, sondern auch sehr spezifische Maßnahmen ableiten können.

Der „Feind" des operationellen NPS-Prozesses ist der Durchschnitt, sei es auf Kunden-, Bereichs- oder Landesebene – es geht hier um unmittelbare und kontinuierliche Verbesserung und darum, unser Markenerlebnis direkt dort zu verbessern, wo es für unsere Kunden wichtig ist. In dieser Hinsicht ist der operationelle NPS-Ansatz dem Six Sigma-Ansatz in der Fertigung nicht unähnlich und auch in traditionell fertigungsgeprägten Kulturen leicht verständlich und umsetzbar. Unternehmen sind es seit Jahren gewohnt, Fertigungs- und Supply Chain-Prozesse zu optimieren; wir wenden jetzt die gleichen Prinzipien auf das Kundenerlebnis an. Entscheidend ist, dass dieser Prozess der kontinuierlichen Verbesserung durch ein interdisziplinäres lokales Team getragen wird, das nicht nur den Verkauf, sondern auch Vertreter der Fertigung, des Services und der Administration oder des Rechnungswesens umfasst.

17.4.3 Strategisches NPS-System

Das *strategische NPS-System* hingegen erlaubt es uns, die Erkenntnisse der operationellen Ebene und zusätzliche externe Kundenbefragungen in strategische Initiativen zu überführen. Diese befassen sich dann mit Lösungen, um Probleme oder Verbesserungspotentiale systematisch und auf ganze Kundengruppen anzuwenden bzw. den Vergleich mit den lokal relevanten Wettbewerbern einzugehen.

In der Regel verdichten wir die Daten aus unseren individuellen Kundenbefragungen (operationale NPS-Daten) jährlich und komplementieren diese mit externen Marktstudien, die durch Dritte durchgeführt werden und Bestandteil unserer periodischen Brand Equity-Studien sind. Wir analysieren auf dieser Basis Trends bei der Kundenloyalität, der Zufriedenheit mit deren einzelnen Treibern und resultierende Verbesserungspotentiale.

Dieser Prozess findet auf lokaler Unternehmensleitungsebene statt und umfasst das gesamte lokale Führungsteam. Wir analysieren in diesem Schritt vier Gesichtspunkte:

1. Die Veränderung unseres *NPS im Vergleich zur letzten Messung und zu Mitbewerben* auf Länder, Sparten und regionaler Ebene. Hieraus ergeben sich die groben Trends in der Entwicklung unserer Kundenloyalität und die Erfolgsmessung unserer operationellen Aktivitäten über das letzte Jahr. Wir sehen dies als KPI *(Key Performance Indicator)*-Ebene.
2. Die Veränderung der *Zufriedenheit mit den Haupttreibern des NPS* und die Erfolgsmessung unserer individuellen Initiativen und die Analyse dessen, was wirklich funktioniert hat – ein klassisches *After Action*-Review, aus dem wir lernen, wie wir bestehende Initiativen verbessern können.
3. Die Korrelation der einzelnen Treiber oder Touchpoints zum NPS spezifischer Kundengruppen. Hier geht es darum festzustellen, welche Bestandteile unseres Markenversprechens den größten Einfluss auf die Kundenloyalität haben. Wir leiten dann *Fokus-Initiativen für die Zukunft* ab in Bereichen, in denen wir sowohl Defizite in der Kundenzufriedenheit haben und die zudem in hohem Maße mit der Kundenloyalität korrelieren.
4. *Revenue at Risk- und Share of Wallet-Analyse*: Hier stellen wir dem NPS unserer Kunden den jeweiligen Umsatz und auch deren Share of Wallet (soweit vorhanden) gegenüber. Die Analyse zeigt uns im Aggregat sowohl den Umsatz, der durch nied-

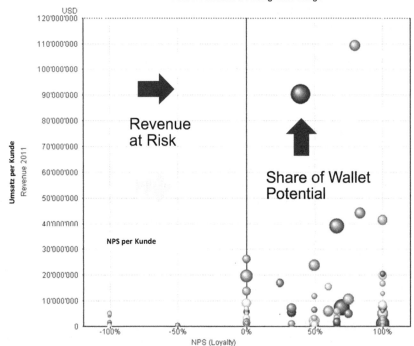

Abb. 17.7 Revenue at Risk- und Share of Wallet-Analyse

rige Kundenloyalität in der Zukunft gefährdet ist, als auch unser Potential mit Kunden, die eine hohe Loyalität haben mehr Geschäft zu machen (s. Abb. 17.6 und 17.7). Die Resultate dieser Analyse werden sowohl im Marketing, als auch im Verkauf in der Planung des Kundenportfolios und der individuellen Kundenpläne genutzt.

17.5 Nachhaltigkeit sichern

Eine starke und differenzierte Marke in einem Commodity-Geschäft aufzubauen erscheint auf den ersten Blick als schwieriges Unterfangen. Bei genauerem Hinsehen wird aber klar, dass ein solches Geschäft vielleicht doch nicht so anders ist wie andere Geschäfte auch. Es wird deutlich, dass es stets Möglichkeiten gibt, sich zu differenzieren – und letztlich für alle Stakeholdergruppen differenzierende Markenerlebnisse zu liefern.

Unserer Meinung nach braucht es dafür einen systematischen Ansatz, der auf einem klaren Markenversprechen aufbaut und dieses dann operationalisiert und durch Messung und klare Erfolgsindikatoren unterstützt. Unsere Werte, unser Mitarbeiterengagement und die Kundenloyalitätsprogramme sind für uns zentrale Bestandteile dieses Ansatzes.

Die periodische Revidierung und kritische Auseinandersetzung mit unserem Markenversprechen und der entsprechenden Umsetzung kommen hinzu. Entscheidend sind am Ende die Unterstützung durch das gesamte Top-Management und ein längerfristiger und kontinuierlicher Verbesserungsprozess des Markenerlebnisses, da es sich nicht um eine kurzfristige Initiative oder nur um eine reine Markenkommunikation oder Marktforschung handelt. Intern sprechen wir daher auch von einem Marathon, keinem Sprint – oder flachsig ausgedrückt: Auf fundamentale Bedürfnisse aufbauen, durchhalten, liefern und von Zeit zu Zeit die Markenstrategie anpassen, anstatt alle zwei Minuten die Strategie zu ändern und viel heiße Luft abzulassen.

Literatur

Satmetrix (2013). http://www.satmetrix.com/net-promoter/nps-score-model/

Christian Birck ist Senior Vice President und Commercial Director für die Bereiche East Asia Pacific sowie Trading bei Holcim, Schweiz. Als ehemaliger globaler Marketingleiter bei Holcim Group war Christian Birck verantwortlich u.a. für die globale Corporate Brand Holcim. Bis 2005 war er Partner bei der Markenberatung Wolff Olins, London.

Dr. Joachim Kernstock leitet das Kompetenzzentrum für Markenführung St. Gallen (KMSG). Sein Beratungsschwerpunkt ist Corporate Brand Management und Brand Behavior. Er ist Lehrbeauftragter für Betriebswirtschaftslehre mit besonderer Berücksichtigung des Marketing an der Universität St. Gallen und Co-Editor-in-Chief des Journal of Brand Management (JBM), London.

Teil V
Die Corporate Brand und die Anspruchsgruppen Öffentlichkeit und Anteilseigner

18. Public Relations im Dienste der Corporate Brand gestalten

Joachim Kernstock und Nicole Wenger-Schubiger

Zusammenfassung

Public Relations (PR) sind einer der klassischen Bereiche der zum Aufbau und zur Stärkung von Corporate Brands notwendigen Markenkommunikation. Die Rolle und die Arbeitsweise der PR haben sich allerdings im Kontext von dialogorientierter Netzwerkkommunikation deutlich verändert. Dieses Kapitel setzt sich mit relevanten Facetten der Kommunikation in Richtung der Anspruchsgruppe Öffentlichkeit auseinander. Dabei wird auch auf die Corporate Reputation und das Prinzip Corporate Social Responsibility als wichtige Aspekte einer identitätsbezogenen Steuerung eingegangen.

18.1 Entwicklungen und neue Herausforderungen erkennen

Die Unternehmenskommunikation hat sich in den letzten 20 Jahren komplett verändert. Noch in den 90er Jahren wurde Public Relations (PR) mit reiner Pressearbeit gleichgesetzt. Mit der dialogorientierten Entwicklung des Internet eröffneten sich hingegen neue Dimensionen der Kommunikation (s. dazu den Beitrag zu neuen Medien in diesem Buch). Das klassische Gatekeeper-Modell des Journalismus verlor an Bedeutung und Organisationen erhielten eine neue Plattform, um Informationen für ihre Bezugsgruppen bereitzustellen.

J. Kernstock (✉)
Kompetenzzentrum für Markenführung St. Gallen (KMSG), St. Gallen, Schweiz
E-Mail: joachim.kernstock@km-sg.ch

N. Wenger-Schubiger
IDUN, Zug, Schweiz
E-Mail: nicole@idun.ch

Kaum mehr eine Organisation – und ist sie noch so klein – präsentiert sich nicht im Internet. Inhaltlich wird oftmals ein breites Informationsangebot für möglichst alle Anspruchsgruppen zur Verfügung gestellt. Dies reicht von Informationen zum Leistungsspektrum über Organisationsinformationen und Pressemitteilungen bis hin zur Präsentation von speziellen ökologischen oder sozialen Engagements des Unternehmens. Diese Informationen sind für den Empfänger leicht zugänglich, und er entscheidet selbst, wie tief er in ein Thema einsteigen möchte. In kommunikativer Hinsicht nimmt der Empfänger eine passive Rolle ein. Diese Art des Online-Auftrittes stellt eine Erweiterung der bestehenden Public Relations-Arbeit einer Organisation dar, bei welchem der Aufwand zur Pflege der Inhalte eher als gering zu beurteilen ist und sich auf ein Aktualisieren von veralteten Informationen beschränkt (Sawetzki 2012, S. 31).

Das Internet hat bis heute massiv an Bedeutung gewonnen und unsere Welt unwiderruflich verändert. Die Nutzer gehen heute nicht mehr online, sondern sind „*always on(line)*". Die technologischen Entwicklungen der Telekommunikation und der Unterhaltungsindustrie ermöglichen dem Nutzer nun praktisch überall und zu jeder Zeit auf Informationen aus dem Internet zuzugreifen. Die Flut an Informationen steigt täglich. Die Benutzer erwarten aktuelle beziehungsweise Echtzeit-Informationen über das weltweite Geschehen.

Entsprechend ist diese Entwicklung nicht spurlos an den Unternehmen vorbeigegangen. Um sich in der Informationsflut zu behaupten, muss ein Unternehmen seine Anspruchsgruppen und die von ihnen benutzten Kanäle kennen. Botschaften müssen hohe Relevanz und direkten Mehrwert für die Anspruchsgruppen aufweisen und auf den passenden Kanälen sowohl mediengerecht als auch dem Mediennutzungsstil entsprechend dargeboten werden. Trotz der Individualisierung der Inhalte, der Darstellung und der Kanäle bleibt als gemeinsame Basis, damit alle Botschaften unverkennbar einem Unternehmen zugeordnet werden können: die Markenstrategie.

Auch die kommunikationstechnische Seite verändert sich stark. Aus einer monologorientierten Kommunikation entwickelte sich das *Web 2.0* mit dialogorientierten Anwendungen. Zwar noch relativ jung, gehört Web 2.0, das begrifflich zunehmend durch den Begriff Social Media abgelöst wird, mittlerweile zu einem *festen Bestandteil der Öffentlichkeitsarbeit* und hat diese selbst verändert und ergänzt (Müller 2012, S. 29). Eine aktuelle Studie von Burson-Marsteller belegt, dass die „Fortune Global 100" erst im Jahre 2010 mit der Nutzung von Social Media begannen. Ein Jahr später tauschten sie sich mit den Nutzern aus und im Jahr 2012 benutzen bereits 87 % aller globalen Unternehmen zumindest eine Social Media-Plattform (Burson-Marsteller 2012, S. 3 ff.) Dialogorientierte Anwendungen bieten den Anbietern unter anderem die Möglichkeit, mit der Öffentlichkeit – insb. auch Medienvertretern – interaktiv und ohne Zeitverlust Produkte und Dienstleistungen zu besprechen, Lösungsansätze zu diskutieren sowie Kritik und Verbesserungsvorschläge entgegenzunehmen. Sie können heute die Wahrnehmung der Anspruchsgruppe Öffentlichkeit stärker direkt beeinflussen.

▶ Spätestens seit dem Aufkommen des Web 2.0 wird die PR zu Online-(Media)Relations.

Die sogenannte Social Media-Landschaft verändert sich ebenfalls laufend (s. auch den Beitrag zu Social Media in diesem Buch). Eine aktuelle Bestandsaufnahme zeigt die folgende Abb. 18.1.

Informationen werden durch Organisationen, Medienschaffende oder den einzelnen Internetnutzer im sozialen Netz von Web 2.0 nicht nur kommuniziert, sondern auch *geteilt*. Anspruchsgruppen werden involviert und informiert. Die Informationen werden weiter verteilt, diskutiert, kreiert, promotet und gemessen. Jeder, der möchte, kann heute aktiv an der Informations- und Meinungsverbreitung teilnehmen (IT- oder gar Programmierkenntnisse sind hierfür nicht mehr erforderlich), und die Entwickler von Online-Anwendungen sind bemüht, den Nutzern das Publizieren noch weiter zu vereinfachen. Was früher nur mittels Desktop verrichtet werden konnte, geschieht heute auf dem Notebook, Tablet oder Smart-Phone – jederzeit und überall. Aus einem ehemals passiven Kommunikationsempfänger wurde der Nutzer somit zu einem sogenannten Prosumer (in deutschen Medien oft auch Prosument genannt, vgl. IBM 2008), der sowohl „Consumer" als auch „Producer" von Informationen ist und diese wiederum im Netz zur Verfügung stellt.

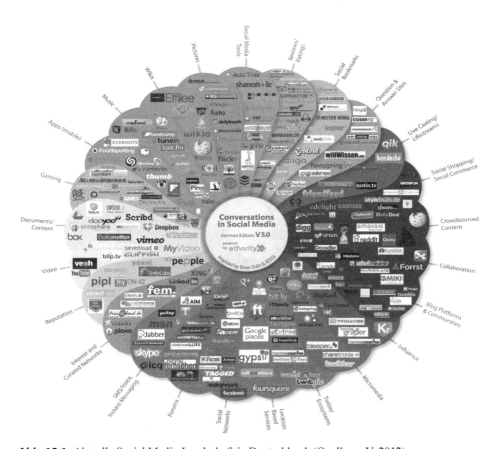

Abb. 18.1 Aktuelle Social Media-Landschaft in Deutschland. (Quelle: o. V. 2012)

▶ Aus einer Welt der Massenmedien entwickelte sich die heutige Welt der Medienmassen.

Das Beispiel Starbucks zeigt, wie sich eine Organisation mittels Online-Präsenz mit ihren Bezugsgruppen verständigt, sich austauscht und diese selbst aktiv werden lässt (s. Abb. 18.2). Für die Organisation ist nebst den kommunizierten Inhalten auch der soziale Aspekt von Bedeutung. Mittels Social Web vernetzt sich die Organisation mit ihren Anspruchsgruppen. Bereits im Jahre 2000 haben Fredrick Levine et al. im Cluetrain-Manifest festgehalten, dass die Bedeutung der Organisation in der Kommunikation schwindet und dass eine Organisation nur dann eine Existenzberechtigung erlangt, wenn sie einen aktiven Dialog mit ihrer Kunden betreibt, diesen zuhört und aktiv nach Lösungen sucht. Die 95 Thesen dieses Manifests haben sich bis heute nicht verändert und sind aktueller denn je (Levine 2009, S. XIII–XX).

Social Web ist der Sammelbegriff für alle Anwendungen, welche die Kommunikation, Interaktion und Zusammenarbeit im Internet unterstützen und – im Gegensatz zu reinen Präsentationstechnologien – unmittelbar dem aktiven Informationsaustausch, der sozialen Vernetzung und der kollaborativen Erstellung elektronischer Inhalte dienen. Dabei be-

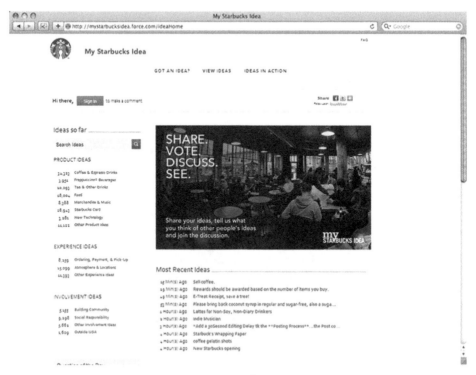

Abb. 18.2 Starbucks nutzt die Interaktion mit der Öffentlichkeit. (Quelle: Starbucks Corporation 2013)

teiligen sich die Nutzer gemeinschaftlich an der inhaltlichen Gestaltung eines Internetangebots, wodurch individuelles Wissen zu geteiltem Wissen, sogenannter „shared information", wird. *Redaktionelle Selbstorganisation* („Graswurzelredaktion") und *kollektive Intelligenz* schaffen eigene Verhaltensregeln und entwickeln eigenständige Qualitäten, die alleine aus der wechselseitigen Interaktion der Nutzer resultieren (Brückmann 2007).

Online-PR ist damit Unternehmensrealität. Unbestritten kostet Online-PR nicht nur mehr Zeit, sondern bedingt auch eine hohe soziale Kompetenz und Disziplin, um diese Anwendungen regelmäßig zu pflegen, mit einem systematischen (Social Media) Monitoring alle Beiträge zum Unternehmen, Produkt oder Thema zu finden und in den Dialog mit der Öffentlichkeit zu treten (Sawetzki 2012, S. 31). Müssen Organisationen neue Abteilungen für die Betreuung dieser Kanäle schaffen, um sich mit der Öffentlichkeit auszutauschen und den heutigen Anforderungen der Anspruchsgruppe gerecht zu werden? Anlässlich einer Befragung des European Communications Monitor 2013 nennen Kommunikationsprofis, die für sie wichtigsten Gatekeeper im Social Web: Die eigenen Mitarbeitenden standen an erster Stelle, gefolgt von Konsumenten und Bloggern/Community Managern (Pleil 2013). In vielen großen Unternehmen sind solche speziellen Abteilungen bereits institutionalisiert. Dennoch gilt zu bedenken, dass in der heutigen digitalen Realität alle Mitarbeitenden, und nicht nur jene in diesen Abteilungen, an sozialen Netzen teilnehmen. Ein markengerechtes Mitarbeiterverhalten ist so zu fördern, dass alle Mitarbeitenden im Sinne der Marke mit der Öffentlichkeit kommunizieren (s. dazu auch die Beiträge zur internen Markenführung in diesem Buch). Eine Organisation, die ihre Mitarbeitenden hinsichtlich der Marke schult und sie die Werte verinnerlichen lässt, wird Mitarbeitende haben, die die Marke Tag für Tag leben. Diese Mitarbeitenden werden zu echten Markenbotschaftern. Es ist davon auszugehen, dass diese Art von PR beziehungsweise Markenführung in der Öffentlichkeit wegen ihrer Glaubwürdigkeit, ihrer Authentizität, ihrer Transparenz und ihrer Echtheit eine positive Reputation auslöst.

18.2 Corporate Reputation als Ziel der Öffentlichkeitsarbeit aufbauen

18.2.1 Corporate Reputation definieren und abgrenzen

Fombrun definiert Corporate Reputation als die Summe der „Unternehmenswahrnehmungen" der Mitarbeiter, Kunden, Lieferanten, Distributoren, Wettbewerber und der Öffentlichkeit (Fombrun 1996, S. 59). Corporate Reputation lässt sich interpretieren als die Summe der Wahrnehmungen aller Stakeholder hinsichtlich der Leistungen, Produkte, Dienstleistungen, Personen, Organisationen eines Unternehmens, also das daraus folgende „Bild" von diesem Unternehmen (Fombrun und Wiedmann 2001, S. 46). Erweitert wird diese Definition von Norman, der unter Corporate Reputation die kollektive Erwartung (emotional und rational) von verschiedenen Anspruchsgruppen an die geschäftlichen, sozialen und finanziellen Leistungen eines Unternehmens versteht (Norman 1999, S. 23).

Abb. 18.3 Die Attribute der Corporate Reputation. (Quelle: In Anlehnung an Fombrun 1996, S. 72)

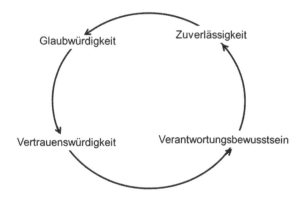

Corporate Reputation wird also verstanden als eine kollektive, rationale und emotionale Bewertung aller Teilöffentlichkeiten zur allgemeinen Unternehmenstätigkeit (Bazil 2001, S. 2).

Fombrun (1996) hebt vier Attribute für die Corporate Reputation hervor und grenzt sie damit von dem breiteren Konstrukt des Corporate Brand Image ab (vgl. Abb. 18.3): Glaubwürdigkeit, Zuverlässigkeit, Vertrauenswürdigkeit und Verantwortungsbewusstsein. Corporate Reputation umfasst im Gegensatz zum unternehmensspezifischen Markenimage allgemeine wertbezogene Aspekte, die für jedes Unternehmen Gültigkeit haben.

Corporate Reputation bezeichnet daher die Gesamtheit in der Öffentlichkeit vorhandener Images einer Organisation und gibt Aufschluss darüber, inwiefern es ihr gelingt, die Öffentlichkeit zu überzeugen, dass sie zuverlässig, glaubwürdig, verantwortungsbewusst und vertrauenswürdig agiert (Schmid und Lyczek 2008, S. 54). Corporate Reputation ist ein Konstrukt, das aus Sicht der Markenkommunikation – im Unterschied zum Image – nicht nur in Verbindung zur Wirkung bei den Zielgruppen zu sehen ist, sondern öffentlich gebildet wird (Luchtefeld 2011, S. 158).

Die Beziehung von Corporate Brand Identity, Corporate Brand, Corporate Brand Image und Corporate Reputation lässt sich in folgendem Bezugsrahmen darstellen (vgl. Abb. 18.4).

Eine Organisation kann auf ihre Corporate Reputation direkt und indirekt Einfluss nehmen, beispielsweise via strategische Positionierung der Corporate Brand. Diese leitet sich aus Fragen zur Identität ab: Wer sind wir? Welche Werte unterstützen wir? Wofür stehen wir? In welcher Weise machen uns die Dinge, die wir tun, einzigartig und differenzierbar?

Abb. 18.4 Von der Corporate Brand Identity zur Corporate Reputation. (Quelle: Eigene Darstellung in Anlehnung an Fombrun 1996, S. 37)

Der Weg zu einer positiven Corporate Reputation führt demnach über eine langfristig angelegte, identitäts- und werteorientierte Markenführung und bildet sich inside-out aus der Gesamtheit der Wahrnehmungen der Identität und jeglichen Aktivitäten des Unternehmens. So gesehen erzeugen Corporate Brands ohne sinnstiftende Markenidentität wertloses Markenecho, da sie für den Kunden, die Mitarbeitenden und letztlich die Öffentlichkeit bedeutungslos sind.

18.2.2 Corporate Reputation als kritischer Erfolgsfaktor erkennen

Schon in den 90er Jahren zeigen Gray und Balmer sowie Caminiti, dass Corporate Reputation ein kritischer Erfolgsfaktor für eine Organisation ist und dieser einen elementaren Wettbewerbsvorteil gegenüber der Konkurrenz im Markt verschafft. So könnten beispielsweise Produkte effizienter vermarktet, Konsumenten nachhaltig ans Unternehmen gebunden und die talentiertesten Arbeitskräfte einfacher angeworben werden (Gray und Balmer 1998, S. 695; Caminiti 1992, S. 50).

Eine Analyse vom Hightech-Verband BITKOM aus dem Jahre 2013 macht deutlich, dass eine schlechte Bewertung im Netz dazu führen kann, dass sich Stellenbewerber gegen die betreffende Organisation entscheiden. Jeder vierte Internetnutzer gibt an, sich im Netz schon einmal über Bewertungen von Organisationen als Arbeitgeber informiert zu haben. Im Internet wird nicht mehr nur über Produkte und Dienstleistungen gesprochen, sondern *die Organisationen selbst wird zum Gegenstand des Erfahrungsaustausches*. Beispielsweise profitieren Organisationen, die ein als gut empfundenes Arbeitsumfeld bieten, von Empfehlungen im Web. Das eigene Anwerben von potenziellen Kandidaten via Homepage reicht nicht mehr aus (Streim 2013).

Eine Studie der Universität St. Gallen aus dem Jahre 2013 untersucht Service-Erfahrungen von Konsumenten und kommt zum Schluss, dass sich 17 % der deutschen Internetnutzer in sozialen Netzwerken oder Blogs über negative Service-Erfahrungen beschweren, während nur noch 4 % der Befragten sich bei Beschwerden an die Presse wenden (o. V. 2013). Diese Entwicklung hin zur Beschwerde via soziale Netzwerke ist nicht zu unterschätzen und kann, sofern die erforderlichen Kriterien erfüllt sind, in einen so genannten *Shitstorm* ausufern.

Ein Shitstorm wird online durch die Kritik einer Person zum Beispiel an einer Organisation ausgelöst, wenn diese Nachricht innerhalb von Minuten von sehr vielen Menschen weltweit kommentiert und weiterverteilt wird. Auf diese rasante Verbreitung der Information sind Organisationen meist nicht oder nur unzureichend vorbereitet und verfügen in der Regel nicht über die notwendigen Ressourcen, um der Situation in adäquater Frist unter Kontrolle zu bringen. Oft sind es meist subjektive Berichte in Kombination mit emotionalen Komponenten und einer gegebenenfalls undifferenzierten (jetzt öffentlich ausgetragenen!) Reaktion seitens der Organisation, die den Shitstorm erst recht anheizen (Ziehe und Stevens 2012, S. 11).

Shitstrom gegen den Mobilfunkbetreiber Vodafone
Vodafone wurde 2012 Opfer eines Shitstorms. Die Publikation einer Beschwerde einer einzigen Kundin auf der Facebook-Pinnwand des Unternehmens erreichte große Viralität (Frickel 2012). Ein halbes Jahr später befanden sich auf der Pinnwand knapp 145.000 Likes und über 15.000 Kommentare, bei denen sich viele tausend andere Vodafone-Kunden der Meinung der Kundin anschlossen und ihrem Unmut über den Service des Kundendienstes Luft machten (Justus 2012, bekannter unter dem Usernamen Anni Roc).

Das Beispiel Vodafone zeigt, dass die digitale Kunden-Kunden-Kommunikation (siehe auch Abb. 18.5) für ein Organisation eine gefährliche Eigendynamik annehmen kann (Ziehe und Stevens 2012, S. 12) und sich massiv schneller und weiter verbreitet als beispielsweise die traditionelle Mund-zu-Mund-Propaganda oder der Leserbrief in den Printmedien.

Hinzu kommt, dass auch die Print-Medien indes im Internet veröffentlichte Nachrichten aufgreifen, weil diese durch das häufige Aufrufen und der großen Anzahl der Beiträge zu diesen Themen in den Suchmaschinen automatisch weit oben platziert werden – und somit zusätzliche Aufmerksamkeit erlangen. *Online- und Offline-Welt sind nicht mehr voneinander unabhängig.* Mit andern Worten verliert das Gatekeeper-Modell aufgrund der Bildung und der Verbreitung von Meinungen im Internet an Bedeutung. Die Kun-

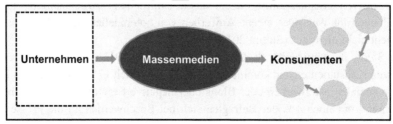

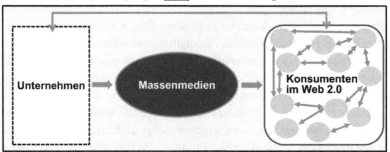

Abb. 18.5 Kommunikationsbedingungen vor und nach der Veränderungen durch das Web 2.0. (Quelle: Mühlenbeck und Skibicki 2008, S. 16)

den sind Inhaltsproduzenten geworden und ihre Meinung wiegt aus Sicht anderer Kunden mehr als die Expertenmeinungen oder die Informationen der Organisation selbst (Stevens 2012, S. 11; Kielholz 2008, S. 220). Abbildung 18.5 veranschaulicht die Veränderung der Kommunikationsbedingungen und des Konsumentenverhaltens im Web 2.0.

Jede im Web 2.0 agierende Organisation ist öffentlich und muss sich den damit verbundenen Herausforderungen stellen: die Organisation steht unter permanenter Beobachtung, wobei unvorhersehbare Aktionen, Interventionen und Reaktionen der Anspruchsgruppen jederzeit möglich sind. „Markenimages sind in der Partizipations-Ökonomie viel volatiler als manche Unternehmen wahrhaben wollen. Ein richtiger Shitstorm kann dementsprechend einen großen Schaden für eine Marke bedeuten", warnt Michael Samak, CEO von Saatchi & Saatchi. Um einen Schaden abzuwenden, lohnt sich oftmals frühzeitig, transparent, dialogorientiert, wertekonform und direkt mit den Betroffenen zu kommunizieren (Pfister 2013).

18.3 Sich als Unternehmen gesellschaftsrelevanter Verantwortung stellen

Eine zentrale Rolle für die Corporate Reputation spielt das tatsächliche Verhalten des Unternehmens in Bezug auf gesellschaftlich relevante Fragen und direkte Stellungnahmen, die das Unternehmen beispielsweise zu gesellschaftlichen Anliegen macht. Caroll definiert bereits 1991 (S. 42) vier Verantwortungsebenen des Unternehmens, die aufeinander aufbauen. Als Basis beschreibt er die ökomische Verantwortung, also die Erzielung von Rentabilität, auf welcher die rechtliche (Einhaltung gültigen Rechts) und ethische Verantwortung in Abhängigkeit von moralischen Vorstellungen aufbauen. An oberste Ebene stellt er die philanthropische Verantwortung, die er in einem guten Unternehmensbürger (Corporate Citizen) erfüllt sieht, was bedeutet, dass das Unternehmen sich wie ein guter Bürger für die Gemeinschaft engagieren soll. Die Öffentlichkeit erwartet beispielsweise von einem Unternehmen, dass es seine sozialen Aufgaben wahrnimmt und aktiv am sozialen Geschehen rund um seine Produktionsstätten teilnimmt. Schließlich profitiert es maßgeblich von der lokalen Infrastruktur in seiner Umgebung, und ein Großteil der Angestellten lebt in seiner Agglomeration. Das *Konzept des Corporate Citizenship* wird in der Literatur der 90er Jahre oftmals mit dem Ansatz der "Corporate (social beziehungsweise societal) Responsibility" verglichen oder sogar *gleichgesetzt* (Westebbe und Logan 1995, S. 13). Der Begriff Corporate Social Resposibility wird im Folgenden verwendet.

▶ Das Konzept Corporate Social Responsibility spiegelt wider, wie sehr sich Öffentlichkeiten für die Verantwortungsübernahme von Unternehmen interessieren. Es stellt bedeutende Anforderungen an die Führung der Corporate Brand.

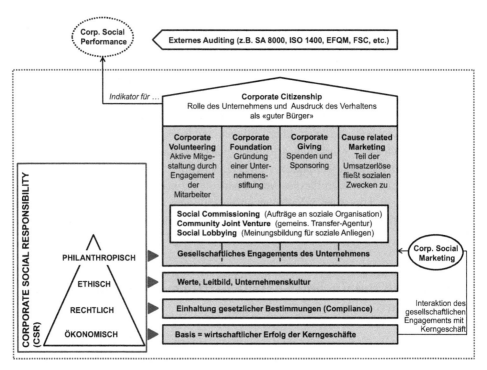

Abb. 18.6 Definitorische Präzisierung und Begriffsabgrenzung von Corporate Social Responsibility. (Quelle: Münstermann 2007, S. 13)

18.3.1 Corporate Social Responsibility definieren und einordnen[1]

Der Begriff Corporate Social Responsibility (CSR) ist sowohl in der Praxis als auch in der Forschung nicht eindeutig definiert. Das im Jahre 2001 von der Europäischen Union publizierte Grünbuch CSR „Promoting an European Framework for Corporate Social Responsibility" ist als Publikation von grundlegendem und umfassendem Charakter zum Themenkomplex CSR zu sehen (Europäische Kommission 2001). Die Auslegung des Begriffs in der Praxis ist sehr unterschiedlich und weicht oftmals davon ab. Die Vorstellungen, was CSR ist, was sie berücksichtigt und was unter diesem Deckmantel umgesetzt wird, öffnet ein breites Spektrum von Möglichkeiten, aber auch Erwartungen an eine Organisation (s. auch den Beitrag zu CSR in diesem Buch).

Gleichermaßen löst diese vermeintliche *Beliebig- und Vieldeutigkeit* eine Faszination aus. Während ein Standpunkt nur auf die „Social Entrepreneurs" als potenzielle Kandidaten für CSR fokussiert, (über-) strapazieren andere das soziale und gesellschaftliche Element (Corporate Citizenship) von CSR. Dabei nimmt jede Organisation gleichsam öffentlich-rechtlichen Charakter an. Ein dritter Standpunkt hebt ausschließlich auf die Umsetzung der ökologischen oder der wirtschaftlichen Nachhaltigkeit (Corporate Sustainability) ab (Schneider 2012, S. 17 f.). Abbildung 18.6 zeigt eine definitorische Präzisierung und Begriffsabgrenzung von CSR.

---

[1] Siehe auch den Beitrag zu CSR in diesem Buch.

In Vergessenheit gerät bei vielen Betrachtungs- und Auslegungsweisen die Strategie der Organisation und das entsprechende Managementkonzept (Schneider 2012, S. 17).

Die Ausrichtung der CSR an der Corporate Brand bietet sich jedoch an, da diese Antworten auf Sinn- und Wertefragen liefern kann. Obgleich die Bedeutung und Relevanz von CSR von vielen Organisationen erkannt wird, liegen für Organisationen die Herausforderungen in der Führung ihres gesellschaftlichen Engagements (Münstermann 2007). Oftmals bestehen Defizite im strategischen Führungsverhalten von CSR, im Engagement des Managements, in der Ausrichtung beziehungsweise der Berücksichtigung der Anforderungen der Anspruchsgruppen, der Auswahl geeigneter Themen und deren Kommunikation. Daraus resultieren, zum Teil erhebliche, Diskrepanzen in der Wahrnehmung der Anspruchsgruppen zwischen der gesellschaftlichen Verantwortung der Organisation und dem tatsächlichen Engagements (Münstermann 2007, S. 6 f.; Eisenegger und Schranz 2011, S. 80 ff.).

▶ Diskrepanzen in der Wahrnehmung der Anspruchsgruppen zwischen der gesellschaftlichen Verantwortung eines Unternehmens und ihrem tatsächlichen Engagements entstehen durch strategische Führungs- und Kommunikationsdefizite.

Durch eine stärkere *Ausrichtung des CSR-Konzeptes auf die Markenstrategie* sollten sich die oben erwähnten Defizite reduzieren oder gar auflösen lassen. Die Marke beziehungsweise die hierfür geltenden Markenwerte umschreiben Rahmenbedingungen und Richtlinien, wie sämtliche Aktivitäten und Prozesse innerhalb und außerhalb der Organisation auszurichten sind – um letztlich, bei einer sorgfältigen Umsetzung, eine positive Corporate Reputation zu garantieren.

CSR kann analog zu Meffert und Münstermann (2005, S. 22) wie folgt verstanden werden: Die Corporate Social Responsibility ist ein integriertes Konzept, das ausgehend von der Markenstrategie beziehungsweise den Markenwerten und den Zielen der Organisation, deren Rolle in der Gesellschaft und der damit einhergehenden Verantwortung konkretisiert. Es umfasst die Gesamtheit aller ökonomischen, ökologischen und sozialen Beiträge eines Unternehmens zur freiwilligen Übernahme gesellschaftlicher Verantwortung, die über die Einhaltung gesetzlicher Bestimmungen hinausgehen, sich aber stets an den Richtlinien und Rahmenbedingungen der Marke orientieren.

Aus Markensicht lässt sich auch umgekehrt argumentieren: CSR ermöglicht den Aufbau einer nachhaltig starken Marke auf dem Absatzmarkt. Der Markenkern spiegelt die CSR-Werte der Organisation wider und lässt sich zur Differenzierung und Präferenzschaffung auf dem Absatzmarkt nutzen. Diese Option ist jenen Organisationen vorenthalten, die aus einer inneren Überzeugung die drei Aspekte Ökonomie, Soziales und Ökologie in Einklang bringen, konsequent in ihren Geschäftsprozessen und Produkten umsetzen und letztlich durch transparente, dialogorientierte und integrierte Kommunikation diese CSR-basierte Markenidentität mit hoher Glaubwürdigkeit in der Öffentlichkeit verankern können (Eisenegger und Schranz 2011, S. 74). Meffert und Münstermann (2005, S. 22) weisen darauf hin, dass die strukturell-prozessuale Implementierung, das Engagement und die inhaltliche, zeitliche und kommunikative Integration des CSR-Konzepts der Sicherstellung einer langfristigen Wechselbeziehung mit ihren Anspruchsgruppen dient.

Letztlich erfordert die Umsetzung von CSR eine Strategie, zu deren Ausarbeitung genaue Kenntnisse der Organisation beziehungsweise der Corporate Brand, deren Anspruchsgruppen und deren gesellschaftlichen Umfeldes unerlässlich sind. Die Planung und Umsetzung der CSR-Strategie ist Aufgabe des Managements.

18.4 Die wert- und identitätsorientierte Markenführung in den Mittelpunkt von PR stellen

Organisationen agieren heute im Blick- und Brennpunkt der (medialen) Öffentlichkeit, wobei die gesamte Öffentlichkeit direkt oder indirekt durch ihre Aktivitäten und Meldungen beeinflusst wird. Jede Organisation wird quasi zur öffentlichen Institution, die sich mit einer Vielzahl von Anspruchsgruppen konfrontiert sieht. Die traditionelle Aufteilung zwischen Medien und der Organisation existiert nicht mehr: frei zugängliche soziale Medien lösen die klassischen Medien ab und sind für die *Öffentlichkeitsarbeit* und die Markenkommunikation von Organisationen nicht mehr wegzudenken.

▶ Unternehmen sind heute quasi öffentliche Institutionen. Sie müssen sich widerspruchsfrei und markenkonform den Interventionen von Teilöffentlichkeiten stellen können.

Die Markenführung wird von der Organisation durch den Einsatz neuer Medien bewusst oder unbewusst ein Stück weit aus der Hand gegeben. In gewisser Weise gestalten die Anspruchsgruppen die Marke selber mit. Dies ist ein schmaler Grat für die Markenführung und erfordert gleichermaßen Fingerspitzengefühl, Kompetenz und Fachwissen von den zuständigen Personen im Umgang mit den Anspruchsgruppen. Jede Organisation ist aufgefordert, seine Corporate Brand im Innen- und Außenverhältnis wert- und identitätsorientiert zu führen.

PR als Ausdruck der Markenstrategie darf somit keinesfalls eine Stabstelle im absatzorientierten Marketing sein, sondern muss als außengerichtete Strategie auf der Stufe Unternehmensleitung verstanden werden. *Die Identität der Corporate Brand und ihre Markenwerte stehen in allen Märkten (Absatzmarkt, Arbeitsmarkt, Kapitalmarkt und Meinungsmarkt) im Zentrum und müssen widerspruchsfrei und allen Anspruchsgruppen gerecht kommuniziert werden.* Weiterhin hat die Organisation zu überprüfen, ob die kommunizierten Markenwerte von den Anspruchsgruppen in der gewünschten Art und Weise wahrgenommen und verstanden werden, um die gewünschten Ziele seitens der Organisation in der Öffentlichkeit zu erreichen.

Literatur

Bazil, V. (2001). Reputation Management – Die Werte aufrechterhalten. In G. Bentele, M. Piwinger, & G. Schönborn (Hrsg.), *Kommunikationsmanagement: Strategien, Wissen, Lösungen* (S. 1–22). Neuwied: Luchterhand.

Brückmann, B. (2007). Web 2.0- Social Software der neuen Generation. 1. Februar 2007. http://www.sciencegarden.de/content/2007-02/web-20%25E2%2580%2593social-software-der-neuen-generation. Zugegriffen: 10. Juli 2013.

Burson-Marsteller. (2012). Global Social Media Check-Up 2012. http://de.slideshare.net/BMGlobalNews/b-m-global-social-media-checkup-2012-deck-13341217. Zugegriffen: 18. Juli 2013.

Caminiti, S. (1992). The payoff from a good reputation. *Fortune, 125*(3), 50–53.

Caroll, A. B. (1991). The pyramid of corporate social responsibility: Towards the moral management of organizational stakeholders. *Business Horizons, 34,* 39–48.

Eisenegger, M. & Schranz, M. (2011). CSR – Moralisierung des Reputationsmanagement. In J. Raupp, S. Jarolimek, & F. Schultz (Hrsg.), *Handbuch CSR – Kommunikationswissenschaftliche Grundlagen, disziplinäre Zugänge und methodische Herausforderungen* (S. 71–96). Wiesbaden: VS Verlag für Sozialwissenschaften.

Europäische Kommission. (2001). Grünbuch – Europäische Rahmenbedingungen für soziale Verantwortung der Unternehmen. Vorgelegt von der Kommission der Europäischen Gemeinschaften. Brüssel, 18.7.2001.

Fombrun, C. J. (1996). *Reputation: Realizing value from the corporate image*. Boston: Harvard Business School Press.

Fombrun, C. J., & Wiedmann, K.-P. (2001). Unternehmensreputation und der Reputation ‚Quotient' (RQ). *PR-Magazin, 32*(12), 45–52.

Frickel, C. (2012). Shitstorm bei Facebook – Frau löst Proteststurm gegen Vodafone aus. http://www.focus.de/digital/internet/facebook/tid-26750/shitstorm-bei-facebook-ein-mitglied-loest-proteststurm-gegen-vodafone-aus_aid_791554.html, Bericht vom 1.8.2012. Zugegriffen: 21. Juli 2013.

Gray, E. R., & Balmer, J. M. T. (1998). Managing corporate image and corporate reputation. *Long Range Planning, 31*(5), 695–702.

IBM. (2008). IBM Medienstudie – Aus Konsumenten werden Prosumenten, Das Internet wird zum Mitmach-Medium. http://www-05.ibm.com/de/media/news/medienstudie-28-04-08.html. Zugegriffen: 19. Juli 2013.

Justus, C. (2012). Sobald meine Verträge auslaufen, wird alles gekündigt!! Eigener Post vom 25.7.2012. https://www.facebook.com/vodafoneDE/posts/10150952976257724. Zugegriffen: 21. Juli 2013.

Kielholz, A. (2008). *Online-Kommunikation: Die Psychologie der neuen Medien für die Berufspraxis*. Heidelberg: Springer.

van Leeuwen, D. (2010). Gen y rewards companies that take corporate social responsibilty seriously. http://www.newworldofwork.co.uk/2010/11/13/gen-y-rewards-companies-that-take-corporate-social-responsibility-seriously/. Zugegriffen: 17. Juli 2013.

Levine, R., et al. (2009). *The Cluetrain Manifesto*. New York: Perseus Publishing.

Löhr, J. (2013). Generation Y – Freizeit als Statussymbol. http://www.faz.net/aktuell/beruf-chance/arbeitswelt/generation-y/generationy-freizeit-als-statussymbol-12212620.html, Bericht vom 10.6.2013. Zugegriffen: 17. Juli 2013.

Luchtefeld, A. (2011). *Markenkommunikation mit Public Relations. Theoretische Exploration des Beitrages von Public Relations zur Integrierten Kommunikation von Produktmarken*. Hamburg: Verlag Dr. Kovac.

Meffert, H., & Münstermann, M. (2005). Corporate Social Responsibility in Wissenschaft und Praxis – Eine Bestandsaufnahme. In H. Meffert, K. Backhaus, & J. Becker (Hrsg.), *Corporate Social Responsibility – Gesellschaftliche Verantwortung von Unternehmen*. Arbeitspapier Nr. 186 der Wissenschaftlichen Gesellschaft für Marketing und Unternehmensführung e. V., Münster.

Mühlenbeck, F., & Skibicki, K. (2008). *Community marketing management*. Norderstedt: Grin Verlag.

Müller, Y. (2012). Öffentlichkeitsarbeit im Web – Eine Online-Konzeption am Beispiel eines Projektes. In M. Munz & T. Pleil (Hrsg.), *Globales lernen digital* (S. 29–30). Ebook, www.globaleslernen-digital.de/ebook. Zugegriffen: 15. Juli 2013.

Münstermann, M. (2007). *Corporate Social Responsibility: Ausgestaltung und Steuerung von CSR-Aktivitäten (Unternehmensführung und Marketing)*. Wiesbaden: Gabler.

Norman, J. (1999). Measuring your reputation. *Total Communication Measurement, 1*(9), 15–29.

o. V. (2012). Social Media Prisma. http://www.ethority.de/weblog/2012/09/12/social_media_prisma_v5/. Zugegriffen: 10. Juli 2013.

o. V. (2013). O.T. http://www.krise-im-netz.de/fast-jeder-sechste-beschwert-sich-offentlich-im-web/, publiziert am 5. Juli 2013. Zugegriffen: 16. Juli 2013.

Pfister, R.-B. (2013). Shitstorm-Hysterie – Und wo ist der Schaden? http://www.wuv.de/digital/shitstorm_hysterie_und_wo_ist_der_schaden; 22.2.2013. Zugegriffen: 12. Juli 2013.

Pleil, T. (2013). PR in Europa: Wichtig für den Unternehmenserfolg, aber kein Budgetplus. http://thomaspleil.wordpress.com/2013/06/27/pr-in-europa-wichtig-fur-den-unternehmenserfolg-aber-kein-budget-plus/. Zugegriffen: 10. Juli 2013.

Ray, P. H., & Anderson, S. R. (2001). *The cultural creatives – How 50 million people are changing the world*. New York: Three Rivers Press.

Sawetzki, D. (2012). Public Relations im Wandel. Von der digitalisierten zur Cluetrain-PR. In M. Munz & T. Pleil (Hrsg.), *Globales lernen digital* (S. 31–32). Ebook, www.globaleslernen-digital.de/ebook. Zugegriffen: 15. Juli 2013.

Schmid, B. F., & Lyczek, B. (2008). Die Rolle der Kommunikation in der Wertschöpfung der Unternehmung. In M. Meckel & B. F. Schmid (Hrsg.), *Unternehmenskommunikation – Kommunikationsmanagement aus Sicht der Unternehmensführung* (2. Aufl., S. 1–150). Wiesbaden: Gabler.

Schneider, A. (2012). Reifegradmodell CSR – eine Begriffserklärung und -abgrenzung. In A. Schneider & R. Schmidpeter (Hrsg.), *Corporate Social Responsibility – Verantwortungsvolle Unternehmensführung in Theorie und Praxis* (S. 17–38). Berlin: Springer.

Starbucks. (2013). http://mystarbucksidea.force.com/. Zugegriffen: 18. Juli 2013.

Stevens, S. (2012). *Online Relations im Social Commerce – Theoretische und explorative Analyse von Erfolgsfaktoren zur Auswertung und Steuerung von Kunden-Kunden-Kommunikation im Internet*. Norderstedt: Grin-Verlag.

Streim, A. (2013). Bewerber informieren sich im Internet über Unternehmen. Presseinformation vom 20.Mai 2013. http://www.bitkom.org/files/documents/BITKOM_Presseinfo_Bewertung_von_Arbeitgebern_17_05_2013(1).pdf. Zugegriffen: 12. Juli 2013.

Wenzel, E., Kirig, A., & Rauch, C. (2007). *Zielgruppe LOHAS: wie der grüne Lifestyle die Märkte erobert*. Frankfurt a. M.: Zukunftsinstitut GmbH.

Westebbe, A., & Logan, D. (1995). *Corporate Citizenship: Unternehmen im gesellschaftlichen Dialog*. Wiesbaden: Gabler.

Ziehe, N., & Stevens, S. (2012). Erfolgreiche Interaktion mit Digital Natives im Social Commerce – eine theoretische und explorative Analyse von Erfolgsfaktoren in der Kunden-Kunden-Kommunikation. In Forschungsberichte des Fachbereichs Wirtschaft der Fachhochschule Düsseldorf, Ausgabe 22, September 2012.

Dr. Joachim Kernstock leitet das Kompetenzzentrum für Markenführung St. Gallen (KMSG). Sein Beratungsschwerpunkt ist Corporate Brand Management und Brand Behavior. Er ist Lehrbeauftragter für Betriebswirtschaftslehre mit besonderer Berücksichtigung des Marketing an der Universität St. Gallen und Co-Editor-in-Chief des Journal of Brand Management (JBM), London.

Dr. Nicole Wenger-Schubiger ist Geschäftsführerin der Strategieberatung IDUN – Marke Strategie Umsetzung, Zug, Schweiz.

Corporate Social Responsibility in der Markenkommunikation nutzen

19

Christian Boris Brunner

Zusammenfassung

CSR ist für viele Unternehmen und Marken ein wichtiger Imperativ. In diesem Kapitel werden die Grundidee von CSR sowie die Wechselwirkungen mit der Corporate Brand skizziert. Dabei wird speziell auf eine identitätsbasierte Steuerung der Kommunikationsaktivitäten eingegangen. Zudem wird eine Liste von Handlungsempfehlungen vorgestellt, die wichtige Prüfschritte auf dem Weg zu einer glaubwürdigen Umsetzung von CSR abbildet.

19.1 Corporate Social Responsibility (CSR) als integrativen Bestandteil des gesamten Unternehmens verstehen

Der Automobilhersteller Land Rover startete 2007 das „CO_2 Offset Programm" um Emissionen zu reduzieren. Ein Bestandteil hierbei war, dass Konsumenten, die einen Land Rover kauften, je nach Modell für Mehrbeträge zwischen 133 und 241 € die Emissionen für die ersten 75.000 gefahrenen Kilometer kompensieren könnten. Land Rover versprach, dieses Geld in entsprechende Projekte zu investieren, die den CO_2-Ausstoß entsprechend zu reduzieren (Climate Care 2013; Greencarcongress 2006; Land Rover 2013). Grundsätzlich ein innovatives Projekt, um sich als Unternehmen eine gute Reputation aufzubauen und die Gunst des Öffentlichkeit zu gewinnen.

C. B. Brunner (✉)
University of Reading, Reading, UK
E-Mail: christian.brunner@csr-brand.com

© Springer Fachmedien Wiesbaden 2014
F.-R. Esch et al. (Hrsg.), *Corporate Brand Management*,
DOI 10.1007/978-3-8349-3862-6_19

Allerdings durchleuchtete Greenpeace diese Aktion genauer und stellte fest, dass der Durchschnittsausstoß von Land Rover-Modellen in Europa am zweithöchsten ist (Greenpeace 2008): „Land Rover will mit seiner Aktion vermitteln, dass man seine verantwortungslose Kfz-Vorliebe mit nur 133 € kompensieren kann. Wer den Klimaschutz jedoch tatsächlich ernst nimmt, kauft solche Geländekutschen gar nicht erst", so die Aussage von Greenpeace-Sprecher Jurrien Westerhof (ebenda). Das Problem war da: Es erschien in der Öffentlichkeit wenig glaubwürdig, dass das Unternehmen sich ernsthaft für die Umwelt einsetzt. Ratsamer wäre es daher gewesen, erst intern die Emissionen der verschiedenen Modelle zu reduzieren, bevor man eine solche Kampagne gegenüber dem Endverbraucher startet.

▶ Hochmut kommt vor dem Fall: Eine fehlende CSR-Philosophie kann zu unglaubwürdiger CSR-Kommunikation führen.

Im Bereich der Fast Moving Consumer Goods (FMCG)-Industrie bewarb der Hersteller Danone 2011 seine umweltfreundlichen Joghurtbecher der Marke Activia an, mit dem Hinweis, dass sie nicht aus dem auf Erdöl basierendem Polystyrol hergestellt würden. Foodwatch hingegen warf dem Konzern Greenwashing vor, weil die Verpackung in der Gesamtbetrachtung nicht umweltfreundlicher sei als Joghurts mit Verpackung aus Rohöl. Auch wissenschaftliche Studien konnten im Streit zwischen Danone und Foodwatch zeigen, dass der Vorteil von Activia-Verpackungen nicht übertrieben grün kommuniziert werden sollte (Herrmann 2011). Mehr als 8.000 Verbraucher beschwerten sich über die Auslobung der umweltfreundlichen Joghurtbecher, und die Deutsche Umwelthilfe reichte Klage wegen irreführender Werbung ein (Foodwatch 2011, 2012). Letztlich wurde die Werbung von Danone zurückgezogen (Resch 2013).

H&M, der weltweit zweitgrößte Hersteller von Kleidung, versucht seit einigen Jahren „grüner" wahrgenommen zu werden, bspw. durch die seit 2010 eingeführte „Conscious Collection", bei der Kleidungsstücke aus Bio-Baumwolle und recyceltem Polyester hergestellt werden (Baker 2011). Allerdings wurde schnell festgestellt, dass die ausgewiesene Bio-Baumwolle aus Indien gentechnisch verändert war. Dies widerspricht jedoch den Ökostandards, mit denen Unternehmen wie H&M, C&A oder Tchibo sowie andere Kleidungshersteller werben (Grassegger und Brambusch 2010). Ebenso ist die Textilbranche seit etlichen Jahren immer wieder wegen unzureichender Arbeitsbedingungen in der Kritik (z. B. Graupner und Lesch 2013; Kazim et al. 2013).

▶ CSR-Kommunikation ohne eine etablierte CSR-Philosophie ist Greenwashing und kann zu Reputationsverlust führen.

Obige Beispiele verdeutlichen, dass die Kommunikation von Corporate Social Responsibility (CSR) letztlich nicht zwangsläufig den erhofften Reputationsgewinn für die Corporate Brand und ihre Produkte mit sich bringt. Im Gegenteil: Ist eine CSR-Philosophie nicht intern im Unternehmen verankert, kann es dazu kommen, dass durch solche Maßnahmen die Glaubwürdigkeit des Unternehmens und seine Reputation sinkt, wenn gleichzeitig Missstände im Unternehmen selbst oder innerhalb der Wertschöpfungskette aufgedeckt werden.

Jedoch ist damit keineswegs gesagt, dass Unternehmen absichtlich den Verbraucher täuschen. Oft ist es aufgrund ihrer Größe und der mangelnden Transparenz innerhalb der Lieferkette schlicht sehr schwierig, nachzuvollziehen, wie und wo genau die eigenen Waren produziert werden – so Maren Sartory von der Organisation Transfair (Motzkau 2013). Helena Helmersson, Head of Sustainability von H&M, äußert, dass oftmals Garantien für ethisches Verhalten und die entsprechenden Etiketten auf den Produkten gefordert werden: „A lot of people ask for guarantees: ‚Can you guarantee labour conditions? Can you guarantee zero chemicals?' Of course we cannot when we're such a huge company operating in very challenging conditions. What I can say is that we do the very best we can with a lot of resources and a clear direction of what we're supposed to do. We're working really hard." (Siegele 2012).

Demgegenüber ist zu argumentieren, dass obwohl viele Unternehmen Schwierigkeiten haben, eine „saubere" Lieferkette zu garantieren, sie das Thema CSR trotzdem lautstark in ihre Kommunikations- und Markenaktivitäten einbauen. Damit wird die Gefahr groß, dass gerade bei aktiver Kommunikation von CSR gegenüber den Anspruchsgruppen, der Schuss schnell nach hinten losgeht. So ermutigt man mit CSR-Kommunikation Journalisten geradezu dazu, Fehler und Missstände im eigenen Unternehmen oder innerhalb der eigenen Wertschöpfungskette aufzudecken – und das Unternehmen dann auch an den Pranger zu stellen. Da Konsumenten gerade beim Thema Verantwortung und ethische Unternehmensführung sensibel reagieren (Webb und Mohr 1998; Bhattacharya und Sen 2004), fühlen sich schnell getäuscht. Dies kann zu einem „Backfire-Effekt" kommen (Yoon et al. 2006) – mit der Folge, dass das Unternehmen letztlich schlechter beurteilt wird als ohne CSR-Kommunikation.

19.2 Eine CSR-Philosophie im Unternehmen verankern

Der CSR werden dem Drei-Säulen-Modell der Nachhaltigkeit folgend *drei Dimensionen* zugesprochen: Ökonomie (d. h. langfristige Erträge aus vorhandenen Ressourcen), Ökologie (d. h. schonender Umgang mit vorhandenen Ressourcen und der Natur) sowie Soziales (d. h. intra- und intergenerative Verteilungsgerechtigkeit) (Deutscher Bundestag 1998, S. 16 ff.). Da die ökonomische Dimension in der Gewinnfunktion des Unternehmens berücksichtigt wird, werden Ökologie und Soziales zu den engeren Zielfeldern von CSR gezählt (Loew et al. 2004, S. 70). Wichtig bei der Betrachtung einer CSR-Aktivität eines Unternehmens ist jedoch, dass das Engagement in diesen Bereichen auf freiwilliger unternehmerischer Basis über die gesetzlichen Bestimmungen hinausgeht.

Mehr als je zuvor engagieren sich Unternehmen für CSR-Aktivitäten, um einen positiven Beitrag für die Gesellschaft zu leisten und/oder hierdurch strategische Ziele zu verfolgen (Skarmeas und Leonidou 2013). Wissenschaftliche Studien konnten eine positive Korrelation zwischen Unternehmen mit guter sozialer Performance und dem Return on Investment feststellen (Webley und More 2003) aufzeigen. Allerdings sind hier Ursache und Wirkung unklar: Einerseits könnte hieraus interpretiert werden, dass CSR-Aktivitäten für den Return on Investment ursächlich sind. Andererseits könnte gefolgert werden, dass insbesondere Unternehmen, denen es wirtschaftlich besonders gut geht, es sich ‚leisten' können, soziale oder ökologische Aktivitäten zu initiieren (ausführlich Fisher et al. 2013; Brunner und Esch 2013). Grundsätzlich sollte sich heutzutage jedoch jedes Unternehmen mit dem Thema CSR auseinandersetzen und eine *CSR-Philosophie* im Unternehmen etablieren, auch wenn sich dies oftmals nicht direkt finanziell oder durch eine Steigerung der Reputation auszahlt. Vielmehr gilt es, sich zu verdeutlichen, dass einer Unternehmensmarke ohne eine CSR-Philosophie langfristig Schaden entstehen kann. Insbesondere dann, wenn CSR nicht nachhaltig im Unternehmen und dessen Wertschöpfungskette etabliert ist, und eine Anfälligkeit für Krisen aufgrund von negativer Publicity über verantwortungsloses Handeln des Unternehmens in der Öffentlichkeit hoch ist. Die Investition in eine CSR-Philosophie ist demnach also auch als Instrument der Krisenprävention zu verstehen, *um einem Reputationsverlust vorzubeugen.*

▶ CSR wird mehr und mehr als Selbstverständlichkeit erwartet. CSR kann nicht nur als Reputationsgewinn sondern auch als Instrument der Krisenprävention verstanden werden.

Aktuell sind viele Unternehmen auf den „Zug" der CSR-Kommunikation mit aufgesprungen, in der Hoffnung, finanzielle Vorteile oder eine Reputationssteigerung zu realisieren (Skarmeas und Leonidou 2013). In vielen Fällen wurden diese Aktivitäten jedoch von der Marketingabteilung getrieben – ohne ganzheitliche Verankerung im Unternehmenskern. Im Unternehmen selbst wurde damit also keine CSR-Philosophie etabliert, die absichert, dass die Werte, die in der Werbung kommuniziert werden, auch intern im Unternehmen umgesetzt und tatsächlich „gelebt" werden.

Ein solcher Trade-Off lässt sich durch das Bild eines *CSR-Eisbergs* verdeutlichen (s. Abb. 19.1). Hierbei liegt die CSR-Philosophie, die im Unternehmen und innerhalb der gesamten Wertschöpfungskette umgesetzt und „gelebt" wird, unterhalb der Wasseroberfläche. Solche internen Aktivitäten des Unternehmens im ökologischen und/oder sozialen Bereich sind für die meisten Anspruchsgruppen des Unternehmens (insbesondere für die Konsumenten) weitgehend unsichtbar. Lediglich die eigenen Mitarbeiter, Zulieferer und Business Partner können solche Geschäftspraktiken erkennen. Selbst Journalisten können nur einen kleinen Teil dieser Praktiken erschließen. Oberhalb der Wasseroberfläche des CSR-Eisbergs befindet sich die *CSR-Kommunikation* des Unternehmens. Diese ist für die Anspruchsgruppen des Unternehmens in Form von CSR-Aktivitäten des Unternehmens wahrnehmbar: Zum einen durch direkte Kommunikation des Unternehmens, bspw. in Form von Werbung, PR-Maßnahmen, POS-Aktivitäten, Sponsoring-, Celebrity- oder Charity-Maßnahmen; zum anderen durch direkte Kontakte innerhalb der zweiseitigen

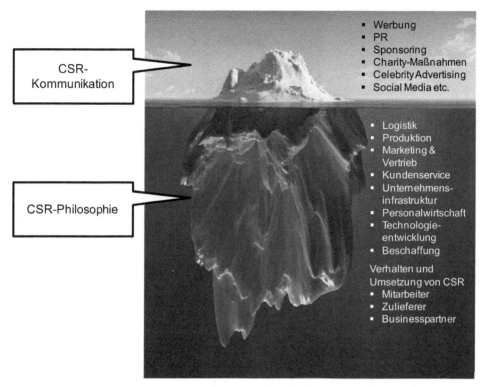

Abb. 19.1 CSR-Eisberg – CSR-Kommunikation und CSR-Philosophie. (Bildquelle: iStock.com/cosmin4000)

Kommunikation, wie z. B. Messen und Events, Hotlines oder Verkäufer-Käufer-Gespräche (Brunner und Esch 2013).

Oftmals klafft dabei jedoch eine *Lücke zwischen interner CSR-Philosophie und externer CSR-Kommunikation*: So ist es für externe Anspruchsgruppen schwer zu beurteilen, ob das Unternehmen, das sich als ethisch korrekt agierendes Unternehmen in der Öffentlichkeit darstellt, diese Werte auch tatsächlich intern „lebt" (z. B. in der Mitarbeiterführung, in der Produktion oder der Vertragsgestaltung mit Zulieferern und Businesspartnern). Differenziert man zwischen der internen CSR-Philosophie im Unternehmen und der externen CSR-Kommunikation, so lassen sich vier verschiedene *CSR-Typen* von Unternehmen differenzieren (s. Abb. 19.2):

- *CSR-Greenwasher*: Unternehmen, die keine CSR-Philosophie im Unternehmen verankert haben, jedoch CSR-Kommunikation gegenüber Anspruchsgruppen kommunizieren, können als Greenwasher bezeichnet werden. Solche Unternehmen laufen große Gefahr, durch Journalisten, die genauer „hinter die Kulissen" schauen, an den Pranger gestellt zu werden. Mit der Folge, dass kritische externe Anspruchsgruppen sich getäuscht fühlen, und ein „Backfire-Effekt" auf die Beurteilung des Unternehmens erwartet werden kann (Yoon et al. 2006).

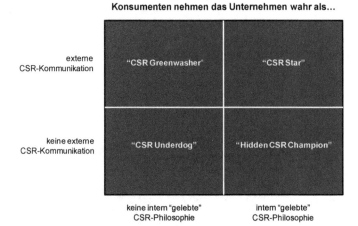

Abb. 19.2 CSR-Philosophie und CSR-Kommunikation-Typologie aus Sicht externer Anspruchsgruppen

- *Hidden CSR-Champion*: Unternehmen, die intern und innerhalb der Wertschöpfungskette eine CSR-Philosophie etabliert haben, jedoch CSR nicht extern kommunizieren, können als Hidden CSR-Champions bezeichnet werden. Dies kann bspw. daran liegen, dass eine Positionierung über eine CSR-Eigenschaft nicht sinnvoll erscheint oder gar die wahrgenommene Produktqualität schwächen würde (Luchs et al. 2010). Beispielsweise schätzen Konsumenten bei Autoreifen den Grip auf der Straße schlechter ein, wenn die Herstellung der Reifen aus nachhaltigen Materialien und Produktionsprozessen erfolgt (Luchs et al. 2010). Nichts desto trotz, sehen die Manager des Unternehmens eine hohe Relevanz, auf eine nachhaltige Unternehmensführung zu achten. Anspruchsgruppen können hierüber jedoch z. B. durch Berichte von Journalisten erfahren. Ist dies der Fall, dann ist die Glaubwürdigkeit einer nachhaltigen Unternehmensführung sogar noch höher, als wenn das Unternehmen selbst darüber in der Werbung berichten würde (z. B. Hovland und Weiss 1951; Hovland et al. 1953).
- *CSR-Star:* Unternehmen dieser Kategorie haben eine CSR-Philosophie etabliert und kommunizieren ihre CSR-Aktivitäten nach innen und außen. Weiterhin kann es dazu kommen, dass unabhängige Quellen über die Aktivitäten berichten und damit die Glaubwürdigkeit noch unterstreichen. CSR sollte dabei zentral für die Markenidentität sein und die Positionierung der Marke unterstützen.
- *CSR-Unterdog:* Weiterhin gibt es aus theoretischer Sicht die Möglichkeit, dass ein Unternehmen, weder CSR intern verankert hat, noch extern kommuniziert. So stehen bspw. Unternehmen wie Kik, die sich auf einen günstigen Preis fokussiert haben, aufgrund katastrophaler Arbeitsbedingungen von Zulifern in der Kritik (Teevs 2010). Zwar herrscht in der Praxis Konsens darüber, dass Unternehmen sich mit dem Thema

Nachhaltigkeit beschäftigen sollten und es sinnvoll ist, diese auch intern umzusetzen. Allerdings stehen viele Unternehmen hier noch am Anfang. So weisen Unternehmen gegenüber Journalisten auf ihren Code of Conduct für ihre Lieferanten hin, der Mindestlöhne und das Verbot von Kinderarbeit garantiert. Die Realität sieht bisher jedoch noch anders aus (Teevs 2010; Erxleben 2013). So äußerte sich man bei Kik auf Nachfrage von Journalisten auf diese Missstände nur vage (o. V. 2013).

Grundsätzlich sollte sich jedes Unternehmen damit beschäftigen, eine CSR-Philosophie im Unternehmen zu etablieren. Ob CSR dann kommuniziert wird oder nicht, hängt entscheidend davon ab, ob es die Corporate Brand und dessen Image stärkt oder nicht. Falls man sich entschließt, CSR extern zu kommunizieren, sollte die CSR-Philosophie jedoch langfristig aufgebaut worden sein, damit das „Kartenhaus nicht einfällt", sobald Widersprüche zur externen Markenkommunikation aufkommen. Hier kommt insbesondere den Mitarbeitern des Unternehmens eine entscheidende Rolle zu. Denn wenn ein Unternehmen bestimmte Werte in der Werbung kommuniziert, diese jedoch nicht in der Interaktion von Mitarbeitern und Businesspartnern vermittelt werden, hat dies Auswirkungen auf die Glaubwürdigkeit des Unternehmens, denn die Mitarbeiter fungieren als „Sprachrohr des Unternehmens". Ebenso wird das Verhalten von Zulieferern aus Sicht der Anspruchsgruppen dem Unternehmen zugeordnet – ob ein Zulieferer rechtlich eigenständig ist oder nicht, spielt bei der „Verurteilung" des Unternehmens für unmoralisches Verhalten kaum eine Rolle. Demzufolge sollte letztlich ein umfassendes *Nachhaltigkeitsmanagement* innerhalb des gesamten Unternehmens inklusive der gesamten Wertschöpfungskette mit Zulieferern und Kooperationspartnern etabliert werden (Brunner 2010a). Ein gutes Beispiel stellt hier die Deutsche Telekom dar. Dort überprüfte und verbesserte man über zehn Jahre intern die ökologischen und sozialen Standards innerhalb des gesamten Konzerns, bevor man 2009 die Werbekampagne „Veränderungen fangen klein an" startete und die Öffentlichkeit über das CSR-Engagement informierte.

19.3 Grundsätzliche Strategieoptionen der CSR-Kommunikation verstehen

Hat ein Unternehmen eine CSR-Philosophie etabliert, gibt es drei grundsätzliche Strategien, um CSR extern zu kommunizieren (Esch und Brunner 2009; Brunner und Esch 2010). Hierbei stellt die Markenidentität der Corporate Brand die Basis der Betrachtung dar. Hinsichtlich der Positionierung der Corporate Brand bestehen folgende grundlegende Optionen (s. Abb. 19.3):

Abb. 19.3 Grundlegende Strategieoptionen der CSR-Kommunikation. (Quelle: Esch und Brunner 2009, S. 102)

1. *CSR als Kern der Markenidentität:* Unternehmen wie Das Reformhaus, Alnatura, The Bodyshop, hessnatur oder Naturstrom wurden ins Leben gerufen, weil man Produkte auf den Markt bringen wollte, die bestimmten ökologischen, sozialen und/oder ethischen Aspekten gerecht werden. So geht bspw. das heutige Reformhaus auf das von Carl Braun eröffnete Einzelhandelsgeschäft namens „Gesundheits-Zentrale" zurück, das zudem eine „Abteilung für Mittel zur Ausübung der Naturheilkunde" hatte (Reformhaus 2014a). Mit seiner Idee legte Braun den Grundstein für eine neu entstehende Branche „alternativer Produkte" als „Antwort auf die frühindustrielle Belastung der Umwelt und der Menschen". Das erste Reformhaus wurde in dieser Zeit von Carl August Heynen in Wuppertal eröffnet, ein Fachgeschäft für Pflanzen-Butter, Körperpflegeöle und Pflanzensäfte – Produkte für gesundes Leben (ebenda). Die heutige Positionierung des Reformhauses basiert auf diesem Ursprung und mit dem Ziel, Food-Produkte anzubieten, die „ethische, ökologische und soziale Ideale mit wissenschaftlich verantwortungsvollen Erkenntnissen" vereinen (Reformhaus 2014b). Ähnlich gründete Anita Rodrick den Body Shop mit ihrer Vision, nur Kosmetikprodukte zu verkaufen, deren Herstellung aus natürlichen Rohstoffen basiert – ohne Tierversuche (The Body Shop 2014). Der Umweltaktivist Heinz Hess hatte 1976 die Vision von reiner, natürlicher und unbehandelter Kleidung für Babys. Hieraus entstand das Unternehmen hessnatur, dessen Vision es ist, sichtbar Spuren zu hinterlassen „für ein menschliches und natürliches Leben, eingebettet in eine gesunde Natur und lebendige Gemeinschaft" (hessnatur 2014). Bei solchen Corporate Brands ist der Kern der Markenidentität untrennbar mit CSR verbunden, weil die Vision ihrer Gründer auf ökologischen, sozialen und/oder ethischen Attributen basiert.
2. *CSR als Erweiterung der Markenidentität:* Zum anderen gibt es Unternehmen, deren Kern der Markenidentität nicht auf CSR basiert. Sie haben jedoch ihre Markenidentität

um CSR erweitert und eine Anbaustrategie verfolgt. Hierunter fallen die meisten Unternehmen, die in der heutigen Zeit CSR extern kommunizieren. Beispiele hierfür sind Krombacher mit dem Regenwald-Projekt, H&M mit seiner „Conscious Collection", oder der Handels- und Touristikkonzern REWE, der frische und qualitativ hochwertige Produkte zu einem guten Preis-Leistungs-Verhältnis anbietet, seit Jahren jedoch vermehrt den Anteil an Bio- und fair trade-Produkten ausbaut (REWE 2014). Das Unternehmen Henkel hat ebenfalls seinen ehemaligen Slogan „Qualität von Henkel" zu „Qualität und Verantwortung von Henkel" erweitert (Amirkhizi 2008).

Innerhalb des Marketingmanagementprozesses ist es dabei wichtig, dass jeder Kontaktpunkt zwischen Marke und Anspruchsgruppe (insbesondere Konsument) die Markenidentität unterstützt. Kommuniziert ein Unternehmen eine CSR-Maßnahme, dann bedeutet dies, dass die CSR-Aktivität zur Marke und deren Identität passen sollte. Denn nur so kann das Markenimage in den Köpfen der Anspruchsgruppen aufgebaut und verstärkt werden. Derzeit wird in den Marketingabteilungen oftmals die Meinung vertreten, dass man sich durch CSR-Maßnahmen von Wettbewerbsmarken differenzieren kann und vom Konsumenten dadurch präferiert wird. Da jedoch viele Unternehmen ihre CSR-Maßnahmen kommunizieren, ist die Differenzierung von Wettbewerbsmarken fragwürdig, wenn die CSR-Maßnahme austauschbar zu anderen Marken sind. Deshalb ist es besonders wichtig, dass die eigene CSR-Maßnahme einzigartig ist und die Markenidentität stärkt.

3. *CSR als irrelevanter Bestandteil der Markenidentität*: Zum dritten gibt es Unternehmen, die womöglich eine CSR-Philosophie im Unternehmen verankert haben, jedoch CSR nicht nach außen kommunizieren. Beispiele hierfür stellen 3M oder Miele dar. So setzt 3M auf „innovative Technologien sowie ein Höchstmaß an Qualität, Nutzen und Service" (3M 2014). Ähnlich setzt Miele mit dem Slogan „Immer besser" auf hervorragende Qualität seiner Produkte und bewirbt sie entsprechend (Miele 2014). Unternehmen, die eine solche Strategie verfolgen, sehen CSR nicht als unwichtig an, jedoch erscheint die Positionierung über CSR oder eine Erweiterung durch CSR nicht sinnvoll. Allerdings haben auch solche Unternehmen zumeist auf ihrer Internetseite einen Hinweis auf ihre Verantwortung gegenüber den verschiedenen Anspruchsgruppen und veröffentlichen seit einigen Jahren einen Nachhaltigkeitsbericht. In der Markenkommunikation ihrer Produktmarken hingegen wird das Thema CSR nicht verwendet. Ein Grund hierfür kann bspw. sein, dass CSR die Produkteigenschaften schwächen würde. Wie Studien von Luchs und Kollegen zeigen, gibt es bspw. Produkte oder Services in bestimmten Branchen, in denen CSR-Kriterien in der konkreten Kaufentscheidung nicht relevant sind bzw. sogar eine negative Wirkung auf die Kaufentscheidung ausüben, weil sie zentrale Produktattribute letztlich schwächen (Luchs et al. 2010). Ein weiterer Grund, CSR nicht nach außen zu kommunizieren, liegt in der Tatsache, dass Anspruchsgruppen sensibel auf CSR-Kommunikation reagieren. Insbesondere Verbraucher sind bei CSR-Werbung sehr skeptisch und vermuten oftmals egoistische Motive des Unter-

nehmens (Webb und Mohr 1998; Bhattacharya und Sen 2004; Skarmeas und Leonidou 2013). Ein Grund, CSR als Philosophie im Unternehmen zu etablieren, kann auch darin liegen, dass man einer Krise vorbeugen will, weil die Gesellschaft von Unternehmen als Corporate Citizenships bestimmte gesellschaftliche Pflichten schlichtweg erwartet. Insofern kann ein großer Reputationsschaden entstehen, wenn im Unternehmen und der zugehörigen Wertschöpfungskette keine CSR-Philosophie verankert ist. Die Etablierung einer CSR-Philosophie wird damit als präventive Maßnahmen verstanden, ohne dass man sich von der CSR-Kommunikation einen Nutzen durch Reputationsgewinn verspricht.

19.4 CSR nach innen und außen kommunizieren

▶ Der Fisch stinkt vom Kopf aus – CSR muss nach innen kommuniziert, ‚vorgelebt' und von allen Mitarbeitern ‚gelebt' werden!

Wollen die Unternehmenslenker eine CSR-Philosophie im Unternehmen aufbauen, dann gilt es, alle Aktivitäten innerhalb der gesamten Wertschöpfungskette inklusive Zulieferer und Businesspartner auf ihre Nachhaltigkeit zu überprüfen und zu optimieren. Hierbei spielen die *Mitarbeiter* eine elementare Rolle. Sie können einerseits wichtige Informationen aus ihren Erfahrungen und ihrer Kompetenz liefern und Impulse innerhalb des Nachhaltigkeitsprozesses liefern. Weiterhin nehmen Mitarbeiter in der externen Wahrnehmung als „Handshaker" mit unmittelbarem Kundenkontakt eine Schlüsselposition als „Sprachrohr der Marke" gegenüber externen Anspruchsgruppen ein (Brunner und Esch 2013). Insofern müssen zunächst die CSR-Werte intern kommuniziert werden: Zum einen gegenüber Managern und Mitarbeitern (interne Anspruchsgruppen i. e. S.). Zum anderen muss eine Kommunikation der zentralen CSR-Werte gegenüber Businesspartnern und Lieferanten (interne Anspruchsgruppen i. w. S.) erfolgen, damit eine CSR-Philosophie entlang der gesamten Wertschöpfungskette etabliert werden kann. Denn auch wenn rechtlich selbständige Zulieferer unethisches Verhalten an den Tag legen, wird dies oft der Unternehmensmarke selbst angeheftet, da diese schließlich Verträge mit solchen Zulieferern macht und damit das Verhalten der Partner toleriert. Auch das Verhalten der Zulieferer und Businesspartner hat einen großen Einfluss auf die Wahrnehmung der Corporate Brand von externen Anspruchsgruppen, wie z. B. Kunden, Investoren, NGOs, Gemeinden oder Politikern (s. auch Abb. 19.4).

Demzufolge ist zwischen einer internen CSR-Kommunikation gegenüber internen Anspruchsgruppen sowie einer externen CSR-Kommunikation gegenüber externen Anspruchsgruppen zu differenzieren. Die *interne CSR-Kommunikation* muss zum Ziel haben, das gesamte Unternehmen auf Nachhaltigkeit zu überprüfen und Mitarbeiter entsprechend zu sensibilisieren, sich nachhaltig in den Unternehmensprozessen einzubringen und Impulse für eine kontinuierliche Verbesserung in diesem Prozess zu geben. Dies kann durch CSR-Schulungen, Workshops, Face-to-Face-Kommunikation oder Storytelling erfolgen. Ebenso müssen Führungskräfte als Vorbilder ein nachhaltiges Verhalten gegenüber ihren

Abb. 19.4 Etablierung und Kommunikation einer CSR-Philosophie im gesamten Unternehmen

Teams „vorleben" und zeigen, wie man diese Werte in der täglichen Arbeit umsetzen und „leben" kann. Nur dann kann es dazu kommen, dass Mitarbeiter mit Kontakt zu externen Anspruchsgruppen, bspw. in Verkäufer-Käufer-Gesprächen, Callcentern oder bei Events diese Werte auch glaubwürdig vermitteln. Darüber hinaus müssen die CSR-Werte ebenso gegenüber den Lieferanten und Partnern kommuniziert werden. Dies sollte nicht nur durch entsprechende Verträge erfolgen, vielmehr sollten die Partner innerhalb der Wertschöpfungskette aktiv an der Etablierung einer CSR-Philosophie mitwirken und entsprechende Anreize gesetzt werden.

▶ CSR sollte erst intern kommuniziert und „gelebt" werden, bevor dazu extern kommuniziert wird.

Die *externe CSR-Kommunikation* sollte schließlich erst dann erfolgen, wenn eine CSR-Philosophie im gesamten Unternehmen und der Wertschöpfungskette verankert ist. Dient CSR als Kern oder als Erweiterung der Markenidentität, dann sollte CSR zwingend nach außen kommuniziert werden. Dies kann bspw. durch Werbung, PR-Maßnahmen, Direktmarketing, Social Media, Sponsoring-Aktivitäten oder Charity-Maßnahmen erfolgen. Verhalten sich auch die Mitarbeiter im Sinne der CSR-Philosophie (z. B. in Verkäufer-Käufer-Gesprächen oder Social Media Aktivitäten), dann unterstreicht dieses Verhalten die externe CSR-Kommunikation. Weiterhin sollte die CSR-Philosophie in der gesamten Wertschöpfungskette umgesetzt werden. So wird bspw. bei REWE der Nachhaltigkeitsgedanke auch dadurch umgesetzt, dass Kunden im Laden an der Kasse nur dann eine ausgedruckte Rechnung erhalten, wenn sie dies ausdrücklich wünschen. Ist somit CSR auch intern im Unternehmen etabliert und wird diese auch nach außen „gelebt", dann kann CSR als (zentraler oder erweiterter) Teil der Markenidentität durch solche Maßnahmen gegenüber externen Anspruchsgruppen glaubwürdig vermittelt und das gewünschte Markenimage in den Köpfen aller Anspruchsgruppen durch integrierte direkte und indirekte Kommunikation aufgebaut und verstärkt werden.

19.5 Mit der Corporate Brand einen „CSR-Mantel" über das Produktmarken-Portfolio im Unternehmen spannen

Das Wissen, das Anspruchsgruppen im Laufe der Zeit zu einer Dachmarke durch Kontaktpunkte mit vielen Informationsquellen sowie durch eigene Erfahrungen aufbauen, formt ihre Einstellung und Reaktion zur Corporate Brand sowie zu ihren Produktmarken bzw. Produkten (z. B. Luo und Bhattacharya 2006).

Einerseits spielen hier Assoziationen zur Corporate Ability einer Unternehmensmarke eine wichtige Rolle. Hierunter werden die *Kompetenz und Expertise der Corporate Brand* verstanden, bestimmte Produkte bzw. Services erfolgreich zu erstellen und vermarkten (Brown und Dacin 1997). Andererseits haben CSR-Assoziationen, die die Anspruchsgruppen zur Corporate Brand haben, eine zentrale Bedeutung. Denn solche Assoziationen vermitteln weniger Informationen über die Qualität der Produkte unter der Corporate Brand, sondern über die Unternehmenskultur und die Leitlinien des Unternehmens, welche einen generellen Kontext für die Beurteilung des gesamten Unternehmens bilden (Klein und Dawar 2004; Sen und Bhattacharya 2001; Skarmeas und Leonidou 2013). Sind die verschiedenen Anspruchsgruppen davon überzeugt, dass ein Unternehmen sich ernsthaft mit dem Wohl der Gesellschaft und Umwelt befasst und auf dieses Rücksicht bei Unternehmensentscheidungen nimmt, kann dies auch zu vorteilhaften Assoziationen gegenüber dem Unternehmen führen und die Beziehung zu diesem positiv beeinflussen (Standaland et al. 2011; Skarmeas und Leonidou 2013). Ebenso kann es dazu kommen, dass sich aufgrund von CSR-Assoziationen die Beurteilung der Unternehmensmarke verbessert und dies wiederum eine verbesserte Einstellung zu den Produktmarken bzw. Produkten des Unternehmens mit sich bringt (Brunner und Lu 2012). Allerdings ist hieraus nicht notwendigerweise zu folgern, dass dies auch direkt zu einer höheren Kaufwahrscheinlichkeit oder Zahlungsbereitschaft für die Produkte des Unternehmens führt (Nan und Heo 2007; Brunner und Esch 2010).

Verfügt ein Unternehmen (z. B. Beiersdorf, Henkel, Procter & Gamble oder Unilever) über eine komplexe Markenarchitektur, so sind unter der Corporate Brand eine Reihe an Produktmarken wie z. B. Nivea, Eucerin, Florena, Hansaplast und Labello (Beiersdorf), Bref, Der General, Pril, Persil, Spee und Weißer Riese (Henkel), Head & Shoulders, Olaz, Old Spice, Pantene, Blend-a-dent und Oral B (Procter & Gamble) sowie Bertolli, Bifi, Lätta, Pfanni, Rama oder Sanella (Unilever) angeordnet. Kennen die Konsumenten die Corporate Brand und wissen sie, dass diese der Eigner der jeweiligen Produktmarke ist, dann kommt es zu einem Vererbungsmechanismus der Corporate Brand-Assoziationen auf die Product Brands und deren Produkte (s. hierzu auch den Beitrag zu Portfolio-Werbung in diesem Buch). Grundsätzlich bauen Konsumenten eher abstrakte Assoziationen zu einer Corporate Brand auf, da diese sehr allgemein und breit aufgestellt sein muss, um einen „Mantel" um ihr gesamtes Markenportfolio zu spannen.

Haben bspw. Konsumenten zu Henkel Assoziationen wie z. B. „hohe Qualität", „verantwortungsvolle Unternehmenskultur" aufgebaut und gespeichert, dann können diese wiederum auf die darunter liegende Produktmarken *vererbt* werden. Sieht bspw. ein Konsument ein Produkt der Produktmarke Persil vom Hersteller Henkel, dann ruft er gleichzeitig sowohl Assoziationen zur Produktmarke Persil als auch zur Corporate Brand Henkel aus seinem Langzeitgedächtnis ab. Erinnert er bspw., dass der Hersteller Henkel eine verantwortungsvolle Unternehmenskultur hat, dann kann er dies auf das Produkt von Persil übertragen. Gleichzeitig wird die Kompetenz, die Wäsche auch wirklich sauber zu waschen, durch die Produktmarke Persil übertragen. Insofern kann es im optimalen Fall gelingen, durch die Corporate Brand CSR-Assoziationen zu vermitteln, wohingegen konkrete Produkteigenschaften durch die Product Brand übertragen werden (auch Brown und Dacin 1997; Biehal und Sheinin 2007). Während CSR-Assoziationen eher abstrakter Art sind, die man über eine Reihe verschiedener Produktmarken (auch aus unterschiedlichen Produktkategorien) spannen kann, werden konkrete, produktmarken-spezifische und produktkategorie-spezifische Merkmale durch die jeweilige Produktmarke vermittelt.

19.6 Zentrale Wirkungsgrößen bei der CSR-Kommunikation erkennen und nutzen

Nachdem im Unternehmen eine CSR-Philosophie verankert ist, sollten die CSR-Aktivitäten kommuniziert werden, falls der zentrale Kern der Markenidentität über CSR positioniert werden soll oder CSR die Markenidentität ergänzt.

Analog zu anderen Marketingmaßnahmen muss auch jede CSR-Aktivität, die nach außen kommuniziert wird, die Markenidentität reflektieren und stärken. Darüber hinaus muss CSR in die gesamten Marketingaktivitäten des Unternehmens integriert werden, damit durch alle Marketingaktivitäten die gleichen Assoziationen zur Marke aufgebaut und im Zeitablauf verstärkt werden. Die Effektivität von CSR-Kommunikation ist jedoch von weiteren zentralen Wirkungsfaktoren abhängig. Insbesondere die *Glaubwürdigkeit* der CSR-Kommunikation ist zentral, da die Öffentlichkeit generell sehr skeptisch gegenüber ihr ist (Skarmeas und Leonidou 2013).

19.6.1 Fit zwischen CSR-Aktivität und Branche(n) berücksichtigen

Die Produktkategorie(n), in denen eine Corporate Brand agiert, hat entscheidenden Einfluss darauf, ob CSR-Kommunikation sinnvoll ist oder nicht. Die Bedeutung von CSR-Kriterien aus Verbrauchersicht und die Sensibilität der Anspruchsgruppen für CSR ist jedoch in verschiedenen Branchen sehr unterschiedlich. So wurde bereits 1973 der erste ‚fair-trade'-Kaffee in den Niederlanden verkauft, und das Siegel für ‚fair trade'-Produkte gibt es seit den 90er Jahren. Bei Kaffee und Tee ist demzufolge ‚fair trade' sehr anerkannt und wird in der Branche nahezu als selbstverständlich angesehen. Ebenso steigt im Food-Bereich die Wahrnehmung für ‚fair trade' und Bioprodukte. Dagegen ist die Wahrnehmung für CSR in anderen Branchen wesentlich geringer ausgeprägt. Zahlreiche Diskussionen über faire Bezahlungen von Zulieferern in der Textilindustrie in den letzten Jahren verdeutlichen dies. In solchen Branchen ist das Thema Nachhaltigkeit noch in den Kinderschuhen.

▶ Anspruchsgruppen müssen einen Bezug zum Kerngeschäft und zur CSR-Aktivität nachvollziehen können. Die Relevanz und das „Lebensalter" von CSR sind in verschiedenen Branchen unterschiedlich.

Um die Relevanz von CSR in verschiedenen Branchen besser vergleichen zu können, wurde in einer Studie mit mehr als 600 Konsumenten in 18 verschiedenen Produktkategorien die Wichtigkeit von Produkt- und CSR-Attributen in einer konkreten Kaufentscheidung bewertet (Brunner 2010b). Die Ergebnisse weisen deutliche Unterschiede auf. So beurteilten Verbraucher bei *Bananen* neben der Qualität den „Verzicht auf chemisch-synthetische Pestizide und Düngemittel" als am wichtigsten. Ähnlich wird beim Kauf von Fleisch- und Wurstwaren nach der Qualität und der Geschmacksrichtung eine „artgerechte Tierhaltung" als sehr wichtig beurteilt. Erstaunlich ist jedoch, dass bei *Kaffee* eine „faire Behandlung von Mitarbeitern und Lieferanten" lediglich auf Platz 6 landet – trotz oder gerade wegen der hohen Selbstverständlich des ‚fair trade'-Gedankens in dieser Branche. Dagegen belegt bei *Banken und Versicherungen* das Kriterium „faire Behandlung von Mitarbeitern und Partnern" in einer Kaufentscheidung lediglich Platz 16 der wichtigsten Kaufkriterien. Hier stehen „guter Service", „schnelle Bearbeitung" und „eigene Erfahrung" auf den Top 3-Plätzen. Selbst bei *Elektrogeräten* steht die „Umweltbelastung" lediglich auf Platz 6. Mehr Wert wird hier auf die Qualität, Lebensdauer und den Preis gelegt. Ein ähnliches Bild zeigt sich bei *Reinigungsmitteln*, bei welchen Qualität, Reinigungskraft und eigene Erfahrung am wichtigsten beurteilt werden, dann folgen Preis, Duft, die „Empfehlung von Freunden und Bekannten" und auf Platz 6 eine „umweltverträgliche Produktion". Dass der ‚fair trade'-Gedanke in der *Textilindustrie* zum großen Teil lange vernachlässigt wurde, liegt vielleicht auch daran, dass das Kriterium „faire Behandlung von Mitarbeitern und Lieferanten" lediglich auf Platz 7 der wichtigsten Kaufkriterien liegt – nach der Passung, Qualität, Design, Preis, „unbelastetes Produkt" und der „Empfehlung von Freunden und Bekannten" (Brunner 2010b).

Für Manager einer Dachmarke bedeutet dies, dass sie zunächst die Branche bzw. Branchen, in denen die Corporate Brand agiert, hinsichtlich der Relevanz von CSR aus Sicht der Anspruchsgruppen analysieren sollten. Denn auch wenn das Unternehmen eine vorbildhafte CSR-Philosophie ausweist, ist die Kommunikation von CSR nicht zu empfehlen, wenn die Positionierung über andere Attribute in der/den Branche(n) wichtiger angesehen wird. Kommuniziert ein Unternehmen eine CSR-Aktivität, dann ist ein klarer Bezug zwischen Branche und CSR-Aktivität wichtig (Brunner und Esch 2013). So konnten Sen und Battacharya (2001) nachweisen, dass ihre Befragten ein Unternehmen besser beurteilen, wenn die CSR-Maßnahme relevant für die jeweilige Branche erschien (auch Ellen et al. 2000). Eine Erklärung hierfür liefern Ellen et al. (2006): Sie zeigen, dass Konsumenten eine CSR-Initiative eines Unternehmens als weniger egoistisch beurteilen, wenn sie einen klaren Bezug zwischen Kerngeschäft und CSR-Maßnahmen erkennen. Andernfalls wird vermutet, dass das Unternehmen lediglich Eigeninteressen mit der CSR-Aktivität verfolgt – was zu einer geringeren Einstellung zum Unternehmen führt (Ellen et al. 2006).

▶ CSR kann Produktattribute stärken, aber auch schwächen.

Des Weiteren ist darauf hinzuweisen, dass CSR bspw. im Food-Bereich dazu führen kann, eine subjektiv wahrgenommene höhere Qualität zu erzielen. Kaufen Verbraucher Bio-Produkte, dann meinen sie oft, dass dies gleichzeitig eine höhere Qualität und einen besseren Geschmack zur Folge hat. Der bessere Geschmack ist jedoch oftmals lediglich auf die lokale Nähe der Produkte zurückzuführen, mit der Folge dass die Produkte frischer sind. Umgekehrt kann der Hinweis auf ein CSR-Kriterium jedoch auch negative Folgen mit sich bringen. So schätzen beispielsweise Verbraucher die Wirkungskraft von Reinigungsmitteln, die sich als nachhaltiges Produkt positionieren, schlechter ein als bei herkömmlichen Reinigungsmitteln (hierzu genauer Luchs et al. 2010). Ebenso werden Autoreifen bzgl. ihres Grips auf der Straße schlechter eingeschätzt, wenn sie aus nachhaltigen Materialien und Produktionsprozessen bestehen (ebenda). Deshalb weisen Luchs et al. (2010) darauf hin, dass es für solche Unternehmen, bei denen Assoziationen zu Nachhaltigkeit die Produktqualität schwächen kann, besonders wichtig ist, auf die hohe Qualität der Produkte hinzuweisen. So ist es bspw. für das Unternehmen Werner & Mertz wichtig, bei der Marke Frosch, welche als nachhaltigste Marke Deutschland ausgezeichnet wurde (Stiftung Deutscher Nachhaltigkeitspreis 2009), in der Kommunikation ebenso die Qualität und Reinigungskraft der Produkte hervorzuheben. Sonst kann es dazu kommen, dass die Positionierung auf Nachhaltigkeit, die subjektiv wahrgenommene Reinigungskraft der Produkte aus Verbrauchersicht sogar schwächt.

19.6.2 Fit zwischen CSR-Aktivität und Corporate Brand-Identity berücksichtigen

Insbesondere dann, wenn CSR die Markenidentität der Corporate Brand ergänzt, ist es wichtig, dass die Kommunikation von CSR-Aktivitäten die Corporate Brand Identity reflektiert und stärkt. Denn nur dann können solche Aktivitäten in andere Marketingmaßnahmen integriert werden und verstärkend wirken. Hierbei ist der Fit zwischen CSR-Aktivität und Identität der Unternehmensmarke wichtig. In einer Studie von Nan und Heo (2007) wurde die Wirkung des Fits zwischen Marke und einer Social Cause genauer untersucht. Die Autoren Stellten fest, dass bei einem hohen Markenbewusstsein der Befragten der Fit zwischen Marke und Social Cause signifikant höher beurteilt wird hinsichtlich der Einstellung zur Anzeige und der Einstellung zur Produktmarke als bei einem geringen Fit, jedoch nicht hinsichtlich der Einstellung zum Unternehmen. Bei einem geringen Markenbewusstsein waren keine Unterschiede bei den abhängigen Variablen zu erkennen. Nan und Heo folgern, dass bezüglich einer Produktmarke der Fit zur CSR-Aktivität wesentlich wichtiger zu beachten ist als der Fit zum Unternehmen selbst. Da eine Corporate Brand im Gegensatz zu Product Brands wesentlich breiter positioniert sein muss, wenn sie mehrere Produktmarken unter sich vereint, sollte eine CSR-Maßnahmen für die Corporate Brand auch abstrakter als eine CSR-Maßnahme zu einer Produktmarke sein. Erstere sollte demnach möglichst die generelle Unternehmensphilosophie und -kultur stärken, die dann positive Ausstrahlungseffekte auf die Produktmarken und das Produktsortiment des Unternehmens haben kann.

▶ Der Fit zwischen CSR und Corporate Brand ist zentral für die die Glaubwürdigkeit von CSR-Kommunikation.

Bei der Wirkung des Fits zwischen Unternehmen und CSR spielt die vom Konsumenten wahrgenommene Glaubwürdigkeit der CSR Kommunikation eine zentrale Rolle. So konnte gezeigt werden, dass der Fit zwischen Unternehmen und CSR einen direkten Effekt auf die Glaubwürdigkeit der CSR-Aktivität beim Konsumenten hat (Brunner und Lu 2012). Darüber hinaus wirkt bei starken Marken der Fit signifikant auf die vom Konsumenten antizipierten Motive des Unternehmens für die Durchführung der CSR-Aktivität. Die antizipierten Motive haben wiederum einen signifikanten Effekt auf die Glaubwürdigkeit der CSR-Aktivität. Bei schwachen Marken ist dieser indirekte Effekt jedoch nicht vorhanden. Je besser die Konsumenten das Unternehmen also kennen, desto eher fragen sie kritisch nach den Motiven für CSR. Dies lässt sich wahrscheinlich auf das höhere Markeninvolvement und die hohe Skepsis von Konsumenten gegenüber CSR im Generellen (z. B. Webb und Mohr 1998; Bhattacharya und Sen 2004) zurückführen. Die Glaubwürdigkeit der CSR-Aktivität hat anschließend einen signifikanten Einfluss auf die Einstellung zum Unternehmen und folgend auf die Einstellung zu den Produkten des Unternehmens (Brunner und Lu 2012). Diese Ergebnisse belegen, dass der Fit direkt auf die Glaubwürdigkeit von CSR-Maßnahmen wirkt. Bei starken Corporate Brands denken Konsumenten jedoch genauer über die Motive für CSR nach, was sich dann indirekt auf die Glaubwürdigkeit und letztlich auf die Unternehmensevaluation auswirkt.

19.6.3 Quelle der CSR-Kommunikation beachten

Die Glaubwürdigkeit einer CSR-Nachricht wird weiterhin von der *Quelle des Kommunikators* entscheidend beeinflusst. Nach Hovland und Weiss (1951) wird eine Nachricht wesentlich glaubwürdiger wahrgenommen, wenn sie von einer neutralen unabhängiger Quelle stammt (Hovland und Weiss 1951; Hovland et al. 1953). Kommuniziert ein Unternehmen selbst die eigenen CSR-Aktivitäten aktiv in der externen Kommunikation bspw. in Werbespots und durch Anzeigen, kann es dazu kommen, dass die jeweiligen Anspruchsgruppen überwiegend egoistische Motive hierfür vermuten, was einen erheblich Einfluss auf die Glaubwürdigkeit und die Wirkung der CSR-Aktivität auf die Corporate Brand haben kann. Insbesondere dann, wenn ein Unternehmen wie beim Cause-Related Marketing die Spenden für einen guten Zweck an den Kauf von Produkten bündelt, sind die Meinungen von Verbrauchern kritisch. So argumentierte die Hälfte der Befragten in einer Studie von Brunner (2010), dass sie beim Cause Related Marketing aktiv etwas für einen guten Zweck durch ihren Kauf bewirken. Die anderen Befragten äußerten, dass das Unternehmen lediglich die Verkaufszahlen ankurbeln wolle. Darüber hinaus wurde in anderen Studien gezeigt, dass Konsumenten Unternehmen eigennützige Motive zuweisen, wenn diese zu aggressive Kommunikationsmaßnahmen einsetzen (Dawkins und Lewis 2003; Du et al. 2010).

Um eine *höhere Glaubwürdigkeit ihrer CSR-Aktivitäten* gegenüber den verschiedenen Anspruchsgruppen zu erzielen, können Unternehmen unterschiedliche Wege gehen.

- *Neutrale Quellen als Schlüssel zur Erreichung von Glaubwürdigkeit von CSR-Kommunikation*: Zum ersten können Unternehmen im Rahmen ihrer Pressearbeit gegenüber Journalisten von ihrer CSR-Philosophie und ihren CSR-Aktivitäten berichten, in der Hoffnung, dass diese in der Presse darüber berichten. Erfahren die Anspruchsgruppen von einer CSR-Aktivität über eine solche neutrale Quelle, wie bspw. durch einen Zeitungsbericht, dann steigert dies die Glaubwürdigkeit der CSR-Aktivität.
- *Partner mit ins Boot holen*: Zum zweiten sollten Unternehmen im Rahmen ihres Nachhaltigkeitsmanagements bemüht sein, Partner wie bspw. NGOs oder Verbände mit ins Boot holen, die weiterhin über die Aktivitäten berichten. So unterstützt bspw. die Dresdner Bank (heute Commerzbank) seit über 30 Jahren UNICEF (Deutsches Komitee für UNICEF e. V. 2014). Die Metro Group, Lidl, Mercedes-Benz und REWE sind Hauptsponsoren der Tafeln (Bundesverband Deutsche Tafel e. V. 2014). Einerseits kann es dazu kommen, dass die NGOs über die Projekte in Verbindung mit dem Unternehmen berichten. Andererseits kann das Unternehmen seine Glaubwürdigkeit durch eine NGO als Partner stärken.
- *Nachhaltigkeitssiegel als unabhängige „Gütesiegel"*: Zum dritten sollte das Unternehmen im Rahmen seiner CSR-Aktivitäten bemüht sein, ‚fair trade'-, Bio- oder andere Güte- und Nachhaltigkeitssiegel zu erlangen. Diese erhöhen die Glaubwürdigkeit, da ein unabhängiger Dritter kontrolliert, ob das Unternehmen sich auch tatsächlich sozial bzw. ökologisch nachhaltig verhält.

Einsatz unabhängiger Quellen in der Unternehmenskommunikation: Kommuniziert ein Unternehmen seine CSR-Aktivitäten selbst, dann kann es die Glaubwürdigkeit der eigenen Nachricht durch Hinweise auf folgende externe Quellen erhöhen:

a. Durch die Nennung von Projektpartnern (z. B. NGOs), mit denen das Unternehmen zusammen die CSR-Aktivitäten durchführt, oder als (Haupt-)Sponsor unterstützt.
b. Durch die Einbindung glaubwürdiger Prominenter in der Unternehmenskommunikation, die eine CSR-Aktivität unterstützen (wie bspw. Günther Jauch beim Krombacher-Regenwald-Projekt oder Franziska van Almsick bei Pampers und UNICEF).

c. Durch den Hinweis auf ‚fair trade'-, Bio- oder andere Güte- und Nachhaltigkeitssiegel in der Unternehmenskommunikation, die das soziale bzw. ökologische Engagement unabhängig bestätigen.
d. Durch den Hinweis auf besondere Auszeichnungen des Unternehmens für sein Nachhaltigkeitsmanagement (bspw. beim Deutschen Nachhaltigkeitspreis) oder durch den Verweis auf Nachhaltigkeitsrankings (z. B. „Global 100 Most Sustainable Corporations in the World" von Corporate Knights).
e. Durch die Verwendung von zufriedenen Kunden oder (Online) Consumer Reviews in der Unternehmenskommunikation, die das soziale bzw. ökologische Engagement des Unternehmens bestätigen.

Berichten mehrere verschiedene Quellen wie Presse, NGOs, Internetblogs und die Unternehmenskommunikation über eine CSR-Aktivität des Unternehmens, dann kann dies die Glaubwürdigkeit der Information bei den Empfängern noch verstärken. Wissenschaftliche Ergebnisse zeigen, dass die Wahrnehmung der Empfänger besonders positiv ist, wenn diese sowohl durch das Unternehmen als auch durch eine unabhängige neutrale Quelle von einer CSR-Aktivität erfahren. Ebenso werden solche Unternehmen im Falle einer CSR-Krise weniger abgewertet als solche Unternehmen, deren CSR-Maßnahmen lediglich über die Unternehmenskommunikation verbreitet werden (Brunner et al. 2014).

19.6.4 Einstellung der Anspruchsgruppen zur CSR-Aktivität kennen

Die Identifizierung der verschiedenen Anspruchsgruppen mit einer CSR-Aktivität nimmt weiterhin eine wichtige Rolle ein. So können bspw. Corporate Volunteering-Maßnahmen dazu beitragen, dass sich die Mitarbeiter mit dem Unternehmen wesentlich mehr verbunden fühlen. Weiterhin kann durch solche Maßnahmen die Attraktivität des Unternehmens im Recruiting-Bereich gesteigert werden.

Konsumenten kaufen Produkte von Unternehmen, mit denen sie sich identifizieren und die entweder ihr gewünschtes Selbstbild reflektieren oder Eigenschaften aufweisen, die sie gerne hätten (z. B. Aaker und Fournier 1995; Fournier 1998). Ebenso spielt die Identifikation der Anspruchsgruppen eines Unternehmens mit dessen CSR-Aktivitäten eine zentrale Rolle. Haben Menschen einen Bezug zu einer CSR-Aktivität, dann wirkt sich dies signifikant positiv auf ihre Einstellung zur CSR-Aktivität aus. Dies hat wiederum einen positiven Einfluss auf die Einstellung gegenüber dem Unternehmen (Brunner und Lu 2012). Es ist also wichtig, dass die Anspruchsgruppen sich mit der CSR-Aktivität eines Unternehmens identifizieren können und einen Sinn in dem Engagement sehen (Sen und Bhattacharya 2001; Brunner und Esch 2012).

Bei CSR-Aktivitäten von Unternehmen ist es letztlich wichtig, dass die Konsumenten einen Sinn in dem CSR-Engagement selbst sehen und sich damit identifizieren (z. B. Sen und Bhattacharya 2001). Mehrere Erkenntnisse belegen, dass eine höhere Identifikation von Konsumenten mit einer CSR-Maßnahme, z. B. aufgrund der lokalen Nähe der Maßnahme oder eines besonderen Interesses, zu einer besseren Einstellung gegenüber der CSR-Aktivität führt. Eine positive Einstellung zur CSR-Aktivität hat als Folge eine bessere Hebelwirkung auf die Einstellung gegenüber dem Unternehmen, das die CSR-Aktivität ausübt (Brunner und Lu 2012).

Demzufolge ist es *für Unternehmen bei der Auswahl von geeigneten CSR-Aktivitäten nicht nur wichtig, den Fit zur Marke zu beachten, sondern auch die Interessen und Persönlichkeitseigenschaften der Zielgruppe zu berücksichtigen.* Hat der Konsument persönlich keinen Bezug zur CSR-Aktivität und eine geringe Identifikation mit dieser, so wird sein Anreiz, diese Aktion zu unterstützen, nicht besonders stark sein. So konnten Sen und Bhattacharya (2001) zeigen, dass ein Unternehmen dann besser beurteilt wird, wenn die Befragten eine CSR-Aktivität positiv unterstützen, als wenn dies nicht der Fall ist. So werden bspw. Menschen, die erkrankte Angehörige haben, das „Tutu Projekt" von Bob Carey, der witzige Fotos im rosa Tutu u. a. am Brandenburger Tor und vor der Berliner Mauer machte, um seine krebserkrankte Frau wieder zum Lachen zu bringen, sehr positiv wahrnehmen. Die mediale Unterstützung dieses Projekts durch die Deutsche Telekom dürfte sich ebenso positiv auf die Einstellung von Anspruchsgruppen auf das Unternehmen auswirken, welches auf die emotionale Geschichte des Ehepaares hinweisen will (Deutsche Telekom 2013).

19.7 Austauschbarkeit mit anderen CSR-Aktivitäten auf der Umsetzungsebene vermeiden

Ist im Unternehmen eine CSR-Philosophie etabliert und ist es sinnvoll, CSR in der internen und externen Kommunikation einzusetzen, dann müssen auf *Konzeptebene* zunächst eine Reihe möglicher CSR-Aktivitäten erfasst werden, um einen *Ideenpool* zu bilden. Außerdem ist zu prüfen, welche dieser Aktivitäten die Identität der Corporate Brand bestmöglich unterstützt bzw. ergänzt. Weiterhin ist es wichtig, dass die infrage kommenden Aktivitäten nicht identisch mit denen von Wettbewerbern sind, da in den letzten Jahren viele Unternehmen mit den unterschiedlichsten sozialen und/oder ökologischen Maßnahmen werben. Je passgenauer die Maßnahme jedoch zur Identität der Corporate Brand ist, desto schwieriger ist eine Verwechslung mit den Maßnahmen von Wettbewerbern und desto weniger besteht die Gefahr oder dass die CSR-Aktivität leicht von diesen nachgeahmt werden kann (auch Brunner und Esch 2012, S. 38).

▶ Austauschbare und stereotype CSR-Aktivitäten müssen auf Umsetzungsebene entlarvt werden. Die ideale CSR-Aktivität soll die Identitäts- und Differenzierungsfunktion der Corporate Brand unterstützen.

Nachdem die infrage kommenden CSR-Aktivitäten ausgewählt wurden, muss geprüft werden, welche dieser Maßnahmen auf der *Umsetzungsebene* eigenständig realisiert werden kann (Brunner und Esch 2012, S. 38). Denn nicht nur die CSR-Aktivität auf Konzeptebene muss einzigartig sein, auch ihre Realisierung sollte in der Wahrnehmung der verschiedenen Anspruchsgruppen eigenständig und differenzierbar von CSR-Aktivitäten anderer Unternehmen sein.

Viele CSR-Aktivitäten, die im Rahmen eines CSR-Trends schnell ins Leben gerufen wurden, sind oftmals eher eine Kopie von Wettbewerbern. Damit zahlen sie jedoch nicht auf das Markenkonto der Corporate Brand ein. Ist es nicht möglich, auf Konzeptebene eine einzigartige CSR-Aktivität herauszubilden, sondern lediglich eine stereotype oder austauschbare, dann sollte zumindest auf Umsetzungsebene die Aktivität so umgesetzt werden, dass sie aus subjektiver Sicht der Anspruchsgruppen eigenständig und unverwechselbar wahrgenommen wird. Denn letztlich gilt es, die Identifikations- und Differenzierungsfunktion, die die Corporate Brand in den Köpfen der Anspruchsgruppen einnehmen soll, durch die CSR-Aktivität zu reflektieren – ebenso wie jede andere Maßnahme des Marketingmanagements der Corporate Brand.

19.8 Empfehlungen für die erfolgreiche Umsetzung einer glaubwürdigen CSR-Kommunikation beachten

Damit ein Unternehmen im Rahmen seiner Corporate Brand Aktivitäten eine glaubwürdige CSR-Kommunikation umsetzt, bedarf es einiger Prüfschritte, damit CSR aus Sicht der verschiedenen Anspruchsgruppen nicht als Greenwashing wahrgenommen wird.

Etablierung einer CSR-Philosophie und CSR-Kommunikation nach innen:

1. *CSR muss ein integrativer Bestandteil des gesamten Unternehmens sein. CSR sollte nicht nur die Marketingabteilung erreichen!*
CSR wird oftmals lediglich deswegen aufgegriffen und schnell in die Marketingkommunikation eingebaut, weil es ‚en vogue' ist. Ebenso wie aus Sicht einer marktorientierten Unternehmensführung die Kundenorientierung und -fokussierung vom gesamten Unternehmen und durch alle Abteilungen gelebt werden muss, muss CSR als Philosophie im gesamten Unternehmen verstanden werden.
2. *Eine CSR-Philosophie muss im Unternehmen und der Wertschöpfungskette verankert sein!*
Es ist Grundvoraussetzung, dass im Unternehmen eine CSR-Philosophie etabliert wird – innerhalb aller primären und sekundären Wertschöpfungsaktivitäten des Unternehmens. Alle Zulieferer müssen ebenso die sozialen bzw. ökologischen Standards einer solchen Philosophie erfüllen, da auch ihre Aktivitäten dem Unternehmen und ihren Produkten von verschiedenen Anspruchsgruppen zugeordnet werden. Das Unternehmen hat sich ja schließlich für die Zusammenarbeit mit solchen Partnern entschieden.
3. *CSR muss nach innen kommuniziert und „gelebt" werden!*
Nachhaltiges Wirtschaften aus sozialer, ökologischer und ökonomischer Sicht bedeutet, dass im Rahmen eines langfristigen Nachhaltigkeitsmanagements die zentralen Werte

des Unternehmens nach innen kommuniziert werden. Durch die interne CSR-Kommunikation müssen alle Mitarbeiter mit ins Boot genommen und für ihr nachhaltiges Handeln sensibilisiert werden. Denn sie wissen in ihren Bereichen oftmals am besten, wo Ressourcen verschwendet und ökologische bzw. soziale Standards verbessert werden können. Zudem steigt die Akzeptanz für eine CSR-Philosophie und die Mitarbeitermotivation, wenn Mitarbeiter sehen, dass sie Einfluss auf einen solchen Prozess ausüben können. Allerdings muss die Wichtigkeit von CSR top-down kommuniziert und „vorgelebt" werden. Hierbei sollten Mitarbeiter durch Schulungen, Workshops, Face-to-Face-Kommunikation oder Storytelling für CSR sensibilisiert werden. Weiterhin sollten Mitarbeiter bottom-up eingeladen werden, aktiv Verbesserungen für das Nachhaltigkeitsmanagement einbringen. Weiterhin liefern Führungskräfte durch ein vorgelebtes nachhaltiges Verhalten einen entscheidenden Beitrag in diesem Prozess. Erst wenn CSR nach innen ungesetzt und gelebt wird, kann es nach außen kommuniziert werden. Dies unterstützt die Glaubwürdigkeit der CSR-Aktivitäten, da einerseits die Akzeptanz und Identifikation der Mitarbeiter für CSR höher ist, andererseits das Unternehmen wesentlich weniger anfällig ist für Greenwashing-Gedanken der Anspruchsgruppen im Rahmen einer Krisenprävention. Erst dann sollte eine Einbindung in das Marketingmanagement erfolgen.

Einbindung von CSR in Marketing und Kommunikation nach außen:
Ist eine CSR-Philosophie im Unternehmen, der gesamten Wertschöpfungskette und in den Köpfen aller Beteiligten etabliert, und wird sie entsprechend „gelebt", muss durch die nachfolgenden Schritte geprüft werden, ob eine externe CSR-Kommunikation sinnvoll ist, damit man eine hohe Glaubwürdigkeit bei den Anspruchsgruppen erreicht:

1. *Kerngeschäft der Corporate Brand beachten:*
Das Kerngeschäft des Unternehmens gibt vor, ob und inwieweit CSR kommuniziert werden soll. Anspruchsgruppen müssen einen klaren Bezug zur Branche des Unternehmens erkennen, da so die Glaubwürdigkeit und Akzeptanz für CSR höher ist. In je mehr Produktkategorien das Unternehmen jedoch agiert, desto abstrakter sollte die CSR-Aktivität sein, die im optimalen Fall einen „CSR-Mantel" über das gesamte Produktportfolio des Unternehmen durch positive Image-Spillover-Effekte „ausstrahlt".
In diesem Schritt sind sowohl *positive und als auch negative Wirkungen von CSR* auf die Produkte und deren zentralen Produktattribute zu berücksichtigen. Während im Food-Bereich Biosiegel bspw. den subjektiv wahrgenommenen Geschmack positiv beeinflussen können, haben Hinweise auf Nachhaltigkeit bei Produkten, bei denen eine hohe Produktleistung wie bspw. bei Reinigungsmitteln erwartet wird, negative Folgen für die zentralen Produktattribute. Dies kann sich auch auf die wahrgenommene Expertise der Corporate Brand für die Herstellung solcher Produkte in einer oder mehreren angrenzenden Branchen auswirken.
2. *Fit zwischen CSR-Aktivität und Corporate Brand Identity als zentraler Treiber für die Glaubwürdigkeit einer CSR-Maßnahme beachten:*

CSR muss die Identität einer Corporate Brand reflektieren und stärken. Ist dies nicht der Fall, dann sollte die Kommunikation der Corporate Brand besser die zentralen Markenassets in die Positionierung der Corporate Brand einbinden – und nicht CSR. Ist CSR hingegen Kern der Markenidentität, dann ist CSR unmittelbar mit ihr verbunden. Bei der Kommunikation einer CSR-Aktivität sollte eine solche Maßnahme ausgewählt werden, die den Kern bestmöglich trifft. Ist CSR eine Erweiterung der Corporate Brand Identity, dann ist darauf zu achten, dass der Fit zwischen der kommunizierten CSR-Aktivität und Corporate Brand hoch ist, weil dadurch die Glaubwürdigkeit der CSR-Aktivität steigt. Dies liegt u. a. daran, dass die Anspruchsgruppen besser die Auswahl der Aktivität nachvollziehen können und weniger egoistische Motive aus Unternehmenssicht vermuten. CSR darf auch nicht losgelöst von anderen Marketingaktivitäten sein.

3. *CSR durch verschiedene Quellen gegenüber den Anspruchsgruppen kommunizieren:*
Die Glaubwürdigkeit einer CSR-Aktivität kann umso höher werden, je ausgeprägter sie durch verschiedene Quellen kommuniziert wird. Wichtig hierbei sind neutrale Quellen, die von Anspruchsgruppen glaubwürdiger wahrgenommen werden. Hierbei kommt den PR-Aktivitäten des Unternehmens eine zentrale Rolle zu. Weiterhin bieten Partnerschaften mit NGOs gute Möglichkeiten. Die Glaubwürdigkeit der externen CSR-Kommunikation kann weiterhin durch den Hinweis auf ‚fair trade'-, Bio- oder andere Güte- und Nachhaltigkeitssiegel verstärkt werden, die Nennung von NGOs, den Hinweis auf Nachhaltigkeitsauszeichnungen oder -rankings sowie die Darstellung von prominenten Unterstützern der CSR-Aktivität oder Personen, die die Aktion unterstützen (z. B. Consumer Reviews oder Kundenmeinungen zur CSR-Aktivität).

4. *Identifikation der Anspruchsgruppen für die CSR-Aktivität absichern:*
Identifizieren sich die Anspruchsgruppen mit der kommunizierten CSR-Aktivität und sehen sie einen Sinn hierin, dann kann es positive Auswirkungen auf die Einstellung zur Corporate Brand haben. Es ist also wichtig, dass die Persönlichkeitseigenschaften der Zielgruppe bei der Wahl für eine CSR-Aktivität berücksichtigt werden. Dies trägt nicht nur zu einer höheren Unterstützung von CSR bei, ebenso wird die Aktion eher durch Word-of-Mouth verbreitet. Darüber hinaus werden Mitarbeiter im Unternehmen eher zu einer Maßnahme im Rahmen der Corporate Volunteering beitragen. Für Bewerber kann eine solche Maßnahme schließlich eine höhere Unternehmensattraktivität bedeuten.

5. *CSR-Maßnahmen einzigartig und nicht austauschbar oder stereotyp anlegen:*
Unternehmen kommunizieren heutzutage eine Reihe von CSR-Aktivitäten. Umso wichtiger ist es, dass eine CSR-Aktivität in den Augen der Anspruchsgruppen nicht austauschbar oder stereotyp erscheint. Dies betrifft sowohl die Konzept- als auch die Umsetzungsebene. Je besser eine CSR-Aktivität die Corporate Brand Identity reflektiert und stärkt (insbesondere wenn sie den Kern der Identität darstellt), desto eigenständiger kann sie sein. Analog muss auf Umsetzungsebene darauf geachtet werden, dass die Maßnahme eigenständig ist und nicht leicht mit Maßnahmen von Wettbewerbern oder Unternehmen anderer Branchen verwechselt wird.

Literatur

Aaker, J. L., & Fournier, S. (1995). A brand as a character, a partner and a person: Three perspectives on the question of brand personality. *Advances in Consumer Research, 22*(1), 391–395.

Amirkhizi, M. (2008). Visid entwickelt neues Logo für Henkel-Waschmittel. Horizont.net vom 18.07.2008. http://www.horizont.net/aktuell/agenturen/pages/protected/Visid-entwickelt-neues-Logo-fuer-Henkel-Waschmittel_77693.html. Zugegriffen: 28. Juni 2013.

Baker, R. (15 April 2011). H & M launches ethical fashion brand. *MarketingWeek*. http://www.marketingweek.co.uk/hm-launches-ethical-fashion-brand/3025566.article. Zugegriffen: 7. Dez. 2013.

Bhattacharya, C. B., & Sen, S. (2004). Doing better at doing good: When, why, and how consumers respond to corporate social initiatives. *California Management Review, 47*, 9–24.

Biehal, G. J., & Sheinin, D. A. (2007). The influence of corporate messages on the product portfolio. *Journal of Marketing, 71*, 12–25.

Brown, T. J., & Dacin, P. A. (1997). The company and the product: Corporate associations and consumer product responses. *Journal of Marketing, 61*(1), 68–84.

Brunner, C. B. (2010a). *Corporate social responsibility: Drivers of success and constraints in communicating CSR to the consumer*. 4th International Conference on Corporate Social Responsibility, 22.–24. September 2010, Berlin.

Brunner, C. B. (2010b). Studie zur Wichtigkeit von Corporate Social Responsibility-Kriterien im Rahmen der Kaufentscheidung des Konsumenten in 15 verschiedenen Produktkategorien. Arbeitspapier, Universität Gießen.

Brunner, C. B., & Esch, F.-R. (2010). Unternehmensverantwortung und Konsumentenverhalten. *CR Report, 1*, 22–23.

Brunner, C. B., & Esch, F.-R. (2013). CSR-Kommunikation und Marke: Corporate Social Responsibility-Kommunikation als integrierter Bestandteil des Markenmanagement. In P. Heinrich (Hrsg.), *CSR und Kommunikation: Unternehmerische Verantwortung überzeugend vermitteln* (S. 27–43). Berlin: Springer.

Brunner, C. B., & Lu, X. (2012). *The influence of corporate social responsibility on consumer product responses*. 11th International Conference on Research in Advertising (ICORIA), 28.–30. Juni 2012, Stockholm, Sweden.

Brunner, C. B., McLeay, F., Esch, F.-R., & Schoefer, K. (2014). Communicating corporate social responsibility: Buffer for a crisis or negative backfire-effect? In Vorbereitung.

Bundesverband Deutsche Tafel e. V. (2014). Spender & Sponsoren – Jeder gibt, was er kann. http://www.tafel.de/foerderer/spender-sponsoren.html. Zugegriffen: 10. Jan. 2014.

Climate Care. (2013). New land Rover CO_2 offset programme. http://www.climatecare.org/media/documents/pdf/ClimateCare_LandRover_PressRelease_18July06.pdf. Zugegriffen: 7. Dez. 2013.

Dawkins, J., & Lewis, S. (2003). CSR in stakeholder expectations: And their implication for company strategy. *Journal of Business Ethics, 44*, 185–193.

Deutsche Telekom. (2013). Deutsche Telekom zeigt neuen TV-Spot vom Mann im rosa Tutu, 29.12.2013. http://www.telekom.com/medien/konzern/210684. Zugegriffen: 10. Jan. 2014.

Deutscher Bundestag. (1998). Schutz des Menschen und der Umwelt – Ziele und Rahmenbedingungen einer nachhaltig zukunftsverträglichen Entwicklung. Abschlussbericht der Enquete-Kommission, Konzept Nachhaltigkeit: Vom Leitbild zur Umsetzung.

Deutsches Komitee für UNICEF e. V. (2014). Unicef: Kooperationspartner. http://www.unicef.de/spenden/unternehmen-helfen/kooperationspartner. Zugegriffen: 10. Jan. 2014.

Du, S., Bhattacharya, C. B., & Sen, S. (2010). Maximizing business returns to corporate social responsibility (CSR): The role of CSR communication. *International Journal of Management Reviews, 12*, 8–19.

Ellen, P. S., Mohr, L. A., & Webb, D. J. (2000). Charitable programs and the retailer: Do they mix? *Journal of Retailing, 76*, 393–406.

Ellen, P. S., Webb, D. J., & Mohr, L. A. (2006). Building corporate associations: Consumer attributions for corporate socially responsible programs. *Journal of the Academy of Marketing Science, 34*, 147–157.

Erxleben, C. (2013). 610 Tote nach Fabrikeinsturz, Kik-Geschäftsführer: ‚Das ist die Realität'. http://www.n-tv.de/panorama/Retter-finden-weitere-Ueberlebende-article10553751.html. Zugegriffen: 7. Jan. 2014.

Esch, F.-R., & Brunner, C. B. (2009). Sein und Schein. *Wirtschaftswoche, 50*, 40–42.

Fisher, C., Lovell, A., & Valero-Silva, N. (2013). *Business ethics and values.* Harlow: Pearson.

Foodwatch. (2011). Das Activia-Märchen, Teil II – Danones „umweltfreundlicherer" Becher entpuppt sich als Öko-Lüge, 26.07.2011. https://www.foodwatch.org/de/presse/pressemitteilungen/das-activia-maerchen-teil-ii-danones-umweltfreundlicherer-becher-entpuppt-sich-als-oeko-luege. Zugegriffen: 7. Jan. 2014.

Footwatch. (2012). Der Becher fällt nicht weit vom Joghurt-Stamm: Danones nachhaltiger Verpackungsschwindel. http://www.abgespeist.de/activia_becher/index_ger.html. Zugegriffen: 7. Dez. 2013.

Fournier, S. (1998). Consumers and their brands: Developing relationship theory in consumer research. *Journal of Consumer Research, 23*(4), 343–373.

Grassegger, H., & Brambusch, J. (2010). Trendgeschäft Biotextilien: Betrug mit angeblicher Biobaumwolle. http://www.ftd.de. Zugegriffen: 7. Dez. 2013.

Graupner, C., & Lesch, H. (27 Februar 2013). Arbeitsbedingungen in Textilfabriken Südostasiens: Alle stehen in der Pflicht. *Gewerkschaftsspiegel, 1.* Institut für Deutsche Wirtschaft. http://www.iwkoeln.de/de/infodienste/gewerkschaftsspiegel/beitrag/arbeitsbedingungen-in-textilfabriken-suedostasiens-alle-stehen-in-der-pflicht-106454. Zugegriffen: 7. Dez. 2013.

Greencarcongress. (2006). Ford L and Rover introduces Carbon Offset Program, 19.07.2006. http://www.greencarcongress.com/2006/07/ford_land_rover.html. Zugegriffen: 7. Jan. 2014.

Greenpeace. (2008). Klima-Schmäh von Land Rover. Newsartikel – 14 August 2008. http://www.greenpeace.org/austria/de/marktcheck/News/unterwegs/-2011/klima-schmah-von-land-rover. Zugegriffen: 7. Dez. 2013.

Herrmann, S. (2011). Danone zieht Kampagne für Umwelt-Becher zurück. werben & verkaufen, 16.11.2011. http://www.wuv.de/marketing/danone_zieht_kampagne_fuer_umwelt_becher_zurueck. Zugegriffen: 7. Dez. 2013.

Hessnatur. (2014). Unternehmensgeschichte. http://de.hessnatur.com/ueberuns/unternehmen/unternehmensgeschichte. Zugegriffen: 7. Jan. 2014.

Hovland, C. I., & Weiss, W. (1951). The influence of source credibility on communication effectiveness. *Public Opinion Quarterly, 15*(4), 635–650.

Hovland, C. I., Janis, I. L., & Kelley, H. H. (1953). *Communications and persuasion: Psychological studies in opinion change.* New Haven: Yale University Press.

Kazim, H., Klawitter, N., & Wagner, W. (2013). Bangladesch: Im Namen des Profits. *Der Spiegel, 18*, vom 29.4.2013. http://www.spiegel.de/spiegel/print/d-93419413.html. Zugegriffen: 7. Dez. 2013.

Klein, J. G., Smith, N. C., & John, A. (2004). Why we boycott: Consumer motivations for boycott participation. *Journal of Marketing, 68*, 92–109.

Land Rover. (2013). CO_2 offsetting. http://www.landrover.com/gb/en/lr/owners/co2-offsetting/co2-offsetting. Zugegriffen: 7. Dez. 2013.

Loew, T., Ankele, K., Braun, S. & Clausen, J. (2004). Bedeutung der internationalen CSR-Diskussion für Nachhaltigkeit und die sich daraus ergebenden Anforderungen an Unternehmen mit Fokus Berichterstattung, Bericht von future e.V. sowie dem Institut für ökologische Wirtschaftsforschung gGmbH, Münster und Berlin.

Luchs, M. G., Naylor, R. W., Irwin, J. R., & Raghunathan, R. (2010). The sustainability liability: Potential negative effects of ethicality on product preference. *Journal of Marketing, 74,* 18–31.

Luo, X., & Bhattacharya, C. B. (2006). Corporate social responsibility, customer satisfaction, and market value. *Journal of Marketing, 70*(4), 1–18.

Miele. (2014). Philosophie. https://www.miele.de/haushalt/philosophie-442.htm. Zugegriffen: 7. Dez. 2013.

Motzkau, M. (2013). Nachhaltigkeit in der Textilbranche: Sauber kaufen. *Spiegel online.* http://www.spiegel.de/wirtschaft/soziales/nachhaltig-kleidung-einkaufen-ist-schwer-a-900618.html. Zugegriffen: 7. Dez. 2013.

Nan, X., & Heo, K. (2007). Consumer responses to corporate social responsibility (CSR) initiatives. *Journal of Advertising, 36*(2), 64–74.

o. V. (2013). Kein Geld für Fabrikarbeiter in Bangladesch: Kik weist Kritik zurück, 25.7.2013. http://www.t-online.de/wirtschaft/unternehmen/id_64661472/kik-weist-kritik-zurueck-doch-hilfen-fuer-arbeiter-in-bangladesch.html. Zugegriffen: 7. Dez. 2013.

Reformhaus. (2014a). Unsere Geschichte: Wie alles begann: Am Anfang war die Idee. http://www.reformhaus.de/unsere-geschichte/wie-alles-begann-am-anfang-war-die-idee.html. Zugegriffen: 7. Jan. 2014.

Reformhaus. (2014b). Unsere Geschichte: das Reformhaus als Wegbereiter. http://www.reformhaus.de/unsere-geschichte/das-reformhaus-als-wegbereiter.html. Zugegriffen: 7. Jan. 2014.

Resch, J. (2013). Deutsche Umwelthilfe stoppt irreführende Werbekampagne von Danone. http://www.duh.de. Zugegriffen: 7. Jan. 2014.

REWE. (2014). Alles über REWE: Zahlen und Fakten zu REWE. http://www.rewe.de/servicenavigation/unternehmen/alles-ueber-rewe.html. Zugegriffen: 7. Jan. 2014.

Sen, S., & Bhattacharya, C. B. (2001). Does doing good always lead to doing better? Consumer reactions to corporate social responsibility. *Journal of Marketing Research, 38*(2), 225–243.

Siegle, L. (7 April 2012). Is H & M the new home of ethical fashion?: The world's second largest clothing retailer is trying to remake itself as a greener option. *The Observer.* http://www.theguardian.com/business/2012/apr/07/hennes-mauritz-h-and-m. Zugegriffen: 7. Dez. 2013.

Skarmeas, D., & Leonidou, C. N. (2013). When consumers doubt, watch out! The role of CSR scepticism. *Journal of Business Research, 66,* 1831–1838.

Stanaland, A. J. S., Lwin, M. O., & Murphy, P. E. (2011). Consumer perceptions of the antecedents and consequences of corporate social responsibility. *Journal of Business Ethics, 102*(1), 47–55.

Stiftung Deutscher Nachhaltigkeitspreis e. V. (2009). Deutschlands nachhaltigste Marke 2009: Frosch (Werner & Mertz GmbH). http://www.nachhaltigkeitspreis.de/files/1kurzbegruendung_frosch.pdf. Zugegriffen: 10. Jan. 2014.

Teevs, C. (2010). Textildiscounter in der Kritik: Kik-Beschäftigte klagen über katastrophale Zustände. http://www.spiegel.de/wirtschaft/unternehmen/textildiscounter-in-der-kritik-kik-beschaeftigte-klagen-ueber-katastrophale-zustaende-a-687646.html. Zugegriffen: 6. Jan. 2014.

The Body Shop. (2014). Our history. http://www.thebodyshop.com/content/services/aboutus_history.aspx. Zugegriffen: 10. Jan. 2014.

Webb, D. J., & Mohr, L. A. (1998). A typology of consumer responses to cause-related marketing: From skeptics to socially concerned. *Journal of Public Policy & Marketing, 17*(2), 226–238.

Webley, S., & More, E. (2003). *Does business ethics pay?* London: Institute of Business Ethics (IBE).

Yoon, Y., Gürhan-Canli, Z., & Schwarz, N. (2006). The effect of corporate social responsibility (CSR) activities on companies with bad reputations. *Journal of Consumer Psychology, 16,* 377–390.

3M. (2014). Alles über 3M: Ethisches Geschäftsverhalten. http://solutions.3mdeutschland.de/wps/portal/3M/de_DE/Corporate/About/Policy/Sustainability. Zugegriffen: 10. Jan. 2014.

Dr. Christian Boris Brunner ist Lecturer in Consumer Research am Department for Food Economics and Marketing der University of Reading, UK sowie Research Fellow am Center for Corporate Citizenship an der Katholischen UnIversität Eichstätt-Ingolstadt. Seine Arbeitsgebiete liegen in Werbung und Branding, Markenarchitekturen sowie Corporate Social Responsibility.

Markenkraft in Richtung Shareholder und Kapitalmarkt einsetzen

20

Jörn Redler und Franz-Rudolf Esch

Zusammenfassung

Starke Marken sichern und stärken den Unternehmenswert. Deshalb sind sie für aktuelle wie potenzielle Shareholder von hohem Interesse. Dies wiederum ist genau der Grund, warum Marken unweigerlich als wichtiges Thema der Kapitalmarktkommunikation fugieren. Hinzu kommt ein weiterer Aspekt: Marken beeinflussen ganz unvermeidlich auch die Akteure auf Finanzmärkten. Aus einer instrumentellen Perspektive ist die Nutzung der Markenstrahlkraft ein sehr relevanter Baustein für die langfristige Beeinflussung dieser Anspruchsgruppe. In diesem Kapitel werden wichtige Zusammenhänge zwischen Marken und Shareholdern näher betrachtet. Besonderheiten für die Positionierung und die Kommunikation werden herausgearbeitet und Eckpunkte für ein Brand Reporting erläutert.

20.1 Zusammenhang Shareholder und Markenkraft verstehen

Marken beeinflussen den Menschen. Sie fungieren durch die aufgebauten Vorstellungsbilder wie positive Vorurteile, denen sich niemand komplett entziehen kann – so sachlich-rational man auch agieren mag. Obgleich man mit Blick auf Investoren und Börsen

---

J. Redler (✉)
Duale Hochschule Baden-Württemberg (DHBW), Mosbach, Deutschland
E-Mail: redler@dhbw-mosbach.de

F.-R. Esch
EBS Universität für Wirtschaft und Recht, Oestrich-Winkel, Deutschland
E-Mail: Franz-Rudolf.Esch@ebs.edu

© Springer Fachmedien Wiesbaden 2014
F.-R. Esch et al. (Hrsg.), *Corporate Brand Management*,
DOI 10.1007/978-3-8349-3862-6_20

gern dem Mythos folgen möchte, dass dort ausschließlich nach rationalem Kalkül agiert wird: auch Kapitalmärkte unterliegen den in der Psyche von Menschen ablaufenden subjektiv-automatischen Mechanismen, die den Markeneffekt ausmachen. Dies ist so, weil die Akteure Menschen sind. Und Menschen entziehen sich einem Markeneinfluss nicht.

Vertreten wird diese Erkenntnis nicht nur aus verhaltenswissenschaftlicher Markensicht. Auch in der finanzwirtschaftlichen Forschung finden derartige Einsichten immer weitere Verbreitung. Mit dem Begriff *Behavioral Finance* haben sie mittlerweile einen eigenständigen Ausdruck bekommen (dazu z. B. Shefrin 2000; Mathews 2013; Peteros und Maleyeff 2013).

Dazu Esch und Roth (2003, S. 177): „Der Mythos rationaler Kapitalmärkte ist tot."

Starke Marken schaffen Vertrauen (Esch 2012, S. 6 ff. sowie dortige Quellen). Dies erzeugt Sicherheit und Vereinfachung bei den Adressaten der Marken. Eben dieser Aspekt ist einer der am häufigsten angeführten Nutzen von Marken (z. B. Keller 2003, S. 8 f.). Gerade der Faktor Vertrauen hat insbesondere bei Anlegern auf Kapitalmärkten eine immense Bedeutung, wie Wiedmann und Wüstefeld (2011) mit ihren Untersuchungen aufzeigen. Auch nach diesem Argument kommt man folglich nicht umhin, Marken als signifikante Hebel auch für Finanzmärkte auffassen zu müssen.

Das systematische Management der Erwartungen an Kapitalmärkten stellt heute eine Kernaufgabe vieler Unternehmen dar (Achleitner und Wichels 2003, S. 51). Folgt man den obigen Überlegungen, kommt der gezielten Nutzung von Markenkraft dabei eine gewichtige Rolle zu. Ihre gezielte Nutzung sollte daher die Grundlage eines Vermarktungskonzeptes in Richtung der entsprechenden Stakeholder-Gruppen sein.

Zu den spezifischen Zielgruppen von Investor Relations bzw. der Finanzmarktkommunikation – damit für die gezielte Nutzung von Markenkraft zur Beeinflussung – zählen aktuelle und potenzielle *Fremdkapitalgeber* oder aktuelle und potenzielle *Anteilseigner* (private oder institutionelle Anleger). Daneben sind Meinungsbildner wie Ratinganalysten oder Sell-Side-Analysen relevant (Holder und Brummel 2008, S. 247; auch Kirchhoff und Piwinger 2007; sowie Schnorrenberg 2008, S. 141 ff.). Derartige Bestrebungen dienen, um Kapitalbeschaffungsmöglichkeiten zu sichern, Kapitalkosten zu senken, feindliche Übernahmen zu vermeiden bzw. Krisen gut zu bewältigen, Beteiligungsstrukturen zu beeinflussen oder eine stabile Börsenbewertung zu erhalten (Kirchhoff und Piwinger 2007, S. 726 ff.; Holder und Brummel 2008, S. 246).

Bei der Diskussion der Gemengelage von Kommunikation, Vertrauen und Aktienkauf konstatieren Wiedmann und Wüstefeld (2011): „Vertrauensbildung zeichnet sich durch Kontinuität, Stimmigkeit, Verlässlichkeit sowie Fairness und Sicherheit aus." Genau dies sind die Kennzeichen durchdachter und guter Markenführung!

Starke Marken sind also wichtige Beeinflussungsinstrumente. Daneben sind sie auch als wichtige Treiber des Unternehmenswerts erkannt und erhöhen insofern auch die Preisprämienbereitschaft von Anlegern. Laut PriceWaterhouseCoopers wird bis zu 50 % des Unternehmenswertes durch den Wert der Marke erklärt (PriceWaterhouseCoopers et al.

20 Markenkraft in Richtung Shareholder und Kapitalmarkt einsetzen

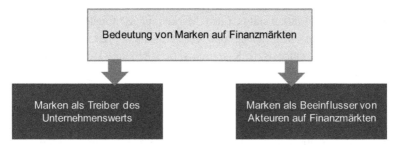

Abb. 20.1 Wirkungsmomente von Marken auf Finanzmärkten

2006). Mindestens zwei Momente bestimmen demnach die hohe Bedeutung von Marken auf dem Beteiligungs- bzw. Finanzmarkt (s. Abb. 20.1):

- Die Marke als Asset und Werttreiber, welche das Eigentümer-Unternehmen attraktiv macht (Asset-Funktion): Der Shareholder Value wird durch den Markenwert gesteigert (s. dazu auch den folgenden Abschnitt in diesem Kapitel).
- Die Marke als Beeinflusser der Akteure auf Finanzmärkten (Instrumental-Funktion): Marken fungieren als Vertrauensanker und beeinflussen Wahrnehmen, Denken, Fühlen und Handeln.

▶ Neben ihrer Eigenschaft als immaterieller Unternehmenswert sind starke Marken auch wegen ihrer Beeinflussungswirkung in Richtung der Finanzmarktakteure in hohem Maße wertvoll.

Beeinflussungsprozess. Die systematische Nutzung von Markeneffekten in Richtung der Anspruchsgruppe Shareholder setzt ein entsprechendes Konzept voraus, das die Analyse-, Ziel-, Maßnahmen- und Kontrollebene aus Markenperspektive aufgreift (s. Abb. 20.2):

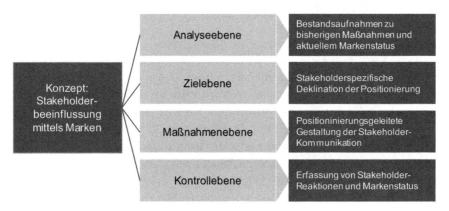

Abb. 20.2 Ebenen eines Konzepts zur Shareholderbeeinflussung mittels Marken

1. *Analyseebene*: Der Markenstatus (also Markenimage, Einstellung zur Marke und Bekanntheit) für die Anspruchsgruppe der relevanten Shareholder ist zu erfassen. Zudem sind aktuell eingesetzte Kommunikationsinhalte, -kanäle, und -maßnahmen systematisch abzubilden.
2. *Zielebene*: Die Positionierung ist so auf die Anforderungen der Shareholder abzustimmen, dass Relevanz erreicht wird. Dabei kann jedoch die Grundpositionierung der Corporate Brand nicht verlassen werden. Dies bedeutet eine Shareholder-spezifische Deklination der Positionierung. Dies wird im Abschn. 3.3 näher erläutert.
3. *Maßnahmenebene*: Die Kommunikation der Marke in Richtung Shareholder ist zu gestalten. Sie muss am Beeinflussungsziel ausgerichtet werden, die gewählte spezifische Positionierung langfristig optimal verankern und instrumentellen Besonderheiten gerecht werden. Mit diesen Aspekten befassen sich die Abschn. 3.5 und 3.6.
4. *Kontrollebene*: Für den erforderlichen Soll-Ist-Vergleich muss der Markenstatus regelmäßig erhoben werden. Nur auf diese Weise sind die langfristigen Beeinflussungswirkungen feststellbar. Die Ausbildung eines entsprechenden Kontroll-Cockpits ist empfehlenswert.

Börsenwerte werden in hohem Maße von Erwartungsprämien und nicht vom realen Wert oder Fundamentalfaktoren getrieben. Der Anteil dieser Erwartungsprämien ist zwar nach Branche unterschiedlich, aber nicht zu leugnen. So zeigt eine Analyse von über 4.000 börsennotierten Unternehmen weltweit, dass bei 8 von 13 Branchen die Erwartungsprämie der Top-Performer über 50 % des Gesamtwertes prägt (zitiert nach Meerkat 2001). Erwartungsprämien sind von emotionalen Urteilen beeinflusst, die z. B. auf die Profile der Vorstandsvorsitzenden, aber auch auf das Markenimage rekurrieren (Simon et al. 2000, S. 33). Marken als „Vorurteile" sind eine wichtige Determinante für die Bildung der Erwartungsprämien. Markenführung kann entsprechend als ein aktives Management der Erwartungsprämien verstanden werden. Dies ist wirksam, weil sie auf Menschen abstellt, die eben nicht nur rational handeln, sondern permanent psychologischen Verzerrungen unterliegen und auch Gefühlen, Wünschen und Träumen folgen (auch Esch und Roth 2003, S. 179).

20.2 Wertschöpfungspotenziale einer Corporate Brand verdeutlichen

Marken sind Vermögenswerte des Unternehmens. Um dem Rechnung zu tragen, sind Ansätze der *wertorientierten Markenführung* entwickelt worden. Diese betrachten neben dem generierten Cashflow oder operativen Markengewinn (Einzahlungen minus Auszahlungen) auch die Kosten des dafür investierten Kapitals (Haedrich et al. 2003, S. 202). Als Zielgröße wird hier also der Beitrag der Marke zum Unternehmenswert gesteuert. Die Entwicklung derartiger Denk- und Steuergrößen kann als Beleg gesehen werden, dass die wertbildenden Potenziale von Marken anerkannt sind.

In ihrer vielfach bemühten Studie zeigen Court et al. (1999) anhand von 130 Unternehmen (überwiegend Fortune 500), dass die Rendite für Shareholder bei starken Marken um fast 2 % über dem Unternehmensdurchschnitt liegt, während die bei schwachen Marken um ca. 3 % darunter (s. auch Abb. 20.3). *Markenstärke und Rendite hängen also zusammen*. Für einen Zeitraum von 5 Jahren wurde zudem aufgezeigt, wie starke Marken klar

20 Markenkraft in Richtung Shareholder und Kapitalmarkt einsetzen

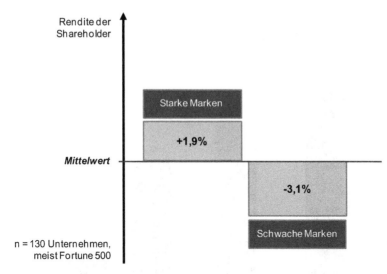

Abb. 20.3 Shareholder-Renditen nach Markenstärke. (Quelle: Court et al. 1999)

über dem Standard & Poor's-Index liegen (Joas und Oferhaus 2001). Interbrand verglich Renditen von Portfolios mit starken Marken mit der Performance von Börsenindizes für einen Zeitraum von sieben Jahren. Hier zeigte sich: Die monatliche Rendite des Portfolios mit starken Marken lag 55 % über dem Marktschnitt – bei sogar besseren Risikoindikatoren (Lindemann 2002, S. 48).

▸ Die Wertschöpfungskraft von Marken wirkt auf den Aktienkurs der markenführenden Unternehmens.

Markenwerte erklären auch erhebliche Teile des Unternehmenswerts (PriceWaterhouseCoopers et al. 2006). Allerdings ist der Anteil dabei branchenabhängig (Esch 2012; s. Abb. 20.4).

Interbrand hat bereits vor mehr als 10 Jahren ermittelt, dass *im Durchschnitt ein Drittel des Shareholder Values durch Marken erwirtschaftet* wird (Lindemann 2012, S. 47). Dieser Wert dürfte heute sogar höher liegen. Wertschöpfung durch Markenkraft ist nicht zu leugnen.

Kirchhoff und Piwinger (2007, S. 734) weisen auf weitere bedeutsame Zusammenhänge hin:

- Aktien profilierter Corporate Brands weisen langfristig eine bessere Wertentwicklung auf als jene von Unternehmen, die allein auf Produktmarken setzen.
- Die Bereitschaft zum Aktienkauf steigt mit der Klarheit des Markenbildes.
- Analysten lassen den Wert einer Marke zunehmend in die Unternehmensbewertung einfließen.
- Starke Marken befördern ein Grundvertrauen in eine Aktie, das Effekte von kurzfristigen negativen Einflüssen reduziert.

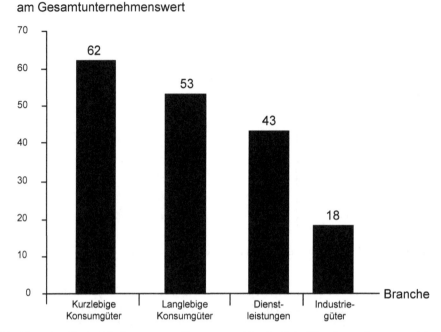

Abb. 20.4 Anteile des Markenwerts am Börsenwert. (Quelle: PriceWaterhouseCoopers und Sattler 1999, S. 12)

Ein anderer Aspekt betrifft die *Wachstumspotenziale*, die durch den Aufbau von starken Marken geschaffen werden (dazu Esch 2012, S. 14 f.; Redler 2014): Markendehnungen, Markenlizensierungen, Markenallianzen sind bspw. strategische Optionen, die über eigene starke Marken erst möglich werden. Optionen, die sich bei ihrer Realisierung schließlich auch in entsprechenden Zahlungsströmen ausdrücken, den Unternehmenswert steigern und von Shareholdern entsprechend zu honorieren wären.

▶ Starke Marken ermöglichen Wachstum. Wachstum treibt den Unternehmenswert. Auch deswegen sind Marken für Shareholder wichtige Wertschöpfer.

20.3 Bei der Positionierung auf Spezifika von Shareholdern eingehen

Corporate Brands haben mit der Besonderheit zu kämpfen, dass es nicht nur um eine Kundengruppe geht, für die die Positionierung zu definieren ist. Vielmehr geht es bei einem Unternehmen gleichzeitig um mehrere Anspruchsgruppen (z. B. Kunden, Geldgeber, Mitarbeiter, Bewerber) mit zum Teil sehr unterschiedlichen Bedürfnissen (s. dazu

Abb. 20.5 Zielgruppenspezifische Deklination der Positionierung. (Quelle: Redler 2012, S. 11)

die einführenden Kapitel in diesem Buch). Jede Anspruchsgruppe hat ihre Besonderheiten bezüglich einer hinreichenden Profilierung, so auch die Shareholder. Das bedeutet einerseits: Eine Positionierung für die Unternehmensmarke muss so ausgestaltet sein, dass sie mit ihrem Kern zumindest keiner Anspruchsgruppe im Wege steht. Andererseits sind Spezifizierungen pro Anspruchsgruppe meist unumgänglich. Somit empfiehlt es sich, in den zwei Welten „Kern" und „spezifische Deklination" zu denken (Redler 2012, S. 11; s. Abb. 20.5). Die Deklination verschiebt Schwerpunkte, verändert jedoch nichts am generell zu zeichnenden Bild.

Eine shareholder-spezifische Deklination bedeutet demnach: Eine Positionierung wählen, die es ermöglicht,

- dass die Corporate Brand *in der Wahrnehmung aktueller und potenzieller Shareholder* eine eigenständige Position erlangt und
- dass mit der Positionierung *in der Wahrnehmung aktueller und potenzieller Shareholder* relevante Aspekte bedient werden.

Dies kann erfolgen, indem bestimmte Markenattribute stärker betont oder konkretisiert werden oder indem relevante, aber insgesamt kompatible Attribute ergänzt werden.

Der Positionierungskern der Corporate Brand darf jedoch nicht verlassen werden. Auch ist zu beachten, dass die Positionierung langfristig verfolgbar sein muss.

▶ Wie muss die Positionierung gestaltet werden, damit die Marke FÜR DIE SHAREHOLDER relevante Aspekte bedient, sich von anderen Marken als Anlageoptionen abgrenzt und dabei den Positionierungskern der Marke nicht verlässt?

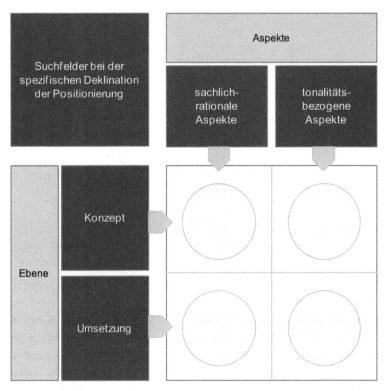

Abb. 20.6 Suchrichtungen einer stakeholder-spezifischen Deklination der Positionierung

Hinsichtlich der Nutzenargumentation als Teil der Positionierung (Konzeptebene) sind für die Shareholder speziell die Fragen

- Warum ist die Marke eine attraktive Anlage?
- Warum ist das Risiko für diese Marke kontrollierbar?

zu beantworten (Tomczak und Coppetti 2004, S. 280). Manchmal spricht man in diesem Zusammenhang auch von der sog. „Equity Story".

Neben solchen sachlich-rationalen sind gleichzeitig auch tonalitätsbezogene Aspekte der Positionierung shareholder-spezifisch ausgestaltbar. Diese beziehen sich auf emotional-beziehungsbetonte, das Selbstverständnis betreffende Facetten. So kann eine Marke auf diesen Kriterien bspw. als „kühl", „elegant" oder „kumpelhaft" positioniert werden, um darüber eine Abgrenzung zu erhalten. Die Diskussion der spezifischen Deklination der Positionierung muss sich zudem sowohl auf die Konzept- wie auch die Umsetzungsseite der Positionierung beziehen (s. Abb. 20.6). Die Konzeptebene betrifft dabei die Klärung grundsätzlicher Fragen der Positionierung (in diesem Kontext insb. der Abgrenzungsidee und der Relevanz), die Umsetzungsebene Fragen des geeigneten (also integrierten, wahrnehmbaren und eigenständigen) Transports der Idee (Esch 2012, S. 166 f.). Die Konzeptebene kommt dabei den Zielsetzungen gleich, an der sich die Umsetzungen messen lassen müssen. Wichtig: Auf beiden Ebenen sind Ausgestaltungen möglich, die einer spezifischen Deklination Rechnung tragen.

20.4 Shareholder Value nicht falsch interpretieren und Kurzfristdenken überwinden

Ein Grundprinz der Markenführung ist die Langfristorientierung. Der Aufbau von Marken erfordert oft regelmäßigen, insb. anfangs hohen Mitteleinsatz. Das Überschreiten einer Mindestschwelle beim Kommunikationsdruck sowie die Konstanz in den ausgesendeten Signalen sind nach verbreiteter Auffassung elementar für entsprechende Lernwirkungen bei den Adressaten. Elementar somit auch für die Markenwertschaffung. Markenaufbau ist die Investition in den *Aufbau von Vorurteilen bei bestimmten Anspruchsgruppen, die mittel- bis langfristig wirken und sich dann rentieren* – da das Wahrnehmen, Denken, Fühlen und Handeln beeinflusst wird.

Analog wird aus der Perspektive des Relationship Marketings die Bedeutung von Marken betont (z. B. Bruhn et al. 2004); Marken werden hier als Instrument für die langfristige Bindung ausgewählter Kunden angesehen. Ökonomische Messkonzepte, die sich mir den Werten entsprechend gebundener Kunden befassen, sehen daher auch bereits eine Bewertung der generierten Cashflows über die gesamte „Lebensdauer" des Kunden vor. Auch für Marken müsste entsprechend mehrperiodig, also nicht zu kurzfristig, gedacht werden. Dem Prinzip „Markenführung" liegt also eine Zahlungsreihe zugrunde, die mit markeninduzierten Auszahlungen beginnt, die mittelfristig durch markeninduzierte Einzahlungen überkompensiert werden (s. Abb. 20.7). Entsprechend müsste für die Bewertung in der Kategorie eines *mehrperiodigen Kapitalwerts* gedacht werden.

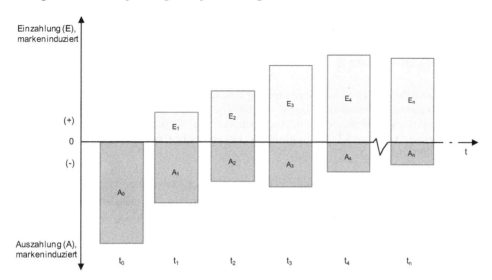

Abb. 20.7 Zahlungsreihenstruktur der Markenführung (Prinzipdarstellung)

▶ Markenengagement wirkt zeitversetzt und zahlt sich erst mittelfristig aus. Markenerfolg muss somit stets mehrperiodig bewertet werden.

Dieser aus Markensicht plausiblen Haltung wird jedoch in der Praxis nur selten wirklich Rechnung getragen. So komplex die Gründe dafür sein mögen, an zumindest drei Themenkreisen können dennoch Ursachen vermutet werden (Esch 2012):

1. eine (falsch verstandene) Ausrichtung am Shareholder-Value
2. der Zwang zum Quartalsreporting
3. die Realität im System Unternehmung

Zu 1: Der Shareholder-Value-Ansatz, oft in der wirtschaftstheoretisch fundierten BWL verortet gesehen (Wöhe und Döring 2014, S. 7), postuliert die Vorrangstellung der Eigenkapitalgeber, da bei ihnen Risiko und Leistungskompetenz zusammenlaufen (Wöhe und Döring 2014, S. 7 f.). Mit diesem Ansatz wird eine aktive Steuerung des Unternehmenswertes bzw. des Börsenkurses verfolgt – als Ausdruck einer stärker kapitalmarkt- und wertorientierten Unternehmenssteuerung (Thommen und Achleitner 2012, S. 545). Dem Shareholder Value-Ansatz folgend sollen alle Aktivitäten des Unternehmens, also auch Marketingaktivitäten, daran gemessen werden, inwieweit sie zu Steigerung des Shareholder Value beitragen (Stahl et al. 2006). Eine direkte Konsequenz wäre es daher, Marketingaktivitäten aus dem Blickwinkel langfristiger Investitionen zu sehen, die einen entsprechenden Beitrag leisten (Stahl et al. 2006) – und z. B. konsequent auf die Anwendung diskontierter Cashflows als Maßstab zu setzen. Marken wären an ihrem Beitrag zur Steigerung des Unternehmenswertes zu bewerten. Zu schaffender Wert ist letztlich stets abhängig von den Möglichkeiten, langfristig und nachhaltig wachsende Cashflows zu erzeugen (West et al. 2010, S. 500).

Dennoch zeigt sich, dass sich Aktienmärkte stark auf eine Kurzfristorientierung von Quartalsgewinnen ausrichten und langfristige Unternehmensentwicklungen eher aus dem Fokus heraus rücken (auch Aaker und Jacobson 1994). Die Börse bestraft vereinzelt sogar langfristige Investitionen (Esch 2002).

Coca-Cola verfügt laut Interbrand über einen der weltweit höchsten Markenwerte. Dennoch büßte Coca-Cola phasenweise rund 50 % des Börsenwerts ein, was u. a. durch die hohen Kosten für eine neue Werbekampagne begründet wurde. Die Investitionen in Wachstumspotenzial durch Stärkung von Bekanntheit und klarem Image wurde nur als Kosten gesehen und von Anlegern bestraft (Esch und Roth 2003, S. 183).

Die Anreize sind groß, langfristige Perspektiven einer konstanten Markenführung von langer Hand gegen kurzfristige, aktionsgetriebene Gewinne zu tauschen (Tomczak und Coppetti 2004, S. 287). Beim Thema Marke wird scheinbar nach wie vor weniger in Investitionen denn in laufenden Kosten gedacht.

Zu 2: Im Kontext des Finanzmarkts sind zahlreiche rechtliche Bestimmungen und Fristen zu beachten. Diese sind in hohem Maße dem Anlegerschutzgedanken verpflichtet, nicht aber an Markenerfordernissen ausgerichtet. Sie schaffen eine Maßgeblichkeit, die auf die Markenrealität durchschlägt, weil sich Manager daran ausrichten müssen. So sind (je nach Voraussetzungen des Unternehmens) bzw. Jahresabschlüsse und Quartalsberichte zu bestimmten Terminen vorgeschrieben. Solche prominenten „Bühnen" erlauben dann quasi keine Rückschritte, sie fordern das „Höher und Weiter". Es ist nur zu logisch, dass die Akteure folglich die Energie vorrangig auf den jeweils nächsten Publikationstermin richten, denn daran wird das Unternehmen gemessen und daran werden auch sie gemessen. Auf internationalen Aktienmärkten richtet sich der Fokus klar auf die kurzfristige Optimierung der Quartalsergebnisse. Dies sind die Spielregeln, die eben dort zählen. Spielregeln, die für eine Langfristorientierung jedoch nicht die richtigen Anreize setzen.

Zu 3: Hinzu kommen Probleme, die von Unternehmensstrukturen und internen Anreizsystemen ausgehen. Allzu oft sind interne Kontroll- und Entlohnungsmechanismen für Markenverantwortliche nur an kurzfristigen und rein ökonomischen Erfolgsgrößen ausgerichtet. Beiträge zu langfristigen Markenpräferenzen bleiben in weiten Teilen unberücksichtigt (Kapferer 1992, S. 31). Es ist somit vollkommen logisch, dass von den Handelnden die Strategien an den Fristen der Erfolgsbewertung ausgerichtet werden (ebenda). Zudem wechselt die Verantwortlichkeit für Marken, Markenkommunikation und auch Finanzmarktkommunikation meist vergleichsweise schnell. Da sich aus Sicht der Mitarbeiter, die die Verantwortung übernehmen, oft die eigene Karriere als Maßstab für das Handeln darstellen muss, besteht kein Anreiz, sich überdauernden Themen zu stellen. Vielmehr sind kurzfristige Erfolge ihrer Arbeit im Fokus (dazu auch Esch 2008, S. 52).

▶ Eine Kurzfristorientierung muss aus Markensicht vermieden werden. Dazu müssten (u. a. Esch 2002)
- markeninduzierte Auszahlungen als Investitionen denn als Kosten bewertet werden,
- das Verständnis von Marken als Schöpfer von Unternehmenswert verbreitert werden,
- der Wertschöpfungsstatus der jeweiligen Marken sichtbar gemacht werden,
- Anreizsysteme in Unternehmen eher auf langfristige Markenindikatoren ausgerichtet werden,
- häufige Wechsel von Markenverantwortungen reduziert werden.

20.5 Besonderheiten der Finanzmarktkommunikation kennen und berücksichtigen

Bei der Gestaltung von Markenkommunikation im Kontext von Shareholdern werden Besonderheiten der Finanzmarktkommunikation relevant.

Inhaltliche Besonderheiten sehen Als Grundsätze einer Finanzmarktkommunikation sind allgemein zu beachten (Holder und Brummel 2008, S. 257):

a. Sicherung von Aktualität
b. Sicherung von Kontinuität
c. Sicherung von Nachvollziehbarkeit durch Klarheit und Vergleichbarkeit
d. Sicherung von Standards der Corporate Governance

Erwartet wird eine transparente und eine *wertorientierte Berichterstattung* (Value Reporting). Dieses sollte über die gesetzlich vorgeschriebenen Mindeststandards hinausgehen und vor allem die *Werttreiber* des Unternehmens besprechen. Konsequenterweise müssten damit auch Marken als Werttreiber berichtet werden. Solche Angaben sind möglichst mit Grundsatzinformationen zu verbinden, z. B. zu Geschäftsmodell, Wertschöpfungsbereichen, Mitarbeitern, Management, Historie, Kernkompetenzen etc. (Holder und Brummel 2008, S. 249 f.). Relevant sind Einblicke in zukünftige, zusätzliche Umsatzpotenziale (Kirchhoff und Pirwinger 2007, S. 734). Hier liegt die *Verknüpfung mit Ausführungen zu Marken* erneut auf der Hand: Welche Marken werden in welchen Rollen geführt? Welche Werte besitzen diese? Welche Potenziale bergen sie, wenn sie gepflegt bzw. in sie investiert wird? Wo sind Markenakquisitionen relevant?

▶ Finanzmarktkommunikation muss auch hinsichtlich der Markenstategien, -investitionen und -paybacks transparent sein.

Da man jedoch nicht davon ausgehen kann, dass Investoren und Analysten hinreichend mit den Mechanismen der Markenführung vertraut sind (Tomczak und Coppetti 2004, S. 275), besteht die Gefahr, dass die Markenassets selbst bei zielführender Informationslage bei Bewertungen nur unzureichend berücksichtigt werden (ebd.). Daher ist im Kontext auch „edukative Informationsarbeit" (Tomczak und Coppetti 2004, S. 275) zu fordern, also Aufklärungsinformation über Markenbegriffe, Wertschöpfungspotenziale, Wirkmechanismen, etc.

Erwartet wird ferner eine klare Berichterstattung zur Performance (Holder und Brummel 2008, S. 257), insb. in den Geschäftsberichten (Financials). Aus Markenperspektive sind daher *Schlüsselkennzahlen zur Marke* erforderlich, Indikatoren für ihre aktuellen und zukünftigen Wertsteigerungsbeiträge – auch im Wettbewerbsvergleich. Allerdings bestehen massive Probleme durch *fehlende oder unzulängliche Markenbewertungsmaßstäbe* (Esch und Roth 2003, S. 179 f.).

Regulatorische Besonderheiten und Tragweite beachten Die Finanzmarktkommunikation unterliegt engen privatwirtschaftlichen wie gesetzlichen Regelungen, sowie auch Zeitvorgaben und Terminsetzungen für eine pflichtgemäße Information in Richtung Finanzmärkte (Kirchhoff und Piwinger 2007, S. 725, 733). Publizitätspflichten, Rechnungslegungsvorschriften oder Börsenzulassungsverordnungen sind hier stellvertretend zu nennen. Insgesamt gesehen gehen die Aufgaben aber weit über Routinen bei Geschäftsberichten und einer jährlichen Hauptversammlung hinaus. Piwinger (2005) argumentiert, dass durch die sehr *herausgehobene Stellung der strategischen Finanzmarktkommunika-*

tion letztlich sogar erst der wertschöpfende Charakter derselben stark in den Wahrnehmungsbereich gerückt ist. Die herausragende Bedeutung wird einerseits damit begründet, dass die sog. Investor Relations (IR) die anderen Teile der Unternehmenskommunikation vor sich hertreiben und im Management hohe Aufmerksamkeit und Akzeptanz genießt, da ja Unternehmensvorstände selbst Kommunikationsaufgaben innerhalb der IR wahrnehmen (Kirchhoff und Piwinger 2007, S. 725). Andererseits: „Schätzungen zufolge können bis zu 40 % des Kurswertes einer Aktie von der Kommunikation abhängen." (Kirchhoff und Piwinger 2007, S. 739)

Finanzmarktkommunikation als Markenkommunikation verstehen Effiziente Kommunikationsarbeit in Richtung der Anspruchsgruppen Shareholder und Finanzmarkt hat einen erheblichen Anteil an der allgemeine Wertschöpfung des Unternehmens, da das Unternehmen an den Finanzmärkten täglich analysiert und bewertet wird, so Kirchhoff und Piwinger (2007, S. 734). Die Inszenierungsformen einer solchen Kommunikation erhalten somit eigenen Nutzencharakter – sie stellen Investitionen in die Reputation des Unternehmens dar (Kirchhoff und Piwinger 2007, S. 734). Anders ausgedrückt bedeutet dies nichts anderes, als bei den Anlegerzielgruppen starke Marken mit entsprechenden Vertrauens- und Beeinflussungswirkungen zu schaffen.

Es ist also nicht überraschend, dass Images zu Unternehmen, Corporate Brands, inzwischen als wettbewerbsbestimmende Größe angeführt werden (Kichhoff und Piwinger 2007, S. 734). Hinlänglich bekannt ist, dass Aktien profilierter Corporate Brands langfristig eine bessere Wertentwicklung zeigen als jeden von Unternehmen, die allein auf Produktmarken setzen (ebenda).

Kirchhoff und Pirwinger (2007, S. 726) betonen, dass es bei der Finanzmarktkommunikation darum geht, den Bekanntheitsgrad zu steigern, das Unternehmen zu positionieren und das Image entsprechend positiv zu beeinflussen. *Aus der Markenperspektive geht es damit 1 zu 1 um die Schaffung und Pflege einer starken Marke bei der Zielgruppe Shareholder/Investoren!*

▶ Finanzmarktkommunikation berichtet über Marken und ihre Eckdaten. Finanzmarktkommunikation ist aber auch selbst stets Markenkommunikation.

Instrumentelle Besonderheiten berücksichtigen und gezielt nutzen IR sind, verallgemeinert gesprochen, der finanzmarktbezogene Teil der Unternehmenskommunikation (Kirchhoff und Piwinger 2007, S. 724). Sie bilden also die Kommunikation in Richtung aktueller und potenzieller Shareholder ab. Nach Hofer (2003, S. 38) zählen Geschäftsberichte, Medienwerbung, allgemeine PR oder gezielte Beziehungspflege zu den wichtigsten Instrumenten in diesem Bereich. Aber auch die *Marke* wird in diesem Kontext als Instrument genannt. Wichels (2002, S. 22) gliedert genauer auf, indem er einerseits innen- und *außengerichtete Maßnahmen* differenziert, andererseits zwischen persönlichen und unpersönlichen Aktivitäten unterscheidet. Zu den nach außen gerichteten werden u. a. gezählt:

- Hauptversammlung
- Geschäftsbericht
- Quartalsbericht
- Börsenprospekt
- Unternehmenspräsentationen
- Analysten- oder Investorenkonferenzen
- Conference Calls
- Aktionärsbriefe
- Finanzanzeigen
- Presse- und Investormeldungen
- Factbook
- Roadshows und persönliche Gespräche

Eine herausragende Bedeutung für die Investor Relations nehmen inzwischen sog. *Online-Tools* ein (s. auch den Beitrag zu neuen Kommunikationsinstrumenten in diesem Buch). Erwähnenswert sind dabei insb. eigene Inhalte auf den selbst betriebenen IR-Websites sowie die Einbindung von Sozialen Medien in die Website bzw. die eigene Aktivität in sozialen Medien (Zerfass und Koehler 2012). Share-Buttons, Webcasts, Videos, Podcasts und Weblogs sind dabei die wichtigsten Instrumente von DAX-Unternehmen auf deren IR-Websites. Zu den am häufigsten genutzten externen Plattformen der Sozialen Medien zählen im IR-Kontext Twitter, Stock-Twits, Facebook, Youtube, Google+ und Flickr (Zerfass und Koehler 2012, S. 29). Einer Einteilung von Holder und Brummel (2008, S. 257) folgend sind diese eher den *passiven Instrumenten* zuzuordnen, da sie tendenziell Informationen zum Abruf bereithalten und keine zweiseitige Kommunikation ermöglichen. Aktive Instrumente (z. B. Gespräche im Rahmen von Roadshows oder Analystenkonferenzen) eröffnen hingegen die Möglichkeit des zweiseitigen Austauschs.

Die *Instrumentenwahl* richtet sich dabei allgemein nach den verfolgten Zielen sowie der spezifischen Anspruchsgruppe (Achleitner und Wichels 2003, S. 60). Im Gegensatz zur Absatzmarktkommunikation ist eine *selektive Politik wenig sinnvoll* und zum Teil sogar rechtlich problematisch (Achleitner und Wichels 2003, S. 60 f.). Jedoch sollte mit den einzelnen Instrumenten den besonderen Anforderungen der enthaltenen Sub-Zielgruppen (s. oben) möglichst gut Rechnung getragen werden. Denn nicht jedes Instrument ist für jede Gruppe gleich gut geeignet. So sind für Analysten weniger die Darlegungen zu Standard-Geschäftszahlen von fokalem Interesse, vielmehr beziehen sie ihre Informationen aus den regelmäßigen persönlichen Kontakten und Hintergrundgesprächen mit dem Unternehmen (Schnorrenberg 2008, S. 142). Somit sind letztere für diese Teilgruppe besonders wirkungsstarke Instrumente. Oder Finanzjournalisten: Sie sind an „frischem" und möglichst exklusivem Nachrichtenwert interessiert. Aufgrund enger Terminkalender sind Journalisten aber oftmals nicht in der Lage, an besonders aufwändigen Veranstaltungen teilzunehmen oder Einladungen zu langen Gesprächen zu folgen. In Bezug auf diese Gruppe sind daher Instrumente relevant, die Facts komprimiert und klar, möglichst mit einem „Anlass", zum richtigen Zeitpunkt darbieten. Dementsprechend spielen hier nach wie vor Pressemitteilungen, Nachrichtenportale und schnell und zielgerichtet arbeitende

Presseansprechpartner eine bedeutende Rolle. Wieder anders ist die Lage bei Kleinanlegern. Beispielsweise wurden bei großen Börsengängen wie denen von Telekom oder Deutsche Post mit hohem Budgeteinsatz Maßnahmen der Massenkommunikation eingesetzt, um Kleinanleger initial zu überzeugen. Zur Pflege der Kleinanleger wiederum erscheinen andere Instrumente effektiv bzw. effizient. Um nun insgesamt möglichst wirkungsstark zu agieren, empfiehlt es sich, eine *Teilgruppen-Instrumenten-Matrix* aufzubauen, um die Zuordnungen transparent zu machen. Zudem sind *Interdependenzen* zwischen Gruppen abzubilden (z. B. sind Analysten Multiplikatoren in Richtung der institutionellen Anleger). Schließlich ist nach Mitteleinsatz und Effekten zu *priorisieren*. Aktive und passive Instrumente sind dann so zu wählen, dass sie sich ergänzen (Holder und Brummel 2008, S. 257). Die Abdeckung aller Pflichtmaßnahmen (dazu Kirchhoff und Piwinger 2007, S. 736f) ist selbstverständlich.

20.6 Markeninformationen durch Brand Reportings gezielt einbinden

Für eine wirkungsvolle Nutzung von Marken in Richtung der Shareholder ist an beiden eingangs dargestellten Wirkungsmomenten anzusetzen (s. Abb. 20.1):

- Marken müssten demnach als Assets und Werttreiber sichtbar gemacht werden.
- Marken müssten auch gezielt als Beeinflusser der Akteure genutzt werden.

Für beide Stoßrichtungen können um Brand Reportings erweiterte Berichte einen wertvollen Beitrag leisten.

„‚If all Coca-Cola's assets were destroyed overnight, whoever owned the Coca-Cola name could walk into a bank the next morning and get a loan to rebuild everything.' Dieses Zitat des früheren Coca-Cola-Kommunikationschefs Carlton Curtis veranschaulicht, was es bedeutet, über eine der wertvollsten Marken der Welt zu verfügen.

Eine andere Frage ist freilich, wie das Unternehmen über die Ikone Coca-Cola sowie über Fanta und andere Konzernmarken berichtet. Hier sehen der Getränkekonzern aus Atlanta und viele andere große Markenunternehmen weitaus weniger strahlend aus. Die Geschäftsberichte brüsten sich zwar mit der Stärke des Markenportfolios, vermitteln aber kaum harte Fakten. Sie liefern kein kohärentes Bild ihrer Markenstrategie, keine klare Einschätzung von Chancen und Risiken, nicht einmal ein Resümee ihres Markenwertes." (Gazdar 2010, S. 301)

Unter *Brand Reportings* sollen hier systematische und an der Wertschöpfungsrolle von Marke ausgerichtete Ergänzungen der Pflicht-Berichte traditioneller Finanzmarktkommunikation verstanden werden, die markenbezogenen Orientierungsanker für die Shareholder beinhalten.

Die systematische Ausbreitung von Markeninformationen in Richtung der Shareholder ist dabei nicht nur aktiv gestaltete Markenkommunikation, sondern trifft auch in besonderer Weise die Interessen der Financial Community. Gerade immaterielle Werte spielen für Finanzexperten deshalb eine durchaus wichtige Rolle, weil sie das Schätzrisiko bzw. für eine Aktie reduzieren helfen. Und diese „umhüllenden Informationen" werden zunehmend stärker nachgefragt und eben auch honoriert. Marken und ihre Darstellung in Geschäftsberichten erfüllen also eine wichtige Orientierungsfunktion und geben Beurteilungsimpulse (Gazdar 2010, S. 303 f.). Daher sollten sie möglichst sichtbar gemacht werden.

Brand Reportings müssen in erster Linie einmal die *relevanten Marken* darstellen. Relevant müssen hier nicht nur etablierte Marken sein, auch Potenzialträger oder Labels, die erst noch zu starken Marken entwickelt werden sollen, könnten hier Thema werden. In der Gesamtsicht ist dann zudem das *Markenportfolio* aus übergeordneter Perspektive zu besprechen. PepsiCo, bspw., nutzt nicht nur eine differenzierte Darstellung des Markenportfolios, sondern ergänzt dieses auch noch um eine genaue Erörterung der *Potenziale* für den Ausbau einzelner Marken.

Zentral ist der *Ausweis des Markenwerts*. Esch und Roth (2003) plädieren diesbezüglich für eine umfassende Sicht. Ausgangspunkt ist dabei ein diagnostischer Einblick in das Warum des Erfolgs und Misserfolgs der betrachteten Marken. Erst darauf aufbauend sollten ein Quantifizierungsversuch und der Transfer in Zahlungsströme erfolgen. Ungelöst ist dabei allerdings das Bewertungsproblem (dazu Esch und Roth 2003). Daher sollten die Annahmen transparent gemacht werden.

Die Offenlegung von *Investitionen in Marken* und der Nachweis der resultierenden *Nutzen* erscheinen als ein elementares Moment, um Rechenschaft abzulegen, indem aktuelle Aufwandspositionen mit zukünftigen Ertragsgrößen verknüpft werden. Es geht darum zu zeigen, dass die markenbezogenen Auszahlungen mittelfristig klar ökonomischen Interessen folgen. Ein Brand Reporting sollte insofern auch Wirkungsmechanismen im Sinne *edukativer Aspekte* aufgreifen (dazu Tomczak und Coppetti 2004, S. 287). Denn offensichtlich wird die enorme Bedeutung von „Nonfinacials" noch immer nicht hinreichend durchdrungen – oder wie ist es zu begründen, dass in den meisten Geschäftsberichten genaue Angaben zu Werttreibern wie Marken noch immer fehlen. Bei den DAX −30-Unternehmen beanspruchen Angaben zu Werttreibern wie Marken, Innovationen, Reputation und Kundenbeziehungen nur knapp 34 % des Inhalts der Berichte (Media-Tenor, zitiert nach Gazdar 2010, S. 305).

Insgesamt können die Zutaten eines Brand Reportings in *einmalige und regelmäßige* markenbezogenen *Bestandteile* unterschieden werden (Tomczak und Coppeti 2004, S. 290). Einmalige Aspekte betreffen bspw. die Umstrukturierung von Markensystemen, während sich reguläre Aspekte auf die Recall-, Recognitionwerte oder Imageparameter im Zeitverlauf beziehen. Dabei ist natürlich nach Leitungsebenen gestuft vorzugehen: zumindest Corporate Brand und Produktmarken sollten gesondert betrachtet werden, da sie sich ja in den Adressaten und ihren auszufüllenden Rollen unterscheiden.

▶ Ein Brand Reporting nutzt gezielt einerseits qualitative wie quantitative Erläuterungen markenbezogener Information, um die Nachfrage von Shareholdern nach „Nonfinancials" zu bedienen und andererseits originäre Markensignale, um Reputation und Vertrauen bei Shareholder zu beeinflussen.

20 Markenkraft in Richtung Shareholder und Kapitalmarkt einsetzen

Quantitative Elemente eines Brand Reportings	Qualitative Elemente eines Brand Reportings
• Monetärer Markenwert, inkl. Bewertungsmethodik • Zuordnung von Produkten zu Marken und Ausweis der zurechenbaren Umsätze und Marktanteile (Erstkäufer / Wiederkäufer) • Struktur des Markenportfolios • Markenbezogene Investitionen	• Markenstrategie • Verhaltenswissenschaftlich gefasste Markenwerte und qualitative Markenbeschreibungen • Bekanntheitswerte der Marken • Imagekennwerte der Marken • Vertrauens- und Loyalitätswerte der Marken • Potenziale pro Marke • Verbrauchertrends • Wettbewerbsumfeld • Kundensegmente und Schlüsselkunden • Bedeutung der Marken in der Wahrnehmung der Kunden • Treiberrollen von Marken für den Wert

Abb. 20.8 Elemente eines Brand Reportings

Um der Markenkraft möglichst umfassend gerecht zu werden, sollte ein Brand Reporting *quantitative wie auch qualitative Aspekte* systematisch abbilden, allerdings wird dies in der Praxis überwiegend eher fallweise gehandhabt (Gazdar 2010, S. 307). Als Kern-Aspekte (s. Abb. 20.8) eines Brand Reportings können verstanden werden (in Anlehnung an Gazdar 2010; sowie Esch und Roth 2003):

- Darstellung des monetärer *Markenwert*s sowie der herangezogenen *Bewertungsmethodik*, die Übersicht über wichtige *Marken mit zurechenbaren Umsätzen und Marktanteilen*.
- Eine Auswertung der *Bekanntheitswerte* der Marken, auch im Vergleich zu Wettbewerbern. Zudem sollten *Kennwerte zum Image, zu Vertrauens und Loyalitätsparametern* offengelegt werden. *Diagnostisch* wichtig sind ergänzend verhaltenswissenschaftlich gefasste Markenwerte und qualitative Markenimagebeschreibungen und die Behandlung der Bedeutungsstärke der Marken in der Wahrnehmung der Kunden.
- Die Darstellung der *Struktur des Markenportfolios* und zugehöriger *Markenstrategien*.
- Eine Erörterung der *markenbezogenen Investitionen*. Diese wäre sinnvoll anzureichern um Einordnungen der *Potenziale* pro Marke, um sichtbare Verbrauchertrends sowie um Informationen zum Wettbewerbsumfeld zu ergänzen.
- Die Bewertung der *Kundensegmente*.
- Eine qualitative Beschreibung der *Treiberrollen* von Marken für den Unternehmenswert.

Auch der Geschäftsbericht an sich und die *Machart* des Brand Reportings selbst kann in Teilen oder überwiegend zum Transport der Markenidee genutzt werden. So nutzt WPP, der angelsächsische Kommunikationskonzern mit Marken wie Ogilvy, Hill&Knowlton

sowie Burson Marsteller, stets eine extrem kreative Umsetzung des Berichts inklusive eines vielbeachteten Essays über wirtschaftliche und gesellschaftliche Branchenentwicklungen, um die Positionierung als geistiger Branchenführer souverän zu unterstreichen. Neben der Kernbotschaft des Berichts sollte insofern stets auch die Positionierungsbotschaft im ganzen Bericht spürbar werden. Eine plakative Inszenierung zentraler Markenwertschöpfer kann die Auslösung der automatisierten Beeinflussungseffekte entscheidend unterstützen. Bekanntheit, Vertrautheit, Vertrauen, Reputation & Co. tun dann eben ihr Werk.

Literatur

Aaker, D. A., & Jacobsen, R. (1994). The financial information content of perceived quality. *Journal of Marketing Research, 31*(2), 191–201.
Achleitner, P., Wichels, D. (2003): Management von Kapitalmarkterwartungen. In B. Ebel & M. B. Hofer (Hrsg.), *Investor Marketing* (S. 51–62). Wiesbaden: Gabler.
Bruhn, M., Hennig-Thurau, T., & Hadwich, T. (2004). Markenführung und Relationship Marketing. In M. Bruhn (Hrsg.), *Handbuch Markenführung* (S. 391–420). Wiesbaden: Gabler.
Court, D. C., Leiter, M. G., & Loch, M. A. (1999). Brand Leverage. *The McKinsey Quarterly, 4*(2), 100–110.
Esch, F.-R. (2002). Markenführung, die auch die Börse überzeugt. *Markenartikel, 64*(3), 80–89.
Esch, F.-R. (2012). *Strategie und Technik der Markenführung* (7. Aufl.). München: Vahlen.
Esch, F.-R. (2008). Strategie und Technik der Markenführung (5. Auflage). München: Vahlen.
Esch, F.-R., & Roth, S. (2003). Börse und Markenführung – Wie bewertet die Börse Marken? In B. Ebel & M. B. Hofer (Hrsg.), *Investor Marketing* (S. 175–191). Wiesbaden: Gabler.
Gazdar, K. (2010). Brand Reporting – Markenwerte und -potenziale als Orientierungsgrößen der globalen Finanzmarktkommunikation. In H. Meyer (Hrsg.), *Marken-Management 2010/11*. Frankfurt a. M.: Deutscher Fachverlag.
Haedrich, G., Tomczak, T., & Kaetzke, P. (2003). *Strategische Markenführung*. Bern: UTB.
Hofer, M. B. (2003). Instrumente des Investor Marketing. In B. Ebel & M. B. Hofer (Hrsg.), *Investor Marketing* (S. 37–50). Wiesbaden: Gabler.
Holder, P., & Brummel, S. (2008). Erfolgreiche Finanzmarktkommunikation. In P. Seethaler & M. Steitz (Hrsg.), *Praxishandbuch Treasury Management* (S. 245–260). Wiesbaden: Gabler.
Joas, A., & Offerhaus, P. (2001). Brand Equity – Wie die Marke den Unternehmenswert steigern kann. *Spektrum,* (1), 9.
Kapferer, J.-N. (1992). *Die Marke – Kapital des Unternehmens*. Landsberg: Moderne Industrie.
Keller, K. L. (2003). Strategic Brand Management. Upper- Saddle River: Prentice-Hall.
Kirchhoff, K. R., & Piwinger, M. (2007). Kommunikation mit Kapitalgebern – Grundlagen der Investor Relations. In M. Piwinger & A. Zerfaß (Hrsg.), *Handbuch Unternehmenskommunikation* (S. 723–740). Wiesbaden: Gabler.
Lindemann, J. (2002). Wie bewertet die Börse Marken? In GEM (Hrsg.), *Wertorientierte Markenführung versus Shareholder Value?* (S. 47–49). Wiesbaden: GEM.
Mathews, J. (2013). Behavioral finance – A primary analysis. http://dx.doi.org/10.2139/ssrn.2329573. Zugegriffen: 10. Feb. 2014.
Meerkat, M. (2001). Rendite für Marken und Images. *Absatzwirtschaft,* (2), 72–73.

Peteros, R., & Maleyeff, J. (2013). Application of Behavioural Finance Concepts to Investment Decision-Making – Suggestions for Improving Investment Education Courses. *International Journal of Management, 30*(1), 249–261.

Piwinger, M. (2005). Investor Relations als Inszenierungs- und Kommunikationsstrategie. In K.-R. Kirchhoff & M. Piwinger (Hrsg.), *Praxishandbuch Investor Relations* (S. 2–29). Wiesbaden: Gabler.

PriceWaterhouseCoopers., & Sattler, H. (1999). *Industriestudie: Praxis von Markenbewertung und Markenmanagement in deutschen Unternehmen*. Frankfurt a. M.: Fachverlag Moderne Wirtschaft.

PriceWaterhouseCoopers., Sattler, H., GfK., & Markenverband (2006). *Praxis von Markenbewertung und Markenmanagement in deutschen Unternehmen: Neue Befragung 2005*. Frankfurt a. M.: PriceWaterhouseCoopers

Redler, J. (2012). Unternehmen als Marke. In S.-S. Kim & J. Redler (Hrsg.), *Personalmarketing – Berichte vom Mosbacher Marketingforum*. http://events.dhbw-mosbach.de/fileadmin/user/public/einheiten/veranstaltungen/Band_1_Tagung_Marketingforum2012.pdf. Zugegriffen: 11. Feb. 2014.

Redler, J. (2014). *Mit Markenallianzen wachsen – starke Marken erfolgreich kapitalisieren*. Düsseldorf: Symposion (in Druck).

Schnorrenberg, T. (2008). *Investor Relations Management*. Wiesbaden: Gabler.

Shefrin, H. (2000). *Beyond greed and fear – Understanding behavioral finance and the psychology on investing*. Boston.: Harvard Business School Press.

Simon, H., Ebel, B., & Hofer, M. B. (11 Dezember 2000). Das Börsenmarketing ist eine Herausforderung für den Vorstand. *Frankfurter Allgemeine Zeitung, 288,* 33.

Stahl, H. K., Matzler, K., & Hinterhuber, H. H. (2006). Kundenbewertung und Shareholder Value – Versuch einer Synthese. In B. Günter & S. Helm (Hrsg.), *Kundenwert* (S. 425–445). Wiesbaden: Gabler.

Thommen, J.-P., & Achleitner, A.-K. (2012). *Allgemeine Betriebswirtschaftslehre*. Wiesbaden: Springer.

Tomczak, T., & Coppetti, C. (2004). Shareholder durch Corporate Brand Management überzeugen. In F.-R. Esch, T. Tomczak, J. Kernstock, & T. Langner (Hrsg.), *Corporate brand management*. Wiesbaden: Gabler.

West, D., Ford, J., & Ibrahim, E. (2010). *Strategic marketing*. Oxford: Oxford University Press.

Wichels, D. (2002). *Gestaltung der Kapitalmarktkommunikation*. Wiesbaden: Deutscher Universitätsverlag.

Wiedmann, K.-P., & Wüstefeld, T. (2011): Wie Kommunikation das Vertrauen beim Aktienkauf beeinflusst. *Marketing Review St. Gallen*. http://link.springer.com/article/10.1007/s11621-0036-y/fulltext.html. Zugegriffen: 15. Jan. 2014.

Wöhe, G., & Döring, U. (2014). *Einführung in die Allgemeine Betriebswirtschaftslehre*. München: Vahlen.

Zerfass, A., & Koehler, K. (2012). *Investor Relations 2.0 – Global Benchmark Study 2012*. Leipzig: Universität Leipzig. http://www.slideshare.net/communicationmanagement. Zugegriffen: 17. Feb. 2014.

Prof. Dr. Jörn Redler ist Professor für Marketing und Handel an der Dualen Hochschule Baden-Württemberg (DHBW), Mosbach, und Studiengangleiter BWL-Handel. Nach Ausbildung zum Industriekaufmann und dem Ökonomie-Studium an der Justus-Liebig-Universität Gießen promovierte er mit einer Arbeit zum Markenmanagement. Berufliche Stationen in mehreren Managementpositionen. Seine Arbeitsgebiete umfassen u.a. Marketingkommunikation am POS und Store Branding.

Prof. Dr. Franz-Rudolf Esch ist Professor für Markenmanagement und Automotive Marketing an der EBS Universität für Wirtschaft und Recht, Oestrich-Winkel, und Direktor des Instituts für Marken- und Kommunikationsforschung (IMK). Davor lehrte er in Saarbrücken, Trier, St. Gallen, Innsbruck und Gießen. Weiterhin ist er Gründer und wissenschaftlicher Beirat von ESCH. The Brand Consultants, Saarlouis. Seine Forschungsschwerpunkte liegen in den Bereichen Markenmanagement, Kommunikationsforschung und Konsumentenforschung

Mit Markenkrisen umgehen

21

Stephan Weyler und Franz-Rudolf Esch

Zusammenfassung

Marken sind ein zentraler Erfolgsfaktor für Unternehmen. Markenkrisen jedoch können Marken schwächen und schaden. Fehler im Produkt oder im Umgang mit ethischen Aspekten bilden typische Grundlagen von Markenkrisen. Medien transportieren Markenkrisenereignisse breitenwirksam und international. Zudem kann der Verbreitungseffekt durch Word-of-Mouth und soziale Medien noch verstärkt werden. Kommt es zu Markenkrisen, drohen negative Auswirkungen auf verhaltenswissenschaftliche und ökonomische Zielgrößen im Unternehmen. Wie man solche Auswirkungen möglichst gering hält, damit befasst sich dieses Kapitel. Dabei werden insbesondere Krisenprävention und Reaktionsstrategien angesprochen. Effektive Markenkrisenprävention liegt in der Vermeidung von Markenkrisengrundlagen, dem strategischen Markenaufbau, strategisch geplanter Markenportfoliostrukturierung sowie konsequenter Umsetzung. Im Fall einer Markenkrise müssen adäquate Reaktionsstrategien gewählt und umgesetzt werden. Proaktive Reaktionen können die Wirkungen von Markenkrisen eindämmen.

F.-R.Esch (✉)
EBS Universität für Wirtschaft und Recht, Oestrich-Winkel, Deutschland
E-Mail: Franz-Rudolf.Esch@ebs.edu

S.Weyler
LBC Premium Marketing, Gräfelfing, Deutschland
E-Mail: stephan.weyler@gmx.net

21.1 Bedrohungen der Marke durch Markenkrisen verstehen

Ziel des Markenmanagements ist der nach- und werthaltige Aufbau der Unternehmensmarke und der zugehörigen Marken und Submarken. Die Marke als zentraler Erfolgsfaktor des Unternehmens übernimmt nach außen und innen eine Identifizierungs- und Differenzierungsfunktion. Mit zunehmendem globalem Wettbewerb, größerer Homogenität von Produkten und steigendem Preisdruck nimmt die Bedeutung dieser Funktion weiter zu (Esch 2012, S. 22 ff.).

Die Marke dient als zentraler Werttreiber, birgt aber zugleich auch ein nicht zu unterschätzendes Potential für Angriffe und Gefährdungen. Die Bedeutung des Schutzes der Marke und der bislang getätigten Investitionen in die Marke steigt zunehmend. Dennoch können Marken durch Markenkrisen bedroht werden. Markenkrisen stellen grundsätzlich für jedes Unternehmen eine Bedrohung dar. Die Identifikation der jeweiligen Problematik, die richtige Bewertung und eine adäquate Reaktion sind essentiell, um frühestmöglich die zerstörerische Kraft einer Markenkrise einzudämmen und diese abzufangen.

> **Beispiel**
> Im Januar 2014 wurde der ADAC, zuvor eine der stärksten Marken in Deutschland mit etablierten Markenwerten wie „Vertrauen" und „Sicherheit" (ADAC 2014), durch Bekanntwerden von Manipulationen von Ergebnissen beim Preis „Gelber Engel" des ADAC von einer Markenkrise erfasst. Zusätzlich wurden nach diesem Manipulationsskandal weitere Problemstellungen bekannt (z. B. Nutzung von Rettungshelikoptern für Dienstreisen). Das Image des größten deutschen Automobilclubs wurde negativ belastet und das Vertrauen in den ADAC massiv abgebaut. Weitere Beispiele für Markenkrisen sind die Elch-Test-Problematik der Mercedes-Benz A-Klasse, das Self-acceleration-Problem des Audi 5000 in den USA oder Korruptionsfälle bei Siemens und bei Volkswagen.

21.2 Markenkrisen erfassen

Ein Unternehmen kann in einer Unternehmenskrise direkt von einem ungewollten, zeitlich begrenzten Prozess betroffen werden, welcher substantiell die Erfolgspotentiale, den Erfolg oder die Liquidität gefährdet (Müller 1982, S. 1). Die Kennzeichen eines solchen Prozesses konzentrieren sich vorrangig auf die prozessuale Gefährdung primärer Zielsetzungen unter hoher Unsicherheit und hohem Zeitdruck bei unklarer Sachlage und ambivalentem Ausgang (Krystek und Moldenhauer 2007, S. 27 f.). Grundsätzlich können auch Marken durch plötzliche und rapide Schwächungen aufgrund interner bzw. externer Faktoren und nicht vorhersehbarer Ereignisse, die eine gewisse Toleranzgrenze überschreiten, negativ beeinflusst werden. Insofern stellen Markenkrisen einen sehr spezifischen Teil von Unternehmenskrisen dar (Weißgerber 2007, S. 60). Dabei ist das unerwartete und abrupte Auftreten charakterisierend für eine Markenkrise (Dawar 1998; Dawar und Pillutla 2000; Coombs 2007, S. 136; Dawar und Lei 2009; Huber et al. 2009, S. 132). So unterscheiden sich Markenkrisen von langsamen und damit wahrnehmbaren Prozessen einer Markenüberdehnung oder einer Markenerosion (Weyler 2013, S. 29 ff.).

▶ Eine Markenkrise bezeichnet den „(…)Prozess einer unerwarteten und abrupten Schwächung der Marke, ausgelöst durch negative Informationen über die Marke, die über das gewöhnliche Maß hinausgehen und Wirkung auf den Konsumenten und sein Verhalten haben" (Weyler 2013, S. 26).

Notwendige Bedingungen sind die Übertretung einer Toleranzschwelle und die Wirksamkeit des Krisenauslösers. Nicht jeder einfache Fehler, einfaches Fehlverhalten oder unvorteilhafte Information über die Marke reichen als Basis einer Markenkrise aus. Der Krisenauslöser muss für die Stakeholder relevant bzw. wirksam sein (Töpfer 1999, S. 16; Tiemann 2007, S. 62; Weißgerber 2007, S. 60). Die Nichterfüllung oder die Zerstörung eines Hauptdifferenzierungsmerkmals im Markenkern kann ebenso eine Markenkrise auslösen. Auch auf breiterem Betrachtungsniveau werden Markenguthaben und Markenwissen angegriffen (Dawar und Lei 2009).

21.3 Prozess einer Markenkrise begreifen

Der Markenkrisenprozess kann in drei Prozessabschnitte, ähnlich zur Abgrenzung von Tiemann (2007, S. 66), unterteilt werden (Weyler 2013, S. 27).

Markenkrisengrundlage Den ersten Prozessabschnitt bildet die Markenkrisengrundlage. Hierbei werden durch eine Verfehlung der Marke, welche sich auf ein Produkt- oder Dienstleistungsversagen oder auf ein ethisches Fehlverhalten der Marke stützt, die Erwartungshaltungen der verschiedenen Stakeholder enttäuscht. Die Grundlagen einer Markenkrise können folglich in zwei Kategorien unterteilt werden: *produktbedingte und ethisch bedingte Markenkrisen* (Pullig et al. 2006; Huber et al. 2009; Dutta und Pullig 2011).

Einer der primären Kontaktpunkte zwischen Konsument und Marke sind die vermarkteten Produkte bzw. die angebotenen Dienstleistungen. Problemstellungen durch fehlerhafte und/oder gefährliche Produkte sowie damit verbundene Medienberichterstattungen sind eine primäre Gefahr für die Marke (Dawar 1998, S. 110; Dawar und Pillutla 2000, S. 215; Pullig et al. 2006, S. 529; Dutta und Pullig 2011, S. 1282). Hier werden Stakeholder mit teils drastischen Problemstellungen konfrontiert und müssen erhebliche monetäre und physische Schäden (bis hin zu Todesgefahr) befürchten (Laufer et al. 2005, S. 36). Die Basis einer produktbedingten Markenkrise liegt in der Wahrnehmung einer Gefährdung des Konsumenten durch mangel- und/oder fehlerhafte Produkte (Weyler 2013, S. 36). Ein Beispiel hierfür sind die verschiedenen Qualitätsprobleme bei Fahrzeugen von Toyota im Jahr 2010.

Marken vermitteln neben funktionalen Nutzen auch soziale und psychologische Nutzen. Diese können in Form von Corporate Social Responsibility, parallel zur Corporate Ability, positiv auf die Marke einzahlen (Brown und Dacin 1997). Die soziale Verantwortung und ethische Haltung eines Unternehmens sind somit relevante Einflussgrößen für das Image einer Unternehmensmarke. Ethische Dimensionen beziehen sich auf die Ebene des Individuums, der Werte und der Ökologie. Diese werden vom Verhalten des Unternehmens bzw. seiner Mitarbeiter bestimmt (Esrock und Leichty 1998, S. 307). Eine ethische Entscheidung baut auf der Wahrnehmung und dem Erkennen der ethischen Thematik, gefolgt von der thematischen Auseinandersetzung, der ethischen Urteilsbildung unter Abwägung verschiedener Kriterien und der entsprechenden Handlung auf (Hunt und Vitell 1986; Rest 1986). Basis einer ethisch bedingten Markenkrise sind die fehlende oder bewusst negierte Erkenntnis bzw. Defizite in der Auseinandersetzung mit ethischen Fragestellungen, was aus Sicht der Öffentlichkeit inakzeptabel ist und/oder negative Folgen für die Allgemeinheit hat (Weyler 2013, S. 46). Beispiel hierfür ist die gravierende Umweltverschmutzung durch den Untergang der BP Ölbohrinsel DeepwaterHorizon und das folgende Verhalten des Unternehmens im Umgang mit der Problemstellung.

Markenkrisenauslöser Der zweite Markenkrisenprozessabschnitt ist der Markenkrisenauslöser. Die Krise manifestiert sich in einem auslösenden Markenkrisenereignis und wird hiermit von der breiten Öffentlichkeit bewusst wahrgenommen. Der Impuls kann von außerhalb des Unternehmens kommen, indem bestimmte Missstände angeprangert werden, wie dies z. B. beim ADAC der Fall war. Dies kann allerdings auch vom Unternehmen selbst initiiert werden, um z. B. durch Rückrufaktionen von Fahrzeugen proaktiv auf Probleme hinzuweisen (Tiemann 2007, S. 255).

Auch ein einzelnes Ereignis kann *negative Berichterstattung* induzieren, welche die Problemstellung thematisiert und in den öffentlichen Fokus rückt. Ein solches Ereignis kann dabei auch namensgebend (siehe Elch-Test der Mercedes-Benz A-Klasse) sein (Balderjahn und Mennicken 1996, S. 40; Töpfer 1999, S. 16; Tiemann 2007, S. 62 f.; Weißgerber 2007, S. 59).

Aufgrund der neuen Medien tritt eine Markenkrise heute nicht mehr lokal isoliert, sondern *nahezu immer global* auf (Coombs 2010a, S. 722). Die Medien haben mit den jeweiligen Bewertungen und Reaktionen einen erheblichen Anteil am Ausmaß einer Markenkrise. Im Vergleich zu Marketingkommunikation werden Medienberichterstattungen von Konsumenten als glaubwürdiger wahrgenommen und können mehr Einfluss auf dessen Beurteilung nehmen (Bond und Kirshenbaum 1998, S. 146 f.). Auf der Medienseite besteht zudem eine Präferenz für negative gegenüber positiven Nachrichten, so dass eine höhere Wahrscheinlichkeit besteht, negativen Berichterstattungen ausgesetzt zu werden (Dean 2004, S. 193). Zusätzlich hat hier der Negativitätseffekt einen nachteiligen Effekt auf Konsumenten: Negative Informationen haben im Vergleich zu gleich stark ausgeprägten positiven Informationen ein höheres Gewicht, eine höhere Aussagekraft und einen höheren Informationswert (Skowronski und Carlston 1989; Ahluwalia 2002). Sie können zudem extremere bzw. stärkere Reaktionen als positive Informationen auslösen (Mizerski 1982, S. 307).

Verlaufsformen von Markenkrisen Die Markenkrisenverlaufsformen können anhand publizistischer Intensität in drei Arten unterteilt werden (Tiemann 2007, S. 256). Im *eruptiven Verlauf* entwickeln sich Markenkrisen innerhalb von Stunden, wobei die mediale Intensität und die öffentliche Aufmerksamkeit sich parallel rapide entwickeln (Klenk 1989, S. 30; Tiemann 2007, S. 257).

Heutige Kommunikationsformen und soziale Medien (Facebook, Twitter, etc.; s. auch den Beitrag zu neuen Kommunikationsinstrumenten in diesem Buch) können Markenkrisen nochmals verschärfen, indem die Krise von einer breiten, weltweit aktiv kommunizierenden Öffentlichkeit aufgenommen, bewertet, kommentiert und verbreitet wird. Dadurch können virtuelle Firestorms (*shitstorm*s) entstehen, in welchen sich Kommentare, Entrüstungsäußerungen und Kritik von Internet-Usern mit Schmähkritik oder mit simplen und unspezifischen Hasskommentaren vermischen und die Marke weltweit treffen (Pfeffer et al. 2014, S. 118).

Markenkrisen können auch *schleichend* verlaufen. Diese werden in der Regel weniger stark wahrgenommen. Eine mangelnde Krisensensibilität des Managements und eine nicht-adäquate Reaktion auf die eintretende Markenkrise begünstigen hier allerdings die Entfaltung der destruktiven Wirkung (Klenk 1989, S. 30). So entfaltete sich die Markenkrise von Toyota aufgrund verschiedener Qualitätsprobleme über mehrere Wochen (Lindner 2010) bis die Markenkrise nicht mehr zu ignorieren war (Belly 2010).

Wenn eine Markenkrise immer wieder durch neue Erkenntnisse angefacht wird, kann man von einem *periodischen Verlauf* einer Markenkrise sprechen (Tiemann 2007, S. 261 ff.). Diese Verlaufsform findet sich z. B. bei der Markenkrise des ADAC, wo in unregelmäßigen Abständen immer wieder neue Problemstellungen in der Öffentlichkeit bekannt bzw. erneut diskutiert wurden.

Im Vergleich der Verlaufsformen haben die schleichende und die periodische Verlaufsform potentiell die höchste Wirkung, da durch Lernprozesse seitens der Stakeholder nachhaltige Änderungen der Einstellungen zur Marke eintreten können (Schweiger und Schrattenecker 2009, S. 88). Die Wirkungen im eruptiven Verlauf können aufgrund der zeitlich begrenzten Dauer kurzfristiger ausfallen (Tiemann 2007, S. 257). Jedoch kann dies auch den Anfang eines periodischen Verlaufs mit langfristigen negativen Folgen darstellen.

▶ Um mit Markenkrisen umzugehen, sollte man ein Bild des typischen Verlaufs vor Augen haben.

Wirkungen von Markenkrisen Die Markenkrisenwirkungen auf das Unternehmen stellen die dritte Prozessstufe dar. Hierbei werden sowohl das Markenguthaben als auch finanzielle Größen getroffen und belastet. Diese Bedrohungen betreffen den Unternehmenswert, wirken interdependent und sind immer gemeinschaftlich zu betrachten (Coombs 2002, S. 342). Eine Markenkrise belastet die gesamte Wertschöpfungskette der Marke, indem jede verhaltenswissenschaftliche und ökonomische Komponente des Markenwerts direkt belastet werden kann (s. Abb. 21.1).

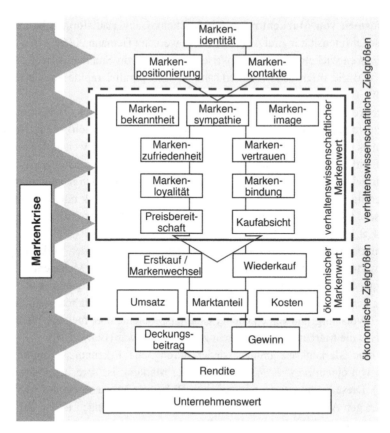

Abb. 21.1 Bedrohungspotentiale durch Markenkrisen. (Quelle: In Anlehnung an Esch et al. 2005b, S. 51)

Durch eine Markenkrise wird direkt die Markenidentität angegriffen. Zentrale Markennutzen als Hard Facts oder Tonalitäten als Soft Facts der Marke können dadurch infrage gestellt werden. Bei Toyota war beispielsweise die Wahrnehmung als sicheres Auto mit einer hochwertigen Verarbeitungsqualität durch die Krise erheblich beeinträchtigt worden. Letztendlich kann die Markenkompetenz und die Markenpositionierung beeinträchtigt oder gar zerstört werden (Esch et al. 2005a, S. 120 ff.).

Markenwert und Markenerfolg basieren auf dem Markenwissen. Dieses setzt sich aus Markenbekanntheit und Markenimage zusammen. Die *Markenbekanntheit*, als notwendige Voraussetzung für den Aufbau von Markenwissen und Markenerfolg (Esch 1993, S. 59 sowie 2012, S. 56 ff.), wird in Markenkrisen nicht reduziert, sondern durch negative Berichterstattung und Word-of-Mouth eher erhöht.

> **Beispiel**
> Die amerikanische Pizzakette Domino's Pizza war durch ein Spottvideo von Mitarbeitern bei unhygienischer und ekelerregender Speisezubereitung auf YouTube vertreten. Das Markenimage litt hierunter drastisch (Esch et al. 2009a).

Das Markenimage, als hinreichende Bedingung für Markenerfolg (Esch 2012, S. 68), wird in einer Markenkrise angegriffen, insofern emotionale und kognitive Assoziationen belastet werden. Die Anzahl der Markenassoziationen wird durch zusätzliche aus dem Markenkrisenauslöser resultierende negative Assoziationen ergänzt und zunehmend fragmentiert. Bestehende Sinnzusammenhänge und Assoziationsmuster werden verwässert und in den Wissensstrukturen können Widersprüche entstehen (Esch und Andresen 1994, S. 223). Gerade einzigartige Markenassoziationen können direkt im Markenkern getroffen werden. Mit der Marke vertraute Konsumenten werden durch relevante Negativpunkte beeinflusst, wohingegen nicht mit der Marke vertraute Konsumenten unabhängig von der Relevanz der negativen Informationen negativ beeinflusst werden (Dawar und Lei 2009, S. 512). Ferner können einzigartige, jedoch unvorteilhafte Markenassoziationen aus der Markenkrise entstehen. Das Markenimage wird klarer, jedoch im Negativen (Esch 2008, S. 921 sowie 2012, S. 66ff.). In Folge der negativen Beeinflussung durch die Markenkrise *sinkt die Markensympathie*.

Zudem werden die Zufriedenheit mit der Marke und das Markenvertrauen belastet. Das Markenvertrauen spiegelt den Erfolg einer konsequenten Markenpositionierung in einem starken Markenimage wider. Insofern fungiert das Markenvertrauen als Maßstab, inwiefern sich Konsumenten auf die bisherigen Erfahrungen mit der jeweiligen Marke zur Begründung der Erwartungshaltung, deren Erfüllung sowie deren entsprechende Extrapolation in die Zukunft verlassen können (Moorman et al. 1992; Morgan und Hunt 1994; Chaudhuri und Holbrook 2001; Delgado-Ballester und Munuera-Alemán 2001). Eine Markenkrise führt zur negativen Überschattung der bisherigen Erfahrungen mit der Marke. Die Annahmen bezüglich der Markenleistung oder des Markenverhaltens in der Zukunft sind nicht mehr gegeben. Es kommt zum *Abbau von Markenvertrauen*.

Fehlverhalten führt zu einer *Reduzierung des Markenvertrauens und zu einer Schwächung der Markenbindung* (Fajer und Schouten 1995; Perrin-Martinenq 2002; Michalski 2004; Perrin-Martinenq 2004). Markenkrisen können die langfristig entwickelte Bindung zur Marke aufweichen, so dass es zu einer Lösung von der Marke (Brand Detachment) kommen kann (Perrin-Martinenq 2002, S. 3), was auch die Marke bei Kaufentscheidungen belastet (Perrin-Martinenq 2004, S. 1015). Dieses Loslösen kann darüber hinaus zu starken negativen Gefühlen gegenüber der Marke (Brand Alienation) führen (Fajer und Schouten 1995, S. 665).

Markenkrisen *greifen* auch *ökonomische Zielgrößen an*, indem Konsumenten mit einer sinkenden Preisbereitschaft, einer sinkenden Kaufabsicht, mit einem (vorübergehenden) Kaufverzicht, einer Reduzierung der Kaufmenge oder einem probeweisen bzw. dauerhaften Markenwechsel reagieren können (Tiemann 2007, S. 146; Zhao et al. 2011, S. 265). In letzter Konsequenz führen negative verhaltenswissenschaftliche Veränderungen zu einem

Umsatzrückgang und einem reduzierten Marktanteil, bei gleichen oder sogar höheren Kosten (zur Bewältigung der Markenkrise), so dass der Unternehmenswert beeinträchtigt wird.

Ebenso können Stakeholder wie Investoren, Lieferanten, Kooperationspartner, etc. durch Markenkrisen hinsichtlich der Einstellung zur Marke und der Kooperationsbereitschaft mit der Marke negativ beeinflusst werden. Dies kann sich nicht nur hinderlich auf die Bewältigung der Markenkrise auswirken, sondern auch langfristige Erfolgspotentiale reduzieren.

21.4 Präventionsmaßnahmen vor einer Markenkrise nutzen

Vor dem Hintergrund der Gefahrenpotentiale werden die Notwendigkeit und die Bedeutung des Schutzes des aufgebauten Markenguthabens und der bisherigen Investitionen in die Marke durch aktive Markenkrisenprävention deutlich. Das Markenmanagement sollte bereits vor dem akuten Markenkrisenfall die notwendigen Schritte bewusst definieren und alle betroffenen Geschäftsprozesse in die *aktive Markenkrisenvermeidung* mit einbeziehen

Grundsätzlich kann das Management immer von einer Bedrohungsphase durch eine potentielle bzw. eine latente Markenkrise ausgehen, so dass permanent eine Prä-Markenkrisen-Phase vorliegt. Wichtig ist hier die optimale Entwicklung der Marke von innen heraus und der Aufbau eines möglichst großen positiven Markenguthabens (Weyler 2013, S. 202 ff.).

Eine starke Marke ist Basis für eine positive Geschäftsentwicklung und kann im Fall einer Markenkrise als Schutzschild dienen. Bereits in der Markenentwicklung sollten alle Unternehmensbereiche und Marken innerhalb des Markenportfolios hinsichtlich Markenkrisenpotentiale analysiert und optimiert werden. *Schwachstellen* innerhalb des Produktportfolios oder Defizite im Umgang mit ethischen Fragestellungen können bereits vor externem Auftreten entdeckt und behoben werden. Eine aktive Einbindung der Prozessverantwortlichen, aktive Kontrollen und eine Orientierung anhand langfristiger Erfolgsindikatoren können Produktqualität und Nachhaltigkeitszielsetzungen positiv unterstützen. Dabei sollte die Berücksichtigung sozialer und ökologischer Aspekte integraler Teil bei Optimierung und Adaption bestehender Kennzahlensysteme sein (Göbel 2010, S. 281).

Bei dieser Aufgabe sind die *Mitarbeiter* essentiell. Jeder einzelne Mitarbeiter kann sowohl Markenbotschafter aber auch potentieller Verursacher einer Markenkrise sein. Jedem Mitarbeiter sollten daher die Markeninhalte und die persönliche Relevanz des eigenen Verhaltens bewusst sein (Esch et al. 2009b, S. 103). Markenwissen und Markencommitment auf Mitarbeiterseite sollten zur Förderung markenkonformen Verhaltens vertieft werden (Thomson et al. 1999). Dies muss über alle Bereiche und Prozesse hinweg unterstützt werden. Somit können alle Mitarbeiter als Markenwächter agieren und aktiv zum Schutz der Marke beitragen.

Im Rahmen der Markenentwicklung können positiv wirkende Faktoren etabliert werden. So können aufgebautes Commitment zur und Identifikation mit der Marke moderat negative Informationen in ihrer Wirkung abschwächen. Diese Wirkung gilt jedoch nicht für extrem negative Informationen (Einwiller et al. 2006; Liu et al. 2010).

Markenkrisen *innerhalb einer Markenarchitektur* (Konzern-/Produktmarken) und von konkurrierenden Marken können positive und negative Effekte auf eine einzelne Marke bzw. die Corporate Brand haben: Wenig differenzierte Marken können durch Markenkrisen dritter Marken beschädigt werden, während stärker differenzierte Marken von externen Markenkrisen profitieren (Dahlén und Lange 2006, S. 391 ff.). Dies kann bereits bei der Gestaltung der Markenarchitektur berücksichtigt werden. Dachmarken-Strategien bzw. „branded house"-Ansätze bieten nicht nur die Möglichkeit, Synergieeffekte auszuschöpfen, sondern beinhalten zugleich auch das Risiko eines negativen Spillover-Effekts von einer markenkrisenbetroffenen zur nicht betroffenen Marke. Eine Corporate Brand, die als Dachmarke oder Endorser Marke agiert, ist durch die leichtere Übertragung von Problemstellungen anfälliger als eine Dachmarke, die eher im Hintergrund auftritt (Lei et al. 2008).

▶ Krisenprävention ist das bessere Krisenmanagement.

Durch stärkere Trennung und stärkere Profilierung der einzelnen Marken als „house of brands" können potentielle Markenkrisen eingegrenzt werden. In der Markenkrise von BP (DeepwaterHorizon) konnte die strikte vertikale Markentrennung zwischen der Muttermarke BP und der deutschen BP-Marke Aral die negativen Konsequenzen wesentlich abschwächen bzw. abfangen (Esch und Weyler 2010). Die bewusste Abwägung zwischen der Ausschöpfung von Synergieeffekten und Markenabgrenzung ist durch das Management zu berücksichtigen, falls höhere Aufwendungen zur Absicherung gegen Markenkrisen akzeptabel sind. Besonders risikoreiche Industrien (z. B. Pharma- oder Mineralölindustrie) können diesen Schutz sinnvoll einsetzen.

Letztlich gilt der *operative Fokus der aktiven Früherkennung* von potentiellen Markenkrisen. Diese Früherkennung sollte auf effektiven Systemen und Kennzahlen basieren. Es gilt, unternehmensinterne Markenkrisengrundlagen frühzeitig zu erkennen und zugleich externe Markenkrisenauslöser zu beobachten. Hier sind es nicht mehr allein klassische Medien, die als Kommunikationsplattform für Markenkrisenauslöser dienen, sondern insbesondere neue Kommunikationsformen und -plattformen (Facebook/Twitter) über welche Markenkrisenauslöser kommuniziert und multipliziert werden. Alle drohenden Markenkrisen sind hierbei ernst zu nehmen. Markenkrisen anderer konkurrierender Marken müssen gleichfalls aufmerksam beobachtet werden. Eigene Verhaltensprotokolle können überprüft und optimiert werden, wie auch Maßstäbe für die eigene Markenkrisenprävention angepasst werden können. Markenkrisen können auch die Gewichtung einzelner Eigenschaften für eine Produktkategorie und somit auch die Einstellung und das Verhalten der eigenen Kunden beeinflussen (Dahlén und Lange 2006, S. 391 ff.).

Das Management darf latente und akute Bedrohungen nicht vernachlässigen oder ignorieren, sondern muss pro-aktiv handeln und einen *Krisenplan* mit entsprechenden Maßnahmen und Verantwortlichkeiten in der Schublade haben und *Krisenverhalten präventiv trainieren.*

21.5 Strategische Reaktionen zur Bewältigung einer akuten Markenkrise kennen

Bei akutem Eintreten einer Markenkrise ist schnell und entschlossen zu handeln. Das Erkennen, ob die Marke tatsächlich mit einer akuten Markenkrise konfrontiert ist, ist daher grundlegend und von höchster Wichtigkeit.

Nicht jede negative Information über die Marke führt automatisch zu einer Markenkrise, besitzt jedoch immer das Potential, eine Markenkrise auszulösen. Alle negativen Ereignisse und Informationen müssen *genau beobachtet* und kritisch evaluiert werden, um schnell und angemessen handeln zu können. Hierbei ist zusätzlich das *potentielle Ausmaß* einer drohenden Markenkrise als auch die *zeitliche Komponente* (eruptives oder schleichendes Auftreten) miteinzubeziehen, um die nachfolgenden Schritte in Ausmaß und Anstrengung richtig planen zu können.

Bei akutem Markenkrisenauftreten müssen sofort zuvor definierte Krisenverhaltensprotokolle initiiert werden. Bei akutem Auftreten einer Markenkrise bzw. eines potentiell auslösenden Ereignisses gilt es,u. a. Ausmaß, Betroffenheit, Bezug, Ursache und Wirkungen sowie den entsprechenden medialen Nachrichtenwert inkl. Auswirkungen im Internet möglichst genau zu analysieren. Das Management und alle beteiligten Mitarbeiter müssen über den akuten Krisenvorfall *informiert* werden. Eine präzise und klare Kommunikation ist abzustimmen (Tiemann 2007, S. 294 ff.). Die Effekte einer Markenkrise können durch fragmentierte Aussagen bezüglich des Vorliegens einer Krise, deren Grundlagen, deren Konsequenzen oder der Reaktion seitens des Unternehmens zusätzlich verstärkt werden, indem Konsumenten weiter verunsichert werden und eine ablehnende Haltung aufgebaut werden kann. Um strategisch und taktisch eine konsistente Reaktion und um eine *zweckmäßige Kommunikation* aufzubauen, ist die *Definition einer gesamtverantwortlichen Stelle* im Unternehmen unbedingt notwendig.

▶ In der akuten Krise sind Krisenpläne hilfreich. Diese müssen vorab erarbeitet werden. Sie müssen auch stets aktuell gehalten werden. Ihre Bedeutung und Verbindlichkeit müssen zudem intern akzeptiert sein.

Die Bewältigung einer Markenkrise ist zeit- und kostenintensiv. Markenpotentiale müssen in der akuten Krisenphase geschützt werden, da diese nach erfolgreicher Beseitigung der Markenkrisengrundlagen für den Markenaufbau wieder eingesetzt werden müssen. Für ein effektives Markenkrisenmanagement sind die Auswahl einer *adäquaten Reaktionsstrategie* und deren Umsetzung vorrangig. Zusätzlich ist die Balance zwischen zu berücksichtigenden resultierenden juristischen und finanziellen Konsequenzen, welche aus der jeweiligen Reaktionsstrategie resultieren (Fitzpatrick und Rubin 1995, S. 22; Coombs und Holladay 2008, S. 253), und dem öffentlichem Druck verschiedener Stakeholder herzustellen. Eine schnelle Reaktion erscheint vordergründig notwendig, kann aber bei übereilter und gering fundierter Handlung die Situation verschlechtern (Coombs et al. 2010, S. 337).

21 Mit Markenkrisen umgehen

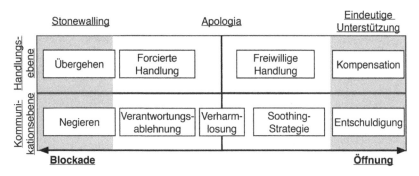

Abb. 21.2 Raster der Reaktionsmöglichkeiten auf eine Markenkrise. (Quelle: In Anlehnung an Weyler 2013, S. 109)

Dem Management stehen verschiedene Markenkrisenreaktionsmöglichkeiten zur Verfügung, welche auf einem *Kontinuum zwischen vollständigem Stonewalling (Abschotten) und eindeutiger Unterstützung* eingeordnet werden können (Dawar und Pillutla 2000, S. 216), darunter auch Ableugnen, forcierte und freiwillige Rückrufaktionen oder besonders intensive Bemühungen (Shrivastava und Siomkos 1989, S. 27; Siomkos und Shrivastava 1993, S. 74). Zusätzlich kann hinsichtlich der tatsächlichen Aktionsebene, d. h. effektiver oder kommunikativer Reaktion, getrennt werden (Tiemann 2007, S. 324). In der Kombination der zwei Dimensionen (s. Abb. 21.2) kann zwischen einer blockierenden bzw. öffnenden Haltung des Unternehmens differenziert werden (Weyler 2013, S. 109).

Negieren oder Verleugnen ist für die Bewältigung einer Markenkrise nicht zielführend. Es lässt Raum für Spekulationen oder Interpretationen der Medien und der Öffentlichkeit. Deshalb ist der Einsatz von korrektiven Maßnahmen für das Markenimage sinnvoll (Dutta und Pullig 2011, S. 1284 f.). Öffnende Reaktionen wie Sympathiebekundungen, Zahlung einer Kompensation oder eine Entschuldigung können für die Markenkrisenbewältigung positive Wirkungen haben, wohingegen eine rein faktische Information über einen Vorfall nicht zur Bewältigung beitragen kann (Coombs und Holladay 2008, S. 255).

Um die beschädigte Legitimität des Unternehmens wiederherzustellen, kann die betroffene Marke als defensive Kommunikationsform einen *Apologia-Ansatz* einsetzen (Hearit 1995a). Hierfür kann u. a. eine Dissoziation, welche einen Sachverhalt in eine wahrgenommene und eine faktisch tatsächliche Komponente trennt, eingesetzt werden (Coombs 2010b, S. 31). Um die negativen Wirkungen auf die Marke abzumildern, wird die Marke von der Problemstellung isoliert (Hearit 1995b). Durch die Kenntnisnahme der wirklichen Tatsachen soll eine positivere öffentliche Wahrnehmung generiert werden. Hierfür können drei Ansätze (1. Trennung: Meinung vs. Fakten, 2. Trennung Individuum vs. Gruppe, 3. Trennung: Handlung vs. Kernwerte) angewendet werden (Hearit 1994, S. 119; Coombs et al. 2010, S. 340).

Die weiterführende Unterscheidung einzelner Reaktionsstrategien nach Benoit (1995) bietet eine strukturierte Übersicht für die Auswahl einer Reaktionsoption (s. Abb. 21.3). In fünf Strategielinien mit verschiedenen Unterstrategien wird zwischen Ableugnen, Ver-

Strategielinie	Unterstrategie	Charakteristik
Denial (Ableugnen)	Simple Denial	Ableugnen der Handlung
	Shift the Blame	Handlung von Anderen
Evasion of Responsibility (Verantwortungsablehnung)	Provocation	Reaktion auf Handlung von Anderen
	Defeasability	Unzureichende Information oder Fähigkeit
	Accident	Darstellung als Panne
	Good Intentions	Im Grund gute Absicht
Reducing Offensiveness of Event (Anstößigkeitsreduzierung)	Bolstering	Hervorhebung positiver Eigenschaften
	Minimization	Reduzierung der Auswirkungen
	Differentiation	Vergleich zu gravierenderen Ereignissen
	Transcendence	Hervorhebung höherer Ziele
	Attack Accuser	Glaubwürdigkeit des Anklägers vermindern
	Compensation	Entschädigungszahlungen an Opfer leisten
Corrective Action (korrektive Maßnahmen)		Wiederherstellung des Urzustands und Verhinderung einer Wiederholung
Mortification (Zeigen von Demut)		Entschuldigung für das Ereignis

Abb. 21.3 Übersicht über Image Restoration Strategies. (Quelle: In Anlehnung an Benoit 1997, S. 179)

antwortungsablehnung, Anstößigkeitsreduzierung, korrektiven Maßnahmen und Zeigen von Demut unterschieden.

Diese unterschiedlichen Reaktionsstrategien können in der Praxis puristisch oder sukzessive bzw. parallel kombiniert angewendet werden (Dutta und Pullig 2011, S. 1282). Beispiel ist die Reaktion von Domino's Pizza nach dem Spottvideo auf YouTube. So entschuldigte sich der Vorstandsvorsitzende von Domino's Pizza in einem eigenen YouTube-Video persönlich und trennte dabei zwischen den Verantwortlichen und den über 125.000 richtig handelnden Mitarbeitern sowie den Kernwerten von Domino's Pizza (Esch et al. 2009a, S. 12).

Zusätzlich kann eine im Vorfeld aufgebaute hohe positive Erwartungshaltung auf Konsumentenseite die Wirksamkeit der Markenkrisenreaktionsmöglichkeiten, unabhängig von der Ausrichtung (d. h. sowohl für blockierende, unklare und auch unterstützende Reaktionen), positiv verstärken (Dawar und Pillutla 2000, S. 221 ff.). Trotz diffuser Informations- und Verantwortungslage kann das Management wegen schneller kommunikativer Verbreitung und steigender Erwartungshaltung der Stakeholder gezwungen sein, zu reagieren und zu kommunizieren (Rogers 2011, S. 272). Gerade hierfür kann eine *Soothing-*

Strategie ein integraler und kurzfristig umsetzbarer Ansatz sein. Die Marke zeigt mittels dieser defensiven Kommunikationsform schnell aktives Interesse und kann Zeit für Untersuchungen und gegebenenfalls notwendige Maßnahmen gewinnen. Andere nachfolgende zukünftige Handlungsalternativen werden dabei nicht ausgeschlossen. Kernbestandteil der Soothing-Strategie ist die Ankündigung bzw. die Durchführung einer Untersuchung der möglichen Markenkrisenauslöser und der Möglichkeiten zur Beseitigung dieser Auslöser. Eine Soothing-Strategie kann somit als ausfallabhängiges, gewinnorientiertes Signal zur Überwindung einer bestehenden Informationsasymmetrie verstanden werden, bei der die Marke das aufgebaute Markenwissen und Markenimage als Bürgschaft einsetzt (Spence 1974; Rao et al. 1999, S. 259; Gammoh et al. 2006, S. 467). Wird dieses Versprechen nicht erfüllt, kann die Marke durch Nicht-Konsum oder negative Mund-zu-Mund-Propaganda bestraft werden (Rao und Ruekert 1994, S. 89). Der Einsatz einer Soothing-Strategie wirkt im Vergleich zu einer blockierenden Haltung deutlich positiver auf das Markenimage und das Vertrauen zur Marke, jedoch nicht auf die Kaufabsicht. Hier kann nur eine echte Problemlösung und deren Kommunikation positive Effekte erzielen (Weyler 2013, S. 186 ff.). Der Ansatz kann somit als notwendiger Zwischenschritt eingesetzt werden, wobei eine mittel- oder langfristige Lösung notwendig ist. Für den langfristigen Erfolg muss das gegebene Versprechen gehalten und die Markenkrisengrundlage beseitigt werden.

Ultima ratio kann die *Eliminierung der betroffenen Marke* sein. Das Verhältnis von den durch die Krisenbewältigung zu erwartenden Wiederaufbaukosten und den möglichen zukünftigen Markenerträgen kann als Entscheidungsgrundlage dienen. Die Eliminierung einer schwachen Submarke und der damit verbundenen Belastungen kann für die Dachmarke vorteilhaft sein. Auch die Eliminierung einer starken Submarke kann durch ein extrem ungünstiges Verhältnis von Wiederaufbaukosten und möglichen zukünftigen Erträgen sinnvoll sein. Dies ist mit einem erheblichem Erklärungsaufwand für alle Stakeholder verbunden, wobei eine adäquate Umsetzung jedoch auch positive Effekte haben kann (Mao et al. 2009, S. 285).

21.6 Maßnahmen zum Aufbau nach einer Markenkrise einsetzen

Die Auswirkungen einer Markenkrise werden in einer langfristigen Perspektive langsam abgebaut (Vassilikopoulou et al. 2009a; b), jedoch muss die Marke in der kurz- und mittelfristigen Perspektive den Druck seitens der Konsumenten und des Wettbewerbs durchstehen.

Grundsätzlich sind die Markenkrisengrundlagen zu beheben und in einer selbstreflexiven Analyse ist ein erneutes Auftreten zu unterbinden. Durch effektives Lernen aus Fehlern der Vergangenheit können Handlungsprämissen und Verhaltensanweisungen für die Zukunft entwickelt werden. Somit sind schließlich die wesentlichen Schritte der Markenkrisenprävention in der Post-Markenkrisen-Phase effektiv umzusetzen.

▶ Markenkrisen sollten einen Lerneffekt anstoßen.

Die Haltung der Marke, die Fähigkeit zur Fehlerfindung und -behebung sowie das Verantwortungsbewusstsein der Marke nach einer Markenkrise muss gegenüber allen Stakeholdern glaubhaft demonstriert werden. Eine effektive Kombination aus Überprüfungs-, Korrektur- und Wiederaufbauprozessen ist elementar. Ein Beispiel für die Kombination dieser Prozesse ist die Kommunikation von Mercedes-Benz nach der Markenkrise „Elch-Test" der A-Klasse mit Boris Becker: „Stark ist, wer keine Fehler macht. Stärker ist, wer aus Fehlern lernt."

Literatur

ADAC. (2014). Markenbild des ADAC. http://www.adac.de/wir-ueber-uns/unternehmensdarstellung/markenbild/default.aspx?ComponentId=87304&SourcePageId=73860. Zugegriffen: 03. März 2014.

Ahluwalia, R. (2002). How prevalent is the negativity effect in consumer environments? *Journal of Consumer Research, 29*(2), 270–279.

Balderjahn, I., & Mennicken, C. (1996). Das Management ökologischer Risiken und Krisen: Verhaltenswissenschaftliche Grundlagen. *Zeitschrift für Betriebswirtschaft (ZfB); Ergänzungsheft: Umweltmanagement, 2*(96), 23–49.

Belly, C. (2010). Toyota Image weggespült, *Horizont, 13,* 38.

Benoit, W. L. (1995). *Accounts, excuses, and apologies: A theory of image restoration strategies.* Albany: State University of New York Press.

Benoit, W. L. (1997). Image repair discourse and crisis communication. *Public Relations Review, 23*(2), 177–186.

Bond, J., & Kirshenbaum, R. (1998). *Under the radar: Talking to today's cynical consumer.* New York: Wiley & Sons.

Brown, T. J., & Dacin, P. A. (1997). The company and the product: Corporate associations and consumer product responses. *Journal of Marketing, 61*(1), 68–84.

Chaudhuri, A., & Holbrook, M. B. (2001). The chain effects from brand trust and brand affect to brand performance: The role of brand loyalty. *Journal of Marketing, 65*(2), 81–93.

Coombs, W. T. (2002). Deep and surface threats: Conceptual and pratical implications for „crisis" vs. „problem". *Public Relations Review, 28*(4), 339–345.

Coombs, W. T. (2007). Attribution theory as a guide for post-crisis communications research. *Public Relations Review, 33*(2), 135–139.

Coombs, W. T. (2010a). Pursuing evidence-based crisis communication. In W. T. Coombs & S. J. Holladay (Hrsg.), *The handbook of crisis communication* (S. 719–725). Malden: Blackwell.

Coombs, W. T. (2010b). Parameter for crisis communication. In W. T. Coombs & S. J. Holladay (Hrsg.), *The handbook of crisis communication* (S. 17–53). Malden: Blackwell.

Coombs, W. T., & Holladay, S. J. (2008). Comparing apology to equivalent crisis response strategies: Clarifying apology's role and value in crisis communication. *Public Relations Review, 34*(3), 252–257.

Coombs, W. T., Frandsen, F., Holladay, S. J., & Johansen, W. (2010). Why a concern for apologia and crisis communication? *Corporate Communication: An International Journal, 15*(4), 337–349.

Dahlén, M., & Lange, F. (2006). A disaster is contagious: How a brand in crisis affects other brands. *Journal of Advertising Research, 46*(4), 388–397.

Dawar, N. (1998). Product-harm crises and the signaling ability of brands. *International Studies of Management & Organization, 28*(3), 109–119.

Dawar, N., & Lei, J. (2009). Brand crises: The roles of brand familiarity and crisis relevance in determining the impact on brand evaluations. *Journal of Business Research, 62*(4), 509–516.

Dawar, N., & Pillutla, M. M. (2000). Impact of product-harm crises on brand equity: The moderating role of consumer expectations. *Journal of Marketing Research, 37*(2), 215–226.

Dean, D. H. (2004). Consumer reaction to negative publicity: Effects of corporate reputation, response, and responsibility for a crisis event. *Journal of Business Communication, 41*(2), 192–211.

Delgado-Ballester, E., & Munuera-Alemán, J. L. (2001). Brand trust in the context of consumer loyalty. *European Journal of Marketing, 35*(11/12), 1238–1258.

Dutta, S., & Pullig, C. (2011). Effectiveness of corporate responses to brand crises: The role of crisis type and response strategies. *Journal of Business Research, 64*(12), 1281–1287.

Einwiller, S.A., Fedorikhin. A., Johnson, A.R. & Kamin, M. A. (2006). Enough is enough! When identification no longer prevents negative corporate associations. *Journal of the Academy of Marketing Science, 34*(2), 185–194.

Esch, F.-R. (1993). Markenwert und Markensteuerung – eine verhaltenswissenschaftliche Perspektive. *Thexis – Fachzeitschrift für Marketing, 10*(5/6), 56–64.

Esch, F.-R. (2008). Messung von Markenstärke und Markenwert. In A. Herrmann, C. Homburg, & M. Klarmann (Hrsg.), *Handbuch Marktforschung: Methoden – Anwendungen – Praxisbeispiele* (S. 909–954). Wiesbaden: Gabler.

Esch, F.-R. (2012). *Strategie und Technik der Markenführung*. München: Vahlen.

Esch, F.-R., & Andresen, T. (1994). Messung des Markenwertes. In T. Tomczak, & S. Reinecke (Hrsg.), *Marktforschung* (S. 212–230). St. Gallen: Thexis.

Esch, F.-R. & Weyler, S. (2010). Markentrennung rettet Aral-Image. *Absatzwirtschaft*, 8, 28–30.

Esch, F.-R., Langner, T., & Rempel, J. E. (2005a). Ansätze zur Erfassung und Entwicklung der Markenidentität. In F.-R. Esch (Hrsg.), *Moderne Markenführung: Grundlagen – Innovative Ansätze – Praktische Umsetzungen* (S. 103–129). Wiesbaden: Gabler.

Esch, F.-R., Wicke, A., & Rempel, J. E. (2005b). Herausforderungen und Aufgaben des Markenmanagements. In F.-R. Esch (Hrsg.), *Moderne Markenführung: Grundlagen – Innovative Ansätze – Praktische Umsetzungen* (S. 3–55). Wiesbaden: Gabler.

Esch, F.-R., Stenger, D., & Weyler, S. (2009a). Markenkrisen – Die neue Macht des Social Media, *ESCH. The Brand Consultants Newsletter*, 2, 11–13.

Esch, F.-R., Fischer, A., & Strödter, K. (2009b). Interne Kommunikation zum Aufbau von Markenwissen bei den Mitarbeitern. In T. Tomczak, F.-R. Esch, J. Kernstock, & A. Herrmann (Hrsg.), *Behavioral Branding: Wie Mitarbeiterverhalten die Marke stärkt* (S. 101–120). Wiesbaden: Gabler.

Esrock, S. L., & Leichty, G. B. (1998). Social responsibility and corporate web pages: Self presentation or agenda-setting? *Public Relations Review, 24*(3), 305–319.

Fajer, M. T., & Schouten, J. W. (1995). Breakdown and dissolution of person-brand relationships. *Advances in Consumer Research, 22*(1), 663–667.

Fitzpatrick, K. R., & Rubin, M. S. (1995). Public relations vs. legal strategies in organizational crisis decisions. *Public Relations Review, 21*(1), 21–33.

Gammoh, B. S., Voss, K. E., & Chakraborty, G. (2006). Consumer evaluation of brand alliance signals. *Psychology and Marketing, 23*(6), 465–486.

Göbel, E. (2010). *Unternehmensethik: Grundlagen und praktische Umsetzung*. Stuttgart: Lucius & Lucius.

Hearit, K. M. (1994). Apologies and public relations crises at Chrysler, Toshiba, and Volvo. *Public Relations Review, 20*(2), 113–125.

Hearit, K. M. (1995a). "Mistakes where made": Organizations, apologia, and crises of social legitimacy. *Communication Studies, 46*(1–2), 1–17.

Hearit, K. M. (1995b). From „We didn't do it" to „It's not our fault": The use of apologia in public relations crises In W. N. Elwood (Hrsg.), *Public relations inquiry as rhetorical criticism: Case studies of corporate discourse and social influence* (S. 117–131). Westport: Praeger.

Huber, F., Vogel, J., & Meyer, F. (2009). When brands get branded. *Marketing Theory, 9*(1), 131–136.

Hunt, S. D., & Vitell, S. J. (1986). A general theory of marketing ethics. *Journal of Macromarketing, 6*(1), 5–16.

Klenk, V. (1989). Krisen-PR mit Hilfe von Krisenmodellen. *PR Magazin,2,* 29–36.

Krystek, U., & Moldenhauer, R. (2007). *Handbuch Krisen- und Restrukturierungsmanagement: Generelle Konzepte, Spezialprobleme, Praxisberichte.* Stuttgart: W. Kohlhammer.

Laufer, D., Gillespie, K., McBride, B., & Gonzalez, S. (2005). The role of severity in consumer attributions of blame: Defensive attributions in product-harm crises in Mexico. *Journal of International Consumer Marketing, 17*(2/3), 33–50.

Lei, J., Dawar, N., & Lemmink, J. (2008). Negative spillover in brand portfolios: Exploring the antecedents of asymmetric effects. *Journal of Marketing, 72*(3), 111–123.

Lindner, R. (2010). Produktions- und Verkaufsstopp: Gaspedal bremst Toyota. http://www.faz.net/aktuell/wirtschaft/unternehmen/produktions-und-verkaufsstopp-gaspedal-bremst-toyota-aus-1905892.html. Zugegriffen:03. März 2014.

Liu, T.-C., Wang, C.-Y., & Wu, L.-W. (2010). Moderators of the negativity effect: commitment, identification, and consumer sensitivity to corporate social performance. *Psychology & Marketing, 27*(1), 54–70.

Mao, H., Luo, X., & Jain, S. P. (2009). Consumer responses to brand elimination: An attributional perspective. *Journal of Consumer Psychology, 19*(3), 280–289.

Michalski, S. (2004). Types of customer relationship ending processes. *Journal of Marketing Management, 20*(9/10), 977–999.

Mizerski, R. W. (1982). An attribution explanation of the disproportionate influence of unfavorable information. *The Journal of Consumer Research, 9*(3), 301–310.

Moorman, C., Zaltman, G., & Deshpandé, R. (1992). Relationships between providers and users of market research: The dynamics of trust within and between organizations. *Journal of Marketing Research, 29*(3), 314–328.

Morgan, R. M., & Hunt, S. D. (1994). The Commitment-Trust Theory of Relationship Marketing. *Journal of Marketing, 58*(3), 20–38.

Müller, R. (1982). *Krisenmanagement in der Unternehmung.* Frankfurt a. M.: Peter Lang.

Perrin-Martinenq, D. (2002). *Brand detachment: conceptualization, antecedents and proposition of a measurement scale.* Paper presented at the 2nd Nordic Workshop on Relationship Dissolution, Visby, Schweden.

Perrin-Martinenq, D. (2004). The role of brand detachment on the dissolution of the relationship between the consumer and the brand. *Journal of Marketing Management, 20*(9/10), 1001–1023.

Pfeffer, J., Zorbach, T., & Carley, K. M. (2014). Understanding online firestorms: Negative word-of-mouth dynamics in social media networks. *Journal of Marketing Communications, 20*(1–2), 117–128.

Pullig, C., Netemeyer, R. G., & Biswas, A. (2006). Attitude basis, certainty, and challenge alignment: A case of negative brand publicity. *Journal of the Academy of Marketing Science, 34*(4), 528–542.

Rao, A. R., & Ruekert, R. W. (1994). Brand alliances as signals of product quality. *Sloan Management Review, 36,* 87–97.

Rao, A. R., Qu, L., & Ruekert, R. W. (1999). Signaling unobservable product quality through a brand ally. *Journal of Marketing Research, 36*(2), 258–268.

Rest, J. R. (1986). *Moral development: Advances in research and theory.* New York: Praeger.

Rogers, D. L. (2011). *The network is your customer: Five strategies to thrive in a digital age.* New Haven: Yale University Press.

Schweiger, G., & Schrattenecker, G. (2009). *Werbung: eine Einführung.* Stuttgart: Lucius & Lucius.

Shrivastava, P. & Siomkos, G. J. (1989). Disaster Containment Strategies. *Journal of Business Strategy, 10*(5), 26–30.

Siomkos, G. J., & Shrivastava, P. (1993). Responding to product liability crises. *Long Range Planning, 26*(5), 72–79.

Skowronski, J. J., & Carlston, D. E. (1989). Negativity and extremity biases in impression formation: A review of explanations. *Psychological Bulletin, 105*(1), 131–142.

Spence, A. M. (1974). Market signaling: informational transfer in hiring and related screening processes. Cambridge: Harvard University Press.

Thomson, K., de Chernatony, L., Arganbright, L., & Khan, S. (1999). The buy-in benchmark: How staff understanding and commitment impact brand and business performance. *Journal of Marketing Management, 15*(8), 819–835.

Tiemann, F. M. (2007). *Ereignisinduzierte Markenkrisen: Phänomen und Krisenmanagement in der Markenführung*. Frankfurt a. M.: Peter Lang.

Töpfer, A. (1999). *Plötzliche Unternehmenskrisen – Gefahr oder Chance?: Grundlagen des Krisenmanagements, Praxisfälle, Grundsätze zur Krisenvorsorge*. Neuwied: Luchterhand.

Vassilikopoulou, A., Lepetsos, A., Siomkos, G. J., & Chatzipanagiotou, K. (2009a). The importance of factors influencing product-harm crisis management across different crisis extent levels: A conjoint analysis. *Journal of Targeting, Measurement and Analysis for Marketing, 17*(1), 65–74.

Vassilikopoulou, A., Siomkos, G. J., Chatzipanagiotou, K., & Pantouvakis, A. (2009b). Product-harm crisis management: Time heals all wounds? *Journal of Retailing and Consumer Services, 16*(3), 174–180.

Weißgerber, A. (2007). *Konsumentenverhalten in ereignisinduzierten Markenkrisen – Der Einfluss der Markenbeziehungsqualität*. Wiesbaden: Deutscher Universitäts-Verlag.

Weyler, S. (2013). *Wirkungen von Markenkrisen – Eine Analyse aus verhaltenswissenschaftlicher Perspektive*. Wiesbaden: SpringerGabler.

Zhao, Y., Zhao, Y., & Helsen, K. (2011). Consumer learning in a turbulent market environment: Modeling consumer choice dynamics after a product-harm crisis. *Journal of Marketing Research, 48*(2), 255–267.

Dr. Stephan Weyler ist geschäftsführender Gesellschafter der strategischen Marketing- und Vertriebsberatung LBC Premium Marketing, Gräfelfing. Seine Beratungsschwerpunkte sind Positionierung, Entwicklung und Strukturierung von Marken sowie strategische Kommunikation. Er promovierte am Institut für Marken- und Kommunikationsforschung (IMK) an der EBS Universität für Wirtschaft und Recht, Oestrich-Winkel.

Prof. Dr. Franz-Rudolf Esch ist Professor für Markenmanagement und Automotive Marketing an der EBS Universität für Wirtschaft und Recht, Oestrich-Winkel, und Direktor des Instituts für Marken- und Kommunikationsforschung (IMK). Davor lehrte er in Saarbrücken, Trier, St. Gallen, Innsbruck und Gießen. Weiterhin ist er Gründer und wissenschaftlicher Beirat von ESCH. The Brand Consultants, Saarlouis. Seine Forschungsschwerpunkte liegen in den Bereichen Markenmanagement, Kommunikationsforschung und Konsumentenforschung.

Fallstudie: Corporate Brand Values leben – Das Anspruchsgruppenmanagement der Marke Adelholzener

22

Bernhard Fuchs

Zusammenfassung

Corporate Brands müssen neben den Kunden insb. auch den Ansprüchen der Gruppen Öffentlichkeit und Anteilseigner gerecht werden. Wie sich Markeninhalte, Markenstrategie und eine glaubwürdige Kommunikation mit den verschiedenen Anspruchsgruppen bedingen, wird in diesem Kapitel am Praxisfall von Adelholzener verdeutlicht.

22.1 Corporate Brand Management mit einem Orden als Eigentümer umsetzen

Der emeritierte Papst Benedikt ist nachweislich ein Fan. Auch US-Präsident Obama hat es schon getrunken: Das Mineralwasser aus Bad Adelholzen. Dessen Ursprungsquelle sieht heute noch so aus wie vor über 100 Jahren. Aber sonst erinnert bei den Adelholzener Alpenquellen kaum mehr etwas an die beschaulichen Anfänge, als Klosterschwestern das begehrte Heilwasser noch von Hand abfüllten (s. Abb. 22.1 und 22.2). Bei einem Jahresumsatz von gut 100 Mio. € (Branchenschätzung) ist das Unternehmen längst der führende Mineralwasser- und Erfrischungsgetränkeabfüller in Südbayern, insbesondere im Großraum München. Die Marke Adelholzener ist aber nicht mehr nur in Bayern, sondern in ganz Deutschland präsent: Das Mineralwasser aus den bayerischen Alpen und die innovativen Bio-Schorlen haben bundesweit eine loyale Verwender-Basis und bescheren dem Unternehmen auch außerhalb des Stammgebiets ein stetes Wachstum.

B. Fuchs (✉)
Serviceplan Public Relations, München, Deutschland
E-Mail: b.fuchs@serviceplan.com

Abb. 22.1 Die Adelholzener Alpenquellen zu Beginn des 20. Jahrhunderts. Bildrechte: Adelholzener Alpenquellen

Abb. 22.2 Die Adelholzener Alpenquellen heute. Bildrechte: Adelholzener Alpenquellen

Im Jahr 2001 gelingt Adelholzener zudem eine entscheidende Weichenstellung für die zukünftige Entwicklung: Mit der deutschlandweiten Einführung des sportiven Erfrischungsgetränks ACTIVE O2 etabliert der bayerische Brunnen nicht nur zum ersten Mal in der Unternehmensgeschichte eine originäre Produktmarke, sondern schafft gleichzeitig eine ganz neue Kategorie lifestyliger Erfrischungsgetränke. Mittlerweile existieren Nachahmerprodukte, die aber in Qualität und Beliebtheit bei weitem nicht mit dem Original konkurrieren können. ACTIVE O2 wird heute in über 30 Länder auf der ganzen Welt exportiert, darunter viele außereuropäische Märkte wie die Vereinigten Arabischen Emirate und Südkorea.

Ab 2011 führt Adelholzener die Marke ACTIVE O2 näher an die Corporate Brand und schafft so – über zwei starken Einzelmarken – ein wertegetriebenes Markendach, das die Identität des Unternehmens glaubwürdig transportiert und die *Stärken beider Marken*, wo immer möglich, *bündelt*.

Wie kann ein Orden im knallharten Food & Beverage-Markt Erfolg haben? Jedes Management muss in der Lage sein, Markttrends zu antizipieren und willens, daraus zeitnah Richtungsentscheidungen von hoher finanzieller und strategischer Tragweite, vielleicht sogar risikobehaftet, abzuleiten und diese über alle Unternehmensbereiche hinweg konsequent umzusetzen. Nicht zuletzt muss es die kommunikativen *Schnittstellen zur Anspruchsgruppe Öffentlichkeit* aktiv bespielen. Würde man dies einer kirchlichen, zumal einer katholischen Institution zutrauen? Nicht auf den ersten und vielleicht auf nicht auf den zweiten Blick – und genau das macht diesen Business Case zum Thema Corporate Brand Management so einzigartig.

Die Kongregation der Barmherzigen Schwestern vom hl. Vinzenz von Paul mit Sitz in München ist seit 1907 alleiniger Eigentümer der Adelholzener Alpenquellen GmbH. Als Beirat muss sie strategische Entscheidungen der Geschäftsführung mittragen. Der traditionsreiche Orden ist Träger mehrerer Kranken- und Pflegeeinrichtungen und mithin auf Erlöse seines Mineralbrunnens angewiesen, um seine vielfältigen sozialen und karitativen Ziele zu verwirklichen, indem er zum Beispiel bessere Leistungen wie mehr Pflegepersonal anbieten kann.

Diese Grundkonstellation erzeugt gleichzeitig auf zwei Ebenen *konkurrierende Interessen*, die fortlaufend ausgeglichen werden müssen: zum einen auf der Ziel-, zum anderen auf der Perzeptionsebene. Die erste Interessenkonkurrenz begründet sich aus der Tatsache, dass das Globalziel der Adelholzener Alpenquellen eben nicht nur die eigene Existenzsicherung ist, sondern in gleichem Maße auch der kontinuierliche Erlös von Überschüssen für den Betrieb der ordenseigenen Sozialeinrichtungen angestrebt wird. Hier gilt es, einen dauernden Ausgleich zwischen betrieblichen Investitionen und Ausbau der sozialen Engagements zu finden.

Die zweite Konkurrenzebene ist für das Corporate Band Management aber viel zentraler: Sie betrifft nämlich die *Darstellung des Unternehmens in der Öffentlichkeit*, also die Art und Weise, wie seine Ziele und Werte, mithin die des Ordens als Alleingesellschafter, von außen wahrgenommen werden. In diesem Sinne gilt es bei jeder Entscheidung abzuwägen zwischen einer Kommunikation, die einerseits in Lautheit und Tonalität der Zielgruppenansprache modernen Marketing-Anforderungen erfüllt, andererseits aber den übergeordneten Wertekanon des Eigentümers nicht in Frage stellt.

▶ Adelholzener muss als Corporate Brand unterschiedliche Anspruchsgruppen mit unterschiedlichem Duktus bedienen.

Im Fokus der vorliegenden Betrachtung steht deshalb die Darstellung der gestalterischen Möglichkeiten eines Corporate Brand Managements, das flexibel auf Entwicklungen und Tendenzen innerhalb und außerhalb des Unternehmens reagiert. Untersucht wird, wie es spezifische Freiräume für die langfristige Entwicklung der Marken schafft, ohne dass die *kohärente Außenwahrnehmung* der Corporate Brand beeinträchtigt wird.

An Hand des Markenaufbaus von ACTIVE O2, analysiert von der Markteinführung 2001 bis Mitte 2013, zeigt der Beitrag die *Wechselwirkungen der Anspruchsgruppen Anteilseigner und Öffentlichkeit auf die Marke* und stellt dar, wie Corporate Brand Management – aus strategischer Perspektive – steuernd und regelnd in diese Wechselbeziehung eingreift.

22.2 Die Unternehmenskommunikation von Adelholzener im Spannungsfeld von Corporate Brand und Product Brand realisieren

22.2.1 Die glaubwürdige Dehnung der Corporate Brand am Beispiel der Produkteinführung von ACTIVE O2 begreifen

> **Beispiel**
>
> Es gibt Sportarten, die man besser nur ausübt, wenn man fest an ein Leben nach dem Tod glaubt. „Wingsuit-Flying" gehört dazu. Das ist eine atemberaubende Mischung aus „Base Jumping" und „Paragliding", zwei Trendsportarten, von denen jede für sich genommen schon ein Ausschlusskriterium für jede Risiko-Lebensversicherung darstellt.

Herbst 2010: Ein Skifahrer rast auf einen Abgrund zu. Über ihm das sonnendurchflutete Bergpanorama der Schweizer Alpen, vor ihm dunkles Nichts. Mit Höchstgeschwindigkeit überfährt er die Kante, wirft die Ski ab, breitet die Arme aus und rast, nur getragen von einem Wingsuit mit winzigen Flügeln unter den Armen zu Tal. Um Haaresbreite schießt er mit mehreren Hundert Stundenkilometern zwischen zwei Felsnadeln durch – bevor er spektakulär in eine riesige Flasche ACTIVE O2 eintaucht. Im selben Moment verkündet der Off-Sprecher mit der knarzenden Synchronstimme von James Bond: „ACTIVE O2 – mit natürlichem Adelholzener Mineralwasser aus den bayerischen Alpen".

Der *spektakuläre TV-Spot*, mit dem die Adelholzener Alpenquellen im Jahr 2011 (s. Abb. 22.3), zehn Jahre nach Markteinführung des Produkts, ihr Erfrischungsgetränk ACTIVE O2 bewerben, verdichtet gleich mehrere parallele Entwicklungslinien des Corporate Brand Managements, die sich bis in die aktuelle Markenstrategie durchziehen und auch Mitte 2013 noch gültig sind.

Darf ein Unternehmen in Ordensbesitz Geld mit Extremsport verdienen? Begreift man die Corporate Brand als durchgängiges Gesamtkonzept der Selbstdarstellung und Verhaltensweisen eines Unternehmens, wird man nicht umhin kommen, an dieser Stelle

Abb. 22.3 Mission Genuss – Der ACTIVE O2 „Wingsuit-Spot" von 2011. Bildrechte: Adelholzener Alpenquellen

Abb. 22.4 Mission Nächstenliebe – Karitatives Engagement als Unternehmensziel. Bildrechte: Adelholzener Alpenquellen

die Frage zu stellen, wie integrationsfähig eine solche Corporate Brand sein kann. Anders ausgedrückt: Darf ein Unternehmen, das im Besitz eines katholischen Ordens mit karitativem Auftrag ist (s. Abb. 22.4), so aufwendig werben?

Darf es ein Team aus geschätzt einem Dutzend Werbe-, Stunt- und Kameraprofis tagelang auf einen mehrere Tausend Meter hohen Gipfel schicken, mit Helikoptern und Equipment im Wert von Hunderttausenden Euro? Darf es modernste Post-Production-Technologie einsetzen und die deutsche Synchronstimme von Daniel Craig engagieren, um das letzte Quäntchen Sales Appeal aus dem Spot zu holen?

Und was für Werte transportiert der Film – zumal an eine zumeist jugendliche Zielgruppe? Ruft er dazu auf, die letzten unberührten Orte zu erstürmen und sich – jegliches Risiko bewusst ignorierend – von Felsen zu stürzen? Geht es bei ACTIVE O2, respektive Adelholzener, also um ungebremsten Hedonismus statt um tätige Nächstenliebe? Und warum ist der Springer allein? Wird hier der rücksichtslosen Verwirklichung eigener Interessen Vorschub geleistet? Diese Liste ließe sich beliebig verlängern.

▶ Um die Antwort vorwegzunehmen: Ja, das Unternehmen darf es – vorausgesetzt es verfolgt damit ein klares Ziel, der Auftritt ist markenstrategisch vorbereitet und die Kommunikation ist argumentativ abgesichert. Wie das in diesem Fall gelungen ist, stellt dieses Kapitel im Folgenden dar.

Adelholzener vs. ACTVE O2 – zwei wie Wasser und Feuer? Um die Markenarchitektur von Adelholzener insgesamt besser zu verstehen, sollen zum direkten Vergleich mit dem „Wingsuit-Spot" der Markenauftritt und die Zielgruppenansprache der Ursprungsmarke Adelholzener herangezogen werden: Schon auf den ersten Blick könnten die Unterschiede größer nicht sein: Information statt Emotion, Wohlbefinden statt Lifestyle, Familie statt Grenzerfahrung, Natur statt Outdoor, Reinheit statt Risiko (s. Abb. 22.5). *Die Marke Adelholzener setzt in der Kommunikation bewusst auf Werte, die – bereits lange bevor es den Begriff überhaupt gab – modernem Nachhaltigkeitsdenken entspringen.*

Abb. 22.5 Rein, natürlich, nachhaltig – Die Erlebniswelt von Adelholzener. Bildrechte: Adelholzener Alpenquellen

Weil die Marke nie auf kurzlebige Marketing-Trends aufgesprungen ist, sondern sich immer über die besonderen Produkteigenschaften differenziert hat, ist sie auch nicht – wie viele Konkurrenz-Produkte – kommunikativ austauschbar geworden.

▶ Stetige, klare Positionierungsideen verhindern bei Adelholzener eine Austauschbarkeit auch in der Kommunikation.

Das erscheint aus heutiger Sicht logisch, war aber – zum Beispiel in den hedonistisch geprägten 1990er Jahren – beinahe revolutionär, weil Nachhaltigkeitsthemen in der Hochphase der Lifestyle-Euphorie bestenfalls am Rande eine Rolle spielten. Mittlerweile hat sich die Situation radikal gewandelt: Sustainability ist für Unternehmen im Social-Media-Zeitalter zur Überlebensfrage geworden. Voll-vernetzte Verbraucher und die allgegenwärtigen NGOs überwachen in der Art von Seismographen rund um die Uhr jegliche Lebensäußerungen eines Herstellers, jederzeit bereit, ein Social-Media-Erdbeben, den gefürchteten „Shitstorm" zu entfesseln.

Für Adelholzener erfordert die Zugehörigkeit zum Orden in dieser Hinsicht besondere Aufmerksamkeit und Sensibilität. Denn es ist für Kritiker des Unternehmens nur allzu verlockend, sich einfach dadurch Gehör zu verschaffen, dass angeblich christliche Wertmaßstäbe – oder was man dafür hält – an unternehmerisches Handeln angelegt werden.

An Hand dieses kurzen Vergleichs – hier ACTIVE O2, dort Adelholzener – wird klar: *Die Marke Adelholzener kann nicht einfach so laut auftreten wie es der Wingsuit-Spot tut.*

2001 – ACTIVE O2 startet als Einzelmarke durch Das alles macht die Frage nach dem „Wingsuit-Spot" nur noch brisanter. Warum traut sich Adelholzener dennoch, so jung, so lifestylig aufzutreten? Die Antwort liegt in der Entwicklung der Markenarchitektur im Laufe des vergangenen Jahrzehnts. Denn der Spot und die damit verbundene Kampagne sind ein lange geplanter und sorgfältig vorbereiteter Entwicklungsschritt in der Markenkommunikation des Unternehmens, den man nur in Gänze versteht, wenn man die Markenhistorie des Unternehmens etwa seit der Jahrtausendwende nachzeichnet:

Abb. 22.6 Jung, sportlich, trendig – Die Erlebniswelt von ACTIVE O2. Bildrechte: Adelholzener Alpenquellen

Bereits Ende der 1990er Jahre ist es eines der zentralen strategischen Ziele von Adelholzener, die Entwicklung des Unternehmens auf ein größeres Produkt-Sortiment und eine breitere Stamm-Verwenderschaft zu stellen. Eine jüngere Zielgruppe als die traditionellen Adelholzener-Kunden verlangt aber nach Produkten, die ihren Lebensstil abbilden: convenience-orientiert, mobil, genussfreudig. Diesem Bedürfnis will auch Adelholzener nachkommen: Gebraucht wird also ein Produkt, das die Vorzüge von Mineralwasser mit Convenience- und Lifestyle-Aspekten verbindet: Dieser Weg führt direkt zu *ACTIVE O2*. Das neue Produkt kombiniert die Natürlichkeit des Adelholzener Wassers mit einer für die junge Zielgruppe attraktiveren Verpackung und einem speziell auf ihre Bedürfnisse zugeschnittenen Verwendernutzen (s. Abb. 22.6).

Dass dieses Produkt für die Verbraucher etwas völlig Neues und zur Vermarktung eine komplett andere Art der Verbraucheransprache notwendig sein würde, ist ebenfalls sofort klar. In dieser Situation trifft das Management von Adelholzener eine strategische Grundsatzentscheidung, die das Marketing von ACTIVE O2 entscheidend beeinflussen wird: *Adelholzener wechselt zur Produkteinführung von ACTIVE O2 im Jahr 2001 von einem monolithischen Corporate-Brand-Ansatz, bei dem die einzelnen Produkte lediglich den Rang von „Sorten" der Ursprungsmarke haben hin zu einer „branded"-Strategie, bei der die Corporate Brand gegenüber der Produktmarke fast komplett in den Hintergrund tritt*. Praktisch bedeutet das: ACTIVE O2 kommt als eigene Produktmarke auf den Markt.

Für den Vertrieb und die Handelspartner bedeutet die neue Produktmarkenstrategie, dass ACTIVE O2 ohne Anschub durch die bekannte Marke Adelholzener beim Handel performen muss. Anders als bei neuen Adelholzener Produkten, die am Point of Sale im direkten Markenumfeld Zeit haben, ihre Käufer zu finden, besteht mit einer ganz neuen Marke und einer damals neuen Art von Erfrischungsgetränk die reale Gefahr, relativ schnell bei den großen Lebensmittelketten ausgelistet zu werden, sollten sich die erwarteten Verkaufszahlen nicht zeitnah realisieren lassen. Auf der anderen Seite würde ein vorzeitiges Aus des Experiments ACTIVE O2 aber auch nicht die Corporate Brand Adelholzener beschädigen.

Die branded strategy aus der Perspektive von Marketing und Vertrieb Während die Produktmarkenstrategie in der Anfangsphase von ACTIVE O2 für den Vertrieb eher eine Herausforderung darstellt, bedeutet sie *für die Kommunikation eine klare Erweiterung des Handlungsspielraums:* Weitgehend befreit vom bestehenden Corporate Design, bietet sich dem Marketing die einmalige Chance, eine für das Unternehmen damals neue Produkt- und Themenwelt zu erschaffen. Die markenstrategische Grundsatzentscheidung eröffnet die Möglichkeit – wie in einer Art Testballon – jüngere Kommunikationsmittel, insbesondere neue Werbeformen im Internet, Below-the-line-Maßnahmen und eine direktere Kundenansprache einzusetzen. Früh genutzt werden auch die neuen Social-Media-Plattformen nach deren Popularisierung ab der Mitte der 2000er Jahre.

So gelingt es, eine junge, konsumfreudige Zielgruppe bundesweit – zunehmend auch international – mit emotionalen, spaßbetonten und lauten Botschaften für die Marke zu begeistern. Innerhalb nur eines Jahrzehnts wird die Marke ACTIVE O2 nicht nur in ganz Deutschland, sondern in über 30 Ländern weltweit populär. Im Jahr 2012 trug das ACTIVE-Sortiment bereits 20 % zur Gesamtmenge der bei Adelholzener produzierten Füllungen bei.

2011 – Startschuss für die endorsed strategy Parallel zum Wachstum von ACTIVE O2 wird die Marke Adelholzener von einer oberbayerischen Heimatmarke kontinuierlich zu einer regionalen Premium Brand mit hohem Qualitäts- und Nachhaltigkeitsanspruch ausgebaut. Damit kann die bislang getrennte Entwicklung der beiden Marken nach zehn Jahren in die gemeinsame Dachmarke Adelholzener einmünden – spektakulär inszeniert im „Wingsuit-Spot" von 2011. Dessen Schlussequenz „ACTIVE O2 – mit natürlichem Adelholzener Mineralwasser aus den bayerischen Alpen" markiert eine gänzlich neue Phase in der Corporate Brand Strategie: Die strikte „branded"-Strategie mit ACTIVE O2 als Markensolitär wird jetzt abgelöst von einer „endorsed"-Strategie, bei der ACTIVE O2 in Verbindung mit der Corporate Brand Adelholzener auftritt.

Dieser Strategiewechsel ist eine *Win-Win-Situation für beide Marken:* Adelholzener, mittlerweile in ganz Deutschland erhältlich, profitiert nun auch außerhalb des Kernverbreitungsgebietes Bayern von der Markenbekanntheit von ACTIVE O2. Das beim Handel durch ACTIVE O2 erworbene Vertrauen ist einer der zentralen Erfolgsfaktoren, auch die Marke Adelholzener bundesweit bei den großen Handelsketten zu listen.

Auf der anderen Seite gewinntauch ACTIVE O2 durch die Verbindung mit Adelholzener an Profil in punkto Nachhaltigkeit: Der Hauptbestandteil Mineralwasser ist regional verortet und vertrauenswürdig, ebenso wie der Hersteller. Beides schafft eine glaubhafte Kommunikationsbasis – ein Aspekt, der beim Start von ACTIVE O2 noch nicht die gleiche zentrale Bedeutung hatte wie heute.

Klar ist dabei aber auch, dass die Dachmarke vom Verbraucher erst mit zeitlicher Verzögerung erinnert wird. Die Ergebnisse der Marktforschung belegen zwar, dass der Konsument den inhaltlichen Zusammenhang bei gestützten Interviews herstellen kann und auch positiv bewertet. Eine signifikante Steigerung der ungestützten Markenbekanntheit von Adelholzener außerhalb von Bayern allein durch die Integration des Corporate Brand Logs in die ACTIVE O2 Kommunikation ist aber noch nicht nachweisbar. Zur Steigerung der aktiven Markenerinnerung von Adelholzener wäre es notwendig, zusätzliche Markenelemente als Assoziationsbrücken einzubauen – was natürlich in einem ACTIVE O2 Spot nicht möglich ist.

Die Marke Adelholzener: Was macht sie heute so stark? Eine Frage ist damit aber immer noch nicht geklärt: *Welche Rolle spielt dabei die Anspruchsgruppe Anteilseigner, in diesem Falle die Barmherzigen Schwestern?* Warum ist es jetzt möglich, beide Marken unter einer verbindenden Dachmarke zu kommunizieren, etwas, das bei der Markteinführung von ACTIVE O2 noch unmöglich war?

Die Antwort hat zwei grundlegende Aspekte: Der eine bezieht sich auf das Unternehmen selbst, der andere auf den Reifungsprozess, den die Marke ACTIVE O2 in einem Jahrzehnt seit ihrer Markteinführung durchlaufen hat. Um mit letzterem zu beginnen: Die Wahrnehmung der Marke ACTIVE O2 hat sich in den letzten zehn Jahren signifikant gewandelt. Sie ist als Vorreiter einer neuen Gattung von Erfrischungsgetränken längst im Mainstream etabliert. Sie steht auch nicht für Hedonismus und Konsum, sondern durchgängig für positiv bewertete Attribute wie einen aktiven Lebensstil, sportliche Betätigung in der Natur, gemeinsame Erlebnisse im Freundeskreis und das Streben nach individuellen sportlichen und beruflichen Zielen.

Der Nachfolgefilm zum „Wingsuit-Spot", der im Frühjahr 2013 on Air geht, dokumentiert diese Positionierung und zeigt gleichzeitig die Weiterentwicklung der Dachmarkenstrategie seit 2011: Erstmals wird die Zielgruppe, sportliche Jugendliche, in direkter Interaktion mit dem Produkt dargestellt: beim Snowboarden vor spektakulärer Alpenkulisse und einer rasanten Mountainbike-Abfahrt über die Skipiste. Der Off-Text „von Adelholzener" in Kombination mit dem Close-Up auf das Adelholzener Logo schafft schließlich eine bis dahin noch nicht erreichte Nähe zur Corporate Brand.

ACTIVE O2 ist als Premium Marke für moderne Erfrischungsgetränke etabliert und besitzt einen wachsenden Stamm loyaler Verwender. Eine Basis von gut 170.000 eingetragen Facebook-Fans steht in direktem Austausch mit dem Unternehmen. Marke und Produkt sind deshalb heute eine Erfolgsgeschichte und kein Kommunikationsrisiko mehr für das Unternehmen oder die Corporate Brand. Denn auch die hat sich in den vergangenen Jahren deutlich weiterentwickelt:

Mit dem Wachstum der Adelholzener Alpenquellen, der stetigen Erweiterung des Produktsortiments und zahlreichen Innovationen, ging nämlich auch eine Verschiebung der Außenwahrnehmung des Unternehmens und der Marke einher. Denn je stärker die Bekanntheit der Marke auch in weit vom Unternehmen entfernte Regionen zunimmt, desto mehr tritt eine abstrakte Markenwahrnehmung in den Vordergrund, während das konkrete Wissen über das Unternehmen abnimmt. Das heißt, der Fokus des Interesses zoomt aus Bad Adelholzen heraus. Das Blickfeld wird größer, das Bild selbst immer unschärfer. Somit ist auch die besondere Gesellschafterstruktur des Unternehmens mit zunehmendem Abstand von Bad Adelholzen immer weniger bekannt.

Corporate Brand Values – Gemeinsame Werte, gemeinsames Handeln Auch wenn Adelholzener in dieser Hinsicht mittlerweile fast wie ein „normaler" Mittelständler wahrgenommen wird, ist dies kein Blanko-Scheck für unternehmerisches Handeln nach dem Diktat der Gewinn-Maximierung. Integrierendes Element des Unternehmens ist nach wie vor ein gemeinsames Wertesystem, das tatsächlich gelebt wird und auch einer ernsthaften

Überprüfung durch Medien oder Kritiker standhält. Dazu gehören, neben einer werteorientierten Unternehmenskultur im Sinne von Verantwortung für die Mitarbeiter und den Standort, auch die Einhaltung höchster Nachhaltigkeitsstandards in Bezug auf Ressourcenschonung und Emissionsvermeidung.

22.3 Die Anspruchsgruppe Öffentlichkeit an Hand von ausgewählten Schüsselzielgruppen steuern

22.3.1 Wertschätzende Kommunikation mit der Anspruchsgruppe „kritische Verbraucher" leben

▶ Wer sauber arbeitet, übersteht auch einen Shitstorm

Meinungsbildung im Prä-Social-Media-Zeitalter war weitgehend monodirektional. Die Medien bestimmten, worüber im Land gesprochen wurde. Standpunkte und Argumente lieferten sie ihrer jeweiligen Klientel gleich mit. Erlahmte das Medieninteresse – je nach Thema innerhalb von einem Tag oder einem Monat – war die Diskussion vorbei. Spuren blieben fast keine zurück. Für Unternehmen, auch solche in der Lebensmittelbranche hieß das: Ruhe in den Medien, Ruhe bei den Verbrauchern.

Ein ganz anderes Bild bietet sich Unternehmen heute: Jeder Konsument kann dank technischer Möglichkeiten selbst Multiplikator, selbst Medium sein. Und der Verbraucher hat diese Macht erkannt und meldet sich machtvoll zu Wort. Diese Entwicklung hat auch die Kommunikationskultur der Unternehmen drastisch verändert. Fast alle haben nämlich erkannt, dass die neuen Medien ihnen auch die Chance bieten, kontinuierlich mit ihren Kunden im Gespräch zu sein, auf Trends frühzeitig zu reagieren und sich eine feste Basis loyaler Verwender zu schaffen.

Jeder Einzelne zählt – Individueller Kundendialog bei Adelholzener Die Adelholzener Alpenquellen haben sich frühzeitig auf diese Entwicklung eingestellt und bieten Konsumenten und Kunden *unterschiedlichste Möglichkeiten, direkt mit dem Unternehmen in Kontakt zu treten:* Während bei der Corporate Brand Adelholzener mittlerweile die E-Mail an das Unternehmen – neben dem Anruf bei der Kunden-Hotline – die am häufigsten genutzte Kommunikationsform ist, läuft bei ACTIVE O2 die Kundenkommunikation mittlerweile weitgehend über die Markenpräsenz auf der Social-Media-Plattform Facebook. Aber unabhängig von der Kommunikations-Plattform soll im Folgenden die Frage untersucht werden, wie Corporate Identity und Corporate Brand Management ganz grundsätzlich die Kommunikationskultur von Adelholzener beeinflussen:

Wie für alle Unternehmen, die sich strategisch mit dem Thema auseinandersetzen, heißt Verbraucherdialog immer, den Ausgleich zwischen zwei diametralen Positionen finden: Ein Unternehmen muss einerseits *seine Positionen wahren*, um sich immer möglichst viele Handlungsoptionen offenzuhalten. Keinesfalls darf es sich in eine Situation begeben, in der es Entscheidungen nicht mehr nach rationalen Kriterien treffen kann, weil es durch Zusagen an Verbraucher und Interessenvertreter gebunden ist.

▶ Kundendialog erfordert von Marken den Spagat zwischen der Forderung, die eigene Positionen zu wahren und der Forderung, Kundenanforderungen möglichst vollständig zu berücksichtigen.

Andererseits muss ein Unternehmen diesen auch die Sicherheit vermitteln, dass ihre *Bedürfnisse und Wünsche nicht nur gehört, sondern – wo immer möglich – berücksichtigt* werden. Da sich Kunden fast ausschließlich an Unternehmen wenden, um Wünsche oder Kritik zu äußern, heißt die strategische Zielvorgabe für die Unternehmenskommunikation schlicht: so souverän wie möglich, so wertschätzend wie es das Gegenüber zulässt und immer etwas kompromissbereiter als nötig.

Das gilt umso mehr für die Adelholzener Alpenquellen mit ihrer besonderen Gesellschafterstruktur. Für sie gelten zwar im Prinzip dieselben Regeln im Umgang mit Verbrauchern, sie stehen aber unter dem ständigen Generalverdacht der Hypokrisie. Das heißt in der Praxis zwar nicht, dass Adelholzener alles preis- und jeder Forderung nachgeben muss. Es beinhaltet aber die Notwendigkeit, jede einzelne Aussage noch einmal auf Belegbarkeit zu prüfen.

Ziel ist es in jedem Fall, eine argumentativ weder zu führende noch zu gewinnende Diskussion über religiöse Aspekte und deren Einfluss auf unternehmerische Entscheidungen zu vermeiden, sondern die Diskussion auf klare Sachinhalte zu lenken. Indes: Ganz vermeiden lässt sich der Bezug auf christlich begründete Werte nicht, nur muss dieser sich auf ein *allgemein akzeptiertes Koordinatensystem* beziehen, das im Folgenden genauer definiert wird:

In der Kommunikation von Adelholzener drückt sich ein übergeordneter Wertmaßstab aus, der – unabhängig vom religiösen Bekenntnis jedes Einzelnen – universelle Gültigkeit besitzt: Verantwortung für das eigene Tun und dessen Konsequenzen. Das schließt die Verantwortung für die Produktsicherheit im Interesse der Kunden ebenso ein wie die für Mitarbeiter und die Menschen am Standort, für die natürlichen Ressourcen rund um das Werk und die Nachhaltigkeit der Logistik.

Die *Meta-Botschaft* jeder Kommunikation lautet also: Adelholzener ist sich seiner Verantwortung bewusst und tut alles, um ihr in vollem Umfange gerecht zu werden. Dafür steht die Marke Adelholzener. Jedes einzelne Adelholzener – und seit dem Markenstrategiewechsel – auch ACTIVE-O2-Produkt ist im erweiterten Sinne ein Medium, das diese Botschaft weiterträgt.

Der Anspruch von Adelholzener ist nicht, in jeder Hinsicht perfekt zu sein. Das wäre vermessen. Aber es ist die oberste Maxime der Kommunikation, jede Kundenanfrage, jede Kritik, jede Reklamation, aber auch jede Bitte um Unterstützung sorgfältig zu prüfen, innerhalb der kürzest möglichen Zeit persönlich mit dem Absender in Kontakt zu treten und im offenen Gespräch eine Lösung zu suchen. Die wird es aber nicht immer geben. Verantwortung heißt nämlich nicht, jeden Anwurf unwidersprochen zu lassen, und sei er auch noch so kleinlich oder absurd. Adelholzener wird in solchen Fällen – auch bei Provokationen von Kundenseite – immer seine wertschätzende Art der Kommunikation beibehalten, Verständnis für die Position des Verbrauchers zeigen, aber seinen Standpunkt mit nicht widerlegbaren Argumenten klarstellen.

Welche Bedeutung die Interaktion mit Verbrauchern hat, zeigt sich auch in seiner für einen Mittelständler außerordentlich stark aufgestellten Kommunikationsabteilung: Bei Adelholzener werden alle Kundenanfragen – mit genau der gleichen Wertigkeit wie Presseanfragen – von der Marketing Managerin und ihrem Team in Zusammenarbeit mit externen Kommunikationsexperten bearbeitet und schriftlich beantwortet. Jede Anfrage wird auf Basis definierter Sprachregelungen individuell behandelt.

Werteorientierte Verbraucherkommunikation in der Praxis Eine zentrale Rolle spielt dabei die jeweilige Marke: Auf der Facebook-Seite von ACTIVE O2 wird man Anfragen in der Regel deutlich kürzer, pointierter und direkter beantworten, ohne jedoch ins Flapsige oder Generische abzurutschen. Bei der Beantwortung von Anfragen zu Adelholzener-Produkten geht es dagegen primär darum, komplexe Sachverhalte zu den Themen Reinheit und Nachhaltigkeit faktenbasiert zusammenzufassen und präzise Aussagen zu treffen.

Die generelle Bewertung des Kosten-Nutzen-Verhältnisses einer so intensiven Kundenkommunikation fällt auf den ersten Blick nicht leicht, weil die unmittelbare Wirkung der Kommunikation – anders als bei einer großen TV-Kampagne – auf eine sehr kleine Grundgesamtheit beschränkt ist. Eine rein quantitative Aussage ist daher nicht zielführend. Auf der anderen Seite wurde das primäre markenkommunikative Ziel erreicht: Bislang ist es immer gelungen, potenzielle Kontroversen mit einzelnen Verbrauchern im Einvernehmen und vor allem unterhalb der Schwelle der öffentlichen Wahrnehmung zu bereinigen. So konnte die Corporate Brand vor möglichen Image-Schäden bewahrt werden.

22.3.2 Die Marke Adelholzener im Dialog mit kritischen Medien und NGOs

Eine weiße Weste schmutzt schneller – und wer hohe Ansprüche an sich und seine Marke stellt, begibt sich in eine kritische Fallhöhe. Denn so absurd es klingt: Die allgegenwärtigen Augen des Social Web beobachten die „Guten" besonders kritisch. Gelingt es nämlich, einem selbsternannten „Saubermann" eine angebliche Schweinerei anzuhängen, ist der Skandalfaktor ungleich höher, der eigene Reputationsgewinn innerhalb der Community um ein Vielfaches größer.

Aber bei Lichte betrachtet: Selbst der gefürchtete „Shitstorm" bei Facebook, Twitter & Co. bleibt ein laues Lüftchen, solange er nicht die Schwelle der öffentlichen Aufmerksamkeit überspringt, weil plötzlich auch die *redaktionellen Medien* darüber berichten. Letztere haben noch immer die klassische Gatekeeper-Funktion. Sie entscheiden darüber, was auf die Agenda der öffentlichen Diskussion kommt. Sie bestimmen, ob ein kritisches Thema die Schlagkraft entwickelt die Corporate Brand nachhaltig zu beschädigen oder nicht.

NGOs – die neuen Thought Leader industriekritischer Kampagnen Eine wichtige Rolle in diesem Meinungsbildungsgeflecht spielen für Adelholzener mittlerweile *Non Governmental Organizations (NGOs)*. Die sind längst in vielen Umwelt-, Bürger- und Tierrechtsfragen sowie im ganzen Bereich Verbraucherschutzthemen aktiv. Ihr besonderer Vorteil: Sie erfüllen eine Scharnierfunktion zwischen Verbrauchern und Medien, weil sie in beide Richtungen extrem kampagnenfähig sind und sehr schnell Unterstützung, auch medialer Art, mobilisieren können.

Aus Unternehmenssicht besonders herausfordernd ist die Tatsache, dass viele NGOs qua Selbsterhalt nicht an einer endgültigen Beilegung von Konflikten interessiert sind. Das heißt, selbst wenn ein kritisiertes Unternehmen – in der Hoffnung, die Kampagne damit endgültig beenden zu können – zu 100 % auf die Forderung einer NGO eingeht, kann es sich kurze Zeit später zu einem anderen Thema wieder auf der Anklagebank wiederfinden.

Adelholzener im Mediendialog In Bezug auf das Kommunikationsmanagement gegenüber kritischen Medien müssen zuerst die Corporate Brand Adelholzener und die Product Brand ACTIVE O2 separat betrachtet werden, denn die Außenwahrnehmung der beiden Marken im Hinblick auf ihre Exposition gegenüber potenziell kritischer Berichterstattung differiert nach wie vor stark: Die Corporate Brand genießt bei den Medien im Kerngebiet Südbayern und bei den meinungsbildenden Medien in München ein über Jahrzehnte aufgebautes Vertrauen. Das Unternehmen profitiert noch heute von den medienwirksamen Auftritten der früheren Geschäftsführerin Schwester Theodolinde und der nahtlosen Fortführung dieser offenen Kommunikationskultur unter der den jetzigen Geschäftsführern. Gerade in der Umgebung von Bad Adelholzen ist man stolz auf den Erfolg dieses regionalen Brunnens, von dem die ganze Region in vielerlei Hinsicht nachhaltig profitiert.

Das Unternehmen gibt nicht nur auf Anfrage Auskunft an die Medien, sondern informiert aktiv über alle wichtigen Unternehmensbereiche und deren Entwicklung preis. Nur dadurch ist es möglich, in einem so sensiblen und interessengetriebenen Bereich wie der Lebensmittelbranche langfristig eine von gegenseitigem Vertrauen geprägte, konstruktive Gesprächsgrundlage zu pflegen. Dabei ist es aber nicht das Ziel, in vorauseilendem Gehorsam und ohne Rücksicht auf die wirtschaftlichen Folgen für das Unternehmen alle möglichen Kritikpunkte aus dem Weg zu räumen, sondern potenziell kontroverse Entscheidungen in einem offenen Gespräch in den richtigen Kontext zu stellen und die Beweggründe dafür klar zu benennen. *Bewertungsmaßstab ist dabei immer die Güterabwägung und vor dem Hintergrund der höheren Unternehmensziele: der langfristigen Sicherung des Unternehmens und der Sicherung des karitativen Engagements des Gesellschafters*. So ist die Corporate Brand Adelholzener medienseitig in einer sehr komfortablen Situation – was man von der Product Brand ACTIVE O2 in den ersten Jahren ihrer Existenz nicht immer sagen konnte.

ACTIVE O2 in der Kritik von NGOs – Bewährungsprobe für das Corporate Brand Management Aber auch im *Dialog mit Kritikern* zahlt sich die eingesetzte Corporate Brand Strategie des Unternehmens aus. Denn es gelingt dadurch, die Corporate Brand in den ersten turbulenten Jahren nach Markteinführung von ACTIVE O2 weitgehend unbeeinflusst von verschiedenen Mediendiskussionen um das neue Lifestyle-Getränk zu halten. Während nämlich die Verbraucher von Anfang an von ACTIVE O2 begeistert sind, melden sich in der Anfangszeit unvermittelt Medien zu Wort, die in dem damals verwendeten Claim „Der Powerstoff mit Sauerstoff" ein angebliches Wirkversprechen zu erkennen glauben. Das wiederum ruft sehr schnell Verbraucherschützer – und in deren Windschatten NGOs wie Foodwatch – auf den Plan.

In der Folge entwickelt sich ein wenig zielführender Schlagabtausch um wissenschaftliche Erkenntnisse, Gutachten und Studien, der den eigentlichen Kern der Meinungsverschiedenheit aber nicht auflösen kann. Während das Medieninteresse, auch auf Grund der präzisen Informationspolitik von Adelholzener, sehr schnell abebbt, werden die immer gleichen Diskussionen zwischen Online-Foren, später Social Web Communities und NGOs über Jahre in sich ändernden Intensitäten weitergeführt. Der gleichzeitig immer weiter wachsenden Beliebtheit von ACTIVE O2 tut dies freilich keinen Abbruch.

Adelholzener stellt relativ schnell auf die Strategie um, das angebliche Konfliktpotenzial sukzessive aus der Welt zu schaffen, indem man nach und nach, aber ohne kommunikative Begleitmusik, die strittigen Aussagen aus allen Kommunikationsmitteln entfernt – auch insofern die smarteste Lösung, als dass man *weitere fruchtlose Diskussionen mit Kritikern schlicht vermeidet*. Die Marke ACTIVE O2 ist ohnehin längst so bekannt und etabliert, dass die Kommunikation auf besonders pointierte Werbebotschaften guten Gewissens verzichten kann.

Die Lösung dieses latenten Meinungsgegensatzes war es auch, die letztendlich den Weg frei macht für den oben ausführlich beschriebenen *Wechsel zur endorsed-brand-Strategie* seit 2011. Denn im direkten Vergleich profitiert ACTIVE O2 vom Endorsement der starken Corporate Brand deutlich mehr als von irgendeinem Claim – so kreativ der auch sein mag.

22.4 Fazit: Früchte eines konsequenten, nachhaltig orientierten Anspruchsgruppenmanagements ernten

Der ACTIVE O2 TV-Spot von 2013 zeigt die erfolgreiche Weiterentwicklung der Adelholzener Markenstrategie, die mit dem legendären Wingsuit-Spot begonnen hat. Statt einem „mit Adelholzener Wasser aus den bayerischen Alpen" heißt es jetzt nur noch: „von Adelholzener", unterstützt von einem Close-Up auf das Dachmarken-Logo. Dass Adelholzener seine zwei starken Marken mittlerweile in einem markenstrategischen Verbund führen und so vor allem außerhalb des Kernverbreitungsgebiets seine Kräfte bündeln kann, ist kein Zufallstreffer, sondern der *Erfolg eines vorausschauenden, mutigen und vor allem konsequent umgesetzten Brand Managements* im Spannungsfeld mehrerer Anspruchsgruppen.

ACTIVE O2 ist für den bayerischen Brunnen ein gewagtes Experiment, wahrscheinlich mit Abstand das visionärste und größte in der gesamten Unternehmensgeschichte. Es ist aber zu keiner Zeit ein existenzbedrohendes, da das Unternehmen durch die starke Corporate Brand ausreichend abgesichert ist. Am Ende des Markenbildungsprozesses steht eine Erfolgsgeschichte. Mit ursächlich dafür ist die Tatsache, dass es gelingt, konkurrierende Interessenslagen höchst heterogener Anspruchsgruppen dauerhaft in Einklang zu bringen. Zu diesen gehören insbesondere der Orden als Alleingesellschafter des Unternehmens und die Anspruchsgruppe Öffentlichkeit, repräsentiert durch Verbrauchervereinigungen, NGOs und kritische Verbraucher im Social Web. Um die divergierenden Interessen im Sinne des Unternehmens in Balance zu halten, setzt Adelholzener nicht nur auf ein langfristig ausgerichtetes Corporate Brand Management, sondern verzahnt dieses mit einer integrierten Unternehmenskommunikation, die die Inhalte und Botschaften der Corporate Brand zielgruppen- und medienübergreifend transportiert.

Brand Management und Unternehmenskommunikation sind gleichwohl nur die Transportmittel, um Anspruchsgruppeninteressen zu bedienen. Authentisch wird solche Kommunikation nur, wenn sie, wie im Falle Adelholzener, aus gemeinsamen Werten und einer gelebten Unternehmenskultur gespeist wird. Gerade in der Startphase von ACTIVE O2 bedurfte es dieses integrierenden Moments, um die zeitweise Raum greifenden Diskussionen mit Medien, Verbraucherverbänden und NGOs zu bestehen.

Erleichtert wird das Anspruchsgruppenmanagement von Adelholzener durch die besondere Eigentümerstruktur des Unternehmens: Die auf Nachhaltigkeit angelegten Unternehmensziele des Ordens begünstigen eine langfristige Planung statt des heute verbreiteten Denkens in Quartalsergebnissen. Adelholzener beweist letztlich, dass eine Unternehmensphilosophie, die mehr auf organisches Wachstum setzt als auf schnelle Expansion Innovationen nicht behindert, sondern im Gegenteil fördert, weil neue Ideen und Projekte Zeit haben, zu reifen und Zeit, ihr Potential in der Praxis zu beweisen.

Bernhard Fuchs ist Creative Director bei Serviceplan Public Relations, München. Er hat langjährige Erfahrungen als Etatdirektor und Kommunikationsberater.

Teil VI
Die Corporate Brand und die Anspruchsgruppe Kunden

Customer Touchpoint Management für Corporate Brands umsetzen

23

Franz-Rudolf Esch, Jan F. Klein, Christian Knörle und Mirjam Schmitt

> **Zusammenfassung**
>
> Jeder einzelne Kontaktpunkt, jede Berührung mit einer Marke hinterlässt Spuren in unseren Köpfen, ob bewusst oder unbewusst, aktiv gesteuert oder nicht. Daher ist das Management der Kontaktpunkte mit einer Marke, der sog. Customer Touchpoints ein wichtiger Erfolgsfaktor für die Markenführung. Was bei einem professionellen Customer Touchpoint Management zu beachten ist, zeigt dieses Kapitel auf. Dabei wird auf die Analyse der Kontaktpunkte, auf die Synthese sowie auf die Kontaktpunktmessung zur Kontrolle eingegangen.

F.-R. Esch (✉)
Universität für Wirtschaft und Recht, Oestrich-Winkel, Deutschland
E-Mail: Franz-Rudolf.Esch@ebs.edu

J. F. Klein
ESCH. The Brand Consultants, Saarlouis, Deutschland
E-Mail: j.klein@esch-brand.com

C. Knörle
Stuttgart, Deutschland
E-Mail: c.knoerle@esch-brand.com

M. Schmitt
Saarlouis, Deutschland
E-Mail: m.schmitt@esch-brand.com

© Springer Fachmedien Wiesbaden 2014
F.-R. Esch et al. (Hrsg.), *Corporate Brand Management*,
DOI 10.1007/978-3-8349-3862-6_23

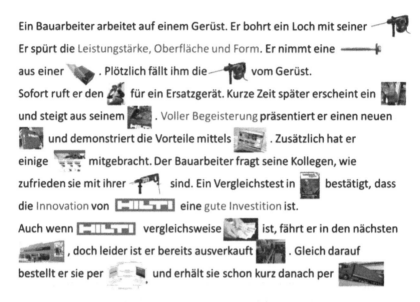

Abb. 23.1 Customer Touchpoints mit der Marke Hilti. (Quelle: Hilti)

23.1 Die Relevanz von Customer Touchpoints für die Corporate Brand erkennen

Marken sind im täglichen Leben allgegenwärtig. Starke Marken entstehen nicht allein durch Werbung oder ein aussagekräftiges Leistungsversprechen. Verschiedene Anspruchsgruppen haben fast jeden Tag viele unterschiedliche Berührungspunkte mit einer Corporate Brand. Alle diese Eindrücke prägen nachhaltig das ganzheitliche Image einer Marke. Dies gilt für Corporate Brands der Konsumgüterbranche wie für Industriegüter oder Dienstleistungen gleichermaßen. Das Beispiel einer Kundeninteraktion mit der Corporate Brand Hilti verdeutlicht, wie vielseitig die Kontaktpunkte und Interaktionen mit einer Marke sein können (s. Abb. 23.1).

Wie das Beispiel der Abbildung plakativ zeigt, üben nicht nur Broschüren oder Werbung einen Einfluss auf die Wahrnehmung einer Marke aus. Ein wesentlicher Faktor ist das Spüren der überlegenen Qualität der Hilti-Bohrmaschinen oder der Umgang mit dem Hilti-Koffer, in welchem man alles bequem am richtigen Platz findet. Und natürlich sind auch die Hilti-Mitarbeiter wichtig, die bei Problemen am Bau immer zur Stelle sind, wenn es brennt – auch am Wochenende. Bei Hilti ist mittlerweile der herausragende und leistungsstarke Service ein wesentlicher Differenzierungsfaktor zum Wettbewerb. Die Abstimmung der einzelnen Kontaktpunkte mit einer Marke, der sog. Customer Touchpoints, leistet zur Generierung eines konsistenten Markenerlebnisses sowie zur Erfüllung des Markenversprechens und der Gewährleistung der Vertrauensfunktion einen essentiellen Beitrag (Esch 2012, S. 151 f.).

Jeder einzelne Kontaktpunkt, d. h. jede Berührung mit einer Marke, hinterlässt Spuren in unseren Köpfen, ob bewusst oder unbewusst, aktiv gesteuert oder nicht (Esch und Kochann 2012). Spuren, die die Markenwahrnehmung entscheidend beeinflussen können (Esch 2012, S. 149). Shankar et al. (2011, S. S33) nennen das Resultat dieser Bemühungen eine „seamless experience" für die Anspruchsgruppe. Die nahtlose Erfahrung bei Hilti reicht vom roten Hilti-Auto, dem legendären Hilti-Koffer, über den exzellenten Kundenservice, den roten Helm des Außendienstmitarbeiters, bis hin zur gezielten Steuerung von Mund-zu-Mund-Propaganda auf Facebook mit der „made to get used"-Kampagne. Die Markenbotschaft kommt auch gegenüber den Anteilseignern im Unternehmensbericht, der wie eine Steinplatte aussieht, zum Ausdruck. Aussagen wie „Ein Loch ist mehr als ein Hohlraum" verdeutlichen das Commitment zur Marke und positionieren Hilti als elementaren Bestandteil einer soliden Konstruktion.

▶ Watzlawick et al. (1967) stellen daher fest: „Man kann nicht nicht kommunizieren". Markenbildung findet immer statt – ob gewollt oder nicht. Marken sind stets auf Sendung.

Das Management von Marken darf nicht dem Zufall überlassen werden, sondern muss an allen relevanten Kontaktpunkten aktiv erfolgen (Esch und Kochann 2013a). Als zentrale „Moments of Truth" müssen sie jeden Tag das Leistungsversprechen der Corporate Brand erfüllen. Dabei spielt es keine Rolle, ob der Kontakt vom Unternehmen gewünscht ist oder nicht. Kurzum: *Markenbildung ist keine Initiative, sondern vollzieht sich automatisch.* Idealerweise sind Marken daher aktiv zu steuern. Sie bedürfen ähnlich systematischer und kontinuierlicher Steuerungsprozesse wie Produktion oder Entwicklung. Jede Berührung mit der Marke bedeutet Chance und Risiko zugleich. David Cote, CEO des US-Unternehmens Honeywell, schreibt in den firmeneigenen Corporate Brand Guidelines entsprechend: „With every customer contact and whenever we represent Honeywell, we have the opportunity either to strengthen the Honeywell brand or to cause it to lose some of its luster and prestige" (Honeywell 2004, S. 2).

▶ Touchpoint Management ist der zentrale Erfolgsfaktor für Corporate Brands.

Allerdings bietet wirksames Kontaktpunktmanagement noch großes Potential. Dies belegt eine Studie von ESCH. The Brand Consultants (2013) mit mehr als 100 Managern aus verschiedensten Branchen:

- *Geringe Durchsetzung:* Zwar sind 95 % der Befragten überzeugt, dass Customer Touchpoint Management zukünftig an Bedeutung gewinnt, professionelles Kontaktpunktmanagement findet derzeit aber lediglich in 19 % der Unternehmen statt.
- *Niedriger Professionalisierungsgrad:* Auch der Anteil an Unternehmen mit einem hohen Professionalisierungsgrad ist mit 7 % verschwindend gering. Das Management der Touchpoints ist meist über diverse Bereiche zersplittert.

Voraussetzung zur Professionalisierung sind systematische interne und externe Analysen. Intern sind sich viele Manager oft nicht über Zahl und Relevanz der Kontaktpunkte bewusst. Zudem werden diese von unterschiedlichen Bereichen gesteuert. Extern gilt es, die Erlebnisketten der Anspruchsgruppen zu durchleuchten, um die für die Markenwahrnehmung entscheidenden Touchpoints auszumachen und bestmöglich auf die Markenpositionierung auszurichten. Ansatzpunkte bilden dabei aus Sicht der Praktiker vielfach bestehende Touchpoints. So können beispielweise Optimierungen im Online-Bereich (z. B. Social Media, Website) zu einer signifikanten Steigerung des Markenerlebnisses beitragen. Gleichzeitig birgt eine systematische Analyse der Touchpoints häufig Einsparpotentiale und ermöglicht eine optimale Aussteuerung vorhandener Budgets auf erfolgskritische Touchpoints.

Auch diesbezüglich zeigt die Studie von ESCH. The Brand Consultants (2013) in der Unternehmenspraxis erheblichen Nachholbedarf: Budgets, Einsparpotentiale und Return on Investments einzelner Touchpoints sind in der Regel weder bekannt noch definiert (ESCH. The Brand Consultants 2013, S. 7 ff.).

Für Corporate Brands stellen sich beim Customer Touchpoint Management besondere Herausforderungen:

1. *Vielfältige Anspruchsgruppen vs. integrierter Gesamtauftritt:* Die Umsetzung der Corporate Brand erfolgt meist im Spannungsfeld zwischen dem Wunsch nach einer individualisierten Interaktion mit den verschiedenen Anspruchsgruppen und der Notwendigkeit, einen integrierten Gesamtauftritt zu realisieren. Die Komplexität wird durch Corporate Branding, Employer Branding und Produktmarken erhöht. Die Homepage von Henkel verdeutlicht dieses Spannungsfeld im besonderen Maße: Hier werden neben den einzelnen Produkten und Marken, sowohl Investor und Public Relations als auch Informationen zu den Karriere-Möglichkeiten an einem einzelnen Touchpoint integriert.
2. *Ausstrahlungseffekte durch Corporate Brand auf alle Touchpoints und vice versa:* Corporate Brands können an jedem Touchpoint gewinnen oder verlieren. Im besten Fall zahlen einzelne Customer Touchpoints positiv auf das gesamte Markenkonto ein. So treibt Samsung aktiv das Touchpoint Management voran und etabliert innovative Retail-Formate, um das Image der Corporate Brand emotionaler aufzuladen. Neue Produkte und Internet-Spots von Samsung mit der Smartwatch Galaxy Gear stärken die Innovationskraft der Marke und tragen damit zu einem positiven Image bei. Jedoch können Touchpoints eine Corporate Brand auch negativ beeinflussen. „Lieber Geld verlieren als Vertrauen" lautete einst das Credo von Robert Bosch, welches es auch für das Customer Touchpoint Management zu beherzigen gilt (Esch 2013).

▶ Professionelles Customer Touchpoint-Management von Corporate Brands erfordert einen aktiven Steuerungsprozess.

Ziel eines professionellen Customer Touchpoint-Management ist der Aufbau positiver, markenspezifischer Erlebnisse an allen relevanten Kontaktpunkten und dadurch eines kohärenten, vertrauensvollen Markenimages. Folgende strategischen Fragestellungen gilt es zu beantworten:

Strategische Steuerung:
- Welche Zielgruppen sollen über die Touchpoints erreicht werden?
- Welches Ziel verfolgt man mit bestimmten Touchpoints?
- Welche Touchpoints sind die wichtigsten für die Steuerung einer Corporate Brand?

Breitenwirkung:
- Welche Touchpoints sind am besten geeignet, um die Zielgruppe zu erreichen?
- Wie häufig kommen Kunden mit dem Kontaktpunkt während eines definierten Zeitraumes bzw. innerhalb einer bestimmten Kaufphase in Berührung?

Tiefenwirkung:
- Welchen Einfluss hat der Berührungspunkt auf das Kundenerleben?
- Wie können Bekanntheit, Image, Kauf, Loyalität oder Zufriedenheit durch Touchpoints verbessert werden?

Erfolgswirkung:
- Wie ist der Impact der zentralen Touchpoints?
- Welche Budgets fließen in die einzelnen Touchpoints?

Strukturen und Prozesse:
- Welchen Einfluss besitzt das Unternehmen auf den Kontaktpunkt?
- Wer ist für die Gestaltung und Kontrolle des Touchpoints verantwortlich?
- Welche Strukturen und Prozesse liegen hinter dem Kontaktpunkt?

Dieser Vielzahl an Fragestellungen stehen verschiedene Herausforderungen bzgl. Ansätzen und Konzepten sowohl in der Wissenschaft (vgl. Shankar et al. 2011, S. S39), als auch in der Praxis (vgl. ESCH. The Brand Consultants 2013, S. 8 f.) gegenüber.

▶ Klar fokussierte Zielsetzungen und ein stringenter Prozess sind daher erfolgskritisch für ein wirksames Customer Touchpoint-Management.

Ein professionelles Customer Touchpoint-Management kann in einem Prozess von sechs Modulen erfolgen. Diese sind inhaltlich miteinander verknüpft, lassen sich jedoch auch isoliert voneinander bearbeiten. Je nach Branche und Professionalisierungsgrad im Unternehmen sind die Module des Touchpoint-Management individuell auszuwählen (s. Abb. 23.2):

Abb. 23.2 Module des Customer Touchpoint-Management. (Quelle: Eigene Darstellung)

23.2 Interne Analyse: Customer Touchpoint Assessment – Transparenz schaffen

Viele Corporate Brands sind sich der Anzahl ihrer Touchpoints mit den verschiedenen Anspruchsgruppen nicht bewusst. Knapp die Hälfte der Unternehmen geht davon aus, dass ihre Corporate Brand weniger als 50 Touchpoints aufweist (ESCH The Brand Consultants 2013, S. 3). Erfahrungsgemäß lassen sich über alle Branchen hinweg allerdings ca. 100 bis 500 Kontaktpunkte identifizieren.

▶ Die Sammlung und Identifikation der Kontaktpunkte beginnt innen.

Dies schafft Transparenz über die Touchpoints, Rahmenbedingungen und Verantwortlichkeiten im Unternehmen als Basis für die Optimierung.

Zielsetzung des Customer Touchpoint Assessment ist die Transparenz hinsichtlich Anzahl, Organisation und Erfolgsmessung der existierenden Kontaktpunkte einer Corporate Brand. Hierfür ist die Festlegung der zentralen Zielsetzungen und damit verbunden der Anspruchsgruppen von essentieller Bedeutung.

Im Rahmen des Customer Touchpoint Assessment sind daher folgende Schritte notwendig:

1. Ziele klären
2. Transparenz schaffen
3. Kontaktpunkte kategorisieren

4. Kontaktpunkte priorisieren
5. Interne Anspruchsgruppen koordinieren

Zu 1: Zentrale Zielsetzungen der Corporate Brand klären: Zu Beginn des Prozesses sind die zentralen Zielsetzungen sowie die Zielgruppen des Touchpoint-Management der Marke zu klären. Im Falle einer Corporate Brand sind dies in der Regel unterschiedliche Anspruchsgruppen, von Kapitalgebern, Mitarbeitern, Kunden bis hin zu den Medien bzw. der Öffentlichkeit. Diese Klärung zu Beginn ist von herausragender Bedeutung, da Aufwand und Komplexität hierdurch eine Fokussierung erfahren.

Die Zielsetzungen sind pro konkreter Zielgruppe mit zentralen Botschaften zu hinterlegen. Gleichzeitig gilt es anhand der individuellen Zielsetzungen, nicht das große Ganze aus den Augen zu verlieren. Anhand dieser ersten Struktur können die Stoßrichtungen für das Touchpoint Assessment festgelegt werden.

Zu 2: Transparenz über die Touchpoints schaffen: Der nächste Schritt zur Professionalisierung des Kontaktpunktmanagements besteht in einem strukturierten Touchpoint Assessment aus Unternehmenssicht. Auf Basis der Zielsetzungen und -gruppen lassen sich alle relevanten Touchpoints zusammentragen und vorab priorisieren. Auf diese Weise wird über Abteilungen und Geschäftseinheiten hinweg Transparenz und ein ganzheitliches Bewusstsein über die Anzahl, Vielfalt, Bedeutung sowie organisatorischen Rahmenbedingungen erreicht. In Workshops bzw. Einzelinterviews werden zunächst die Kontaktpunkte mit der Corporate Brand systematisch gesammelt. Hierbei sollte der Interaktionszyklus der Anspruchsgruppen im Buying Cycle berücksichtigt werden. Gleichzeitig werden die internen Verantwortlichkeiten und Budgets für die Kontaktpunkte – soweit bekannt – festgehalten sowie weitere kontaktpunktrelevante Aktivitäten erfasst.

Zu 3: Touchpoints kategorisieren: Nach erfolgreicher Sammlung der Kontaktpunkte ist die in der Regel sehr umfangreiche Liste der Kontaktpunkte zu verdichten. Hierbei empfiehlt es sich, die Touchpoints zu kategorisieren, um verschiedene Filter zur schnelleren Steuerung sicherzustellen. Basierend auf der Mediaplanung können Kontaktpunkte zielgruppenübergreifend in *paid, owned und earned* eingeteilt werden:

Paid Touchpoints umfassen alle bezahlten Maßnahmen, bei denen sich ein Unternehmen ein Medium zur Nutzung eines Kanals kauft. Dies sind z. B. TV, Radio, Print, Internet, Außenwerbung oder Kino. Botschaften und Inhalte können hier von der Corporate Brand gestaltet und gesteuert werden. Je nach gewünschter Reichweite und Kontakthäufigkeit geht die Belegung dieser Kontaktpunkte mit einem erheblichen finanziellen Aufwand einher. Dieser kann jedoch je nach Budget skaliert werden.

Owned Touchpoints sind alle Kontaktpunkte, die eine Corporate Brand selbst besitzt und steuert. Dies können beispielsweise die unternehmenseigene Website oder mobile Formate sein, Kundenmagazine, Geschäftsberichte oder Intranet-Seiten. Jedoch gehören auch eigene Gebäude (z. B. BMW Welt), Filialen oder Verkaufspersonal dazu. Botschaften und Inhalte werden von der Corporate Brand gestaltet und gesteuert. Hierdurch werden die Kontaktpunkte auch eindeutig hinsichtlich der Qualität mit der Corporate Brand assoziiert. Zudem entstehen durch das Besitzverhältnis nicht unwesentliche Kosten, die nur mittel- bis langfristig skaliert werden können. So bindet die Betreuung solcher Kontaktpunkte auch Personal und Ressourcen.

Als *Earned Touchpoints* werden alle Maßnahmen bezeichnet, bei denen Botschaften und Inhalte von Dritten ohne direkten Auftrag einer Corporate Brand gestaltet und verbreitet werden. Dazu zählen persönliche Touchpoints wie Empfehlungen von Freunden, Bekannten oder Familie (Word-of-Mouth) sowie digitale Touchpoints. Letztere können z. B. Social Media (organisch oder viral) oder Vergleichsportale umfassen. Ebenfalls zu den Earned Touchpoints gehören die Einschätzungen von Analysten zur finanzielle Lage oder Zeitungsartikel, in denen Außenstehende über das Unternehmen berichten.

Word-of-Mouth ist laut Berger (2013, S. 7 f.) bereits der elementare Faktor hinter 20-50 % unserer Kaufentscheidungen und damit zehnmal effektiver als Werbung. Welchen Effekt Mund-zu-Mund Propaganda im digitalen Zeitalter an einem Kontaktpunkt wie Facebook, der alle Anspruchsgruppen betrifft, haben kann, bekam Nestlé 2010 mit einem von Greenpeace ausgelösten „Shitstorm" zu spüren. In der Folge protestierten Facebook-User mit einem in „Killer" geändertem KitKat-Logo gegen das Unternehmen und die aus ihrer Sicht durch Nestlé mitverschuldete Abholzung des indonesischen Regenwaldes. Social Media stellt jedoch nur eine Möglichkeit für Mund-zu-Mund-Propaganda dar und sollte nicht überschätzt werden. Denn nur 10 % des Word-of-Mouth findet online statt (Fay und Thomson 2012, S. 24).

Corporate Brands müssen sich diese Kontaktpunkte durch ihr Leistungsangebot, Kundenpflege und Empfehlungsmarketing erst verdienen. In der Konsequenz müssen nicht nur mehr Touchpoints gesteuert, sondern die Botschaften auch über Touchpoints vermittelt werden, die nicht der direkten Kontrolle des Unternehmens unterliegen und einem interaktiven Dialog mit dem Kunden standhalten müssen.

Zu 4: Touchpoints priorisieren: Die gesammelten Informationen bilden die Basis zur Etablierung eines Koordinationsmechanismus über Abteilungs- bzw. Bereichsgrenzen hinweg sowie zur strukturierten organisatorischen Steuerung der Touchpoints. Im Rahmen einer zentralen Datensammlung werden die Touchpoints weiter verdichtet, kategorisiert und – soweit möglich – mit Key Performance Indikatoren (KPIs) hinterlegt. Durch die zentrale Datenerfassung werden schnell Überschneidungen und organisatorische Silos deutlich. Gleichzeitig schafft die Hinterlegung mit KPIs eine Grundlage für zukünftige Diskussionen über die Leistungsfähigkeit und Performance von Touchpoints.

Zu 5: Interne Anspruchsgruppen koordinieren: Die zentrale Herausforderung für das Corporate Brand Management ist die weite Streuung der organisatorischen Verantwortlichkeiten und Budgets für die Touchpoints über das gesamte Unternehmen. *Den einen Touchpoint Manager gibt es nicht.* Daher gilt es im Rahmen des Customer Touchpoint Assessment, Prioritäten in den Touchpoints aus Innensicht zu finden, Redundanzen abzubauen und einen Koordinationsmechanismus (z. B. über Gremien) zu entwickeln, der es erlaubt im Ansatz eine ganzheitliche Steuerungslogik zu etablieren. Dies hilft maßgeblich dabei, effektiv und effizient

1. *klare Botschaften* (z. B. Equity Story) an
2. *die Zielgruppen* (z. B. Financial Community/Institutionelle Anleger) heranzutragen sowie
3. einen *formal einheitlichen Auftritt* (CD, Logo, Farbcodes etc.) zu vermitteln.

So gelingt es der Corporate Brand BASF über die Geschäftsbereiche hinweg einheitlich aufzutreten und sich als führendes Chemieunternehmen gegenüber den Zielgruppen zu positionieren, das einen Beitrag zur erfolgreichen Zukunftsgestaltung leistet.

23.3 Externe Analyse: Customer Experience Journey – Kontaktpunkte der Anspruchsgruppen kennen

Neben der internen Perspektive der Customer Touchpoints ist auch die externe Perspektive zu explorieren. Zur Erfassung der externen Perspektive sind die Touchpoints der verschiedenen Stakeholder der Corporate Brand zu erfassen. Folgende Aspekte sind hierbei zu berücksichtigen:

Kenntnis über die wichtigsten Kontaktpunkte: Oft werden aus Marketingsicht für Kunden besonders wichtige Kontaktpunkte unterschätzt. Deshalb ist die Schaffung von Klarheit über die Wichtigkeit der Kontaktpunkte aufgrund der Kontakthäufigkeit und der Relevanz ein primäres Ziel. Beispielsweise ist bei Stromunternehmen die Rechnung einer der wichtigsten Kontaktpunkte mit dem Kunden. Sie bietet den häufigsten Auslöser für den Wechsel des Stromanbieters wegen mangelnder Transparenz und Nachvollziehbarkeit sowie Nachzahlungsforderungen (Esch und Kochann 2013b).

Ganzheitliches Erleben der Corporate Brand: Zur Herstellung des Markenerlebnisses kommt es hierbei nicht nur auf die Gestaltung der Touchpoints, sondern vielmehr auf die Abstimmung der Touchpoints untereinander an (Esch 2011). Eine effektive und harmonische Verzahnung der unterschiedlichen Touchpoints gelingt jedoch den meisten Unternehmen nicht (Reinartz 2013). So unterscheidet sich z. B. das Markenerlebnis bei der Deutschen Bahn im Kontakt mit dem Schalter, dem Fahrkartenautomat und der Homepage erheblich.

Anlässe als Interaktionsimpuls: Anspruchsgruppen begegnen Corporate Brands aufgrund bestimmter Anlässe oder Ereignisse (z. B. einer Investor Relations Konferenz oder der Kauf eines Kunden). Diese Erlebnisse werden von den Anspruchsgruppen als Episoden (Tulving 1985) im Gedächtnis gespeichert und werden hierdurch mit der Corporate Brand verknüpft. Wissen zur Corporate Brand wird dadurch nicht allein durch wiederholte Kontakte, sondern durch die Bedeutung der Interaktion zwischen Anspruchsgruppe und Corporate Brand aufgebaut (Schmitt 2009, S. 701 f.).

Dynamische Interaktionen anstatt einzelner Touchpoints: Ein tiefgehendes Verständnis der Customer Journey bildet die Voraussetzung für eine präzise Strategieentwicklung und den effektiven Einsatz des Marketingbudgets. Dies ist umso relevanter, da die wichtigsten Touchpoints und deren Zusammenwirken in der unternehmensinternen Betrachtung häufig übersehen werden. Zudem sind viele Unternehmen bei einzelnen Kontaktpunkten, wie z. B. dem Verkauf vor Ort oder der Homepage, bereits gut aufgestellt. Die dynamische Perspektive der Customer Touchpoints vernachlässigen sie aber. Beispielsweise kann die gemessene Kundenzufriedenheit mit dem Call Center und dem Online-Shop zwar hoch sein, die Kunden können aber dennoch unzufrieden sein, weil das Produkt ihre Erwartungen nicht erfüllt. Konkrete Verbesserungspotentiale sind bei solchen Einzelbetrachtungen schwierig zu identifizieren. Betrachtet man jedoch die gesamte Customer Experience Journey, wird das komplette Erlebnis des Konsumenten mit den Stärken und Schwächen der Ausgestaltung deutlich (Rawson et al. 2013, S. 92).

Perception is reality – nur die Wahrnehmung zählt (Kroeber-Riel und Esch 2011): Kunden begegnen, ebenso wie andere Anspruchsgruppen, im Verlauf ihres Alltags einer Vielzahl an Kontaktpunkten. Ein Großteil der dargebotenen Informationen wird jedoch nicht wahrgenommen (Goldstein 2011, S. 97). Selbst von den aufgenommen Informationen wird nur ein Bruchteil für die Entscheidungsfindung genutzt (Kroeber-Riel und Esch 2011). In der Customer Experience Journey sind daher Punkte zu identifizieren, die die Markenwahrnehmung besonders beeinflussen. Für Apple kann dies für Kunden, Investoren wie auch Mitarbeiter z. B. die zelebrierte und Live wie auf YouTube verbreitete Präsentation des neuen iPhones sein. Da Konsumenten erlebte Emotionen nutzen, um Marken zu bewerten, steht dabei die Exploration des Markenerlebnisses im Vordergrund. Dieses erstreckt sich über alle Kontaktpunkte des Markenerlebens bzw. den gesamten Buying-Cycle (Verhoef et al. 2009, S. 32; siehe auch Bruhn und Hadwich 2012).

> ▶ Die Customer Experience Journey bildet die Interaktion des Kunden mit der Marke über verschiedene Touchpoints ab. Dabei ist das Markenerlebnis an den für die Anspruchsgruppe zentralen Berührungspunkten entscheidend.

Zu Beginn der Customer Journey sind die zentralen Zielsetzungen sowie die Zielgruppen des Touchpoint-Management einer Corporate Brand zu klären. Anhand der Zielsetzungen lassen sich zentrale Phasen in der Interaktion (z. B. anhand eines Kaufprozesses oder bestimmte Episoden) fokussieren.

Zur Erfassung der Customer Journey gibt es qualitative Möglichkeiten zur Erfassung sowie die Erfassung der Real-Time-Experience. Hier gibt es kein „entweder – oder", vielmehr hängt der Einsatz der auszuwählenden Methodik auch sehr stark von der Branche und der Häufigkeit der Kontakte ab. Eine aufwendige Real-Time-Messung ist beispielsweise dann nicht sinnvoll, wenn man im Zeitverlauf nur wenige Kontakte mit einer Marke hat.

Qualitative Erfassung und Bewertung sowie quantitative Validierung und Erfolgsmessung: Zum einen kann die Journey auf Basis qualitativer Einzelinterviews entwickelt werden. Die Customer Experience Journey gibt dabei Aufschluss über die genutzten Kontaktpunkte pro Kaufphase und deren Zusammenspiel. Gleichzeitig ist eine Beurteilung des Status quo zur Ausgestaltung der Kontaktpunkte möglich. Alternativ können auch Fokusgruppen genutzt werden, um die Häufigkeit und Relevanz genutzter Kontaktpunkte zu erfassen und wichtige Erkenntnisse zur Optimierung der aktuellen Kontaktpunktperformance zu erhalten. Diese Vorgehensweise hat jedoch den Nachteil, dass immer auf Erinnerungen zurückgegriffen wird. Diese sind unvollständiger, je länger der Kontakt zurück liegt (Macdonald et al. 2014, S. 16).

Die qualitative Erfassung durch explorative Einzelinterviews oder Fokusgruppen kann dann in einer quantitativen Studie einerseits validiert werden, andererseits kann der Einfluss der Kontaktpunkte auf abhängige Größen wie Markenimage, -bindung oder -loyalität gemessen und als Grundlage zur weiteren Optimierung und Allokation der Mittel genutzt werden.

Real-Time Experience: Das Problem, des Zurückgreifens auf Erinnerungen, stellt sich bei Real-Time-Erhebungen nicht. Das sogenannte Real-Time Experience Tracking greift dabei auf Mobiltelefone zurück, die nahezu 24 h in der Nähe des Kunden sind. Die Nutzung von Mobiltelefonen als interaktionsorientiertes Erhebungs-Tool in Umfragen wirkt sich zusätzlich positiv auf das Involvement der Befragten aus (Puhlmann 2013, S. 15). Kommen die Probanden während der Erhebungsphase mit einem Kontaktpunkt in Berührung, können mit dem Handy per SMS oder dem Smartphone per interaktivem User-Interface wesentliche Fragen zur Bewertung eines Touchpoints beantwortet werden:

- Um welche Marke handelt es sich?
- Um welchen Touchpoint geht es?
- Wie bewertet der Beteiligte die Interaktion?
- Welchen Einfluss hat dieser Kontakt auf die Kaufentscheidung?

Vor und nach der Feedbackphase per Mobiltelefon bringt jeweils eine Befragung der relevanten Zielgrößen – z. B. Markenbewusstsein, -wissen, -wahrnehmung – der eigenen und der Wettbewerbsmarken weiteren Erkenntnisgewinn.

Durch die Wiederholungsmessung am Ende der Erhebungsphase kann darüber hinaus die Veränderung relevanter Variablen wie beispielsweise der Einstellung zur Marke gemessen werden. Ein Tagebuch mit der Möglichkeit für persönliche und weitergehende Anmerkungen zur Marke komplettiert das Real-Time Tracking. Auf Basis der Meldung und Bewertung der Touchpoints in Echtzeit sowie des Tagebuches mit detaillierten Erlebnissen wird der gesamte Weg des Kunden exploriert (Macdonald et al. 2014, S. 17 f.).

Die Customer Experience Journey, die oft bis zu 50 individuelle Touchpoints beinhaltet (Puhlmann 2013, S. 15), und ihr Effekt auf den Kunden werden somit nachvollziehbar. Die Erkundung der einzelnen Touchpoints innerhalb der Erlebniskette und ihre Auswirkungen auf die Marke macht die gewonnen Daten für die unterschiedlichen Abteilungen innerhalb des Unternehmen nützlich: Von der Marketingkommunikation über Öffentlichkeitsarbeit bis zu operativen Planung (Macdonald et al. 2014, S. 22).

Allerdings ist man bei diesem Verfahren darauf angewiesen, dass die Probanden exakt jeden Kontaktpunkt dokumentieren, was je nach Situation und Involvement schwierig ist. Zudem gibt es auch Persönlichkeitsunterschiede hinsichtlich der Gründlichkeit. Last but not least kann es selbst bei den eher kurzen Zeiträumen der Real-Time-Messung zu Ermüdungserscheinungen kommen.

Interaktionspfade aus Sicht der Anspruchsgruppen segmentieren und analysieren: Durch die Erhebung der Customer Journey existieren in der Regel eine Vielzahl an Daten, die es in operationalen Interaktionsprofilen zu verdichten gilt. Da es je nach Anlass und Person unterschiedliche Interaktionspfade geben kann, müssen hier frühzeitig Prioritäten hinsichtlich der Auswertung gelegt werden. Kundenbedürfnisse und Interaktionsmuster dienen als Basis für die Segmentierung. Bereits heute bestehen mehr als 80 % der Interaktionsprozesse mit Marken aus einer Verknüpfung von Offline- und Online-Touchpoints (Puhlmann 2013, S. 17). Beim Aktienkauf einer Allianz-Aktie spielt somit nicht nur der Jahresbericht, sondern auch die Website der Allianz sowie die Empfehlungen von Analysten in Online-Portalen, als auch die Abwicklung des Kaufs im Internet eine entscheidende Rolle. Offline- und Online-Kontaktpunkte gilt es entsprechend zu berücksichtigen und im Sinne der Corporate Brand zu managen.

23.4 Synthese der internen und externen Analyse sowie Ableitung eines Handlungsplans

Die Erkenntnisse der Customer Journey sind in der ersten Stufe mit der internen Perspektive zu spiegeln. In der Regel ergeben sich hier starke Abweichungen: Interne und externe Sicht klaffen mitunter weit auseinander. Für Telekommunikationsunternehmen wird beispielsweise nicht selten die Relevanz der Filiale aus Sicht des Managements deutlich überschätzt, die telefonische Betreuung hingegen unterschätzt (vgl. die exemplarische Darstellung anhand der Dimensionen Relevanz und Kontakthäufigkeit in Abb. 23.3). So wird z. B. im kritischen Fall einer Störung des Telekom-Anschlusses in der Regel zuerst

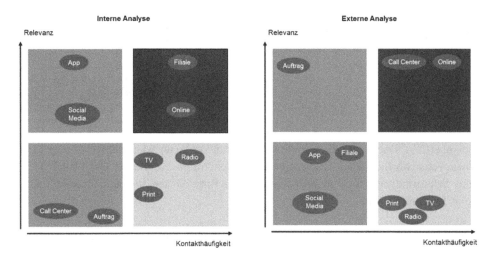

Abb. 23.3 Diskrepanz zwischen interner und externer Analyse. (Quelle: ESCH. The Brand Consultants)

versucht, das Problem per Anruf über das Handy im 24h erreichbaren Call Center zu lösen, bevor man den umständlichen Gang zum Telekom-Shop antritt. Dies hat zur Folge, dass man sich intern mit einem ohnehin begrenzten Budget auf Kontaktpunkte fokussiert, die extern überhaupt keine Rolle spielen. Dies bedeutet im Umkehrschluss nicht, dass diese Touchpoints abgeschafft werden können. Vielmehr ist es auch möglich, dass aus interner Sicht Potentiale in Kontaktpunkten gesehen werden, die ihre Wirkung auf Kunden, beispielsweise aufgrund der aktuellen – negativen oder unzureichenden – Ausgestaltung, noch gar nicht entfalten konnten und sich somit die geringe Bedeutung aus Kundensicht erklärt.

Die zweite Stufe beinhaltet eine Wirkungsanalyse bei der beispielsweise die Kontaktqualität bewirtet wird. Für das TUI-Reisebüro würde dies bedeuten, dass man sowohl Elemente wie Reisbürogestaltung, Reisekataloge und die Homepage als auch die Abläufe bei der Beratung eines Kunden hinsichtlich der Qualität analysieren würde.

▸ Die Spiegelung der Ergebnisse des internen Assessments und der externen Customer Journey ist ein wichtiger Schritt zur Aufdeckung relevanter Kontaktpunkte.

Auf Basis der gewonnen Erkenntnisse und Diskrepanzen können für die zentralen Berührungspunkte Handlungsfelder identifiziert und in einen Maßnahmenplan überführt werden.

Maßnahmenplan: Im Idealfall werden alle auf Basis der Spiegelung aus Customer Touchpoint Assessment und Customer Experience Journey identifizierten Handlungsfelder mit den Verantwortlichen und betroffenen Bereichen in einen konkreten Implementierungs-

Abb. 23.4 Touchpoint Innovation von IKEA. (Quelle: IKEA)

plan überführt. Dabei sind die Handlungsfelder mit konkreten Maßnahmen zu unterlegen sowie Verantwortlichkeiten, Meilensteine und Zieltermine festzulegen. Des Weiteren sind erste Erfolgsindikatoren zu identifizieren, die als Basis für das spätere Customer Touchpoint Tracking dienen.

Erste Potenziale für Budgetoptimierungen: Oft ergeben sich aus den vorangegangenen Analysen Einsparpotentiale. So ergab eine qualitative Studie mit Versicherungsmaklern, dass von 120 existierenden Broschüren lediglich 18 in der täglichen Arbeit eingesetzt wurden. In diesem Fall konnten die Investitionen für Broschüren um 85 % reduziert werden (Esch und Kochann 2013a).

Ganzheitliches Erleben der Corporate Brand: Bei der Maßnahmenplanung sind der Gesamtzusammenhang der einzelnen Touchpoints und die Erkenntnisse über deren Zusammenwirken zu berücksichtigen. Strategien sind folglich kontaktpunktübergreifend zu entwickeln. In erster Konsequenz verlangt dies das Aufbrechen der organisatorischen Silos innerhalb des Unternehmens, hin zu einer abteilungsübergreifenden Optimierung. Alle relevanten Entscheidungsträger zu erreichen, zu mobilisieren und zu koordinieren ist bei der Vielzahl an involvierten Abteilungen und Entscheidern vor allem für das Corporate Brand Management eine große Herausforderung (Macdonald et al. 2014, S. 22). Unternehmen, die dies erfolgreich meistern, erzielen höhere Kundenzufriedenheit, geringere Abwanderungsquoten und dadurch höhere Umsätze und größere Mitarbeiterzufriedenheit (Rawson et al. 2013, S. 92 f.).

23.5 Customer Touchpoint Innovation – Wow-Effekt durch neue Customer Touchpoints schaffen

Zielsetzung der Customer Touchpoint Innovation ist die Entwicklung neuer Kontaktpunkte, um a) Kunden ein begeisterndes und nachhaltiges Erlebnis zu schaffen oder b) bestehende Kontaktpunkte zu ersetzen und damit die Kundeninteraktion zu erleichtern. IKEA geht hier mit gutem Beispiel voran: Über die IKEA-App kann man per Smartphone direkt im Katalog einen Blick hinter die Türen der IKEA-Schränke werfen und darüber hinaus virtuell ein erstes Gefühl für die Raumgestaltung der eigenen Wohnung mit den im Katalog entdeckten Möbeln bekommen (s. Abb. 23.4).

Gerade neue Technologien und Kundenbedürfnisse sorgen dafür, dass neue Wege beschritten werden müssen. Während einst der Otto Katalog in millionenfachem Versand der wichtigste Kontaktpunkt für das gleichnamige Unternehmen war, hat sich das Geschäft inzwischen maßgeblich in ein E-Commerce-basiertes Modell gewandelt. Kontaktpunkte müssen diesem Wandel Rechnung tragen und entsprechend vertraute Mechanismen in die digitale Welt übertragen.

Die sich veränderten Bedürfnisse der Anspruchsgruppe spielen in diesem Zusammenhang die entscheidende Rolle. Vor allem die internetaffine Generation Y (Noble et al. 2009) und die jüngere Genration Z haben andere Bedürfnisse und werden andere Kontaktpunkte verlangen, als ältere Zielgruppen. So hat beispielsweise die Buchbranche die Wichtigkeit des Online-Handels lange Zeit unterschätzt und somit Amazon Tür und Tor geöffnet. Inzwischen übernehmen dort Online-Chats die Funktion der Support-Hotline oder des Services.

Zur Entwicklung neuer Customer Touchpoints ist folgendes Vorgehen empfehlenswert:

1. *Innovations-Matrix als Ausgangspunkt für die Customer Touchpoint Innovation:* Für einen zielgerichteten Entwicklungsprozess müssen zu Beginn entscheidende Parameter für den neuen, innovativen Customer Touchpoint definiert werden. So dient generell eine Gegenüberstellung der zentralen Kontaktpunkt-Kategorien sowie der wichtigsten Kundenbedürfnisse dazu, das Spielfeld für innovative Kontaktpunkte zu strukturieren. Mit Hilfe dieser Innovationsmatrix kann die Ideenfindung zielorientiert erfolgen. Gleichzeitig dient die Innovations-Matrix als grundlegendes Denkraster für die folgenden Schritte.
2. *Identifikation von Customer Insights:* Auf Basis qualitativer Erkenntnisse können Kundenbedürfnisse identifiziert und zu generellen Bedürfnis-Clustern verdichtet werden. Dies könnte z. B. das grundlegende Bedürfnis nach Sicherheit und Verlässlichkeit sein, welches die Anspruchsgruppen generell an Airlines und im besonderen Maße an den Kontakt mit der Lufthansa stellen.
3. *Entwicklung neuer Ideen im Ideationsprozess:* Sind einzelne Spots identifiziert (Kontaktpunkt-Kategorien und Kundenbedürfnisse), für die neue innovative Kontaktpunkte entwickelt werden sollen, startet die Ideenfindung. Dabei bilden Best Practices, technologische Innovationen und Kreativitätstechniken eine zentrale Grundlage für die Generierung von neuen Ideen (zum Methodenspektrum siehe auch Abb. 23.5). Auf Basis qualitativer Erkenntnisse zu latenten und manifesten Kundenbedürfnissen können mittels Kreativitätstechniken Ideen für potenzielle Kontaktpunkte entwickelt und in ein Ideenportfolio überführt werden.
4. *Priorisierung des Ideenportfolios:* In der Regel werden bei der Ideensuche eine Vielzahl an Ansatzpunkten generiert, die es zu priorisieren gilt. Hierzu können Ideen anhand von 1) potenzieller Erlebnisintensität, 2) Fit zur Marke, 3) Realisierungsgeschwindigkeit und 4) wirtschaftlichem Aufwand bewertet werden. Auf Basis von internen Evaluationen werden diese Ideen weiter verdichtet, in konkreten Pilotprojekten implementiert und erste Erfolge gemessen.

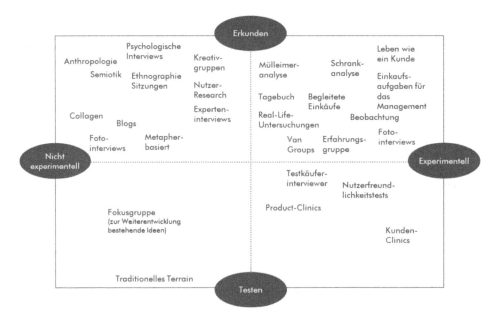

Abb. 23.5 Methodenspektrum der Customer Touchpoint Innovation. (Quelle: Riesenbeck und Perry 2005, S. 30)

23.6 Customer Touchpoint Tracking – Erfolg an den zentralen Touchpoints messen

Erfolgreiches Touchpoint-Management lässt sich nur nachhaltig steuern, wenn die zentralen Touchpoints auch kontinuierlich gemessen werden. Nur so kann eine fortwährende Optimierung der Touchpoints im Zeitverlauf sichergestellt werden. Es gilt somit das Motto:

▶ If you can't measure it, you can't manage it.

Zielsetzung des Customer Touchpoint Tracking ist die regelmäßige Erfolgsmessung von KPIs an zentralen Touchpoints. Das Customer Touchpoint Management bietet die Datenbasis für die kontinuierliche Erfolgsmessung sowie die Optimierung ausgewählter Touchpoints. Der Einsatzbereich des Customer Touchpoint Trackings reicht von der Optimierung des Kommunikations-Mixes beim Markenaufbau bis zur Wirkungskontrolle. Weiterhin können touchpoint-übergreifende Strategien entwickelt und nachgehalten werden. Zudem ist ein Tracking spezifischer Kundeninteraktionen umsetzbar. Des Weiteren lassen sich für dienstleistungsbezogene Touchpoints Service-Levels entwickeln und touchpoint-übergreifende Kampagnen optimieren. Touchpoint Tracking schafft zudem die Grundlage für Marketing Spend Effectiveness-Analysen.

Der Prozess zum erfolgreichen Touchpoint Tracking beinhaltet folgende Schritte:

1. *Definition der Erfolgsindikatoren:* Bereits zu Beginn des Customer Touchpoint-Management sind zentrale KPIs auf Basis der Zielsetzungen für die Erfolgsmessung zu definieren. Durch den ganzheitlichen Prozess des Customer Touchpoint-Managements werden relevante KPIs gemeinsam mit den unterschiedlichen Abteilungen identifiziert und deren Praktikabilität mit der Customer Experience Journey abgeglichen.
2. *Quantitative Erhebung der Touchpoint Performance:* Das Customer Touchpoint Tracking erfasst die Performance der zentralen Customer Touchpoints – in der Regel ca. 10–20 Berührungspunkte. Zusätzlich können fallweise weitere Customer Touchpoints einbezogen werden. Diese werden auf Basis von quantitativer Marktforschung erhoben und anhand eines KPI-Set bewertet, welches durch interne Datensammlungen ergänzt wird. Hierdurch können die Touchpoints miteinander verglichen werden. Generell existieren verschiedene Kategorien von Erfolgsindikatoren, die durch interne und externe Datenquellen gesammelt werden können. Beispiele für Indikatoren sind beispielsweise:
    a. *Impact der Touchpoints:* Der *Impact* kann je nach Zielsetzung und Art der Touchpoints anhand von *1) Information, 2) Emotion oder 3) Handlung* operationalisiert werden (Tiefenwirkung).
    b. *Reichweite der Touchpoints:* Diese Daten können mit Informationen zur *Reichweite* und *Frequenz* ergänzt werden (Breitenwirkung).
    c. *Konsistenz der Touchpoints:* Eine weitere relevante Dimension bilden die kohärente inhaltliche (Botschaft) und die formale Gestaltung (CD, Farbcodes, Logos etc.) (Konsistenz).
    d. *Kosten der Touchpoints:* Erfahrungsgemäß ist mit diesem Prozess ein hoher Aufwand verbunden, da nicht jeder Touchpoint vollständig einer Kostenstelle zuzurechnen ist oder vor- und nachgelagerte Kosten nicht verfügbar sind. Hier können auch Schätzungen weiterhelfen (Wirtschaftlichkeit).
3. *Priorisierung und Maßnahmenableitung:* Darauf aufbauend können die einzelnen Touchpoints hinsichtlich der Wirkung auf Verhalten, Präferenz oder Markenwahrnehmung priorisiert werden. Durch die Priorisierung können Schwachstellen besser erkannt und Stärken in Wettbewerbsvorteile transferiert werden.

Während die Kosten, die die einzelnen Touchpoints verursachen, meist noch ungefähr beziffert werden können, sind die resultierenden Vorteile, die aus der Gestaltung der einzelnen Touchpoints entstehen, nur schwer einschätzbar und weitestgehend unbekannt (Shankar et al. 2011, S39; Winer 2009, S. 112). Daher wird Touchpoint Tracking, trotz hoher Relevanz für den Unternehmenserfolg, selten praktiziert. Im Zeitablauf erfolgt das Management der Touchpoints somit nach Bauchgefühl und „Erfahrungswerten".

Das aus kontinuierlicher Überprüfung resultierende bessere Verständnis für die Wirkungszusammenhänge erlaubt jedoch eine effektivere und effizientere Steuerung der Investments in die relevanten Touchpoints.

23.7 Marketing Spend Effectiveness – Marketingbudgets zielorientiert einsetzen

Zielsetzung der Marketing Spend Effectiveness ist die *zielorientierte Investition des vorhandenen Budgets in die relevanten Kontaktpunkte*. Hierzu sind klare und fokussierte Zielsetzungen erforderlich.

Die zentrale Aufgabe des Markencontrollings ist es, Klarheit und Transparenz über die Markeninvestitionen und deren effektiven und effizienten Einsatz zu schaffen. Oft ist dies jedoch nicht möglich, da die vorhandenen Daten nicht ausreichend sind. Entweder wurden die erforderlichen Daten nicht erhoben, liegen nur bei der Marktforschungsagentur vor oder sind komplett über die Organisation des Unternehmens verstreut und entziehen sich dem schnellen Zugriff des Marketings. Die vorhandenen Daten im Marketing entsprechen häufig nicht den Anforderungen der sog. „Marketing Accountability". Hierdurch spricht das Marketing nicht die Sprache des Controllings und verwendet ausschließlich qualitative Daten. Diese Daten alleine sind jedoch weder zum internen Reporting noch zur faktenbasierten Entscheidungsfindung geeignet. Aufbauend auf den vorangegangenen Modulen des Customer Touchpoint-Management können KPIs und Budgets so miteinander verzahnt werden, dass sie fundierten Budgetentscheidungen dienen.

Für eine zielorientierte Budgetallokation sind klare Zielsetzungen pro relevanter Zielgruppe sowie entlang des Kaufprozesses von Kunden festzulegen. In einem weiteren Schritt ist Transparenz über die existierenden Budgets sowie die konkreten Kosten pro Touchpoint herzustellen. Neben internen Abteilungen sind hierfür insbesondere die Werbe-/PR-/Mediaagentur die Anlaufstellen für die komplette Budgettransparenz. Allerdings erschweren Quersubventionen, z. B. von Broschüren durch mehrere Geschäftsbereiche, die Suche nach dem konkret aufgewendeten Budget.

Ein effektiver Einsatz des Marketing-Budgets ist nur möglich, wenn nicht nach dem Gießkannenprinzip verfahren wird, sondern eine Fokussierung auf die wichtigsten Touchpoints erfolgt. Erfolgreiches Customer Touchpoint-Management zielt nicht auf eine Investition in jeden Touchpoint ab, sondern eine Budgetverteilung auf die Touchpoints, die den stärksten Einfluss auf die Anspruchsgruppe haben (Hogan et al. 2005, S. 11). Generell existieren verschiedene Methoden, um sich der Marketing Spend Effectiveness zu nähern: Test und Lern-Ansätze, qualitative Indikatoren und Marketing-Mix Modelling. Jeder dieser Ansätze hat Vor- und Nachteile. Der Einsatz variiert je nach Unternehmen und Branche und der Qualität und Quantität vorhandener bzw. erfassbarer Daten.

Methoden zur Erfassung der Marketing Spend Effecitiveness:

- Gerade für fallweise Touchpoint-Optimierungen oder nur schwer zu modellierende Wirkungseffekte, empfehlen sich einfache *Test und Lern-Ansätze*. Hierbei können beispielsweise einzelne Maßnahmen in ausgewählten Geschäftsbereichen oder Filialen getestet werden. Durch den Vergleich mit den konventionellen Geschäftsbereichen oder Filialen kann die Erfolgswirkung isoliert werden.

- Bei *heuristischen Modellen* wird durch die Verknüpfung verschiedener qualitativer Indikatoren die Effizienz einzelner Touchpoints für bestimmte Zielsetzungen beurteilt (z. B. Reichweite, Kosten und Impact). Hierdurch können Kontaktpunkte hinsichtlich ihrer Performance verglichen und ausgewählt werden. Anstatt Vergangenheitswerte fortzuschreiben, können Budgets objektiver und zielorientiert auf verschiedene Touchpoints verteilt werden.
- Mittels sogenannter *Marketing-Mix-Modelle* bzw. ökonometrischer Modelle können anhand von Zeitreihen Wirkungseffekte ermittelt werden. Anhand von komplexen, multivariaten Modellierungen können hierdurch Impact und Einfluss von Kontaktpunkten ermittelt werden.

Damit das Management einen Überblick über die relevanten Informationen erhält und man die Entwicklungen und Verbesserungen im Blick behalten kann, ist die Entwicklung eines integrierten Brand Cockpits zur Steuerung von Kundenkontaktpunkten sinnvoll. Eine solche Entwicklung ist stets ein iterativer Prozess. So wie die Organisation nach und nach lernt, mit dem Brand Cockpit umzugehen, entwickelt sich auch das Tool weiter. Nach einer ersten Pilotphase ergeben sich zunehmend weitere Informations- und Funktionalitätsbedarfe, die sukzessive in dem Tool angepasst werden können. Mit zunehmender Zeit ergeben sich nicht nur mehr historische Benchmark-Möglichkeiten, sondern auch erweiterte Key Insights aus der Verknüpfung von Daten aus verschiedenen Bereichen. Diese ermöglichen mittel- bis langfristig zusätzliche Aussagen über den Erfolg von Brand Investments.

▶ Ein Brand Cockpit entwickelt sich permanent weiter.

Der gesamte Prozess zur Marketing Spend Effectiveness ist kein statistisches Modell mit *der* optimalen Budgetallokation als Ergebnis. Es ist vielmehr ein faktenorientierter Lernprozess zur zielorientierten Ausrichtung der kontaktpunktbezogenen Budgets.

23.8 Fazit: Customer Touchpoint-Management befähigt die erfolgreiche Steuerung von Corporate Brands

Customer Touchpoint-Management ermöglicht die leistungsfähige Steuerung und Kontrolle von Corporate Brands. Dieser Mehrwert beruht auf fünf zentralen Stellhebeln:

1. *Professionelles Customer Touchpoint-Management stellt eine kohärente, positive Erfahrung der Corporate Brand über die Touchpoints sicher.* Systematisches Customer Touchpoint-Management setzt an den entscheidenden Touchpoints an und bietet einen ganzheitlichen Prozess zur Priorisierung und zum Management der vielfältigen Touchpoints der Corporate Brand.

2. *Customer Touchpoint-Management bringt die verschiedenen organisatorischen Silos an einen Tisch.* Anstatt einzelne Touchpoints zu optimieren und parallel an Maßnahmen zu arbeiten, fokussiert das Customer Touchpoint-Management die Anstrengungen und vernetzt die Aktivitäten zur Optimierung von gemeinsamen Zielsetzungen.
3. *Das tiefgehende Verständnis der Customer Journey offenbart, wie die Interaktion mit einer Corporate Brand für die Anspruchsgruppen erlebt wird.* Touchpoints mit der Corporate Brand sind „Momente der Wahrheit", deren Ausgestaltung den Unterschied zwischen Kauf und Nicht-Kauf, Unterstützung und Ablehnung sowie positivem und negativem Word-of-Mouth ausmachen.
4. *Customer Touchpoint-Management ermöglicht systematisch entwickelte Innovationen, um einen Wow-Effekt bei den Anspruchsgruppen zu schaffen.* Anstatt zufallsbedingt Erlebnisse für die Anspruchsgruppen zu generieren, erzielen systematisch entwickelte Customer Touchpoints echten Mehrwert für die Zielgruppe und erleichtern die Interaktion.
5. *Erfolgreiches Customer Touchpoint-Management bietet die Datenbasis und Instrumente für eine systematische Erfolgskontrolle.* Unternehmen, die die relevanten Touchpoints mit der Marke kennen, können die Zielgruppen bedarfsgerecht ansprechen, ein konsistentes Markenerlebnis erzielen und das Marketingbudget effektiv einsetzen.

Professionelles Customer Touchpoint-Management ermöglicht somit angesichts der Vielzahl an Anspruchsgruppen und Kanälen eine gezielte und wirkungsvolle Interaktion mit der Corporate Brand. Hierdurch wird erfolgreiches Touchpoint-Management zum wichtigen Erfolgsfaktor für Corporate Brands.

Literatur

Berger, J. (2013). *Contagious: Why things catch on.* New York: Simon & Schuster.
Bruhn, M., & Hadwich, K. (2012). Customer Experience - Eine Einführung in die theoretischen und praktischen Problemstellungen. In M. Bruhn & K. Hadwich (Hrsg.), *Customer Experience. Forum Dienstleistungsmanagement* (S. 3–36). Wiesbaden: Springer Gabler.
Esch, F.-R. (2011). *Wirkung integrierter Kommunikation* (5. Aufl.). Wiesbaden: Gabler.
Esch, F.-R. (2012). *Strategie und Technik der Markenführung* (7. Aufl.). München: Vahlen.
Esch, F.-R. (18. Februar 2013). Am Kontaktpunkt kommt es zum Schwur. *Frankfurter Allgemeine Zeitung*, 18.
ESCH. The Brand Consultants. (2013). *Customer Touchpoint Management – Studienergebnisse.* Saarlouis: ESCH. The Brand Consultants.
Esch, F.-R., & Kochann, D. (20. Juni 2012). 1000 Mal berührt. *Frankfurter Allgemeine Zeitung, Verlagsbeilage Marken*, B6.
Esch, F.-R., & Kochann, D. (2013a). Momente der Wahrheit. *Markenartikel Sonderheft zum 75-jährigen Bestehen, 75*(5), 116–118.
Esch, F.-R., & Kochann, D. (2013b). Optimale Kundenkontakte. Markteffizienz durch Customer Touchpoint Management. *Unternehmermagazin, 61*(7/8), 36–37.

Esch, F.-R., Möll, T., Schmitt, B., Elger, C. E., Neuhaus, C., & Weber, B. (2012). Brands on the brain. Do consumers use declarative information or experienced emotions to evaluate brands? *Journal of Consumer Psychology, 22*(1), 75–85.
Fay, B., & Thomson, S. (October. 2012). WOM is more offline than online. *Admap*, S. 24–26.
Goldstein, E. B. (2011). Cognitive psychology. Florence: Wadsworth, Cengage Learning.
Hogan, S., Almquist, E., & Glynn, S. E. (2005). Brand-building: finding the touchpoints that count. *Journal of Business Strategy, 21*(2), 11–18.
Honeywell. (2004). Honeywell brand guidelines. Honeywell International Inc. http://www.honeywell.com/sites/docs/DGPSUZWKH0FKN5NJKXM74P5NJV9DSCHL1.pdf. Zugegriffen: 20. März 2014.
Kroeber-Riel, W., & Esch, F.-R. (2011). *Strategie und Technik der Werbung* (7. Aufl.). Stuttgart: Kohlhammer.
Macdonald, E. K., Wilson, H. N., & Konus, U. (2014). Der direkte Draht zum Verbraucher. *Harvard Business Manager, Edition, 1*(2014), 16–23.
Noble, S. M., Haytko, D. L., & Phillips, J. (2009). What drives college-age Generation Y consumers? *Journal of Business Research, 62*(6), 617–628.
Puhlmann, A. (2013). Reaching customers where it really matters. *P & A International Market Research, 2*(2013), 15–17.
Rawson, A., Duncan, E., & Jones, C. (2013). The truth about customer experience. *Harvard Business Review*, S. 90–98.
Reinartz, W. (2013). Gefährliche Ignoranz. *Harvard Business Manager*, S. 106–107.
Riesenbeck, H., & Perrey, J. (2005). *Marketing nach Maß*. Heidelberg: Redline.
Schmitt, B. (2009). Customer Experience Management. In M. Bruhn, F.-R. Esch, & T. Langner (Hrsg.), *Handbuch Kommunikation* (S. 697–711). Wiesbaden: Gabler.
Shankar, V., Inman, J. J., Mantrala, M., Kelley, E., & Rizley, R. (2011). Innovations in shopper marketing. Current insights and future research issues. *Journal of Retailing, 87*S(1), S29–S42.
Tulving, E. (1985). How many memory systems are there? *Amercian Psychologist, 40*(4), 385–398.
Verhoef, P. C., Lemon, K. N., Parasuraman, A., Roggeveen, A., Tsiros, M., & Schlesinger, L. A. (2009). Customer experience creation. Determinants, dynamics and management strategies. *Journal of Retailing, 85*(1), 31–41.
Watzlawick, P., Bavelas, J. B., & Jackson, D. D. (1967). *Pragmatics of human communication. A study of interactional patterns, pathologies, and paradoxes*. New York: Norton.
Winer, R. S. (2009). New communications approaches in marketing. Issues and research directions. *Journal of Interactive Marketing, 23*(2), 108–117.

Prof. Dr. Franz-Rudolf Esch ist Professor für Markenmanagement und Automotive Marketing an der EBS Universität für Wirtschaft und Recht, Oestrich-Winkel, und Direktor des Instituts für Marken- und Kommunikationsforschung (IMK). Davor lehrte er in Saarbrücken, Trier, St. Gallen, Innsbruck und Gießen. Weiterhin ist er Gründer und wissenschaftlicher Beirat von ESCH. The Brand Consultants, Saarlouis. Seine Forschungsschwerpunkte liegen in den Bereichen Markenmanagement, Kommunikationsforschung und Konsumentenforschung.

Jan F. Klein, MSc, MBA, ist Projektmitarbeiter bei ESCH. The Brand Consultants, Saarlouis, und Doktorand am Lehrstuhl für Markenmanagement und Automotive Marketing an der EBS Universität für Wirtschaft und Recht. Er studierte Automotive Management an der EBS Business School und absolvierte das MBA-Programm der Joseph M. Katz Graduate School of Business an der University of Pittsburgh.

Dr. Christian Knörle war Mitarbeiter in der Strategieentwicklung im Bereich Global Trucks Strategy & Multi-Brand Management der Daimler AG, Stuttgart. Zuvor war er als Senior Consultant bei ESCH. The Brand Consultants tätig, Saarlouis, und verantwortete dort Projekte in den Branchen Automotive, Aviation, Media, FMCG/Retail und Financial Services.

Mirjam Schmitt, Dipl.-Psych., studierte Psychologie an der Universität des Saarlandes. Als Senior Consultant bei ESCH. The Brand Consultants, Saarlouis, verantwortet sie Projekte im Bereich Handel, B2B, Medien/Entertainment und Finanzdienstleistungen.

Herausforderungen und Chancen neuer Kommunikationsinstrumente für die Corporate Brand erkennen

24

Jörn Redler

Zusammenfassung

Medien und Kommunikationsformen sind in einem signifikanten Wandel begriffen. Für die Marketingkommunikation und das Brand Management kristallisieren sich neue Instrumente heraus, die u. a. durch Vernetzung, Partizipation und Multimedialität gekennzeichnet sind. Diese neuen Instrumente verändern die Möglichkeiten, eine Unternehmensmarke sichtbar und erlebbar zu machen. Wichtige Auswirkungen dieser Veränderungen auf die Möglichkeiten für die Markenkommunikation werden in diesem Kapitel erläutert. Auch die Grenzen werden angesprochen.

24.1 Entwicklungen bei Kommunikationsformen einordnen

Kommunikationsmittel und Kommunikationsformen sind derzeit von starken Veränderungen geprägt. Dies berührt auch die Markenkommunikation. Was die gegenwärtige Situation kennzeichnet, soll über drei Annäherungen verdeutlicht werden.

Veränderungen beim technologischen Rahmen Die Informations- und Kommunikationstechnologie (IKT) prägt in hohem Maße die Möglichkeiten der Marketingkommunikation. So ist das Entstehen neuer Kommunikationsinstrumente seit jeher stark von Technologiesprüngen getrieben. Beispiele dafür sind die Erfindung der Drucks und die folgende Nutzung von Printwerbung als Massenkommunikation, die Entwicklung des

---

J. Redler (✉)
Duale Hochschule Baden-Württemberg (DHBW), Mosbach, Deutschland
E-Mail: redler@dhbw-mosbach.de

© Springer Fachmedien Wiesbaden 2014
F.-R. Esch et al. (Hrsg.), *Corporate Brand Management*,
DOI 10.1007/978-3-8349-3862-6_24

Internets und das Aufkommen von E-Mail-Marketing. Auch heute beeinflussen technologische Revolutionen die Weiterentwicklung von Kommunikationsparadigmen und -instrumenten.

Im Bereich der IKT sind drei elementare Strömungen zu identifizieren (Neuendorf 2013, S. 3), die letztlich auch auf die künftigen Kommunikationsbedingungen für die Corporate Brand Einfluss nehmen:

- *Disruptive Technologien*
  In der Webtechnologie (HTML5, Mobile Computing) und der Datenbanktechnologie (Big Data) stehen Innovationen bereit, die mit bisherigen technischen Denkweisen brechen.
- *Synergien aus Technikbündeln*
  Bekannte technische Elemente werden neu zusammengefasst und schaffen neuartige Nutzungsmöglichkeiten, wie es bei Smartphones schon jetzt sichtbar ist. Auch aus dem Zusammenwirken von Cloud-basierten Services und Social Media-Plattformen erwachsen vollkommen neue Anwendungen.
- *Beherrschung der Quantität*
  Hardware (Multicore Prozessoren) und Algorithmik (InMemory-Column-Stores) sind bestimmt von neuen Technologien, die Quantensprünge hinsichtlich bearbeitbarem Datenvolumen und Bearbeitungsgeschwindigkeit erlauben. Es kommen damit neue Analysemöglichkeiten auf, z. B. die Realtime-Analyse großer Datenmengen.

Vier Felder technologischer Innovationen mit besonderer Tragweite sind herauszustellen (Neuendorf 2013, S. 4 f.):

1. Etablierung des *Social Web* als Plattform vernetzter, reagibler, partizipativer und dokumentierter Interaktion, die zu einer Transformation der Grenzen zwischen privat und öffentlich sowie zwischen Arbeit, Freizeit, Individuum und Gemeinschaft, Privatbesitz und öffentlichen Gut, Konsument und Produzent führt.
2. Entwicklung des *Cloud Computing* als unerschöpfliche und von überall zugängliche Daten(austausch)basis.
3. Perfektionierung des *Mobile Computing* als Symbiose aus lokalisierten Services, Zeit und Person durch integrierte Technologielösungen wie Tablets oder Smartphones.
4. *Big Data* und zugehörige Analyseverfahren, die es ermöglichen
   – riesige Datenmengen simultan zu analysieren,
   – Daten sehr unterschiedlicher Beschaffenheit zu analysieren (z. B. Zahlen, Texte, Bilder),
   – Daten extrem schnell zu analysieren und zu interpretieren.

Die Entwicklungen in diesen Feldern zeigen sich dabei nicht im bekannten Muster bisheriger Innovationen, nämlich sequenziell nacheinander auftretend. Vielmehr stellen sie ein sich selbstverstärkendes, gegenseitig bedingendes, untrennbares Cluster dar (Neuendorf

24 Herausforderungen und Chancen neuer …

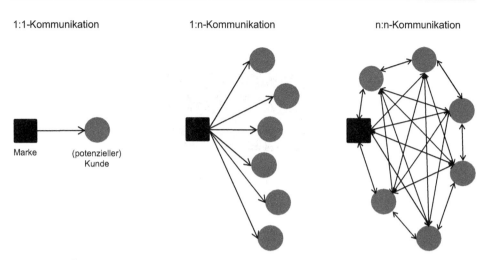

Abb. 24.1 Übergang zur ergänzenden n:n-Kommunikation.

2013, S. 3). Es ergeben sich daher enorme und sich rasant etablierende Neuerungen für die Möglichkeiten der Markenkommunikation, die sorgsam auf ihre Chancen und Risiken zu prüfen sind. Es scheint absehbar, dass Kanäle der Informationsgewinnung, Informationsinteraktion und Informationsverteilung dabei immer weniger trennbar werden.

Wandel des Kommunikationsverständnisses Diskutiert wird weiterhin die Notwendigkeit einer Veränderung bei dem der Markenkommunikation zu Grunde gelegten Kommunikationsansatz. In der Essenz geht es dabei vor allem um die Frage, wie ein Rahmen entwickelt werden kann, der eine aktive und wechselseitige Kommunikation abbildet.

Während bei traditioneller Marktkommunikation ein 1:1- oder 1:n-Muster der Sender-Empfänger-Beziehung vorherrschte (s. Abb. 24.1), ist der Übergang zu einer n:n-Kommunikation unverkennbar (Hättler 2012, S. 16 f.). Bei dieser Kommunikation findet ein gleichberechtigter Austausch zwischen vielen Sendern und Empfängern statt – und das meist in einem globalen, öffentlichen Rahmen mit einer dauerhaften Speicherung der Inhalte.

Auch geht man dazu über, das Bild vom hierarchischen Zusammenspiel von „Sender" und „Empfänger" gegen das eines „demokratisierten Gesprächs" zu ersetzen. Die Marke ist dann folglich nicht mehr Herrscher über Botschaften, sondern Teilnehmer und Auslöser von Gesprächen. Das traditionelle Top-Down der Markenkommunikation wird durch ein Bottom-Up ergänzt, wenn nicht gar zukünftig dominiert (s. auch „push" und „pull" unten). Ein derartig verändertes Weltbild über die Kommunikation hat Auswirkungen auf die Initiierung, Verlaufsbeeinflussung und Wahrnehmung der Kommunikation.

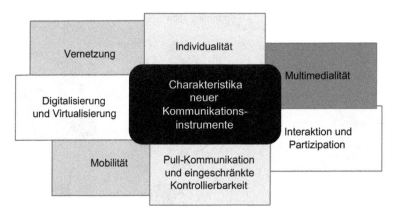

Abb. 24.2 Charakteristika neuer Kommunikationsinstrumente.

Umbrüche bei den Kommunikationsinstrumenten Besonderheiten neuer Kommunikationsinstrumente (s. Abb. 24.2) ergeben sich aus folgenden Charakteristika (z. B. Kollmann 2011, S. 26 ff.; Kollmann 2013, S. 20 ff.; Pattloch und Rumler 2013; Kilian und Langner 2010, S. 20 f.):

- *Vernetzung*
  Es existieren heute technologische Möglichkeiten, mit der Computersysteme und damit auch Geräte und Personen in einem intensiven, permanenten Austausch stehen.
- *Digitalisierung und Virtualisierung*
  Information wird überwiegend als digitale Information vorgehalten und ist damit einer schnellen Bearbeitung und Weitergabe zugänglich. Große Datenmengen stellen immer seltener ernsthafte Barrieren dar. Der Umgang mit digitaler Information eröffnet virtuelle Welten. Virtuell ist ein Kontext, der nicht real ist, aber dennoch so erscheint als ob er existiere (Bsp.: Online-Shop). Einhergehend ist die Loslösung von Raum und Zeit.
- *Mobilität*
  Einerseits wirken Mobilitätsaspekte von digitaler Information, die darauf beruhen, dass man von überall und zu jeder Zeit auf diese Information zugreifen kann. Andererseits gibt es auch eine technische Seite zu beachten. Durch Mobilfunk, zugehörige Geräte, fallende Kosten, steigende Leistungsfähigkeit von Netzen und auch Location Based Services (LBS) ist es möglich, „always on" zu sein. Dies ist die Voraussetzung für eine Integration von Offline- und Online-Welt.
- *Interaktivität und Partizipation*
  Rezipienten können inzwischen nicht nur Information konsumieren, sondern selbst aktiv in das Geschehen eingreifen und auch Inhalte selbst erzeugen. Die Akteure können also die Kommunikation gleichberechtigt beeinflussen. Im sog. „Web 3.0", dem modernen „Mitmach-Web", kann jeder Autor Inhalte einstellen; Content wird letztlich zum sozialen Kapital, wenn die Anerkennung für selbst erstellten Content an Bedeutung zunimmt.

- *Pull-Kommunikation und eingeschränkte Kontrollierbarkeit*
  Während bei traditioneller Marktkommunikation die Initiative vom Sender einer Information ausgeht („Push-Kommunikation"), kann der Nutzer nun oft selbst entscheiden, ob, wann, mit wem und wie er in Kontakt treten möchte („Pull-Kommunikation"). Insbesondere kann sich der selbst aktiv werdende Nutzer die ihn interessierenden Inhalte eigenständig eröffnen. Damit wird das Kriterium „Reichweite" der traditionellen Markenkommunikation, das sich damit befasst, bei welchem Personenkreis Kontaktchancen entstehen, ergänzt durch das Kriterium „Relevanz". Relevanz charakterisiert, inwieweit angebotene Inhalte für den Nutzer als erachtenswert, aufsuchbar gelten, um seinerseits den Kontakt aufzunehmen.
  Es ergeben sich zudem Verschiebungen bei der Informationshoheit. Da jeder Nutzer beliebig viele Themen aufgreifen und selbst anreichern und über selbst gewählte Plattformen weitergeben bzw. veröffentlichen kann, liegt eine Entscheidung, welche Information auf welche Weise an Öffentlichkeiten gelangt, nicht mehr ausschließlich bei einem traditionellen „Sender". Aus Sicht der Corporate Brand wird Kommunikation damit weniger bzw. nur noch eingeschränkt kontrollierbar (dazu auch: Bruhn, 2010, S. 33).
- *Multimedialität und Individualität*
  Kommunikationsmittel bestehen heute aus einer Vielzahl von Medienformen (Bild, Ton, Text, Bewegtbild), die sie spezifisch integrieren und damit eigene Formen ausbilden. Es kann eine höhere Kommunikationswirkung resultieren, da Kontaktwirkung und Informationsübermittlung verbessert werden und die Informationsverarbeitung und -speicherung unterstützt werden. Die Individualität der Medien ermöglicht, direkte, virtuelle One-to-One-Beziehungen aufzubauen und zu pflegen. Damit verbunden ist die Personalisierung, also die Anpassung von Informationen und Angeboten an die spezifische Situation eines identifizierten Kunden („nutzergerechte Information"). Dabei kann ein Unternehmen über den einzelnen Adressaten lernen, und so seine Personalisierung permanent perfektionieren.

> ▶ Relevanz von Inhalten, geringere Kontrollierbarkeit von Kommunikationsmustern, permanenter und ortsunabhängiger Austausch sowie von Nutzern erstellte Inhalte sind einige der herausfordernden Themenfelder für das Corporate Brand Management, die mit neuen Kommunikationsinstrumenten einhergehen.

Die aus Marketingsicht wichtigsten „neueren" Kommunikationsinstrumente und -maßnahmen werden nachfolgend knapp vorgestellt.

Die *Corporate Brand Website* kann als elementarer Anker einer onlinebasierten Kommunikation angesehen werden (auch Schweiger und Schrattenecker 2013, S. 147). Diese virtuelle Basis kann grundsätzlich in beliebiger Tiefe und Breite mit allen multimedialen Zutaten umgesetzt werden. Vorrangig sind derzeit Text, Bild, Bewegtbild und akustische Elemente im Einsatz, um sachliche und emotionale Informationen zur Marke, zum Unternehmen und zum Leistungsspektrum darzustellen. In enger oder loser Verbindung zur Website können *Microsites* geschaffen werden. Dies sind kleine, schlanke Sites mit geringer Navigationstiefe, die sich auf ein spezielles Thema fokussieren und auch gestalterisch oft eine Eigenständigkeit aufweisen. Sie können bspw. für PR- oder befristete Promotionzwecke eine wichtige Rolle spielen.

Suchmaschinen-Marketing umfasst Maßnahmen, die auf eine verbesserte Platzierung auf Ergebnisseiten von Suchmaschinen hinarbeiten (Lammenett 2012, S. 161 ff.). Ergebnisseiten von Suchmaschinen haben dabei organische Bereiche, die unbezahlte Ergebnisse liefern, sowie einen sog. Paid-Bereich, in dem Websites angegeben werden, die dafür bezahlt haben, im Kontext bestimmter Suchbegriffe angezeigt zu werden (Kollmann 2013, S. 184). Ein Unterthema ist die sog. Search-Engine Optimization (SEO), die darauf abzielt, die eigene Website mit bezug auf Suchmaschinen so zu optimieren, dass die Platzierung in der organischen Suche verbessert wird (Kollmann 2013, S. 185). Auf die bezahlten Bereiche stellt das sog. Search-Engine-Advertising (SEA) ab (Kollmann 2013, S. 187), wobei bestimmte Suchbegriffe (Keywords) bebucht werden, um zu diesen auf den Ergebnisseiten direkte top-platzierte Links oder kleine Werbeflächen zuzuspielen. Zu spezifischen Formen von Suchmaschinen (Kollmann 2011, S. 308) gehören Produktsuchmaschinen (z. B. Google Produktsuche) und Preissuchmaschinen (z. B. guenstiger.de).

Traditionelle *Online-Werbung* platziert multimedial umgesetzte Werbebotschaften in Form von statischen oder animierten Banners oder Layovers der unterschiedlichsten Ausprägungen auf fremden Websites, setzt aktiv Verlinkungen ein oder geht Partnerschaften ein (Affiliate-Marketing). Sie steht dabei in einem Spannungsfeld zwischen einer ausgeprägten Response-Orientierung und der Effektivität für Markenaufbau und -stärkung (Kramer 2008, S. 194 f.). Mittels *Targeting* und *Re-Targeting* kann dabei eine zielgruppenspezifische Zusteuerung zu Besuchern von Sites vorgenommen werden (zum (Re-)Targeting Schögel und Walter 2008 oder Kreutzer 2012, S. 181), um letztlich Streuverluste zu verringern (Kramer 2008, S. 200). Man spricht auch von adaptiver Kommunikation, da es sich im Prinzip um ein spezifisches Auslieferungsverfahren für Onlinewerbung handelt. Bei dieser Einsatzform der Onlinewerbung kann es leicht zu Reaktanz kommen, jedoch ist andererseits eine verbesserte Rezeptionswahrscheinlichkeit zu unterstellen (Pattloch und Rumler 2013, S. 280). In Ergänzung mit einem „Frequency Capping", also der Festlegung von Maximalkontakten pro Nutzer, lassen sich exakte Kontaktdosen aussteuern (Kramer 2008, S. 201).

Apps sind kleine Software-Anwendungen, die über das Internet auf mobile Endgeräte (z. B. Smartphones, Tablets) geladen werden können (Berger 2011, S. 847). Dabei wird zwischen „echten" Apps und „unechten", also mobilen Websites, unterschieden. Wichtige Anforderungen an erfolgreiche Apps scheinen insb. ein vorhandenes Alleinstellungsmerkmal und die Bereitstellung eines nachhaltigen Mehrwerts für den Nutzer zu sein (Berger 2011, S. 851). Statt mit rein werblichen Mechaniken arbeitet die App-Kommunikation damit, eine Situation oder ein Verhalten eines Nutzers mit Mehrwerten anzureichern (Berger 2011, S. 853). Dabei kann über die App ein markenrelevanter Kontakt geschaffen werden (s. das Beispiel in Abb. 24.3). Zudem kann die App einen Baustein einer integrierten Mehrkanalkommunikation darstellen.

Virales Marketing zielt darauf ab, gezielt Mundpropaganda (Word-of-Mouth) für einen Inhalt (z. B. die Corporate Brand und verbundene Themen) auszulösen (Ho und Dempsey

24 Herausforderungen und Chancen neuer ...   455

Abb. 24.3 Nike iPhone-Sport-Kit-App als Beispiel für eine markenbezogene App.

2010, S. 1000; auch Esch et al. 2009). Virale Kampagnen leben somit von der Effektivität der persönlichen Empfehlungen (Langner 2009, S. 27). Der virale Ansatz geht davon aus, dass Marken die Kraft persönlicher Netzwerke für sich nutzbar machen können (de Bruyn und Lilien 2008, S. 152). Virale Botschaften scheinen von Empfängern dabei weniger als werbliche Botschaften wahrgenommen werden (Schweiger und Schrattenecker 2013, S. 149). Um eine Verbreitung viraler Botschaften zu unterstützen, lassen sich auf Websites sog. Buttons (z. B. „Share") integrieren, mit deren Hilfe der Nutzer Inhalte durch einfaches Darauf-Klicken an seine Community weitergeben kann (Schweiger und Schrattenecker 2013, S. 150). Praktisch bedeutsam ist auch die Umsetzung in Kombination mit Videosharing-Plattformen wie YouTube (Pattloch und Rumler 2013, S. 280). Aus Markensicht wird dabei versucht, bei möglichst vielen Internetnutzern die Betrachtung eines Spots zu erreichen.

Social Media (s. dazu auch den gesonderten Beitrag in diesem Buch) sprengen die überkommenen Grenzen zwischen persönlichen Medien und Massenmedien (Tuten und Solomon 2013, S. 4). In ihnen ist eine inzwischen nahezu unüberschaubare Vielzahl von Kommunikationsplattformen und -kanälen vereint, die sich zudem permanent entwickelt. Soziale Netzwerkmedien haben die Landschaft digitaler Medien im Prinzip neu definiert

(Lipsman et al. 2012, S. 41) – und damit auch die Art und Weise, wie über die Verbreitung von Markenbotschaften gedacht werden muss. Insbesondere Facebook hat für Marken Zugang zu zwei zentralen Erlebnisbereichen der Nutzer eröffnet (Lipsman et al. 2012, S. 41): Zum einen die Möglichkeit für Nutzer, interessante Marken aufzufinden und sich mit ihnen zu verbinden, um einen direkten Austausch herzustellen. Zum anderen die Bereitstellung von spielend einfachen Möglichkeiten, sich mit anderen über Marken auszutauschen bzw. markenbezogene Information zu teilen.

Die unübersichtliche Landschaft aus sozialen Medien lässt sich in vier große Zonen gliedern (Tuten und Solomon 2013, S. 4 ff.):

- *Social Community*: Kanäle, die auf die Beziehungsbildung zwischen den Teilnehmern und ihren gemeinsamen Aktivitäten fokussieren,
- *Social Publishing*: Plattformen, die die Verbreitung von Inhalten an andere unterstützen,
- *Social Entertainment*: Angebote, die sich auf gemeinsames Spiel und Unterhaltung spezialisieren,
- *Social Commerce*: Kanäle, die Unterstützung für den Online-Handel anbieten.

Jede der Zonen ist durch spezifische Kanäle, Aktivitäten, markenbezogene Anwendungen und Medienarten charakterisiert (s. Abb. 24.4).

User-Generated Content (UGC) wird meist als Ergebnis der sozialen Medien verstanden (z. B. Schweiger und Schrattenecker 2013, S. 151; Kollmann 2013, S. 194), weil es durch diese für jeden möglich wird, mittels seiner Interaktionen Inhalte zu schaffen, die dann entweder der eigenen Community oder der gesamten Öffentlichkeit zur Verfügung stehen. Damit entstehen auch markenbezogene Inhalte und Botschaften nicht mehr ausschließlich durch die markenführende Organisation, sondern eben auch durch die Teilnehmer der medialen Netzwerke. Medien wie Facebook, YouTube, Wikipedia oder Blogger, die Social Media zuzurechnen sind, werden folglich oft auch als *Consumer Generated Media* (CGM) bezeichnet (z. B. Onishi und Manchanda 2012; Blackshaw 2011; Berthon et al. 2012).

Einen inzwischen festen Platz in der Medienlandschaft haben zudem *Podcasts*. Es handelt sich dabei um eine wiederholte Online-Bereitstellung von digitalen Inhalten unter einem definierten Thema, die Nutzern nach dem Abonnenten-Prinzip verfügbar gemacht werden (Denesiss 2008, S. 126 f.). Im Gegensatz zu vielen anderen Medien besitzen Podcasts ein starkes Moment der Nutzerkontrolle (van Orden 2005). Nutzern wird es ermöglicht, Ort und Zeitpunkt sowie ggf. Wiederholungen ihrer Rezeption von Inhalten frei zu wählen, indem die Inhalte auf ein Endgerät downgeloaded werden (Haygood 2007, S. 518). Für die Markenkommunikation kann einerseits der Podcast an sich nutzbar gemacht werden, andererseits können auch in den Podcast eingebundene werbliche Inhalte für die Corporate Brand verwendet werden. Bei letzterem besteht der Vorteil, dass markenbezogene Inhalte in einem Kontext wahrgenommen werden, bei dem nutzerseitig ein höheres Involvement vorliegt (Haygood 2007, S. 521). Es ergibt sich die Analogie zu

24 Herausforderungen und Chancen neuer …

	Social Community		Social Publishing	
Kanäle	Facebook, Twitter, LinkedIn, Google Plus	Kanäle	Blogger, Youtube, Picasa, SlideShare, Scribd, Flickr
Aktivitäten und Nutzen	Teilen, Unterhaltungen pflegen	Aktivitäten und Nutzen	Redaktionelle Beiträge, Werbebeiträge, UGC
Anwendungen für Marke	Beziehung pflegen, Kontakte schaffen	Anwendungen für Marke	Bloggen, Markeninhalte verteilen, Werbung
Owned Media*	Kontrollierte Profile	Owned Media*	Eigene Blogs, kontrollierte Sharingplattformen
Paid Media*	Werbeflächen	Paid Media*	Markenkanäle, markierte Inhalte
Earned Media*	Konversationen, geteilte Inhalte, Word-of-Mouth, Likes, Followers, Fans	Earned Media*	Verlinkungen, Kommentare, geteilte Inhalte, Suchplatzierungen

	Social Commerce		Social Entertainment	
Kanäle	Facebook, Groupon, VideoGenie, TripAdvisor	Kanäle	Come2Play, Zygna, MySpace, Second Life
Aktivitäten und Nutzen	Service, Handel	Aktivitäten und Nutzen	Spiele, Musik, Kunst
Anwendungen für Marke	Verkauf, Service, Kontakte in Käufe überführen	Anwendungen für Marke	Spielflächen bieten, Branded Entertainment
Owned Media*	Social Storefronts/Shop Tabs	Owned Media*	Advergames, branded Games
Paid Media*	Verkaufsförderung	Paid Media*	In-Game-Advertising
Earned Media*	Bewertungen, Gruppenkauf, Empfehlungen	Earned Media*	In-Game-Interacions

*Owned Media: Kanäle und Werbemittel, die von der Marke kontrolliert werden können. Paid Media: Werbeplätze im weitesten Sinne, die gegen die Zahlung eines Entgelts bereitgestellt werden. Earned Media: Botschaften und Aktivitäten, die außerhalb der Kontrolle der Marke verbreitet werden.

Abb. 24.4 Social Media-Zonen und ihre Charakteristika (Auswahl). (Quelle: In Anlehnung an Tuten und Solomon 2013, S. 4 ff.)

redaktionell integrierten Markenbotschaften in traditionellen Medien. Herausforderungen liegen darin, Podcasts zu finden oder zu konstruieren, bei denen eine thematische Ankoppelung bzw. Integration möglich wird (um Reaktanz zu umgehen). Dabei ist der schmale Grat zwischen der Integrität des Inhalts (und somit der Beachtung der Nutzererwartungen) und der (werblichen) Interessen der Markenkommunikation zu meistern (Haygood 2007, S. 522).

Weitere Ausdifferenzierungen der neuen Instrumente und die anhaltende Ausbildung zusätzlicher Formen sind dabei in immer kürzeren Abständen zu erwarten. Beispielhaft lassen sich damit einher gehende ausgewählte Strömungen verorten:

- Trend zum Targeted Advertising, also der Möglichkeit, werbliche Inhalte an das Online-Nutzerverhalten anzupassen.

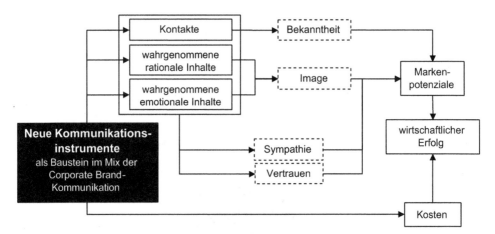

Abb. 24.5 Wirkungen von neuen Kommunikationsinstrumenten als Elemente der Markenkommunikation.

- Trend zum „Second Screen", also der Tatsache, dass Nutzer zunehmend simultan an mehreren Endgeraten gleichzeitig agieren (z. B. Smartphone plus TV). Es ergeben sich Potenziale, bspw. mit TV-Sendern zu kooperieren und kompatible Markenthemen gezielt auf Second Screens zu platzieren oder in Szene zu setzen.
- Die zunehmende Durchsetzung von Augmented Reality-Lösungen.
- Erfordernis zur echten Verzahnung von (Online-)Marketing und Öffentlichkeitsarbeit. Damit sind außerordentliche Chancen verbunden, Marken gezielt im Umfeld von Trend-Themen zu thematisieren (Agenda-Surfing) – basierend auf einem fundierten Web-Monitoring.

24.2 Chancen für das Corporate Brand Management aufgreifen

Neue Kommunikationsinstrumente stellen wichtige Bausteine im Kommunikationsmix von Marken dar, wenn deren Einsatz positiv auf die Ziele der Markenführung bzw. der Markenkommunikation einwirkt und darüber *Markenpotenziale fördert* (s. Abb. 24.5). Um entsprechende Bewertungen vorzunehmen, ist es erforderlich, sich auf die Zielgrößen der Markenführung bzw. der Markenkommunikation zu beziehen (stets in Bezug auf die Zielgruppe):

- Kontaktwirkung und Bekanntheit
- positionierungskonforme Prägung des Markenimages
  - emotionale Inhalte
  - rationale Inhalte
- Schaffung von Sympathie und Vertrauen für die Marke

Diese als Kriterien heranziehbaren Ziele sind in Abb. 24.5 schraffiert gekennzeichnet. Anderseits ist auch die Kostenseite zu bewerten, um eine Effizienzbetrachtung zu ermöglichen.

Folgende Mechanismen und Möglichkeiten neuer Kommunikationsinstrumente erscheinen – in Ergänzung zu traditionellen Maßnahmen – besonders beachtenswert. Daher wird nachfolgend auf sie eingegangen:

- Sicherung der Auffindbarkeit und der Schaffung von Reichweite,
- Erkennung und Nutzung von Nutzer-Datenmustern,
- Ausschöpfung von orts*un*gebundenen aber personen*ge*bundener Applikationen,
- Stimulierung von Interaktion,
- Anregung der Verbreitung von Botschaften,
- Markenthematisierung.

24.2.1 Auffindbar sein und Reichweite schaffen: SEM und Netzwerke nutzen

Mehr als 90 % der Nutzer im Netz greifen auf Suchmaschinen zurück, wenn Sie Informationen suchen (Smith und Chaffey 2005, S. 216). Je weiter oben ein Ergebnis platziert ist, desto höher die Clickrate. 45 % der Nutzer klicken auf die ersten drei bis vier Suchergebnisse des organischen Bereichs, 40 % auf die Paid-Bereiche (Ruisinger 2012, S. 47).

Suchmaschinen sind damit entscheidende *Gatekeeper*. Aktuell hat die Suchmaschine *Google* dabei quasi eine Monopolstellung mit fast 90 % Marktanteil (Buchele und Alkan 2012, S. 227 f.)

▶ Was in Suchmaschinen nicht weit oben platziert auftaucht, ist für die Online-Welt gleichsam nicht existent.

Marken müssen daher die Herausforderung annehmen, den Link zur eigenen Markenpräsenz oder anderen Markeninhalten so weit oben wie möglich platziert zu bekommen. Dabei sind bezahlte Treffer zu definierten Keywords ein Ansatz, ein anderer Weg führt über das SEO (s. dazu oben bzw. Kollmann 2013, S. 186).

Aktives Suchmaschinenmarketing zu Sicherstellung der Sichtbarkeit und vor allem zur Auffindbarkeit in der Onlinewelt ist daher eine *Basisaufgabe* für die Corporate Brand-Kommunikation (z. T. auch für die Distribution), weil es Erreichbarkeit sichert und damit Voraussetzungen für Reichweite und Markenkontakte schafft. Allerdings ist dieses Instrument der Markenkommunikation wirtschaftlich nur sinnvoll, wenn die Marke mit ihren Keywords überhaupt unter die oberen Ergebnisplatzierungen kommen kann.

Eine weitere Voraussetzung für die Auffindbarkeit ist es, zumindest eine Site vorhalten, auf die der Treffer-Link verweisen kann. Aus grundsätzlichen Überlegungen erscheint es in den meisten Fällen geboten, wenigstens eine Unternehmens- oder Marken-*Website* zu veröffentlichen, auf der Botschaften und Informationen in auf die Zielgruppe(n) abgestimmter Weise hinreichend breit und tief angeboten werden.

▶ Website und Suchmaschinenmarketing sind Grundbausteine für Markenreichweite und damit für den Bekanntheitsaufbau.

Durch ein *Markenprofil in ausgewählten sozialen Netzwerken* können Marken als ein relevanter Knotenpunkt im persönlichen Netzwerk verbundenen Nutzer fungieren. Damit erhöhen sich direkte wie auch indirekte Kontaktchancen für die Marke, z. B. dadurch dass über die Marke gesprochen wird (Tuten und Solomon 2013, S. 114).

Über die Arbeit mit markenbezogenen Inhalten (branded content) in sozialen Netzwerken, z. B. als

- Inhalte, die direkt von der Marke ausgegeben werden (bspw. Fanpages),
- von Nutzern geteilte Inhalte oder
- „bezahlte", von den Anbietern bereitgestellte Werbetools (bspw. *Facebook* „sponsored stories"),

können weitere interessante Reichweiteneffekte erreicht werden (Lipsman et al. 2012), indem neben dem primären Effekt über die Kontakte der „Fans" (also jene, die die Marke „geliked" haben) zusätzlich ein *Sekundäreffekt* über die Kontakte der „Freunde der Fans" (im Durchschnitt bei den Top-100 Marken war diese Gruppe 34mal so groß wie die jeweilige Fanbasis) wirksam wird (Lipsman et al. 2012). Allerdings kann i. d. R keine Aussage über die Qualität dieser (Sekundär)Kontakte getroffen werden, denn es findet keine Selektion nach bestimmten Zielgruppenkriterien statt.

▶ Das Engagement in sozialen Netzwerken kann die Markenreichweite multiplizieren.

Durch eine *integrierte Nutzung von Offline- und Online-Medien* können sich Reichweitenprofile sinnvoll ergänzen und somit quantitativ Gesamtreichweiten für die Markenkommunikation ausbauen bzw. Zielgruppenabdeckungen feiner aussteuern (Kramer 2008, S. 198).

Als fallweise interessant für eine Befeuerung der Reichweite sind *Couponing*-Maßnahmen anzusehen (dazu Kollmann 2013, S. 206 f.). Dabei handelt es sich im Grunde um zeit- oder mengenmäßig begrenzte Rabattaktionen, die über Online-Medien verbreitete Gutscheincodes oder spezifische, exklusive Plattformen (z. B. Groupon, DailyDeal) abgewickelt werden. Durch ihren in vielen Zielgruppen hohen Aufmerksamkeitswert können Coupons Kontakte forcieren und Markenaktualität schaffen.

24.2.2 Daten in Echtzeit nutzen: Profiling und Targeting einbinden

Datenreichtum und revolutionierte Auswertungsmöglichkeiten in Echtzeit eröffnen Perspektiven für einen perfekten Zuschnitt der Markenkommunikation: Es ist vom Grundsatz möglich, raum-, zeit- und personenspezifische Daten zu integrieren. Für die Führung von

Corporate Brands resultieren damit substanzielle Potenziale zur *Effizienzsteigerung* bei Kommunikationsmaßnahmen, deren Ausschöpfung allerdings auch Ressourcen und insb. spezifisches Know-How erfordern:

- Marken können wesentlich stärker in den Wahrnehmungsbereich von Zielgruppen vordringen (Kontaktseite).
- Corporate Brands können ihre Aktivitäten wesentlich spezifischer mit den Erfordernissen der sehr unterschiedlichen Anspruchsgruppen synchronisieren (Pluralitätsseite).
- Marken können Botschaften, Duktus, Kontaktintensitäten und Kontaktsituationen auf Personen individualisieren (Responseseite).

Eine Standard-Anwendung ist mittlerweile das *Behavioral Targeting* (dazu z. B. Yan et al. 2009, S. 261; Chen 2009, S. 209). Bei diesem werden Online-Werbemittel Nutzern gezielt zugesteuert. Auf Grundlage eines statistischen Modells werden die Responsewahrscheinlichkeiten für das Werbemittel prognostiziert, um auf deren Basis möglichst optimale Zuordnungen zu treffen. Die Datengrundlage dafür sind Vergangenheitsdaten über das individuelle Such-, Browsing- und Klickverhalten der Nutzer. Die zu bewältigende Basis der Verhaltensdaten ist folglich extrem groß.

Ein Targeting-System ermittelt für eine Marke in Echtzeit, welches Werbemittel einem Internetnutzer zu einem bestimmten Zeitpunkt idealerweise anzuzeigen ist. Feste Verknüpfungen von Werbung und Inhalt werden damit durchbrochen und individualisierte Medienprodukte entstehen. Nutzer von Websites erhalten zwar identischen Content. Jedoch werden jeweils unterschiedliche Werbeeinblendungen präsentiert. Damit werden Streuverluste reduziert. Die Markenkommunikation kann ihre Effizienz verbessern.

Neben der kundenoptimalen Einblendung fixer Inhalte (z. B. von Online-Bannern) können vom Grundsatz her zusätzlich auch die Inhalte an Kunden und Situationen adaptiert werden. Man spricht dann von *Targeted Content*.

Im Bereich bestehender Beziehungen zu Kunden bietet das sog. *eCustomer-Profiling* einen Ansatz, um die Markenbeziehung zu intensivieren, Markenbewertungen positiv zu beeinflussen und Markenimages zu schärfen. Dabei wirken Data-Mining- und Database-Marketing-Prozesse zusammen, um statische oder dynamische Kundenprofile zu erarbeiten (Kollmann 2011, S. 228 ff.). Auf Grundlage der Profile können dann Entscheidungen über möglichst spezifische Ausrichtungen von Kommunikationskanälen, -zeitpunkten, -botschaften und -tonalitäten abgeleitet werden. Letztlich soll dies positiv auf die Kundenresponse wirken.

Gerade mit *Location-Based-Services* (LBS, s. oben) sind auf der erläuterten Datenbasis attraktive und neuartige Formen der *Vernetzung* mit physischen Orten wie Showrooms, Brand Lands, alltäglichen Orten oder Läden realisierbar. So können LBS potenzielle Kunden an relevante Punkte oder den Point-of-Sale führen, ihm Zusatzinformationen zu Produkten anbieten, oder die Marke in bestimmten Kontexten aktualisieren.

Letztlich werden über diese erweiterten Zugänge *neue Wege der Mediaplanung* für Corporate Brands eröffnet.

24.2.3 Immer dabei: Mobile Interaktion integrieren

Die Verbreitung mobiler Endgeräte wie Smartphones oder Tablets hat sich explosionsartig entwickelt. Die Einbindung von Mobile[1] ermöglicht die Verteilung interaktiver und auf die Person zugeschnittener Information zur passenden Zeit, am passenden Ort und in passender Situation (Mort und Drennan 2002). Insofern ist es naheliegend, diese Möglichkeiten für die Marke auszuschöpfen und in Überlegungen zur Markenkommunikation fest zu integrieren. Mobile Marketing-Anwendungen sind insb. charakterisiert durch:

- einen extrem hohen Grad von Interaktivität,
- Lokalisierbarkeit und damit Adaptierbarkeit von Botschaften und Mechanismen an räumliche Umgebungen des Adressaten,
- die Möglichkeit zur vollständigen Individualisierung von Botschaften und Mechanismen (One-to-One).

Das Raum-Zeit-Paradigma traditioneller Marketingdenkrichtungen wird damit aufgelöst (Berthon et al. 2000). Schon 2006 zeigte sich, dass markenbezogene Ziele eine große Motivation darstellen, um sich im Mobile Marketing zu engagieren. So arbeiten Pousttacji und Wiedemann (2007) mittels Experteninterviews und Inhaltsanalysen an Fallstudien heraus, dass die Schaffung von Markenbekanntheit, die Schärfung des Markenimages und die Verbesserung der Kundenbeziehung zu den wesentlichen Zielen von Mobile-Kampagnen gehören.

▶ Die Einbindung des Mobile-Ansatzes erlaubt es einer Marke, mit Adressaten jederzeit und überall interaktiv in Kontakt zu treten. So können zusätzliche Kontakte geschaffen und Beziehungen gestaltet werden.

Zwei Mechanismen sind zu betrachten: Mobile Advertising und Mobile Services. Beim *Mobile-Advertising* werden Werbebotschaften push-basiert über mobile Endgeräte (meist MMS, Mobile Ad-Banner) verbreitet. Zum Teil werden aber auch pull-basierte Ansätze (z. B. Mobile Tagging) dem Mobile Advertising zugeordnet. Die Zielgruppen können bei dieser Werbeform sehr gut selektiert werden. Auch sind Retargeting-Methoden zunehmend nutzbar. Die Umsetzung als Location Based-Advertising nutzt aus, dass eine Ad Impression auf das mobile Endgerät zu beliebiger Zeit ausgeliefert werden kann – insb. in Abhängigkeit davon, wo sich der Adressat gerade aufhält. Dadurch kann die Wirkungskraft einer Mobile Ad stark gesteigert werden. *Für die Corporate Brand-Kommunikation besteht damit die Chance, sich situationsspezifisch mit ihren Botschaften in die Lebenswelt des (potenziellen) Kunden einzufügen.* Aggressive Push-Werbung, die nicht vom Nutzer initiiert und autorisiert wurde, ist jedoch kritisch zu sehen – Adressaten reagieren darauf oft negativ (Schäfer und Toma 2008, S. 28).

---

[1] Der Begriff „Mobile" wird im Folgenden verwendet, wenn es um Anwendungen und Interaktionen mit mobilen Endgeräten geht.

Mobile Services werden i. d. R. in Form von *Apps* (s. o.) umgesetzt. Damit diese effektive und effiziente Beiträge für die Markenkommunikation leisten, sollten angebotene Services die Besonderheiten des Mobile-Marketing aufgreifen, und Ortsinformationen, hohe Personalisierung sowie die Ausrichtung der Endgeräte auf Punkt-zu-Punkt-Kommunikation für die Mehrwertschaffung integrieren (Schäfer und Toma 2008, S. 28). Grob kann nach Art des Zusatznutzens bei Mobile-Services von vier, sich jedoch nicht ausschließenden, Gruppen ausgegangen werden (in Anlehnung an Pousttacji und Wiedemann 2007):

- informationsdominiert (z. B. Produktinformationen oder Anwendungsberatung),
- unterhaltungsdominiert (z. B. Videos oder Spiele),
- gewinn- oder verlosungsdominiert (z. B. Gewinnspiele),
- verkaufsförderungsdominiert (z. B. Coupons).

Voraussetzung für einen Einfluss von Apps auf die Erreichung von Markenführungszielen ist ihre *Nutzerakzeptanz*. Konsumenten nutzen häufig nur vertraute Dienste, die aus ihrer Perspektive einen klaren Mehrwert bieten (Schäfer und Toma 2008, S. 21), sind dann aber bereit, vermehrt eigene *Informationen preiszugehen* (Schäfer und Toma 2008, S. 21 f.). Elementar scheint zudem ein *einfacher Umgang* mit den Services zu sein (Schäfer und Toma 2008, S. 29), was sich insb. an Erhältlichkeit und Bedienbarkeit festmachen lässt. Link und Seidl (2008) identifizieren zudem die *Situationsadäquanz* als erfolgskritisch: Angebote werden nur genutzt, wenn sie zur Situation passen (z. B. Wartezeit, Such-Situationen, Second-Screen-Situation, etc.). Damit lassen sich dann auch situationsspezifische Zusatzleistungen definieren und für die Marke einsetzen.

Beispiel

Um zusätzliche Kontakte zum Markenlogo zu schaffen, setzte Renault vor der Istanbul Auto Show 2007 ein MMS-Quiz ein. Selektierte Adressaten erhielten per MMS einige Quizfragen, die sich um das Renault-Logo drehten. Die ersten 20 Teilnehmer hatten die Chance auf je ein Ticket für die Autoshow. Die Aktion führte zu einer Responsequote von 5 %. Die Tickets waren innerhalb von 20 min vergeben. Quelle: Varnali und Toker 2010, S. 109 f.

Services und Apps, die für den (potenziellen) Kunden permanent zugriffsfähig sind, ihn also begleiten, stellen eine attraktive Option dar, für die Corporate Brand *Reichweite* zu erreichen und *Vertrauen* zu bilden. Damit wird der Bekanntheitsaufbau unterstützt. Spezifisch inszenierte Inhalte und auf die Markenpositionierung abgestimmte Nutzen sowie Darstellungsformen können zudem das *Image* prägen. Multipliziert werden können die Markenwirkungen von Mobile-Advertising durch die intelligente Verzahnung mit anderen Kampagnenbestandteilen bzw. mit Aspekten der physischen Nutzerumgebung (z. B. auch POS). Allerdings ist auch bei Mobile-Instrumenten der oft schmale Grat zur Nutzerreaktanz zu beachten.

24.2.4 Image „klassisch" prägen: Online-Bannerwerbung anwenden

Super-Banner, Pop-Ups, Skyscrapers, Layovers und verwandte Formen sind heute schon nahezu klassische Online-Werbeformen, die jedoch für die Markenkommunikation nicht vernachlässigt werden sollten. Es handelt sich um Werbeformate, die Botschaften mittels Werbeflächen gezielt auf markenfremden Seiten platzieren (paid), um Klicks auf die Werbeflächen zu provozieren, wodurch deren Besucher auf die eigene Site geleitet werden. Neben einer solchen „Umleitungs-" oder „Frequenzwirkung" (*explizite Effekte*) sind bei der Bannerwerbung insb. die Bekanntheits- und Imagelernwirkungen für die Corporate Brand interessant (*implizite Effekte*). Die Wirkungen können durch Retargeting-Mechanismen auf Zielgruppen ausgerichtet und dadurch verstärkt werden.

Visuelle Ausgestaltung (z. B. als statisch oder animiert, mit oder ohne Ton, aufmerksamkeitsstark oder harmonisch im Umfeld, Bannertyp, etc.) und Frequenz des Einsatzes werden insb. von Werbeziel, Positionierung und Zielgruppeninvolvement bestimmt. Für die Intramediaselektion, also die Frage auf welcher Site die Banner geschaltet werden sollen, sind quantitative wie qualitative Reichweiten sowie Click-Through-Raten oder Tausender-Kontaktpreise zu bewerten.

Meist ist Online-Bannerwerbung *unterstützender Teil einer integrierten Kampagne*, die auch traditionelle Werbeformen umfasst (z. B. Anzeigen, TV-Spots, …). Allerdings wird prognostiziert, dass unterbrechende Werbung wie Bannerwerbung immer weniger Aufmerksamkeit erhält. Umso mehr sind hier auch ausgefallene und emotionale Umsetzungen zu fordern, die darüber einerseits stark aktivieren, anderseits durch ihre besondere Darstellung Mehrwerte für den Adressaten anbieten. Es ergeben sich fließende Übergänge zu den Fragen des Content-Marketings (s. unten Punkt 2.2.5).

24.2.5 Interaktion ermöglichen, Erlebnisse bieten und Beziehungen ausbauen: Mit sozialen Medien interagieren

Quasi per Definition eröffnet das weite Feld der Social Media signifikante Ansatzpunkte, die Marken-Interaktion mit (potenziellen) Kunden, Bewerbern und anderen Anspruchsgruppen wesentlich facettenreicher auszugestalten. Grundsätzlich können mindestens drei (sich nicht ausschließende) Ebenen differenziert werden, auf denen Marken eine Rolle in sozialen Netzwerken spielen können:

- Die Marke ist ohne ein eigenes Engagement *Thema* der Interaktion in sozialen Medien. Beispielsweise werden Erfahrungen mit einem Produkt der Marke oder mit dem Service in einem Chat diskutiert.
- Die Marke stellt *Inhalte* zur Verfügung, an denen sich Interaktionen in sozialen Medien katalysieren.
Beispielsweise werden Video-Beiträge mit Bezug zur Marke produziert und veröffentlicht oder es wird ein Branded Game betrieben.

- Die Marke ist *Teilnehmer* der sozialen Medien.
  Beispielsweise wird eine Fanpage auf Facebook oder ein Blog betrieben.

▶ „Engage or die" (Solis 2010, S. 3). Interaktion über soziale Medien ist in weiten Bereichen ein Imperativ für Marken. Dies ist speziell in Richtung der Anspruchsgruppen Kunden, Mitarbeiter und potenzielle Mitarbeiter in hohem Maße relevant.

Marken können Inhalte und ihre Verbreitung in sozialen Netzwerken auf vielerlei Arten anregen. Eine wichtige Möglichkeit stellen dabei *User-Generated-Content-Kampagnen* dar (UGC contests, participatory advertising). Diese haben zum Ziel, Nutzer einzuladen sich zu engagieren und auszutauschen, indem sie teilbare Inhalte erschaffen (Tuten und Solomon 2013, S. 114). Bei einer solchen Kampagne ruft eine Marke also dazu auf, Inhalte zu kreieren – zum Teil mit vorgegebenen Rahmenbedingungen. Oft werden dazu auch bestimmte markenbezogene „Zutaten" wie z. B. kurze Videosequenzen aus Werbespots oder eine Sammlung aller bisher verwendeten Claims bereitgestellt. Die Nutzer werden motiviert, mit oder über die vorgegeben Inhalte, eigene Inhalte zu erstellen und einzureichen. Die so entstandenen Inhalte werden wiederum veröffentlicht und geteilt – und verbreiten sich dabei nicht selten über eine Vielzahl von individuellen Netzwerken der Beteiligten. Die Marken Dove oder Chevy haben derartige Kampagnen unter dem Motto „Kreiere Deine eigene Werbung" erfolgreich als Wettbewerb ausgestaltet, bei dem begehrte Preise oder die Ausstrahlung des Siegerspots im TV ausgelobt wurden (Tuten und Solomon 2013, S. 114).

Wichtiger Ausgangspunkt ist oft die Teilnahme der Corporate Brand in einem sozialen Netzwerk. Dazu kann die Marke ein eigenes *Profil oder eine Fanpage* betreiben. Diese können eine Basis bilden, über die sich Interaktionen und Verknüpfungen mit anderen aufbauen. Insofern etablieren sich *1:1-Kommunikationskanäle* zu (potenziellen) Kunden. Mit Blick auf die Gestaltung der Markenbeziehung stehen damit attraktive Werkzeuge zur Verfügung. Befunde von Naylor et al. (2012) deuten darauf hin, dass auch die Qualität der mit einer Marke verbundenen Nutzer (supporters) schon einen Einfluss auf die Markenwahrnehmung des einzelnen Nutzers ausübt.

Im B2B-Kontext konnte nachgewiesen werden, dass der Einsatz von Social Media (hier u. a. LinkedIn, Twitter) insb. die Kontaktschaffung und die Beziehungsqualität des Verkäufers mit dem (potenziellen) Kunden beeinflusst (Rodriguez et al. 2012). Es resultieren direkte Wirkungen auf die Bekanntheit sowie indirekte Effekte auf das Image der Corporate Brand.

▶ Eigene Fanpages und Profile sind für Marken quasi der Ankerpunkt, um in sozialen Medien sichtbar und vernetzbar zu sein. Diese müssen jedoch intensiv und kontinuierlich betreut werden. Das Auftreten in Community- und Publishing-Anwendungen ist besonders für Beziehungsziele der Markenführung relevant.

Ein weiteres interessantes Vehikel, um markenbezogene Ziele zu erreichen, kann in *Onlineforen und Blogs* gesehen werden. Während Foren eine Website anbieten, auf denen sich Personen zu einen definierten Thema austauschen (z. B. http://www.z3-roadster-forum.de), sind Blogs als Sites zu verstehen, die, ähnlich Tagebucheinträgen, ständig aktualisierte und kommentierte Inhalte veröffentlichen. Diese können von anderen abonniert werden. Es können auch Verweise auf definierte Beiträge und Beiträge anderer Seiten vorgenommen werden, was für die Intensität und die Offenheit der Diskussion zuträglich ist. Marken ist es möglich, Foren und Blogs betreiben und/ oder an diesen mitwirken. Beide Formen können *Effekte sowohl auf Beziehungsqualität*, Wahrnehmbarkeit als auch Image der Corporate Brand haben.

Bloggingaktivität kann als *Baustein von Kampagnen* integriert werden. In Verbindung mit traditioneller Marketingkommunikation kann es so zu synergetischen Effekten kommen (Onishi und Manchanda 2012). Dies ist für die Markenkommunikation auch über Kaufphasen bzw. im Zeitverlauf von Kampagnen interessant. So zeigen Untersuchungen von Onishi und Manchanda (2012) anhand von Daten einer Produkteinführungskampagne:

- Die Bloggingaktivität wird von TV-Werbung angetrieben.
- Eine Zunahme der TV-Werbe-Aktivität (Adstock) wirkt gerade durch die Zunahme des Blogging stärker auf die Reichweite (Audience) als in einer Situation ohne Blogging.

Studien zeigen zudem positive Zusammenhänge zwischen der Bloggingaktivität und Verkaufsrängen in Onlineshops auf (Dhar und Chang 2009; Gruhl et al., 2005). Dies unterstreicht die Bedeutung der Interaktionsplattform Blog. Bloggingaktivität kann dabei, wie angesprochen, von der Marke selbst ausgehen, diese zum Thema haben oder sich an Inhalten der Marke kristallisieren. Unabhängig von der Form wird jedoch deutlich, welche enormen Potenziale sich durch die Reichweiten- und Beziehungseffekte für eine Marke auftun.

Untersuchungen der GfK (Jarchow 2011) anhand der Marke Smart deuten darauf hin, dass die unterschiedlichen Kanäle von Social Media plus die Website (im Sinne digitaler Touchpoints) eine hohe Bedeutung für Bekanntheit und Markenpositionierung haben. Zudem zeigt sich, dass die Kanäle verschiedene Facetten der Markenwahrnehmung unterschiedlich stark und in unterschiedliche Richtungen beeinflussen. So stärkten die Kontakte über Facebook vor allem emotionale Facetten der Markenwahrnehmung sowie die Beziehungskomponente. Die Facebook-Kontakte führten aber auch dazu, dass Smart verstärkt als teuer empfunden wird. Eine Verstärkung der Wahrnehmung der Marke als „teuer" wurde wiederum nicht bei Kontakten über YouTube festgestellt – positiv entwickelte sich aber auch hier die Beziehungskomponente. Kontakte über das Forum Motor-Talk.de hingegen lösten insgesamt eher ungünstigen Entwicklungen bei der Markenwahrnehmung aus. Die Smart-Website wiederum beeinflusste mit ihren Kontakten rationale Aspekte wie die Preis-Leistungs-Beurteilung in einem positiven Sinne. Diese Befunde können als ein Argument für eine spezialisierte Aufgabenteilung hinsichtlich der Imagebeeinflussung einer Corporate Brand angesehen werden. Andererseits machen sie aber auch deutlich, dass es (a) auf einen geeigneten Fit zwischen Nutzer, Kanal und Marke sowie auch auf (b) die jeweilige gestalterische und botschaftsbezogene

Umsetzung im entsprechenden Kanal ankommt. So ist zu vermuten, dass die Beeinflussung emotionaler Imagekomponenten stärker von einer entsprechend emotionalen Umsetzung im Medium (und damit auch von den Möglichkeiten des Mediums überhaupt, z. B. Bewegtbild und Musik zu transportieren) als vom Medium an sich abhängt. Allerdings erscheint es auch plausibel, dass soziale Netzwerkmedien Vorteile bei beziehungsbezogenen Aspekten aufweisen.

Nachfragererlebnisse durch soziale Interaktion Das Engagement in sozialen Medien kann für die Corporate Brand letztlich als Ausdruck des *Nachfragererlebnisses* verstanden werden, wie es von Burmann et al. (2010, S. 39) konkretisiert wurde. Danach sind Nachfragererlebnisse Ereignisse, die sich auf Grund des Einsatzes markeninduzierter Stimuli an allen Markenkontaktpunkten ergeben. Dabei spielen persönliche, emotionale innere Bewertungen der Ereignisse eine zentrale Rolle. Das Ziel ist die Schaffung einer langlebigen, intensiven Marke-Kunde-Beziehung. Wesentlich ist die Einbindung in eine positionierungsadäquate Erlebnisplattform (Burmann et al. 2010, S. 40).

Mittels eigener Social Media-Interaktion als Marke wie auch durch die Marken-Community-Interaktion können sowohl affektive, sensorische, kognitive, soziale und verhaltensbezogene Erlebnisse (nach Schmitt 1999) angesprochen und mit der Corporate Brand verbunden werden:

- *Affektive Erlebnisse* resultieren durch positive Emotionen ("Spaß") bei der Interaktion zwischen Nutzer oder zwischen Nutzer und Marke. Inwieweit diese eintreten hängt u. a. von den Inhalten und der Nutzungsfreundlichkeit sowie belohnungsrelevanten Anreizen durch die Marke ab (Burmann et al 2010, S. 64). Affektive Erlebnisse können offensichtlich in der Zone des Social Entertainments (s. oben) besonders gut erreicht werden, sie sind aber auch bei den Zonen Social Community (Freude und Bestätigung durch Sharing und Socialising) sowie Social Publishing (Stolz durch eigene produzierte Inhalte) realisierbar.
- *Sensorische Erlebnisse* werden überwiegend durch die Gestaltung der Social Media-Auftritte beeinflusst. Hier spielen eine positive Wahrnehmungsatmosphäre, Nutzererwartungen und Multimedialität eine wichtige Rolle.
- *Kognitive Erlebnisse* werden insb. durch Wettbewerbe oder Co-Creation-Aktivitäten ausgelöst, die die intellektuelle Auseinandersetzung der Nutzer mit der Marke fördern (auch Burmann et al. 2010, S. 65).
- *Soziale Erlebnisse* entstehen vor allem durch die Wahrnehmung der Gemeinschaft und der direkten Rückkopplung, die Ausdruck der gegenseitigen Vernetzung einer Community ist. Bei hoher Interaktionsaktivität kommt es zu einer empfundenen Zugehörigkeit, was aus Nutzersicht als Mehrwert zu bewerten ist (Burmann et al. 2010, S. 66).
- *Verhaltensbezogene Erlebnisse* kommen zum Tragen, wenn
  - neue Verwendungsmöglichkeiten für Produkte aufgezeigt werden,
  - über das Herstellen von Verbindungen zu alternativen Lebensstilwelten hedonistische Nutzen angesprochen werden,
  - die Marke als Instrument der Selbstdarstellung inszeniert wird oder
  - die Marke als psychologische Projektionsfläche angeboten wird.

Für derartige Erlebnisziele wie auch für Kontaktziele haben folglich Kanäle aus allen Social Media Zonen (s. Abschn. 2.1) eine Bedeutung. Im Hinblick auf die Beziehungsziele erscheinen die Zonen „Social Community" (z. B. durch soziale Netzwerke) und „Social Publishing" (z. B. durch Blogs) jedoch besonders relevant zu sein.

Sofern die Marke *eigener Anbieter von Social-Media-Kanälen* wird, empfiehlt sich die zusätzliche Realisation als App, um die hochrelevante Verbindung mit der Markenaktivität möglichst zeit- und raumunabhängig zu gestalten.

▶ Durch die Interaktion in sozialen Medien können verschiedene Facetten von Erlebnissen mit der Corporate Brand verbunden werden.

24.2.6 Botschaften verbreiten: Sharingplattformen, Empfehlungen und virale Mechanismen nutzen

Virales Video-Marketing bei DC Shoes, Anbieter von Schuhen für Skateboarder: „Das Unternehmen begann im Jahr 2009 mit einer Reihe von Filmen, in denen Ken Block die Hauptrolle spielte, einer der Firmengründer. Die Videos zeigten ihn dabei, wie er in einem aufgemotzten Rennwagen über abgesperrte Flughäfen, durch Freizeitparks und sogar das Hafengelänge von San Francisco rast. Sie dauern bis zu neun Minuten und beinhalten so gut wie keine Kommentierung. Zwischendurch streut das Unternehmen kurze, aber gut inszenierte Aufnahmen seiner Schuhe ein. Statt teure Werbezeiten bei Fernsehsendern einzukaufen, lädt DC Shoes die Videos auf YouTube hoch. In den vergangenen vier Jahren verzeichnete der Hersteller mehr als 180 Mio. Zugriffe auf diese Clips – und allein 2011 stieg der Umsatz um 15 %. In dem Jahr war einer der Filme gar das YouTube-Video, das die Nutzer am häufigsten weitergeleitet hatten. Ein anderes brachte es innerhalb von 24 h. auf eine Million Views." (Teixeira 2013, S. 6)

Insbesondere die Publishing-Anwendungen von Social Media eröffnen für Marken die Möglichkeit, Inhalte auf einfache Weise zum Abruf und zur Verbreitung anzubieten. Ebenso sind dabei aber auch Community-Kanäle wichtig. Aktivität in beiden Zonen kann für die Corporate Brand relevant sein, um *Markenkontakte* zum Bekanntheitsaufbau zu schaffen. Damit einher gehen stets auch *Wirkungen auf die Imageprofilierung* der Marke, geprägt durch die individuellen Wahrnehmungen der Kontakterfahrungen und der verbundenen Inhalte durch die Nutzer.

Es wäre allerdings vermessen davon auszugehen, es genüge, einfach einige Clips auf *YouTube* einzustellen, und damit wäre eine rasante Verbreitung quasi garantiert. Vielmehr sollte für eine erfolgreiche Verbreitung mehrstufig vorgegangen werden (Hättler 2012, S. 146 ff.):

1. Planung und Vorbereitung
2. Verbreitung der Inhalte zunächst an Meinungsführer
3. Etablierung eines sich selbst tragenden, viral wachsenden Kommunikationsprozesses

In der Planungsphase zu klären ist insb. die *Mechanik der Kampagne*. Dabei ist u. a. zu definieren, *über welche Plattform*(en) diese funktionieren soll. Hinsichtlich der Plattformen ist bei Corporate Brands auch die Breite der Anspruchsgruppen zu bedenken. Die Mechanik bezieht sich ebenso auf Inhalt und Nutzen. Sollen lustige, spannende oder provokante Inhalte als Basis dienen? Sollen diese über Microsites, Videoclips oder Apps transportiert werden? Soll es kostenlose Vorteile wie E-Books, Musik oder Spiele geben? Wesentlich ist demnach ein geeigneter Inhalt, der das Interesse der Adressaten ansprechen muss, das Potenzial hat, dass sich andere damit beschäftigen und diesen weitergeben, und der die Positionierungsidee der Marke zumindest nicht schädigt. Solche Inhalte können von emotionaler (z. B. witziger) oder sachlicher Natur (z. B. Hintergrundinformationen) geprägt sein, z. T. aber auch in der Darstellung (z. B. neuartige, ungewöhnliche Aufmachung) oder dem Medieneinsatz an sich (z. B. spektakuläres Videoformat) bestehen.

Nutzen für den Teilnehmer Wenn von einer Weiterverbreitung ausgegangen werden soll, muss aus Kundensicht zudem ein wie auch immer gearteter *Nutzen geliefert* werden (sich amüsieren, etwas Neues erfahren, oder eine kostenlose Dienstleistung nutzen können). Kampagnen sind nämlich dann erfolgversprechend, wenn diese überraschende, unterhaltende oder witzige Inhalte aufweisen und sie den Adressaten Nutzen stiften (Hättler 2012, S. 141). Der wahrgenommene Nutzen bereitgestellter Inhalte muss letztlich so hoch ausfallen, dass er den wahrgenommenen Aufwand einer Weitergabe übersteigt. Von vordergründiger werblicher Aufmachung sollte abgesehen werden. Vielmehr ist auf eine durchdachte Konzeption und eine technisch anspruchsvolle Umsetzung Wert zu legen (s. für das Beispiel Videos: Hättler 2012, S. 142). Welchen Nutzen bietet man bspw. potenziellen Bewerbern an?

▶ Eingesetzte Kanäle, Inhalte und Tonalität sowie insb. der Nutzen für den Adressaten sind gründlich zu durchdenken.

Neben hochwertigen, relevanten, mehrwertbietenden Inhalten ist die *Auslösung von Verbreitung* essenziell. Dazu können Inhalte grundsätzlich (Teixeira 2013)

- selbst oder mittels Crowdsourcing erzeugt und einfach auf entsprechenden Plattformen eingestellt werden,
- selbst oder mittels Crowdsourcing erzeugt und in der Verbreitung durch Inbound-Marketing-Dienstleister (z. B. HubSpot) unterstützt werden,
- mit Spezialdienstleistern (z. B. Mekanism) erstellt und auch über diese verbreitet werden. Dazu übernehmen die Dienstleister das Plattform-Management und greifen auf ein Netzwerk von Meinungsführern zurück.

Die verschiedenen Social Media-*Kanäle sind unterschiedlich geeignet*, um Inhalte proaktiv zu verbreiten. Für das Engagement der Corporate Brand ist daher zu bewerten, ob eher oberflächlich-informative, tiefergehend-informative oder emotionale Inhalte Objekt der angestrebten Verbreitung sind. Zudem ist zu erörtern, ob die Nutzerintegration im Vordergrund stehen soll oder nicht. Nach Hättler (2012, S. 176) sind je nach inhaltlichem Schwerpunkt folgende Kanäle besonders geeignet:

- Oberflächlich-informative Inhalte: Microblog, Social Bookmarking, Fanpage in sozialen Netzwerken.
- Tiefergehend-informative Inhalte: Weblog, Podcast, eigener YouTube-Kanal, Wiki.
- Emotionale Inhalte: Podcast, eigener YouTube-Kanal, Weblog, Fanpage in sozialen Netzwerken.
- Nutzerintegration: Wiki, Fanpage in sozialen Netzwerken, Microblog, Weblog, eigener YouTube-Kanal, Social Bookmarking.

Verbreitungsmechanismus durchdenken und unterstützen Die *Weitergabe* von Inhalten kann nutzerseitig durch bloßes Weiterleiten geschehen. Dies ist für Nutzer relativ einfach zu erreichen, es erfordert daher auch kein besonders großes Involvement (inneres Engagement). Wenn jedoch Mechanismen der Mundpropaganda (Word-of-Mouth) greifen sollen, so wäre eine Weitergabe der Inhalte damit verbunden, dass die Nutzer die Inhalte kommentieren, bearbeiten, anreichern, verlinken. etc. Diese Form setzt ein deutlich höheres Involvement voraus, führt aber auch zu einer tieferen Verarbeitung der Inhalte.

Zu klären ist schließlich, wie die *Verbreitung unterstützt* werden kann[2]. Um fremde Links auf die eigenen Inhalte zu erhalten, sollten *Belohnungsmechanismen für Verlinkungen* und Unterstützung aufgebaut werden. Fremde Links sind hilfreich, da diese die Wahrscheinlichkeit erhöhen, dass Nutzer die Inhalte auffinden und sie das Suchmaschinenranking verbessern. Es ist darauf abzuzielen, von anderen als wertvoller Ort im Netz angesehen zu werden. Wirksam ist zudem die eigene *Teilnahme an Konversationen*. Dies bedeutet, dass man auf eigene Inhalte aufmerksam macht, auf andere Kommentare reagiert und das Interesse auf die eigenen Inhalte lenkt. Dies kann u. U. mehrmalige Anläufe verlangen. Hochgradig unterstützend ist der Weg, andere dazu zu ermuntern, die eigenen *Inhalte* in deren Site *einzubetten*. Dazu kann z. B. über Mashups und Widgets gearbeitet werden. Über *verweisende Buttons* auf Social-Bookmarking-Sites und sozialen Netzwerken kann die Verbreitung erleichtert werden. Gerade ein aktives Mitwirken und der Aufruf zum Verändern der Inhalte, ein Angebot zu persönlichen Anteilnahme, kann positive Mundpropaganda fördern (Oetting 2007; zitiert nach Hättler 2007, S. 148). Der Vollständigkeit halber sei erwähnt, dass eine *Verfügbarkeit in möglichst vielen Kanälen* positiv auf die Verbreitungschancen wirkt. Allerdings sollte der Fokus klar auf jenen Kanälen liegen, die auch von der angestrebten Zielgruppe in überwiegendem Maße genutzt werden.

Änderungen im Kommunikationsmix Im Sinne der Kommunikationseffizienz ist zu fordern, dass sich die online verbreiteten Inhalte und Darstellungen integriert zu denen anderer Markenmaßnahmen (z. B. auch der klassischen Kommunikation) verhalten. Allerdings muss über eine intelligente Aufteilung von Botschaften über den gesamten Kommunikationsmix nachgedacht werden (Kroeber-Riel und Esch 2011, S. 66). Dazu sollten Konstanten der Kommunikation und variable Inhalte definiert werden (Kroeber-Riel und Esch 2011, S. 66).

---

[2] Die folgenden Aspekte sind angelehnt an die Ausführungen von Hättler (2012, S. 158 ff.).

Man kann davon ausgehen, dass Bloginhalte und andere Formen des UGC (z. B. auch kommentierte und weiterverteilte Videos) *zunehmend als durchgängige Ergänzung* zu traditionellen Marketing-Kommunikationskanälen fungieren (auch Onishi und Manchanda 2012, S. 221). Zum Teil werden extremere Auffassungen vertreten, nach denen das, was Marken über sich und ihre Leistungen in traditionellen Kanälen einseitig kommunizieren, an Wirkungsstärke in Bezug auf Reichweite und Meinungsbildung kommunizieren, zukünftig deutlich an Wirkungsstärke in Bezug auf Reichweite und Meinungsbildung abnimmt. Aussagen hingegen, die von Kunden über Marken und deren Leistungen interaktiv publiziert und weiterkommentiert werden, gewinnen danach an Bedeutung (Blackshaw 2011, S. 109).

Wie stark die Veränderung bei Leitmedien auch immer ausfällt – Auswirkungen auf die Budgetaufteilung in der Kommunikation sind unübersehbar. Allein schon, da UGC im Vergleich zu traditioneller Kommunikation (paid content) nahezu kostenlos zu haben ist (Onishi und Manchanda 2012, S. 221) stellen sich mit Blick auf die angestrebten Kommunikationswirkungen für die Corporate Brand Fragen nach einer Reallokation von Budgets. Kann der Nachweis geführt werden, dass sich durch UGC-Aktivitäten indirekte Effekte auf die Markenkommunikationsziele ergeben, sollten Ressourcenverschiebungen weg von traditionellen und hin zu UGC vorgenommen werden (Onishi und Manchanda 2012, S. 230).

Herauszustellen ist, dass letztlich eine *komplexe Aufgabe* zu meistern ist, bei der eine geeignete und stimmige Lösung im Zusammenspiel der folgenden Punkte gefunden werden muss, damit Markenziele positiv beeinflusst werden: Der Fit zwischen

- Aussagen und Duktus der bereitgestellten Inhalte,
- Duktus und Nutzerkreis des gewählten Kanals,
- Markenpositionierung,
- Anspruchsgruppe(n) der Corporate Brand sowie
- Kommunikationszielen.

Beispiel

Dass die virale Verbreitung von initiierten Themen grundsätzlich auch ohne einen initialen Videospot nur über Anstöße durch eine Website und die Einbeziehung verschiedener Social-Media-Kanäle funktioniert, zeigt die schon Anfang 2009 durchgeführte Kampagne des *Tourismusbüros von Queensland.* Unter dem Slogan "The Best Job in the World" schrieb man öffentlich die Suche nach einem „Insel-Ranger" aus, der im Great Barrier Reef ein halbes Jahr die Inseln erforschen sollte, das Leben dabei genießen sollte und als Gegenleistung dafür in einem Blog über seine Erlebnisse zu berichten hatte. 12.000 € Monatslohn sowie ein kostenloser Aufenthalt in einem Strandhaus mit Pool waren damit verbunden. Rasend schnell verbreitete sich dieses attraktive Angebot im Web. So schnell, dass die Website kurz nach dem Start durch die mehr als zwei Millionen Besuche vorübergehend zum Absturz gebracht wurde. In kurzer Zeit bewarben sich mehr als 34.000 Menschen aus der ganzen Welt in einem 60-Sekunden-Video, das sie zum Teil auch parallel in *YouTube* hochgeladen hatten. Tageszeitungen, Magazine und TV-Sender griffen das Thema auf und berichteten über das Great Barrier Reef. Den Contest gewann Ben Southall, ein 34-jähriger Engländer, der dann durch seine regelmäßigen Blogeinträge mit den weltweiten Interessenten seine Erfahrungen mit den Schönheiten der Inseln und Unterwasserwelt des Riffs teilte. Es wird geschätzt, dass sich der weltweit erzielte Publicity-Gegenwert auf mehr als 100 Mio. australische Dollar beläuft, bei einem angeblichen Einsatz von 1,2 Mio australische Dollar für die Kampagne. (Beispiel entnommen aus Hättler 2012, S. 143)

24.2.7 Auf andere Art Thema werden: Online Guerilla und Buzz-Marketing einsetzen

Besonders um positiv aufgeladene Kontakte zwischen der Corporate Brand und den Anspruchsgruppen zu erreichen, erscheinen die Instrumente Online-Guerilla-Marketing und Buzz-Marketing relevant.

Unter *Guerilla-Maßnahmen* fallen Instrumente und Ansätze, die mit unkonventionellen Aktivitäten bei einer möglichst großen Anzahl von Personen einen Überraschungseffekt auszulösen bzw. eine maximale Aufmerksamkeit zu erreichen (Redler 2012, S. 146). Nebenziel ist meist, zum Objekt der (Online-)Medienberichterstattung zu werden. Wesentlicher Baustein von Guerilla-Aktionen ist i. d. R. eine Online-Kampagne im Sinne des viralen Marketings, die dann vernetzt mit weiteren Online-Bereiche vernetzt wird – durchaus aber auch mit Maßnahmen im öffentlichen Raum oder klassischer Kommunikation.

Für Corporate Brands und Produktmarken bestehen also Chancen, mit besonders ungewöhnlichen Online-Aktivitäten gegen Erwartungen zu verstoßen, um a) Aufmerksamkeit zu schaffen und damit weitere Personen mit der Marke in Kontakt zu bringen und b) Thema von Nutzern im sozialen Netz zu werden. Damit kann ein virales Kommunikationsmuster ausgelöst werden. Je nach Tonalität der Aktion (in Bezug zur Markenpositionierung) kann die intensive Besprechung der Aktion im Netz zu einer positiven bis negativen Einstellungsbildung gegenüber der Aktion führen. Es ist davon auszugehen, dass eine zur Aktion gebildete Einstellung dann auf die Marke transferiert wird. Darin besteht der eigentlich attraktive Effekt für das Corporate Brand Image.

Neben Guerilla-Ansätzen ist auch das sog. *Buzz-Marketing* ein Zugang, um sich als Marke auf alternative Weise zu thematisieren. Ähnlich einem viralen Ansatz zielt auch Buzz-Marketing darauf ab, Schneeballeffekte innerhalb von Communities auszulösen. Bei diesem Ansatz wird versucht, die Marke bzw. ein Thema der Marke als starken Magnet für Öffentlichkeit und Medien auszugestalten. Dabei können nicht nur Online-Instrumente genutzt werden. Letztlich ist es beim Buzz-Marketing sogar gleichgültig, über welches Medium ein möglichst intensiver Austausch über das mit der Marke verknüpfte Thema erreicht wird. Mit dem rasanten Wachstum der Aktivität in Social Media verlagert sich der Buzz-Mechanismus allerdings zunehmend in dieses Medium.

Instrumenten-bereich	Markenziele			
	Kontakt	Image		Sympathie und Vertrauen
		emotionale Inhalte	rationale Inhalte	
SEM und Auffindbarkeit	++	o	o	++
Profiling und Targeting	++	o	o	o
Mobile	++	++	++	++
Bannerwerbung	+	++	++	o
Social Media	+	++	++	++
UCG und Viralität	++	+	+	o
Guerilla und Buzz	++	+	o	o

++ sehr relevant für Ziel   + relevant für Ziel   o unwesentlich oder neutral

Abb. 24.6 Beiträge neuer Instrumentenbereiche zu Zielen der Markenführung.

Buzz hat stellenweise theatralische Züge und erfordert eine gewisse Dramaturgie wie auch Zuspitzung von Themen. Erfolgskritisch ist in diesem Ansatz oft zunächst die Identifizierung relevanter Meinungsführer. Sind diese erkannt, besteht die Herausforderung darin, Inszenierungen und Darstellungsformen zu konstruieren, die bei diesen Schlüsselpersonen Neugier und Sendungsbewusstsein entfachen. Wichtig erscheint der Exklusivitätsfaktor: Indem gezielt zunächst jene exklusiv angesprochen werden, die andere Personen in der Zielgruppe massiv beeinflussen, entwickeln diese eine Gefühl des Sich-Geschmeichelt-Fühlens und initiieren auf dieser Basis bereitwillig einen diesbezüglichen Austausch mit anderen. Bei den Sekundär-Adressaten kommt es im positiven Fall zu einer hohen Empfänglichkeit für die Botschaften, nahezu Neugier.

Buzz-Marketing kann für Bekanntheits- und auch Imageziele der Corporate Brand sehr gut nutzbar gemacht werden. Dazu kann der Mechanismus sowohl aus der Denkhaltung der PR als auch der Perspektive der Produktkommunikation gestaltet werden. In jedem Fall ist allerdings hohe Kompetenz, umfängliche Betreuung und Nachhaltigkeit erforderlich.

24.2.8 Beiträge zu Markenpotenzialen im Überblick

Die in den Abschn. 24.2.1 bis 24.2.7 skizzierten Zusammenhänge werden in nachfolgender Abb. 24.6 zusammengefasst, indem die Bedeutung der dargestellten Instrumentenbereiche auf Markenziele und damit Markenpotenziale (s. oben) eingeordnet werden. Dabei handelt es sich zunächst um eine abstrakt vorgenommene Einordnung. Um greifbare Ableitungen für eine zu steuernde Marke zu treffen, müssten diese Bewertungen a) für die konkrete Marke und b) mit Blick auf die konkrete Ausprägung von relevanten Anspruchsgruppen adaptiert werden und auch wirtschaftlich bewertet werden.

In der Gesamtsicht zeigt sich, dass die (nach obiger Definition) neuen Kommunikationsinstrumente grundsätzlich deutliche Chancen für die Markenkommunikation anbieten.

24.3 Herausforderungen und Grenzen beachten

Die Markenkommunikation kann ihre Instrumente im Zeitalter ständig neuer Kommunikationsmöglichkeiten deutlich weiterentwickeln und ausdifferenzieren. Dies eröffnet zahlreiche Optionen, von denen einige in den vorigen Teilen umrissen wurden. Indes ist aber gerade wegen der dynamischen Entwicklungen ein klarer *strategischer Fokus* besonders wichtig. Verzettelung, unreflektiertes Nachgeben quasi kostenloser Versuchungen sowie Schnellschüsse um des Dabeisein-Willens liegen oft sehr nahe. Um den strategischen Blickwinkel zu klären, sind die etablierten Erkenntnisse zu *Markenidentität und -positionierung* weiterhin besonders wichtige Ankerpunkte (s. dazu auch den Beitrag zur Positionierung in diesem Buch). Es stellt sich die Frage, wie auch neue Kommunikationsinstrumente zur Positionierung beitragen. Bei der Beantwortung dieser Frage sind folgende Überlegungen von Belang:

Inhaltlich ist bei allen Aktivitäten im Bereich neuer Kommunikationsinstrumente streng zu prüfen, ob diese Ausdruck der Positionierung und des Markengestus sind. Dies ist erforderlich, um Verwässerungseffekte des Images zu vermeiden oder negative Rückwirkungen auf das Image auszuschließen. Auf die Einhaltung dieser Anforderungen sollte umso mehr geachtet werden, umso ausgeprägter die Leitrolle des Instruments im Kommunikationsmix ist. Bei ergänzenden Instrumenten ist zu fordern, dass die prognostizierte Wirkung auf das Markenimage zumindest nicht negativ ausfällt. Im Idealfall wird das Markenimage auch mittels der Inhalte und Erfahrungen neuer Kommunikationsinstrumente positionierungskonform profiliert.

Auch auf *formaler Ebene* ist eine Integration zum anderweitigen Markenauftritt anzustreben, um Zuordnung und entsprechende Lernwirkungen sicher zu stellen. Allerdings werden bisherige formale Mittel einer Integration immer weniger umsetzbar. In weiten Bereichen sind nämlich Farben, Schrifttypen oder Layouts nur beschränkt beeinflussbar. Bspw. sind bei Markenprofilen in sozialen Netzwerken nur noch Markenlogos oder Bilder an bestimmten Stellen platzierbar, während typische Schriften, dominierende Hintergrundfarben oder Formelemente kaum gestaltbar sind. In einigen Fällen reduziert sich ein Ausdruck der Marke letztlich vollends auf die geschriebene Sprache. Als formale Klammer kann dann eine bestimmte Art der Sprachverwendung für die Markenzuordnung relevant werden. Hierzu ist aber eine Verständigung über den „Corporate Text" und stilistische Guidelines notwendig.

Neue Instrumente setzen ferner bisherige *Prinzipien der Mediaplanung* nicht außer Kraft. Eignung, quantitative und qualitative Reichweite sowie Kosten sind auch hier relevante Maßstäbe zur Bewertung der Medien. Wohl aber kann es zu einer veränderten Allokation im Medienmix kommen, indem neue Instrumente zunehmend zu integrieren sind, die ihre Effizienz beweisen und an Bedeutung gewinnen. Dabei kann auch auf Besonderheiten von Phasen in einer Kampagne bzw. des Buying Cycle eingegangen werden.

Wie bei allen Aktivitäten von Corporate Brands ergeben sich auch beim Einsatz neuer Kommunikationsinstrumente *Herausforderungen aus der Vielzahl der Anspruchsgruppen*. Für ein zweckmäßiges Vorgehen ist zu untersuchen, bei welche Anspruchsgruppen welche Instrumente besonders effektiv und effizient genutzt werden können. Möglicherweise führen differenzierte Bewertungen zu dem Schluss, sehr individuelle Lösungen zu wählen, indem man anspruchsgruppenspezifische Profilierungen vornimmt. Ein derartiger Ansatz muss aber dennoch sicherstellen, dass sich ein aus Außensicht schlüssiges Gesamtbild für die Marke einstellen kann, in dem keine Widersprüche auftreten. War das Bestehen einzelner Kommunikationsinseln schon in der traditionellen Kommunikationsmechanik risikoreich, wächst die Gefahr aus Inkonsistenzen resultierender Nachteile für die Marke mit zunehmender Vernetzung weiter an. Ein Gegenkonzept zum anspruchsgruppenspezifischen Instrumenten-Mix stellt ein übergreifend einheitliches Vorgehen dar.

Wie oben ausgeführt, sollte dem Pull-Ansatz hinreichend Rechnung getragen werden. Es ist davon auszugehen, dass eine simple Übertragung traditioneller werblicher Mechanismen mit z. T. deutlichen Push-Ambitionen sich in manchen Feldern neuer Kommunikationsformen geradezu kontraproduktiv auswirken würde.

Nach Pete Blackshaw (2011, S. 109), einem der „Great Minds Grand Prize"-Gewinner der Advertising Research Foundation, müssen Marken im Zeitalter neuer Kommunikationsformen sechs Aufgaben meistern: Vertrauen ausbilden, transparent sein, Authentizität leben, Zustimmung gewinnen, zuhören können und Reaktionsfähigkeit ausbilden.

Als eine Konsequenz des sich verändernden Kommunikationsansatzes sollte sich die markenführende Organisation darauf einstellen, dass zumindest zum Teil mit einem Kontrollverlust über Kommunikation zu rechnen ist. Daher ist zu durchdenken, wie die Organisation und auch ihre Individuen lernen, damit angemessen umzugehen. Ebenso wird es erforderlich, Routinen und Einstellungen auszubilden, die es ermöglichen, mögliche negative Besprechungen und interaktive Rückmeldungen angemessen zu verarbeiten und auch bezüglich deren Weitergabe etc. souverän zu agieren.

Eine wichtige Facette der verbundenen Veränderungen betrifft letztlich die Abwendung von allzu starren, zentralistischen „Kommunikationsvorgaben". Alternativ wird es darum gehen, für die Corporate Brand eine *Haltung* zu entwickeln, die intern akzeptiert und verstanden wird und die nach außen zu einem stringenten, nachvollziehbaren und damit glaubwürdigen Bild führt. Damit addiert sich eine weitere Dimension, eine Art *sozialer Markenduktus* hinzu, der für die Corporate Brand zu durchdenken ist. Weniger facettenreich und reduzierter als eine Positionierungsbeschreibung, dennoch klar in der erkennbaren Grundüberzeugung, die dafür sorgt, dass das sich vergrößernde Spektrum von Markenäußerungen über die Vielzahl der Kanäle weiterhin auf einem glaubwürdigen Fundament ruht.

Große Herausforderungen betreffen zudem die *organisationale Seite* des Managements von Markenkommunikation. Die Weiterentwicklungen bei neuen Kommunikationsinstrumenten, den technischen und medialen Möglichkeiten (s. Abschn. 24.1) werden weiterhin von hoher Dynamik geprägt sein. Insofern ist ein sich verstetigender Wandel vorprogrammiert. Dies resultiert in enormen Herausforderungen hinsichtlich angemessener Organisationsformen sowie der kulturellen Seite des Unternehmens: „… marketers must … limit the power of bureaucracy, train and invest in their employees, and inform senior management about the opportunities…" schreiben Berthon et al. (2012, S. 261).

Trotz alledem darf nicht vergessen werden: In vielen Bereichen sind traditionelle Medien weiterhin Leitmedien. Integrierte Kampagnen unter ihrer Führung sind daher elementar. Dies erscheint umso wesentlicher, wenn es um Maßnahmen geht, die sich an alle Anspruchsgruppen der Corporate Brand richten. Hier stellen Formen traditioneller Massenkommunikation weiterhin adäquate Instrumente dar. Ebenso werden Erkenntnisse zu Kommunikationszielen und -wirkungen unter unterschiedlichen Involvementbedingungen nicht schlagartig bedeutungslos.

> Mit neuen Kommunikationsformen gehen auch neue Anforderungen einher. Diese sollten nicht ausgeblendet werden. Eine ehrliche Chancen-Risiken-Bewertung im Abgleich mit den organisationalen Voraussetzungen und Zielen kann helfen, geeignete Priorisierungen zu ermitteln.

Kapitalfehler vermeiden Um die Chancen neuer Kommunikationsinstrumente für die Corporate Brand nicht zu Stolpersteinen werden zu lassen, sollten folgende Fehler vermieden werden (z. T. in Anlehnung an Kollmann 2013, S. 197 f.):

- *Fehler Planlosigkeit*: Aktivitäten werden ohne geprüften Zielbezug und ohne strategische Verortung durchgeführt.
- *Fehler fehlende Nachhaltigkeit*: Es werden Aktivitäten mit mangelnder Authentizität und mangelndem Mehrwert für die Nutzer eingesetzt.
- *Fehler Unregelmäßigkeit*: Die Aktivitäten werden nicht kontinuierlich verfolgt oder einmal aufgebaute Erwartungen bzw. Vernetzungen werden frustriert.
- *Fehler fehlende Krisenkonzepte*: Aktivitäten werden angestoßen, ohne mögliche negative Reaktionen zu antizipieren und Ideen für ein zugehöriges Krisenmanagement zu hinterlegen.
- *Fehler mangelnde Integration*: Aktivitäten werden untereinander sowie auch mit der konventionellen Markenkommunikation unzureichend abgestimmt.
- *Fehler organisationale Barrieren*: Die Aufbau- und Ablauforganisation sowie Mitarbeiterkompetenzen sind nicht darauf vorbereitet.

- *Fehler Hypothesenfreiheit*: Maßnahmen werden ohne Kenntnis von kundenbezogenen Wirkungszusammenhängen oder entsprechend fundierten Annahmen eingesetzt.
- *Fehler kulturelle Naivität*: Die Unternehmenskultur weist eine mangelnde Offenheit für das Lernen über neue Kommunikationsinstrumente auf und ist nicht auf einen sich beschleunigenden und permanenten Wandel eingestellt.

> **Fazit**
>
> Die Markenkommunikation muss die Herausforderungen neuer Medien- und Kommunikationsformen annehmen und die Möglichkeiten von Vernetzung, Partizipation und Multimedialität geschickt für die Erreichung der Markenführungsziele nutzen. Mechanismen, die an der Reichweite und an Multiplikationshebeln ansetzen, die auf Targeting und Big Data setzen, die Always-On-Interaktion erlauben sowie Beziehungen aufbauen und pflegen, können helfen, diese Aufgabe zu meistern.

Literatur

Berger, M. (2011). Marketing in der App-Economy. In T. Schwarz (Hrsg.), *Leitfaden Online-Marketing* (Bd. 2, S. 847–856). Düsseldorf: marketing-börse.

Berthon, P. R., Pitt, L. F., & Watson, R. T. (2000). Postmodernism and the web: Meta themes and discourse. *Technological Forecasting and Social Change, 65*(3), 265–279.

Berthon. P. R., Leyland, F. P., Plangger, K., & Shapiro, D. (2012). Marketing meets web 2.0, social media, and creative consumers: Implications for international marketing strategy. *Business Horizons, 55,* 261–271.

Blackshaw, P. (2011). Unser-generated content in context. *Journal of Advertising Research, 51,* 108–109.

Bruhn, M. (2010). *Kommunikationspolitik*. München: Vahlen.

Buchele, M.-S., Alkan, S. (2012): Websites als Basis der Unternehmenskommunikation im Internet. in: Zerfaß, A.; Plein, T. (Hrsg): Handbuch Online-PR. Konstanz: UVK, S. 219–236.

Burmann, C., Eilers, D., & Hemmann, F. (2010). Bedeutung der Brand Experience für die Markenführung im Internet, Arbeitspapier Nr. 46 des Lehrstuhls für innovatives Markenmanagement der Universität Bremen.

Chen, Y., Pavlov, D., & Canny, J. F. (2009). Large-Scale Behavioral Targeting. *Proceedings of the 15th ACM SIGKDD International Conference on Knowledge Discovery and Data Mining*, S. 209–218.

De Bruyn, A., & Lilien, G. L. (2008). A multi-stage model of word-of-mouth influence through viral marketing. *International Journal Research in Marketing, 25,* 151–163.

Deseniss, A. (2008). Podcasts als Kommunikations-Tool im Marketing. In G. Walsh, B. H. Hass, & T. Kilian (Hrsg.), *Web 2.0: Neue Perspektiven für Marketing und Medien* (S. 125–141). Berlin: Springer.

Dhar, V., & Chang, E. (2009). Does chatter matter? The impact of user-generated content on music sales. *Journal of Interactive Marketing, 23*(4), 300–307.

Esch, F.-R. (2011). *Strategie und Technik der Werbung*. Stuttgart: Kohlhammer.

Esch, F.-R., Krieger, K. H., & Stenger, D. (2009). Virale Markenkommunikation – Wirksame Interaktion statt „Trial and Error". *Marketing Review St. Gallen, 26*(1), 11–16.

Gruhl, D., Guha, R., Kumar, R., Novak, J., & Tomkins, A. (2005). *The predictive power of online chatter.* Paper KDD International conference on knowledge discovery and data mining, August 2005, Chicago.

Hättler, U. (2012). *Social Media Marketing: Marketing mit Blogs, Sozialen Netzwerken und weiteren Anwendungen des Web 2.0.* Stuttgart: Oldenbourg.

Haygood, D. M. (2007). A status report on podcast advertising. *Journal of Advertising Research, 47,* 518–523.

Ho, J. Y. C., & Dempsey, M. (2010). Viral marketing: Motivations to forward content. *Journal of Business Research, 63,* 1000–1006.

Jarchow, C. (2011). Effekte von Social Media auf die Markenwahrnehmung und Kaufintention. Vortrag SymanO 2011.

Kilian, T., & Langner, S. (2010). *Online-Kommunikation: Kunden zielsicher verführen und beeinflussen.* Wiesbaden: Gabler.

Kollmann, T. (2011). *E-Business: Grundlagen Elektronischer Geschäftsprozesse in der Net Economy.* Wiesbaden: Gabler.

Kollmann, T. (2013). *Online-Marketing: Grundlagen der Absatzpolitik in der Net Economy.* Stuttgart: Kohlhammer.

Kramer, U. (2008). Marke und Internet-Werbung. In A. Hermanns, T. Ringle, & P. C. van Overloop (Hrsg.), *Handbuch Markenkommunikation* (S. 191–203). München: Vahlen.

Kreutzer, R. T. (2012). *Praxisorientiertes Online-Marketing: Konzepte – Instrumente – Checklisten.* Wiesbaden: Gabler.

Lammenett, E. (2012). *Praxiswissen Online-Marketing.* Wiesbaden: Gabler.

Langner, S. (2009). *Viral Marketing – wie Sie Mundpropaganda gezielt auslösen und Gewinn bringend nutzen.* Wiesbaden: Gabler.

Link, J., & Seidel, F. (2008). Der Situationsansatz als Erfolgsfaktor des Mobile Marketing. In H. H. Bauer, T. Dirks, & M. Brayant (Hrsg.), *Erfolgsfaktoren des Mobile Marketing* (S. 51–70). Berlin: Springer.

Lipsman, A., Mudd, G., Rich, M., & Bruich, S. (2012). The power of „Like". How brands reach (and influence) fans through social-media marketing. *Journal of Advertising Research, 52*(1), 41–52.

Mort, G. S., & Drennan, J. (2002). Mobile digital technology: Emerging issues for marketing. *Journal of Database Marketing, 10*(1), 9–24.

Naylor, J. W., Lamberton, C. P., & West, P. M. (2012). Beyond the „Like" button: The impact of mere virtual presence on brand evaluations and purchase intentions in social media settings. *Journal of Marketing, 76,* 105–120.

Neuendorf, H. (2013). Social Media und aktuelle IKT-Trends. In S.-S. Kim & J. Redler (Hrsg.), Beiträge vom Mosbacher Marketingforum Band 2 – Social Media Marketing im B2B-Kontext. http://events.dhbw-mosbach.de/vortraege-symposien-tagungen/marketingforum.html. Zugegriffen: 10. Juli 13.

Oetting, M. (2007). Wie Virales Marketing funktioniert – Mehr als lustige Werbefilme. Zitiert nach: Hättler, U. (2012). *Social Media Marketing: Marketing mit Blogs, Sozialen Netzwerken und weiteren Anwendungen des Web 2.0.* Stuttgart: Oldenbourg.

Onishi, H., & Manchanda, P. (2012). Marketing activity, blogging and sales. *International Journal of Research in Marketing, 29,* 221–234.

Pattloch, A., & Rumler, A. (2013). Kommunikation 2.0: Von Push zu Pull? In G. Hofbauer, A. Pattloch, & M. Stumpf (Hrsg.), *Marketing in Forschung und Praxis* (S. 275-285). Berlin: uni-edition.

Pousttchi, K., & Wiedemann, D. G. (2007). A contribution to theory building for mobile marketing: Categorizing mobile marketing campaigns through case study research. paper MPRA April 2007, Munich Personal RePEc Archive. http://mpra.ub.uni-muenchen.de/2925/. Zugegriffen: 30. Aug. 13.

Redler, J. (2012). *Grundzüge des Marketings*. Berlin: Berliner Wissenschafts-Verlag.
Rodriguez, M., Peterson, R. M., & Krishnan, V. (2012). Social media's influence on business-to-business sales performance. *Journal of Personal Selling & Sales Management, 32*(3), 365–378.
Ruisinger, D. (2012). *Online relations*. Stuttgart: Schäffer-Poeschel.
Schäfer, J., & Toma, D. (2008). Trends und Strategien im Mobile Marketing. In H. H. Bauer, T. Dirks, & M. Brayant (Hrsg.), *Erfolgsfaktoren des Mobile Marketing* (S. 17–31). Berlin: Springer.
Schögel, M., & Walter, V. (2008). Behavioral Targeting – Chancen und Risiken einer neuen Form des Online-Marketing. In M. Meckel & K. Stanoevska-Slabena (Hrsg.), *Web 2.0- Die nächste Generation Internet* (S. 163–188). Baden-Baden: Nomos.
Schmitt, B. (1999). Experiential marketing. *Journal of Marketing Management, 15*(1–3), 53–67.
Schweiger, G., & Schrattenecker, G. (2013). *Werbung*. Konstanz: UTB.
Smith, P. R., & Chaffey, D. (2005). *eMarketing Excellence*. Oxford: Routledge Chapmann & Hall.
Solis, B. (2010). *Engage! The complete guide for brands and businesses to build, cultivate, and measure success in the new web*. New York: Wiley.
Teixeira, T. (2013). Schlanke Werbung. *Harvard Business Review, 35*(7), 6–9.
Tuten, T. L., & Solomon, M. R. (2013). *Social media marketing*. Boston: Pearson.
Van Orden, J. (2005). History of podcasting. in: how to podcast. http://www.how-to-podcast-tutorial.com/history-of-podcasting.htm. Zugegriffen: 17. Juli 13.
Varnali, K., & Toker, A. (2010). Mobile marketing research: state-of-the-art. *International Journal of Information Management, 30*, 144–151.
Yan, J., Liu, N., Wang, G., Zhang, W., Jiang, Y., & Chen, Z. (2009). How much can behavioral targeting help online advertising? Proceedings of the 18th International Conference on World Wide Web, Madrid, S. 261–270. http://dl.acm.org/citation.cfm?id=1526709&picked=prox. Zugegriffen: 10. Juli 2013.

Prof. Dr. Jörn Redler ist Professor für Marketing und Handel an der Dualen Hochschule Baden-Württemberg (DHBW), Mosbach, und Studiengangleiter BWL-Handel. Nach Ausbildung zum Industriekaufmann und dem Ökonomie-Studium an der Justus-Liebig-Universität Gießen promovierte er mit einer Arbeit zum Markenmanagement. Berufliche Stationen in mehreren Managementpositionen. Seine Arbeitsgebiete umfassen u.a. Marketingkommunikation am POS und Store Branding.

Social Media für die Markenkommunikation einsetzen

25

Marco Hardiman

> **Zusammenfassung**
>
> Social Media ist ein zentrales Thema für Corporate Brands. Soziale Medien haben heute einen großen Einfluss auf die Bewertung von Marken und Kaufentscheidungen. Aus diesen Gründen müssen Unternehmen Social Media-Aktivitäten für ihre Marken sorgsam planen und umsetzen. Dieses Kapitel präsentiert ein Grundgerüst zur Ableitung von wirksamen Social Media-Maßnahmen. Er verdeutlicht den Prozess, zeigt notwendige Analysen und Zielsetzungen auf und stellt Social Media-Strategien zur Zielerreichung vor.

25.1 Die Verbindung zwischen Markenmanagement und den sozialen Medien begreifen

25.1.1 Den Media-Shift ernst nehmen

Bereits im April des Jahres 2006 erkannte der amerikanische Unternehmer Rupert Murdoch die anstehende Medienrevolution:

„To find something comparable, you have to go back 500 years to the printing press, the birth of mass media ... Technology is shifting power away from the editors, the publishers, the establishment, the media elite. Now it's the people who are taking control." (Reiss 2006)

M. Hardiman (✉)
Fachhochschule Kiel, Kiel, Deutschland
E-Mail: hardiman@kpzsm.de

© Springer Fachmedien Wiesbaden 2014
F.-R. Esch et al. (Hrsg.), *Corporate Brand Management*,
DOI 10.1007/978-3-8349-3862-6_25

Abb. 25.1 Veränderungen durchschnittlicher Zeitbudgets amerikanischer Konsumenten. (Quelle: in Anlehnung an Delaney et al. 2012)

Aktivität	2006		2010
Soziale Netzwerke	2,7 h	▲ (+ 255%)	6,9 h
Telefon, Post, Email	5,7 h	▼ (- 16%)	4,8 h
Leute Treffen	22,8 h	▼ (- 8%)	21 h
Pflege von Haushaltsmitgliedern	15,9 h	▼ (- 4%)	15,3 h
Fernsehen (offline)	71,1 h	▼ (- 16%)	59,4 h
Fernsehen (online)	6,3 h	▲ (+ 367%)	23,1 h

Die Veränderungen, die sich in der (Social) Media-Landschaft vollziehen, sind enorm. Beispielsweise ist die Reichweite von YouTube heute höher als die jedes anderen TV-Kabelnetzwerks (YouTube 2013). Innerhalb eines Tages werden bei YouTube mehr als 16 Jahre an Videoinhalten hochgeladen (YouTube 2013). Binnen weniger Tage sind dies mehr Inhalte als die größten Fernsehsender seit ihrem Bestehen produziert haben. Facebook-Nutzer bewerten Netzinhalte mit ihren Likes täglich 4,5 Mrd. Mal und teilen solche Inhalte täglich 4,75 Mrd. Mal (Facebook 2013). Selbstverständlich betrifft dies in großem Maße Markeninhalte. Auch die Zeitbudgets, die Konsumenten für verschiedene Tätigkeiten aufbringen, verschieben sich immer weiter von „klassischen" Tätigkeiten hin zu sozialen Netzwerken und Onlinevideoinhalten (s. Abb. 25.1).

Die *umfangreiche Nutzung der sozialen Medien* hat weitreichende Konsequenzen auf alltägliche Tätigkeiten. Sie werden von den sozialen Medien begleitet, mit ihnen vermischt oder dort verlängert. Mittlerweile verbringen Konsumenten durchschnittlich 20 % ihrer Gesamtnutzungszeit des PCs und 30 % der Nutzungszeit ihrer Smartphones in sozialen Netzwerken (Nielsen und NM Incite 2012, S. 4).

Die Nutzung klassischer Medien wird in vielen Zielgruppen mittlerweile von sozialen Medien begleitet. Europäische Social Media-Nutzer interagieren mittels sozialer Medien häufig während des TV-Konsums. In Deutschland werden mittels Twitter Sendungen wie Tatort, DSDS oder Schlag den Raab zum Community Erlebnis. 33 % der Twitter-Nutzer twitterten bereits über TV-Sendungen (Bannon 2012, S. 2). Selbst Prominente twittern direkt aus Shows heraus und geben bspw. Einblicke direkt von der Wetten Dass-Couch.

▶ Medienwelt und Mediennutzung verändern sich tiefgreifend.

Aufgrund der immer höheren Reichweite von Social Media sowie der weiter steigenden Nutzungszeiten der sozialen Medien ergeben sich tiefgreifende *Veränderungen* für das Marketing und insbesondere *für die Marketingkommunikation*. Der Media-Shift – vor allem bei jüngeren Zielgruppen – weg von klassischen Medien hin zu Social Media, die sinkende Effizienz von klassischer Markenwerbung und die hohe Glaubwürdigkeit von Social Media-Inhalten (Foux 2006, S. 38) müssen ein effizientes Markenmanagement zu einem zielorientierten und strategisch geplanten Social Media-Einsatz führen.

25.1.2 Auswirkungen von Social Media auf das Brand Management verstehen

Neben den Verhaltensänderungen der Konsumenten durch Social Media sind auch *Auswirkungen auf den Umgang mit Marken* enorm.

Betrachtet man beispielsweise die heutigen Kaufentscheidungsprozesse, sind die Einflüsse der sozialen Medien auf Markenbewertungen und Kaufentscheidungen in vielen Altersgruppen erkennbar (Hardiman 2013). Auch die Consumer Journeys sind von Einflüssen von Social Media geprägt. Die Consumer Journey beschreibt die Markenkontakte des Konsumenten analog zu einer Reise, die der Konsument mit der Marke macht (Hardiman 2013). Im Unterschied zur Analyse von Kaufentscheidungsprozessen werden bei der Consumer Journey nicht nur Kunden betrachtet, sondern sämtliche Verbraucher; dies ist vor allem in den sozialen Medien von Bedeutung, da sich auch häufig Nichtkunden für oder gegen eine Marke äußern können (Hardiman 2013).

Viele erfolgskritische Touchpoints sind mittlerweile in den sozialen Medien zu finden wie z. B. Bewertungsplattformen wie Yelp oder Qype, Foren wie gutefrage.net oder sozialen Netzwerken wie Facebook oder Xing (Hardiman 2013). Dies gilt vor allem auch im internationalen Kontext: In vielen Ländern – auch außerhalb der USA – nutzen ein Drittel der Konsumenten die sozialen Medien täglich und ein weiteres Drittel mindestens einmal wöchentlich, um sich über Marken, Produkte und Dienstleistungen zu informieren (Nielsen und NM Incite 2012, S. 24). Teilweise geben 75 % der Befragten an, in den nächsten 12 Monaten Kaufentscheidungen auf Basis von Bewertungen in Social Media zu treffen (Nielsen und NM Incite 2012, S. 25–26).

Eine aktuelle Studie des Kompetenzzentrums Social Media an der FH Kiel zeigt ebenfalls, dass eine Beeinflussung der Konsumenten durch die sozialen Medien sehr hoch ist. Zentraler Faktor bei einer Informationssuche zu Angeboten sind vor allen Dingen allgemeine Bewertungen in Social Media. Der direkte Einfluss der großen sozialen Netzwerke im Vergleich zu Foren ist hingegen recht gering (Hardiman 2013; Hardiman und Budak 2012, S. 102) (s. Abb. 25.2).

Konsumenten nutzen die sozialen Medien, um sich über Erfahrungen auszutauschen. Eine Analyse von mehr als 375.000 Postings zeigte für den Telekommunikationssektor, dass in etwa der Hälfte aller Nutzerbeiträge in Social Media Inhalte thematisiert werden, die direkt die *Kaufentscheidung tangieren* (Hardiman und Budak 2012, S. 102). In 5 % der Beiträge befanden sich sogar direkte Marken- und Produktempfehlungen und in 9 % aller Beiträge wurde bspw. von einem Kauf abgeraten (s. Abb. 25.3) (Hardiman und Budak 2012, S. 102):

Auch die direkte Kontaktaufnahme zu Marken findet heute verstärkt über Social Media statt. Bei Anfragen, Problemen oder Beschwerden haben sich bereits fast die Hälfte (47 %) der Social Media Nutzer über Social Media an eine Marke gewendet (Nielsen und NM Incite 2012, S. 15). Einer von drei Nutzern zieht eine Kontaktaufnahme mit dem Unternehmen via Social Media dem Telefon vor (Bannon 2012, S. 2; Nielsen und NM Incite 2012, S. 16). 9 % der Nutzer kontaktieren Marken über Social Media-Kanäle sogar täg-

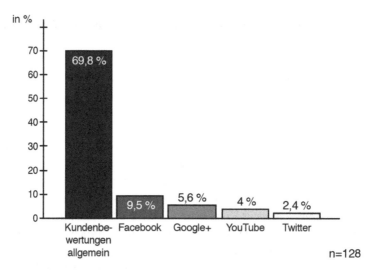

Anteil der Personen, die Kundenbewertungen im Allgemeinen oder die spezifischen Kanäle in der Phase der Informationssuche nach Mobilfunkverträgen als wichtig oder sehr wichtig erachten (junge Zielgruppe).

Abb. 25.2 Einfluss von Social Media auf Kaufentscheidungen. (Quelle: Hardiman und Budak 2012, S. 102)

lich (Nielsen und NM Incite 2012, S. 15). Die beliebtesten Kanäle sind hierfür Facebook, Twitter und YouTube (Nielsen und NM Incite 2012, S. 16).

Für das Markenmanagement haben die Veränderungen im Medienkonsum und der Einfluss von Social Media auf die Konsumenten (derzeit) beträchtliche Bedeutung. Ein effektives und effizientes Markenmanagement muss entlang der Consumer Journey dem Verhalten von Käufern und Nichtkäufern Rechnung tragen, um den Einfluss auf die gewünschte Zielsetzung (meist die Erzeugung einer Kaufabsicht) zu maximieren. Hierbei spielen die sozialen Medien heute eine zentrale Rolle.

▶ Die Medien- und Mediennutzungsveränderungen ziehen Konsequenzen für das Corporate Brand Management nach sich. Markenführung ohne Nutzung von Social Media ist immer seltener realistisch.

25.1.3 Zielgruppen von Corporate Brands berücksichtigen

Beim Social Media-Marketing für Corporate Brands ergeben sich einige Besonderheiten, v. a. durch die vielfältigen Anspruchsgruppen an die Corporate Brand. Marken sind heute mehr denn je divergierenden Anspruchsgruppen ausgesetzt, die einen sehr großen Einfluss auf den Markenwert ausüben können.

Jede Anspruchsgruppe an die Corporate Brand nutzt die sozialen Medien und bekommt Eindrücke und Information, die das gruppenspezifische Markenimage prägen. Demgemäß

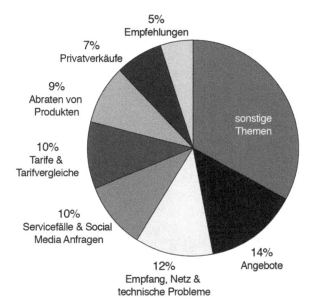

n=379.595
(Datengrundlage bilden 223 Foren, 72.875 Blogs, das Videoportal YouTube sowie das Social Network Facebook und das Microblogging-Portal Twitter. In Summe wurden 379.595 Beiträge mit Treffern zu Telekommunikationsmarken identifiziert. Davon stammen: 78.830 Beiträge aus Foren,102.135 Beiträge aus Blogs, 7.579 Beiträge aus YouTube, 23.475 Beiträge aus Facebook und 167.576 Beiträge aus Twitter.)

Abb. 25.3 Themenanalyse von Postings zu Telekommunikation. (Quelle: Hardiman und Budak 2012, S. 102)

muss sich auch ein Corporate Brand Management der Social Media-Herausforderung stellen und hier den einzelnen Anspruchsgruppen gerecht werden. Hierzu ist eine sorgfältige Analyse der Anspruchsgruppen notwendig (vgl. hierzu ausführlich Hardiman 2013). Beispielsweise sollten Social Media-Erfahrung und Motivationen der Anspruchsgruppen sowie geeignete Kanäle zur Zielgruppenansprache analysiert werden, um relevante Themen, Kanäle sowie Hinweise zur Ausgestaltung der Kanäle zu identifizieren. Abbildung. 25.4 zeigt die Ansprache verschiedener Anspruchsgruppen der Marke Lufthansa mittels verschiedener Social Media-Kanäle.

Gerade die Unternehmenskommunikationsabteilungen in Unternehmen sind an Öffentlichkeitswirkungen und an etablierte Kommunikationsmechanismen gewöhnt. Dennoch entstehen in Social Media bspw. durch gesteigerte Öffentlichkeitswirkungen, eine schnellere Ausbreitung von Informationen und die Gefahr von Empörungswellen zusätzliche Herausforderungen. Das Management von Corporate Brands in Social Media bedarf eben deshalb eines Prozesses, der eine solide analytische Grundlage voranstellt.

Abb. 25.4 Ansprache von Bewerbern, B2B-Partnern, Presse und Konsumenten bei Lufthansa mit sozialen Medien

25.2 Den Social Media Management-Prozess verstehen

Social Media übt einen großen Einfluss auf die Wahrnehmung und Beurteilung von Marken aus. Unter *Social Media* versteht man Internetplattformen, die zur Erstellung und zum Austausch von nutzergenerierten Inhalten verwendet werden können (Hardiman 2013). Der immer weiter wachsenden Bedeutung von Social Media entsprechend, sollten Maßnahmen in Social Media Maßnahmen planvoll initiiert und umgesetzt werden.

Trotz der strategischen Bedeutung von Social Media für das Markenmanagement wagen Unternehmen heute immer noch Schnellschüsse in Social Media. Oftmals werden Facebook Fanpages, Blogs und Twitter-Accounts eingerichtet, nur um erst einmal in Social Media vertreten zu sein. Diese Auftritte sind häufig weder in die Unternehmensstrategie noch in den Markenauftritt integriert. Ohne planvolles Vorgehen schöpfen diese Auftritte nur selten das Potenzial der sozialen Medien aus und führen nicht selten zu einem Wildwuchs an Social Media-Kanälen in Unternehmen sowie zu einer Verwässerung des Gesamtauftritts der Marke.

Wirksame Social Media-Maßnahmen erfordern ein sachlogisch-systematisches Vorgehen zur Erreichung der Social Media Ziele (Hardiman 2013). Der zu durchlaufende Social Media-Management Prozess folgt einem entscheidungslogischen Vorgehen.

▶ Wirksame Markenkommunikation über Social Media erfordert ein sachlogisch-systematisches Vorgehen. Schnellschüsse sind zu vermeiden.

Abb. 25.5 Bestandteile des Social Media Management Zirkels. (Quelle: Hardiman 2013)

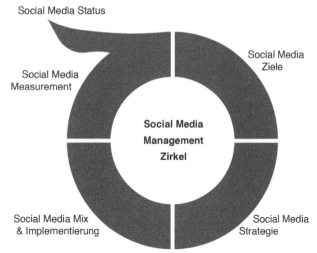

Der in Abb. 25.5 beschriebene *Social Media-Management-Zirkel* gibt die verschiedenen Schritte für ein erfolgreiches Social Media-Engagement vor. Er besteht aus

- der Bestimmung des Social Media-Status,
- den Social Media-Zielen,
- der Social Media-Strategie sowie
- deren Umsetzung im Social Media-Mix mitsamt Implementierung und
- der Erfolgskontrolle durch das Social Media-Measurement.

Social Media-Maßnahmen dürfen kein Selbstzweck sein. Sinnvolle Social Media-Strategien müssen integriert, realisierbar und wirksam sein (Hardiman 2013). Um Umsetzbarkeit und Realisierbarkeit sicher zu stellen, ist zunächst eine Erfassung des Social Media-Status erforderlich. Auf dieser Basis können die nächsten Schritte bearbeitet werden.

25.3 Den Social Media-Status bestimmen

Den Ausgangspunkt für Social Media-Überlegungen sollte eine systematische *Analyse der Situation* und der Möglichkeiten der Marke in Social Media sein. Es sind hierzu Informationen über die derzeitigen und zukünftig zu erwartenden Rahmenbedingungen zu erheben, um die nachfolgenden Social Media-Entscheidungen ausreichend fundieren zu können.

Der Social Media-Status ergibt sich durch eine Gesamtbetrachtung verschiedener unternehmensinterner und unternehmensexterner Faktoren. Sie betreffen nutzerseitige und konkurrenzbezogene Informationen ebenso wie unternehmensseitige Informationen. Dies sind im Einzelnen (Hardiman 2013):

- unternehmensextern die
  - Social Media-Analyse,
  - Analyse von Nutzergruppen,
  - Analyse der Consumer Journey[1],
  - Analyse der Consumer Energy[2] und die
  - Analyse des Wettbewerbs sowie
- unternehmensintern die
  - Produkt- & Branchenanalyse und die
  - Organisations- und Prozessanalyse.

Die Reflexion und Kombination der Informationen führen zur Aufdeckung von Stärken und Schwächen der jeweiligen Marke sowie deren Chancen und Risiken im Markt. Die Analysen stellen den Social Media-Status der Marke im Markt fest und decken die Potenziale in Social Media auf (Potenzialanalyse; siehe hierzu ausführlich Hardiman 2013).

25.4 Social Media-Ziele und -Strategien entwickeln

Die Planungsphase beinhaltet die Entwicklung eines Social Media-Konzepts. Dieses kann als ein schlüssiger, ganzheitlicher Handlungsplan („Fahrplan"), der sich an angestrebten Social Media Zielen („Wunschorten") orientiert, für ihre Realisierung geeignete Social Media-Strategien („Route") wählt und auf ihrer Grundlage die adäquaten Social Media-Instrumente („Beförderungsmittel") festlegt, aufgefasst werden (Hardiman 2013; in Anlehnung an Becker 2013, S. 5).

25.4.1 Social Media-Ziele festlegen

Social Media-Ziele leiten sich aus den obersten Unternehmenszielen und den Marketingzielen in Kombination mit den Ergebnissen der Potenzialanalyse ab. *Social Media-Ziele* stellen angestrebte zukünftige Zustände dar, die durch den Einsatz der Social Media Instrumente erreicht werden sollen (Hardiman 2013). Sie bilden den Ausgangspunkt für die nachfolgenden Entscheidungen und sind Gradmesser für den Erfolg der Social Media-Maßnahmen.

Häufig sind die Oberziele des Unternehmens mit Gewinnorientierung verknüpft. Hier kann Social Media mittelbar unterstützen. Direkte Zurechnungen von Umsätzen oder

---

[1] Siehe dazu Kap. 3.1.2.
[2] Die Consumer Energy bezeichnet den gesamten Aufwand, den ein Konsument aus eigenem Antrieb auf sich nimmt, um mittels seiner Social Media-Aktivitäten Mehrwerte für eine Marke zu schaffen oder Werte zu vernichten (Hardiman 2013). Bei der Consumer Energy-Analyse wird dieser Wert bemessen und Einflussfaktoren werden identifiziert, um Social Media-Aktivitäten auf Bereiche zu lenken, in denen die Consumer Energy positiv und besonders hoch ist (Hardiman 2013).

25 Social Media für die Markenkommunikation einsetzen

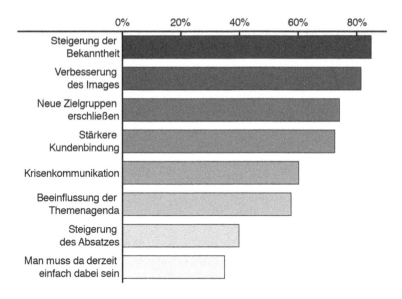

n=186

„Wie wichtig sind für Ihr Unternehmen die folgenden Gründe für Ihre Social Media Aktivitäten?" Datenbasis: Unternehmen aller Branchen und Größen in Deutschland.

Abb. 25.6 Gründe deutscher Unternehmen für ein Social Media Engagement. (Quelle: statista 2011)

Kosteneinsparungen durch Social Media sind zwar manchmal möglich, aber selten. Dahingegen kann die Veränderung der Kaufabsicht mittels Studien nachgewiesen werden (Hardiman 2013). In jedem Falle unterstützt Markenführung über Social Media wichtige vorökonomische Ziele direkt.

Häufig verlieren sich Unternehmen im Dickicht operativer Social Media-Ziele. Im operativen Bereich ist die Anzahl möglicher Social Media-Ziele extrem hoch und weit reichend. In Abhängigkeit der Branche und der Marke sind verschiedene Ziele denkbar. Sie können von der Erreichung bestimmter Klickzahlen, Anzahlen von Fans bis hin zur Verbesserung der Markenimages reichen (Hardiman 2013).

Betrachtet man die verschiedenen operativen Zielsetzungen von Social Media, lassen sich diese folgenden drei grundlegenden *Social Media-Oberzielen* zuordnen (Hardiman 2013):

- Stärkung der Marke,
- Bestandskundenpflege und
- Neukundengewinnung.

Aus Marketingperspektive lassen sich sämtliche operativen Ziele mit diesen drei Social Media-Oberzielen verbinden. Dies deckt sich mit den in Deutschland am meisten genannten Gründen, in sozialen Medien aktiv zu sein (s. Abb. 25.6):

Abb. 25.7 LIME-Ansatz zur Social Media-Strategiefindung. (Quelle: Hardiman 2013)

- Steigerung der Bekanntheit,
- Verbesserung des Images und
- die Erschließung neuer Zielgruppen.

25.4.2 Social Media Strategien für die Marke formulieren

Social Media-Strategien sind mittel- bis langfristig wirkende Grundsatzentscheidungen, durch die die konkreten Social Media-Aktivitäten auf die Erreichung der gesteckten Social Media-Ziele hin ausgerichtet werden (Hardiman 2013).

Werden die aktuellen Social Media-Aktivitäten deutscher Unternehmen analysiert, ist erkennbar, dass zur Zielerreichung sehr häufig – oftmals sogar ausschließlich – *Word-of-Mouth-Strategien* zur Anwendung kommen. Marken versuchen hierbei Konsumenten zu animieren, ihre Markenbotschaften weiter zu tragen, indem sie sie teilen, liken oder weitererzählen. Es ist verwunderlich, dass trotz der Vielfalt an möglichen Social Media Strategien derzeit kaum andere Strategien eingesetzt werden.

Social Media bietet eine Fülle von Optionen. Im *LIME-Ansatz zur Strategiefindung* wird das Potenzial von Social Media verdeutlicht. Zur Definition der Grundsatzstrategien wurden erfolgreiche nationale und internationale Markenstrategien in den sozialen Medien kategorisiert. Der LIME-Ansatz (s. Abb. 25.7) sieht vier erfolgversprechende Social Media-Strategien vor (Hardiman 2013). Diese bilden den Rahmen für mögliche Social Media-Aktivitäten und bieten die Möglichkeit, bekannte Pfade zu verlassen und die sozialen Medien umfänglich für das Corporate Brand Management zu nutzen.

Listening als Grundlagenstrategie durchführen

Erstes und wichtigstes Ziel in Social Media sollte es sein, zu *lernen*. Das Lernen muss hinsichtlich zweier unterschiedlicher Bereiche erfolgen (Hardiman 2013):

- Lernen über Social Media: Erlernen des Umgangs in und mit Social Media und dessen fortlaufende Optimierung sowie
- Lernen aus Social Media: Erkenntnisgewinn über Marken, Produkte, Dienstleistungen und Prozesse im und mit dem Unternehmen.
- Beide Zielbereiche sollten in jedem Zielsystem und mit jeder Strategie verfolgt werden. Voraussetzung dafür ist das Listening.
- Lernen über Social Media.

▶ Lernen ist für Corporate Brands ein zentrales Ziel bei der Nutzung von Social Media.

Selbst Social Media Professionals lernen jeden Tag. Im Kern hat dies zwei Gründe. Die Social Media Forschung steht noch am Anfang, d. h. es gibt derzeit noch wenig gesicherte Erkenntnisse über Einsatz, Ausgestaltung und Wirkungen. Zudem entwickelt sich der Social Media-Bereich immer noch rasant, so dass bereits gewonnene Erkenntnisse in neuen (anderen) Kanälen und Instrumenten oder in anderen (jüngeren) Zielgruppen nicht mehr anwendbar sind.

In Social Media können Marken ungefiltertes *Feedback von den Konsumenten* (d. h. nicht nur von ihren Kunden) erhalten (Hardiman 2013). Dieses Feedback erstreckt dabei nicht nur auf Marken, sondern auf sämtliche Bereiche, die für die Verbraucher wichtig sind wie bspw. das Verhalten des Unternehmens hinsichtlich Nachhaltigkeit oder der Umgang mit Mitarbeitern. Marken, die aktives Listening betreiben, diese Daten strukturieren und verwenden, können damit ihre Innovationszyklen massiv beschleunigen, indem sie angesprochene Schwachstellen angehen und verbessern. Aus der kostenlosen Informationsressource Social Media können komparative Konkurrenzvorteile erarbeitet werden. Im Vergleich zu Unternehmen, die Social Media nicht in diesem Sinne nutzen, kann dies schneller, kostengünstiger und gezielter erfolgen.

Viele Unternehmen schauen sich die Äußerungen von Verbrauchern nicht systematisch an und haben die immense Bedeutung der gewinnbaren Informationen nicht erkannt. Oftmals wird von verschiedenen Mitarbeitern aus unterschiedlichen Abteilungen hin und wieder „registriert", was Kunden von Unternehmen, der Marke oder dem Service halten. *Ziel sollte es allerdings sein, die Informationen systematisch, permanent und strukturiert zu erfassen.*

Listening bedeutet zuhören (Hardiman 2013). Das heißt auch, dass die Informationen verarbeitet werden. Zudem sollten die Informationen auch bewertet werden. Dies kann in jegliche Richtung und Thematik erfolgen, z. B. im Hinblick auf die Marke (Wie wird unsere Marke wahrgenommen?) oder der Prozessqualität (Wie werden unsere Serviceprozesse bewertet und sind diese schnelle genug?).

In keinem Falle sollten die gewonnenen Erkenntnisse ein Inseldasein führen und nur innerhalb der Social Media-Abteilung verbleiben. Vielmehr sollten sie im Unternehmen allgemein zugänglich gemacht werden, um auf mögliche Probleme aufmerksam zu machen und entsprechende Verbesserungsprozesse zu initialisieren. Vor allem letzteres wird

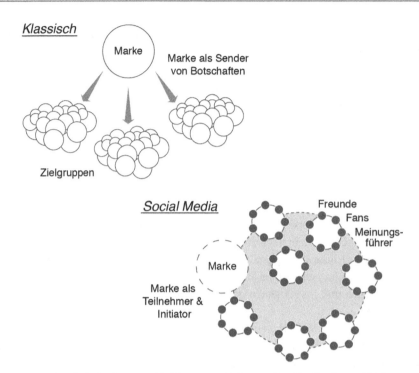

Abb. 25.8 Marke als Teilnehmer und Initiator von Dialogen. (Quelle: Hardiman 2013)

in der Praxis selten praktiziert. Nur etwa 28 % der Unternehmen, die Informationen über sich in Social Media erfassen, verbreiten die gewonnenen Erkenntnisse im Unternehmen (van Belleghem 2012). Werden die Erkenntnisse aufbereitet und verarbeitet, können die Innovationszyklen des Unternehmens in kundenrelevanten Punkten massiv beschleunigen (Hardiman 2013).

Influence: Unterhaltungen zur Stärkung des Markenimages führen
Dieser Strategieansatz besitzt im Markenmanagement eine besondere Relevanz. Er dient vordringlich dazu, Markenimages aufzubauen oder zu stärken. Eine der Kernmaßnahmen der *Influence-Strategien* bildet der *Dialog*. Zwei Techniken stehen hier im Vordergrund: Marken können auf bestehende Gespräche reagieren, Hilfestellungen geben und Konversationen weiterführen oder Dialoge neu initiieren, indem sie selbst Fragen stellen oder Themen setzen (Hardiman 2013).

▶ Marken können Dialoge auslösen und auf Dialoge reagieren.

Im Gegensatz zur klassischen Markenkommunikation, in der die Marke häufig lediglich als Sender von Markenbotschaften auftrat, muss sie sich hier als nahbar und zurückhaltend präsentieren. Zudem sollte die Marke auf den Plattformen agieren, auf denen sich die Anspruchsgruppen bereits bewegen (s. Abb. 25.8).

Heute erwarten Konsumenten allerdings nicht nur, dass Marken ihren Ideen und Bemerkungen zuhören, sondern sie erwarten auch, dass sie auf ihre Fragen und Anregungen entsprechend reagieren und teilweise auch Handlungen folgen lassen (Hardiman 2013). Verschiedene Marken übertreffen sich immer wieder gegenseitig in ihrer Kundenkommunikation wie bspw. Zappos, Geico, Starbucks oder Southwest Airlines (Davies 2008, S. 2). Dies resultiert in einer immer höheren Erwartungshaltung von Konsumenten gegenüber Marken in Social Media.

Auch wenn bereits viele Marken Standards im Kundendialog setzen und deren Aktivitäten dann über alle Branchen hinweg als Benchmark gesehen wird, zeigt ein internationaler Querschnitt, dass sich Unternehmen auch hier komparative Konkurrenzvorteile erarbeiten können (Hardiman 2013). Immer noch sind Verbraucher positiv überrascht, wenn eine (vermeintlich große) Marke mit ihnen in den Dialog tritt. Die *Nähe*, die eine Marke hier vermitteln kann, führt bei den Verbrauchern oftmals zu einer gefühlten Begeisterungsleistung, die dann über Mund-zu-Mundkommunikation weitergetragen wird. Diese nachhaltige Strategie kann durchaus auch in klassischen Kampagnen zum Thema gemacht werden (wie z. B. bei KLM).

Motivating- und Energizing-Strategien nutzen
In beiden Strategieclustern geht es darum, Konsumenten zu motivieren und Positives für die Marke beizutragen. Die Differenzierung zwischen Motivating und Energizing liegt darin, ob die positiven Aspekte in den sozialen Medien stattfinden. Motivating-Strategien versuchen Nutzer dazu zu bewegen, innerhalb von Social Media Werte für die jeweilige Marke zu schaffen. Dies kann von Word-of-Mouth-Ansätzen bis hin zu Supporting-Strategien reichen. Letztere sollen es Nutzern ermöglichen, sich selbst, z. B. in Foren zu unterstützen und zu helfen (Li und Bernoff 2008; Hardiman 2013).

Beide Strategiecluster lassen sich auf vielfältige Art und Weise umsetzen. Beispiel hierfür ist die von Nike initiierte und betreute Nike+Running Community. Hier werden Nutzer motiviert, ihre Inhalte in Form ihrer Laufergebnisse online zu teilen. Zudem tauschen sich viele Läufer über diese Nikeprodukte auch offline aus und erhalten so auch (immer wieder) Informationen über neue Nike+Produkte, die sie erwerben können, um Teil der Community zu sein. Im Zentrum zur Initiierung stehen häufig Inhalte (Content), die Nutzer aktivieren sollen, tätig zu werden (Engagement). Inhalte, die ein solches Engagement auslösen, sollten

- relevant,
- personalisiert,
- interaktiv,
- integriert und
- authentisch
- gestaltet werden (Gupta et al. 2010, S. 9).

▶ Motivating- als auch Energizing-Strategien sind sehr weitreichende Ansätze. Sie sollten von Marken erst dann gewählt werden, wenn sie über einen hinreichenden Social Media-Status verfügt.

25.4.3 Eine Social Media Value Proposition nutzen

Viele Marken übertragen ihre vorhandenen Ansätze in die digitalen Medien und positionieren sich dort gleichermaßen wie sie es in den klassischen Medien machen. Dies entspricht einem klassischen integrierten Ansatz.

Digitale, insbesondere soziale Medien, besitzen im Vergleich zu klassischen Medien weitere Möglichkeiten und Potenziale. Diese können von Marken genutzt werden, um bestimmte oder zusätzliche Aspekte zu betonen. *Die Value Proposition einer Marke kann durch eine Social Media Value Proposition erweitert und ergänzt werden.* Die Value Proposition bezeichnet die Gesamtheit der Markenattribute, die eine Marke verspricht zu liefern (Kotler et al. 2009, S. 388).

Um die Potenziale der digitalen und sozialen Medien in vollem Umfang zur Stärkung der Marke zu nutzen, sollte eine Social Media Value Proposition (SMVP) gestaltet werden. Die SMVP beschreibt, wie das Engagement in Social Media die Value Proposition der Marke verstärkt und wie sich die Marke von ihren Wettbewerbern (in Social Media) differenziert (Hardiman 2013).

In der SMVP wird definiert, wie das Social Media-Erlebnis der Marke durch den Content, das visuelle Auftreten, die Interaktivität, das Teilen, Rich Media und durch die Integration in die klassischen Medien vermittelt wird (Hardiman 2013; in Anlehnung an Chaffey und Ellis-Chadwick 2012, S. 14).

Die Entwicklung und Umsetzung einer zielgerichteten und integrierten Social Media Value Proposition unterstützt die Markenführung in wichtigen Punkten und hat folgende Vorteile (Hardiman 2013):

- Stärkung des Markenimages,
- Schaffung von Glaubwürdigkeit,
- klare integrierte Social Media-Kommunikation,
- Sicherstellung der Differenzierung und
- Gewährleistung einer Maßnahmenfokussierung (bspw. auch über verschiedene Abteilungen wie Marketing, Vertrieb oder PR).

25.5 Social Media implementieren und steuern

25.5.1 Die Social Media Strategie realisieren

Neben zahlreichen Faktoren, die die erfolgreiche Implementierung von Social Media-Maßnahmen beeinflussen, nehmen die Zusammenstellung des Social Media-Mix sowie die folgende Umsetzung eine besondere Rolle ein.

Den Social Media Mix gestalten
Es existieren eine Vielzahl verschiedener Social Media-Instrumente, anhand derer die Nutzer Informationen abrufen sowie Inhalte für die virtuelle Gemeinschaft erstellen können und somit auch Markendialoge oder markenrelevante Dialoge stattfinden können.

Die verschiedenen Instrumente geben dem Unternehmen auf unterschiedliche Art und Weise die Möglichkeit, in den Dialog mit den gewünschten Konsumenten zu treten, sich auszutauschen sowie andere Markenstrategien in Social Media umzusetzen. Voraussetzung für eine zielorientierte Umsetzung ist allerdings, dass aus dem *Sammelsurium der Social Media-Instrumente*, die jeweils geeigneten Plattformen ausgewählt werden.

Zur Auswahl des optimalen Social Media-Mix sollte im ersten Schritt eine Klassifizierung der Social Media-Instrumente vorgenommen werden. Diese sollte nach Nutzungsszenarien erfolgen und weiterhin nach der anvisierten Zielgruppe und deren Bedürfnisse unterteilt werden.

▶ Die Vielzahl von Instrumenten in Social Media muss aus Markensicht geordnet und evaluiert werden.

Im Anschluss daran sind erfolgsversprechende Kanäle auf Markenkonformität zu evaluieren und zu prüfen, inwieweit die jeweiligen Botschaften und Aktivitäten im jeweiligen Medium effizient umgesetzt werden können. Hierzu werden in der Literatur und der Social Media-Praxis heute unterschiedlichste Ansätze verfolgt, Social Media-Instrumente zu kategorisieren und zu bewerten.

Besonders hervorzuheben ist in Deutschland derzeit Facebook. Alleine aufgrund der Reichweite und der Nutzungszeiten beinhaltet Facebook momentan eine Sonderrolle. Oftmals bildet Facebook die Zentrale im Social Media-Mix, auf der Inhalte verlängert werden.

Die Social Media Strategie umsetzen
In Social Media funktioniert die klassische, oft werbliche Markenkommunikation nicht. Werbebotschaften sind auf vielen Social Media-Plattformen nutzerseitig wenig akzeptiert (Hardiman 2013). Um Missverständnisse oder die Provokation eines Vermeidungsverhaltens zu verhindern, sollten Marken folgende allgemeine *Grundprinzipien der Markenkommunikation in Social Media* berücksichtigen (Hardiman 2013):

- *Ehrlichkeit und Authentizität* (in der Literatur häufig zu Echtheit zusammengefasst) bilden die Ausgangspunkte und Basis eines erfolgreichen Dialoges, da einerseits in einem quasi privaten Bereich der Konsumenten agiert wird, in dem die Nutzer erhöhte Erwartungen in Bezug auf Korrektheit der Informationen haben und andererseits aufgrund der Vielzahl der Nutzer eine nicht korrekte Informationen bzw. gespielte Verhaltensweise innerhalb kürzester Zeit entlarvt wird.
- *Offenheit und Transparenz* in der Kommunikation sind Voraussetzungen, damit der Nutzer in den Dialog eintritt und somit Voraussetzung, um Social Media als Marketinginstrument nutzen zu können.
- *Kommunikation auf Augenhöhe* bedeutet, dass Marken respektvoll im Social Web kommunizieren sollten. Social Media führt zu einer erheblichen Machtverschiebung der Kommunikationsverhältnisse und zu einer gleichberechtigten Kommunikation. Eine penetrante Marke wird kaum akzeptiert werden. Dies bedeutet auch, dass sich Sprache und Tonalität dem jeweiligen Social Media Instrument anpassen müssen (Tschannen 2011, S. 646).
- *Relevanz* bezieht sich auf die Inhalte, die Marken ihren Zielgruppen präsentieren. Es versteht sich von selbst, dass die präsentierten Inhalte für die Zielgruppe relevant und von Interesse sein müssen. Nur so kann ein werthaltiger interaktiver Dialogprozess beginnen. Im Übrigen wird ein Teilen oder Weiterempfehlen nur dann erfolgen, wenn für die Konsumenten interessante und zutreffende Informationen vermittelt werden.
- *Kontinuität* bzw. Nachhaltigkeit bedeutet die fortlaufende Beteiligung am Dialogprozess. Einzelmaßnahmen neigen dazu, innerhalb der Schnelllebigkeit der Social Media schnell überholt zu werden. Nur bei einer kontinuierlichen Bedienung der Kommunikationsbedürfnisse der Konsumenten kann der bestehende Dialog aufrechterhalten bzw. intensiviert werden.

Mit dem Begriff *Glaubwürdigkeit* können die vorgenannten Grundprinzipien zusammengefasst werden. Nur wenn die Kommunikation über Social Media insgesamt glaubwürdig ist, können Social Media Marketingmaßnahmen erfolgreich platziert werden (Kreutzer 2011, S. 17).

▶ Klassisches „Werbedenken" kann nicht einfach auf Social Media übertragen werden.

25.5.2 Social Media-Monitoring einführen

Unter Social Media-Monitoring versteht man die laufende Beobachtung, Messung und Auswertung von nutzergenerierten Inhalten nach Begriffen oder Themen (Hardiman 2013). Ziel des Social Media-Monitoring ist der Abgleich des Erreichten mit formulierten Zielen (Soll-Ist-Vergleich). Auftretende Abweichungen sollten umfassend analysiert und mögliche Ursachen lokalisiert werden. Dabei ist zu beachten, dass die sozialen Medien laufend beobachtet werden sollten.

Abb. 25.9 Rolle des Social Media Monitoring. (Quelle: Hardiman 2013)

Die Erfassung von Daten in Echtzeit ermöglicht es, Social Media-Monitoring als *Frühwarnsystem* zu nutzen. Ein sogenannter „*Shitstorm*" (Empörungswelle) kann im Einzelfall ernst zu nehmende Folgen für eine Marke verursachen, die von kurzfristigen Imageschäden bis zu langfristigen Umsatzeinbußen führen können. Ein Echtzeitmonitoring gibt zeitnah Auskunft über mögliche Krisenherde und kann als Frühwarnsystem mögliche Strategie gefährdende Ereignisse aufspüren. Zahlreiche Marken schaffen es mittlerweile, Krisenherde zu bereinigen, bevor sie zu einer akuten Krise werden.

Social Media-Monitoring und Strategiefindung sind eng miteinander verwoben: Abb. 25.9 zeigt, dass das Monitoring in Bezug auf Social Media-Strategien und -Ziele eine sowohl beeinflussende als auch überwachende Funktion übernimmt. Neue bzw. abgewandelte Strategien und Ziele verändern wiederum die Anforderungen an das Monitoring.

▶ Durch Social Media-Monitoring werden Strategien und Ziele stetig verändert und idealerweise verbessert. Damit entstehen unter anderem die im Listening beschriebenen Lerneffekte. Ohne Social Media-Monitoring befindet sich die Corporate Brand mit ihren Maßnahmen im Blindflug.

25.6 Fazit: Grundlegendes Marketing betreiben

Das Internet kann mit Marktplätzen aus früheren Zeiten verglichen werden (Hardiman 2013): Marktplätze sind seit jeher Orte, an denen man sich trifft und austauscht.

Betrachtet man das Marktgeschehen des Mittelalters und vergleicht es mit den täglichen Aktivitäten in Social Media, zeigen sich deutliche Parallelen. Durch die technische Weiterentwicklung des Internet trifft diese Analogie sogar immer mehr zu. *Spätestens seit Social Media erfüllt das Internet viele soziale Funktionen.* Es werden Freundschaften geschlossen, bestehende gepflegt und Lebenspartnerschaften angebahnt. Nutzer unterhalten sich, tauschen Meinungen und Empfehlungen aus und helfen sich mit Tipps, Ratschlägen oder selbst verfassten Anleitungen. Veranstaltungen wie Tagungen oder Schulungen werden gemeinsam über Social Media erlebt. Social Entertainment in Form von Social Gaming, Social TV oder Entertainment Communities wie bspw. Facebook sorgen für Abwechslung, Unterhaltung und Zeitvertreib. Selbst das öffentliche „an den Pranger stellen" findet in Social Media permanent statt und mündet für Unternehmen und Marken oftmals in Empörungswellen.

Ein aktuelles Corporate Brand Management muss diesen Entwicklungen Rechnung tragen. Dies heißt vor allen Dingen, eine offene, ehrliche und transparente Kommunikation zu betreiben. Es heißt allerdings auch, den vielfältigen Markenversprechen Taten folgen zu lassen und jene Markenversprechen einzuhalten. Schafft oder möchte eine Marke dies über kurz oder lang nicht, wird das von Nutzern in den sozialen Medien öffentlich angesprochen und bemängelt werden. Treten spätestens dann keine Änderungen oder Verbesserungen ein, wird es die Corporate Brand schwer haben, die Marktposition zu halten.

Literatur

Bannon, D. (2012). Social media is coming of age. In Nielsen & NM Incite (Hrsg.), *The social media report 2012* (S. 2). New York: Nielsen & NM Incite.

Becker, J. (2013). *Marketing-Konzeption: Grundlagen des ziel-strategischen und operativen Marketing-Managements*. München: Vahlen.

van Belleghem, S. (2012). Research: A minority is listening, a very small group is in on the conversation. Conversation Management. http://www.theconversationmanager.com/2012/06/25/research-a-minority-is-listening-a-very-small-group-is-in-on-the-conversation/. Zugegriffen: 8. Nov. 2012.

Chaffey, D., & Ellis-Chadwick, F. (2012). *Digital marketing: strategy, implementation and practice*. Harlow: Pearson Education Limited.

Davies, M. (2008). *Listening to consumers 101- how marketers can leverage consumer-generated media. (Whitepaper)*. New York: Nielsen.

Delaney, J., Salminen, N., & Lee, E. (2012). Infographic: The growing impact of social media. Socially aware blog. http://www.sociallyawareblog.com/2012/11/21/time-americans-spend-per-month-on-social-media-sites/. Zugegriffen: 26. Juli 2013.

Facebook. (2013). Facebook's growth in the past year. Facebook.com. http://www.facebook.com/photo.php?fbid=10151908376831729&set=a.10151908376636729.1073741825.20531316728&type=3&theater. Zugegriffen: 26. Juli 2013.

Foux, G. (2006). Get your customers involved. *Brand Strategy, 202,* 38–39.

Gupta, S., Armstrong, K. A. B., & Clayton, Z. S. (2010). Social Media. Harvard Business School (Case Collection). Background Note 510-095 (2010).

Hardiman, M. (2013). *Social Media Management – Ziele, Strategien und Implementierung*. Laboe: Academic & Business Publishing (in Druck).

Hardiman, M., & Budak, Y. (2012). Gut hinhören. *Markenartikel, 74*(8), 100–102.

Kotler, P., Keller, K. L., Brady, M., Goodman, M., & Hansen, T. (2009). *Marketing management*. Harlow: Pearson/Prentice Hall.

Kreutzer, R. T. (2011). Social-media-guidelines – damit social-media-marketing überzeugen kann. *Der Betriebswirt, 52*(8), 15–21.

Li, C., & Bernoff, J. (2008). *Groundswell: Winning in a world transformed by social technologies*. Mcgraw-Hill Professional.

Nielsen; NM Incite. (2012). *The social media report 2012*. New York.: Nielsen & NM Incite (Reports and Insights). http://www.nielsen.com/us/en/reports/2012/state-of-the-media-the-social-media-report–2012.html. Zugegriffen: 26 Juli 2013.

Reiss, S. (2006). Wired 14.07: His space. Wired. http://www.wired.com/wired/archive/14.07/murdoch_pr.html. Zugegriffen: 26. Juli 2013.

statista. (2011). Social Media – Gründe für Unternehmen. statista. http://de.statista.com/statistik/daten/studie/214159/umfrage/gruende-fuer-die-nutzung-von-social-media-durch-unternehmen/. Zugegriffen: 31. Jan. 2013.

Tschannen, M. (2011). Konzeption von Social Media Auftritten. *Controlling, 22*(11), 644–649.

YouTube. (2013). Statistics. YouTube. http://www.youtube.com/yt/press/statistics.html. Zugegriffen: 26. Juli 2013.

Prof. Dr. Marco Hardiman ist Professor für Marketing am Institut für Management und Marketing des Fachbereichs Wirtschaft der Fachhochschule Kiel. Er ist zudem Leiter des Kompetenzzentrums Social Media an der Fachhochschule Kiel und Visiting Professor an der Alliant International University San Diego. Zuvor war er zeitgleich Leiter Marketing Strategie und Leiter der Vertriebskommunikation bei T-Online/Deutsche Telekom. Sein Fokus liegt auf der verhaltenswissenschaftlichen Social-Media-Forschung.

Portfolio-Werbung: Durch die Kommunikation der Markenarchitektur die Corporate Brand stärken und verknüpfen

26

Christian Boris Brunner

> *Corporate brands will be the only successful area of new brand building in the future (...) as technology increasingly functions as the great leveler, consumers increasingly depend much less on their evaluation of a single product.*
> *(Stephen King, J. Walter Thompson, UK)*

Zusammenfassung

Bei Portfolio-Werbung werden die Produktmarken eines Unternehmens gemeinsam mit der Dachmarke kommuniziert, um gezielt positive Imageübertragungen auszuschöpfen. Das Kapitel analysiert die Chancen und Gefahren dieses Ansatzes und stellt die wesentlichen Schritte auf dem Weg zu einer erfolgreicher Portfolio-Werbung dar.

26.1 Portfolio-Werbung als Möglichkeit zur Stärkung von Corporate Brands wahrnehmen

Im Jahr 2012 entschied man sich, den Konzern Kraft Foods in zwei eigenständige Unternehmen zu unterteilen: Einerseits die Kraft Foods Group für den Nordamerikanischen Markt, andererseits die neu geschaffene Corporate Brand Mondelēz für internationale Aktivitäten, unter welcher u.a. Produktmarken wie Milka, Jacobs, Cadbury, Philadelphia, LU, Tassimo und Trident geführt werden (Brady 2012). Für die Markenentscheider der neu geschaffenen Corporate Brand Mondelēz stellt sich insofern die zentrale Frage, wie

---

C. B. Brunner (✉)
University of Reading, Reading, UK
E-Mail: christian.brunner@csr-brand.com

Markenbekanntheit und Markenimage der neuen Corporate Brand aufgebaut und im Zeitablauf gestärkt werden können.

Grundsätzlich gibt es verschiedene Möglichkeiten, die Markenbekanntheit und das Markenimage einer Corporate Brand aufzubauen und zu stärken (Brunner und Esch 2010). So kann bspw. Imagewerbung dazu dienen, die Unternehmensmarke der Öffentlichkeit bekannt zu machen und ein Markenimage aufzubauen, wie dies u. a. bei E.On erfolgte. Insbesondere neue Unternehmensmarken können durch einen Vergleich mit einer bekannten Wettbewerbsmarke in der Werbung profitieren (Pechmann und Ratneshwar 1991; Grewal et al. 1997). Weiterhin kann die Corporate Brand durch bekannte Aktivitäten oder Partner, mit denen sie gemeinsam gegenüber den Anspruchsgruppen kommuniziert wird, ihre Bekanntheit und das Image steigern. Hierzu bieten sich Sponsoring-Aktivitäten an (z. B. Red Bulls Sponsoring - Aktivitäten in der Formel 1 oder die Unterstützung Felix Baumgartners beim Projekt „Red Bull Stratos") oder Celebrity-Werbung (z. B. Thomas Gottschalk für Haribo). Darüber hinaus können Markenallianzen (z. B. Häagen Dazs mit Baileys oder Philips mit Alessi; siehe hierzu den Beitrag zu Markenallianzen in diesem Buch), Maßnahmen der Corporate Social Responsibility (z. B. Krombachers Regenwald Projekt, siehe hierzu den Beitrag zu CSR in diesem Buch) eine Corporate Brand positiv aufladen. Allerdings ist in allen Fällen sehr wichtig, dass die ausgewählte Aktivität beim Sponsoring, die Partnermarke einer Markenallianz, die entsprechende Person bei Celebrity-Werbung oder die CSR-Aktivität, mit der man die Corporate Band gemeinsam kommuniziert, zu deren Markenidentität passt und diese unterstützt. Denn mit Ausnahme originärer Imagewerbung besteht bei den oben genannten Beispielen das zentrale Ziel stets darin, eine *positive Hebelwirkung auf die eigene Corporate Brand* durch unternehmensexterne Veranstaltungen, Marken, Personen, (non-profit) Organisationen oder Aktivitäten, die der Öffentlichkeit bekannt sind, herbeizuführen.

Allerdings sollten zunächst die *internen* zentralen Wertschöpfer, über die ein Unternehmen bereits verfügt, Berücksichtigung finden, wenn man die Corporate Brand aufbauen und stärken möchte. So werden unter der neu geschaffenen Corporate Brand Mondelēz Produktmarken wie Milka, Jacobs, LU, Tassimo und Trident geführt, zu denen viele Konsumenten durch unzählige Kontaktpunkte im Laufe der Zeit ein beträchtliches Markenwissen und Erfahrungen aufgebaut haben.

Verfügt ein Unternehmen über solche zentralen immateriellen Werte in Form von bekannten und starken Produktmarken, dann bietet sich hier die Form der *Portfolio-Werbung* an, unter der „die werbliche Maßnahme eines Unternehmens verstanden wird, in welcher die eigene Dachmarke zusammen mit den innerhalb der Markenarchitektur ihr untergeordneten Produktmarken gemeinsam präsentiert wird" (Brunner 2013, S. 67). Ziel hierbei ist es, dem Konsumenten die Markenarchitektur des Unternehmens sichtbar zu machen. Denn wenn dieser weiß, dass unter einer Dachmarke eine Reihe erfolgreicher Produktmarken geführt werden, so kann dies zu positiven Imageaufwertungen für die Dachmarke führen und ebenso das Markenportfolio (sowie einzelne Produktmarken) stärken.

▶ Durch den Einsatz von Portfolio-Werbung können Konsumenten die Markenarchitektur eines Unternehmens erlernen. Dies kann zu Imageaufwertungen einer Corporate Brand führen.

Während Unternehmen Portfolio-Werbung im Business-to-Business Bereich, in der Automobilindustrie sowie im Employer Branding gegenüber Absolventen schon seit geraumer Zeit einsetzen (s. Abb. 26.1), wird diese Werbeform gegenüber Konsumenten im Fast Moving Consumer Goods (FMCG)-Bereich erst seit ein paar Jahren eingesetzt. Beispielsweise bewarb Procter & Gamble zum ersten Mal in seiner fast 175-jährigen Unternehmensgeschichte bei den Olympischen Spielen 2012 in London die eigene Corporate Brand zusammen mit verschiedenen Produktmarken wie Ariel, Gillette, Head & Shoulders und Pampers (Schobelt 2012); ebenso wurde auf verschiedenen Produktverpackungen der Name der Dachmarke zentral angebracht. Insbesondere aus Kostengründen (Weber 2012) folgten weitere Dachmarkenkampagnen wie „Zeitlose Marken" sowie „Der tägliche Unterschied" mit bekannten und starken Produktmarken aus dem Hause Procter & Gamble im Jahr 2013 (s. Abb. 26.2). Auch bei anderen Konzernen ist die Corporate Brand in den letzten Jahren in den Blickpunkt gelangt. So geben einer Studie von Weber Shandwick zufolge 75% der befragten Führungskräfte in Multi-Brand Unternehmen an, dass sie die

Abb. 26.1 Portfolio-Werbung von Unilever: „Führende Top-Marken aus einer Hand in über 20 Kategorien" und „Wir sind auf dem Weg zur Nr. 1". (Quelle: Lebensmittel-Zeitung 2006 und Junge Karriere 2007, S. 175)

Abb. 26.2 Zeitlose Marken 2013 von Procter & Gamble. (Quelle: http://www.horizont.net/aktuell/marketing/pages/protected/Zeitlose-Marken-Procter-%26-Gamble-launcht-neue-Dachmarkenkampagne_114140.html)

Reputation der Dachmarke ebenso wichtig bewerten wie die der Produktmarken (Weber Shandwick und KRC Research 2012).

Aufgrund ihrer lange verfolgten House of Brands-Strategie, wie z. B. im Falle von Procter & Gamble, sind etliche Corporate Brands von Konzernen – insbesondere in der FMCG-Industrie – nur bei den wenigsten Konsumenten bekannt. So könnten die wenigsten Konsumenten konkrete Assoziationen zu Corporate Brands wie Diageo, Intersnack, LVMH, Mäurer & Wirtz oder Unilever nennen, wohingegen sie im Laufe ihrer Konsumentensozialisation eine hohe Markenbekanntheit und ein ausgeprägtes Markenwissen zu Produktmarken wie Baileys, Johnnie Walker, Guinness und Smirnoff (Diageo), funny-frisch, Chio Chips, Pombär und Goldfischli (Intersnack), Hennessy, Louis Vuitton, Dior, Givenchy und Zenith (LVMH), Betty Barclay, Tosca, Carlo Colucci, Irisch Moos, Otto Kern oder S.Oliver (Mäurer & Wirtz) oder Dove, Rama, Knorr, Pfanni oder Langnese (Unilever) aufgebaut haben (Brunner 2013, S. 10 f.). Insofern würde es sich für eine neue bzw. unbekannte Corporate Brand anbieten, die bereits bekannten Produktmarken als immaterielle Wertschöpfer in der Werbung zusammen mit der Corporate Brand darzustellen, um so eine positive Hebelwirkung auf diese herbeizuführen. Allerdings gilt es, zentrale Wirkungszusammenhänge zwischen den verschiedenen Produktmarken untereinander sowie zwischen der Corporate Brand und dem Markenportfolio zu berücksichtigen. So sollten einerseits Synergieeffekte bestmöglich genutzt werden, jedoch auch negative Imagetransfereffekte zwischen den verschiedenen Marken in der eigenen Markenarchitektur Berücksichtigung finden. Denn es wäre kontraproduktiv, die Corporate Brand durch das Markenportfolio zu stärken, wenn hierdurch gleichzeitig Produktmarken geschwächt würden.

26.2 Die Markenarchitektur als zentralen Ausgangspunkt für Portfolio-Werbung begreifen

Die Gestaltung der Markenarchitektur eines Unternehmens bietet die zentrale Grundlage für die Analyse, ob der Einsatz von Portfolio-Werbung sinnvoll ist. Grundsätzlich kann man hier nach Aaker und Joachimsthaler (2000) ein Kontinuum verschiedener Ausgestaltungen unterscheiden, deren Extrema die Strategie des Branded House und die des House of Brands darstellen (siehe hierzu den Beitrag zu Markenarchitekturen in diesem Buch). Im erstgenannten Fall werden alle Produkte eines Unternehmens unter einer Marke „gebranded". Beispiele hierfür sind HP oder Samsung (s. Abb. 26.3). Dagegen werden bei letztgenannter Strategie die (Produkt −)Marken eines Unternehmens getrennt voneinander geführt; Produkte werden lediglich unter dem Namen der jeweiligen Produktmarke markiert und der Hinweis auf die Corporate Brand hingegen vernachlässigt (Aaker und Joachimsthaler 2000). Beispiele hierfür sind Procter & Gamble (bis 2012) und Reckitt Benckiser (bis 2010), allerdings sind beide Unternehmen in den letzten Jahren bestrebt, die Corporate Brand vermehrt gegenüber dem Konsumenten zu transportieren. So kommuniziert Procter & Gamble seit 2012 mit der Werbekampagne „Danke Mama" seine Dachmarke gegenüber dem Konsumenten. Reckitt Benckiser zeigt in den letzten Jahren in der TV-Werbung am Ende eines Produktmarken-Spots den Hinweis „Entdecke rb.com" – auch wenn fraglich ist, ob der Konsument diesen Cue ausreichend wahrnimmt, um die Bekanntheit der Corporate Brand aufzubauen und zu steigern.

Abb. 26.3 Das Brand Relationship Spectrum von Aaker und Joachimsthaler (2000, S. 9)

▶ Die Analyse der Markenarchitektur liefert das Fundament für Portfolio-Werbung. Gerade für Unternehmen mit einer „House of Brands"-Strategie ist Portfolio-Werbung sinnvoll.

Der Einsatz von Portfolio-Werbung bietet sich in erster Linie für Unternehmen an, die bisher eine House of Brands-Strategie verfolgt haben und bei denen der Fokus in der Vergangenheit in der Steigerung der Markenbekanntheit und des Markenimages der Produktmarken lag. Somit verfügen viele solcher Unternehmen bereits über bekannte und starke Produktmarken in den Köpfen der Konsumenten. Aufgrund der Vernachlässigung der Dachmarke ist diese jedoch zumeist nur wenigen Konsumenten bereits bekannt. Bei Portfolio-Werbung stellt sich damit die zentrale Frage, welche Produktmarken eine *positive Hebelwirkung auf die Corporate Brand* ausüben können, um ihre Bekanntheit und ihr Image aufzubauen und im Zeitablauf zu festigen.

26.3 Die Kategorisierung von Produktmarken aus Konsumentensicht berücksichtigen

Bei der Aufnahme und Verarbeitung von Informationen, mit der jeder Mensch durch seine Umwelt konfrontiert ist, bilden Menschen im Laufe der Zeit bestimmte gedankliche Kategorien von Objekten und Ereignissen, die sich ähnlich sind und gemeinsame Eigenschaften ausweisen (Rosch 1978; Mervis und Rosch 1981; Waldmann 2008). Dadurch ist es möglich, die wahrgenommene Umwelt zu strukturieren und den Aufwand der Informationsverarbeitung zu reduzieren (ebd.). Die Kategorisierung des Menschen ist damit ein Lernprozess, bei dem im Gedächtnis gespeichertes Wissen aus Erfahrungen der Vergangenheit auf neue Situationen übertragen wird (Barsalou 1992; Erickson und Kruschke 1998).

Konsumenten bilden ebenso Kategorien von Marken, in denen spezifische Assoziationen, Bilder, Erlebnisse und Erfahrungen zu diesen und deren Produkten gespeichert sind (z. B. Boush et al. 1987; Boush und Loken 1991; Wänke 1998; Mao und Krishnan 2006). Sieht bspw. ein Konsument ein neues Produkt einer Marke im Supermarkt, dann ruft er automatisch sein bisheriges im Gedächtnis gespeichertes Wissen zu dieser Marke ab. Spiegelt das Produkt zentrale markenspezifische Eigenschaften der Marke wieder, z. B. durch die Form (z. B. Toblerone) und das Corporate Design (z. B. Coca-Cola, Nivea) der Verpackung, dann kann es dazu kommen, dass das Produkt der entsprechenden Markenkategorie zugeordnet und gespeichert sowie ein Urteil zu diesem Produkt gebildet wird (Boush 1993; Wänke 1998). Wichtig hierbei ist, dass zentrale Merkmale des neuen Produktes mit dem bisherigen Markenwissen des Konsumenten übereinstimmen müssen, damit das neue Produkt leicht in die Kategorie der Marke eingeordnet werden kann.

▶ Marken werden als Kategorien im Kopf des Konsumenten gespeichert: Jede Kategorie beinhaltet kognitive und emotionale Assoziationen, Bilder und Erlebnisse zu einer Marke und ihrer Produkten

Allerdings ist zu berücksichtigen, dass die Kategorien, die Menschen im Gedächtnis speichern, eine hierarchische Struktur aufweisen, mit unterschiedlichen Abstraktionsebenen (hierzu und im Folgenden Rosch und Mervis 1975; Medin et al. 2005). Auf den obersten, übergeordneten Kategorien (wie z. B. Möbel, Fahrzeuge) werden Objekte aufgrund von abstrakten Eigenschaften gespeichert (Rosch und Mervis 1975). Auf den darunter liegenden sog. Basiskategorien werden Objekte zusammengefasst mit einem mittleren Abstraktionsniveau (z. B. Stuhl, Auto). Diese Basiskategorien werden in der Regel von Menschen als erstes genannt und gebildet. Darunter befinden sich die untergeordneten Kategorien, die die Basiskategorien in noch konkretere Unterkategorien unterteilen (z. B. Küchenstuhl, Sportwagen; Rosch und Mervis 1975; Medin et al. 2005).

▸ Dach- und Produktmarken werden in unterschiedlichen Kategorien im Kopf des Konsumenten gespeichert – und auf unterschiedlichen Hierarchieebenen: Assoziationen einer übergeordneten Kategorie werden an untergeordnete Kategorien „vererbt".

Überträgt man diese Erkenntnisse einer Hierarchisierung von Markenkategorien auf die Markenarchitektur eines Unternehmens mit mehreren eigenständigen Produktmarken im Konzern, so liegt die Dachmarke auf der obersten Ebene eines Unternehmens (z. B. Unilever) (hierzu und im Folgenden Brunner 2010). Zu dieser Corporate Brand äußern Konsumenten in der Regel abstrakte Assoziationen wie z. B. „Internationalität", „Food", „Haushaltsprodukte" oder „großes Produktsortiment" (Brunner 2014). Unter der Dachmarke wird wiederum eine Reihe an Produktmarken geführt, die dem Konsumenten oftmals sehr bekannt und vertraut sind (z. B. Knorr, Beçel, Bertolli, Rama, Pfanni, Langnese, Dove, Axe, Rexona). Diese Produktmarken können den Basiskategorien zugeordnet werden. Sie werden von Konsumenten oftmals als erstes genannt, wenn diese zu einer bestimmten Produktkategorie gefragt werden. Zudem nennen Konsumenten zu diesen Produktmarken oft spezifische und konkrete Assoziationen, die sie bspw. durch eigene Erfahrungen mit den Produkten, durch die Markenkommunikation und Werbung oder durch (Online) Word-of-Mouth im Gedächtnis aufgebaut und gespeichert haben (Brunner 2014). Die einzelnen Produktmarken vereinen wiederum unter sich eine Produktlinie bzw. Produktsortiment(e). So findet man auf Produktmarken-Ebene von Knorr bspw. Fix Produkte, Saucen, Suppen, Bouillon & Würzmittel, Salatzutaten usw. Wird nun bspw. auf der Verpackung eines Produktes oder in der Markenkommunikation neben dem Hinweis auf die Produktmarke Knorr ebenso die Corporate Brand Unilever dargeboten, kann es dazu kommen, dass der Konsument ebenso „lernt", dass die Produkte der Produktmarken Knorr und Pfanni aus dem Hause Unilever stammen (s. Abb. 26.4). Der Konsument kann also im Laufe der Zeit die Markenarchitektur von Unilever „erlernen" und dadurch ebenso über die „Verlinkung" zwischen den einzelnen Produktmarken erfahren.

Um dem Konsumenten eine solche Markenarchitektur sichtbar zu machen, kann Portfolio-Werbung als sinnvolles Werbeinstrument dienen. Denn wenn der Konsument weiß, dass unter einer (bisher oftmals unbekannten) Dachmarke eine Reihe erfolgreicher und bekann-

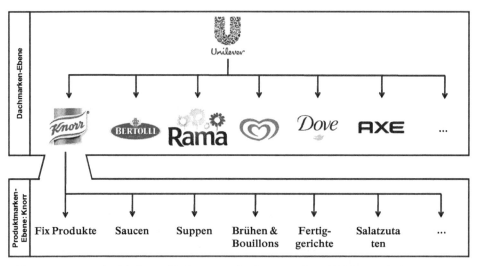

Abb. 26.4 Auszug der Markenarchitektur unter der Corporate Brand Unilever

ter Produktmarken geführt werden, so müsste die Corporate Brand eine positive Hebelwirkung durch die Produktmarken erfahren, was die Bekanntheit und das Markenimage der Corporate Brand erhöhen kann sowie ihre vom Konsumenten wahrgenommene Kompetenz steigert. In einem zweiten zukünftigen Schritt kann sich diese Strahlkraft der Dachmarke wiederum positiv auswirken, wenn unter der Dachmarke eine neue Produktmarke auf den Markt gebracht wird. Dies nutzte bspw. die Corporate Brand Ferrero konsequent bei der Einführung neuer Produktmarken wie z. B. im Falle von Ferrero Garden oder Rondnoir.

▶ Kategorien von Corporate Brands und Produktmarken im Kopf des Konsumenten werden durch Portfolio-Werbung miteinander verknüpft: Dies kann zu positiven Imagespillover-Effekten führen.

26.4 Zentrale Wirkungsgrößen bei Portfolio-Werbung erkennen und nutzen

Damit Portfolio-Werbung eine positive Hebelwirkung auf die Corporate Brand ausübt, muss zunächst eine Analyse der bisherigen Markenarchitektur erfolgen. Zudem müssen die jeweiligen eigenständigen Positionierungen der Corporate Brand sowie jeder Product Brand definiert werden. Dabei sind ebenso die Wechselwirkungen zwischen Dachmarke und Markenportfolio sowie die Effekte zwischen den Marken untereinander – zwischen verschiedenen Hierarchiestufen sowie innerhalb einer Hierarchiestufe – zu betrachten. Die Analyse der Wirkungsfaktoren der Marken untereinander ist unabdingbar, um einerseits Synergien zwischen Marken nutzen zu können an andererseits ausreichende Eigenständigkeit jeder Marke sowie negative Spillover-Effekte zwischen den einzelnen Marken zu vermeiden.

26.4.1 Prüfschritte vor dem Einsatz von Portfolio-Werbung beachten

Damit Portfolio-Portfolio-Werbung eine positive Hebelwirkung auf die Corporate Brand ausüben kann, müssen bestimmte Voraussetzungen beachtet werden. Dabei sind folgende Prüfschritte zu berücksichtigen:

1. *Definition der Positionierung und der Breite der Corporate Brand*:
   Vor dem Einsatz von Portfolio-Werbung sollte zunächst die Positionierung der Corporate Brand sowie die Beziehung zwischen Corporate Brand und Markenportfolio sowie zwischen Produktmarken im Portfolio untereinander definiert werden. Dabei muss ebenso entschieden werden, wie die Breite der Dachmarke gestaltet werden soll. Als Markenbreite wird in Anlehnung an Boush und Loken die Variabilität zwischen den Produktmarken verstanden, die unter der Corporate Brand angeordnet sind (Boush und Loken 1991, S. 17). Eine Corporate Brand, die breit positioniert ist, kann als „Generalist" bezeichnet werden (z. B. Unilever oder Procter & Gamble), eine spitz positionierte Unternehmensmarke als „Spezialist" (z. B. Ferrero oder Storck; Bräutigam 2004). Letztere kann in der Konsumentenwahrnehmung eine hohe Expertise für einen bestimmten Branchenbereich zugeschrieben bekommen, wenn sie eine Vielzahl von Produkten in dieser bestimmten Produktkategorie aufweist. Eine solche Corporate Brand ruft bei Konsumenten im Vergleich zu „breiten" Marken konkretere Assoziationen hervor. Allerdings kann eine solche „enge" Corporate Brand auch nur einen Mantel für Produktmarken in diesem Markt liefern. Der Name der Corporate Brand auf einem Neuprodukt in einer anderen Produktkategorie wäre wenig sinnvoll – im Gegenteil: dies würde wahrscheinlich zu negativen Spillover-Effekten auf die bisherigen Produktmarken des Unternehmens führen.
   Bspw. schaltete Unilever eine Aufklärungskampagne zu lebenswichtigen Fettsäuren in der TV-Werbung und zeigte seine Margarine Marken Beçel, Rama, Lätta und Bertolli zusammen mit der Dachmarke. Eine solche Kampagne kann dazu dienen, die Dachmarke eng zu positionieren. Darüber hinaus kommuniziert der Hersteller jedoch seine Corporate Brand auf Verpackungen sowie in der Werbung zu den verschiedensten Produkten aus unterschiedlichen Produktkategorien wie bspw. Eis, Tee, Salatkrönung, Duschgel, Deodorant, Zahnpasta, Waschmittel oder Reinigungsmittel. Die Breite der Dachmarke ist damit enorm, und umso eher können Konsumenten lediglich sehr abstrakte und unspezifische Assoziationen mit der Dachmarke verbinden. Henkel kommuniziert dagegen insbesondere im Bereich Wasch- und Reinigungsmittel seine Corporate Brand. So wird bspw. in TV-Spots von Produktmarken wie Persil, Weißer Riese oder Spee am Ende der Slogan „Qualität von Henkel" (und seit 2008 „Qualität und Verantwortung von Henkel") eingeblendet (Amirkhizi 2008). Durch eine derartige wiederholte Auslobung der Marke hat man erreicht, dass die Konsumenten die Corporate Brand und dessen Produkte mit Qualität (und Verantwortung) verbinden.

▶ Die Positionierung und die Breite der Corporate Brand bestimmen die Wahl der beworbenen Produktkategorie(n), aus der anschließend gezielt Produktmarken zu selektieren sind.

2. *Analyse der Produktkategorien, in denen das Unternehmen agiert*
Ist die Breite der Dachmarke definiert, muss entschieden werden, welche Produktkategorien für die entsprechende Positionierung und Breite der Corporate Brand infrage kommen.
Zunächst sollte ein Konzern, der über eine Vielzahl von Produktmarken in verschiedenen Produktkategorien verfügt, analysieren, inwiefern sich die Produktkategorien gegenseitig ergänzen und stärken oder ob sie aus Konsumentensicht konträr zueinander stehen. So führt bspw. die Corporate Brand Nestlé eine Vielzahl von Produktmarken in verschiedenen Lebensmittel-Kategorien wie z. B. Cerealien, Eis- und Milchprodukte, Erfrischungsgetränke, Produkte für die Küche, Babynahrung oder Schokolade und Süßwaren unter dem Namen Nestlé. Wissen jedoch Konsumenten, dass auch Nestlé ein Hersteller von Tiernahrung (wie z. B. Bonzo oder Felix) ist, so kann dies bei Konsumenten negative Spillover-Effekte auf die Lebensmittel-Marken mit sich ziehen. Insofern tut Nestlé bisher gut daran, eine eigene Subbrand „Purina" losgelöst von Nestlé zu führen, die lediglich mit den Produktmarken des Konzerns im Bereich Tiernahrung gebranded wird. Ebenso sollte auch die Kommunikation getrennt voneinander erfolgen und z. B. der Bereich Tiernahrung nicht auf der Website der Corporate Brand Nestlé erwähnt werden. Ähnlich listet der Hersteller Mars Incorporated (ehemals Masterfoods), der sowohl Marken wie Snickers, Mars und Bounty als auch Petfood-Marken wie Whiskas und Pedigree führt, auf seiner Website Produktmarken aus dem Bereich Schokoladenriegel neben Produktmarken von Tiernahrung auf.
Ist eine Corporate Brand in lediglich einer Produktkategorie oder eng benachbarten Kategorien aktiv, so kann Portfolio-Werbung dazu führen, dass die Expertise und Kompetenz der Corporate Brand gestärkt wird. So zeigt bspw. Storck seit 2004 den Hinweis auf die Dachmarke auf der Verpackung und in der Werbung. Dadurch konnte die Marke Bekanntheit und Kompetenz in den Köpfen der Konsumenten im Süßwarenbereich ausbauen (Brunner 2013, S. 2).
Allerdings müssen beteiligte Produktmarken nicht notwendigerweise alle aus der gleichen Produktkategorie stammen. Ebenso können Konsumenten einen hohen Fit zwischen Produkten erkennen, wenn diese aus benachbarten oder sich ergänzenden Produktkategorien stammen. So bilden laut Aaker und Keller (1990) Konsumenten nicht nur einen hohen Fit zwischen Produkten aufgrund ihrer Substituierbarkeit. Der Fit kann weiterhin hoch wahrgenommen werden, wenn sich Produkte gegenseitig ergänzen (z. B. Kaffee und Schokolade) oder durch die Fähigkeit des Unternehmens, ein anderes Produkt genauso gut herzustellen, wie die bisherigen Produkte, die ein Unternehmen für die Herstellung der Produkte benötigt (Aaker und Keller 1990; Bottomley und Doyle 1996 sowie Bottomley und Holden 2001).

▶ Das Bild, das durch viele Produktmarken in einer Produktkategorie entsteht, kann die Expertise der Corporate Brand stärken.

3. *Analyse der Produktmarken-Images der einzelnen Marken innerhalb einer Produktkategorie*
Stammen die Produktmarken aus der gleichen Produktkategorie muss dies jedoch nicht notwendigerweise bedeuten, dass sie sich gegenseitig stützen bzw. positiv auf die Corporate Brand wirken. Deshalb muss in einem dritten Schritt analysiert werden, inwieweit die Images der einzelnen Produktmarken zueinander passen. So stammen zwar die verschiedensten Modemarken aus dem Hause LVMH aus der gleichen Produktkategorie, allerdings sind deren Images sehr unterschiedlich. Im Food-Bereich ist bspw. der Geschmack zentral: So ist das Image von After Eight aufgrund der Pfefferminze sehr eigenständig und ein wichtiger Diskriminator zwischen verschiedenen Konsumentengruppen. Aufgrund dessen würde After Eight nicht unbedingt zu anderen Schokoladenmarken aus dem Hause Nestlé optimal passen. Bei Portfolio-Werbung wäre es deshalb sicherlich sinnvoller, Produktmarken wie KitKat, Lion und Nuts gemeinsam mit der Corporate Brand zu präsentieren als After Eight.

▶ Die Analyse der Images der einzelnen Produktmarken sowie deren Differenzierungskraft untereinander bestimmen die positive Hebelwirkung auf die Corporate Brand.

26.4.2 Den Fit zwischen Produktmarken als zentralen Wirkungsfaktor berücksichtigen

Sind die (eigenständigen) Positionierungen der Corporate Brand sowie der einzelnen Produktmarken in einer Markenarchitektur festgelegt, dann stellt sich die Frage, inwieweit Portfolio-Werbung Synergieeffekte bei der gemeinsamen Kommunikation von Dach- und Produktmarken erzeugen kann – sowohl aus Sicht der Corporate Brand als auch aus Produktmarken-Sicht.

In einer Studie von Brunner (2013, S. 149 ff.) wurde der Frage nachgegangen, wie eine Corporate Brand bestmöglich gestärkt werden kann, wenn sie dem Konsumenten bisher nahezu unbekannt ist. Dies kann durch zwei Arten der Mehrmarken-Kommunikation erfolgen:

1. *Durch die gemeinsame Kommunikation der Corporate Brand mit einer starken Produktmarke* (z. B. Mondelēz und Milka) – definiert als Einzelwerbung
2. *Durch die gemeinsame Kommunikation der Corporate Brand mit dem gesamten Markenportfolio oder einem ausgewählten Teil des Portfolios* (z. B. Mondelēz und Milka, Jacobs, Cadbury und Tassimo) – definiert als Portfolio-Werbung

Aus der Markenallianzforschung ist bereits hinlänglich bekannt, dass eine unbekannte Marke durch eine starke Partnermarke gestärkt werden kann (z. B. Redler 2003; Simonin und Ruth 1998; siehe hierzu auch den Beitrag zu Markenallianzen in diesem Buch). Insofern erscheint erstere Strategie als sinnvoll, wenn die Corporate Brand Mondelēz spitz positioniert werden soll und mit einem Flagship-Product des Markenportfolios und dessen Positionierung im Markt assoziiert werden soll. Allerdings kann durch die Kommunikation mit lediglich einer Produktmarke nur schwer eine Kategorie der Dachmarke aufgebaut werden. Ist man bestrebt, dass Konsumenten in ihren Köpfen eine Kategorie der Dachmarke, die mehrere Produktmarken (als Mitglieder dieser Dachmarken-Kategorie) beinhaltet, aufbauen und „erlernen" sollen, dann erscheint die zweite Möglichkeit als zweckmäßiger. Hier gibt es einerseits die Möglichkeit, dass die Dachmarke durch die Kommunikation mit Produktmarken aus der gleichen oder benachbarten Produktkategorie(n) dargestellt wird. Andererseits gibt es die Möglichkeit, wenn eine breite Positionierung der Dachmarke (über verschiedene Produktkategorien hinweg) angestrebt wird, dass die Corporate Brand mit unterschiedlichen Produktmarken dargeboten wird, die jedoch zumindest einen mittleren Fit untereinander aufweisen sollten (z. B. wenn die Corporate Brand als Lebensmittelmarke positioniert ist).

Erkenntnisse aus der Forschung zur Produktsortimentsvielfalt belegen, dass die wahrgenommene Expertise, Qualität und Kompetenz einer Marke steigt, wenn sie mehrere, differenzierte Produkte in der gleichen Produktkategorie führt (Berger et al. 2007; Wänke und Greifeneder 2007). Zudem bevorzugen Konsumenten Marken, die eine größere Sortimentsvielfalt haben, mit dem Argument, dass ihre Wünsche und Bedürfnisse besser getroffen werden (Baumol und Ide 1956; Chernev 2003a, b, 2006; Iyengard und Lepper 2000). Allerdings sind diese Erkenntnisse auf Produktmarken-Ebene fokussiert und es ist unklar, ob sie ohne Weiteres auf die Dachmarken-Ebene übertragen werden können, da Konsumenten i. d. R. zu Corporate Brands wesentlich weniger Assoziationen haben, die weniger konkret und spezifisch wie Assoziationen zu Produktmarken sind (Dacin und Smith 1994; Berens et al. 2005; Brunner 2013, S. 25).

Um die Frage zu beantworten, ob Portfolio-Werbung (PW) der Einzelwerbung (EW) aus Sicht einer Corporate Brand überlegen ist, wurden Probanden in unterschiedlichen Gruppen mit Einzel- oder Portfolio-Werbung (mit hohem bzw. geringem Fit zwischen den Produktmarken) konfrontiert (hierzu und im Folgenden Brunner 2013, S. 158 ff.). Basierend auf Erkenntnissen der Markenerweiterungsforschung kann der Fit zwischen den Produktmarken als die vom Konsumenten subjektiv wahrgenommene Ähnlichkeit zwischen diesen bezeichnet werden, charakterisiert durch gemeinsame saliente Assoziationen (Boush et al. 1987, S. 228 f.; Aaker und Keller 1990, S. 29 f.; Keller und Aaker 1992, S. 35 ff.). Im Falle eines hohen Fits stammten alle Produktmarken aus der Produktkategorie Schokolade/Pralinen, wohingegen bei einem geringen Fit die Produktmarken aus den Bereichen Schokolade/Pralinen, Hundefutter, Babywindeln und Reinigungsmitteln stammten. Die Ergebnisse zeigen, dass Portfolio-Werbung (PW) bei einem hohen Fit zwischen den Produktmarken die Dachmarke positiv hebelt. So bewerten Konsumenten die Corporate Brand signifikant am besten, wenn diese zusammen mit einem pas-

26 Portfolio-Werbung

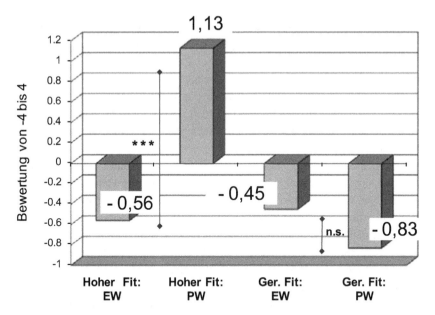

Abb. 26.5 Einstellung gegenüber der Corporate Brand im Vergleich zwischen Einzelwerbung und Portfolio-Werbung (mit hohem und geringem Fit). (Quelle: Brunner 2013, S. 291)

senden Markenportfolio kommuniziert wird. Werden jedoch die Produktmarken nicht als stimmig zueinander wahrgenommen, können gegenläufige Effekte vermerkt werden (s. Abb. 26.5). Es ist also essentiell, die Passung innerhalb des Markenportfolios zu beachten, um die Dachmarke bestmöglich zu stärken (Brunner 2013, S. 175 f.). Ähnliche Ergebnisse zeigen sich bezüglich der wahrgenommenen Kompetenz sowie des Markenvertrauens gegenüber der Corporate Brand: Hier bewerten ebenso die Konsumenten die Dachmarke am kompetentesten (im Bereich Schokolade), wenn diese mit einem passenden Markenportfolio bei Portfolio-Werbung dargestellt wird und haben das höchste Markenvertrauen zur Corporate Brand (Brunner 2013, S. 169 f.). Demnach kann Portfolio-Werbung dazu dienen, sowohl die Dachmarke zu hebeln, ihre Kompetenz zu steigern und einen höheren Vertrauensvorschuss aufzubauen als bei alleiniger Darstellung mit einer Produktmarke.

In weiteren Untersuchungen wurde der Frage nachgegangen, ob die einzelnen Produktmarken ebenso durch Portfolio-Werbung profitieren können, wenn sie in einem passenden Umfeld kommuniziert wurden. Die Ergebnisse belegen, dass eine einzelne Produktmarke vom Konsumenten signifikant besser beurteilt wird, wenn sie zum Markenportfolio passt als wenn sie alleine oder mit unpassendem Markenportfolio in der Werbung abgebildet ist. Dabei stärken sich die Produktmarken gegenseitig (Brunner 2013, S. 173 f.).

▶ Ein stimmig kommuniziertes Markenportfolio hebelt Dachmarke und Produktmarken.

26.4.3 Die Anzahl der Produktmarken berücksichtigen, und das Involvement des Empfängers nicht überschätzen

In der heutigen Informationsflut, der Konsumenten mit Werbung ausgesetzt sind, kann i. d. R. nur von einem geringen Involvement der Verbraucher gegenüber der Kommunikation von Unternehmen ausgegangen werden. Dabei liegt die durchschnittliche Betrachtungszeit einer Anzeige bei weniger als zwei Sekunden (Rossiter und Bellman 2005; Kroeber-Riel und Esch 2011).

Petty und Cacioppo (1983, 1986) differenzieren zwischen einer zentralen und peripheren Route der Verarbeitungstiefe von Informationen. Damit die Verarbeitung eines Stimulus dem zentralen Weg der Verarbeitung folgt, muss ein Konsument sowohl die Motivation haben, sich mit diesem zu beschäftigen als auch die kognitiven Ressourcen hierfür haben (Petty und Cacioppo 1983, 1986; auch Lien 2001). Andernfalls folgt die Verarbeitung dem *peripheren Weg*. Beispielsweise haben Konsumenten oftmals schlichtweg nicht die Zeit, um die Informationen einer Anzeige wahrzunehmen und zu verarbeiten. Insofern sollte die Anzahl der Produktmarken bei Portfolio-Werbung kritische Berücksichtigung finden, da bei Low Involvement-Situationen – wie bei den meisten Anzeigenkontakten von Konsumenten – von einer geringen Verarbeitungstiefe ausgegangen werden kann. Durch eine höhere Anzahl von Produktmarken und Informationen in einer solchen Anzeige werden höhere kognitive Ressourcen zur ihrer Aufnahme und Verarbeitung im Vergleich zu Einzelwerbung benötigt (Brunner und Esch 2010).

Auch die Ergebnisse einer weiteren Untersuchung zeigen interessante Wirkungsverläufe. So konnte nachgewiesen werden, dass – wenn Konsumenten ausreichend Zeit zur Verarbeitung einer Portfolio-Werbung haben (hohes Involvement) – mit einer steigenden Zahl an Produktmarken die Einstellung zur Dachmarke besser ist als bei Einzelwerbung. Aufgrund der steigenden Komplexität mit einer zunehmenden Zahl an Produktmarken sind jedoch ab einem bestimmten Punkt die kognitiven Ressourcen des Konsumenten erschöpft, so dass Konsumenten die Corporate Brand (im Sinne einer umgedrehten U-Kurve) wieder schlechter bewerten (s. Abb. 26.6). Insofern ist beim Einsatz von Portfolio-Werbung die Anzahl der integrierten Produktmarken zu betrachten – in Abhängigkeit vom Involvement und damit der Verarbeitungstiefe des Konsumenten. In den angesprochenen Studien wurden weiterhin einer zweiten Gruppe die verschiedenen Anzeigen unter geringem Involvement gezeigt, was mit den meisten heutigen Anzeigenkontakten von Kontakten eher vergleichbar ist. Hier zeigt sich, dass die Corporate Brand mit einer zunehmenden Zahl an Produktmarken besser bewertet wird, wobei der Fit zwischen den Produktmarken einen geringeren Einfluss auf die Ergebnisse ausübt (s. Abb. 26.7).

Diese Ergebnisse liefern wertvolle *Handlungsanweisungen* für die Verwendung von Portfolio-Werbung. Möchte ein Marketingmanager eine Anzeige in einem Special Interest-Magazin schalten, bei dem die Zielgruppe ein relativ hohes Involvement gegenüber einer Anzeige aufbringt, dann sollten bei Portfolio-Werbung im optimalen Fall vier oder fünf Produktmarken dargeboten werden, um den Betrachter nicht zu überfordern und die besten Ergebnisse bezüglich der Corporate Brand zu erzeugen. Die Produktmarken sollten

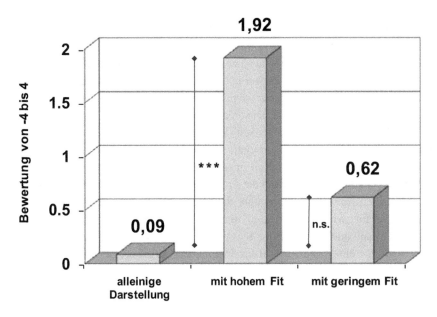

Abb. 26.6 Einstellung gegenüber einer einzelnen Produktmarke bei alleiniger Darstellung sowie bei Portfolio-Werbung mit hohem und geringem Fit. (Quelle: Brunner 2013, S. 291)

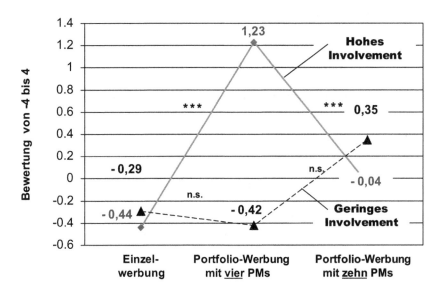

Abb. 26.7 Einstellung gegenüber der Corporate Brand bei geringem (*links*) und hohen Involvement (*rechts*) des Konsumenten bei Einzelwerbung und Portfolio-Werbung mit vier und zehn Produktmarken. (Quelle: Brunner 2013, S. 189)

dabei eine hohe Passung zueinander aufweisen, da der Konsument die Ähnlichkeit zwischen den Produktmarken aufmerksam wahrnimmt und verarbeitet.

Handelt es sich um eine Anzeige in einer gering involvierten Situation (z. B. eine Anzeige in einem Low Interest-Magazin oder in der Außenwerbung), in der die meisten Konsumenten der (Portfolio-) Werbung nur wenig Beachtung schenken, überwiegt ein positiver Effekt der Markenvielfalt unter der Dachmarke, ohne dabei den einzelnen Produktmarken selbst viel Aufmerksamkeit zu schenken (Brunner 2013, S. 202 ff.). Der Konsument ist vielmehr von der „Kompetenzmannschaft" der Corporate Brand positiv überrascht, was sich sowohl in einem besseren Urteil gegenüber der Corporate Brand niederschlägt, in einer höheren Qualitätseinschätzung der Produkte, die die Corporate Brand führt, als auch in einer besseren Einstellung gegenüber den einzelnen Produktmarken (Brunner 2010). Ebenso übt der Fit zwischen den Produktmarken eine geringere Wirkung auf diese Ergebnisse aus, weshalb auch ein mittlerer Fit zwischen den Produktmarken akzeptabel ist. Es kann demzufolge eine hohe Zahl an Produktmarken dargeboten werden. Letztlich ist es für einen Manager jedoch sehr wichtig, erstens genau zu überlegen, in welchen Medium Portfolio-Werbung geschaltet wird, und zweitens in welcher Situation der Konsument in der Situation sich befindet, wenn er das Werbemedium betrachtet, um die optimalen Ergebnisse für die Corporate Brand zu erreichen.

▶ Das Involvement der Konsumenten sollte bei Portfolio-Werbung nicht überschätzt , denn es hat Auswirkungen auf die Zahl der berücksichtigten Produktmarken. Ansonsten gilt die Regel: Je mehr Produktmarken, desto besser das Urteil über die Corporate Brand.

26.4.4 Die Stärke der Produktmarken gezielt nutzen

Insbesondere bekannte Produktmarken, zu denen Konsumenten ein ausgeprägtes Markenimage haben, stellen zentrale immaterielle Wertschöpfer eines Unternehmens aufgrund ihrer psychologischen Markenstärke in den Köpfen der Konsumenten dar. Insofern sollten neben dem Fit zwischen den Produktmarken und deren Anzahl ebenso deren *Markenstärke* in die Überlegungen einfließen. Folglich sollten Markenmanager möglichst solche Produktmarken für Portfolio-Werbung auswählen, die über eine hohe Markenstärke verfügen, aber ebenso einen hohen Fit zueinander aufweisen. Wissenschaftliche Erkenntnisse zeigen, das eine Corporate Brand bei Portfolio-Werbung schlechter abschneidet, wenn das Markenportfolio aus schwachen als auch aus starken Produktmarken besteht, im Vergleich zu Einzelwerbung (s. Abb. 26.8). Ähnliche Effekte zeigen sich ebenso bei der wahrgenommenen Kompetenz der Dachmarke.

Wichtig ist hierbei, dass die durch Portfolio-Werbung dargebotenen Produktmarken eine ähnlich hohe Markenstärke aufweisen (s. Abb. 26.9). Nimmt der Konsument hingegen die Marken im Markenportfolio als sehr unterschiedlich hinsichtlich ihrer Bekanntheit und ihres Images wahr, dann besteht die Gefahr, dass das Markenportfolio nicht als

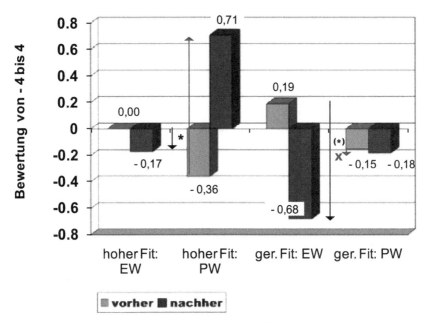

Abb. 26.8 Einstellung gegenüber der Corporate Brand bei Einzelwerbung im Vergleich zu Portfolio-Werbung bei einem Markenportfolio aus schwachen Produktmarken vor und nach Anzeigenkontakt. (Quelle: Brunner 2013, S. 214)

Einheit wahrgenommen wird – mit der Folge dass die Spilloverwirkungen des Markenportfolios auf die Corporate Brand geringer ausfallen (Brunner 2013, S. 254 f.). Es kann sogar dazu kommen, dass dies zu Ankereffekten führt, wenn eine Produktmarke einen herausstechende Markenbekanntheit neben unbekannten Produktmarken hat: Hier kann es u. U. zu einer *Exklusion* der Produktmarke aus der Dachmarken-Kategorie kommen (z. B. Schwarz und Bless 1992; Wänke et al. 1999). Letztlich kann dadurch der Konsument die Kategorie der Dachmarke nur bedingt bilden, was die Effekte von Portfolio-Werbung auf die Corporate Brand als auch auf die Product Brands schmälern würde.

26.4.5 Durch Wiederholung die Dachmarken-Kategorie in den Köpfen der Konsumenten anreichern

Portfolio-Werbung dient nicht nur dazu, eine Markenarchitektur gegenüber den Konsumenten zu kommunizieren, damit diese das Beziehungsgeflecht zwischen Corporate Brand und Product Brands erlernen. Auch kann erreicht werden, dass die Dachmarke um markenspezifische Assoziationen, die der Verbraucher zu einzelnen Produktmarken hat, „angereichert" wird (z. B. Rumelhart 1980; Marcus und Zajonc 1985; Fiske und Taylor 2008 sowie Winter und Uleman 1984; Carlston und Skowronski 1994). Dies kann zu einer Erhöhung der Zugriffsfähigkeit (z. B. Feldman und Lynch 1988; Lynch et al. 1988;

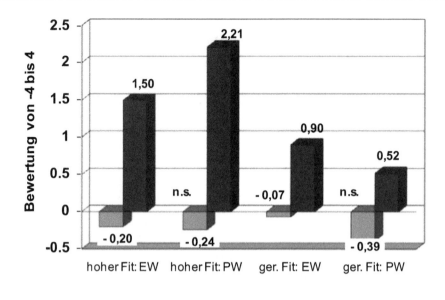

Abb. 26.9 Einstellung gegenüber der Corporate Brand bei Einzelwerbung im Vergleich zu Portfolio-Werbung bei einem Markenportfolio aus starken Produktmarken vor und nach Anzeigenkontakt. (Quelle: Brunner 2013, S. 214)

Lynch 2006) von der Dachmarke zu den Produktmarken führen und vice versa (Esch et al. 2010). Demzufolge kann der Konsument bspw. die Dachmarke leichter im Gedächtnis abrufen, wenn er eine Verpackung der Produktmarke am POS sieht (ebenda). So konnte in einer qualitativen Studie gezeigt werden, dass durch mehrmaligen Anzeigenkontakt die Dachmarkenkategorie der Corporate Brand Storck um markenspezifische Assoziationen der Produktmarken Werther's Original, Merci, Toffifee und Dickmann's erweitert werden kann (s. Abb. 26.10). Weiterhin kann durch die *Wiederholung* von Portfolio-Werbung der Fit zwischen den Produktmarken im Markenportfolio erhöht werden. Dieser Effekt konnte ebenso bei Markenerweiterungen nachgewiesen werden. So kommt es durch die mehrmalige Darbietung von Marke und Neuprodukt nach Lane (2000) zu Assimilationseffekten zwischen beiden. Bei der mehrfachen Schaltung von Portfolio-Werbung bedeutet dies, dass Konsumenten die Produktmarken in der Dachmarken-Kategorie als zunehmend ähnlicher wahrnehmen, weil sie mit der Markenarchitektur mit steigendem Anzeigenkontakt vertrauter werden. Dabei verknüpfen sich die Assoziationsnetzwerke zwischen Dachmarke und den einzelnen Produktmarken untereinander.

▶ Das Erlernen einer Markenarchitektur braucht Zeit: Zahlreiche Werbewiederholungen sind notwendig.

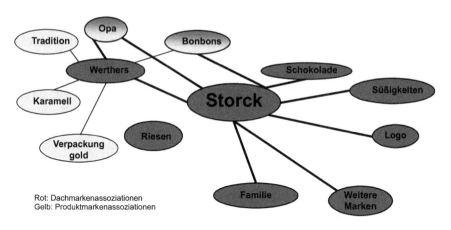

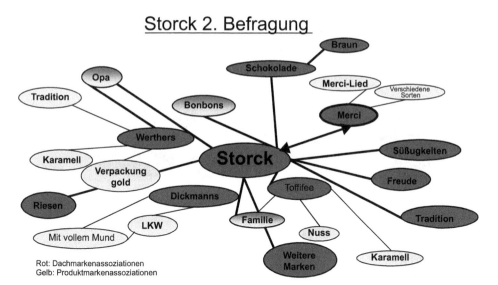

Abb. 26.10 Semantisches Netzwerk zur Corporate Brand Storck bei ein- und dreimaligen Anzeigenkontakt. (Quelle: Goertz 2007, S. 138)

Wie eine Corporate Brand und Product Brands durch jahrelange Kommunikation verknüpft werden können, zeigt sich auch in einer aktuellen Untersuchung an der University of Reading (hierzu und im Folgenden Brunner 2014). Werden Konsumenten gebeten, ihre Assoziationen zur Corporate Brand Nestlé zu nennen, so sind nicht nur Nennungen der Produktmarken wie Nesquick, Nescafé, KitKat, Maggi und Purina zu finden, sondern es werden ebenso markenspezifische Assoziationen wie bspw. das Bild der Nesquick-Hasen erinnert. Die Assoziation, die bei den meisten Studienteilnehmern als erstes genannt wurde, war entweder „Kitkat", „Schokolade" oder „Müsli". Unabhängig von der Reihenfolge der genannten Assoziationen wurden am häufigsten die Assoziationen „KitKat", „Nesquick", „lange Unternehmenshistorie", „Nescafé" sowie das Nestlé-Logo genannt (Brunner 2014). Da Nestlé insbesondere auf den Schokoriegeln Kitkat die Corporate Brand seit langer Zeit „branded" (Bräutigam 2004) sowie ebenso die oft genannten Produktmarken durch ihre Namensgebung und die Unterstützung der Dachmarke auf der Verpackung zeigt, sind diese Ergebnisse nicht verwunderlich.

Analog wurden Probanden zur Corporate Brand Procter & Gamble gefragt, da dieses Unternehmen erst seit den Olympischen Spielen den Link zwischen Corporate Brand und Product Brands zeigt. Hier zeigt das Kategorieschema zur Dachmarke, dass die Befragten neben abstrakten Assoziationen zum Unternehmen ebenso einige Produktmarken wie z. B. Dove, Fairy, Gilette und Ariel nennen. Die am häufigsten genannte Assoziation war dabei der Begriff „umbrella brand" (Brunner 2014). Insofern sieht man, dass Konsumenten durch die bisherigen Werbekampagnen der Corporate Brand (insbesondere als Sponsor der Olympischen Spiele 2010) gelernt haben, dass die Dachmarke verschiedene Produktmarken unter „ihrem Mantel" führt und sie als „breite" Dachmarke wahrnehmen (s. Abb. 26.11).

▶ Die Corporate Brand bildet den „Mantel für das Markenportfolio": Je verschiedener die Branchen und Produktmarken unter der Corporate Brand, desto abstrakter die Assoziationen zu dieser.

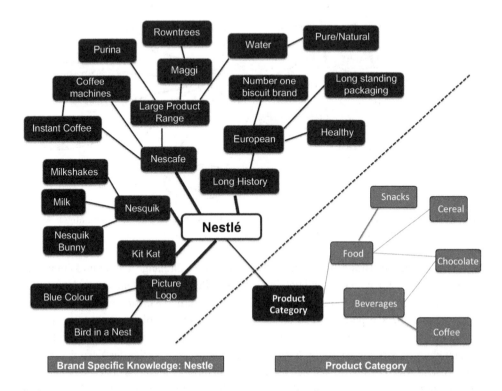

Abb. 26.11 Semantisches Netzwerk zur Corporate Brand Nestlé. (Quelle: Brunner 2014)

26.4.6 Positive Rückwirkungen auf die Produktmarken nutzen

Bei der Wirkung von Portfolio-Werbung sollten Markenmanager nicht nur die positiven Wirkungen des Markenportfolios auf die Corporate Brand in Betracht ziehen – wie dies sich insbesondere für schwache Corporate Brands anbietet. Weiterhin kann diese Werbeform auch für starke Corporate Brand bei der *Einführung einer neuen Produktmarke* genutzt werden. So zahlt es sich bspw. für Ferrero im oben erwähnten Beispiel von Ferrero Garden oder Rondnoir positiv aus, dass die neuen Produkte für den Konsumenten am POS direkt neben bekannten Marken wie Rocher, Raffaello oder Küsschen platziert wurden. Unternehmen wie Ferrero, Nestlè oder Henkel haben es geschafft, im Laufe der Zeit eine starke Corporate Brand aufzubauen und sollten dieses Asset bei der Einführung neuer Produktmarken entsprechend nutzen.

Bräutigam (2004) konnte positive Imagetransfereffekte einer starken Corporate Brand auf eine einzelne Produktmarke nachweisen. Bei Portfolio-Werbung kann jedoch ein *doppelter Hebeleffekt* auf eine neue Produktmarke stattfinden: Einerseits kann die neue (oder bisher unbekannte) Produktmarke durch die Dachmarke gestärkt werden, andererseits auch durch die bekannten Produktmarken an ihrer Seite. Psychologisch betrachtet ordnet der Konsument die neue Produktmarke in die Kategorie der Dachmarke ein und überträgt Eigenschaften ihrer Mitglieder (Assoziationen der Produktmarken) auf die neue Produktmarke (Wänke et al. 1998; Wänke et al. 2001). So zeigt sich, dass das Urteil von Konsumenten zu einer neue Produktmarke am besten ausfällt, wenn diese sowohl mit Dachmarken-Hinweis (DM) gezeigt wird als auch mit drei anderen Produktmarken (PMs) durch Portfolio-Werbung kommuniziert wird (s. Abb. 26.12).

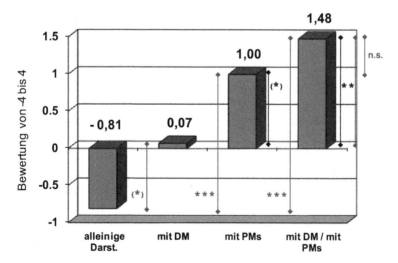

Abb. 26.12 Einstellung zur neuen Produktmarke bei alleiniger Darstellung, mit Dachmarke, mit Markenportfolio oder durch Portfolio-Werbung. (Quelle: Brunner 2013, S. 234)

▶ Eine neue oder unbekannte Produktmarke profitiert von einer doppelten Hebelwirkung bei Portfolio-Werbung: Sie kann durch die Corporate Brand ebenso wie durch das restliche Markenportfolio aufgebaut werden.

26.5 Handlungsempfehlungen ableiten

Der Einsatz von Portfolio-Werbung kann durch die Verlinkung zwischen Marken *Kostenvorteile* (Kosten der gleichzeitigen Kommunikation mehrerer Marken im Vergleich zu mehrfach anfallenden Kommunikationskosten individueller Werbung) für jede einzelne Marke mit sich bringen.

Gleichzeitig kann zum einen insbesondere eine unbekannte bzw. schwache Corporate Brand durch ihr zugehöriges Markenportfolio gestärkt werden – was sich derzeit für die neu geschaffene Unternehmensmarke Mondelēz anbietet. Voraussetzung hierzu ist es jedoch, *die Rollen der Corporate Brand und jeder Product Brand innerhalb der Markenarchitektur klar zu definieren* und die *Wechselwirkungen der Marken* zu berücksichtigen. Hierbei ist eine langfristige und konsequent durchgeführte Strategie für das gesamte Unternehmen anzustreben (Brunner 2013, S. 255). Dabei sollte jede einzelne Marke über eine notwendige Eigenständigkeit verfügen, damit der Konsument diese Marke und ihre Produkte klar identifizieren kann und diese sich zudem ausreichend von anderen Marken (im eigenen Markenportfolio sowie von Wettbewerbsangeboten) differenziert. Es gilt also, ein ausgeglichenes Maß von Eigenständigkeit jeder einzelnen Marke (und damit eigenständige Werbung) und Synergieeffekten zwischen Marken im Portfolio (durch ihre gemeinsame Darbietung in der Werbung) zu realisieren.

Neben positiven Synergieeffekten müssen sich Markenverantwortliche jedoch auch über die *Gefahren durch Portfolio-Werbung* bewusst sein. Wenn der Konsument die Verlinkung zwischen Marken in einer Markenarchitektur kennt, ist auch das Risiko größer, dass sich Produktfehler bzw. Imagekrisen einer einzelnen Marke auf andere Produktmarken im Portfolio oder die Dachmarke übertragen (z. B. Loken und Roedder John 1993). Allerdings ist ebenso bei der Verfolgung einer reinen Einzelmarken-Strategie in der heutigen „digitalen Vernetzung" die Gefahr groß, dass Konsumenten durch z. B. Presse, (online) Word-of-Mouth (z. B. Brand Communities, Internetforen) oder Testinstitute und (Verbraucher-)Verbände schnell erfahren, wer der jeweilige Konzern ist, der hinter einem Produktfehler oder einer Produktmarke im Kreuzfeuer steht. Insofern können sich Unternehmen hinter ihren Produkten kaum noch verbergen und müssen entsprechend mit Fehlern offen umgehen und ein entsprechendes präventives Krisenmanagement für solche Gefahren aufbauen. Deshalb sollten die Vorteile aufgrund von Synergien durch die Verlinkung zwischen Marken und die hierbei erzielten Kostenvorteile durch ihre gleichzeitige Kommunikation den höheren Gefahren von negativen Imagespillover-Effekten im Falle einer Krise einer Produktmarke wohl bedacht sein. Um diesen Gefahren entsprechen entgegenzuwirken, sind eine ausreichende Eigenständigkeit jeder Marke und eine entsprechende Differenzierung der Produktmarken untereinander umso wichtiger. Umgekehrt kann eine starke Corporate-Dachmarke einer Produktmarke in einer Krisensituation jedoch einen gewissen Puffer bilden, um negative Effekte „abzufedern" (z. B. Einwiller et al. 2006).

Vor dem Einsatz von Portfolio-Werbung sollte weiterhin die *Breite der Dachmarke* definiert sein, da die Wahl der Produktmarken die Wahrnehmung der Dachmarke und die mit ihr assoziierten Produktkategorien und damit ihre subjektiv wahrgenommene Kompetenz und Expertise maßgeblich beeinflusst. Durch die definierte Breite der Dachmarke wird die Auswahl der für Portfolio-Werbung infrage kommenden Produktmarken entsprechend eingeschränkt. Soll die Corporate Brand sehr spitz positioniert werden und mit einem Flagship-Produkt verlinkt werden, dann ist eher zu empfehlen, die Corporate Brand nur mit dieser Produktmarke alleine darzubieten.

Nach Festlegung der Positionierung und der Breite der Corporate Brand wäre abzusichern, dass die relevanten Produktmarken der entsprechenden Produktkategorie(n) eine möglichst große *Markenstärke* sowie einen hohen Fit aufweisen. Denn die beste Hebelwirkung auf die Corporate Brand dürfte dann erfolgen, wenn sowohl ein *hoher Fit zwischen den Produktmarken* als auch eine möglichst große Strahlkraft der Produktmarken vorliegt. Dabei sollte darauf geachtet werden, dass das Markenportfolio als Einheit wahrgenommen wird und keine einzelne Produktmarke durch z. B. eine sehr hohe Bekanntheit im Vergleich zu den anderen Marken „heraussticht".

Des Weiterhin sollte das Medium, in dem die Werbung geschaltet werden soll, festgelegt werden und das voraussichtliche *Involvement des Konsumenten* bei Werbekontakt beachtet werden, da dies die optimale Anzahl der Produktmarken bestimmt. Ist das Involvement hoch, dann sollten optimalerweise vier bis fünf Produktmarken mit der Corporate Brand dargeboten werden. Bei geringem Involvement sollte eine höhere Anzahl an Produkten in der Werbung gezeigt werden, um eine bestmögliche Hebelwirkung auf die Unternehmensmarke zu erzeugen.

Damit der Konsument die Markenarchitektur im Laufe der Zeit erlernt, sollte Portfolio-Werbung ständig wiederholt dargeboten werden. Da Konsumenten bei Werbekontakt in den meisten Fällen wenig involviert sind, und die Streuverluste zumeist hoch sind, ist eine häufige *Wiederholung der Reize durch Portfolio-Werbung* sowie ein entsprechender Werbedruck empfehlenswert, um Synergien durch Portfolio-Werbung zu erreichen. So zeigt die Werbekampagne „Danke Mama" von Procter & Gamble deutlich, inwieweit Konsumenten die Corporate Brand hinter den bereits bekannten Produktmarken und die Markenarchitektur der Unternehmens bereits gelernt haben.

Damit die Markenarchitektur langfristig in den Köpfen der Konsumenten verankert wird, gilt es, eine *langfristige Strategie bezüglich der festgelegten Markenarchitektur* im Unternehmen zu verfolgen. Denn Konsumenten lernen die Verlinkung zwischen bisher getrennt geführten Marken eines Unternehmens nur langsam. Hierbei wären einerseits Synergien durch Mehrmarkenkommunikation „unter dem Mantel" der Corporate Brand zu nutzen, andererseits jedoch ist auch zu sichern, dass die Eigenständigkeit der Produktmarken und der Corporate Brand gewährleistet ist – durch ausreichende Imagewerbung für jede einzelne Marke im Konzern. Ob Portfolio-Werbung als Instrument in einem Konzern mit einer komplexen Markenarchitektur zum Einsatz kommt, ist letztlich von dessen Strategie und der klar festgelegten Positionierung jeder einzelnen Marke und ihren Wechselwirkungen untereinander abhängig, gemäß dem Zitat Birgit Breuels: „Wenn man in die falsche Richtung läuft, hat es keinen Zweck, das Tempo zu erhöhen."

Literatur

Aaker, D. A., & Joachimsthaler, E. (2000). The brand relationship spectrum: The key to the brand architecture challeng. *California Management Review, 42*(4), 8–23.

Aaker, D. A., & Keller, K. L. (1990). Consumer evaluations of brand extensions. *Journal of Marketing, 54*(1), 27–41.

Amirkhizi, M. (2008). Visid entwickelt neues Logo für Henkel-Waschmittel. Horizont.net http://www.horizont.net/aktuell/agenturen/pages/protected/Visid-entwickelt-neues-Logo-fuer-Henkel-Waschmittel_77693.html. Zugegriffen: 28. Juni 2013.

Barsalou, L. W. (1992). *Cognitive psychology: An overview for cognitive scientists*. Hillsdale: Lawrence Erlbaum Associates.

Baumol, W., & Ide, E. A. (1956). Variety in retailing. *Management Science, 3*(1), 93–101.

Berger, J., Draganska, M., & Simonson, I. (2007). The influence of product variety on brand perception and choice. *Marketing Science, 26*(4), 460–472.

Berens, G., van Riel, C. B. M., & van Bruggen, G. H. (2005). Corporate associations and consumer product responses: The moderating role of corporate brand dominance. *Journal of Marketing, 69*(3), 35–48.

Bottomley, P. A., & Doyle, J. R. (1996). The formation of attitudes towards brand extensions: Testing and generalising aaker and keller's model. *International Journal of Research in Marketing, 13*(4), 365–377.

Bottomley, P. A., & Holden, S. J. S. (2001). Do we really know how consumers evaluate brand extensions? Empirical generalizations based on secondary analysis of eight studies. *Journal of Marketing Research, 38*(4), 494–500.

Boush, D. M., & Loken, B. (1991). A process-tracing study of brand extension evaluation. *Journal of Marketing Research, 28*(1), 16–28.

Boush, D. M. (1993). Brand as Categories. In D. A. Aaker & A. L. Biel (Hrsg.), *Brand Equity & Advertising* (S. 299-312). Hillsdale: Lawrence Erlbaum Associate.

Boush, D., Shipp, S., Loken, B., Gencturk, E., Crockett, S., Kennedy, E., Minshall, E., Misurell, D., Rochford, L., & Strobel, J. (1987). Affect generalization to similar and dissimiliar brand extensions. *Psychology & Marketing, 4*(3), 225–237.

Brady, D. (1. October 2012). Corporate Naming: Mondelēz Ditches Kraft's Name; Others Dump the Accent, Bloomberg Businessweek. http://www.businessweek.com/articles/2012-10-01/mondelz-splits-from-kraft-with-a-symbol-that-goes-missing.

Bräutigam, S. (2004). Management von Markenarchitekturen: Ein verhaltenswissenschaftliches Modell zur Analyse und Gestaltung von Markenportfolios, Dissertation am Lehrstuhl für Marketing an der Justus-Liebig-Universität Gießen.

Brunner, C. B. (2010). Alle für Einen, einer für Alle. *Markenartikel, 11*, 88–91.

Brunner, C. B. (2013). *Portfolio-Werbung als Technik des Impression Management: Eine Untersuchung zur gegenseitigen Stärkung von Dachmarke und Produktmarken in komplexen Markenarchitekturen* (2. Aufl.). Wiesbaden: Gabler.

Brunner, C. B. (2014). Measuring consumers' brand knowledge towards corporate and product brands in different product categories. Working Paper, University of Reading: Department of Food Economics and Marketing, United Kingdom.

Brunner, C. B., & Esch, F.-R. (2010). Der Einfluss des Markenportfolios auf die Dachmarke durch Portfolio-Werbung: Eine Untersuchung zur gegenseitigen Stärkung von Dachmarke und Produktmarken in komplexen Markenarchitekturen. *Marketing ZFP, 3*, 144–161.

Carlston, D. E., & Skowronski, J. J. (1994). Savings in the relearning of trait information as evidence for spontaneous inference generation. *Journal of Personality and Social Psychology, 66*(5), 840–856.

Chernev, A. (2003a). Product assortment and individual decision process. *Journal of Personality and Social Psychology, 85*(1), 51–162.

Chernev, A. (2003b). When more is less and less is more: The role of ideal point availability and assortment in consumer choice. *Journal of Consumer Research, 30*(2), 170–183.

Chernev, A. (2006). Decision focus and consumer choice among assortments. *Journal of Consumer Research, 33*(1), 50–59.

Dacin, P. A., & Smith, D. C. (1994). The effect of brand portfolio characteristics on consumer evaluations of brand extensions. *Journal of Marketing Research, 31*(2), 229–242.

Einwiller, S., Wänke, M., Herrmann, A., & Samochowiec, J. (2006). Attributional processes in the case of product failures: The role of the corporate brand as buffer. *Advances in Consumer Research, 33*(1), 270–271.

Erickson, M. A., & Kruschke, J. K. (1998). Rules and exemplars in category learning. *Journal of Experimental Psychology: General, 127*(2), 107–140.

Esch, F. R., Brunner, C. B., Gawlowski, D., & Goertz S. (2010). Der Einfluss von Portfolio-Werbung auf die Einstellung und das Image von Dachmarken: eine empirische Untersuchung. *Transfer – Werbeforschung & Praxis, 2,* 6–30.

Feldman, J. M., & Lynch Jr., J. G. (1988). Self-generated validity and other effects of measurement on belief, attitude, intention, and behavior. *Journal of Applied Psychology, 73*(3), 421–435.

Fiske, S. T., & Taylor, S. E. (2008). *Social cognition: From brains to culture.* New York: McGraw-Hill.

Goertz, S. (2007). *Portfolio-Werbung – Eine Technik zur Stärkung von Dachmarken.* Wiesbaden: Gabler.

Grewal, D., Kavanoor, S., Fern, E. F., Costley, C., & Barnes, J. (1997). Comparative versus noncomparative advertising: A meta-analysis. *Journal of Marketing, 61*(4), 1–15.

Iyengar, S. S., & Lepper, M. R. (2000). When choice is demotivating: Can one desire too much of a good thing? *Journal of Personality and Social Psychology, 79*(6), 995–1006.

Keller, K. L., & Aaker, D. A. (1992). The effects of sequential introduction of brand extensions. *Journal of Marketing Research, 29*(2), 35–50.

Kroeber-Riel, W., & Esch, F.-R. (2011). *Strategie und Technik der Werbung – Verhaltenswissenschaftliche Ansätze.* Stuttgart: Kohlhammer.

Lane, V. R. (2000). The impact of ad repetition and ad content on consumer perceptions of incongruent extensions. *Journal of Marketing, 64*(2), 80–91.

Lien, N. (2001). Elaboration likelihood model in consumer research: A review. *Proceedings of the National Science Council, 11*(4), 301–310.

Loken, B., & Roedder John, R. (1993). Diluting brand beliefs: When do brand extensions have a negative impact? *Journal of Marketing, 57*(3), 71–84.

Lynch Jr., J. G. (2006). Accessibility-diagnosticity and the multiple pathway anchoring and adjustment. *Journal of Consumer Research, 33*(1), 25–27.

Lynch Jr., J. G.; Marmorstein, H., & Weigold, M. F. (1988). Choices from sets including remembered brands: Use of recalled attributes and prior overall evaluations. *Journal of Consumer Research, 15*(2), 169–184.

Mao, H., & Krishnan, H. S. (2006). Effects of prototype and exemplar fit on brand ex-tension evaluations: A two-process contingency model. *Journal of Consumer Research, 33*(1), 41–49.

Marcus, H., & Zajonc, R. B. (1985). The cognitive perspective in social psychology. In G. Lindzey & E. Aronson (Hrsg.), *Handbook of social psychology* (3. Aufl., S. 137–230). New York.

Medin, D. L., Ross, B. H., & Markman, A. B. (2005). *Cognitve psychology* (4. Aufl.). Fourth Worth: Hartcourt College Publisher.

Mervis, C. B., & Rosch, E. (1981). Categorization of natural objects. *Annual Review of Psychology, 32*(1), 89–115.

Pechmann, C., & Ratneshwar, S. (1991). The use of comparative advertising for brand positioning: Associative versus differentiation. *Journal of Consumer Research, 18*(3), 145–160.

Petty, R. E., & Cacioppo, J. T. (1983). Central and peripheral routes to advertising effectiveness: The moderating role of involvement. *Journal of Consumer Research, 10*(2), 134–148.

Petty, R. E., & Cacioppo, J. T. (1986). *Communication and persuasion: Central and peripheral routes to attitude change*. New York: Springer.

Redler, J. E. (2003). *Management von Markenallianzen: Eine Analyse unter besonderer Berücksichtigung der Urteilsbildung*. Berlin: Logos.

Rosch, E. (1978). Principles of categorization. In E. Rosch & B. B. Lloyd (Hrsg.), *Cognition and categorization* (S. 27–48). Hillsdale: Lawrence Erlbaum Associates.

Rosch, E., & Mervis, C. B. (1975). Family resemblances: Studies in the internal structure of categories. *Cognitive Psychology, 7*(4), 573–605.

Rossiter, J. R., & Bellman, S. (2005). *Marketing communications: Theory and applications*. Frenchs Forest NSW: Pearson.

Rumelhart, D. (1980). On evaluating story grammars. *Cognitive Science: A Multidisciplinary Journal of Artificail Intelligence, psychology, and language, 4*(3), 313–316.

Schwarz, N., & Bless, H. (1992). Constructing reality and its alternatives: An inclusion/exclusion model of assimilation and contrast effects in social judgment. In: L. Martin & A. Tesser (Hrsg.), *The construction of social judgments* (S. 217–245). Hillsdale: Lawrence Erlbaum Associates.

Schobelt, F. (18. April 2012). Der erste Spot: Procter & Gamble sagt weltweit „Danke, Mama". werben und verkaufen. http://www.wuv.de/marketing/der_erste_spot_procter_gamble_sagt_weltweit_danke_mama. Zugegriffen: 29. Dez. 2012.

Simonin, B. L., & Ruth, J. A. (1998). Is a company known by the company it keeps? Assessing the spillover effects of brand alliances on consumer brand attitudes. *Journal of Marketing Research, 35*(1), 30–42.

Wänke, M. (1998). Markenmanagement als Kategorisierungsproblem. *Zeitschrift für Sozialpsychologie, 29*(2), 117–123.

Wänke, M., Bless, H., & Schwarz, N. (1998). Context effects in product line extensions: Context is not destiny. *Journal of Consumer Psychology, 7*(4), 299–322.

Wänke, M., Bless, N., & Schwarz, N. (1999). Assimilation and contrast in brand and product evaluations: Implications for marketing. *Advances in Consumer Research, 26*, 95–98.

Wänke, M., Bless, H., & Igou, E. R. (2001). Next to a star: Paling, shining, or both? Turning interexemplar contrast into interexemplar asssimilation. *Personality and Social Psychology Bulletin, 27*(1), 14–29.

Wänke, M., & Greifeneder, R. (2007). Mehr ist mehr? Die psychologische Wirkung von Angebotsvielfalt und Markenbreite. In A. Florack, M. Scarabis, & E. Primosch (Hrsg.), *Psychologie der Markenführung* (S. 149–158). München: Vahlen.

Waldmann, M. R. (2008). Kategorisierung und Wissenserwerb. In J. Müsseler (Hrsg.), *Allgemeine Psychologie* (S. 376–427). Heidelberg: Spektrum Akademischer.

Weber, M. (24. Februar 2012). Procter & Gamble will im Marketing eine Milliarde Dollar einsparen. werben und verkaufen. http://www.wuv.de/marketing/procter_gamble_will_im_marketing_eine_milliarde_dollar_einsparen. Zugegriffen: 29. Dez. 2012.

Weber Shandwick & KRC Research (2012). The company behind the brand. http://www.webershandwick.fr/documents/ceo_spotlight_r5_uk.pdf. Zugegriffen: 1. Juli. 2013.

Winter, L., & Uleman, J. S. (1984). When are social judgments made? Evidence for the spontaneousness of trait inferences. *Journal of Personality and Social Psychology, 47*(2), 237–252.

Dr. Christian Boris Brunner ist Lecturer in Consumer Research and Marketing am Department for Food Economics and Marketing an der University of Reading, UK. Seine Arbeitsgebiete liegen in Werbung und Branding, Markenarchitekturen sowie Research Fellow am Center für Corporate Citizenship an der Katholischen Universität Eichstätt-Ingolstadt.

Markenallianzen für das Corporate Brand Management nutzen

27

Franz-Rudolf Esch und Jörn Redler

Zusammenfassung

Mittels Markenallianzen kann ein Unternehmen unternehmensfremde Marken für das eigene Markensystem nutzbar machen. Für das Corporate Brand Management ergeben sich Chancen sowohl bezüglich konkreter Markteffekte als auch hinsichtlich der Markensteuerung. Diese können über verschiedene Konstellationen von Markenallianzen aufgegriffen werden. Dieses Kapitel geht auf diese Potenziale sowie auch verbundenen Risiken ein und stellt einen Managementprozess für die Umsetzung von Markenallianzen vor.

27.1 Mit Markenallianzen das System aus Corporate Brand und Produktmarken gestalten

Produktmarken eines Unternehmens können in der Außensicht eng, lose oder gar nicht an eine Corporate Brand geknüpft sein. So werden beispielsweise die Marken Pampers oder Pringles als Einzelmarken geführt. Bei ihnen ist eine Anbindung an die Corporate Brand nicht gegeben, da die Corporate Brand Procter & Gamble vom Kunden im Zusammenhang mit der Produktmarke nicht wahrgenommen wird. In vielen Fällen findet jedoch eine Anbindung an eine Corporate Brand statt. Es resultiert eine mehrfache Markierung der

---

J. Redler (✉)
Duale Hochschule Baden-Württemberg (DHBW), Mosbach, Deutschland
E-Mail: redler@dhbw-mosbach.de

F.-R. Esch
EBS Universität für Wirtschaft und Recht, Oestrich-Winkel, Deutschland
E-Mail: Franz-Rudolf.Esch@ebs.edu

© Springer Fachmedien Wiesbaden 2014
F.-R. Esch et al. (Hrsg.), *Corporate Brand Management*,
DOI 10.1007/978-3-8349-3862-6_27

Leistung (im einfachsten Fall durch eine Produktmarke und eine Corporate Brand). Diese Anbindung an die Corporate Brand kann dabei unterschiedlich stark ausgeprägt sein. Wird beispielsweise eine eigene Leistung dominant mit der Corporate Brand gekennzeichnet (z. B. Nestle LC1), so findet eine enge Bindung statt. Bei einer losen Bindung nutzt man eine Corporate Brand als Endorsement (z. B. Spee von Henkel).

▶ Oftmals treten Unternehmensleistungen nicht nur durch eine Produktmarke, sondern zusätzlich auch durch eine Corporate Brand in Erscheinung. Dadurch wird in der Wahrnehmung der Anspruchsgruppen eine Verbindung zwischen den Marken geschaffen. Diese gegenseitige Anbindung kann unterschiedlich stark sein.

Es ist weiterhin möglich, dass eigene *Produkt*marken mit fremden Marken kombiniert werden. Bezieht sich dies auf eine eigenständige Marktleistung spricht man von einer unternehmensübergreifenden Markenkombination, bei langfristigen Ausprägungen von einer *Markenallianz* (Redler 2003, S. 13 f.; Redler 2014). So kann beispielsweise die eigene Marke gemeinsam mit einer portfoliofremden Produktmarke benutzt werden, um ein Produkt zu markieren (z. B. die Corporate Brand Haribo mit der Produktmarke Smarties von Nestlé). Derartige Markenverbindungen gehören inzwischen zum Standard-Repertoire der Führung von Markenportfolios (Uggla und Asberg 2010, S. 92) – und sie können sich explizit auch auf Allianzen zwischen Hersteller- und Händlermarken beziehen (Arnett et al. 2010). Die Anbindung der „externen" Marke an die Corporate Brand kann dabei wiederum unterschiedlich stark ausgeprägt sein. Abbildung 27.1 fasst die Zusammenhänge zusammen.

▶ Durch die Bildung von Markenallianzen können Marken, die nicht dem eigenen Markenportfolio angehören, für unternehmenseigene Ziele genutzt werden.

Beispielsweise nutzen Philips und Alessi gegenseitig ihre jeweiligen Images, wenn sie unter der Marke Philips Alessi Küchenkleingeräte anbieten. Die eigene Leistung kann damit nicht nur durch die Wirkung der eigenen Marke auf die Wahrnehmung profitieren, sondern auch auf die Bekanntheit und das Image einer unternehmensfremden Marke zurückgreifen. Im Fall der Marke Philips Alessi wird beispielsweise die Wahrnehmung einer Kaffeemaschine durch den Kunden nicht nur durch die Assoziationen zur Marke Philips („technisches Know-How", „Let's make things better."), sondern zusätzlich auch durch Assoziationen zu Alessi („funktionales Design", „Modernität") gelenkt. Durch diese Potenziale aus Image- und Bekanntheitstransfers ergeben sich Chancen für das eigene Unternehmen.

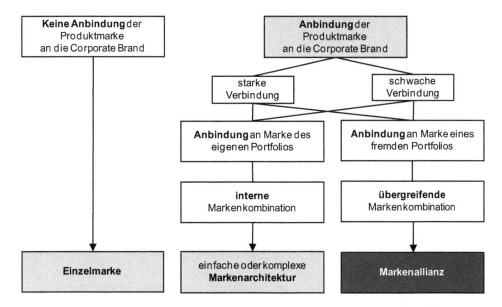

Abb. 27.1 Markenanbindungen an eine Corporate Brand

27.2 Markenallianzen als Markenkombination begreifen

Markenallianzen sind langfristige, unternehmensübergreifende Formen der Markenkombination (Redler 2003, S. 14). Einer Markenallianz zuzuordnen sind also jene Fälle, bei denen

- ein eigenständiges Leistungsangebot
- langfristig
- mit simultaner Markierung von mindestens zwei Marken angeboten wird, wobei
- eine der beteiligten Marken nicht aus dem eigenen Portfolio stammt.

Daher sind Vereinbarungen, die sich ausschließlich auf gemeinsame Kommunikationsaktivitäten von Marken beziehen (*Co-Promotions*), von dem Fall der Markenallianz abzugrenzen: Erstens entsteht dabei keine gemeinsame Leistung, zweitens werden sie überwiegend zeitlich befristet eingesetzt.

In der Literatur wird der Begriff der Markenallianz zum Teil weiter gefasst, indem alle Fälle, bei denen zwei oder mehr Marken gegenüber dem Konsumenten dargeboten werden, als Markenallianz angesehen werden, z. B. auch bei einer Co-Promotion (Rao et al. 1999; Rao und Ruekert 1994; Simonin und Ruth 1998). Der Begriff Markenallianz wird außerdem oftmals inhaltlich identisch mit dem Begriff Co-Branding verwendet (zum Co-Branding z. B. Keller 2003, S. 360; Aaker und Joachimsthaler 2000, S. 141 f.; Washburn et al. 2000, S. 591).

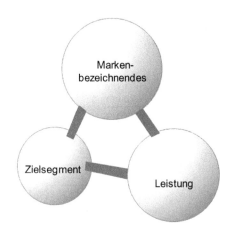

Abb. 27.2 Markenmolekül zur Charakterisierung einer Marke. (Quelle: in Anlehnung an Redler 2013, S. 134)

▶ Markenallianzen sind eine Ausprägungsform von Markenkombinationen (Mehrfachmarkierungen). Unter Markenkombinationen versteht man ganz allgemein die gemeinsame Darbietung mehrerer Marken im Zusammenhang mit einer Leistung (Redler 2002; Redler 2003, S. 11).

Markenkombinationen als Ausdruck einer Mehrfachmarkierung von Leistungen (Redler 2003, S. 10) beziehen sich auf die Achse Markenbezeichnendes-Leistung des *Markenmoleküls* (dazu Redler 2013; s. Abb. 27.3). Das Markenbezeichnende umfasst hierbei alle Branding-Elemente inkl. Markenname und formale Markenelemente, während sich die Leistung auf das konkrete Produkt oder die Services bezieht, die darunter angeboten werden. In der Verbindung von Bezeichnendem und Leistung mit einem Zielsegment wird aus strategischer Sicht die Grundlage beschrieben, auf der eine Marke – aufgefasst als erlerntes Markenwissen – entstehen kann (Redler, 2013; s. Abb. 27.2).

Abb. 27.3 Milka DaimSnax als Beispiel für eine interne Markenkombination

Markenkombinationen können in ganz unterschiedlichen Formen auftreten. Entsprechend lassen sie sich nach verschiedenen Kriterien einteilen (Redler 2003, S. 12 ff.; Esch und Redler 2004; Redler 2014).

Nach dem *rechtlichen Eigentum* der beteiligten Marken können interne und unternehmensübergreifende Markenkombinationen differenziert werden. Bei internen Markenkombinationen werden mehrere Marken, die dem gleichen Eigentümer gehören, zur Markierung einer Leistung benutzt (Ein-Portfolio-Fall). Ein aktuelles Beispiel für eine interne Markenkombination ist Milka Daim Snax, bei dem von Mondelez International (ehemals Kraft Foods) die portfolioeigenen Produktmarken Milka und Daim zur Profilierung einer neuen Leistung simultan genutzt werden (s. Abb. 27.3).

Bei unternehmensübergreifenden Markenkombinationen werden Marken aus eigenem Eigentum mit Marken anderer Eigentümer kombiniert (Mehr-Portfolio-Fall). Dies ist bei Markenallianzen der Fall.

Zusätzlich kann man Markenkombinationen danach unterscheiden, ob es sich um Kombinationen von Marken der gleichen oder unterschiedlicher *Wirtschaftsstufen* handelt. Bei Schöller-Mövenpick handelt es sich um eine Markenkombination zwischen Marken der gleichen Wirtschaftsstufe. Kombinationen von Marken unterschiedlicher Wirtschaftsstufen findet man beim Ingredient Branding (Diet Coke mit Nutra Sweet). Je nachdem, ob zwei oder mehr Marken kombiniert werden, können einfache und komplexe Markenkombinationen differenziert werden. Während bei Häagen Dazs-Baileys zwei Marken zu einer Markenkombination zusammengeführt werden (einfache Markenkombination), bildet Nivea-Visage-Alpha Flavon eine komplexe Markenkombination. Hier werden die Unternehmensmarke Nivea, die Submarke Visage und die Produktkennzeichnung Alpha Flavon Creme zusammen dargeboten. Nach der *Hierarchiestellung* der beteiligten Marken zueinander kann man eine Unterscheidung zwischen gleichrangigen (horizontalen) und hierarchischen Markenkombinationen (vertikalen) treffen. Als hierarchische Markenkombination wäre Nestle LC1 einzuordnen, weil es sich hier um ein Über- und Unterordnungsverhältnis zwischen der Unternehmensmarke Nestle und der Produktmarke LC1 handelt. Gleichgeordnete Markenkombinationen wären beispielsweise Ritter Sport-Smarties oder Häagen Dazs-Baileys. Kurzfristige und langfristige Markenkombinationen ergeben sich bei einer Einteilung nach der Zeitdauer der Kombination der Marken.

▶ Markenkombination ist der von Redler (2002) eingeführte Oberbegriff für Formen der gemeinsamen Nutzung von Markierungen mehrerer Marken für eigenständige Marktleistungen. Markenkombinationen können in unterschiedlichen Formen auftreten.

27.3 Die Wirkungsweise von Markenallianzen verstehen

Wie bei der Markenführung im Allgemeinen (dazu Esch et al. 2005, S. 43) möchte man auch durch das Bilden einer Markenallianz eine Beeinflussungswirkung auf den Kunden erzielen, die letztlich dazu führt, dass der Kunde diese (neu geschaffene) Marke beim Kauf

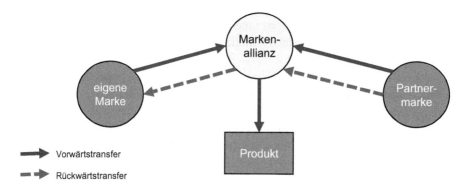

Abb. 27.4 Interaktion von Markenwissen und Transferpfade bei Markenallianzen. (Quelle. Redler 2003, S. 22)

als Alternative beachtet und präferiert. Um diese *Beeinflussungswirkung* zu erreichen, sollen die an der Allianz beteiligten Marken als eine Art „Hebel" dienen. Im Vergleich zu einer Neumarkenstrategie erhofft man sich positive Effekte durch die Markenwerte der kombinierten Marken. Die Werte von Marken basieren im Wesentlichen auf ihrer Bekanntheit und den Assoziationen, die sie beim Kunden hervorrufen (Esch 2011; Keller 2003). An genau diesem Markenkapital möchte man bei einer Markenallianz ansetzen. So wurden beispielsweise durch die Markenallianz Obi@Otto bestimmte Assoziationen, die mit den Marken Obi und Otto verbunden werden, auf die neue Leistung übertragen.

▸ Durch Markenallianzen kann man die Werte der beteiligten Marken kapitalisieren.

Bei der Bildung von Markenallianzen kommt es also zu einer Interaktion von mehreren Elementen (Redler 2003, S. 69 ff.). Das zentrale Element stellt die Markenallianz dar, die quasi als neue Marke entsteht. Dem stehen die zwei beteiligten Marken als solche gegenüber (s. Abb. 27.4).

Zwischen diesen Elementen kann man mehrere Wirkungsmechanismen annehmen. Zum einen findet ein Transfer von Bekanntheit und von Imageelementen auf die neue Markenallianz statt. Zum anderen kann es zwischen den beteiligten Marken zu einem indirekten, gegenseitigen Bekanntheits- und Imagetransfer kommen, da Image und Bekanntheit der Markenallianz auf die beteiligten Marken zurückwirken. Zu den Wirkungszusammenhängen sowie den Faktoren, die die Wirksamkeit beeinflussen, liegen erste empirisch gesicherte Erkenntnisse vor (dazu Redler 2003; Simonin und Ruth 1998; Park et al., 1996; Washburn et al. 2000; Rao et al. 1999. Wesentliche Erfolgsfaktoren sind bei Redler (2003, S. 56, 212) zusammengestellt:

- Hinreichende Markenstärke der Partnermarken
- Wahrgenommener Fit zwischen den bisherigen Betätigungsfeldern der beteiligten Marken

- Wahrgenommener Fit zwischen den beteiligten Marken
- Bekanntheit, Vertrautheit mit den beteiligten Marken
- Glaubwürdigkeit der beteiligten Marken
- Wahrnehmbarkeit der typischen Markenelemente der beteiligten Marken
- Analyse und aktive Steuerung der Urteilsbildungsprozesse

27.4 Optionen und Konfigurationen von Markenallianzen durchdenken

Durch eine Markenallianz kann sowohl die Wahrnehmung der einzelnen angebotenen Leistung als auch die Wahrnehmung der Corporate Brand und zugehöriger Produktmarken durch den Kunden beeinflusst werden. Gegenüber einer Einfachmarkierung können Markenallianzen die Hebelwirkung bestehender Assoziationen von mehreren Marken für die Markenführung ausschöpfen (Redler 2003, 2014).

▶ Markenallianzen können positive Effekte für die beteiligten Marken sowie für die angebotenen Leistungen ermöglichen. Im Vergleich zur Einfachmarkierung sind Markenallianzen immer dann vorteilhaft, wenn man mit der Einfachmarkierung die angestrebten Ziele nicht oder nur weniger effizient erreichen kann.

Durch die Bildung von Markenallianzen ergibt sich für die Markeninhaber eine Reihe interessanter Potenziale. Je nachdem, ob man sich mit einer Markenallianz in einem schon vorhandenen oder einem neuen Markt bewegt, können unterschiedliche Vorteile realisiert werden. Aus strategischer Sicht fungieren Markenallianzen in bestehenden Märkten vor allem als „strategische *Endorser*", während sie in neuen Märkten zusätzlich eine wichtige Rolle als „strategische *Enabler*" einnehmen. Neben diesen Effekten, die sich auf den Markt bzw. das Betätigungsfeld der Marken beziehen, eröffnen Markenallianzen weiterhin Optionen im Hinblick auf Markensteuerungsfragen (s. Abb. 27.5). Das kann anhand ausgewählter Ziele von Markenallianzen verdeutlicht werden.

▶ In bestehenden Märkten können Markenallianzen „strategische Endorser-", in neuen sogar „strategische Enablerwirkungen" entfalten.

Bisherige Märkte: Markenallianzen als strategische Endorser In Märkten, in denen eine Marke bereits aktiv ist, ergibt sich durch eine Markenallianz die Chance, die Bekanntheit und das Image einer portfoliofremden Marke für eigene Marken zu nutzen. Eine solche gegenseitige Imagestärkung wird in der Literatur als ein zentrales Ziel einer Markenallianz gesehen (Esch 2012; Kapferer 1997, S. 87; Keller 2003, S. 360; Sattler 2001, S. 106; Meffert 2002, S. 152; Ohlwein und Schiele 1994, S. 577). Markenallianzen können aber auch zur Erzielung von Lizenzeinnahmen eingegangen werden (Boad 1999a, S. 22) oder durch die kurzfristige Realisation eines Mengen- oder Preispremiums

Abb. 27.5 Chancenfelder für das Corporate Brand Management durch Markenallianzen

motiviert sein (Boad 1999a, S. 23; Keller 2003S. 360). Letzteres kann beispielsweise ein Motiv für die Markenallianz zwischen LG und Prada beim Angebot eines Smartphones sein. In bestehenden Märkten kann eine Markenallianz zudem Möglichkeiten eröffnen, die angebotene Leistung um bestimmte Zusatznutzen zu erweitern (Boad 1999a, S. 25). Beispielsweise wurde es dem ADAC möglich, durch eine Markenallianz mit VISA eine gemeinsame Kundenkarte mit Zahlungsfunktion anzubieten. Nicht zu unterschätzen sind die Optionen, die sich durch Markenallianzen mit Store Brands bieten, um Absatzmittler langfristig an die Marke zu binden (Boad 1999a, S. 36).

Neue Märkte: Markenallianzen als strategische Enabler Zu den Möglichkeiten, die sich aus der Endorser-Wirkung von Markenallianzen ergeben, kommen in vielen Fällen sogenannte Enabler-Effekte hinzu. Einer der wesentlichen Vorteile einer Markenallianz besteht darin, Zugang zu neuen Kundenpotenzialen zu erhalten (Ohlwein und Schiele 1994, S. 577; Keller 2003, S. 360; Sattler 2001, S. 106; Boad 1999a, S. 23 f.; Voss und Tansuhaj 1999, S. 39; Hill und Lederer 2001, S. 103). Dies können beispielsweise regionale Märkte sein, die sich der Markeneigner nur unter prohibitiv hohen Kosten erschließen könnte. In vielen Fällen ist der Markteintritt durch eine Markenallianz erleichtert (Boad 1999a, S. 26 f.; Voss und Tansuhaj 1999, S. 39). Ähnliches gilt für die Erschließung neuer Kompetenzfelder (Boad 1999a S. 29; Ohlwein und Schiele 1994, S. 577). Eine wichtige Rolle spielen Markenallianzen daher als Instrument der Markendehnung (auch: indirekte Markenerweiterung, s. Farquhar et al. 1992, S. 40 f.). Beispiel: Mit dem Salatdressing, das unter der Markenallianz der Marken Brigitte (Media) und Kühne (Nahrungsmittel) angeboten wird, wird die Marke Brigitte auf das Segment der Convenience-Nahrungsmittel gedehnt.

Im Hinblick auf die Distribution können Markenallianzen dazu dienen, strategisch relevante Absatzmittler oder -kanäle zu erschließen bzw. den Zugang zu diesen zu erleichtern (Boad 1999a, S. 26 f.; Sattler 2001, S. 106).

Chancen für die Steuerung der Produktmarken und der Corporate Brands Die bisher diskutierten Chancen einer Markenallianz beziehen sich vor allem auf die Marken-Betätigungsfeld-Verknüpfungen der bisher geführten Marken. Zusätzlich eröffnen sich Chancen für eine proaktive Markensteuerung und die Gestaltung des gesamten Markensystems in Verbindung mit der Corporate Brand. Die Grundlage dafür ist die oben in Abb. 27.4 dargestellte Wechselwirkung zwischen den beteiligten Marken aus Konsumentensicht. Die damit verbundenen Effekte für die Wahrnehmung und Urteilsbildung lassen sich für mindestens vier für die Markensteuerung relevante Aufgabenfelder nutzen (auch Redler 2003):

1. *Markenkapitalisierung und Kostenersparnis*: Eine Markenallianz stellt oft darauf ab, eine aufgebaute Marke zu kapitalisieren. Dies ist bspw. immer dann der Fall, wenn die Marke durch die Markenkombination in neue Betätigungsfelder gedehnt wird, z. B. durch eine indirekte Markenerweiterung, bei der eine bestehende eigene Marke mit einer anderen bestehenden Marke kombiniert wird, um in neue Produktkategorien vorzudringen (auch Esch et al. 2005, S. 911). Andererseits können sich durch das Bilden von Markenkombinationen signifikante Kostenreduktionen ergeben. Wesentlich ist dabei die Überlegung, dass man die sehr hohen Investitionen für einen Markenneuaufbau (Aaker 1990, S. 47; Tauber 1988, S. 27) umgehen oder zumindest stark reduzieren kann. Die Marketinginvestitionen für eine neue Leistung können durch eine Markenallianz vergleichsweise schneller amortisiert werden, da auf diesem Weg verhältnismäßig schnell eine hohe Bekanntheit erreicht und ein Vertrauensbonus realisiert werden (Keller 2003, S. 360). Aus der zusätzlichen Markierung mit der weiteren Marke ergeben sich deshalb auch Möglichkeiten, Floprisiken spürbar zu verringern (Kapferer 1997, S. 87; Boad 1999a, S. 27). Es ist zu vermuten, dass im Hinblick auf die Markenkommunikation zudem Potenziale für eine verbesserte Kommunikationseffizienz realisiert werden können.
2. *Markenaufbau*: Eine Markenallianz kann für den Markenaufbau nutzbar gemacht werden. In diesem Fall wird eine neu zu schaffende Marke zu einer etablierten Marke hinzugefügt. Die etablierte Marke kann dann als Hebel dienen, um der neuen Marke zu Bekanntheit und bestimmten Imagekomponenten zu verhelfen. Diese Idee kann anhand eines klassischen Beispiels aus dem Bereich des Ingredient Branding verdeutlicht werden: 1991 begannen starke Marken wie IBM damit, in der Kommunikation ein enthaltenes Vorprodukt der noch unbekannten Marke Intel kenntlich zu machen. Durch die doppelte Markierung der Leistung konnte Intel zunächst von der Bekanntheit und dem Image der Allianzpartner profitieren. In den folgenden Jahren entwickelte sich Intel selbst zu einer überaus starken eigenständigen Marke, die heute in der Wirkung auf die Kaufentscheidung von Computerprodukten wichtiger angesehen wird als die Marke der eigentlichen Computerhersteller (Schmäh und Erdmeier 1997). Im Hinblick auf die Markensteuerung kann die Bildung von Markenallianzen daher eine attraktive Möglichkeit darstellen, den Aufbau neuer Marken kosten- und zeiteffizient zu realisieren.

3. *Markenprofilierung*: Auch können Markenallianzen dazu dienen, die Positionierung einer Marke oder eines ganzen Markensystems zu stärken. Das kann dann erreicht werden, wenn Marken kombiniert werden, die Assoziationen evozieren, die auf die angestrebte Positionierung einzahlen. Dabei möchte man ganz gezielt die Rückwirkungseffekte, die von der geschaffenen Markenallianz auf die bereits bestehende eigene Marke wirken, für die Führung der eigenen Marke ausnutzen.
4. *Markenumpositionierung*: Durch eine Markenumpositionierung möchte man die Position einer Marke in der Wahrnehmung der Konsumenten verändern (Esch 2012, S. 171 ff.). Dies kann u. a. durch die Bildung einer bzw. mehrerer Markenallianzen realisiert oder unterstützt werden. Auch hier nutzt man die von der Kombinationsstrategie ausgehenden Rückwirkungseffekte auf die beteiligten Marken. Anders als bei der Markenprofilierung jedoch muss die eigene Marke um eine Marke ergänzt werden, die beim Kunden Assoziationen hervorruft, welche der angestrebten Soll-Positionierung der Marke oder des Markensystems entsprechen. Wollte man beispielsweise die Marke Sarotti um die Positionierungseigenschaft „italienische Lebensart" ergänzen, so könnte möglicherweise durch eine Allianz mit Segafredo ein entsprechender Imagetransfer erreicht werden.

▶ Durch die mit Markenallianzen verbundenen Imagetransfereffekte kann die Positionierung der beteiligten Marken beeinflusst werden.

Diese hier skizzierten, für die Markensteuerung nutzbaren Effekte bauen maßgeblich auf den Rückwirkungseffekten der „fremden" auf die „eigene Marke" auf. Dabei können sich die angestrebten Wirkungen sowohl auf einzelne Submarken als auch auf das gesamte mit einer Corporate Brand verbundene Markensystem beziehen. Konkret: Ist eine Corporate Brand an einer Markenallianz beteiligt, so hat dies im Regelfall Effekte für alle mit ihr verknüpften Marken. Ist hingegen eine als Einzelmarke geführte Produktmarke an einer Markenallianz beteiligt, so sind eher geringe Wirkungseffekte für die zugehörige Corporate Brand zu erwarten. Daher ist es bedeutsam, für den Kontext der Corporate Brand zumindest konzeptionell vier Konstellationen der Allianz zu differenzieren (s. Abb. 27.6).

Grundsätzlich können zwei oder mehrere Corporate Brands, eine Corporate Brand und eine Sub-Brand sowie zwei Sub-Brands Allianzen miteinander eingehen. Diese Konstellationen (Typen) von Markenallianzen beruhen auf den gleichen Wirkungsmechanismen. Sie unterscheiden sich jedoch in den Motivationen, Möglichkeiten und Wirkungen. Ihre gedankliche Trennung stellt daher sicher, dass die Chancen, die sich durch Markenallianzen für die Gestaltung des Corporate Branding ergeben, zweckmäßig genutzt werden.

▶ Je nachdem, ob zwei oder mehrere Corporate Brands, eine Corporate Brand und eine Sub-Brand oder zwei Sub-Brands eine Allianz eingehen, sind verschiedene Typen von Markenallianzen zu unterscheiden.

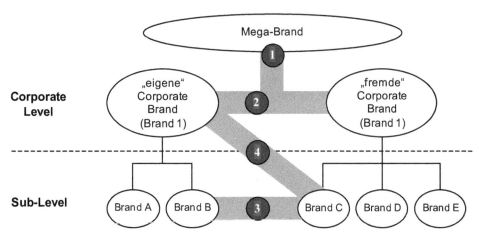

Abb. 27.6 Konstellationen von Markenallianzen im Rahmen des Corporate Brand Management

Typ 1 – Mehrere Corporate Brands bilden im Rahmen einer Allianz eine Mega-Brand Derartige Markenallianzen findet man bspw. bei Airlines, die sich im Rahmen einer Allianz zusammenschließen und dafür einen neuen Markennamen kreieren (Kernstock 1998). So gehört Lufthansa wie eine ganze Reihe weiterer, selbstständiger Flugunternehmen der Star Alliance an.

Typ 2 – Corporate Brand plus Corporate Brand Derartige Markenallianzen sind oft das Ergebnis von Mergers und Acquisitions. Es ergibt sich daraus die Möglichkeit, die oftmals langjährig aufgebauten Markenwerte der Corporate Brands für die Zukunft weiter zu nutzen (auch Gregory o. J., S. 7). Bei solchen Allianzen sollen sich die Markenimages im Sinne einer synergetischen Beziehung oder eines Defizitausgleichs gegenseitig stützen. Die Effekte beziehen sich auf die Positionierung der gesamten Corporate Brand, oftmals vorrangig bei den speziellen Stakeholdern einer Corporate Brand. Beispiele dafür sind JP Morgan Chase, ProSiebenSat.1 oder PriceWaterhouseCoopers. Dieser Typus ist besonders effizient, wenn man die Wahrnehmung der gesamten Corporate Brand modifizieren möchte. Diese haben einen Einfluss auf alle untergeordneten Produktmarken. Man kann somit starke Effekte für die eigene Corporate Brand erzielen. Ist jedoch eine grundsätzliche Verträglichkeit der Markenkerne nicht gegeben, besteht die Gefahr, dass die angestrebten Effekte ausbleiben und es zu Akzeptanzproblemen bei den Kunden kommt. Auch gestaltet sich dann oftmals die Zusammenführung der mit den Marken verbundenen organisatorischen Einheiten (meist bisher eigenständige Unternehmen) als problembehaftet.

Typ 3 – Produktmarke plus Produktmarke Hier können sich die beteiligten Produktmarken gegenseitig unterstützen. So können die Marken Häagen-Dazs und Baileys durch die Markenallianz Häagen-Dazs Baileys von einem gegenseitigen Imagetransfer profitieren. Zugleich werden die Markeninhalte auf die neue Eiscreme transferiert. Ausmaß und Richtung der Transfereffekte zwischen den Produktmarken hängen von ihrer relativen Stärke ab. Die Wirkungen auf die Eigentümer der Marken sind davon abhängig, ob die Produktmarken an die Corporate Brand angebunden sind oder als Einzelmarken geführt werden. Bei Häagen-Dazs Baileys sind keine Auswirkungen auf die Corporate Brands Pillsbury und Diageo als Markeneigner zu erwarten, da die Produktmarken nicht an die Corporate Brands angebunden sind. Mit diesem Typus kann man starke Effekte für die eigene Produktmarke, aber nur bedingte Wirkungen für die Corporate Brand erzielen.

Typ 4 – Produktmarke plus Corporate Brand Dieser Typ der Markenallianz hat vor allem ein einseitiges Endorsement zum Ziel. Die damit verbundenen Chancen für das eigene Corporate Branding richten sich danach, ob man a) die eigene Corporate Brand mit einer „fremden" Produktmarke kombiniert, oder man b) eine eigene Produktmarke mit einer „fremden" Corporate Brand zusammenführt.

- Im ersten Fall ergeben sich interessante Möglichkeiten, um die Positionierung der unter der Markenallianz angebotenen Leistung zu stützen. Diese Typen sind besonders häufig in Form des Ingredient Branding anzutreffen: Intel Inside, verschiedene Marken von Gore&Associates wie Gore Tex oder Windstopper für Bekleidung, Diet Coke mit Nutra Sweet und Triumph-Wäsche mit Lycra-Fasern. Um die Wahrnehmung der gesamten eigenen Corporate Brand zu beeinflussen, dürfte die Wirkung einer Allianz mit einer anderen Produktmarke aufgrund der indirekten Wirkungseffekte nicht ausreichen. Für dieses Ziel wäre deshalb Typ 2 zweckmäßiger.
- Im zweiten Fall soll die zusätzliche Corporate Brand einen Imagebeitrag leisten, um die Positionierung der Produktmarke zu stützen. Beim Eintritt mit einer Marke in einen neuen Markt kann die zusätzliche Marke sogar notwendig sein, um überhaupt als kompetent wahrgenommen zu werden. Dieser Typus kann zudem eine interessante Option sein, um eine Produktmarke aufzubauen, die man später von der hinzugefügten „fremden" Corporate Brand lösen kann. Wirkungen auf das eigene Corporate Branding sind analog zu Typ 3 aber als eher gering einzustufen und abhängig von der Anbindungsform. Jedoch kann diese Allianzform interessant sein, um die Positionierung der eigenen Produktmarke zu steuern.

27.5 Den Managementprozess strukturieren

Entscheidungen über Markenallianzen sind i. d. R. folgenreich für die beteiligten Marken. Sie haben nicht nur aufgrund ihrer Langfristigkeit strategischen Charakter, sondern insbesondere auch deshalb, weil in Form der Marken wesentliche Ressourcen des Unternehmens bemerkenswert beeinflusst werden Beabsichtigte und unbeabsichtigte Auswirkungen von Markenallianzen können zudem nur zum Teil wieder rückgängig gemacht werden. Markenallianz-Entscheidungen bedürfen demgemäß einer sorgfältigen Vorbereitung, um abzusichern, dass Markenallianzen zum Aufbau und Erhalt einer starken Corporate Brand und zugehöriger Produktmarken beitragen. Chancen und Risiken sollten bewertet werden.

Als *spezifische Problembereiche* bei der Bildung von Markenallianzen sollten beachtet werden (auch Hill und Lederer 2001, S. 108; Boad 1999b):

1. Wenn die für die Marken erhofften Image- oder Bekanntheitseffekte ausbleiben bzw. nicht sichtbar werden, stellt sich für die relevante Markenallianz schnell die Sinnfrage.
2. Ein besonders gefährlicher Effekt tritt dann auf, wenn unerwünschte Wirkungen für die beteiligten Marken auftreten.
3. Bei fehlendem Fit zwischen den Marken können beim Konsumenten Dissonanzen auftreten, die möglicherweise auf die Beurteilung der Markenallianz und auch die der beteiligten Marken durchschlagen.
4. Kommt es bei der Partnermarke zu einer Umpositionierung, können daraus Probleme für die Markenallianz als auch für die andere beteiligte Marke erwachsen.
5. Durch Änderungen beim rechtlichen Besitz einer Partnermarke ergeben sich bedeutende Unsicherheiten für die Markenallianz.
6. Kurzfristdenken, Abstellen auf schnelle Erträge und die Dominanz taktischer Kalküle bergen Gefahren für den Erfolg der Markenallianz und stellen eine ernsthafte Bedrohung für die beteiligten Marken dar.
7. Markenallianzen bringen einen erhöhten Koordinationsaufwand mit sich und schränken möglicherweise auch die Handlungsflexibilität für die eigene Marke ein.

Ob und wie eine Markenallianz begründet wird, ist keine Entscheidung, die vom einen auf den anderen Augenblick gefällt werden kann. Der *Analyse- und Gestaltungsprozess* nach Redler (2003, 2014) bietet eine Struktur an, um durch systematische Checks und Handlungsschritte Risiken zu minimieren und die gewünschten Effekte sicherzustellen (s. Abb. 27.7). Dabei sind Aspekte der Markt-, der Unternehmens- und der Kundensicht zu berücksichtigen.

Analyse des eigenen Markensystems Den Ausgangspunkt für Markenallianz-Überlegungen bildet ein gewissenhaft durchgeführter *Markenstatus*. Dabei sind die Rollen und Positionierungen aller Marken der eigenen Markenarchitektur zu erfassen. Differenzierte qualitative Imageanalysen sowohl für die Corporate Brand als auch für alle Sub-Marken erlauben eine präzise Wiedergabe der Markenimages. Weiterhin sind vorhandene Wechselwirkungen zwischen den Marken möglichst präzise abzubilden. So ist es beispielsweise bedeutsam zu wissen, welche Rolle die Corporate Brand für die Kundenwahrnehmung der Marke X spielt. Die Bedeutung der einzelnen Marken bei diesen internen Markenkombinationen kann z. B. mittels Conjoint-Analysen bestimmt werden.

Zentrale Ziele festlegen Elementar ist es zu definieren, welche Ziele mit der Markenallianz erreicht werden sollen. Für den Fall, dass eine strategische Endorserwirkung für einen bisherigen Markt angestrebt wird, sollte in einem Soll-Imageprofil erarbeitet werden, welche Positionierungseigenschaften der potenziellen Partnermarke dafür bedeutsam wären. Werden Ziele angestrebt, die über reine strategische Endorser- oder Enablerwirkungen

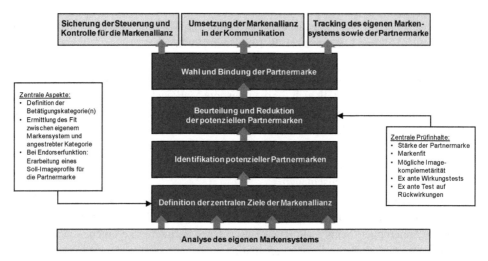

Abb. 27.7 Analyse- und Gestaltungsprozess bei der Bildung von Markenallianzen. (Quelle: in Anlehnung an Redler 2003, S. 62, 216)

hinausgehen, so sind zusätzlich die Soll-Positionierungen für das gesamte eigene Markensystem festzulegen (s. dazu Esch 2005, S. 131 ff.). Aus den erarbeiteten Soll-Größen müssten sodann *Anforderungsprofile* abgeleitet werden, indem die Soll-Werte mit dem aktuellen Markenstatus verglichen werden. Dies können, je nach verfolgtem Ziel, sowohl Aussagen zum Geschäftsfeld oder dem regionalen Betätigungsgebiet als auch zu den Positionierungseigenschaften der gewünschten Allianzpartner sein. Die ermittelten Anforderungsprofile dienen als Bewertungsmaßstab für die nachfolgenden Schritte. Sie sollten daher sehr sorgfältig hergeleitet werden.

Empirischen Erkenntnissen folgend, sind als zentrale Anforderungen an die Partnermarken eine hohe verhaltenswissenschaftliche Markenstärke und eine hohe Bekanntheit zu fordern. *In Abhängigkeit von den verfolgten Zielen* sind speziell diese beiden Kriterien in einem Anforderungsprofil zu berücksichtigen. Dazu zwei Situationen zu Verdeutlichung:

- Geht es um den Transfer von Elementen der Partnermarke auf die eigene Marke, so wären im Anforderungsprofil eine hohe Bekanntheit und eine hinreichende Ausprägungsstärke der relevanten Imageelemente als K.-O.-Kriterien vorzusehen.
- Geht es hingegen um den Aufbau oder die Stärkung der Partnermarke durch die eigene Marke, so sind zwar für die Partnermarke weder Bekanntheit noch ausgeprägte Imagebestandteile zu fordern. Damit der beabsichtigte Effekt eintreten kann, muss jedoch die eigene Marke eine hohe Bekanntheit und hohe verhaltenswissenschaftliche Markenstärke aufweisen.

Grundlegend für alle diese Überlegungen ist es außerdem, das Betätigungsfeld (Produktkategorie) der angestrebten Markenallianz zu definieren sowie zu prüfen, ob ein ausreichender Fit zwischen dem eigenem Markensystem und der geplanten Kategorie gegeben ist.

Mögliche Partner identifizieren In einem nächsten Schritt sollten Marken ermittelt werden, die die Anforderungskriterien möglichst gut erfüllen. Dabei wäre danach zu unterscheiden, ob es sich um eine Produkt- oder um eine Unternehmensmarke handelt. Bei der Suche nach geeigneten Partnermarken ist es wichtig, sich aus gegebenen Denkstrukturen frei zu machen, um so zunächst inkompatibel scheinende Lösungen nicht vorschnell auszuschließen.

Bewertung und Reduktion der möglichen Partner Für die identifizierten potenziellen Kandidaten sollte sodann nochmals validiert werden, ob bei diesen tatsächlich auch im angestrebten Marktsegment hinreichende Bekanntheit und eine angemessene verhaltenswissenschaftliche Markenstärke vorliegt.

Die anschließende Analyse des *wahrgenommenen Fits* zwischen dem eigenen Markensystem und den potenziellen Partnermarken anhand des Zielsegments identifiziert die Marken, zwischen denen die Kunden eine besonders gute Passung empfinden. Der Marken-Fit hat sich in empirischen Studien als ein Schlüsselfaktor für den Erfolg von Markenallianzen herausgestellt (s. oben). Es sollte jedoch schon hier erwähnt werden, dass kategorisierungstheoretische Überlegungen darauf hindeuten, dass der wahrgenommene Fit stark durch die Umsetzungsaspekte der Markenallianz determiniert wird (s. dazu auch die Ausführungen zur Umsetzung der Allianz weiter unten). Daher ist es auch möglich, durch eine entsprechende Kommunikation zu erreichen, das zwischen ursprünglich nur gering passenden Marken von den Kunden letztlich ein Fit wahrgenommen wird. Ein hoher Markenfit verbessert die Erfolgsaussichten von Markenallianzen (Hill und Lederer 2001, S. 106). Wird die Fit-Messung mit den Ergebnissen der markenbezogenen Assoziationstests kombiniert, kann außerdem abgeschätzt werden, über welche Eigenschaften Kunden einen Fit konstruieren können. Auch werden dadurch Eigenschaften aufgedeckt, die sich in der Kundenwahrnehmung ergänzen (Imagekomplementarität). Diese geben Hinweise dazu, welche Aspekte die Markenallianz im Vergleich zur einzelnen Marke für einen bestimmten Markt attraktiver machen könnten.

Ist ein ausreichender Fit gegeben bzw. sind interessante Imageverknüpfungen erkannt worden, sollten sich differenzierte *Analysen der Image-Wechselwirkungen* zwischen den beteiligten Marken anschließen. Diese wären besonders im Hinblick auf angestrebte Positionierungsziele für das Corporate Branding zu bewerten. In weiteren ex ante-Tests ist zudem festzustellen, ob angestrebte Imagetransfereffekte (von den beteiligten Marken auf die Mehrfachmarkierung) in ausreichendem Maße eintreten. Dies kann beispielsweise durch Assoziationstests und durch Einstellungsprofile erfasst werden. Weitere ex ante-*Tests* zu möglichen unerwünschten Rückwirkungen für das eigene Markensystem sind empfehlenswert. Sind die angestrebten Imagetransfereffekte unzureichend oder gar nicht gegeben, sollte von einer Markenallianz mit der betrachteten Marke abgesehen werden. Dies gilt ebenso, wenn unerwünschte Rückwirkungen auftreten.

Wichtig bei der Partnerwahl erscheint es, die Ziele des Partners einzukalkulieren. Der Verlust der Kontrolle über das eigene Portfolio stellt ein schwerwiegendes Risiko von Markenallianzen dar (Hill und Lederer 2001, S. 108). Bei der Partnerwahl sind deshalb auch diese Risiken zu bewerten.

Wahl der Partner und Partnerbindung Aus der Alternativenbewertung resultiert ein Set von grundsätzlich geeigneten Marken – jedoch mit unterschiedlicher Attraktivität für die angestrebte Markenallianz. Im Idealfall ergibt sich eine klare Rangfolge. Für jene Marken, die im Hinblick auf die Zielkriterien den höchsten Beitrag leisten, sollten mögliche vertragliche Bindungsformen erörtert sowie Verhandlungen mit dem Markeneigner aufgenommen werden.

▶ Zu den Kern-Bestandteilen des Analyse- und Gestaltungsprozesses zur Bildung von Markenallianzen gehören a) die Analyse des eigenen Markensystems, b) die Definition der Markenallianz- Ziele, c) die Identifikation und Bewertung möglicher Partnermarken, d) deren Bindung, e) die Ausgestaltung der angebotenen Leistung, f) die Umsetzung der Markenallianz in der Kommunikation sowie g) die Sicherung von Steuerung und Kontrolle der Markenallianz.

Umsetzung der Allianz in der Kommunikation Ist eine erfolgversprechende Markenallianz sowie das zugehörige Betätigungsfeld bestimmt, so sind im nächsten Schritt Ableitungen für eine Umsetzung der Allianz in der Kommunikation zu treffen. Elementare Anforderung dabei: *Die Wahrnehmbarkeit beider Marken muss sichergestellt sein.* Nur wenn die doppelte Markenzuordnung aus Kundensicht überhaupt möglich ist, können sich die positiven Effekte einer Markenallianz einstellen. Folglich ist die Wahrnehmbarkeit beider Partnermarken essenziell.

Die Partnermarken können bei der Kommunikation der Markenallianz, z. B. durch die Produkt- und Verpackungsgestaltung oder die Massenkommunikation, allerdings verschieden dominant vermittelt werden. Grob gesprochen können die Markenallianzen bei der Umsetzung so gestaltet werden, dass die Partnermarke dominant, untergeordnet oder gleichgeordnet v wahrgenommen wird (s. Abb. 27.9). Daher ist einerseits sorgsam zu prüfen, welche Gestaltungsparameter aus Konsumentensicht markentypische Elemente berühren. Andererseits ist im Hinblick auf die Zielstellung der Markenallianz ein entsprechendes Dominanzverhältnis festzulegen und auch zu testen.

Dass eine entsprechende zielorientierte Steuerung der Wahrnehmbarkeit von Markenelementen bei der Umsetzung der Markenallianz in der Kommunikation (z. B. in Verpackung, Werbung, am POS) in hohem Maße die Einschätzung der Markenallianz durch den Kunden prägt, ist in Studien aufgezeigt worden (Esch et al. 2009). Aus theoretischer Perspektive kann dies durch Verfügbarkeits- und Ankereffekte der Kognitionspsychologie erklärt werden (Esch et al. 2009; Redler 2003).

> **Beispiel**
>
> In einer Studie von Redler (2003, S. 187 ff.) wurde eine fiktive Markenallianz aus den gleichermaßen bekannten Marken Milka und Uncle Ben's untersucht. Dabei wurden u. a. Image-Urteile für die Markenallianz Milka-Uncle Ben's in zwei Gruppen betrachtet. Bei sonst gleichen Gruppenbedingungen wurde die fiktive Markenallianzbei den Gruppen mit unterschiedlichen Verpackungsgestaltungen dargestellt:
>
> - Gruppe A mit einer Verpackung, bei der die markentypischen Elemente von Milka dominierten,
> - Gruppe B mit einer Verpackung, bei der die markentypischen Elemente von Uncle Ben's dominierten (s. nachstehende Abb. 27.8).

Durch die unterschiedliche Gestaltung wurde die Verfügbarkeit des markenspezifischen Wissens beeinflusst. Erwartungsgemäß zeigte sich, dass die fiktive Markenallianz in der Gruppe A eher so bewertet wurde, wie dies für Milka geschah, während bei Gruppe B die Urteile stark in Richtung der Beurteilung von Uncle Ben's verzerrt wurden (s. nachstehende Abb. 27.8). Die Befunde zeigen deutlich, welchen besonderen Einfluss die kommunikative Umsetzung (hier das Dominanzverhältnis zwischen den beteiligten Marken) auf die Beurteilung (hier auf einzelne Imagebewertungen) und damit den Erfolg der Markenallianz hat.

Eine wichtige Rolle für die Wahrnehmung und Beurteilung spielt dabei schon die *Art der Verknüpfung* der Markennamen (z. B. Schöller-Mövenpick oder Mövenpick-Schöller oder Mövenpick von Schöller). Nicht weniger bedeutend ist die Nutzung von typischen *Corporate-Design-Elementen* der beteiligten Marken, wie oben gezeigt wurde. Schon durch diese Umsetzungsparameter kann die Wahrnehmung, Verarbeitung und Beurteilung der Markenallianz erheblich gesteuert werden, weil diese u. a. darüber entscheiden, wie stark die Partnermarke in der Konsumentenwahrnehmung an das eigene Markensystem angebunden ist.

> **Beispiel**
>
> Die Markenallianz von Häagen Dazs-Baileys wurde sowohl mit markentypischen Elementen von Baileys (Logo, Verpackung, Form, Farbe) als auch von Häagen-Dazs (Logo, Farbe, Etikettendesign) umgesetzt.

Die Überlegungen zur Umsetzung der Markenallianz sollten sich daher eng an den mit der Allianz verfolgten Zielen orientieren. Soll beispielsweise die Markenallianz die Funktion einer strategischen Endorsers für die Bearbeitung eines bisherigen Marktes erfüllen, so scheint es zweckmäßig, die Partnermarke wahrnehmbar, aber nicht dominant in der Allianz umzusetzen. Ein anderes Beispiel wäre ein angestrebter Markenaufbau durch die Markenallianz. Hier sollte die etablierte Marke zunächst eine dominante Rolle in der Um-

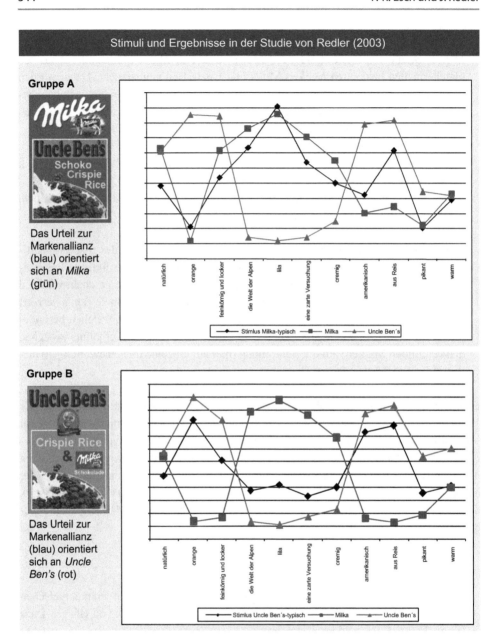

Abb. 27.8 Ergebnis aus der Studie Milka Uncle Ben's

setzung erhalten, damit durch sie angestrebte Hebeleffekte realisiert werden können. Diese Dominanz kann dann im Zeitverlauf zugunsten der neuen Marke zurückgefahren werden. Dies macht auch die *zeitdynamische Betrachtung* der kommunikativen Umsetzungen deutlich. Möchte man bestimmte Rückwirkungen durch die Partnermarke auf das eigene Markensystem nutzen, so bietet sich eine gleichgeordnete Umsetzung an.

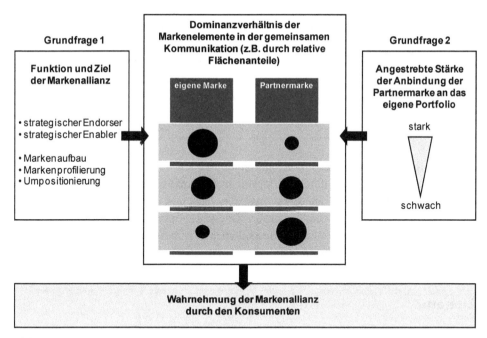

Abb. 27.9 Umsetzungsaspekt von Markenallianzen – wahrnehmbare Dominanz beteiligter Marken

Wichtig: Durch ex ante-*Tests* der geplanten Realisationen (z. B. Verpackungen, Werbung, Websites, Händlerinformationen, POS-Material) sollte sichergestellt werden, dass durch die vorgesehene Umsetzung der Markenallianz in der Kommunikation die angestrebten Ziele der Markenallianz auch erreicht werden.

▸ Durch die Art und Weise, wie die Markenallianz in der Kommunikation umgesetzt wird, kann beeinflusst werden, ob der eigenen Marke aus Konsumentensicht eine dominante, eine gleichgeordnete oder eine untergeordnete Rolle in der Allianz zukommt.

Steuerung und Kontrolle im Zeitablauf: Ziele und Rückwirkungen Um den Erfolg einer Markenallianz sicherzustellen, ist weiterhin eine klare *organisatorische Verankerung* der Steuerung und Kontrolle notwendig. Eine institutionelle Bündelung dieser Aufgaben mit abgegrenzten Verantwortlichkeiten kann dafür zweckdienlich sein. Vorgesehen werden sollte in jedem Fall eine Vernetzung dieser Institution mit denen der Einzelmarken und des Corporate Brand Managements sowie ein übergreifender Koordinationsmechanismus. Wichtig erscheint es auch, die organisatorischen Einheiten zu einer langfristigen Zusammenarbeit mit der Partnermarke zu befähigen.

Zur langfristigen Kontrolle der Wirkungen der Markenallianz ist ein *Tracking von Zielgrößen der Markenallianz* unverzichtbar – denn es sollte überprüfbar sein, ob sich die Markenallianz im Zeitablauf in die gewünschte Richtung entwickelt. Um die Rückwirkungen auf das eigene Markensystem erfassen zu können, sind zudem Erkenntnisse aus Trackings der eigenen Marken heranzuziehen. Weiterhin sollte auch eine Längsschnittbetrachtung der Partnermarke erfolgen. So lassen sich ungewünschte Veränderungen in der Positionierung der Partnermarke erkennen bzw. nachweisen. Solche Messungen sollten stets auch qualitative Größen integrieren (auch Esch et al. 2002).

> **Fazit**
> Durch die Möglichkeit, auch portfoliofremde Marken für die eigenen Zwecke zu kapitalisieren, ergeben sich durch Markenallianzen attraktive Möglichkeiten für die Corporate Brand und zugehörige Markensysteme. Jedoch ist die Bildung von Markenallianzen ein Gestaltungsprozess mit großer Tragweite. Beim Management von Markenallianzen ist daher eine Reihe von Besonderheiten zu beachten, die Kenntnis über die fundamentalen Wirkungszusammenhänge voraussetzt.

Literatur

Aaker, D. A. (1990). Brand extensions: The good, the bad, and the ugly. *Sloan Management Review, 31*(Summer), 47–56.

Aaker, D. A., & Joachimsthaler, E. (2000). *Brand leadership*. New York: The Free Press.

Arnett, D. B., Laverie, D. A., & Wilcox, J. B. (2010). A longitudinal examination of the effects of retailer-manufacturer brand alliances: The role of perceived fit. *Journal of Marketing Management, 26*(1–2), 5–27.

Boad, B. (1999a). Co-branding opportunities and benefits. In T. Blackett & B. Boad (Hrsg.), *Co-branding – The science of alliance* (S. 22–37). Houndsmill: Macmillan.

Boad, B. (1999b).The risks and pitfalls of co-branding. In T. Blackett & B. Boad (Hrsg.), *Co-branding – The science of alliance* (S. 38–46). Houndsmill: Macmillan.

Esch, F.-R. (2005). Markenpositionierung als Grundlage der Markenführung. In F.-R. Esch (Hrsg.), *Moderne Markenführung* (S. 131–163). Wiesbaden: Gabler.

Esch, F.-R. (2011). *Wirkung integrierter Kommunikation*. Wiesbaden: Deutscher Universitäts-Verlag.

Esch, F.-R. (2012). *Strategie und Technik der Markenführung* (7. aktualisierte und erweiterte Aufl.). München: Vahlen.

Esch, F.-R., & Bräutigam, S. (2005). Analyse und Gestaltung komplexer Markenarchitekturen. In F.-R. Esch (Hrsg.), *Moderne Markenführung* (S. 839–862). Wiesbaden: Gabler.

Esch, F.-R., & Redler, J. (2004). Markenallianzen. *WiSt, 33*(3), 171–173.

Esch, F.-R., Geus, P., & Langner, T. (2002). Performance-Measurement zur wirksamen Markennavigation. *Controlling, 14*(8/9), 473–481.

Esch, F.-R, Wicke, A., & Rempel, J. E (2005a). Herausforderungen und Aufgaben des Markenmanagements. In F.-R. Esch (Hrsg.), *Moderne Markenführung* (S. 3–55). Wiesbaden: Gabler.

Esch, F.-R., Fuchs, M., Bräutigam, S., & Redler, J. (2005b). Konzeption und Umsetzung von Markenerweiterungen. In F.-R. Esch (Hrsg.), *Moderne Markenführung* (S. 905–946). Wiesbaden: Gabler.

Esch, F.-R., Schmitt, B., Redler, J., & Langner, T. (2009). The brand anchoring effect: A judgment bias resulting from brand awareness and temporary accessibility. *Psychology and Marketing, 26*(4), 383–395.

Farquhar, P. H., Han, J. H., Herr, P. M., & Ijiri, Y. (1992). Strategies for leveraging master brands. *Marketing Research, 4*(3), 32–43.

Gregory, J. R. (o. J.). Branding the merger, merging the brands. www.corebrand.com/forum/downloads/bw_branding_the_merger.pdf. Zugegriffen: 10. Mai 2011.

Hill, S., & Lederer, C. (2001). *The infinite asset*. Boston: Harvard Business School Press.

Kapferer, J.-N. (1997). *Strategic brand management*. London: Kogan Page.

Keller, K. L. (2003). *Strategic brand management*. New Jersey: Prentice Hall.

Meffert, H. (2002). Strategien des Markenmanagements. In H. Meffert, C. Burmann, & M. Coers (Hrsg.), *Markenmanagement* (S. 135–166). Wiesbaden: Gabler.

Ohlwein, M., & Schiele, T. P. (1994). Co-branding. *WiSt, 23*(11), 577–578.

Park, C. W., Jun, S. Y., & Shocker, A. D. (1996). Composite branding alliances: An investigation of extension and feedback effects. *Journal of Marketing Research, 33*(November), 453–466.

Rao, A. R., & Ruekert, R. W. (1994). Brand alliances as signals of product quality. *Sloan Management Review, 36*(1), 87–97.

Rao, A. R., Qu, L., & Ruekert, R. W. (1999). Signalling unobservable product quality through a brand ally. *Journal of Marketing Research, 36*(2), 258–268.

Redler, J (2002). *Markenallianzen als Form der Markenkombination. Arbeitspapier Nr. 3 des IMK an der JLU Gießen*. Gießen: JLU Gießen.

Redler, J. (2003). *Management von Markenallianzen*. Berlin: Logos.

Redler, J. (2013). Markenführung und Segmentierung. In: W. Pepels (Hrsg.), *Marktsegmentierung* (S. 133–163). Düsseldorf: Symposion Publishing.

Redler, J. (2014). *Mit Markenallianzen wachsen – starke Marken erfolgreich kapitalisieren*. Düsseldorf: Symposion Publishing. (in Druck).

Sattler, H. (2001). *Markenpolitik*. Stuttgart: Kohlhammer.

Schmäh, M., & Erdmeier, P. (1997). Sechs Jahre ‚Intel Inside'. *Absatzwirtschaft, 40*(11), 122–129.

Simonin, B. L., & Ruth, J. A. (1998). Is a company known by the company it keeps? assessing the spillover effects of brand alliances on consumer brand attitudes. *Journal of Marketing Research, 35*(1), 30–42.

Tauber, E. M. (1988). Brand leverage: Strategy for growth in a cost control world. *Journal of Advertising Research, 28*(4), 26–30.

Uggla, H., & Asberg, P. (2010). A psycho-semiotic research agenda for strategic brand alliances. *The IUP Journal of Brand Management, 7*(1 & 2), 92–104.

Voss, K. E., & Tansuhaj, P. (1999). A consumer perspective on foreign market entry: Building brands through brand alliances. *Journal of International Consumer Marketing, 11*(2), 39–58.

Washburn, J. H., Till, B. D., & Priluck, R. (2000). Co-branding: Brand equity and trial effects. *Journal of Consumer Marketing, 17*(7), 591–604.

Prof. Dr. Franz-Rudolf Esch ist Professor für Markenmanagement und Automotive Marketing an der EBS Universität für Wirtschaft und Recht, Oestrich-Winkel, und Direktor des Instituts für Marken- und Kommunikationsforschung (IMK). Davor lehrte er in Saarbrücken, Trier, St. Gallen, Innsbruck und Gießen. Weiterhin ist er Gründer und wissenschaftlicher Beirat von ESCH. The Brand Consultants, Saarlouis. Seine Forschungsschwerpunkte liegen in den Bereichen Markenmanagement, Kommunikationsforschung und Konsumentenforschung.

Prof. Dr. Jörn Redler ist Professor für Marketing und Handel an der Dualen Hochschule Baden-Württemberg (DHBW), Mosbach, und Studiengangleiter BWL-Handel. Nach Ausbildung zum Industriekaufmann und dem Ökonomie-Studium an der Justus-Liebig-Universität Gießen promovierte er mit einer Arbeit zum Markenmanagement. Berufliche Stationen in mehreren Managementpositionen. Seine Arbeitsgebiete umfassen u.a. Marketingkommunikation am POS und Store Branding.

28 Fallstudie: ABB – Eine Marke in Bewegung gebracht

Wibke Heidig, Maria Jobin, Antje Budzanowski und Torsten Tomczak

> **Zusammenfassung**
>
> Die Fallstudie in diesem Kapitel erarbeitet die Branding-Herausforderungen von ABB, einem global agierenden Business-to-Business (B2B) Konzern mit dem Hauptsitz in der Schweiz. Der Wechsel zwischen Akquisition und Veräußerung von Tochtergesellschaften verwässerte über viele Jahre das interne und externe Markenverständnis des Konzerns und erschwerte den Aufbau einer einheitlichen globalen Markenidentität. Um dieser Problematik gegenzusteuern, initiierte ABB im Jahre 2007 ein weltweites Branding-Projekt mit dem Ziel, eine klare Markenpositionierung zu definieren und sämtliche Markenelemente konzernweit zu vereinheitlichen. Dieses Vorhaben stellte ABB vor Herausforderungen, die typisch für Unternehmen im B2B-Umfeld sind. Die

---

Diese Fallstudie wurde in Anlehnung an Heidig et al. (2013). ABB – A Brand in Movement. erarbeitet.

W. Heidig (✉)
SRH Hochschule, Berlin, Deutschland
E-Mail: wibke.heidig@srh-hochschule-berlin.de

M. Jobin
ABB Group, Baden, Schweiz
E-Mail: maria.jobin@abb.com

A. Budzanowski
Forschungsstelle für Customer Insight, Universität St. Gallen, St. Gallen, Schweiz
E-Mail: antje.budzanowski@unisg.ch

T. Tomczak
Forschungsstelle für Customer Insight, Universität St. Gallen, St. Gallen, Schweiz
E-Mail: torsten.tomczak@unisg.ch

© Springer Fachmedien Wiesbaden 2014
F.-R. Esch et al. (Hrsg.), *Corporate Brand Management*,
DOI 10.1007/978-3-8349-3862-6_28

Fallstudie arbeitet diese Herausforderungen heraus und beschreibt ABBs Weg zu einer neuen Markenidentität.

ABB gehört seit langem zu den Unternehmen, die in Form von Fallstudien immer wieder Eingang in die universitäre Lehre und Forschung finden (Barham und Heimer 1998). Der Grund dafür ist leicht auszumachen. Seit dem Zusammenschluss der beiden nationalen Unternehmen Brown Boveri und Swedish ASEA im Jahre 1988 ist der Riese auf dem Markt der Energie- und Automationstechnik durch Zeiten des Erfolgs und einige Krisenjahre gegangen (Jenewein und Morhart 2007). Seit einigen Jahren ist ABB wieder zurück auf der Erfolgsspur und scheint alles zu vereinen, was ein global agierendes Unternehmen benötigt: Eine internationale Vision gefestigt durch eine klare Strategie gepaart mit lokalen Kompetenzen, motivierten Mitarbeitern sowie Spitzentechnologien (Catrina 2003). Neben diesen Stärken, die ABBs Erfolg bestimmen, zeigte sich jedoch, dass ein Faktor bis vor kurzem kaum Beachtung fand: Die Marke. Mehr als 20 Jahre lang blieb die Marke ABB unverändert. Weder Desinvestitionen noch Unternehmenszusammenschlüsse konnten daran etwas ändern. Glenn Taylor, Marketing Communication Manager Global Account Management bei ABB, bringt die Problematik auf den Punkt:

> „ABB is very much grown through acquisition in the past and we have got some fabulous brands that were part of this acquisition and all of our customers still recognized the strengths of those particular brands and not the realization of ABB as a whole. Internally as well as externally, there was still a mentality of the confederation of those companies."

Dies ist insofern überraschend, da sich Wissenschaft und Praxis einig sind, dass die strategische Markenführung nicht nur im Konsumgütermarkt ein wesentlicher Treiber des Unternehmenserfolgs ist, sondern auch im Business-to-Business(B2B)-Bereich. Demzufolge beeinflusst eine starke Marke und deren Kundenwahrnehmung sowohl die Höhe der abgeschlossenen Transaktionen (Hutt und Speh 2006) als auch die gesamte Marktperformance (Homburg et al. 2010).

Vor diesem Hintergrund und der zunehmenden Verankerung der Markenführung in der B2B-Praxis fiel im Mai 2007 bei ABB die Entscheidung, die eigene Marke zu neuem Leben zu erwecken. Im Rahmen eines umfangreichen Branding-Projektes wurden eine prominente Markenpositionierung definiert und sämtliche Markenelemente erneuert, um dem Bild eines globalen Unternehmens zu entsprechen. Dieses Vorhaben stellte ABB vor Herausforderungen, die typisch für Unternehmen im B2B-Umfeld sind.

Diese Fallstudie arbeitet diese Herausforderungen heraus und zeigt auf, welchen Weg ABB gegangen ist, um ein konsistentes und einzigartiges Markenimage bei allen Stakeholdern zu etablieren. Die Fallstudie ist in enger Zusammenarbeit mit internationalen Marketing- und Kommunikationsmanagern verschiedener Business Units von ABB entstanden, insbesondere mit Frau Maria Jobin, Branding-Verantwortliche des Konzerns.[1]

---

[1] Wir bedanken uns bei allen Interviewpartner, allen voran Maria Jobin, Group Vice President und Head Branding ABB Group, für die Unterstützung bei der Erarbeitung der Fallstudie.

28.1 Die ABB Group – Ein Unternehmen und ihre Marke verstehen

ABB (Asea Brown Boveri) entstand 1988 aus der Fusion eines schwedischen und schweizerischen Unternehmens und ist heute weltweit führend in der Energie- und Automationstechnik. Das Unternehmen ermöglicht seinen Kunden in der Energieversorgung und der Industrie, ihre Leistung zu verbessern und gleichzeitig die Umweltbelastung zu reduzieren. ABB beschäftigt etwa 145.000 Mitarbeiter in rund 100 Ländern. Der globale Erlös in 2012 betrug US$ 39.3 Mrd. (www.abb.com). Der Konzern mit Hauptsitz in Zürich besteht aus weltweit über 263 konsolidierten Tochtergesellschaften. Seit einer Umstrukturierung in 2010 besteht ABB aus einem Corporate Department, welches für das allgemeine Management und somit auch für die Markenpolitik des Unternehmens verantwortlich ist, sowie fünf Produkt- bzw. Systemgruppen. Die Geschäftsfelder sind: Energietechnikprodukte, Energietechniksysteme, Industrieautomation und Antriebe, Niederspannungsprodukte sowie Prozessautomation.

Die Marke ABB ist so alt wie das Unternehmen selbst. Im Fokus der Markenführung vergangener Zeiten stand die Kreierung eines einheitlichen Logos. Die Entwicklung des Logos und des Markennamens markierte einen symbolischen Akt im Zusammenschluss der beiden unterschiedlichen Unternehmen. Das folgende Zitat gibt einen Einblick in das ABBs Markenverständnis der 80er Jahre:

> „ABB says that the ABB name and logo are used in all the company's communication, thereby increasing group unity and awareness of the range of products, systems and services that the firm can provide to the customers. […] However, here was an opportunity to create a totally new corporate identity around which former ASEA and BBC people could rally and that would appeal to those new companies ABB would go on to acquire. The most evident public symbol of that identity would be a new corporate logo. (Barham und Heimer 1998, S. 79)"

Immer wieder ist zu beobachten, dass sich viele B2B-Unternehmen hauptsächlich auf die Markierung der Leistung sowie die Verbreitung von Logo und Name konzentrieren (Homburg et al. 2010). Es ist jedoch kein Geheimnis, dass dies noch keine einzigartige Markenwahrnehmung für Kunden und Mitarbeiter schafft. Auch ABB vertrat diese Denkhaltung der Markenführung, ohne dabei eine Markenidentität zu definieren oder gar auszuformulieren.

Der ständige Wechsel zwischen dem Erwerb und dem Abstoßen von Unternehmen bzw. Unternehmensteile führte zu einer Verwässerung des internen Markenverständnisses und erschwerte den Aufbau einer einheitlichen Markenidentität. Das durch ABB initiierte Markenprojekt setzt an dieser Problematik an. Im Fokus steht der Gedanke, dass mit der Formulierung und Implementierung einer klaren Markenidentität, die gesamte Organisation von innen durchdrungen und in einheitlichen Markenrichtlinien verankert wird. Zugleich zielt das Projekt auf den Aufbau einer differenzierenden Positionierung im Wettbewerbsumfeld.

28.2 ABB ist nicht Coca-Cola: Branding Herausforderungen im Industriegütermarkt annehmen

Obwohl das Konzept der „Marke" angesichts seiner wertschöpfenden Eigenschaft das Alltagshandeln der Unternehmen im Konsumgütermarkt bestimmt, steckt die Markenführung im Industriegütermarkt noch in den Kinderschuhen (Lynch und Chernatony 2004). Aufgrund der Komplexität der angebotenen Leistungen und den damit assoziierten Unsicherheiten sind Entscheidungen im Industriegütermarkt mit einem hohen Risiko verbunden. Dabei kann gerade eine starke Marke zur Risikoreduktion beitragen und Entscheidungsprozesse im Buying Center vereinfachen: „A strong brand can provide valuable reassurance and clarity to business customers who may be putting their company's fate – and perhaps their own careers! – on the line" (Keller 2009, S. 12). Eine starke Markenidentität, die eine klare Differenzierung vom Wettbewerb ermöglicht, ist daher auch im B2B-Bereich erfolgsbestimmend.

Während bei Konsumgütern meist eine Einzel- oder Mehrmarkenstrategie im Fokus steht, verfolgen Industriegütermarken wie ABB eine Dachmarkenstrategie, eine sogenannte Corporate Brand Strategy (Mudambi 2002). Durch viele Neuakquisitionen stellt sich vielen B2B-Unternehmen daher die Herausforderung, eine einheitliche, identitätsbasierte und mit der Unternehmensstrategie konforme *Markenarchitektur* aufzubauen.

Darüber hinaus sind Industriegüter, im Gegensatz zu Konsumgütern, auf die spezifischen Bedürfnisse eines jeden Kunden zugeschnitten und um einige Serviceleistungen angereichert (Mudambi 2002). Vor allem die persönliche Betreuung der Kunden spielt eine erfolgskritische Rolle (Mudambi 2002; Webster und Keller 2004). Gerade im täglichen Kundenkontakt benötigen Mitarbeiter nicht nur technisches Wissen, sondern auch ein tiefgreifendes Verständnis der Markenwerte. Somit agieren Mitarbeiter als Markenbotschafter und tragen so wesentlich zum Markenerlebnis bei. Um ein adäquates Markenwissen aufzubauen, ist die *interne Markenkommunikation* ein zentraler Erfolgsfaktor für die Markenführung im Industriegüterbereich.

Eine starke Marke wirkt sich nicht nur positiv auf die Bindung bestehender Mitarbeiter aus, sondern auch auf die Anwerbung von qualifiziertem Personal. Vor allem im Industriegütermarkt stehen Unternehmen im Wettbewerb um die besten Köpfe (DIHK 2013). Das Defizit an gut ausgebildeten Fachkräften, insbesondere Ingenieuren, zusammen mit einer alternden Bevölkerung und sinkenden Geburtenraten, erschweren den Rekrutierungsprozess erheblich. Um sich als attraktiver Arbeitgeber zu positionieren und sich von anderen Wettbewerbern am Arbeitsmarkt abzuheben (Von Walter et al. 2009), kommt dem *Employer Branding*, also dem Aufbau einer starken Arbeitgebermarke, im Industriegütermarkt eine besondere Bedeutung zu (Koppel 2011).

Ein erfolgreiches Markenmanagement setzt die Kontrolle der markenrelevanten Maßnahmen voraus. Ziel des *Marken-Controllings* ist es, eine ergebnisorientierte Markenführung und somit einen langfristigen Erfolg des Markenmanagements zu gewährleisten (Baumgarth und Schmidt 2010). Dies gilt sowohl für Konsumgütermärkte als auch im B2B-Bereich.

Die folgenden Ausführungen zeigen, wie sich ABB diesen unterschiedlichen Herausforderungen gestellt hat.

28.3 Branding Herausforderungen: Den ABB-Weg nachvollziehen

28.3.1 Definition & Gestaltung einer Markenidentität

Im Zentrum des Branding-Projektes stand der Aufbau eines klaren Markenbildes, das von Kunden und Mitarbeitern präferiert wird und langfristig eine Differenzierung vom Wettbewerb erlaubt. Das Projekt wurde in vier Prozessstufen gegliedert: Markenanalyse, Aufbau der Markenplattform, Implementierung und Marken-Controlling (s. Abb. 28.1). Um ein ganzheitliches Verständnis für die Marke ABB zu entwickeln, wurden Mitarbeiter als auch Kunden aus unterschiedlichen Ländern und Geschäftsfeldern in das Projekt involviert.

Ausgangspunkt für den Aufbau einer Marke ist eine detaillierte Markenanalyse. Hierbei bediente sich ABB dem Schichtenmodell von Interbrand Zintzmeyer & Lux (www.interbrand.com); (s. Abb. 28.2). Im Kern der Analyse steht die Markenplattform, welche die markenstrategische Richtung vorgibt. Hier werden die wesensprägenden Merkmale einer Marke, also Identität, Positionierung, Werte und die darauf aufbauende Kommunikationssprache des Unternehmens bestimmt. Die Markenplattform ist die Grundlage für visuelle Elemente wie Logo und Bilderwelt einer Marke und ist somit eine wichtige Komponente der ABB-Erlebniswelt.

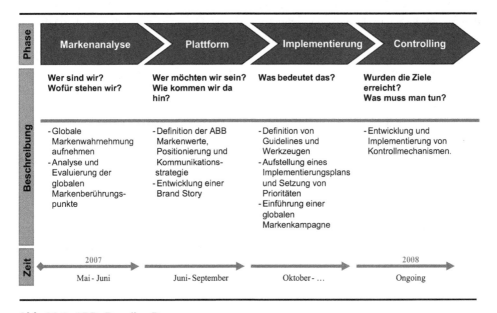

Abb. 28.1 ABBs Branding-Prozess

Abb. 28.2 Konzept der Markenanalyse

Um eine ganzheitliche Markenstrategie zu formulieren, ist ein kritischer Vergleich zwischen dem internen Selbstbild und der externen Markenwahrnehmung notwendig. Mittels Umfragen und diversen Berichten wurde das Markenimage von ABB, also die Außenperspektive der Marke von Kunden, Investoren und anderen externen Stakeholdern, ermittelt.

Diese Analyse zeigte auch auf, wie die Marke ABB im Vergleich zum Wettbewerb wahrgenommen wird. Das Ergebnis war ernüchternd: ABB wurde von den Kunden mit nur wenigen einzigartigen Assoziationen in Verbindung gebracht und hob sich gleichzeitig kaum vom Wettbewerb ab. Vor allem wurde ersichtlich, dass Markenassoziationen wie hohe Produktqualität, Zuverlässigkeit, Vertrauenswürdigkeit, Kundenorientierung und Transparenz für alle Wettbewerber der betrachteten Branche galten. Besonders auf B2B-Märkten besteht die Gefahr, Marken anhand von generischen, wenig differenzierenden Eigenschaften (z. B. Kundenorientierung, Produktqualität) zu positionieren, da diesen Dimensionen im Industriegüterbereich die größte Bedeutung zukommt.

Im Rahmen der Markenanalyse ermittelte ABB zudem, wo und in welcher Erscheinungsform Mitarbeiter, Kunden und andere Stakeholder die Marke erleben bzw. mit dieser in Berührung kommen. Jeder dieser Brand Touch Points beeinflusst die Markenwahrnehmung und folglich das Markenimage. Mithilfe einer Sekundärdatenanalyse und diversen Interviews wurden für ABB dreizehn relevante Berührungspunkte identifiziert (s. Abb. 28.3).

Eine Analyse der Markenberührungspunkte zeigte, dass trotz der ständigen Präsenz des ABB-Logos in der Unternehmenskommunikation kein einheitliches Bild der Marke erzeugt wurde. Der Markenauftritt variierte zwischen Ländern und Geschäftsfeldern. Kommunikationsmaterialien, wie z. B. Broschüren, waren vor allem von Zahlen und Fakten geprägt – marketingrelevante Aspekte wurden jedoch weitestgehend ausgeklammert. Dementsprechend war es für ABB schwer, sich konsistent über alle Markenberührungspunkte hinweg als ein einheitliches, globales Unternehmen zu positionieren. Selbst das Logo, ein bislang zentrales Marketingelement von ABB, wies Unterschiede im Design auf.

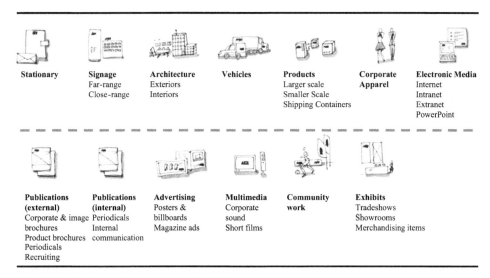

Abb. 28.3 Markenberührungspunkte bei ABB

Ausgehend von der Markenanalyse und den identifizierten Handlungsfeldern folgte im zweiten Schritt des Branding-Projektes der Aufbau der *Markenplattform*. Im Zentrum standen hier die Etablierung von einzigartigen Markenwerten und einer differenzierenden Markenpositionierung sowie die Gestaltung einer Kommunikationsstrategie.

Mittels Workshops, Umfragen und Interviews wurden 200 potenzielle Markenwerte für ABB identifiziert. Zum Einsatz kamen hierbei vor allem qualitative Kreativitätstechniken wie das Mood Board, in dem Markenwerte in Form von Texten und Bildern collagenartig zusammengefasst werden (Kohler 2010). Diese wurden in weiteren Workshops, Interviews und Round Table Sessions priorisiert und zu drei Kernwerten zusammengefasst: „Leading-edge Technology", „Inclusive" und „Passionate". Diese Markenwerte begründen seitdem die neue Markenpersönlichkeit von ABB und beschreiben was das Unternehmen einzigartig macht.

Eine starke Marke kann nur dann nachhaltig aufgebaut werden, wenn sich die Positionierungs- und Kommunikationsstrategien an den zuvor definierten Markenwerten ausrichten. Diesem Gedanken folgend und geleitet durch die globale Unternehmensvision wurden fünf potenzielle Positionierungsszenarien erfasst, welche unternehmensintern evaluiert und auf drei erfolgsversprechende Szenarien reduziert wurden. Um einen möglichst großen Fit zwischen der Außenwahrnehmung der Marke und der intendierten Markenidentität sicherzustellen, ist eine Integration des Kunden in den Definitionsprozess der Markenpositionierung unerlässlich (Wind 1988), wie Roelof Timmer, Head Communications for Discrete Automation and Motion Division, feststellt:

> „It is not only important to have a unique brand position, but to fulfill the brand promise. This is the most important difference compared to a B2C company. We are often dealing with large projects and the ability to execute is crucial. And so often people are looking for a company that can really implement what they say."

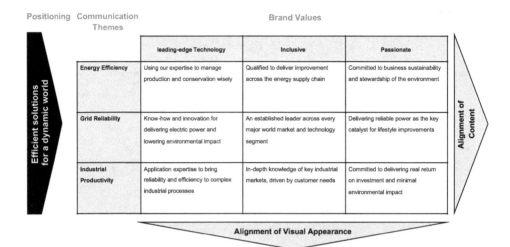

Abb. 28.4 Markenplattform von ABB

ABB hat dies erkannt und mehr als 50 Kunden unterschiedlicher Unternehmensgröße aus verschiedenen Regionen der Welt in die Evaluation der Szenarien einbezogen. Die Kunden bewerteten die Positionierungsstrategien anhand von sieben Kriterien. Darunter waren der erste Eindruck, Verständlichkeit, Einzigartigkeit sowie die Relevanz des Konzeptes. Zusätzlich brachten die Kunden die Konzepte in eine Präferenzfolge und nannten etwaige Änderungs- und Verbesserungsvorschläge. Die Einbindung der Kunden stellte sicher, dass eine marktrelevante Positionierung gewählt wurde, welche gleichzeitig mit der Markenidentität von ABB harmonierte. Parallel dazu wurde auf ähnliche Weise die Kommunikationsstrategie definiert. Auf Basis der Unternehmensstrategie und der Vision wurden vier Kommunikationsthemen entwickelt: „Energy Efficiency", „Grid Reliability", und „Industrial Productivity".

Das Zusammenspiel von Markenwerten sowie Kommunikations- und Positionierungsstrategie schuf ein ganzheitliches Markenkonzept (s. Abb. 28.4). Um dieses auch nach außen sichtbar werden zu lassen, mussten die Kommunikationsthemen in ein Design übersetzt werden.

In der dritten Phase des Projektes – der *Implementierungsphase* – wurde die neu definierte Markenplattform in ein visuelles Konzept überführt. So war es für ABB eine besondere Herausforderung ein modernes und außergewöhnliches Design zu finden, welches weltweit und über alle Geschäftssparten hinweg implementiert werden konnte. Um diesen vielfältigen Charakter von ABB zu berücksichtigen, wurde ein internationales Team, bestehend aus Vertretern aus acht Regionen, fünf Abteilungen und unterschiedlichen Nationalitäten, mit der Selektion und Implementierung des Designs beauftragt. Zur Sicherung der Kontinuität im Markenauftritt wurde das Konzept an allen Markenberührungspunkten übernommen. An den Kommunikationsthemen orientierend, wurde auch das Logo um den Zusatz „Power and productivity for a better world" erweitert. Diese Ergänzung dient nicht nur als zusätzliche Erläuterung hinsichtlich der Unternehmensausrichtung (Power

& Automation), sondern beschreibt auch ABBs Bestreben einen Beitrag zu leisten „for a better world". Die Einführung eines einheitlichen Designs in unterschiedlichen Ländern (z. B. Farbenbedeutung in den Kulturen) birgt die Gefahr kultureller Missverständnisse. Um Fehlinterpretationen zu vermeiden, wurde das Designkonzept daher durch erläuternde Informationen ergänzt. Ein iteratives Vorgehen stellte zudem sicher, dass das Feedback der Mitarbeiter kontinuierlich einfloss.

28.3.2 Aufbau einer Markenarchitektur

ABB ist eine monolithische B2B-Marke mit einigen Sub-Marken. Um den Markt sowohl geografisch als auch technologisch weitgehend abzudecken, akquirierte ABB seit Unternehmensgründung mehr als 800 Unternehmen. Einige dieser Firmen waren etablierte Marken, welche aufgrund einer loyalen Kundschaft tief mit einer Region verbunden waren. So wurde ABB lange als eine Ansammlung von Unternehmen, Marken und Identitäten betrachtet jedoch nicht als ein Verbund mit einer einheitlichen, übergeordneten Marke. Trotz der anvisierten One-Brand-Strategy hatte es ABB lange Zeit nicht geschafft, eine klare Markenarchitektur zu definieren. Bis heute sucht das Unternehmen nach einer Optimierung, was angesichts der Wachstumsstrategie eine besondere Herausforderung darstellt.

Das Branding-Projekt hat der ABB-Markenarchitektur eine klare Struktur gegeben. Das Ziel der neuen Architektur ist es, die akquirierten Unternehmen von der authentischen Markenstärke von ABB profitieren zu lassen und somit potenzielle, wahrgenommene Risiken der Kunden zu reduzieren (Keller 2009). Glenn Taylor sagt dazu:

> „Our customers really value the benefits of the brand and we have seen this certainly during times when ABB struggled in the market place in 2002, what actually helped was the power of the brand and that the unique thing about these little letters are really quite magic and that customers get a lot of value through ABB's knowledge of industries."

In Abhängigkeit der Bekanntheit und Verankerung der akquirierten Marken hat ABB feste Regeln für den Umgang mit erworbenen Unternehmen und Marken definiert. Als Ausnahmen der One-Brand-Strategy wurden solche Unternehmen bzw. Marken bestimmt, deren Qualitätsimage mit dem von ABB unvereinbar ist, die eine starke regionale Verankerung genießen oder aus rechtlichen Gründen eigenständig bleiben müssen. Ein Beispiel für eine derartige Stand-Alone-Brand ist die Busch-Jäger-Elektro GmbH, die aufgrund ihrer festen und langjährigen Kundenbeziehung unabhängig von der Marke ABB geführt wird.

Neben diesen Regelungen führte ABB ein vierstufiges Integrationsprogramm ein. Die erworbenen Unternehmen agieren während einer Übergangszeit von zwei bis drei Jahren unabhängig am Markt, werden aber im Kern von ABB unterstützt. Visuell wird die Zugehörigkeit zum Konzern mit dem Zusatz „A member of the ABB group" markiert. Am Ende dieser Transferphase steht die volle Integration unter die Dachmarke ABB. Die Entscheidungspfade hinsichtlich der Markenarchitektur wurden in Abb. 28.5 zusammengefasst.

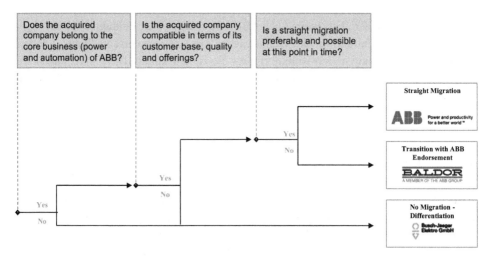

Abb. 28.5 Entscheidungspfade für die Markenarchitektur

28.3.3 Nutzung interner Markenkommunikation

Zwei zentrale Erfolgsfaktoren waren entscheidend für das Branding-Projekt: Erstens die weitläufige Integration der ABB-Mitarbeiter aus den unterschiedlichsten Unternehmenseinheiten und Märkten sowie zweitens die interne Verbreitung der Markenwerte und Markenrichtlinien in einem frühen Stadium des Projektes. Die Idee einer Marke in ein technologiegetriebenes Unternehmen einzuführen stellte eine besondere Herausforderung dar, erinnert sich Scott Spencer:

> Decisions are made as to what our mission and vision is and then a decision is made as to how to communicate that to 120,000 employees around the world. They may not necessarily see the broader picture – all of who are very busy – everybody is kind of buried in a particular business of ABB and so they are very focused on the one thing they do for ABB and not necessarily on all the things that ABB does. The challenge first and foremost is: How do you communicate effectively to 120,000 people.

Es musste sprichwörtlich das Feuer für die Marke entfacht werden. Für die erfolgreiche Durchführung des Markenprojektes war daher die Einbindung und Zustimmung des CEOs eine zentrale Voraussetzung (Keller 2009). Darüber hinaus wurden unterschiedliche Maßnahmen initiiert, um Mitarbeiter und Marke einander näher zu bringen. An sogenannten Brand Days wurde im Rahmen von Workshops die neue Markenstrategie sowie das neue Design vorgestellt und diskutiert. Die direkte Interaktion förderte neben dem Verständnis und dem Wissen der Mitarbeiter auch die Schaffung von Markenerlebnisse. Um die Marke in das Alltagsleben der Organisation einzuführen, wurden ausgewählte Mitarbeiter zu Markenbotschaftern einer Region ernannt (Henkel et al. 2007). Diese Maßnahmen wurden durch klassische Kommunikationsinstrumente wie Intranet, Internet, E-Mail, Videos, Broschüren und Ähnlichem unterstützt, um das Markenbewusstsein in der Organisation zu verankern. Diese offene und transparente Kommunikation konnte allgemeine Verunsicherungen reduzieren und ein Verständnis für die Notwendigkeit des Projektes sicherstellen.

Grundsätzlich wird jede organisationale Veränderung von emotionalen Diskussionen und Skepsis begleitet. Eine entsprechende Organisationskultur kann hierbei vorteilhafte Rahmenbedienungen schaffen (Schein 2010). Carlos-Roberto Hohl fasst es wie folgt zusammen:

> „As with everything that is new, the first reactions to the introduction of the new branding guidelines in the regions were mixed of enthusiasm and skepticism among management and employees, but this rapidly turned into a unanimous perception of the differentiation it would give us in relation to our competitors."
>
> „The implementation was then very fast and quite easy. This was probably due to the fact that the branding was in line with the company's culture and the internal and external perceptions about its portfolio. People felt comfortable with the new branding, use and promoted it. Nowadays I would say there is a certain degree of pride about the differentiation our new branding brought to the market."

28.3.4 Etablierung einer Employer Brand

ABB gehört laut einer Umfrage nicht nur zu den Top 20 Arbeitgebern in der Schweiz (Universum 2012), sondern ist insbesondere unter den Ingenieuren, der Hauptzielgruppe von ABB, das attraktivste Unternehmen in der Schweiz und in den skandinavischen Ländern Schweden und Finnland (Universum 2012). Um diese Position zu halten und neue potenzielle Fachkräfte anzuwerben, initiierte ABB 2009 ein Employer Branding Programm (s. dazu auch den Beitrag zum Employer Branding in diesem Buch). Ziel war und ist es, auf Basis der neuen Markenstrategie qualifizierte Fachkräfte anzuwerben und sich langfristig als attraktiver Arbeitgeber am Talentmarkt zu positionieren. In einem ersten Schritt wurde die Wahrnehmung der Arbeitgebermarke ABB bei Mitarbeitern und potenziellen Kandidaten erhoben. Auf diese Weise konnten die Kontaktpunkte, an denen sich Marke und Arbeitnehmer treffen, sowie relevante Unterscheidungsmerkmale zu anderen Arbeitgebern am Markt, identifiziert werden. Diese Kontaktpunkte bildeten folglich die Plattform für die Formulierung des zentralen Versprechens, welches ABB seinen Mitarbeitern und Bewerbern vermitteln will:

> „You will have the scope and freedom to build a legacy by helping to create a better world, so you will need to combine intelligence and integrity with global mobility and energy."

Abb. 28.6 Thematisch konsistente Kommunikation

Um die Arbeitgebermarke in die neue Markenstrategie zu integrieren, wurde die zuvor definierte Positionierungs- und Kommunikationsstrategie auch im Employer Branding übernommen. So finden sich an den Kontaktpunkten der Arbeitgebermarke bereits bekannte Kommunikationsthemen, wie beispielsweise „A better world begins with you" an (s. Abb. 28.6).

28.3.5 Marken-Controlling

Mit der Formulierung der Markenstrategie und der Festlegung neuer Markenrichtlinien erfolgte erstmalig die Einführung des Marken-Controllings. Um die Umsetzung der Branding-Maßnahmen zu überwachen und um eine Effektivität und Effizienz sicherzustellen, bedient sich ABB unterschiedlicher Instrumente. In regelmäßigen Abständen werden Kundenumfragen zu allgemeinen Themen als auch Fragen zur Markenloyalität und dem Empfehlungsverhalten von Kunden durchgeführt. ABB nutzt dazu unter anderem den *Net Promotor Score* (Reichheld 2003), der auf einfache Weise einen Vergleich der Kundenzufriedenheit über die Zeit ermöglicht. Um sich zusätzlich mit den anderen Wettbewerbern der Branche zu vergleichen, arbeitet ABB mit dem Reputation Institute (www.reputationinstitute.com) zusammen. Angepasst an die individuellen Wünsche von ABB wurde ein Brand & Reputation Model erstellt, das ein Ranking unterschiedlicher Firmen ermöglicht. Eine weitere Kontrollmaßnahme, das Internal Brand Audit, befasst sich mit der Messung der internen Markenführung. Es spiegelt nicht nur das Mitarbeiterverständnis hinsichtlich Markenpositionierung, Markenwerte und Kommunikation wider, sondern bewertet auch, wie gut die Markenrichtlinien im Unternehmensalltag integriert werden. Aufbauend auf den identifizierten Schwachstellen werden entsprechende Schulungen und Workshops für Mitarbeiter angestoßen, um einen langfristigen Erfolg der Markenrichtlinien zu gewährleisten.

Die Branding-Anstrengungen haben sich gelohnt. Dies zeigen sowohl interne Studien von ABB als auch die Ergebnisse einer aktuellen Berechnung des Markenwertes. Seit dem Start des Branding-Projektes im Jahr 2007, erfreut sich ABB einer Wachstumsrate des Markenwertes auf gleichem Niveau wie amazon.

Literatur

Barham, K., & Heimer, C. (1998). *ABB – The dancing giant: Creating the globally connected corporation.* London: Financial Times Management.

Baumgarth, C., & Schmidt, M. (2010). Markenorientierung und Interne Markenstärke als Erfolgstreiber von B-to-B-Marken – Empirische Belege und Managementempfehlungen. In C. Baumgarth (Hrsg.), *B-to-B-Markenführung: Grundlagen – Konzepte – Best Practice* (S. 333–356). Wiesbaden: Gabler.

Catrina, W. (2003). *ABB: Die verratene Vision.* Zürich: Orell Füssli.

DIHK (2013). Arbeitsmarktreport 2012/13. http://www.bildungsspiegel.de/bildungsnews/arbeitsmarkt/977-dihk-legt-arbeitsmarktreport-2012-13-vor.html.

Heidig, W., Tomczak, T., & Jobin, M. (2013). *ABB – A brand in movement: Branding challenges of a global business-to-business company.* Universität St. Gallen.

Henkel, S., Tomczak, T., Heitman, M., & Herrmann, A. (2007). Managing brand consistent employee behaviour relevance and managerial control of behavioural branding. *Journal of Product & Brand Management, 16*(5), 310–320.

Homburg, C., Klarmann, M., & Schmitt, J. (2010). Brand awareness in business markets: When is it related to firm performance? *International Journal of Research in Marketing, 27*(3), 201–212.

Hutt, M. D., & Speh, T. W. (2006). *Business marketing management: A strategic view of industrial and organizational markets* (Bd. 9). Cincinnatti: Thomson Publishing.

Jenewein W., & Morhart F. (2007). Leadership: Wie Jürgen Dormann ABB rettete. *Harvard Business Manager, 28*(9), 22–33.

Keller, K. (2009). Building a strong business-to-business brand. In M. Glynn & A. Woodside (Hrsg.), *Business-to-business brand management: Theory, research and executive case study exercises (Advances in Business Marketing and Purchasing)* (Bd. 15, S. 11–31). London: Emerald Group Publishing Limited.

Kernstock, J. (1998). Meta-Marke Star Alliance: Eine neue Herausforderung für das Markenmanagement. In T. Tomczak, M. Schögel, & E. Ludwig (Hrsg.), *Markenmanagement für Dienstleistungen* (S. 222–230). St. Gallen: Thexis.

Kohler, M. (2010). In the mood for moodboards. http://blog.tagesanzeiger.ch/sweethome/index.php/7373/in-the-mood-for-moodboards/.

Koppel, O. (2011). *Fachkräfteengpässe trotz Bildungsaufstieg.* Köln: Institut der deutschen Wirtschaft Köln Bildungspolitik und Arbeitsmarktpolitik.

Lynch, J., & Chernatony, L. D. (2004). The power of emotion: Brand communication in business-to-business markets. *The Journal of Brand Management, 11*(5), 403–419.

Mudambi, S. (2002). Branding importance in business-to-business markets: Three buyer clusters. *Industrial Marketing Management, 31*(6), 525–533.

Reichheld, F. F. (2003). The one number you need to grow. *Harvard Business Review, 81*(12), 46–55.

Schein, E. H. (2010). *Organizational culture and leadership* (Bd. 4). San Francisco: Wiley.

Universum. (2012). The Swiss professional survey 2012. http://www.universumglobal.com/IDEAL-Employer-Rankings/Professional-Surveys/Switzerland.

Universum. (2013). Ideal employer 2013. http://universumglobal.com/ideal-employer-rankings/student-surveys/switzerland/.

Von Walter, B., Henkel, S., & Heidig, W. (2009). Mitarbeiterassoziationen als Treiber der Arbeitgeberattraktivität. In T. Tomczak, R. Esch, J. Kernstock, & A. Herrmann (Hrsg.), *Behavioral Branding: Wie Mitarbeiterverhalten die Marke stärkt* (S. 295–315). Wiesbaden: Gabler.

Webster, F. E., & Keller, K. L. (2004). A roadmap for branding in industrial markets. *The Journal of Brand Management, 11*(5), 388–402.

Wind, Y. J. (1988). *Positioning analysis and strategy*. The Wharton School University of Pennsylvania.

Wind, Y. J. (1990). Positioning Analysis and Strategy. In G. Day, B. Weitz, & R. Wensley (Hrsg.), *The Interface of Marketing and Strategy* (S. 387–412). Greenwich: JAI Press, Pct.

Prof. Dr. Wibke Heidig ist Professorin für Betriebswirtschaft mit dem Schwerpunkt Marketing an der SRH Hochschule, Berlin. Zuvor arbeitete sie am Center for Customer Insight an der Universität St. Gallen, an dem sie auch promovierte. Ihre Forschungsschwerpunkte liegen auf dem Gebiet des Konsumentenverhaltens, insbesondere dem Entscheidungsverhalten am Service Counter und der Markenführung.

Maria Jobin verantwortet die Position des Global Head of Communications der Discrete Automation and Motion Division und ist Vizepräsidentin der ABB Group, Schweiz.

Mag. Antje Budzanowski ist wissenschaftliche Mitarbeiterin an der Forschungsstelle für Customer Insight der Universität St. Gallen.

Prof. Dr. Torsten Tomczak ist Ordinarius für Betriebswirtschaftslehre mit besonderer Berücksichtigung des Marketings sowie Direktor des Center for Customer Insight (FCI) an der Universität St. Gallen, Schweiz. Seine Arbeits- und Forschungsgebiete umfassen u. a. Kundenverhalten und Markenforschung, Strategisches Marketing, Marketing Performance Management und Innovation.

Teil VII
Kontrolle im Corporate Brand Management

Ziele, Leistungsgrößen und Erfolgsfaktoren identifizieren und steuern

Torsten Tomczak, Joachim Kernstock und Tim Oliver Brexendorf

Zusammenfassung

Dieses Kapitel legt zunächst die Relevanz des Markencontrollings für das Corporate Brand Management in wirtschaftlich kompetitiven Märkten dar und zeigt auf, wie dieses mit Hilfe eines Markenkontroll-Cockpits erfolgreich etabliert werden kann. Des Weiteren werden die hierfür notwendigen Kennzahlen und deren Operationalisierungen vorgestellt. Abschließend wird auf die so genannte Brand-Scorecard eingegangen, die eine Berücksichtigung der gesamten Markenarchitektur und deren Stakeholder sicherstellt.

29.1 Bedeutung des Markencontrolling erkennen

„Management ohne Messung ist wie der Dartwurf eines Blinden: Einige der Darts können die Zielscheibe treffen, aber ohne Feedback ist die Wiederholung des Erfolgs reiner Zufall." (Biel 2001, S. 84)

Die Corporate Brand stellt für Unternehmen einen zentralen immateriellen Wertschöpfer dar. Die Bedeutung des Markenwerts als zentraler Wertschöpfer in Unternehmen wurde

---

T. Tomczak (✉)
Forschungsstelle für Customer Insight, Universität St. Gallen, St. Gallen, Schweiz
E-Mail: torsten.tomczak@unisg.ch

J. Kernstock
Kompetenzzentrum für Markenführung St. Gallen (KMSG), St. Gallen, Schweiz
E-Mail: joachim.kernstock@km-sg.ch

T. Oliver Brexendorf
WHU – Otto Beisheim School of Management, Vallendar, Deutschland
E-Mail: tim.brexendorf@whu.edu

sowohl empirisch (Stahl et al. 2012) als auch praxisorientiert untermauert. So entfielen nach einer Studie der Unternehmensberatung PriceWaterhouseCoopers und der Universität Hamburg im Jahr 1999 durchschnittlich 56 % des Unternehmenswertes auf die Marke. Bereits 2005 wird der Anteil des Markenwerts am Gesamtwert des Unternehmens aus 67 % beziffert. Ähnliches zeigten Bahadir et al. (2008) auf, wonach sich im Konsumgüterbereich der Markenwert auf knapp 50 % des gesamten Unternehmenswerts beläuft. Gerade wegen dieses hohen Anteils, den die Marke zum Unternehmenswert beiträgt, kommt dem Markencontrolling in Zeiten zunehmenden wirtschaftlichen Drucks eine immer wichtigere Bedeutung zu – auch da der Aufbau und die Pflege von Marken mit hohem finanziellen Aufwand verbunden sind. So werden in einzelnen Branchen bis zu einem Fünftel der Umsatzerlöse in die Markenkommunikation investiert (Blech und Blech 1998, S. 221). Im Rahmen rezessiver Entwicklungen treten jedoch Kostenbetrachtungen zunehmend in den Fokus. Es kommt zu einer Verkürzung der Bewertungszeiträume von Investitionen. Infolge steigt für die Markenführung der Druck zu Lasten der langfristigen Markenbewertung, auch kurzfristige Ergebnisse zu liefern (Irmscher 1997, S. 128 f.; Oggenfuss und Peter 1998, S. 170; Hauptkorn und Mei-Pochtler 2002, S. 68).

Vor dem Hintergrund sinkender Marketingausgaben und einer kritischen Auseinandersetzung mit der Wirkung markenspezifischer Maßnahmen, sind neben einem strukturieren, objektivem Budgetierungsprozess (Meurer und Rügge 2012, S. 30 ff.) insbesondere für die Budgetdiskussion zwei Aspekte bedeutsam:

1. Es muss ein *Einblick in Wirkungszusammenhänge* markenspezifischer Investitionen möglich sein. Das heißt, dass der Zusammenhang qualitativer Größen der Markensteuerung (z. B. von Markenbekanntheit, -image und -bindung) mit quantitativen Erfolgsgrößen (z. B. Umsätze, Marktanteile, Preis-Premium) klar herauszustellen ist (Esch 2012, S. 633 ff.).
2. Eine entsprechende *Quantifizierung* erweist sich sehr hilfreich im Hinblick auf Budgetverhandlungen (Oggenfuss und Peter 1998, S. 168; Sattler 1998, S. 193). Langfristige Investitionen in immaterielle Vermögenswerte wie die Corporate Brand sind oftmals schwer durchsetzbar: Unternehmen investieren in der Regel weniger in Vermögenswerte, die schwer zu messen bzw. erkennbar sind und für die kein Controlling besteht (Srivastava et al. 1998, S. 14; Oggenfuss und Peter 1998, S. 170). Um eine Vergleichbarkeit der Investitionsprojekte durchführen zu können, sind Marken einer Rentabilitätsbeurteilung zu unterziehen (Günther und Kriegbaum 2001, S. 129).

Marken setzen Wertschöpfungspotenziale in Unternehmen frei und sollten nicht als Kostenfaktor, sondern als Vermögenswert des Unternehmens gesehen werden, der maßgeblich den Gesamtwert des Unternehmens beeinflusst und ausmacht (Meffert 1994, S. 481; Irmscher 1997, S. 123; Reinecke und Tomczak 1998, S. 93; Esch 2012, S. 132).

▶ Investitionen in immaterielle Vermögenswerte wie die Marke müssen dabei ebenso systematisch gesteuert werden wie Investitionen in materielle Anlagevermögen wie bspw. Maschinen (Esch 2002a, S. 25; Heemann 2008, S. 5 ff.; Esch 2012, S. 574).

Die Realität sieht leider anders aus: Während für viele Investitionsentscheidungen (z. B. Beteiligungen, Anlagen etc.) komplexe Controllingsysteme vorliegen, ist dies für das wettbewerbsentscheidende Kapital der Corporate Brand meist nicht der Fall. Es fehlen klare Bezugsgrößen und im Unternehmen akzeptierte Bewertungsmaßstäbe für die Marke. Um für die Beurteilung der Marke Transparenz zu schaffen, bedarf es ähnlicher im Management akzeptierter Kontroll-Kennzahlen und Bewertungsmaßstäbe wie für materielle Vermögenswerte. Insofern ist die Entwicklung bzw. Einrichtung eines funktionsfähigen Markencontrollings erforderlich. Hierbei ist zu berücksichtigen, dass das Markencontrolling einem managementorientierten und nicht kostenorientierten Ansatz folgt. Nach Hammann versteht man unter Markencontrolling die „Führung, Steuerung und Kontrolle von Marken" (Hammann 2001, S. 283). Das Markencontrolling hat somit die Aufgabe, eine Verknüpfung des Marketing als „Führungskonzept vom Markt" mit dem Controlling als „Führungskonzept vom Ergebnis" zu erreichen (Meffert et al. 2012, S. 822; Günther und Kriegbaum 2001, S. 129). Der Grundsatz: „Accountants are paid to track the past, but managers are paid to build the future" (Barsky und Marchant 2000, S. 62) sollte demnach beim Markencontrolling Berücksichtigung finden.

▶ Marken sind zentrale Werttreiber im Unternehmen. Dementsprechend sind Investitionen in die Marke systematisch zu steuern und zu kontrollieren. Hierzu ist es zwingend erforderlich, neben rein quantitativen Erfolgsgrößen der Markenführung auch qualitative Leistungsgrößen des Markenerfolgs zu identifizieren und zu berücksichtigen.

29.2 Leistungsziele des Corporate Brand Management identifizieren

Die Corporate Brand ist somit als zentraler Werttreiber des Unternehmens zu steuern. Dies umfasst neben der Kontrolle der relevanten Zielvorgaben des Corporate Brand Management auch deren Umsetzung in konkrete Maßnahmen sowie die ausreichende Berücksichtigung und Kontrolle der markenspezifischen Ergebnisgrößen.

Um ein erfolgreiches Management der Corporate Brand zu sichern, ist ein *komplexes Markenkontroll-Cockpit* zu etablieren, welches die relevanten Erfolgsgrößen der Markenführung und deren Vernetzung untereinander erfasst. Ziel eines solchen Cockpits ist, sämtliche Werttreiber der Marke zu identifizieren, diese im Rahmen der Markenbewertung zu berücksichtigen und geeignete Maßnahmen des Markenmanagements abzuleiten (Reinecke et al. 2006, S. 893 ff.). *Die Entwicklung eines umfassenden Cockpit zum Markencontrolling stellt eines der zentralen Herausforderungen des Unternehmens dar* (Esch 2002a, S. 25; Esch 2012, S. 573 ff.).

Tab. 29.1 Gestaltungsdimensionen eines Markenkontroll-Cockpit

Dimensionen	Ausprägungen	
Zielgröße der Messung	Quantitativ	Qualitativ
Zeitpunkt/-raum der Messung	Ex-post	Ex-ante
Ausrichtung der Messung	Nach innen	Nach außen

▶ Ein umfassendes Markenkontroll-Cockpit muss gleichermaßen nach innen und außen angelegt sein und quantitative wie qualitative Kontrollgrößen umfassen. Zudem sollten nicht nur ex-post, sondern auch ex-ante wirksame Prüfgrößen zum Einsatz kommen.

Zielgrößen der Messung Im Kern eines solchen Kontroll-Cockpits stehen die Anspruchsgruppen und deren Vorstellungen bezüglich der Marke, wofür insbesondere qualitative und psychografische Kenngrößen (s. auch Tab. 29.1) zur Markenkontrolle zu verwenden sind (Burmann et al. 2012, S. 219 ff.; Esch 2012, S. 91 ff.).

Kontroll-Cockpit Ein weiterer wichtiger Aspekt bei der Gestaltung des Kontroll-Cockpit ist der Zeitraum der Betrachtung (s. Tab. 29.1; s. dazu auch den Beitrag zu Quer- und Längsschnittmessungen in diesem Buch): Einerseits kann dies ex-ante, also vor Markteintritt, andererseits ex-post und somit nach Markteintritt geschehen. Speziell die ex-post Kontrolle kann zeitpunkt- oder zeitraumbezogen (im Sinne eines Markentracking, das die Entwicklung der Marke im Zeitablauf wiedergibt) erfolgen (Burmann et al. 2012; Meffert und Koers 2001 S. 12).

Ausrichtung der Messung Auch der Blickwinkel der Kontrolle der Corporate Brand kann variiert werden, je nachdem, ob sich die Betrachtung auf das Innere des Unternehmens (Kontrolle nach innen) oder außerhalb des Unternehmens (Kontrolle nach außen) bezieht (Esch 2012, S. 574).

Zukunftsorientierte Definition der Leistungsziele Das Kontrollkonzept orientiert sich dabei nicht an vergangenheitsbezogenen Größen, sondern richtet sich vielmehr an zukunftsorientierten Zielsetzungen des Unternehmens aus, so dass zunächst eine Definition der Leistungsziele des Corporate Brand Management erforderlich ist.

Das oberste Ziel des Corporate Brand Management leitet sich aus dem übergeordneten Zielsystem eines Unternehmens ab. Dieses unterteilt sich in Globalziele, ökonomische Ziele und verhaltenswissenschaftliche Ziele, die sich gegenseitig beeinflussen (Esch et al. 2005, S. 42 f.). Das Globalziel eines Unternehmens ist seine Existenzsicherung durch den Erhalt oder die Steigerung des Unternehmenswerts (Hahn und Hungenberg 2001, S. 13). Diesem Ziel sind kausal ökonomische Zielgrößen vorgelagert. Diese zielen auf den Aufbau und den Erhalt des Markenwerts ab, in dem durch die Marke positive Wirkungen auf ein Mengen- und/oder Preispremium erzielt werden (Keller 2008; Sattler 2005, S. 33 ff.). Die Schaffung eines Markenwerts wiederum dient so dem Erhalt und der Steigerung des Unternehmenswerts und trägt somit zur Erreichung des Globalziels bei.

Den ökonomischen Zielen des Corporate Brand Management sind verhaltenswissenschaftliche Zielgrößen vorgelagert. Aus verhaltenswissenschaftlicher Sicht liegt der Wert einer Marke in den Köpfen der Anspruchsgruppen: Dieses Markenwissen ist der Schlüssel zum Markenerfolg. Es lässt sich in das Markenimage und die Markenbekanntheit operationalisieren (Esch 1993, S. 56; Keller 1993, S. 1). Diese beiden Größen schaffen Markenpräferenzen, die so auf die ökonomischen Ziele durch Erhöhung der Absatzmengen bzw. des Preispremiums wirken.

29.3 Leistungsmodell der Markenführung konzipieren

Das Leistungsmodell zur Markenführung steuert die zentrale Zielgröße Markenwert aus einer finanzwirtschaftlichen und verhaltenswissenschaftlichen Sicht unter Berücksichtigung deren Zusammenspiel (Esch 2012, S. 575 ff.):

- aus *finanzwirtschaftlicher Sicht* ist der Markenwert definiert als Barwert aller zukünftigen Einzahlungsüberschüsse, die der Eigentümer aus der Marke erwirtschaften kann (Kaas 1990, S. 48) (evaluatives, den Erfolg bewertendes Zielmaß: Wie erfolgreich ist eine Marke?).
- aus *verhaltenswissenschaftlicher Sicht* ist der Markenwert das Ergebnis unterschiedlicher Reaktionen von Anspruchsgruppen auf Marketingmaßnahmen einer Marke im Vergleich zu identischen Maßnahmen einer fiktiven Marke aufgrund spezifischer, mit der Marke im Gedächtnis gespeicherter Vorstellungen (Keller 1993) (diagnostisches Zielmaß: Warum ist eine Marke erfolgreich?).

Die finanzorientierte Definition enthält unmittelbar den Zukunftsaspekt. Es geht hier vor allem um das in der Marke steckende Potenzial für die Zukunft. Basis dafür bildet das Markenwissen der jeweiligen Anspruchsgruppen, wie es in der verhaltenswissenschaftlichen Definition zum Ausdruck kommt.

Vorökonomische Größen Das Markenwissen lässt sich mit Hilfe der Konstrukte Markenimage und Markenbekanntheit operationalisieren, welche wiederum Grundlage für eine Reihe weiterer Konstrukte sind, die in der Literatur als Leistungsgrößen für die Markennavigation herangezogen werden (Andresen und Esch 2001; Högl et al. 2001; Esch und Geus 2005; Keller 2008). Die Markensympathie beschreibt eine Dimension des Markenwissens, wird jedoch als eigenständiger Faktor aufgeführt, da sie eine Zwischenrolle zwischen Markenbekanntheit und Markenimage einnimmt. So führt die Bekanntheit einer

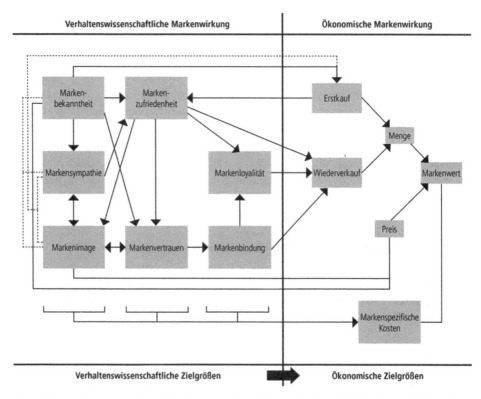

Abb. 29.1 Leistungsmodell zur Markennavigation. (Quelle: Esch et al. 2002; Esch 2005, S. 76)

Marke über den Mere-Exposure Effekt zu einer positiveren Beurteilung der betrachteten Marke und zur Markensympathie. Gleichzeitig setzt ein positives Markenimage auch eine gewisse Markensympathie voraus. Schließlich kann eine Marke auch sympathisch wirken, ohne dass ein klares und ausgeprägtes Image vorliegt (Esch et al. 2002).

Aus der Markenbekanntheit, dem Markenimage und der Markensympathie leiten sich weitere qualitative Erfolgsgrößen für das Markenmanagement ab (Esch et al. 2005, S. 43; Biel 2001, S. 68 f.; Aaker 1992, S. 57 f.; s. Abb. 29.1):

- das Markenvertrauen,
- die Markenzufriedenheit,
- die Markenloyalität und
- die Markenbindung

Die zentrale Größe bildet hierbei die Markenloyalität, welche zu einer verminderten Aufgeschlossenheit gegenüber anderen Marken und einer höheren Mund-zu-Mund Propaganda für die betreffende Marke führt (Aaker 1992, S. 57 f.). Markentreue Kunden zeigen zudem eine erhöhte Bereitschaft für Preisaufschläge. Eine kritische Definition konstatiert Markentreue, wenn er eine bestimmte Marke aus eigener Überzeugung heraus wiederholt nachfragt. Allerdings kann dies auch auf einen Mangel an Kaufalternativen, eine prominente Platzierung der Marke am Point of Sale oder aber einen hoher Werbedruck zurückzuführen sein. Aus diesem Grund wird die Markenloyalität in eine Verhaltens- und eine Einstellungsdimension unterschieden (Homburg et al. 2005, S. 1397 ff.). Diese Einstellungsdimension ist die Markenbindung. Sie ist ein emotionales Konstrukt und setzt entgegen der Markenloyalität keine Nutzung der Marke voraus. Eine Markenbindung kann allerdings auch ohne die Nutzung einer Marke entstehen. Ferrari-Fans, die selbst kein Fabrikat besitzen, bilden ihre Markenbindung über die real und medial vermittelten Eindrücke. In diesem Sinne ist die Markenbindung ein starker Ausdruck für den vorhandenen Besitzstand bzw. das Kapital einer Marke (Esch 2012, S. 73).

Das Markenvertrauen kennzeichnet den Grad, in dem sich ein Stakeholder auf eine Marke verlassen kann (Meffert et al. 2012, S. 132) und ist eine Schlüsselgröße des Markenmanagements (Ambler 1997; Delgado-Ballester und Munuera-Aleman 2001) und basiert auf Erfahrungen mit einer Marke. Hohes Markenvertrauen reduziert das wahrgenommene Kaufrisiko (Chaudhuri und Holbrook 2001, S. 82). Empirische Belege für die Relevanz des Markenvertrauens erbrachten Chaudhuri/Holbrook und Delgado-Ballester/Munuera-Aleman. Speziell für australische Firmen zeigt sich, dass ein hohes Markenvertrauen mit der Größe und Macht der betrachteten Unternehmen (Young und Wilkinson 1989) korreliert.

Markenzufriedenheit entsteht durch einen Soll-Ist-Vergleich der subjektiven Erwartungen an eine Marke und der mit ihr gemachten Erfahrungen (Kaas und Runow 1984; Homburg et al. 2005, S. 1396 ff., Trommsdorff 2009; Meffert et al. 2012, S. 130 f.). Dementsprechend entsteht eine hohe Markenzufriedenheit, wenn eine Marke die in sie gesetzten Erwartungen zumindest erfüllt.

Ökonomische Größen Die ökonomischen Zielgrößen bilden den Erfolg einer Marke im Markt ab. Sie werden durch den Umsatz der Marke berücksichtigt. Da diese Größe allerdings nicht geeignet ist, zukünftiges Geschehen abzubilden, müssen zur Kontrolle der Corporate Brand die Wachstumspotenziale der Marke durch die Analyse potenzieller neuer Märkte, neuer Produkte und neuer Anspruchsgruppen zusätzlich berücksichtigt werden.

▶ Verhaltenswissenschaftliche Leistungsgrößen sind den ökonomischen Erfolgsgrößen der Markenführung kausal vorgelagert und treiben den Markenwert der Corporate Brand. Durch die Berücksichtigung der komplexen Beziehungen der verhaltenswissenschaftlichen und ökonomischen Leistungsgrößen der Markenführung ist eine effiziente Kontrolle der Corporate Brand auch im Zeitablauf möglich.

29.4 Erfolgsgrößen des Corporate Brand Management operationalisieren

Um einerseits die Steuerung des Corporate Brand Managements zu ermöglichen und andererseits eine valide Zurechnung der Leistungsziele zu gewährleisten, sind die relevanten Größen zu operationalisieren[1]. Da i. d. R. kein unmittelbarer Einfluss einer Marketing-Maßnahme auf ökonomische Größen vorliegt, ist dies besonders relevant. Hierzu sind Leistungsgrößen zu wählen, die den zu beeinflussenden Zielgrößen kausal vorgelagert sind (Esch et al. 2002; Esch und Geus 2003; Esch et al. 2005).

29.4.1 Operationalisierung der Größen Markenimage und Markenbekanntheit.

Für das Corporate Brand Management sind das Markenimage und die Markenbekanntheit von besonderer Bedeutung. Dabei ist die Bekanntheit die notwendige Bedingung dafür, dass sich die Stakeholder ein klares Image von einer Marke bilden können, so dass mit dieser überhaupt spezifische Assoziationen verknüpft werden.

Marken können über eine aktive, d. h. ungestützte oder eine passive, gestützte Bekanntheit verfügen. Dabei kann die Marke bildlich und/oder sprachlich erinnert werden.

▶ Bei der Markenbekanntheit ist eine Differenzierung zwischen der Tiefe (Bekanntheitsstufen) und der Breite (Bekanntheits-Facetten) zweckmäßig.

Tiefe bezieht sich darauf, wie hoch die Wahrscheinlichkeit und wie einfach es ist, an eine bestimmte Marke zu denken. Die Breite der Markenbekanntheit rekurriert auf Kauf- und Verwendungssituationen, zu welchen eine Marke in den Sinn kommt. So reicht die Tiefe der Markenbekanntheit von einer exklusiven aktiven Markenbekanntheit als alleiniger Nennung einer Marke zu einer Produktkategorie bis hin zum Wiedererkennen einer Marke bei Vorlage. Die Breite der Markenbekanntheit ist insofern wichtig, weil nicht jede Marke das Kapital hat, eine hohe Markenbekanntheit in einer bestimmten Kategorie zu erzielen. Entscheidend ist hier die Bekanntheit in einem relevanten Bereich. So wird Harley Davidson meist nicht spontan zur Kategorie Motorräder genannt. Unter der Vorgabe „Motorräder, die Abenteuer und Freiheit vermitteln" wird die Marke hingegen häufig aktiv erinnert (Esch 2012, S. 64 f.).

Die zur Messung des Markenimage zum Einsatz kommenden Verfahren sind vielfältig in der Literatur beschrieben (Keller 1993; Esch 2012). Sie reichen von der Messung des Markenimages durch einfache Skalen über offene Assoziationsmessungen und Protokolle lauten Denkens bis zur Messung der Vorstellungen zu inneren Bildern (Esch 2012, S. 589 ff.).

---

[1] Siehe dazu auch den Beitrag zu Quer- und Längsschnittmessungen in diesem Buch.

▶ Klassische Imagemessungen sollten immer durch Assoziationstests und die Messung innerer Markenbilder ergänzt werden, um ein ganzheitliches Bild von der Marke zu erhalten.

Erkenntnissen der Imagery-Theorie zufolge sind innere Markenbilder der Stakeholder besonders gut zur Voraussage des Verhaltens geeignet (Ruge 1988). Hierbei kommt insbesondere der Vividness – eine Superdimension innerer Bilder – eine entscheidende Rolle zu. Die Vividness umschreibt die Klarheit und Lebendigkeit, mit der eine Marke vor seinem inneren Auge gesehen wird. Des Weiteren deuten aktuelle Forschungsergebnisse darauf hin, dass speziell mit ausgefallenen Bildern eine deutliche Erhöhung des WoM (Word-of-Mouth) zu erzielen ist (Phillips und McQuarrie 2010).

29.4.2 Operationalisierung und Messung weiterer abgeleiteter verhaltenswissenschaftlicher Größen.

Aus dem Markenimage und der Markenbekanntheit leiten sich analog zum Leistungsmodell zur Markennavigation weitere verhaltenswissenschaftliche Größen ab, deren Messung einen Indikator für den Erfolg des Markenmanagement darstellt (Esch 2012, S. 641 ff.).

Die Messung der Markenloyalität kann durch die Erfassung der Wiederkauf-, Zusatzkauf- oder Weiterempfehlungsraten, aber auch durch Betrachtung der Veränderung des Marktanteils erfolgen (s. Abb. 29.2).

Das Markenvertrauen und die Markenbindung können valide direkt mittels einfacher Statements abgefragt werden. Zur Messung der Markenbindung haben sich einfache Regret-Abfragen bewährt. Diese erfassen den Grad des Bedauerns, den ein Stakeholder empfindet, wenn eine Marke vom Markt genommen würde. Zur Messung der Markenzufriedenheit kann man wiederum auf das bewährte Instrumentarium der Zufriedenheitsmessung zurückgreifen (Esch 2012, S. 588 ff.).

Die Operationalisierung der Leistungsgrößen ist somit wissenschaftlich fundiert realisierbar. Die daraus resultierenden Messinstrumentarien lassen sich auch praktisch problemlos einsetzen. Allerdings reflektieren diese Größen eine umfassende Sicht der Leistungsfähigkeit der Markenführung. Die Beiträge einzelner Instrumente sind aus diesen Messgrößen nur schwer zu ermitteln. Zwar sind kausalanalytisch Einzelbeiträge verschiedener Marketinginstrumente auf die realisierten Umsätze messbar, allerdings nur grob. Deshalb muss in besonderem Maße bei der Realisierung der Markenkontrolle darauf geachtet werden, dass man diesem Aspekt Rechnung trägt.

Stärke der Corporate Brand messen Finale Zielgröße des Leistungsmodells zur Markennavigation ist der Wert der Corporate Brand, der Markenwert. Zur Bestimmung dieser Größe lassen sich grundsätzlich zwei unterschiedliche Zugänge unterscheiden:

Verhaltenswissenschaftliche Leistungsgrößen	
Markenimage	Messung mittels Imageprofilen **Erhebung von Wissensstrukturen:** • Assoziationstests • AssoziationsProtokolle lauten Denkens **Messung innerer Markenbilder:** • Messung mittels Bilderskalen • Messung mittels verbaler Skalen (bspw. Marks-Skala)
Markenbekanntheit	**Messung der aktiven Bekanntheit:** • Recall - Tests **Messung der passiven Bekanntheit:** • Recognition - Tests
Markenloyalität	• Wieder- oder Zusatzkaufraten • Weiterempfehlungsraten • Marktanteilsveränderungen
Markenbindung	• Regret - Messungen • Abfragen einfacher Aussagen wie: Ich fühle mich der Marke X sehr verbunden
Markenvertrauen	**Abfragen einfacher Statements wie:** • Ich vertraue der Marke • Ich verlasse mich auf die Marke • Marke X hält ihre Versprechen
Markenzufriedenheit	• Messung / Anlayse des Beschwerdeverhaltens • Critical Incident Technik • mulitattributive Zufriedenheitsmessung • Abfragen einfacher Marktzufriedenheitsstatements

Abb. 29.2 Operationalisierung der Leistungsgrößen der Markenführung. (Quelle: Esch et al. 2002)

1. Ansätze, die die Markenstärke in den Köpfen der Anspruchsgruppen erfassen und den Markenwert als verhaltenswissenschaftliche Größen verstehen.
2. Ansätze, die den monetären Markenwert ermitteln (Esch 2012, S. 633).

Idealerweise lassen sich beide Ansätze verknüpfen, um so eine integrierte Sicht auf den Markenwert zu erhalten und ein geschlossenes Markenkontroll-Cockpit zur Markennavigation zu etablieren (Esch 2012, S. 635). Die Markenwertbestimmung findet trotz ihrer Herausforderungen stetig mehr Anwendung, wobei sich die eingesetzten Markenbewertungsverfahren in evaluative und diagnostische Anwendungen einteilen lassen (Esch und Geus 2005).

Eher *evaluative Anlässe* zur Markenbewertung stellen

- die Bilanzierung des Markenwerts,
- die Markenlizenzierung,

- die Markenakquisition und
- die Schadensbemessung von Marken (Markenpiraterie)

dar (Esch 2012, S. 58).

Demgegenüber stehen *Anwendungsgebiete mit diagnostischer Ausrichtung*

- der Markensteuerung,
- des Markencontrolling sowie
- der Bestimmung des Markenwerts zum Benchmarking nach innen und außen.

Hierbei stehen vornehmlich Aspekte der Markensteuerung und der Kontrolle im Vordergrund, um Rückschlüsse für das Markenmanagement zu gewinnen.

Es sei an dieser Stelle darauf hingewiesen, dass die Vielzahl der in der Wissenschaft und Praxis entwickelten Verfahren zur Markenwertbestimmung mit immensen Schwierigkeiten und Unwägbarkeiten behaftet sind, so dass es *bis heute keine harte Währung des Markenwerts* gibt, da die Ergebnisse der diversen Bewertungsverfahren für ein und dieselbe Marke eklatante Unterschieden aufweisen (Knowles 2008; Esch 2012, S. 661).

Folglich zeigt sich, dass die Anforderungen an die Messung des monetären Markenwerts von keinem der bis dato entwickelten Verfahren erfüllt werden. Diese lassen sich wie folgt formulieren (Esch 2012):

1. Markenwertmodelle müssen den Markenwert valide und reliabel messen.
2. Die Bestimmung des Markenwerts muss mit einem vertretbaren finanziellen Aufwand möglich sein.
3. Idealerweise wird der finanzielle Markenwert nicht isoliert betrachtet, sondern steht integriert in einem Kontroll-Cockpit, so dass auch diagnostische Messungen mit ihm gekoppelt sind.
4. Der Markenwert ist zukunftsorientiert und sollte somit auch den zukünftigen Wert der Marke widerspiegeln.

Das Dilemma ist aufgezeigt: Oftmals sind gerade die Werttreiber für Unternehmen relevant, die nicht in der Bilanz erscheinen und von den in der Praxis angewandten Controllingsystemen nicht erfasst werden (Oggenfuss und Peter 1998, S. 171). Die Aussage „The assets that really count are the ones accountants can't count" (Stewart 1995, S. 157) zeigt plakativ auf die Defizite bestehender Controllingsysteme hin (Oggenfuss und Peter 1998, S. 172).

▶ Bei der Bestimmung des Markenwerts sind solche Verfahren zu wählen, die auf valide messbare verhaltenswissenschaftliche Größen zurückgreifen und so den Markenwert im Rahmen eines Markenkontroll-Cockpit bestimmen (Reinecke et al. 2006; Esch 2012).

29.5 Hierarchisierung der Leistungsmessung beachten

Ziel eines Corporate Brand bezogenen Kontrollsystems ist es, sicherzustellen, dass sämtliche Maßnahmen des Markenmanagements konsequent zum Erhalt bzw. zur Steigerung des Markenwerts beitragen. Hierbei sind insbesondere die einzelnen Ebenen der Markenhierarchie mit ihrem jeweiligen Erfolgsbeitrag zu berücksichtigen (Esch et al. 2002), um den Leistungsbeitrag einzelner Ebenen zur Corporate Brand konkret auszuweisen.

Als Basis der Hierarchisierung bietet sich die Differenzierung in

1. Corporate Brand-Ebene,
2. Markensystem-Ebene,
3. Markenebene und
4. Produkt- bzw. Sub-Markenebene an.

Zwischen den einzelnen Marken im Markenportfolio bestehen zudem Verknüpfungen und Ausstrahlungseffekte. Diese sind hinsichtlich der Richtung, der Stärke und der Qualität der Ausstrahlungseffekte zu berücksichtigen (Koers 2001, S. 96; Esch 2012, S. 576 ff.).

Die *Corporate Brand Ebene* zielt darauf ab, die Ansprüche der Stakeholder zu berücksichtigen, wohingegen die Markenebene im Fokus der Endverbraucher liegt. Aufgrund der differenzierten Anspruchsgruppen stellt sich die Leistungsbestimmung auf Unternehmenseben deutlich komplexer dar.

Bei der Mehrmarkenführung sind die

- Tragfähigkeit, Ergiebigkeit, Ansprechbarkeit und Erreichbarkeit der Segmente,
- Differenzierungskraft und Trennschärfe zwischen den Marken aus Sicht der Kunden,
- Relation zwischen Markenkannibalisierungen innerhalb des Mehrmarkensystems und der Eroberungsrate von anderen Marken,
- Relation zwischen zusätzlichen Umsätzen und Kosten der Mehrmarkenführung

zu prüfen (Esch 2012, S. 360 f.).

Bei der Markenarchitektur ist vor allem die Beziehung zwischen den notwendigen, zu erzielenden Synergien zwischen Unternehmensmarke und untergeordneten Marken in zweierlei Hinsicht zu prüfen:

1. Profitieren untergeordnete Marken von der Unternehmensmarke?
2. Zahlen untergeordnete Marken auf die Unternehmensmarke ein?

Ferner sollte der Grad der notwendigen Eigenständigkeit untergeordneter Marken von der Unternehmensmarke zur marktadäquateren Anpassung geprüft werden.

▶ Die Kontrolle einer Corporate Brand ist nicht isoliert durchzuführen. Die Beziehungsgefüge unterschiedlicher Marken im Rahmen komplexer Markensysteme müssen berücksichtigt und hinsichtlich ihrer jeweiligen Ausstrahlungseffekte kontrolliert werden. Die Hierarchisierung der Leistungsmessung ist sicherzustellen.

Neben der Markenhierarchie haben auch *organisatorische Aspekte* in einem umfassenden Markencontrolling bei der Bewertung Berücksichtigung zu finden (Hammann 2001, S. 287 f.; Silberer 2001, S. 251; Meffert und Koers 2005, S. 276; Esch 2012).

▶ Die organisatorische Verankerung des Markencontrollings dient einer umfassenden und permanenten Koordinierungsfunktion zur Unterstützung der markenbedingten Planungs-, Steuerungs- und Kontrollprozesse im Unternehmen.

29.6 Leistungsgrößen in der Brand-Scorecard implementieren

Zur Integration der relevanten Leistungsgrößen in das Gesamtkontrollsystem des Unternehmens in Form einer Balanced Scorecard bietet sich die Gestaltung einer Brand-Scorecard (Linxweiler 2001, S. 121; Linxweiler und Siegle 2011, S. 47; Meffert und Koers 2005, S. 282 ff.; Esch 2012, S. 575) an. Eine solche Brand-Scorecard orientiert sich an dem Gedanken der Balanced Scorecard, die auf Kaplan und Norton (1992) zurückgeht. Mit Hilfe der Balanced Scorecard sollen die Interessen der Shareholder, der Kunden und der Mitarbeiter im Rahmen der Unternehmensführung Berücksichtigung finden. Hierzu werden *vier miteinander verkettete Perspektiven* eingenommen: Die finanzielle Perspektive zur Berücksichtigung der Investoren, die Kundenperspektive zur Monitoring der Marktpräsenz und Kaufkriterien, die interne Prozessperspektive wegen Qualitätsstandards und Mitarbeiterqualifikation und letztlich die Lern- und Wachstumsperspektive zur Beurteilung das Verbesserungspotenzials von Mitarbeitern, Systemen und Prozessen (Kaplan und Norton 1992).

Mit Hilfe der *Balanced Scorecard* kann also ein *integrierter Überblick* über die Aktivitäten und den Stand der Leistungserfüllung des Unternehmens bei gleichzeitiger Balance zwischen internen und externen Kontrollgrößen gegeben werden. Bei der Konstruktion einer Brand-Scorecard auf Basis der Balanced Scorecard werden die Dimensionen der internen Prozessperspektive und der Lern- und Wachstumsperspektive zu einer Dimension der Unternehmensperspektive zusammengefasst (Meffert und Koers 2005, S. 285).

Eine Brand-Scorecard (s. Abb. 29.3) betrachtet demzufolge die Ergebnisperspektive, bei der die Shareholder des Unternehmens berücksichtigt werden, die Marktperspektive mit einem klaren Fokus auf den Kunden unter Berücksichtigung der Wettbewerber, des Handels und der Lieferanten sowie die interne Unternehmensperspektive, bei der die Mitarbeiter, Prozesse und Strukturen im Unternehmen berücksichtigt werden (Linxweiler 2001, S. 128; Meffert und Koers 2005, S. 285; Esch 2012, S. 575 ff.).

▶ Mit Hilfe einer Brand-Scorecard können die unterschiedlichen Leistungstreiber der Corporate Brand identifiziert und hinsichtlich des jeweiligen Beitrags zur Erfüllung der Ziele des Markenmanagements bewertet werden.

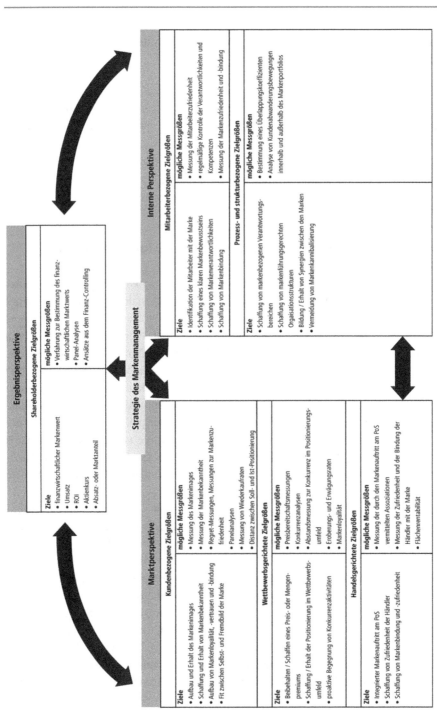

Abb. 29.3 Zielgrößen einer Brand-Scorecard zur Kontrolle des Corporate Brand Managements. (Quelle: Esch und Geus 2003; Esch 2005, S. 487 ff.)

Die Dimension der Ergebnisperspektive betrachtet vornehmlich die ökonomischen Größen der Markenführung, wie den Markenwert oder den ROI. Zur Messung dieser Größen bietet sich die gesamte Bandbreite des finanzwirtschaftlichen Messinstrumentariums an. Zudem werden unterschiedliche Verfahren zur Bestimmung des finanzwirtschaftlichen Markenwerts von unterschiedlicher Seite angeboten (Esch und Geus 2003).

Auf der Ebene der Marktperspektive werden insbesondere die Kunden, der Handel und der Wettbewerb berücksichtigt. Wettbewerbsgerichtet gilt es, eine differenzierende Positionierung aufzubauen und zu festigen, Preisabstände zu sichern und Konkurrenzaktivitäten proaktiv zu begegnen (Meffert und Koers 2005, S. 287). Hierbei können Messgrößen des Preispremiums, Konkurrenzanalysen, Imagewerte sowie Eroberungs- und Erwägungsraten oder Paneluntersuchungen als Kontrollgrößen dienen. Auf Seiten der Kunden sollen entsprechend dem Leistungsmodell der Markenführung das Markenimage aufgebaut oder gewahrt bleiben und die notwendige Bekanntheit geschaffen werden. So lässt sich Markenvertrauen, Markenloyalität und Markenbindung schaffen. Hierzu muss ein Fit zwischen der Markenidentität als Selbstbild und dem Markenimage als Fremdbild der Marke geschaffen werden, relevante Tonalitäten und Benefits der Marke gewahrt und so die Positionierung geschärft werden (Esch 2012, S. 577). Handelsgerichtet ist vor allem die Wahrnehmung der Marke am Point of Sale sicherzustellen. Hierzu sind alle Markenaktivitäten integriert im Handel umzusetzen. Zudem spielt die Zufriedenheit der Händler mit der Marke für den Erfolg der Markenführung eine wichtige Rolle (Meffert und Koers 2005, S. 286; Esch 2012, S. 577). Zur Erfolgskontrolle können neben dieser Händlerzufriedenheit und den klassischen Erfolgskennzahlen wie der Flächenrentabilität vor allem die Wahrnehmung des Markenauftrittes am Point of Sale durch die Anspruchsgruppen geprüft werden. Lieferantenbezogene Zielgrößen stellen ebenfalls die Markenbindung und -zufriedenheit sowie das Markenimage der Corporate Brand bei den Lieferanten dar. Zudem muss bei der Auswahl und Kontrolle der jeweiligen Lieferanten gewährleistet werden, dass die gelieferten Leistungen zentrale Kernelemente der Corporate Brand in der Wahrnehmung der Anspruchsgruppen nicht negativ beeinflussen (Esch und Geus 2003).

Die *interne Perspektive* umfasst die Personal- sowie die Prozess- und Strukturperspektive (Linxweiler 2001, S. 176). Personelle Ziele sind ein klares Markenverständnis und eine Verbundenheit mit der Corporate Brand (Meffert und Koers 2005, S. 286). Zudem sind die Verantwortlichkeiten der Markenführung und die Gestaltung von Kernelementen der Markensubstanz durch Markenmanager klar zu regeln. Mögliche Messgrößen sind bspw. die Mitarbeiterzufriedenheit sowie die persönlichen Fähigkeiten und Kompetenzen der Mitarbeiter. Die Prozess- und Strukturebene befasst sich mit den innerbetrieblichen Abläufen auf allen Hierarchieebenen und den organisationalen Gegebenheiten, die durch regelmäßige Prüfung der Aufbau- und Ablauforganisation an zu kontrollieren sind (Esch und Geus 2003). Für die Unternehmensmarke gilt es, wie bereits gezeigt, den Spagat zwischen notwendiger Selbstständigkeit der Submarken sowie ausreichender Gemeinsamkeit unter den Marken und der Corporate Brand anzustreben. Dies kann mittels Überlappungskoeffizienten gemessen werden. Hierzu wird das jeweilige Image der Corporate Brand und der Produktmarke gemessen und hinsichtlich der Art, des Inhalts und der Anzahl der

Assoziationen ausgewertet. Durch Bildung einer Verhältniszahl von Assoziationen zur Corporate Brand im Vergleich zur Produktmarke lässt sich eine Aussage über die durch die Anspruchsgruppen wahrgenommene Ähnlichkeit der beiden Marken treffen. Hierzu ist allerdings eine vorherige Bestimmung der einzunehmenden Rolle der Corporate Brand im Verhältnis zur Produktmarke vorzunehmen. Zudem müssen Kannibalisierungseffekte zwischen den einzelnen Submarken kontrolliert werden. Hierzu bietet sich ebenfalls die Bestimmung eines Überlappungskoeffizienten zwischen den Marken ergänzt um eine Analyse der Wanderungsbewegungen der Käufer innerhalb und außerhalb des Markenportfolios an (Esch und Geus 2003; Esch 2012, S. 486).

Implementierung Durch Implementierung einer solchen *Brand-Scorecard* in das Kontrollsystem eines Unternehmens kann die ausgewogene Beachtung der Ziele des Markenmanagements *im Hinblick auf die einzelnen Stakeholder* gewährleistet werden. Sie stellt somit ein Instrument zur Kontrolle der Markenführung dar (Esch 2012, S. 575). Zur Erfassung des Markenstatus und für diagnostische und therapeutische Maßnahmen zur Markensteuerung ist sie allerdings nur bedingt geeignet. Hierzu müssen die Leistungsgrößen des Markenmanagements gemessen und in Beziehung zueinander gesetzt werden. Hierbei ist insbesondere die Betrachtung der Veränderung des Markenstatus im Zeitablauf zu analysieren, um so rechtzeitig auf eintretende Veränderungen reagieren zu können.

Literatur

Aaker, D. A. (1992). *Management des Markenwerts*. Frankfurt a. M.: Campus.
Ambler, T. (1997). How much of brand equity is explained by trust. *Management Decision, 35*(3/4), 283–292.
Andresen, T., & Esch, F.-R. (2001). Messung der Markenstärke durch den Markeneisberg. In F.-R. Esch (Hrsg.), *Moderne Markenführung* (S. 1081–1103). Wiesbaden: Gabler.
Bahadir, S. C., Bharadwaj, S. G., & Srivastava, R. K. (2008). Financial value in mergers and acquisitions: Is value in the eye of the beholder? *Journal of Marketing, 72*, 49–64.
Barsky, N. P., & Marchant, G. (2000). The most valuable resource – measuring and managing intellectual capital. *Strategic Finance, 80*, 58–62.
Belch, G. E., & Belch, M. E. (1998). *Advertising and promotion – An integrated marketing communications perspective*. Chicago: McGraw-Hill.
Biel, A. L. (2001). Grundlagen zum Markenwertaufbau. In F.-R. Esch (Hrsg.), *Moderne Markenführung* (S. 61–90). Wiesbaden: Gabler.
Burmann, C., Halaszovich, T., & Hemmann, F. (2012). *Identitätsbezogene Markenführung: Grundlagen – Strategien – Umsetzung – Controlling*. Wiesbaden: Gabler.
Chaudhuri, A., & Holbrook, M. B. (2001). The chain of effects from brand trust and brand affect to brand performance: The role of brand loyalty. *Journal of Marketing, 65*(2), 81–93.
Delgado-Ballester, E., & Munuera-Alemán, J. L. (2001). Brand trust in the context of consumer loyality. *European Journal of Marketing, 35*(11/12), 1238–1258.
Esch, F.-R. (1993). Markenwert und Markensteuerung – eine verhaltenswissenschaftliche Perspektive. *Thexis, 10*(5), 56–64.
Esch, F.-R. (25. März 2002a). Die Marke als Wertschöpfer. *Frankfurter Allgemeine Zeitung, 71*, 25.
Esch, F.-R. (2002b). Markenführung, die auch an der Börse überzeugt. *Markenartikel, 64*(3), 80–89.
Esch, F.-R. (2005). *Strategie und Technik der Markenführung* (3. Aufl.). München: Vahlen.

Esch, F.-R. (2012). *Strategie und Technik der Markenführung* (7. Aufl.). München: Vahlen.

Esch, F.-R., & Geus, P. (2003). *Brand Performance Measurement mit Hilfe der Brand Scorecard*. Arbeitspapier Nr. 4 des Instituts für Marken- und Kommunikationsforschung an der Justus-Liebig-Universität Giessen, Giessen.

Esch, F.-R., & Geus, P. (2005). Ansätze zur Messung des Markenwerts. In F.-R. Esch (Hrsg.), *Moderne Markenführung* (S. 1263–1306). Wiesbaden: Gabler.

Esch, F.-R., Geus, P., & Langner, T. (2002). Brand Performance Measurement zur wirksamen Markennavigation. *Controlling, 14*(8/9), 473–481.

Esch, F.-R., Wicke, A., & Rempel, J. E.(2005). Herausforderungen und Aufgaben des Markenmanagements. In F.-R. Esch (Hrsg.), *Moderne Markenführung* (S. 3–60). Wiesbaden: Gabler.

Günther, T., & Kriegbaum, C. (2001). Methoden zur Markenbewertung – Ein Ausgangspunkt für das Markencontrolling. *Controlling, 13*(3), 129–137.

Hahn, D., & Hungenberg, H. (2001). *PuK: Planung und Kontrolle, Planungs- und Kontrollsysteme, Planungs- und Kontrollrechnung; wertorientierte Controllingkonzepte*. Wiesbaden: Gabler.

Hammann, P. (2001). Markencontrolling: Motor oder Bremse für die Steigerung des Markenwertes? In R. Köhler, W. Majer, & H. Wiezorek (Hrsg.), *Erfolgsfaktor Marke: Neue Strategien des Markenmanagements* (S. 281–294). München: Vahlen.

Heemann, J. (2008). *Markenbudgetierung*. Wiesbaden: Gabler

Högl, S., Twardawa, W., & Hupp, O. (2001). Key Driver starker Marken. In GWA (Hrsg.), *Key Driver starker Marken – Gibt es Regeln für erfolgreiche Marken?* (S. 15–59). Frankfurt a. M.: Gesamtverband Werbeagenturen GWA e. V.

Homburg, C., Koschate, N., & Becker, A. (2005). Messung von Markenzufriedenheit und Markenloyalität. In F.-R. Esch (Hrsg.), *Moderne Markenführung* (S. 1393–1408). Wiesbaden: Gabler.

Irmscher, M. (1997). Starke Marken, Blue Chips? *Absatzwirtschaft, 40*(Sondernummer), 120–129.

Kaas, K. P. (1990). Langfristige Werbewirkung und Brand Equity. *Werbeforschung & Praxis, 35*(3), 48–52.

Kaas, K. P., & Runow, H. (1984). Wie befriedigend sind die Ergebnisse der Forschung zur Verbraucherzufriedenheit? *Die Betriebswirtschaft, 44*(4), 243–252.

Kaplan, R. S., & Norton, D. P. (1992). The balanced scorecard – measures that drive performance. *Harvard Business Review, 70*(1), 71–79.

Keller, K. L. (1993). Conceptualizing, measuring, and managing customer-based brand equity. *Journal of Marketing, 57*(1), 1–22.

Keller, K. L. (2008). Strategic *brand management. buildung, measuring and managing brand equity*. Upper Saddle River: Prentice Hall.

Knowles, J. (2008). Varying perspectives on brand equity. *Marketing Management, 17*, 20–26.

Koers, M. (2001). *Steuerung von Markenportfolios: Ein Beitrag zum Mehrmarkencontrolling am Beispiel der Automobilwirtschaft*. Frankfurt a. M.: Lang.

Linxweiler, R. (2001). *BrandScoreCard – Ein neues Instrument erfolgreicher Markenführung*. Groß-Umstadt: Sehnert.

Linxweiler, R., & Siegle, A. (2011). Marke und Markenführung. In E. Theobald & P. T. Haisch (Hrsg.), *Brand Evolution – Moderne Markenführung im digitalen Zeitalter* (S. 39–60). Wiesbaden: Gabler.

McKinsey., & MCM. (2002). *Lohnen sich Investitionen in die Marke? – Die Relevanz von Marken für die Kaufentscheidung in B2C-Märkten*. Düsseldorf: MCM.

Meffert, H. (1994). Markenführung in der Bewährungsprobe. *Markenartikel, 56*(10), 478–481.

Meffert, H., & Koers, M. (2001). *Markencontrolling – Theoretische Grundlagen und konzeptionelle Ausgestaltung auf Basis der Balanced Scorecard, Wissenschaftliche Gesellschaft für Marketing und Unternehmensführung e. V.* Arbeitspapier Nr. 143, Münster.

Meffert, H., & Koers, M. (2005). Identitätsorientiertes Markencontrolling – Grundlagen und konzeptionelle Ausgestaltung. In H. Meffert, C. Burmann, & M. Koers (Hrsg.), *Markenmanagement – Grundfragen der identitätsorientierten Markenführung* (S. 273–296). Wiesbaden: Gabler.

Meffert, H., Burmann, C., & Kirchgeorg M. (2012). *Marketing: Grundlagen marktorientierter Unternehmensfuhrung: Konzepte – Instrumente – Praxisbeispiele*. Wiesbaden: Gabler.

Meurer, J., & Rügge, M. (2012). Kafka für Marketers. *Absatzwirtschaft, 7,* 30–34.

Oggenfuss, C., & Peter, S. (1998). Brands and relations – kein Land in Sicht?. In S. Reinecke, T. Tomczak, & S. Dittrich (Hrsg.), *Marketingcontrolling* (S. 168–176). St. Gallen: Thexis.

Phillips, B. J., & McQuarrie, E. F. (2010). Narrative and Persuasion in Fashion Advertising. *Journal of Consumer Research, 37,* 368–392.

PriceWaterhouseCoopers., & Sattler, H. (2001). *Industriestudie: Praxis von Markenbewertung und Markenmanagement in deutschen Unternehmen*. Frankfurt a. M.: Fachverlag Moderne Wirtschaft.

PriceWaterhouseCoopers., GfK., Sattler, H., & Markenverband. (2006). *Praxis von Markenbewertung in deutschen Unternehmen*. Frankfurt a M.: Moderne Wirtschaft.

Reinecke, S., & Tomczak, T. (1998). Aufgabenorientiertes Marketingcontrolling – Auf dem Weg zu einem managementorientierten Marketingcockpit. In S. Reinecke, T. Tomczak, & S. Dittrich (Hrsg.), *Marketing-Controlling* (S. 90–109). St. Gallen: Thexis.

Reinecke, S., Tomczak, T., & Geis, G. (2006). Marketingkennzahlensysteme – Managementcockpits in Marketing und Verkauf. In S Reinecke & T. Tomczak (Hrsg.), *Handbuch Marketing Controlling* (S. 892–913). Wiesbaden: Gabler.

Ruge, H.-D. (1988): *Die Messung bildhafter Konsumerlebnisse, Reihe Konsum und Verhalten* (Bd. 16). Heidelberg: Physica-Verlag.

Sattler, H. (1998): Markenbewertung als Instrument der wertorientierten Unternehmensführung. In M. Bruhn (Hrsg.), *Wertorientierte Unternehmensführung: Perspektiven und Handlungsfelder für die Wertsteigerung von Unternehmen* (S. 191–212). Wiesbaden: Gabler.

Sattler, H. (2005). Markenbewertung: State-of-the-Art. *ZfB Zeitschrift fuÌr Betriebswirtschaft, 75*(2), 33–57.

Silberer, G. (2001). Medien als Marken. In R. Köhler, W. Majer, & H. Wiezorek (Hrsg.), *Erfolgsfaktor Marke: Neue Strategien des Markenmanagements* (S. 237–259). München: Vahlen.

Srivastava, R. K., Shervani, T. A., & Fahey, L. (1998). Market-based assets and shareholder value: A framework for analysis. *Journal of Marketing, 62*(1), 2–18.

Stahl, F., Heitmann, M., Lehmann, D. R., & Neslin, S. A. (2012). The impact of brand equity on customer acquisition, retention, and profit margin. *Journal of Marketing, 76,* 44–63.

Stewart, T. A. (2. Oktober 1995). Trying to grasp the intangible. *Fortune,* 157.

Trommsdorff, V. (2009). *Konsumentenverhalten*. Stuttgart: Kohlhammer.

Young, L. C., & Wilkinson, I. F. (1989). The role of trust and co-operation in marketing channels: A preliminary study. *European Journal of Marketing, 23*(2), 109–123.

Prof. Dr. Torsten Tomczak ist Ordinarius für Betriebswirtschaftslehre mit besonderer Berücksichtigung des Marketings sowie Direktor des Center for Customer Insight (FCI) an der Universität St. Gallen, Schweiz. Seine Arbeits- und Forschungsgebiete umfassen u.a. Kundenverhalten und Markenforschung, Strategisches Marketing, Marketing Performance Management und Innovation.

Dr. Joachim Kernstock leitet das Kompetenzzentrum für Markenführung St. Gallen (KMSG). Sein Beratungsschwerpunkt ist Corporate Brand Management und Brand Behavior. Er ist Lehrbeauftragter für Betriebswirtschaftslehre mit besonderer Berücksichtigung des Marketing an der Universität St. Gallen und Co-Editor-in-Chief des Journal of Brand Management (JBM), London.

Jun.-Prof. Dr. Tim Oliver Brexendorf ist Assistenzprofessor für Consumer Goods Marketing an der WHU – Otto Beisheim School of Management, Vallendar, und Head of the Henkel Center for Consumer Goods (HCCG), Deutschland. Er ist außerdem Permanent Research Scholar an der Tuck School of Business, Dartmouth College, und Co-Editor-in-Chief des Journal of Brand Management.

30 Quer- und Längsschnittmessungen des Corporate Brand Status einsetzen

Jörn Redler

Zusammenfassung

Ein Corporate Brand Status liefert eine systematische Bestandsaufnahme für die Corporate Brand und zugehörige Produktmarken. Zur konkreten Realisierung kann auf ein großes Spektrum von zu messenden Sachverhalten zurückgegriffen werden, wobei diese einmalig oder wiederholt erfasst werden können. Dieses Kapitel befasst sich mit zweckmäßigen Inhalten und zugehörigen Messansätzen eines Corporate Brand Status, geht auf Besonderheiten einmaliger sowie wiederholter Messungen ein und liefert Überlegungen zur Umsetzung eines Brand Status im Unternehmen.

30.1 Idee eines Corporate Brand Status verstehen

Um Marken steuern zu können, ist eine Erfassung der jeweils aktuellen Situation der Marke(n) und auch ihrer Entwicklung unentbehrlich. Sie bildet die Grundlage für weitere Analysen und entsprechende markenbezogene Ableitungen.

Begründung 1: Wenn markenbezogene Ziele gesetzt werden, ist auch die systematische Erfassung der mit dem Ziel angesprochenen Größen erforderlich. Denn um die Zielerreichung beurteilen zu können, bedarf es einer validen Erfassung der relevanten Bezugsgrößen. Die Erfassung oder Messung dieser ist daher das Fundament für ein Markencontrolling i. w. S[1]. Nur so kann der erforderliche Soll-Ist-Vergleich für die Markenführung nutzbar werden.

---
[1] Zum Markencontrolling z. B. Tomczak et al. 2004.

J. Redler (✉)
Duale Hochschule Baden-Württemberg, Mosbach, Deutschland
E-Mail: redler@dhbw-mosbach.de

Begründung 2: Treten bei Marktindikatoren Veränderungen auf (kommt es z. B. zu Veränderungen bei Umsatzwerten), muss sich die Ursachenanalyse auch auf Faktoren des Markenpotenzials beziehen können (Ist z. B. ein andauernder Verlust von Markenvertrauen zu verzeichnen?). Aspekte zur Marke können jedoch nur dann berücksichtigt und sinnvoll interpretiert werden, wenn eine zweckmäßige, umfassende und valide Erfassung der *Marken*situation gegeben ist[2].

Bestandsaufnahmen zu Marken sind insgesamt unter mehreren Gesichtspunkten für die Markenführung relevant, insb.:

- zur Überprüfung und Sicherung der Erreichung von mit der Marke verbundenen Zielen, also der Effektivität;
- zur Bewertung und Sicherung der Effizienz der Zielerreichung;
- für das frühzeitige Erkennen von negativen und positive Entwicklungen;
- zum Aufzeigen von Unterschieden oder Gemeinsamkeiten bei der Außensicht der Marke aus der Perspektive unterschiedlicher Anspruchsgruppen;
- zur Identifikation von weiteren Potenzialen für die Markenführung (z. B. Ansatzpunkte für Markendehnungen).

Mit der Entwicklung einer Soll-Positionierung für eine Marke werden langfristige Image-Ziele für eine Marke gesetzt. Die Erreichung der definierten Positionierungsziele kann jedoch nur bewertet werden, wenn das Image systematisch gemessen wird. Aus Positionierungssicht positive oder ungünstige Imageveränderungen können nur dann erkannt werden, wenn die Imagemessung standardisiert und in regelmäßigen Abständen erfolgt.

Die erfasste Markensituation reflektiert einen Brand Status. Unter *Corporate Brand Status* ist die systematische Bestandsaufnahme für die Corporate Brand sowie der sonstigen vom Unternehmen geführten Marken anhand definierter markenrelevanter Indikatoren zu verstehen. Das Ziel ist die zeitpunkt- und zeitraumbezogene Informationsversorgung zum Zustand der Marken, um Ableitungen für die Markenführung treffen zu können.

Das, was sich aus Managementperspektive so selbstverständlich anhört, ist jedoch in der Unternehmensrealität längst *nicht breit verankert*. Ambler (2003) und Reinecke (2004) skizzieren auf Basis empirischer Erhebungen ein Bild, in dem markenbezogene Messgrößen eine untergeordnete Rolle spielen, und die zugrundeliegenden Methoden wenig ambitioniert umgesetzt werden. Auch wenn die Befunde bereits einige Jahre zurückliegen – die Erfahrungen zeigen auch heute noch, dass es in diesem Gebiet keine Quantensprünge zu verzeichnen gab.

---

[2] S. dazu auch die Diskussion um Diagnose und Therapie bei z. B. Esch et al. 2008, S. 627.

▶ Der Corporate Brand Status liefert Steuerungsinformationen für die Führung des Markensystems eines Unternehmens. Dies geschieht durch die systematische Erfassung und Auswertung vorab definierter, markenrelevanter Indikatoren.

Die *Herausforderungen* bei der Implementierung eines Corporate Brand Status liegen einerseits in der zieladäquaten Definition geeigneter Kriterien und der methodisch soliden Vorgehensweise. Andererseits ist die interne Akzeptanz einer (durchaus ressourcenfordernden) Brand Status-Messung an sich wie auch der durch sie produzierten Befunde eine Klippe, die überwunden werden muss. Insofern sollten auch die notwendigen Motivationsmomente für die nachhaltige und konsequente Nutzung durch die Organisation bedacht werden. Eigens dafür erscheint es bedeutsam zu sein, intern kontinuierlich an Aufbau und Festigung des Grundverständnisses zu Marken als eine der wichtigsten Ressourcen für das Unternehmen zu arbeiten.

30.2 Inhalte und Messansätze strukturieren

Um ein Verständnis des Corporate Brand Status zu entwickeln, ist es zweckmäßig, Inhalte – also Zielgrößen – wie auch die Zugänge der Messung genauer zu betrachten.

▶ Grundlage für die Definition eines unternehmensspezifischen Brand Status-Ansatzes ist die Orientierung über relevante Inhalte und mögliche Zugänge zur Messung von Marken.

Spektrum möglicher Inhalte Marken sind ein Phänomen, das in Forschung und Praxis aus mehreren verschiedenen Perspektiven angenähert wird. Daher zeigt sich auch eine Vielfalt von markenrelevanten Gesichtspunkten, die für eine Erfassung zu diskutieren sind. Als gewichtige Bereiche wären zu nennen:

1. Für die Markenführung wichtige *verhaltenswissenschaftliche Steuerungsgrößen* werden von Esch et al. (2002) zusammengestellt[3]. Zu ihnen zählen:
   – Markenbekanntheit
   – Markenimage und Markeneinstellung
   – Markenvertrauen
   – Markenloyalität
   – Markenverbundenheit
   – Markenzufriedenheit

---

[3] Eine Zusammenstellung relevanter Konstrukte ergibt sich auch aus dem Beitrag zu den Zielen und Leistungsgrößen der Markenführung in diesem Buch.

2. Aus dem Konzept „Brand Love" leiten sich als relevante Dimensionen ab (Batra et al. 2012):
   - Leidenschaftliches Verhalten
   - Selbst-und-Marken-Verschmelzung
   - Positive emotionale Verbindung

   Diese sind interessant, um der besonderen Bedeutung von Markenemotionen (dazu z. B. Esch et al. 2008) auch bei einer Statusmessung angemessen Rechnung zu tragen. Dies kann ergänzt werden um die Erfassung von Glaubwürdigkeit, Integrität und Wohlwollen, die sich in dieser oder ähnlicher Gruppierung als wichtige Facetten des Markenvertrauens (entnommen der der Brand Trust-Forschung, s. z. B. Gurviez und Korchia 2003) besprochen werden.
3. Daneben interessieren Größen der *ökonomischen Markenwirkung* wie Erstkaufmenge, Wiederkaufrate, Umsatz, Kundenzahl oder Marktanteil (sog. markterfolgsbezogenen Größen nach Homburg und Krohmer 2009, S. 116 f.). Auch Größen des Markenerfolgs sind in diesem Zusammenhang relevant (Trommsdorf et al. 2004) – zu nennen sind Kennwerte aus Markendeckungsbeitragsrechnungen oder Marktsegmentrechnungen (Köhler 1993).
4. *Finanzwirtschaftliche Markenwerte* (die über diverse, sehr unterschiedliche Verfahren modelliert werden; im Überblick Tomczak et al. 2004, S. 1833 ff.) sind für einzelne Marken in Einzelfällen wie z. B. Markenkauf oder -lizensierung von Bedeutung (Tomczak et al. 2004, S. 1841).

Aus verhaltenswissenschaftlicher Sicht sind Marken vor allem durch die Bekanntheit und das Markenimage beschrieben. Die *Bekanntheit* einer Marke wird i. d. R. durch Messungen des Recalls und der Recognition operationalisiert (aktive/passive Bekanntheit). Zudem können Nennungen bei der Recall-Abfrage danach ausgewertet werden, ob eine Marke exklusiv genannt wird, sie überwiegend zuerst genannt wird (top-of-mind) bzw. an welcher Position der Nennungen sie durchschnittlich genannt wird.

Eine *Operationalisierung des Markenimages* kann u. a. erfolgen
- auf der Grundlage von Markenassoziationen: Dabei werden Nennungen aus Assoziationsinstruktionen u. a. ausgewertet nach der Anzahl der Assoziationen, der Konzentration der Assoziation (Prägnanz), den Anteilen von emotionalen, positiven oder bildlichen Assoziationen sowie dem Anteil markenexklusiver Assoziationen.[4]
- mittels Einstellungsskalen und multiattributiver Einstellungsmodelle: So werden im Semantischen Differenzial (auch Polaritäten-Profil) konnotative Bedeutungen zu Marken auf mehreren Skalen aus gegensätzlichen Adjektiven erfasst und nach Faktoren verdichtet. Aus den erhobenen Werten ergeben sich spezifische, markenimagetypische Profile. Im Einstellungsmodell von Fishbein werden Eindruckswerte zu verschiedenen Eigenschaften, die einer Marke zuzuschreiben wären, verdichtet.

---

[4] dazu Esch 2011; Keller 2003.

30 Quer- und Längsschnittmessungen des Corporate Brand Status einsetzen

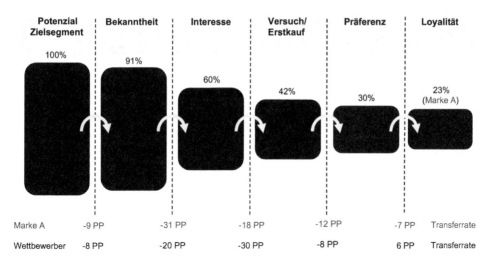

Abb. 30.1 Markenfilter. (Quelle: In Anlehnung an Braun et al. 2003, S. 19)

- auf der Basis der Dimensionen der Markenpersönlichkeit: Die Markenpersönlichkeit steht für die Gesamtheit der menschlichen Eigenschaften, die mit einer Marke verbunden werden. Um diese zu erfassen, stehen standardisierte Messinstrumente zur Verfügung.[5]

5. So genannte *Markenfilter* erfassen (mit verhaltensorientierter Perspektive) mehrere Größen im Zusammenhang. Für eine Marke werden dabei im identischen Segment simultan die Größen Bekanntheit, Interesse, Erstkauf, Präferenz und Wiederkauf ermittelt (s. Abb. 30.1). Die systematische Zusammenführung erlaubt es, den Kundenprozess abzubilden, um für Marken relevante Entscheidungen sinnvoll zu treffen.
6. Faktorenanalytische Untersuchungen über die Messgrößen wesentlicher verhaltenswissenschaftlicher Markenmodelle, Marken-Performance-Ansätze und kommerzieller Brand-Tracking-Ansätze haben sechs Dimensionen (von Konstrukten) zur Erfassung der Markenleistung ermittelt (Lehmann et al. 2008):
   - Comprehension: Wie sichtbar ist die Marke und wie sehr ist sie im Wissen verankert?
   - Comparative Advantage: Wie vorteilhaft wird die Marke gesehen und wie differenzierungsstark ist diese?
   - Interpersonal Relations: Inwieweit werden interpersonale und soziale Aspekte bedient?
   - History: Inwieweit existieren markenbezogene Erfahrungen und Gefühle?
   - Preference: Wie ist die Einstellung zur Marke und einem Markenkauf?
   - Attachment: Wie sehr sehen sich Personen mit der Marke verbunden und wie sehr interagieren diese mit der Marke?

Ein Brand Status sollte folglich zumindest jede Dimension mit einer Messgröße abdecken.

---

[5] Dazu Aaker 2005.

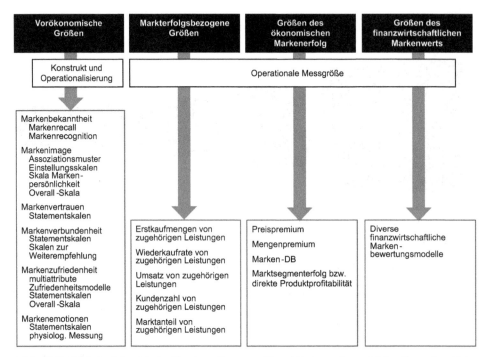

Abb. 30.2 Wichtige Messinhalte für einen Corporate Brand Status und zugehörige Operationalisierungen (Landkarte der Messinhalte)

Das Spektrum in Frage kommender Zielgrößen *ist demnach groß.*

Bei der Mehrheit der angesprochenen Größen handelt es sich um sog. *Konstrukte*. Konstrukte sind rein gedankliche Sachverhalte (z. B. Einstellung, Vertrauen) – Merkmale, die empirisch nicht direkt fassbar sind (Fantapié Altobelli 2007, S. 171; Balderjahn und Scholderer 2007, S. 6). Diese benötigen eine Operationalisierung, mittels derer sie erfassbar werden. Die *Operationalisierung* gibt also entweder die Operationen an, die zur Erfassung des Konstrukts notwendig sind, oder sie gibt Indikatoren vor (Bortz und Döring 2009, S. 63). Indikatoren entsprechen messbaren Ereignissen, die das Vorliegen einer Ausprägung des Konstrukts anzeigen. Sie können auch als die empirisch wahrnehmbaren Eigenschaften, die das Konstrukt repräsentieren, bezeichnet werden (Fantapié Altobelli 2007, S. 171). Im Kontext von Marken typische Operationalisierungen sind Häufigkeiten, Fragebogenskalen oder apparative Messresultate wie Reaktionszeiten oder Entfernungen.

Zusammenführung zu Inhalten für einen Corporate Brand Status Abbildung 30.2 bietet eine Zusammenstellung wesentlicher markenbezogener Konstrukte, die als Basis für einen Corporate Brand Status dienen können. Dabei wird auch der Forderung nach einer möglichst breit aufgestellten, mehrdimensionalen Messung einer Marke nachgekommen[6]. Gleichzeitig werden (quantitative) Operationalisierungsmöglichkeiten dargestellt.

- So kann bspw. das Markenimage über Assoziationsmuster, Imageskalen oder die Markenpersönlichkeit erfassbar gemacht werden (s. zu diesen z. B. die Überblickdarstellungen in Esch et al. 2008, S. 583 ff.).
- Zum Beispiel Markenvertrauen und Markenemotionen können (u. a.) durch Statementskalen operationalisiert werden. Zu den Statementskalen finden sich konkrete Formulierungen bei Keller (2004, S. 97 f.), im Handbook of Marketing Scales (2011) sowie im Kontext der Untersuchungen von Lehmann et al. (2008) und Batra et al. (2012).

Die Zusammenstellung in Abb. 30.2 kann, aus praktisch-pragmatischer Sicht, somit als eine *Landkarte verwendbarer Messinhalte* eines umfassenden Corporate Brand Status verstanden werden. Die Landkarte gibt dabei die Fülle von Möglichkeiten der Messinhalte wieder, die letztlich aber nur in Ausnahmefällen vollumfänglich genutzt wird. Für Unternehmen stellt sich vielmehr die Herausforderung, die für sie wesentlichen Messinhalte zu identifizieren und *für einen individuellen Corporate Brand Status zusammenzuführen*. Insofern resultiert die Aufgabe, eine marken- bzw. unternehmensspezifische Ausprägung für den eigenen Corporate Brand Status zu bestimmen.

Zu den Messansätzen Hinsichtlich der Messansätze für das Corporate Brand Status werden verschiedene weitere Fragen relevant. Diese beziehen sich insb. auf die Gesichtspunkte:

- Welchem grundsätzlichen Messzugang wird gefolgt? Geht es wie in den obigen Ausführungen vorrangig um quantitative Zugänge oder auch um qualitative?
- Auf welcher Ebene im Markensystem wird gemessen? Ist das Objekt eine Produktmarke oder eine Corporate Brand? Oder ist es eine Konkurrenzmarke?
- Auf welche Anspruchsgruppe(n) bezieht sich der Brand Status?
- Ist es ein Quer- oder Längsschnitt-Design?

Differenzierung in Bezug auf die Markenebene[7]: Eine Erfassung des Corporate Brand Status beansprucht vom Ansatz her die Messung aller Marken des Unternehmens, also der *Corporate Brand* als auch *Markengruppen* und *Produktmarken*. Für diese Ebenen, auf denen die Marken ihre Funktion erbringen, sind spezifische Besonderheiten zu beachten.

Zum einen sind (einzelne) Modifikationen hinsichtlich der relevanten Messgrößen zu diskutieren (so kann die Größe „wahrgenommener Servicegrad" auf der Ebene der Pro-

---

[6] S. zum Gedanken der Mehrdimensionalität auch die Überlegungen zur Brand Scorecard bei z. B. Linxweiler und Bruckner (2003) oder Schulz-Moll und Kam (2003).
[7] S. dazu auch die Überlegungen von Esch und Kollegen zur „Hierarchisierung der Leistungsmessung" (Esch et al. 2008, S. 570 ff.).

duktmarke essenziell sein, während diese für die Messung der Corporate Brand z. T. wenig aussagekräftig sein kann; Größen wie „Zufriedenheit" oder „Identifikation" sind bei Kunden anders zu interpretieren als bei der Gruppe Mitarbeiter und wieder anders als bei der Gruppe Medien). Anderseits sind die Zielgruppen, die bei der Messung zu betrachten sind, zu differenzieren. *Produktmarken* stehen im Fokus für die (potenziellen) Abnehmergruppen, während an der Corporate Brand zusätzlich auch Medien, Geldgeber oder Mitarbeiten hohes Interesse zeigen. Zudem können z. B. auf Produktgruppenebene auch ergänzende Auswertungen und Interpretationen erforderlich werden, bspw. um die Trennschärfe zwischen Marken, das Maß von Imagekongruenz oder wahrgenommene Markenverbindungen aus Kundensicht zu berücksichtigen. Diese Differenzierung nach Markenebenen beeinflusst damit insgesamt die Komplexität der Markenmessung. Zweifelsohne ist es somit vorteilhaft, stets genau zu definieren, auf welche Ebene sich Messungen beziehen bzw. beziehen sollen. Diese Differenzierung hat auch Effekte auf die Auswahl ggf. mit zu betrachtender Konkurrenzmarken.

Datenerhebungszugänge: Grundsätzlich stehen nur zwei Möglichkeiten der Datenerhebung zur Verfügung: Befragung und Beobachtung. Bei einer *Befragung* geben Testpersonen selbst Auskünfte über den Befragungsgegenstand (Fantapié Altobelli 2007, S. 35; Koch 2009, S. 48 ff.). Es existieren sehr viele Spielarten und Techniken von Befragungen (z. B. mündliche Befragung, schriftliche Befragung, Online-Befragung) mit jeweiligen Vor- und Nachteilen. Bei einer *Beobachtung* werden sinnlich wahrnehmbare Tatbestände planmäßig und meist durch unabhängige Dritte oder Geräte (z. B. durch Lichtschranken, die die Passantenfrequenz erfassen) erfasst (Fantapié Altobelli 2007, S. 95; Homburg und Krohmer 2008, S. 30). Sie ist unabhängig von der Auskunftsfähigkeit und -bereitschaft der Testpersonen. Auch bei der Beobachtung gibt es zahlreiche spezifische Ausprägungsformen.

Ein derzeit intensiv besprochenes Beispiel für apparative Beobachtungsmethoden sind die sog. *bildgebenden Verfahren*, die im neuroökonomischen Ansatz der Markenführung eine Rolle spielen. Bildgebende Verfahren arbeiten nach dem Grundprinzip, zahlreiche Projektionen eines menschlichen Organs (hier meist Gehirn) digital aufzuzeichnen und daraus überlagerungsfreie Schnittbilder zu errechnen (Herholz und Heindel 1996, S. 635). Unterschieden werden Verfahren der strukturellen Bildgebung und der funktionellen Bildgebung.

Eine *strukturelle Bildgebung* (zur Bildgebung: Beißner 2009) ermöglicht die Erfassung der anatomischen Hirnstruktur. Zu diesen Verfahren gehören Röntgen, Computertomografie (CT) oder Magnetresonanztomografie (MRT). *Funktionelle Bildgebung* ermöglicht das Erkennen aktiver Hirnregionen, um diese von inaktiven Bestandteilen abzugrenzen (s. auch Pinel und Pauli 2012, S. 115 ff.). Damit werden auch zeitdynamische Analysen gut möglich. Die funktionelle Magnetresonanztomografie (fMRT, s. nachstehende Abb. 30.3), SPECT (Single Photon Emission Computer Tomography) und PET (Positronen-Emissions-Tomografie) sind Verfahren der funktionellen Bildgebung. Durch sie wird es möglich, beim Einsatz bestimmter Markenstimuli, bei bestimmten Denk- oder Assoziationsaufgaben oder bei bestimmten motorischen wie sensorischen Aufgaben jene Hirnregionen zu lokalisieren, die dabei stark oder wenig aktiviert sind.

Der Beitrag dieser Verfahren zum Wissenszuwachs ist *umstritten* (dazu Rossiter et al. 2001; Crites und Aikman-Eckenrode 2001; Esch et al. 2008, S. 609 f.); insbesondere ist zu beachten, dass sie i. d. R. lediglich korrelative, nicht aber kausale Betrachtungen ermöglichen (dazu z. B. Rorden und Karnath 2004).

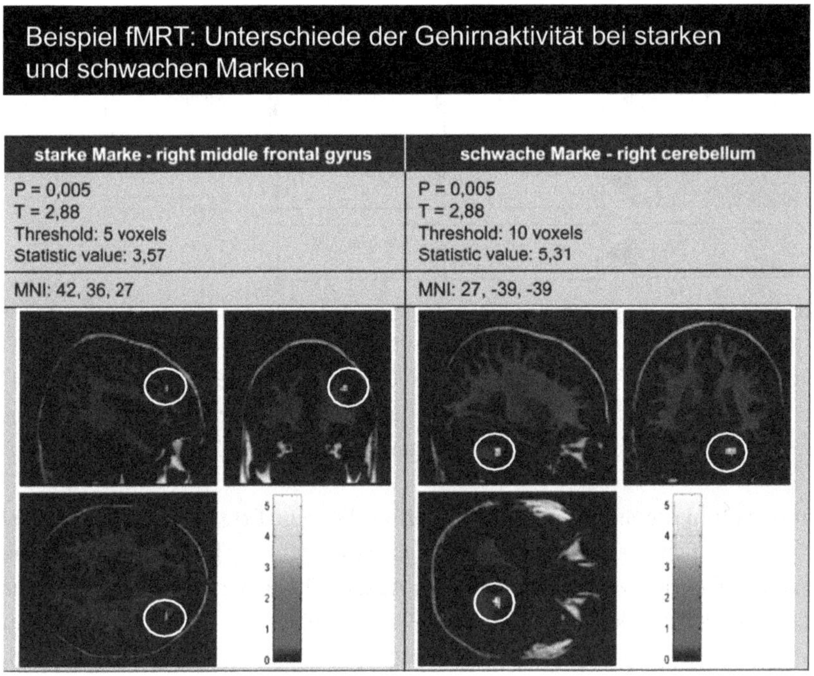

Beispiel fMRT: Unterschiede der Gehirnaktivität bei starken und schwachen Marken	
starke Marke - right middle frontal gyrus	**schwache Marke - right cerebellum**
P = 0,005 T = 2,88 Threshold: 5 voxels Statistic value: 3,57	P = 0,005 T = 2,88 Threshold: 10 voxels Statistic value: 5,31
MNI: 42, 36, 27	MNI: 27, -39, -39

Abb. 30.3 Beispiel fMRT. (Quelle: In Anlehnung an Möll 2007, S. 20 ff.)

Differenzierung nach den Anspruchsgruppen: Für verschiedene Fragestellungen ist es von Bedeutung, Unterschiede bei Markenwahrnehmung oder Markenerfolg zwischen einzelnen Anspruchsgruppen an die Marke(n) zu prüfen. Durch die differenzierte Analyse von aktuellen Unterschieden oder dem Herausarbeiten differierender Entwicklungen der Indikatoren bei den Anspruchsgruppen, können Ansatzpunkte für das Markenmanagement folgen. Was bedeutet es, wenn das Markenimage in der Gruppe Mitarbeiter anders ausgeprägt ist als das bei der Kundenzielgruppe? Was wäre abzuleiten, wenn sich diese Images über Quartale stetig auseinanderentwickeln?

Differenzierung in quantitative und qualitative Messansätze: Quantitative Zugänge sind mehrheitlich dem positivistischen Paradigma verhaftet. Bei diesem überwiegt eine naturwissenschaftliche Logik, nach der Realität gegeben und objektiv erfassbar ist (Collins und Hussey 2009, S. 56; Bortz und Döring 2009, S. 298 f.). Verarbeitet werden Messwerte nach statistischen Verfahren. *Qualitative Zugänge*[8] hingegen arbeiten schwerpunktmäßig mit verbalen bzw. nichtnumerischen Daten (Bortz und Döring 2009, S. 298). Sie sind vom interpretativen Paradigma geprägt, das davon ausgeht, dass die Realität sozial konstruiert ist. Folglich wird argumentiert, dass sich Personen und Kontexte bzw. Forscher und Untersuchungsobjekte nicht trennen lassen (Collins und Hussey 2009, S. 56 f.).

---

[8] Zur qualitativen Marktforschung Kepper 2007 sowie auch Kühn und Koschel 2013.

Abb. 30.4 Differenzierungsebenen und Ausprägungsmöglichkeiten für Brand Status-Messansätze

Abbildung 30.4 stellt die angesprochenen Differenzierungsebenen zum besseren Überblick zusammen. Die Differenzierung nach Längs- und Querschnittmessung und zugehörige Besonderheiten sind Inhalt der nachfolgenden Abschnitte 30.3 und 30.4.

Instrumente und die Sicherung ihrer Qualität Für eine Erfassung des Corporate Brand Status sind letztlich konkrete Untersuchungsinstrumente (z. B. Online-Fragebögen) zu bestimmen und auch *vorab zu testen*. Bei der Ausgestaltung der Instrumente (z. B. im Hinblick auf verwendete Skalen) ist auch der Zusammenhang zu den angestrebten Auswertungsverfahren zu beachten. Um für den Corporate Brand Status Ergebnisse zu erhalten, auf die man sich tatsächlich stützen kann, ist weiterhin auf die Erfüllung methodischer Mindeststandards zu achten. Dazu dienen sog. *Gütekriterien*, die sich je nach methodischem Zugang unterscheiden.

Bei *quantitativen* Messungen sind die Gütekriterien analog der klassischen Testtheorie (z. B. Bortz und Döring 2007, S. 195 ff.) zu beachten:

- Objektivität: Damit ist die Unabhängigkeit der Ergebnisse vom Durchführenden gemeint. Die Daten müssen frei von subjektiven Einflüssen durch Erheber oder Auswerter sein. Dies bedeutet, dass Personen, die den gleichen Sachverhalt unabhängig voneinander messen, zum identischen Ergebnis kommen müssen.
- Reliabilität: Dies meint die Zuverlässigkeit und formale Genauigkeit der Messung. Es geht also darum, dass keine Zufallsfehler auftreten. Bei der Reliabilität wird insbesondere betrachtet, inwieweit eine wiederholte Messung eines Merkmals bei der gleichen Person zu dem gleichen Ergebnis kommt.
- Validität: Die Validität meint die Gültigkeit einer Messung, also die Freiheit von systematischen Fehlern. Sie fragt danach, ob ein Messinstrument tatsächlich das misst, was es messen soll.

Bei *qualitativen Messungen* werden modifizierte Anforderungskonzepte verwendet. Im Zentrum stehen hierbei u. a. Kriterien wie Plausibilität, Authentizität und das Potenzial zur kritischen (Selbst-) Reflexion (dazu Weick 1989; Mayring 2002; Srnka 2007, S. 252). Srnka (2007, S. 252) fasst die Anforderungen an qualitative Messungen zu zwei Punkten zusammen:

- Reliabilitätsaspekte: Im Blickpunkt stehen dabei Transparenz bzgl. Erhebung und Analyse, Verfahrensdokumentation, interpersonaler Diskurs und kommunikative Validierung.
- Validitätsaspekte: Hier wird auf die Umfassendheit, Angemessenheit und Nachvollziehbarkeit der Methoden, ihre Offenheit, Regelgeleitetheit sowie die argumentativ-interpretative Absicherung abgestellt. Oftmals wird bei qualitativem Vorgehen nicht von der Validierung der Forschung sondern von der Plausibilisierung gesprochen.

30.3 Querschnittmessungen verstehen

Quer- und Längsschnittmessungen stellen unterschiedliche Designs eines Brand Status dar. Mit beiden sollen auf systematische Weise entscheidungsrelevante Informationen generiert werden. Die Designs verfolgen aber jeweils unterschiedliche Ziele.

In *Querschnittmessungen* (auch Querschnittdesigns oder Cross-Sectional-Designs) werden zu einem Zeitpunkt ein oder mehrere Merkmale (z. B. Markenrecall) an einer geeigneten Stichprobe erfasst (Bortz und Döring 2009, S. 507; Diekmann 2007, S. 303 ff.; Koch 2009, S. 12; Fantapié Altobelli 2007, S. 25). Damit erhält man eine Information über die *Ausprägung der Markenmerkmale* zum Messzeitpunkt, zum Status Quo. Werden Merkmale für mehrere Marken erhoben, können diese unter bestimmten Umständen miteinander *verglichen* werden. Die ermittelten Zustandsbilder können Aussagen zu strukturellen Unterschieden zu einem Zeitpunkt liefern (Scharnbacher 2004, S. 123).

Querschnittstudien sind im Vergleich zu Längsschnittanalysen relativ schnell und bei vergleichsweise niedrigen Kosten durchführbar. Absolut gesehen, können aber auch Querschnittstudien hohe Zeit- und Kosteneinsätze erfordern. Sie bieten die Möglichkeit, Sachverhalte wie die „Markensituation" umfassend abzubilden, mittel statistischer Methoden zu analysieren und so Ableitungen zu treffen (Fantapié Altobelli 2007, S. 25). Sie liefern oft gute Hinweise auf Risikofaktoren, allerdings bleibt die zeitliche Sequenz zwischen Exposition und Auswirkung unklar.

▶ Querschnittmessungen zum Corporate Brand Status geben (anhand mehrerer Aspekte) den Zustand von Marken zu einem Zeitpunkt wieder.

Zur Durchführung einer Markenstatusmessung als Querschnitt sind zunächst die interessierenden Merkmale (z. B. Bekanntheit, Sympathie, Vertrauen; s. Abschn. 2) zu bestimmen und messbaren Aspekten zuzuordnen (*Operationalisierung*). Mit Blick auf die angestrebten Auswertungsabsichten wären schon an dieser Stelle Anforderungen an zu wählende Skalenarten zu berücksichtigen.

Das daraus entstehende Messinstrumentarium sollte einem Pretest unterzogen werden, der neben praktikablen und verständnisbezogenen Aspekten auch die notwendige Güte (s. oben) belegt.

Zudem ist festzulegen, auf welche Marke(n) und auf welche Bezugsgruppen sich die Messung beziehen soll (s. auch Abschn. 2). Zur Untersuchung ist dann i. d. R eine für die entsprechende Bezugsgruppe repräsentative Stichprobe zu wählen. Die Stichprobe muss also der Grundgesamtheit, für die eine Aussage abgeleitet werden soll, strukturell entsprechen. Entsprechend ist a) für Klarheit darüber zu sorgen, ob es z. B. um Kunden, Mitarbeiter oder die Zielgruppe geht, und b) abzusichern, dass die Menge der ausgewerteten Personen in ihrer Struktur (Alter, Geschlecht, Bildung, Abteilung) z. B. der Gruppe „Mitarbeiter" so weit wie möglich entspricht. Nur wenn dieses erfüllt ist, kann man aus den Ergebnissen der Studie auf die Grundgesamtheit schließen.

Ist ein zeitpunktbezogener *Vergleich* zwischen Marken oder Adressatengruppen einer Marke angestrebt, ist zu beachten, dass die Messung

- mit dem identischen Instrumentarium,
- zu gleichen Zeitpunkten und
- zu gleichen Bedingungen,

erfolgt. Eine Erfassung sog. „dritter" Variablen kann erforderlich sein, um Störeffekte (z. B. Promotions, Preisänderungen, Änderungen beim Wettbewerb) statistisch zu kontrollieren; generell sollten sog. Kontrolltechniken beachtet werden, um valide Aussagen zu erhalten.

Häufig werden Vergleiche (z. B. der Vergleich der Markenbekanntheit zwischen zwei Marken in einer Zielgruppe) mit dem Ziel unternommen, daraus markenbezogene Ableitungen treffen zu wollen. Dazu ist es jedoch geboten, mittels statistisch geeigneter Methoden zu prüfen, ob es sich bei unterschiedlichen Werten (z. B. Ausprägungswerte der Bekanntheit), tatsächlich um einen statistisch gesicherten Unterschied handelt – oder ob die Abweichungen der Werte nicht rein zufallsbedingt erfolgt sein können. Beachtet werden muss hierbei also insb. die Aussage über eine statistische Signifikanz der Werteabweichungen[9].

Beispiel

Eine einfache, einmalige Statusmessung eines Unternehmens für seine Corporate Brand könnte folgende Aspekte umfassen:

---

[9] Angenommen, für zwei Marken *A* und *B* werden in der gleichen Zielgruppe die Sympathiewerte auf einer Skala von *1 = finde ich gar nicht sympathisch* bis *5 = finde ich sehr sympathisch* erhoben. Als zugehörige Mittelwerte ergeben sich die Werte S(A) = 3,76 und S(B) = 3,88. Damit ist der Sympathiewert der Marke B höher. Ob man jedoch daraus ableiten kann, dass die Werte auch aus statistischer Sicht unterschiedlich sind, kann erst eine entsprechende Signifikanzprüfung auf einem vorgegebenen Sicherheitsniveau feststellen. Wie diese ausfällt, hängt insb. von den beiden konkreten Verteilungen der Sympathiewerte ab (dazu grundlegend z. B. Bortz und Schuster 2010).

- Messung der Bekanntheit der eigenen Corporate Brand und von relevanten Wettbewerbsmarken in den drei Zielgruppen *technische Nachwuchskräfte*, *Führungskräfte* und *Medien* durch Recall und Recognition.
- Imagemessung zur Corporate Brand durch Muster von Markenassoziationen und Imageprofile aus den positionierungsrelevanten Merkmalen/Eigenschaften – je in den drei Zielgruppen *technische Nachwuchskräfte*, *Führungskräfte* und *Medien* sowie auch bei den *Mitarbeitern*.
- Wettbewerbs-Image-Struktur-Analyse (WISA) in Richtung Arbeitsmarkt *technische Nachwuchskräfte*: Mit der WISA werden die Wahrnehmungen der Gruppe technische Nachwuchskräfte mehrerer relevanter Marken (hier die des jeweiligen Consideration Sets) simultan gemessen, wobei die Imagedimensionen für die Marken vergleichbar gemacht werden (und damit nicht mehr denen der eigene Positionierung entsprechen müssen) und auch deren wechselseitig unterschiedliche Bedeutung für die Urteile über die einzelnen Marken berücksichtigt wird. Es lassen sich damit die Wettbewerbsbeziehungen von Imagekomponenten und die tatsächlich relevanten Imageaspekte für dieses Zielsegment besonders gut ableiten (zur WISA Trommsdorf 2008, S. 95 ff.).

Messung von Produktmarken: Grundsätzlich ist für die zu messenden Inhalte auf die Zusammenstellung aus Abschn. 1 zu verweisen. Bekanntheit und Markenimage sind dabei wesentliche Säulen. Für die Bekanntheit sollten sowohl Recall als auch Recognition erfasst werden, wobei der Recall zuerst und auch in unterschiedlicher Breiteausprägung (Bezug zu Situation, zu Kategorie allgemein, zu enger Kategorie,…) zu messen wäre. Die Differenzen in den einzelnen Bekanntheitsergebnissen lassen Rückschlüsse zu.

Auch die Assoziationen und Imageaspekte sollten so erfasst werden, dass man sich vom Allgemeinen zum Speziellen bewegt. Sicherzustellen ist, dass neben offenen Messansätzen ausdrücklich auch jene Imagedimensionen erfasst werden, die in der Markenpositionierung formuliert sind. Dabei scheint es empfehlenswert, pro positionierungsrelevantem Aspekt je die Stärke, die Richtung sowie die Einzigartigkeit zu erfassen – in dieser Reihenfolge (Keller 2004, S. 400).

Messung von Familienmarken oder Corporate Brands: Hier sind einige zusätzliche Punkte zu beachten. Zum einen müssen die Abfragen so gestaltet werden, dass diese von Produkten abstrahieren. Zum anderen ist es oft zielführend, dennoch zu messen, welche Produkte/Leistungen aus Kundensicht mit den Marken verbunden sind. Generell erfordert die Messung zu Corporate Brand Images ein breiteres Herangehen (s. auch den Beitrag zur Messung der Corporate Reputation in diesem Buch). So stützt sich beispielsweise DuPont u. a. auch auf folgende Bereiche, um das Markenimage des Unternehmens zu erfassen (Frey 1989):

- Offene Assoziationen zur Corporate Brand
- Bewertung der wichtigsten dabei generierten Assoziationen

- Bewertung zentraler Positionierungseigenschaften
- Offene Assoziationen zu den zugehörigen Branchen
- Vertrautheit mit den Produkten und Services
- Bereitschaft zum Kauf einer Aktie der Marke
- Emotionale Bewertung gegenüber der Vorstellung, dass ein enger Freund/eine enge Freundin für die Marke arbeitet

Querschnittanalysen liefern zeitpunktbezogene Zustandsbilder. Insofern sind sie als initiale Messung sowie auch als „Sonderstudien" für spezifische, einmalige oder besondere Fragestellungen sinnvoll. Sie zeigen allerdings nicht auf, durch welche Veränderungen im Zeitablauf die Zustände erzeugt wurden und wie eine Weiterentwicklung zu prognostizieren wäre (Scharnbacher 2004, S. 123).

30.4 Längsschnittmessungen einsetzen

Bei Längsschnittuntersuchungen werden jeweils die gleichen interessierenden Merkmale auf die gleiche Weise zu unterschiedlichen Zeitpunkten erhoben (z. B. Koch 2007, S. 12; Sandner und Größler 2007). Man erhält also eine Zeitreihe von Messwerten. Eine solche *Zeitreihe* (Trackings) bildet die Entwicklung eines oder mehrere Merkmale ab (Scharnbacher 2004, S. 123; Sandner und Größler 2007). Werden Erhebungen eines Längsschnitts stets an den gleichen Personen vorgenommen, spricht man auch von einer *Panel*-Studie (dazu Günther et al. 1998, S. 5; Sandner und Größler 2007, S. 356).

▶ Längsschnittmessungen des Corporate Brand Status erheben gleiche Merkmale zur Marke in regelmäßigen Abständen.

Längsschnittbetrachtungen zeigen also Verläufe auf und können eine Basis für Prognosen bieten. Um Zukunftsfortschreibungen vorzunehmen, muss allerdings durchdrungen werden, dass die ermittelten Verläufe Ergebnis des Zusammenwirkens mehrerer Komponenten sind, die zudem unterschiedlich verknüpft sein können (Scharnbacher 2004, S. 123 ff.):

- Die Grundrichtung der Zeitreihe wird durch einen Trend charakterisiert, der die langfristige Entwicklungsrichtung angibt. Dieser kann durch verschiedene Formen charakterisiert sein (linear, nichtlinear).
- Die zyklische Komponente erfasst mittelfristig wirksame Einflussgrößen, die sich in ihrer Richtung und Wirkungsstärke ändern.
- Eine Saisonkomponente beinhaltet die kurzfristigen Einflüsse.
- Zudem gibt es eine Restkomponente, die einmalige und nicht erklärte Einflüsse zusammenfasst.

Längsschnitte im Sinne von *Markentrackings* sind für die Markenführung von hoher Relevanz. Bei Markentrackings werden Messungen an Kunden bzw. potenziellen Kunden, Mitarbeitern etc. vorgenommen – auf immer gleiche Weise, im Zeitablauf. Sie sind bedeutsam, weil sie Basis-Informationen liefern, die tägliche Markenführungsentscheidungen vereinfachen. Sie bieten einerseits Information über eine „baseline", machen andererseits aber auch Effekte von Marketingaktivitäten sichtbar bzw. zuordenbar. Dies ist relevant, da sich markenbezogene Maßnahmen bzw. Investitionen oft mit starkem Zeitversatz auf vorökonomische wie besonders auch auf ökonomische Markeneffekte auswirken. Unabhängig davon, ob keine, nur vereinzelte oder intensive Anpassungen der Marketingmaßnahmen erfolgt sind, erscheint ein „Monitoring" der wichtigen Markenindikatoren unerlässlich. Hierbei geht es nicht nur um eine Wirkungszurechnung, sondern auch um eine Frühdiagnose, damit Handlungsspielräume erhalten bleiben (Keller 2003, S. 399). Eine wesentliche Rolle kommt den Längsschnittbetrachtungen zudem deshalb zu, weil sie Quellen und Treiber der Markenstärke identifizieren helfen (Bong et al. 1999). Dies bezieht sich insbesondere auf die Markenassoziationen. Durch die regelmäßige Erfassung der Inhalte und Muster im Zeitablauf wird sichtbar, welche von ihnen herausragend, konstituierend und abgrenzend wirken und damit Einstellungen und Verhalten besonders beeinflussen können. Werden diese Betrachtungen mit den eigenen und auch wettbewerbsbezogenen Marketingaktivitäten abgeglichen, sind auch wertvolle Ableitungen zur Wirkungsstärke von Maßnahmen möglich.

▶ Wirkungszurechnung und Frühdiagnose werden oft nur durch Längsschnittmessungen von Markenfaktoren möglich.

Überwiegend werden solche Trackings durch Befragungsmethoden umgesetzt (und durch andere Kennwerte z. B. des Markenerfolgs ergänzt).
  Zu den Befragungsinhalten: Diese sollten sich auf alle wesentlichen verhaltenswissenschaftlichen Parameter beziehen, also Bekanntheit und Imagefacetten, Sympathie, Vertrauen etc. (s. oben). Speziell die Markenassoziationen können hinsichtlich Veränderungen in den Assoziationsmustern ausgewertet werden.
  Zu den Befragungsobjekten: Oft konzentrieren sich Längsschnittmessungen zur Marke auf die aktuellen Kunden. Relevant ist an vielen Stellen jedoch auch die regelmäßige Erfassung der Parameter an Nicht-Kunden aus der Zielgruppe (letztlich der Zielgruppe insgesamt), Nutzern der relevanten Produktkategorien insgesamt oder Kunden von Wettbewerbsmarken. Nicht zu vergessen sind die Gruppe Mitarbeiter oder die Mitglieder der wichtigen Distributionskanäle.

Beispiel

Die Eigentümer der Marke Alka Seltzer erfassen regelmäßig wichtige Daten zum Markenimage. Aus den Daten konnten markante Unterschiede zwischen dem Image bei Nutzern und Nichtnutzern der Marke identifiziert werden. So zeigte sich, dass für die

Markennutzer das heftige Aufschäumen des Produktes im Wasserglas eine sehr vertraute und auch angenehme Markenassoziation ist, während Nichtnutzer dieses als eher lästig empfinden. Daher wird diese Markenassoziation, die scheinbar eine hohe strategische Bedeutung für die Markenstärke aufweist, genauer getrackt und sorgsam gesteuert. Dieses Wissen war auch ein Grund, warum das Markenmanagement eine Produktlinienerweiterung in eine flüssige Version für zugehörige Produkte sehr vorsichtig umsetzte und auch aufmerksam auf Imageauswirkungen bei der Marke beobachtete. Quelle: Keller 2003, S. 406.

Zu den Befragungszeitpunkten: Die Messungen zu Markenindikatoren müssen regelmäßig erfolgen, um einen Trend, eine „baseline" zu identifizieren – und somit ein Bild zur grundsätzlichen Ausprägungen der Variablen zu zeichnen. Kurzfristige, saisonale Abweichungen können auf dieser Basis geglättet werden. Die Häufigkeit der Messungen sollte sich an den Nutzungshäufigkeiten für die Markenleistungen, an Zielgruppenmerkmalen und an der eigenen Marketingaktivität ausrichten. Marken mit Schwerpunkt bei Konsumgütern des täglichen Bedarfs bedürfen also einer häufigeren Messung als jene mit Schwerpunkt langlebige Konsumgüter oder Investitionsgüter. Grundsätzlich ist es auch möglich, von festen Messzeitpunkten abzusehen, und mittels permanenter Befragungen (z. B. systematisch rollierende Befragungen von einigen Kunden pro Woche) Inputs für gleitende Durchschnittsbildungen zu bestimmten Auswertungszeitpunkten zu erhalten. Dies stellt allerdings hohe Anforderung an die Sicherung der Repräsentativität. Die notwendige Intensität der Messung hängt auch von der „Stabilität" der Marke ab. Tendenziell kann bspw. eine Imagemessung bei einem sehr stabilen Markenimage seltener vorgenommen werden. Allerdings steigt damit das Risiko, Veränderungen bei Markenparametern (z. B. durch Rückwirkungen von neu in den Markt eingetretenen Wettbewerbsmarken oder aggressiven Kommunikationsmaßnahmen von Wettbewerbern) nicht rechtzeitig zu erkennen. In diesem Zusammenhang kann auch die Marktreife bzw. die Phase im Markenlebenszyklus einen Anhaltspunkt bieten. Da bspw. Einstellungen zu Marken besonders in jungen Phasen weniger stabil erscheinen, sich ggf. auch eher unerwartet verändern (auch baut sich die Bekanntheit in den relevanten Zielgruppen erst auf), erscheint in diesen frühen Phasen eine höhere Trackingfrequenz indiziert.

Alle Markenmessungen des Längsschnitts müssen reliabel, aber auch hinreichend sensitiv sein damit sie für die Markensteuerung nutzbar sind. Gerade die Sensitivität scheint eine große Herausforderung darzustellen (Keller 2004, S. 407): Viele Indikatorausprägungen ändern sich im Zeitablauf kaum. Man beachte: „Stabilität" kann Ausdruck einer Markensolidität sein – muss es aber nicht, wenn die gewählten Messinstrumente schlicht nicht sensitiv genug sind, um kleinere Veränderungen zu erfassen. Daher kommt der Instrumentenentwicklung eine große Bedeutung zu. Tendenziell wird die Sensitivität verbessert, wenn die verwendeten Abfragen relativ, also in Bezug auf andere Marken, formuliert werden (Keller 2004, S. 407 f.).

Da bei Längsschnittmessungen die Zeitkomponente einbezogen ist, können auch *Kausalitäten* geprüft werden (Sander und Größler 2007, S. 355). Durch den Verlauf der Zeit entsteht eine eindeutige Reihenfolge der Messwerte, so dass Einflussfaktoren für Veränderungen betrachtet werden können. Dies findet in der Analyse der *Effekte von Marketing-*

Ökonomische Indikatoren	Werte und Einstellungen	Produkte und Services
BSP	Familienbezug	Ausstattungsgrad
Zinsniveau	Religionsbezug	Wünsche
Arbeitslosenrate	Traditionalität	Reiseverhalten
verfügbares Einkommen	Maskulinität	Status im Lebenszyklus
Verschuldungsrate	Umweltbewusstsein	...
Sparquote	...	
Haushaltsgrößen		**Einstellung zum Konsum**
Wechselkurs	**Medienbezogene Indikatoren**	Preisorientierung
...	Mediennutzung	Anteil Innovatoren
	Werbespendings	Präferenz für Lokales
Handelsbezogene Indikatoren	Entwicklungsraten	Markenaffinität
Umsatzverteilung nach Kanälen		...
Distributionsquoten	**Demografie**	**Technologische Indikatoren**
Wachstumsraten	Profil der Bevölkerung	Smartphoneverbreitung
Handelsmarkenanteile	Verteilung der Bevölkerung	Zugang zu Internet
...	Ethnische Gruppen	PKW pro HH
	...	...

Abb. 30.5 Messgrößen des Markenkontexts. (Quelle: in Anlehnung an Keller 2004, S. 405)

maßnahmen auf Markenkennwerte eine wichtige Anwendung (Beispiel: Online-Werbung auf Bekanntheit). Zu beachten ist dabei die hinreichende Kontrolle anderer potenzieller Einflüsse (im Beispiel z. B. Distributionsquote oder Verkaufsförderungsaktionen).

Probleme entstehen mit Längsschnittstudien insb. dann, wenn:

- Befragungsobjekte oder Marken entfallen, sich also die Basis ändert,
- Messgrößen entfallen oder neu aufgenommen werden,
- Veränderungen bei Messinstrumenten oder Operationalisierungen vorgenommen werden, somit die Vergleichbarkeit berührt ist,
- Veränderungen bei Rahmenbedingungen entstehen oder
- Aufwand und Dauer der Studien von der Organisation nicht getragen werden.

Bekannte markenbezogene Trackingstudien[10] kommerzieller Anbieter sind das *Brand Assessment System* (BASS) der *GfK*, der *Brand Health Check* des *Instituts für Marktanalysen*, Market Radar von Demoscope oder das *KPI Tracking der GIM* (dazu auch Tomczak et al. 2004, S. 1844 ff.).

Bei *übernational agierenden Marken* sollten zusätzliche, breiter ansetzende Kontextmessungen berücksichtigt werden, um nationalen Aspekten Rechnung zu tragen. Diese müssen zwar nicht regelmäßig erhoben werden, sollten jedoch in gewissen Abständen erfolgen (s. dazu auch Abb. 30.5).

Neben der hier im Fokus stehenden Wirkungsseite der Markenführung als Elemente eines Corporate Brand Status ist natürlich auch die markenbezogene Kostenseite im Zeitablauf zu betrachten.

Längsschnittbetrachtungen sind oft eine notwendige Basis für *Prognosen* (Fantapié Altobelli 2007, S. 26). Zum anderen werden bestimmte Effekte, wie bspw. Markenwechselverhalten nur mittels Zeitreihen/Panels sichtbar (Fantapié Altobelli 2007, S. 26). Interessant ist auch die Tatsache, dass aufgezeigte Entwicklungen (z. B. Zunahme des Vertrauens) zu anderen Variablen in Beziehung gesetzt werden können (z. B. zu Werbespendings oder gewählten Kommunikationskanälen; Malhotra 2004, S. 83 f.).

---

[10] Es existieren viele Weitere, insb. mit spezifischen Schwerpunktsetzungen.

Querschnittstudie	Längsschnittstudie
Interesse für aktuelle Struktur/Situation	Interesse für Zeitverläufe
Hohe Gefahr für Störvariablen zwischen den Messungen	Geringe Gefahr für Störvariablen zwischen den Messungen
Heterogene Skalen und Messinstrumente	Homogene Skalen und Messinstrumente
Unklare Erhebungszeitpunkte (Anfang und Ende des Rücklaufs)	Klare Erhebungszeitpunkte (Anfang und Ende des Rücklaufs)
Geringe Wahrscheinlichkeit von Alternativerklärungen	Hohe Wahrscheinlichkeit von Alternativerklärungen
Between-Subject-Design möglich (Vergleich zwischen verschiedenen Personen z.B. Versuchs-Kontrollgruppe)	Within-Subject-Design möglich (Vergleich der selben Personen z.B. Vorher-Nachher-Messung)
Hohe Wahrscheinlichkeit von Non-Response	Geringe Wahrscheinlichkeit von Non-Response

Abb. 30.6 Entscheidungsaspekte bzgl. Quer- und Längsschnittmessungen. (Quelle: nach Rindfleisch et al. 2008)

Steht eine Entscheidung zwischen Querschnitt- oder Längsschnittstudie an, können die Richtlinien aus Abb. 30.6 herangezogen werden, die auch insgesamt für das Design des Corporate Brand Status relevant erscheinen.

30.5 Den Corporate Brand Status instrumentell nutzbar machen

Das Anliegen des Corporate Brand Status ist es, durch systematische Erfassung und Auswertung markenrelevanter Indikatoren Informationen zur Marke bzw. den zu steuernden Marken zusammenzustellen, um eine faktenbasierte Markensteuerung zu ermöglichen.

Damit diese Aufgabe erfüllt werden kann, ist den jeweiligen Spezifika der Unternehmens- und Markensituation Rechnung zu tragen.

▶ Die Inhalte und das „Forschungs-" Design eines Corporate Brand Status sollten auf die individuellen Erfordernisse des Unternehmens abgestimmt werden.

Generelle, allgemeingültige Regeln dazu, wie ein Corporate Brand Status umzusetzen sei, erscheinen wenig zweckmäßig. Um eine für das Unternehmen sinnvolle Ausprägungsform zu finden, müssen zumindest zwei Teilaufgaben gelöst werden:

1. Die Inhalte bestimmen,
2. Strukturen und Prozesse festlegen.

Zur *inhaltlichen Ausgestaltung* kann auf die Überlegungen aus den Abschn. 2–4 zurückgegriffen werden. Je nach definiertem Ziel und Zweck des Brand Status sind die relevanten Konstrukte (im Sinne von „Zutaten") auszuwählen und über entsprechende Indikatoren

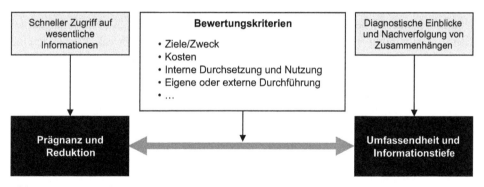

Abb. 30.7 Trade-Off der Anforderungen an den Corporate Brand Status

messbar zu machen. Ebenso ist zu bestimmen, welche Größen nur vereinzelt im Querschnitt gemessen werden bzw. bei welchen Größen zusätzlich eine Längsschnittbetrachtung erfolgen soll. Nur in Ausnahmen kann auf Längsschnitte verzichtet werden: Kontinuierliche Messungen erscheinen als das A und O für eine wirkungsvolle Markensteuerung (auch Tomczak et al. 2004, S. 1840). Quer- und Längsschnittmessungen hängen zudem oft zusammen, insofern als eine Zeitpunktmessung die Nullmessung zu einem beginnenden Längsschnitt darstellt oder auch bei Längsschnittmessungen vereinzelt einige Aspekte für einen punktuellen Status einbezogen werden können (interne Omnibus-Befragung[11]). Allerdings ist dabei abzusichern, dass die Güte des Längsschnitts nicht beeinträchtigt wird.

Hinzuzufügen ist an dieser Stelle, dass angestrebte Messungen zum Markenstatus mehrdimensional konfiguriert werden sollten, sich also nicht auf nur einzelne Größen beschränken (Tomczak et al. 2004, S. 1840; auch die Ableitungen von Lehmann et al. 2008, S. 49). Trommsdorff (2008, S. 340) konkretisiert dieses, indem er folgende Maximalforderungen[12] formuliert:

- Quantitative wie auch qualitative Aspekte berücksichtigen!
- Möglichkeit zum Lernen aus der Vergangenheit wie auch zum Ableiten für die Zukunft aufgreifen!
- Regelmäßig über Zeiträume messen!
- Unternehmensinterne und -externe Größen kombinieren!

Bei der inhaltlichen Ausgestaltung ist eine Konkurrenz zwischen der Reduktion auf die Kerninformationen einerseits und einer möglichst ausgeprägten diagnostischen Tiefe und Mehrdimensionalität der Informationen andererseits zu verzeichnen (s. Abb. 30.7). Auf dem Gegensatzkontinuum dieser Ziele ist ein adäquater Punkt zu definieren, dessen Lage

---

[11] Omnibus-Befragungen sind allgemein Mehrthemen-Befragungen zu begrenzten Problembereichen. In diesem Sinne könnten bei einem Tracking „obenauf" einzelne Querschnittsthemen erhoben werden.

[12] Im Kontext Markencontrolling.

jedoch in hohem Maße von der Unternehmensanforderung abhängt. Als Bewertungskriterien zu Bestimmung eines solchen Punktes können u. a. Ziele und Zweck, Kosten, interne Durchsetzung und Nutzung der Befunde, Praktikabilität, betrachtete Zielgruppe, Umsetzung als Eigen- oder Fremdforschung herangezogen werden. Anders könnte man auch fordern: Soviel Tiefe wie nötig, soviel Reduktion wie möglich!

Neben der inhaltlichen Ausgestaltung ist auch die Darstellungsseite für den Corporate Brand Status zu klären. Diese betrifft die Art und Weise der sprachlichen, visuellen und kennzahlenseitigen *Aufbereitung zur Vermittlung in die Organisation*. Sie beeinflusst in hohem Maße die Akzeptanz im Unternehmen und den empfundenen Nutzwert für die einzelnen Mitarbeiter des Unternehmens. Daher sollten diese Fragen keinesfalls vernachlässigt werden. Das Ziel ist in einer leicht zugänglichen Darstellung mit zum Teil notwendiger Pointierung zu sehen, die aber auch eine hinreichende Tiefe in bezug auf Hintergrund- und Kausalinformationen bietet. Auch hier zeigt sich die Konkurrenz zwischen Informationsreduktion und Informationstiefe.

▶ Der konkrete Aufbau eines geeigneten Corporate Brand Status-Instruments bewegt sich im Spannungsfeld zwischen den Anforderungen nach einer ausgeprägten diagnostischen Informationstiefe und der nach einer möglichst pointierten, reduzierten Konzentration aus Kerninhalte.

Zur internen Vermittlung ist ein sorgsam aufbereitetes Brand Status-Paper sinnvoll. Als essenzielle Bestandteile können (pro Marke) angesehen werden (*„Big Seven"* eines *Brand Status-Papers*):

1. Essentials aus dem Positioning Paper zur betrachteten Marke.
2. Verdichtete Kernbefunde zu den ausgewählten vorökonomischen Indikatoren.
3. Eckwerte zu den Markenerfolgs- und Markterfolgswerten, ggf. auch als Bestandteil einer Markentrichterdarstellung.
4. Informationen zur wahrgenommenen Positionierung, auch im Wettbewerbsvergleich (z. B. mittels WISA).
5. Kommentierung der Auffälligkeiten bei sonstigen Messgrößen.
6. Visualisierung der wichtigsten Messgrößen im Zeitverlauf.

Damit der Corporate Brand Status im Unternehmen „lebt", reicht es indes nicht aus, lediglich geeignete Messungen vorzunehmen und darzustellen. Ein Angelpunkt ist ebenso in der Schaffung geeigneter *interner Strukturen und Prozesse* zu sehen (Keller 2004, S. 408). Es sind Verantwortungen, Anreize, Kompetenzen und Ressourcen zu klären, wie auch Abläufe und Dramaturgien für Produktion und Inszenierung der Corporate Brand Stati.

Bedbury und Fenichell (2003) empfehlen, regelmäßige „Brand Development Reviews" in Form von Halbtages-Meetings der Markenbeteiligten durchzuführen – u. a. mit folgenden Inhalten:

- Review der aktuellen Markenkennwerte,
- Review der letzten Markenmaßnahmen/-entscheidungen,
- Bewertung kommender Maßnahmen und Projekte vor dem Hintergrund der aktuellen Markenentwicklung.

Diese Treffen können zudem dem Informationsaustausch zwischen Bereichen bzw. Abteilungen dienen, Nähe der Beteiligten herstellen und das gemeinsame Markenbild absichern. Sie sind auch eine wichtige Plattform, um das Grundverständnis zu Marken als eine der wichtigsten Ressourcen für das Unternehmen nachhaltig in der Organisation zu festigen.

Fazit

Wer Marken führen will, muss sie auch durch Messungen erfassen. Ein solcher Corporate Brand Status kann zeitpunktbezogen als Querschnitt und/oder zeitraumbezogen als Längsschnitt angelegt werden. Während Querschnittbetrachtungen vergleichsweise einfach und schnell Einblicke in die aktuelle Markensituation erlauben, sind tiefer gehende Erklärungen und Veränderungen oft nur durch Längsschnittbetrachtungen möglich. Erfolgskritisch sind dabei stets die gewählten Schwerpunktsetzungen im Hinblick auf die interessierenden Konstrukte bzw. Größen und die Transformation in geeignete Messinstrumente. Erst durch die Arbeit mit einem Corporate Brand Status werden Bezüge zwischen Ist-Situation und Zielen der Markenführung möglich. Folglich wird erst dadurch Markensteuerung realisiert.

Literatur

Aaker, J. (2005). Dimensionen der Markenpersönlichkeit. In F.-R. Esch (Hrsg.), *Moderne Markenführung* (S. 165–176). Wiesbaden: Gabler.

Ambler, T. (2003). Brand metrics. *Business Strategy Review, 11*(2), 59–66.

Balderjahn, I., & Scholderer, J. (2007). *Konsumentenverhalten und Marketing*. Stuttgart: Schäffer-Poeschel.

Batra, R., Ahuvia, A., & Bagozzi, R. P. (2012). Brand love. *Journal of Marketing, 76*, 1–16.

Bedbury, S., & Fenichell, S. (2003). *A new brand world*. London: Penguin.

Beißner, F. (2009). Funktionelle Bildgebung des vegetativen Nervensystems – Neue Ansätze zur fMRTMessung des menschlichen Hirnstamms. Dissertation Universität Frankfurt am Main. http://publikationen.ub.uni-frankfurt.de/frontdoor/index/index/year/2010/docId/7460. Zugegriffen: 12. Juni 2013.

Bong, N. W., Marshall, R., & Keller, K. L. (1999). Measuring brand power: Validating a model for optimizing brand equity. *Journal of Product and Brand Management, 8*(3), 170–184.

Bortz, J., & Döring, N. (2009). *Forschungsmethoden und Evaluation für Human- und Sozialwissenschaftler*. Berlin: Springer.

Botz, J., & Schuster, C. (2010). *Statistik für Human und Sozialwissenschaftler*. Berlin: Springer.

Braun, M., Kopka, U., & Tochtermann, T. (2003). Promotions – ein Fass ohne Boden. *Akzente, 27*(4), 16–23.

Collins, J., & Hussey, R. (2009). *Business research*. Houndmills: Palgrave Macmillan.

Crites, S. L., & Aikman-Eckenrode, S. N. (2001). Making inferences concerning physiological responses: A reply to Rossiter, Silberstein, Harris, & Nield. *Journal of Advertising Research, 41*, 23–25.

Diekmann, A. (2007). *Empirische Sozialforschung*. Hamburg: Rowohlt.

Esch, F.-R. (2011). *Wirkung integrierter Kommunikation*. Wiesbaden: Deutscher Universitäts-Verlag.

Esch, F.-R., Möll, T., Elger, C. E., Neuhaus, C., & Weber, B. (2008). Wirkung von Markenemotionen: Neuromarketing als neuer verhaltenswissenschaftlicher Zugang. *Marketing ZFP, 30*(2), 111–129.

Fantapié Altobelli, C. (2007). *Marktforschung*. Stuttgart: Lucius & Lucuis.

Frey, J. B. (1989). Measuring corporate reputation and its value. Paper marketing science conference, März 1989, Duke University.

Günther, M., Vossebein, V., & Wildner, R. (1998). *Marktforschung und Panels: Arten, Erhebung, Analyse, Anwendung*. Wiesbaden: Gabler.

Gurviez, P., & Korchia, M. (2003). Proposal for a Multidimensional Brand Trust Scale. Paper, 32nd EMAC Conference Glasgow, Mai 2013. www.watoowatoo.net/mkgr. Zugegriffen: 10. Mäi 2013.

Herholtz, K., & Heindel, W. (1996). Bildgebende Verfahren. In H. J. Markowitsch (Hrsg.), *Enzyklopädie der Psychologie* (S. 635–723). Göttingen: Hogrefe.

Homburg, C., & Krohmer, H. (2009). *Grundlagen des Marketingmanagements*. Wiesbaden: Gabler.

Keller, K. L. (2003). *Strategic brand management*. Upper Saddle River: Pearson.

Koch, J. (2009). *Marktforschung*. München: Oldenbourg.

Köhler, R. (1993). *Beiträge zum Marketing-Management – Planung, Organisation, Controlling*. Stuttgart: Schäffer-Poeschel.

Kühn, T., & Koschel, K.-V. (2013). Die problemzentrierte Gruppendiskussion. *Planung & Analyse, 2*, 26–29.

Lehmann, D. R., Keller, K. L., & Farley, J. U. (2008). The structure of survey-based brand metrics. *Journal of International Marketing, 16*(4), 29–56.

Linxweiler, R., & Bruckner, V. (2003). BrandScoreCard. In U. Kamenz (Hrsg.), *Applied marketing* (S. 445–458). Berlin: Springer.

Malhotra, N. K. (2004). *Marketing research*. Upper Saddle River: Prentice Hall.

Mayring, P. (2002). *Einführung in die qualitative Sozialforschung*. Weinheim: Beltz.

Möll, T. (2007). *Messung und Wirkung von Markenemotionen*. Wiesbaden: DUV.

Pinel, J., & Pauli, P. (2012). *Biopsychologie*. München: Pearson.

Reinecke, S. (2004). *Marketing performance management: Empirisches Fundament und Konzeption für ein integriertes Marketingkennzahlensystem*. Wiesbaden: DUV.

Rindfleisch, A., Malter, A. J., Ganesan, S., & Moorman, C. (2008). Cross-sectional versus longitudinal survey research: Concepts, findings, and guidelines. *Journal of Marketing Research, 45*(3), 261–279.

Rorden, C., & Karnath, H.-O. (2004). Using human brain lesions to infer function: A relic from a past era in the fMRI age? *Nature Reviews, 5*, 813–819.

Rossiter, J. R., Silberstein, R. B., Harris, P. G., & Nield, G. A. (2001). Brain-imaging detection of visual scene encoding in long-term memory for TV-commercials. *Journal of Advertising Research, 41*(2), 13–21.

Sandner, P. G., & Größler, A. (2007). Methoden der Längsschnittanalyse in den Wirtschafts- und Sozialwissenschaften. *WiSt, 36*(7), 355–362.

Scharnbacher, K. (2004). *Statistik im Betrieb*. Wiesbaden: Gabler.

Schulz-Moll, P., & Kam, P. (2003). Brand Balanced Scorecard (BBS) – ganzheitliche Steuerung des Markenmanagementerfolges. In O. Göttgens, A. Gelbert, & C. Bäing (Hrsg.), *Profitables Markenmanagement* (S. 199–214). Berlin: Springer.

Srnka, K. J. (2007). Integration qualitativer und quantitativer Forschungsmethoden. *Marketing ZFP, 29*(4), 247–260.

Tomczak, T., Reinecke, S., & Kaetzke, P. (2004). Markencontrolling – Sicherstellung von Effektivität und Effizienz der Markenführung. In M. Bruhn (Hrsg.), *Handbuch Markenführung* (S. 1821–1852). Wiesbaden: Gabler.

Trommsdorf, V. (2008). Ökonomische und außerökonomische Sollgrößen des Marketingcontrolling. In A. Hermanns, T. Ringle, & P. C. van Overloop (Hrsg.), *Handbuch Markenkommunikation* (S. 335–350). München: Vahlen.

Trommsdorff, V., Becker, J., Asan, U. (2004). Marken- und Produktpositionierung. In Bruhn (Hrsg.), Handbuch Markenführung (2. Aufl., S. 541–570, Bd. 1).

Weick, K. E. (1989). Theory construction as disciplined imagination. *Academy of Management Review, 14*(4), 516–531.

Prof. Dr. Jörn Redler ist Professor für Marketing und Handel an der Dualen Hochschule Baden-Württemberg (DHBW), Mosbach, und Studiengangleiter BWL-Handel. Nach Ausbildung zum Industriekaufmann und dem Ökonomie-Studium an der Justus-Liebig-Universität Gießen promovierte er mit einer Arbeit zum Markenmanagement. Berufliche Stationen in mehreren Managementpositionen. Seine Arbeitsgebiete umfassen u. a. Marketingkommunikation am POS und Store Branding.

Erkenntnisse des Reputationmanagement als Basis für ein Controlling des Corporate Brand Management nutzen

31

Klaus-Peter Wiedmann

Zusammenfassung

Um für ein nachhaltiges Corporate Brand Management (CBM) ein geeignetes Controlling-System aufbauen zu können, sollten nicht allein klassische Markenwertkonzepte Beachtung finden. Darüber hinaus bietet es sich vielmehr an, die Unternehmensreputation als eine übergreifende Gesamtzielgröße im Dienste der Steigerung und/oder Erhaltung des Unternehmenswertes zu begreifen und rekurrierend auf Erkenntnisse der Reputationsforschung entsprechende Akzente bei der Ausgestaltung eines CBM-Controlling-Systems zu setzen. Dreh- und Angelpunkt bilden zunächst ein tragfähiges Reputationsverständnis sowie ein daran anknüpfendes Reputationsmesskonzept. Letzteres bildet die Grundlage für die differenzierte Analyse von Herausforderungen sowie die Bestimmung von Zielsetzungen im Blick auf ein erfolgreiches CBM. In diesem Kapitel werden exemplarisch ein leistungsfähiges Reputationsmess- und -analysekonzept sowie einige inhaltliche Erkenntnisse der Reputationsforschung kurz angerissen und hinsichtlich ihrer Bedeutung für die Entwicklung eines CBM-Controlling-Systems akzentuiert.

K.-P. Wiedmann (✉)
Leibniz-Universität Hannover, Hannover, Deutschland
E-Mail: wiedmann@m2.uni-hannover.de

31.1 Einführung: Unternehmensreputation als zentrale Zielgröße eines Corporate Brand Management (an)erkennen

Corporate Brand Management (CBM) ist letztlich immer im Sinne einer wertorientierten Unternehmensführung anzulegen. Insofern wird im Wege eines Controlling einerseits dafür zu sorgen sein, dass alle CBM-Aktivitäten einen Beitrag zur Steigerung, zumindest aber Erhaltung des Unternehmenswertes leisten. Auf der anderen Seite ist dann zugleich zu kontrollieren, ob und ggf. inwieweit entsprechend den gesetzten Zielen tatsächlich ein nachhaltiger Wertbeitrag geleistet wurde. Liegen Abweichungen zwischen Soll und Ist vor, gilt es, die Ursachen hierfür zu analysieren, um für die weitere CBM-Planung zielführende Akzente setzen zu können.

Das Thema *Wertorientierung* hat im Kontext von Ansätzen eines gezielten Markenmanagements eine lange Tradition. So existiert eine Fülle von Konzepten zur Messung des Markenwertes, die als Grundlage einer wertorientierten Steuerung aller Strategie- und Maßnahmenprogramme eines Markenmanagements herangezogen werden können (s. hierzu auch die Beiträge zu den Leistungsgrößen und zur Messung in diesem Buch). In Erweiterung des Einsatzes von Markenwertmessmodellen erscheint es jedoch zweckmäßig, in Gestalt der Unternehmensreputation eine Wertgröße auf einer höher aggregierten Ebene zu berücksichtigen. Zwar mag im Falle einer ‚Branded House'-Strategie die Unternehmensreputation sehr stark durch den Wert der dominierenden Unternehmensmarke geprägt sein. Letztlich fließen jedoch auch hier „Nicht-Markenbedingte" Kommunikationseffekte und vor allem unterschiedliche Reaktionsmuster seitens der Stakeholder in die Reputation des betrachteten Unternehmens ein, die bei einem ganzheitlichen Unternehmenswert-zentrierten CBM-Controlling Beachtung finden müssen. Existieren parallel zu einer Corporate Brand jedoch noch andere Marken (z. B. spezielle Subunit-Brands, Produkt- und/oder Service-Marken, CEO-Brand), dann ist es unabdingbar, zusätzlich auf die Erfassung der Unternehmensreputation zu rekurrieren, um eine ganzheitliche Analyse der Effekte des Zusammenwirkens aller Marken sowie der sich darauf beziehenden *Reaktionen aller Stakeholder* im Blick auf eine elementare Wertgröße vorzunehmen. Dies insbesondere deshalb, weil es sich bei der Reputation eines Unternehmens jeweils um einen bedeutenden Vermögenswert (‚Intangible Asset') und darüber hinaus zugleich grundlegenden strategischen Erfolgsfaktor handelt (Devine und Halpern 2001; Wiedmann und Prauschke 2005; Barnett et al. 2006, S. 349; Horváth und Moeller 2004).

Aufs Ganze gesehen sollte im Blick auf die Entwicklung eines tragfähigen CBM-Controlling-Systems also der Versuch unternommen werden, parallel zum Rekurs auf Markenwert-Messmodelle die *Erkenntnisse der Reputationsmanagementforschung* zu nutzen. Letztlich wird dabei jeweils im Lichte der unternehmensspezifischen Bedingungen zu prüfen sein, in welcher Weise sich ggf. bereits genutzte Ansätze der Markenwertmessung mit einer fundierten Reputationsanalyse zu einem integrierten CBM-Controlling kombinieren lassen. Im Folgenden soll und kann es allerdings nicht darum gehen, Entwürfe eines solchen integrierten CBM-Controlling-Systems vorzulegen. Im Zentrum steht stattdessen der Versuch, einige wichtige Erkenntnisse der Reputationsmanagementforschung vorzustellen und deren Bedeutung für ein CBM-Controlling zu umreißen. Im Fokus stehen dabei exemplarisch jene Erkenntnisse, wie sie ausgehend von den Forschungsaktivitäten im *Reputation Institute*, New York et al., aufgebaut wurden. Ein Überblick über die gesamte Reputationsforschung ist hier indessen weder möglich noch wird er angestrebt.

31.2 Ein tragfähiges Verständnis von Unternehmensreputation sowie hinsichtlich dessen Genese und Wirkung entwickeln

Damit alle Beteiligten an einem Strang ziehen und mithin die Bemühungen in die richtige Richtung weisen, ist es zunächst wichtig, ein gemeinsames Verständnis von Unternehmensreputation aufzubauen. Eine geeignete Begriffsauffassung hat sich im Dialog zwischen Wissenschaft und Praxis etwa innerhalb des Reputation Institutes – einem 1997 ins Leben gerufenen globalen Expertennetzwerkes – herauskristallisiert. Reputation wird hier verstanden als die Summe der Wahrnehmungen und Einschätzungen *aller* relevanten *Stakeholder* hinsichtlich der gesamten Kultur bzw. Identität eines Unternehmens und der sich hieraus jeweils ergebenden *Achtung* vor diesem Unternehmen, in der sich zugleich wichtige *Unterstützungspotenziale* manifestieren (Fombrun und Wiedmann 2001a, S. 6 f., b; Fombrun 1996). Letzteres mag sich ganz generell in der Bereitschaft manifestieren, sich mit dem betreffenden Unternehmen auseinanderzusetzen, Informationen über dieses Unternehmen aufzunehmen sowie wohlwollend zu interpretieren, Angebote aufzugreifen und Beiträge zu leisten sowie Loyalität zu zeigen. In einer starken Unternehmensreputation spiegelt sich insgesamt ein hohes Maß an *Anziehungskraft* wider: sie hilft Unternehmen, gute Mitarbeiter zu gewinnen, erleichtert die Neukundengewinnung, verstärkt die Kundenloyalität, hilft Banker und speziell Analysten zu überzeugen und ist insofern mehr als hilfreich bei der Kapitalbeschaffung; sie erleichtert nicht zuletzt den Aufbau guter Beziehungen zu den Medien und erhöht damit die Chancen positiver Medienresonanz sowie ggf. einer gewissen Medienunterstützung in Krisenzeiten (ausführlicher dazu Fombrun und van Riel 2003, 2004).

Die akzentuierten Unterstützungspotenziale markieren zugleich den *Unterschied zwischen* der *Reputation* eines Unternehmens *und* dessen *Image*, das sich im Kern in jenem Bild manifestiert, das man sich von einem bestimmten Objekt und in unserem Fall eben von einem Unternehmen macht. Stark vereinfachend lässt sich die Formel aufstellen: Unternehmensreputation = Summe der Images des Unternehmens bei allen Stakeholdern + die sich hieraus ergebenden Unterstützungspotenziale. Im Gegensatz zu einer eher oberflächlichen Imagepolitur bzw. dem Aufbau eines ‚Nice-Guy-Images' geht es dann im Kern allein darum, exakt jene Wahrnehmungen und Einschätzungen bei den Stakeholdern zu fördern, die zu den angestrebten Unterstützungspotenzialen führen und mithin einen soliden Beitrag zum Aufbau relevanter Vermögenswerte (z. B. Finanz-, Human- und Sozial-Kapital) und in Summe: eines hohen Unternehmenswertes leisten. Dass bestehende Vermutungen hinsichtlich der Reputationswirkung bestimmter Images nicht immer zutreffend sind, legen die Erkenntnisse aus dem Feld der Reputationsforschung nahe. So etwa führt das Image eines besonders verantwortlichen Unternehmens nicht eo ipso zu einer höheren Bereitschaft, Geschäfte mit diesem Unternehmen zu machen oder in dieses zu investieren sowie ihm als Kunde, Anleger etc. die Treue zu halten (Wiedmann 2012a, S. 59, 2012b, S. 31). Es bedarf im vorliegenden Zusammenhang also jeweils fundierter Wirkungsprognosen und eines vor deren Hintergrund optimierten CBM.

▶ Ein gemeinsames Verständnis des umfassenden Reputation-Begriffs ist Grundlage für ein sinnvolles Reputationmanagement.

Bei der Reputation eines Unternehmens handelt sich um eine hoch aggregierte Größe, bei der nicht a priori festgelegt werden kann, woran die unterschiedlichen Stakeholder ihre Wahrnehmungen und Bewertungen fest machen. Potentiell kommen die gesamte Unternehmenskultur bzw. -identität und mithin die gesamte Unternehmensrealität – durchaus auch in ihrer gesamten zeitlichen Erstreckung, also einschließlich Geschichte und vermeintliche zukünftige Entwicklung des Unternehmens – in Betracht. Sind es dann aber konkret die Personen, Produkte, Prozesse, Organisationsmerkmale, die angebotenen Produkte und Dienstleistungen, die erzielten Ergebnisse oder weitere Größen, die die verschiedenen Stakeholder (Kunden, Mitarbeiter, Lieferanten, Investoren, Behörden etc.) beeindruckt und überzeugt haben bzw. überzeugen werden? Selbstverständlich liegen hier je nach Stakeholdergruppe bzw. sogar je nach Stakeholder u. U. erhebliche Unterschiede vor, was a) die jeweils relevanten Dimensionen und b) deren konkrete Einschätzung anbelangt. Eine vergleichende Betrachtung gibt hier dann etwa näheren Aufschluss über Art und Ausprägung der gesamten Unternehmensreputation und der sich darin widerspiegelnden Unternehmensidentität. Je größer die Unterschiede bei den Einschätzungen und Bewertungen sind, desto diffuser die Identität des Unternehmens.

In Abb. 31.1 werden die angesprochenen Zusammenhänge noch einmal visualisiert. Hierbei wird zugleich angedeutet, dass die Entstehung und Interpretation der Identität eines Unternehmens immer vor dem Hintergrund einer Einbettung der gesamten Unternehmenskultur in ein komplexes Interaktionsfeld und in dieses jeweils prägende situative Bedingungen zu sehen ist. Konkret bedeutet dies, dass Identitätswahrnehmungen sowie -einschätzungen und mithin die Reputation eines Unternehmens im Zeichen des gesellschaftlichen Wandels und speziell Wertewandels immer einer mehr oder weniger starken Dynamik unterliegen (können). Vor der Finanzkrise waren bspw. eine konservativere Produktpolitik als Ausdruck einer geringeren Risikobereitschaft sowie rigidere Corporate-Governance-Strukturen im Bankensektor ganz offensichtlich keine herausragend wichtigen Reputationstreiberfaktoren. Im Zeichen der Finanzkrise änderte sich dies jedoch und z. B. Sparkassen sowie Volks- & Raiffeisenbanken, denen entsprechende Eigenschaften traditionell zugeschrieben werden, konnten durchaus Reputationszugewinne realisieren (Wiedmann 2012b).

Im Zusammenhang mit der *Entstehung von Reputation in einem spezifischen situativen Kontext und den durch diesen beeinflussten Informations- und Meinungsbildungsprozessen* bei den Stakeholdern spielen freilich die bereits vorhandene Unternehmensreputation

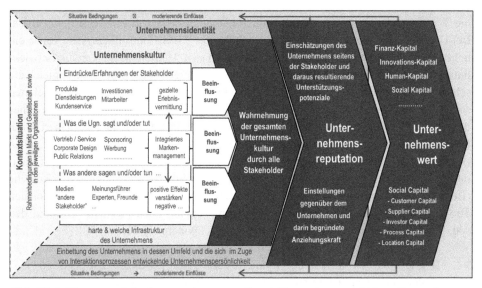

Abb. 31.1 Ein erster Orientierungsrahmen zur Entwicklung eines tragfähigen Reputationsverständnisses

sowie der sich darin reflektierende Unternehmenswert eine nicht unerhebliche Rolle. Systemtheoretisch betrachtet haben wir es mithin mit einem Regelkreis mit entsprechenden Rückkopplungen zu tun. Diese können und sollten durch ein systematisches CBM genutzt werden, um auf allen Kanälen der Wahrnehmung des Unternehmens durch ihre Stakeholder zielwirksame Beeinflussungsprozesse realisieren zu können. Dies gerade auch im Blick auf das Verstärken positiver sowie Vermeiden negativer Effekte durch Meinungsäußerungen seitens Dritter. Wenn ein Unternehmen traditionell über eine sehr starke Reputation verfügt, dürfte es so z. B. deutlich leichter fallen, im Wege eines CBM die von einer kritischen Presse ausgehenden Negativeffekte zu konterkarieren. Ein reputationszentriertes CBM-Controlling hat insofern sicherzustellen, dass bei der Planung und Umsetzung eines integrierten Markenmanagements alle möglichen Einflüsse auf die Wahrnehmung und Einschätzung des Unternehmens systematisch auf die Herausbildung einer angestrebten Unternehmensreputation auszurichten versucht werden.

31.3 Ein geeignetes Mess- und Analysekonzept entwickeln, um die Reputation des Unternehmens differenziert erfassen und beurteilen zu können

Folgt man dem Leitsatz von Peter F. Drucker: „What's Measured Improves", besteht eine besondere Herausforderung beim Aufbau eines CBM-Controllingsystems vor allem darin, ein geeignetes Konzept zur Messung der Unternehmensreputation zu entwickeln. Dabei kann *entweder* ein *speziell auf die unternehmensspezifischen Erfordernisse zugeschnitte-*

nes Messkonzept erarbeitet *oder* auf etablierte *Standard-Messkonzepte* rekurriert werden. Bei Unternehmen, die schon über ein ausgeklügeltes CBM-Controllingsystem sowie ein hohes Maß an Forschungsexpertise verfügen, kann es u. U. Sinn machen, in die Entwicklung einer maßgeschneiderten Messkonzeption einzusteigen und hierbei etwa zugleich die schon genutzten Markenwert-Kennzahlen einzubeziehen. Bei allen anderen Unternehmen sollte der Einstieg eher über ein vorhandenes Standardmesskonzept erfolgen, welches dann sukzessive durch individualisierte Bestandteile angereichert und verfeinert wird. Grundsätzlich zu beachten ist indessen, dass Standardmesskonzepte dann in die eigenen Analysen einbezogen werden sollten, wenn auf deren Basis bereits umfangsreiches Datenmaterial gesammelt wurde, das sich für ein Benchmarking innerhalb der eigenen Branche (Best-of-Class-Benchmarking) oder auch darüber hinaus mit Bezug zu internationalen Top-Unternehmen (Best-of-World-Benchmarking) eignet. Eben dies trifft etwa auf den sog. RepTrak™-Ansatz des Reputation Institute zu (Wiedmann 2012a).

▶ Der RepTrak™-Ansatz kann als fundiertes Standardmesskonzept zum Einstieg in eine differenzierte Erfassung der Unternehmensreputation dienen.

Seit 1997 werden im Reputation Institute inzwischen jährlich jeweils in über 30 Ländern Reputationsstudien durchgeführt. Das zunächst zugrunde gelegte Messkonzept, der sog. RQ (Reputation Quotient), wurde 2006 im Lichte der bis dato gesammelten Erfahrungen überarbeitet und zum sog. RepTrak™ ausgearbeitet (Wiedmann 2012a). Die Grundstruktur dieses differenzierten Messkonzepts, das einen wichtigen Grundstock für die Entwicklung und/oder den Ausbau eines CBM-Controllingsystems bilden kann, ist in Abb. 31.2 dargestellt.

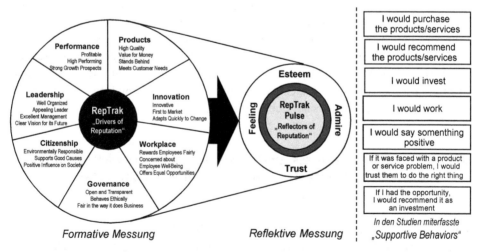

Abb. 31.2 Das RepTrakTM-Konzept der Reputationsmessung

Das komplexe Phänomen ‚Unternehmensreputation' wird beim RepTrak-Ansatz mit Hilfe von sowohl formativen als auch reflektiven Indikatoren gewissermaßen von zwei Seiten her gemessen: Formative Indikatoren setzen im vorliegenden Zusammenhang an der Frage an, wie stark positiv oder negativ ein Unternehmen im Blick auf die Ausprägung solcher Größen eingestuft wird, die üblicherweise eine starke Unternehmensreputation bedingen (z. B. gute Produkte, hervorragende Arbeitsbedingungen als ‚Reputationstreiber'). Reflektive Indikatoren setzen hier demgegenüber an der Einschätzung jener Größen an, die bei Vorliegen einer positiven Reputation sehr stark positiv ausgeprägt sein sollten (Vertrauen, Wertschätzung etc. als ‚Reputationsreflektoren').

Die im RepTrak-Modell akzentuierten *Reputationstreiber und -reflektoren* (s. Abb. 31.2) wurden im Wege eines aufwändigen Prozesses der Skalenentwicklung herauskristallisiert (Fombrun et al. 2000; Wiedmann 2012a). Inzwischen liegen in zahlreichen internationalen Studien validierte Itembatterien vor, entlang derer die jeweils befragten Stakeholder ihre Einschätzungen basierend auf Likertskalen abgeben können. Ausgehend von den verschiedenen Einzelbewertungen werden dann jeweils Gesamtpunktwerte für die sieben Reputationstreiberfaktoren als auch ein Gesamtpunktwert mit Bezug auf die vier Reputationsreflektoren, der sog. RepTrak Pulse^{TM}-Wert, ermittelt. Die Punktwerte können jeweils zwischen 0 (keinerlei Zustimmung) und 100 (vollständige Zustimmung) variieren. Rekurrierend auf die seit 1997 gesammelten Daten wurden und werden immer wieder Kausalanalysen durchgeführt, um die Bedeutung des Erreichens bestimmter Punktwerte besser einschätzen zu können: Welcher Zusammenhang besteht zwischen dem Erzielen eines bestimmten Punktwertes bei den Reputationstreiberfaktoren und der Ausprägung des RepTrak Pulse sowie zwischen diesem und der Ausprägung verschiedener Unterstützungspotenziale? Im Blick auf letztere werden in den jährlich durchgeführten Studien regelmäßig – wie in Abb. 31.2 angedeutet – verschiedene Varianten eines ‚Supportive Behaviors' erfasst (z. B. Tendenz zu positiven Meinungsäußerungen, zum Produkt- oder Aktienkauf, zu einem aktiven Weiterempfehlungsverhalten). Anknüpfend an entsprechende Analysen lassen sich z. B. Unternehmen mit einem RepTrak-Pulse-Punktwert von über 80 einer Spitzengruppe mit bester Reputation zuordnen. Bei einem Punktwert zwischen 70 bis 79 handelt es sich um Unternehmen mit einer starken und robusten Reputation, bei einem Punktwert zwischen 60 bis 69 um solche mit mittlerer Reputation und bei Punktwerten zwischen 40 bis 59 um solche mit schwacher und angreifbarer Reputation. Bei einem Punktwert unter 40 handelt es sich um stark gefährdete Unternehmen mit einer sehr schlechten Reputation.

Zur Illustration seien in Abb. 31.3 einige ausgewählte Ergebnisse zu den weltweit Reputationsstärksten Unternehmen im Jahresvergleich 2012/2014 sowie in Abb. 31.4 für das Jahr 2012 die jeweiligen Top Ten entlang der Reputationstreiberfaktoren dargestellt.

So interessant derartige Rankings sind, der Nutzen des RepTrak-Ansatzes offenbart sich erst dann, wenn auf dessen Grundlage in *differenziertere Analysen* eingestiegen wird. Bezug nehmend auf geeignete Methoden der Kausalanalyse ist folgenden Fragen nachzugehen:

The RepTrak™ 100:
The World's Most Reputable Companies: 2011-2012 Development (1 – 50)

REPUTATION INSTITUTE

Company	RepTrak™ Pulse 2012	RepTrak™ Pulse 2011	Rank 2012	Rank 2011
BMW	80.09	79.42	1	4
Sony	79.31	79.05	2	6
The Walt Disney Company	78.92	79.51	3	3
Daimler (Mercedes-Benz)	78.54	79.03	4	7
Apple	78.49	79.77	5	2
Google	78.05	79.99	6	1
Microsoft	77.98	77.29	7	11
Volkswagen	77.04	77.33	8	10
Canon	76.98	78.07	9	8
LEGO Group	76.35	79.26	10	5
Adidas Group	76.00	n/a	11	n/a
Nestlé	75.88	76.01	12	16
Colgate-Palmolive	75.75	74.62	13	26
Panasonic	75.71	76.84	14	13
Nike	75.43	76.92	15	12
Intel	75.42	77.56	16	9
Michelin	75.32	75.75	17	18
Johnson & Johnson	75.17	76.75	18	14
IBM	75.08	74.41	19	27
Ferrero	74.90	75.01	20	22
Samsung Electronics	74.81	72.76	21	43
Honda Motor	74.80	73.99	22	29
L'Oréal	74.35	75.72	23	19
Nokia	74.33	76.17	24	15
Philips Electronics	74.33	74.84	25	23
Kellogg	74.32	75.20	26	20
Goodyear	74.28	75.09	27	21
Amazon.com	74.07	73.63	28	33
Danone	74.05	73.92	29	30
3M	74.02	74.68	30	24
Hewlett-Packard	73.67	75.90	31	17
Nintendo	73.56	74.66	32	25
LVMH Group	73.46	72.15	33	51
Bridgestone	73.35	73.21	34	36
IKEA	73.22	73.83	35	32
Giorgio Armani Group	73.22	n/a	36	n/a
Toyota	72.77	71.26	37	60
The Coca-Cola Company	72.66	74.27	38	28
FedEx	72.56	72.68	39	46
Marriott International	72.53	73.08	40	39
Pirelli	72.30	73.88	41	31
Barilla	72.12	72.04	42	52
Fujifilm	72.07	72.68	43	47
Deutsche Lufthansa	72.06	72.84	44	42
Siemens	71.76	72.34	45	48
Bayer	71.31	n/a	46	n/a
UPS	71.29	72.20	47	49
Boeing	71.09	71.57	48	56
Procter & Gamble	71.08	72.75	49	44
Dell	71.02	73.60	50	34

Excellent/Top Tier: Above 80
Strong/Robust: 70-79
Average/Moderate: 60-69
Weak/Vulnerable: 40-59
Poor/Bottom Tier: Below 40

All Global Pulse scores that differ by more than +/- 0.9 are significantly different at the 95% confidence level.

Pulse scores are based on questions measuring Trust, Admiration & Respect, Good Feeling and Overall Esteem (captured in the Pulse score on a 0-100 scale).

Abb. 31.3 Beispiel eines Rankings auf Basis des RepTrak Pulse

Products/Services		Innovation		Workplace		Leadership	
BMW	- 81,98	Apple	- 83,68	Google	- 76,60	Apple	- 79,71
Daimler	- 81,55	Microsoft	- 79,89	Microsoft	- 75,52	Microsoft	- 79,56
Apple	- 80,77	Google	- 79,30	BMW	- 75,24	BMW	- 77,74
Sony	- 80,40	BMW	- 79,17	Daimler	- 74,59	Google	- 77,39
LVMH Group	- 79,73	Sony	- 78,73	Walt Disney	- 74,30	Walt Disney	- 76,22
Microsoft	- 78,95	Intel	- 77,36	Apple	- 74,15	Daimler	- 75,68
Walt Disney	- 78,58	Walt Disney	- 76,87	Volkswagen	- 72,70	Coca-Cola	- 74,92
Google	- 78,11	Daimler	- 76,55	Sony	- 71,37	Sony	- 74,68
Volkswagen	- 78,08	Samsung	- 76,31	Intel	- 71,21	Volkswagen	- 73,89
Adidas Group	- 77,80	Nintendo	- 76,15	LEGO	- 71,19	Nike	- 73,70
Performance		**Citizenship**		**Governance**			
Apple	- 82,53	Walt Disney	- 73,29	Microsoft	- 74,71	All Scores are standardized on both the Country and global level.	
Microsoft	- 81,64	Microsoft	- 73,22	BMW	- 74,44		
Google	- 80,20	Google	- 71,91	Apple	- 74,40	All scores that differ by more than +/- 0,5 are significantly different at the 95% confidence level.	
BMW	- 79,97	Apple	- 71,13	Walt Disney	- 73,69		
Coca-Cola	- 79,07	Colgate-Palmolive	- 70,45	Google	- 73,43		
Walt Disney	- 78,51	BMW	- 70,12	Volkswagen	- 73,28		
Daimler	- 77,92	Sony	- 69,97	Sony	- 72,62		
LVMH Group	- 77,25	Daimler	- 69,95	Daimler	- 72,53	© 2012 Reputation Institute. All rights reserved.	
Sony	- 76,76	Volkswagen	- 69,83	Intel	- 71,52		
Intel	- 76,54	IKEA	- 69,58	Adidas Group	- 71,00		

Abb. 31.4 Top-Ten-Ranking bei den Reputationstreiberfaktoren. (Quelle: Global RepTrak-Studie 2012)

- Welche Kombination an Reputationstreiberfaktoren bewirken hohe RepTrak-Punktwerte und
- wodurch werden vor allem hohe Ausprägungen bei den verschiedenen ‚Supportive Behaviors' (s. noch einmal Abb. 31.2) bewirkt?

Rekurrierend auf die hierbei gefundenen Antworten, lassen sich wichtige Erkenntnisse für die CBM-Planung gewinnen. Auf einige zentrale Erkenntnisse, die sich rückblickend aus den durchgeführten RepTrak-Studien ziehen lassen, sei weiter unten noch etwas näher eingegangen. Zunächst seien kurz einige Erweiterungen des klassischen RepTrak-Mess- und Analyseansatzes dargestellt, die nicht zuletzt deshalb von Bedeutung sind, um ein leistungsfähiges CBM-Controllingsystem aufbauen zu können.

▶ Der RepTrak™-Ansatz kann stufenweise durch differenziertere Mess- und Analysekonzepte erweitert werden.

Ein erster Schritt der Erweiterung des RepTrak-Konzepts sollte darin bestehen, dass *entlang aller relevanten Stakeholder* sehr präzise jene *Zielgrößen definiert* werden, die aus Sicht der jeweiligen Unternehmens- und Markenstrategie mit Verve zu verfolgen sind. Die im RepTrak-Konzept miterfassten ‚Supportive Behaviors' eignen sich lediglich für eine allgemeine Einschätzung der Relevanz bestimmter Reputationsdimensionen. Reputationswirkungen sind indessen jeweils sehr genau auf die Verwirklichung spezifischer Ziele hin zu analysieren und zu planen. So mag es z. B. sein, dass, je nach dem, andere Akzente mit Bezug auf die Unternehmensreputation zu setzen sind, ob die Unternehmensstrategie vor allem auf die Gewinnung von Neukunden oder lediglich auf Kundenbindung, auf die Gewinnung möglichst vieler Kleinaktionäre oder auf die Bindung von den bisherigen Großaktionären usw. ausgerichtet ist. Beim Auf-/Ausbau eines CBM-Controlling sind also unbedingt jene Zielgrößen in die Betrachtung einzubeziehen, die bereits im Rahmen des üblichen Marketing-Controllings eines Unternehmens erfasst und entsprechend ausgewertet werden (sollten). Im Blick auf die Stakeholdergruppe der Kunden ist sicher an entsprechende Absatzkennzahlen sowie Kennzahlen der Kundenzufriedenheit und -bindung zu denken. Sofern in einem Unternehmen ein lediglich schwach elaboriertes Kennzahlensystem vorliegt, sollte dies sukzessive ausgebaut werden. Letztlich wird es darauf ankommen, entlang aller relevanten Stakeholdergruppen über entsprechend aussagekräftige Kennzahlen zu verfügen, um einerseits sehr konkrete Ziele vorgeben und andererseits die Wirkungen des unternehmerischen Handelns im Allgemeinen, dessen CBM-Aktivitäten im Besonderen über das Ausmaß der Zielerreichung nachvollziehen und bewerten zu können. Aus dem Blickwinkel eines CBM-Controlling bietet es sich schließlich an, über alle Stakeholder-bezogenen Ziele hinweg so etwas wie einen „*Total Reputation Value*" zu definieren, der rekurrierend auf ein Scoring-Modell angibt, in welchem Ausmaß die vorgegebenen Ziele erreicht wurden. Als Basis für spezifische Maßnahmenplanungen sind parallel freilich auch die aggregierten Zielerreichungsgrade im Blick auf die einzelnen Stakeholdergruppen auszuweisen (Total Customer Reputation Value, Total Employee Reputation Value etc.).

Der Rekurs auf Zielerreichungsgrade im Blick auf sehr konkrete Stakeholderziele ermöglicht den Einstieg in *aussagekräftige Kausalanalysen*, die entlang folgender Fragestellungen aufzubauen sind:

1. Welche Kombination an erreichten Positiv- oder Negativ-Zuschreibungen entlang der Reputationstreiberfaktoren (Products & Services, Innovation etc.) löst wie stark – erfasst über die Reputationsreflektoren (Vertrauen, Bewunderung etc.) – welche Art von Emotionen aus und konstituiert mithin welche, reflektiv über den RepTrakPulse gemessene Reputationsstärke? Welche direkten und indirekten Effekte gehen dabei von einzelnen Reputationstreiberfaktoren aus?
2. Welche Assoziations- und Emotionsmuster sind in welchem Umfang maßgeblich für das Erzielen eines Stakeholder-spezifischen Reputationswertes? Welche direkten und indirekten Effekte gehen dabei von einzelnen Reputationstreibern und -reflektoren aus?
3. Und welche Art des Zusammenspiels unter den Stakeholder-spezifischen Reputation Values konstituiert einen bestimmten Total Reputation Value?

Abbildung 31.5 visualisiert die angesprochenen Ansätze einer Kausalanalyse. Allerdings wurde aus Gründen grafischer Vereinfachung darauf verzichtet, die Analyse des Zusammenspiels Stakeholder-spezifischer Reputationswerte im Blick auf das Bewirken eines Total Reputation Value anzudeuten. Dafür wurde aber die Notwendigkeit der Einbeziehung einiger weiterer Einflussgrößen zumindest grob angedeutet.

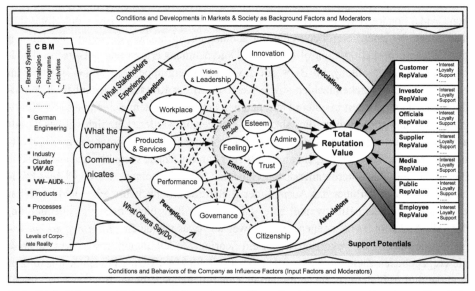

Abb. 31.5 Skizze zur Erfassung differenzierterer Kausalbeziehungen ausgehend vom RepTrak-Konzept

Über die *Analyse des Zusammenspiels von Reputationstreibern und -reflektoren* bei der Entstehung bzw. der Erzielung eines Total Reputation Value müssen im Rahmen eines Reputations-zentrierten CBM-Controlling selbstverständlich weitere Einflussfaktoren identifiziert, analysiert und kontrolliert werden. Durch welche Faktoren werden etwa die Wahrnehmungen und das Herausbilden entsprechender Assoziationen und Emotionen bei den Stakeholdern beeinflusst? Und welche Faktoren sind dafür verantwortlich, dass über entsprechende Assoziations- und Emotionsmuster ein bestimmter Total Reputation Value entsteht? Die Einbeziehung relevanter Ursachen und Moderatoren stellt zweifellos ein weites und schwer zu bearbeitendes Feld dar. Letztlich müssen alle in Abb. 31.5 kurz angedeuteten Bereiche systematisch durchforstet werden.

In einem ersten Schritt kommt es vor allem darauf an, sich eine Übersicht über alle relevanten Inputfaktoren bzw. Stimuli-Größen zu verschaffen. Wie zuvor bereits erwähnt, werden die Wahrnehmungen der Stakeholder im Wesentlichen über drei Kanäle beeinflusst:

1. eigene Eindrücke und Erfahrungen der Stakeholder mit dem Unternehmen, seinen Produkten, Personen und Prozessen, dessen Umfeld etc.,
2. gesamter kommunikativer Auftritt des Unternehmens, letztlich bestehend aus dem gesamten CI-Mix (Corporate Behavior, Corporate Communications, Corporate Design), und
3. Aussagen, Handlungen und Erscheinungsformen anderer – zum einen allgemein als Vergleichsmaßstäbe bei der Beurteilung des Unternehmens durch die Stakeholder oder zum anderen direkt im Sinne von öffentlichen Beurteilungen des Unternehmens (z. B. Kommentierungen zur bestehenden Unternehmensrealität seitens verschiedener Institutionen der Kritik und des Widerspruchs).

▶ **Die Übersicht über alle relevanten Inputfaktoren bzw. Stimuli-Größen ist essenziell.**

Nicht zu unterschätzen sind dabei freilich die jeweils bestehenden und/oder antizipierten situativen Bedingungen vor deren Hintergrund die Stakeholder ihre Eindrücke verarbeiten und Einschätzungen generieren (z. B. Einschätzung nicht optimaler Arbeitsbedingungen im Zeichen wirtschaftlicher Krise oder Prosperität). Grundsätzlich ist jeweils sehr genau zu prüfen, wodurch die Einschätzungen der Stakeholder tatsächlich geprägt werden. Neben den mit Hilfe der Markenkommunikation akzentuierten Aspekten kommen zahlreiche weitere Tatbestände in Betracht, die das Unternehmen jeweils charakterisieren. Fest steht, dass sich die Stakeholder letztlich jene Aspekte, die sie im Lichte ihrer Motivstruktur für relevant betrachten, selbst heraussuchen. Im Wege eines professionellen Corporate Branding besteht lediglich die Möglichkeit, sei es allein im Wege von Kommunikation oder eingebettet in eine systematische Teilmarkenbildung, den Stakeholdern verschiedene Wahrnehmungsbezugspunkte so anzubieten, dass sie über eine starke Emotionalisierung die Chance haben, zielwirksam verarbeitet zu werden.

Mögliche Bezugspunkte eines *professionellen Corporate Branding* bestehen im vorliegenden Zusammenhang prinzipiell auf allen Ebenen der Unternehmensrealität von einzelnen Produkten, Personen und Prozessen über Profit Center, Tochterunternehmen und einem Holdingunternehmen bis hin zur Einbindung in bestimmte Wettbewerbscluster, Branchen, Länder oder Ländercluster (z. B. Europa). Statt des Versuchs, Positives aus allen Ebenen der Unternehmensrealität in einer Corporate Brand widerzuspiegeln (Branded House-Strategie), erscheint es mit Blick auf die Steigerung der Wahrnehmungschancen bei verschiedenen Stakeholdern u. U. sinnvoll, gezielt ein *Markensystem* zu schaffen, bei dem verschiedene Teilmarken entlang der gesamten Unternehmensrealität aufgebaut und gezielt zur Verbesserung und/oder Pflege der Unternehmensreputation eingesetzt werden.

Beispiel

Was vermögen etwa – um dies einmal an einem praktischen Beispiel zu illustrieren – der neue Up!, die Marken AUDI, Bugatti und Bentley, der VW-Käfer und der Bully, die Porsche/Piëch-Familie und der CEO Winterkorn sowie schließlich die, inzwischen als ‚offizielles Ersatzteil' im Handel erhältliche VW-Currywurst im Zusammenhang mit der Erhaltung und Verbesserung der Reputation der VW AG zu leisten? Wodurch werden vor allem die Positivbeurteilungen entlang der verschiedenen Reputationsdimensionen erreicht und was schlägt auf die stark emotional gefärbten Reputationsgrößen Vertrauen, Bewunderung etc. durch? Wo sollte etwa durch eine gezielte Markenstrategie noch weiter nachgeholfen werden? Selbst bei jenen Menschen, die den Herren Piëch und Winterkorn noch nicht persönlich begegnet sind, lassen sich so etwa im Rahmen unserer Studien durchaus beachtliche Effekte in Richtung der Dimensionen Perfomance, Leadership sowie Bewunderung und z. T. auch Vertrauen erkennen. Insofern wäre in diesem Fall u. U. ein noch professionelleres Top Management-Branding durchaus erwägenswert.

Entscheidungen hinsichtlich der Ausgestaltung eines Markensystems sowie der darauf aufbauenden integrierten Markenkommunikation müssen freilich immer vor dem Hintergrund der jeweils spezifischen Unternehmenssituation getroffen werden (zu einem geeigneten Planungsansatz s. Wiedmann 2004, 1994). Eine stark ausdifferenzierte Reputationsmessung und -analyse stellt dabei selbstverständlich relativ hohe Anforderungen sowohl an die Erhebung und Pflege von Daten als auch an die Methoden zur Analyse komplexer Kausalbeziehungen. Letztere erscheinen aufgrund des Vorliegens benutzerfreundlicher Softwarepakete (z. B. AMOS, LISREL, Smart PLS 2.0, MPlus) und der Tatsache, dass die Beherrschung entsprechender Methoden bereits zur Standardausbildung im Marketing gehören (sollten), relativ leicht erfüllbar. Selbst im Blick auf die Durchführung von Kausalanalysen auf Basis neuronaler Netze, die der hohen Komplexität sowie der zumeist gegebenen Nicht-Linearität der Kausalbeziehungen sehr viel besser Rechnung tragen können, existieren bereits benutzerfreundliche Programme (z. B. ANN; Hsu et al. 2006;

NEUSREL; Buckler 2001; zur Übersicht s. Wiedmann und Buckler 2008). Die Kernherausforderung besteht letztlich sehr viel mehr darin, die Verantwortlichen im Hause von der Notwendigkeit eines stärker ausdifferenzierten CBM-Controlling und speziell den darin begründeten Chancen eines professionelleren CBM zu überzeugen. Auf Basis des in Abb. 31.5 skizzierten Orientierungsrahmens sollte man insofern in einem ersten Schritt vielleicht erst einmal in eine inhaltliche Auseinandersetzung mit relevanten Herausforderungen und Gestaltungsperspektiven einsteigen, um über die Verdeutlichung des konkreten Nutzens Interesse und Begeisterung zu wecken.

▶ Eine professionelle Reputationsmessung und -analyse stellt relativ hohe Anforderungen sowohl an die Erhebung und Pflege von Daten als auch an die Methoden zur Analyse komplexer Kausalbeziehungen. Entsprechende Probleme bestehen bei der internen Durchsetzung.

Im Rahmen moderierter Workshops lässt sich den CBM-Verantwortlichen der Nutzen eines ausdifferenzierten Controllingsystems in aller Regel sehr schnell verdeutlichen. Darauf aufbauend ist ein Prozess des sukzessiven Auf-/Ausbaus eines Informationssystems anzustoßen, in dem a) Informationen über Einflussfaktoren, Ausprägungen von Reputationsdimensionen sowie davon ausgehende Zielwirkungen vorgehalten und gepflegt werden (Datenbank), b) geeignete Methoden zur Aufbereitung der Daten und Analyse wichtiger Zusammenhänge und Abhängigkeiten zur Verfügung stehen (Methodenbank) und schließlich c) systematisch inhaltliche Erkenntnisse zu möglichen Herausforderungen, Einflüssen und Gestaltungsansätzen sowie Wirkungen eines Reputationsmanagement und darin eingebundenen CBM im Sinne einer ‚Theorie- bzw. Hypothesenbank' gesammelt und aufbereitet werden. Letzteres erscheint wichtig, um die richtigen Fragen aufwerfen sowie tragfähige Erklärungs- und Prognosemodelle entwickeln zu können.

Die Erfahrung zeigt, dass Unternehmen, die den Weg in Richtung eines reputationszentrierten CBM-Controlling eingeschlagen haben, sogar durchaus offen dafür sind, weiter am Reputationsmessmodell zu feilen, um in differenziertere Analysen einsteigen zu können. Nicht selten geht dabei die Initiative, über das Messmodell des RepTrak-Konzepts hinauszugehen, sogar von den beteiligten CBM-Verantwortlichen selbst aus. *Als Anknüpfungspunkte für ein erweitertes Reputationsmessmodell haben sich bislang etwa folgende Ansätze bereits bewährt* (auch Wiedmann 2012a):

1. Naheliegend ist es zunächst, zu erfassen, welches Bild von einem Unternehmen in den Medien gezeichnet wird, um dann untersuchen zu können, wie stark die Einschätzungen der Stakeholder hierdurch geprägt werden oder ggf. auch unabhängig davon entstanden sind bzw. sogar gegenteilige Einschätzungen zur ‚veröffentlichten Meinung' vorliegen. Letzteres spricht insbesondere dann für eine starke Reputation, wenn ein Unternehmen trotz massiver medialer Kritik bei den Stakeholdern entlang der verschiedenen Reputationsdimensionen sehr positive Werte erzielen kann. Ein wichtiges

CBM-Ziel ist insofern etwa darin zu sehen, die Stakeholder über geeignete CBM-Maßnahmen gegenüber der Kritik seitens Dritter zu immunisieren. Um über die Analyse der Diskrepanzen zwischen den Einschätzungen der Stakeholder und jenen in den Medien vorgezeichneten Einschätzungen ein noch klareres Bild von der Reputation des Unternehmens gewinnen und daraufhin CBM-Maßnahmen planen zu können, ergibt es Sinn, eine entsprechende Medienanalyse entlang der verschiedenen Reputationsdimensionen anzulegen, wie sie durch das RepTrak-Modell vorgegeben werden.

2. Ein weiterer Anknüpfungspunkt der Reputationsmessung ergibt sich aus der Frage, wie der kommunikative Gesamtauftritt des Unternehmens durch die Stakeholder einschätzt wird. Von Fombrun und Van Riel (2004) wurde hierfür der sog. ‚Expressiveness Quotient' (EQ) entwickelt. Im Mittelpunkt stehen dabei die Dimensionen Visibility, Dinstinctiveness, Consistency, Transparency, Authenticity (Fombrun und Van Riel 2004, S. 96) und in weiterführenden Studien zusätzlich auch die Dimension „Sincerity" (Ehrlichkeit, Aufrichtigkeit) (Wiedmann 2012a, S. 89). Die spezifische Ausprägung des EQ ist ohne Frage ein wichtiges Mosaiksteinchen im Zusammenhang mit dem Versuch, die bestehende Reputation eines Unternehmens zu erfassen. Wie ist es etwa einzuschätzen, wenn ein Unternehmen einerseits zwar durchaus überdurchschnittlich positive Werte bei den verschiedenen Dimensionen des RepTrak-Modells erzielt, andererseits aber zugleich lediglich unterdurchschnittliche EQ-Werte vorliegen? In einer Studie war es bspw. so, dass der Unternehmenskommunikation von ansonsten durchaus sehr positiv eingeschätzten Unternehmen lediglich von unter 25 % der Befragten das Prädikat „ehrlich/aufrichtig" zugeschrieben wurde (Wiedmann 2012a, S. 90). Hier liegt zweifellos ein beträchtliches Reputationsrisiko vor. Dies nicht zuletzt auch dahingehend, dass CBM-Aktivitäten die letzte Durchschlagskraft fehlt, wenn es darum geht, die Stärken des Unternehmens in den Köpfen und Herzen der Stakeholder zu verankern. In jedem Fall sollten derartige Diskrepanzen in den Einschätzungen der Stakeholder den Anstoß dazu geben, in Tiefeninterviews einzusteigen, um mögliche Gründe aufzuspüren und damit zugleich eine differenziertere Erfassung der Unternehmensreputation zu ermöglichen. Dass die verschiedenen EQ-Dimensionen grundsätzlich als zentrale Leitlinien für die CBM-Kommunikation herauszustellen sind, braucht sicher nicht gesondert hervorgehoben werden. Letztlich handelt es sich um klassische Leitlinien guter Kommunikation.

3. Ein weiterer Ansatz, der sich hervorragend dazu eignet, dem emotionalen Bezug der Stakeholder zu einem Unternehmen nachzuspüren, besteht darin, dem Unternehmen verschiedene Charaktereigenschaften einer Person zuordnen zu lassen. Eine Skala zur Messung der emotional geprägten Einschätzung der Unternehmenspersönlichkeit und mithin des ‚Corporate Characters' wurde von Davies und Chun entwickelt und in zahlreichen Praxisstudien validiert (Davies und Chun 2002; Davies et al. 2001, 2002). Rekurriert wird dabei auf Persönlichkeitsmerkmale wie Integrität, Empathie, Sensibilität, Drive, Dominanz etc. Derartige Merkmale eignen sich zugleich sehr gut, um im Rahmen der CBM-Planung im Blick auf die Vermittlung spezifischer emotiona-

ler Stimuli eine geeignete Copy-Strategie und speziell die gewünschte Tonalität für die Markenkommunikation zu definieren. Aus Sicht eines Reputations-zentrierten CBM-Controllings ist indessen vor allem zu fordern, dass bei der Formulierung eines Soll-Persönlichkeitsprofils tatsächlich zielwirksame Akzente gesetzt werden. Es gilt, über ein akzentuiertes Persönlichkeitsprofil Wahrnehmungen und Einschätzungen des Unternehmens entlang der relevanten Reputationsdimensionen in der Weise zu unterstützen, dass am Ende die Ziele hinsichtlich einer konkreten Unterstützung durch die Stakeholder tatsächlich auch besser erreicht werden können. Zu fragen ist also bspw., welche Persönlichkeitsmerkmale tragen in einer spezifischen Situation dazu bei, dass dem Unternehmen entsprechende Stärken in den Bereichen Perfomance, Innovation, Governance etc. zugeschrieben werden und zugleich ein hohes Maß an Vertrauen, Bewunderung usw. entsteht?

4. Last but not least erscheint es besonders wichtig, die Einschätzung des Unternehmens im Blick auf dessen Vergangenheit und mögliche Zukunft systematisch in die Erfassung der Reputation einzubeziehen. Bei den aufkommenden Unternehmensmarken aus China und Indien fließt so etwa die aufgrund der allgemeinen weltwirtschaftlichen Entwicklung zu erwartende Stärke in der Zukunft (Corporate Potential) im erheblichen Maße in die Reputationszuschreibungen seitens der Stakeholder ein. Umgekehrt leben viele Unternehmensmarken in Europa und speziell gerade auch Deutschland (z. B. Siemens) noch in beträchtlichem Umfang von ihrer glorreichen Vergangenheit. Hier setzt die seit einiger Zeit an Fahrt gewinnende Diskussion des Konstrukts Brand Heritage sowie speziell auch Corporate Heritage an (vor allem Urde et al. 2007; Balmer 2011; Wiedmann et al. 2011a, b, 2013). Wie stark Heritage-Effekte auf die gegenwartsbezogene Einschätzungen von Reputationsdimensionen sowie darüber, aber auch unmittelbar direkt auf die Wertwahrnehmungen bei Kunden einwirken, konnten wir inzwischen etwa in verschiedenen Studien insbesondere in der Automobilindustrie nachweisen (Wiedmann et al. 2011a, b).

Insgesamt ist noch einmal zu betonen, dass sich ausgehend von dem in diesem Beitrag exemplarisch herausgestellten RepTrak-Konzept tatsächlich in vielfältiger Weise in immer differenziertere Ansätze einer Reputationsmessung und -analyse einsteigen lässt, um die Planung und Kontrolle von CBM-Strategie- und Maßnahmenprogrammen im Wege eines Controllings zu unterstützen. Entscheidend ist insbesondere – dies sei noch einmal betont – der stufenweise Einstieg in den Auf-/Ausbau eines Reputations-zentrierten CBM-Controllings, der sich am Grad der erreichten Sensibilisierung für das Thema orientiert. Bei der Planung der ersten Schritte bietet es sich dabei u. a. an, allgemeine Erkenntnisse aus der Reputationsforschung und speziell aus den bisherigen RepTrak-Studien als Input zu nutzen.

▶ Der stufenweise Einstieg in ein reputationszentriertes CBM-Controlling erscheint vorteilhaft.

31.4 Allgemeine Erkenntnisse und Erfahrungen aus der Reputationsforschung als Input in den Auf-/Ausbau eines CBM-Controlling nutzen

Beim Aufbau eines Informationssystems als wichtiges Element eines CBM-Controlling kann in vielfältiger Weise auf Erkenntnisse aus der bisherigen Reputationsforschung zurückgegriffen werden. Zum einen stellen die bislang eingesetzten Mess- und Analysemethoden – wie sie im vorangegangenen Abschnitt angerissen wurden – und die dabei gewonnen Erfahrungen einen zentralen Grundstock für die Einrichtung und Implementierung einer Methodenbank dar. Darüber hinaus lassen sich aber auch existierende Datensätze, wie sie etwa angesichts der regelmäßig durchgeführten RepTrak-Studien vorliegen, in eine Datenbank einbringen, um darauf aufbauend geeignete Benchmark-Studien durchführen zu können (z. B. Wiedmann 2012a). Darüber hinaus lassen sich auch vielfältige inhaltliche Erkenntnisse zusammentragen, die einen wertvollen Input in den Aufbau einer ‚Theorie- bzw. Hypothesenbank' bilden können. Während es im Folgenden leider nicht möglich sein wird, Erkenntnisse aus der allgemeinen Reputationsforschung aufzubereiten, seien *exemplarisch zumindest einige Erkenntnisse* herausgearbeitet, die im Lichte der bislang durchgeführten RepTrak-Studien zu gewinnen waren.

Im Kontext der Analyse der Zusammenhänge zwischen den jeweils vorliegenden Ausprägungen bei den Reputationstreiberfaktoren und den Reputationsreflektoren sowie den standardmäßig erfassten Ausprägungen hinsichtlich eines ‚Supportive Behaviors' hat sich Folgendes immer wieder gezeigt:

1. *Den Reputationsdimensionen Vertrauen (Trust), Bewunderung (Admire), positive Gefühle (Feeling) und Wertschätzung (Esteem) kommt – als Ausdruck einer positiv emotionalen Einschätzung bzw. Haltung gegenüber einem Unternehmen – beim Aufbau und der Pflege relevanter Unterstützungspotenziale bei den Stakeholdern eine herausragende Bedeutung zu. Zu beachten ist vor allem, dass es immer auf ein ausgewogenes Zusammenspiel dieser zum sog. RepTrak Pulse aggregierten Reputationsdimensionen ankommt.* Allein mit zum Beispiel einem hohen Maß an Vertrauen sind entsprechende Wirkungen kaum zu erzielen. Insofern ist sicherzustellen, dass eine CBM-Konzeption immer darauf ausgerichtet wird, einen nachhaltigen Beitrag zum Aufbau und/oder zur Pflege einer entsprechend ausgewogenen emotionalen Haltung zu leisten. Wenn Wertschätzung und Bewunderung fehlen, ist es kaum sinnvoll, allein auf den Ausbau des Vertrauens zu setzen. Insofern sollte im Rahmen eines CBM-Controllings systematisch nachvollzogen werden, an welchen Stellen mit Blick auf die verschiedenen Reputationsreflektoren Stärken oder Schwächen vorliegen bzw. sich im Lichte von Entwicklungen in Markt und Gesellschaft abzuzeichnen beginnen. Darauf aufbauend ist dann zu gewährleisten, dass etwa im Lichte bestehender und/oder sich abzeichnender Engpässe die gesamte Markenkommunikation nicht zu einseitig am Abbau erkennbarer Defizite ansetzt. In eine sehr einseitige Richtung gehen m. E. die verschiedenen Sparkassenkampagnen mit Fokus auf das Girokonto, mit denen insbesondere beim jüngeren

Publikum ‚gute Gefühle' aufgebaut werden sollen, um die bestehenden ‚Defizite auf dem Emotionskonto' abzubauen (jüngst etwa via Komik mit Martina Hill). Im Gegensatz dazu gilt es immer, insgesamt eine Unternehmenspersönlichkeit zu vermitteln, die entlang aller Dimensionen eine sehr positive Einschätzung verdient und rechtfertigt. Dies schließt nicht aus, dass vorübergehend über flankierende Kommunikationsmaßnahmen versucht wird, gezielt bestehende Defizite abzubauen. Entlang aller relevanten Zielgruppen ist jedoch darauf zu achten, dass aufs Ganze gesehen ein ausgewogenes Bild ‚im Kopf und Herzen' verankert wird bzw. auch verankert bleibt. Also: Kein ‚Zickzack-Kurs' und kein ‚Wechselbad der Gefühle' im Rahmen eines CBM!
2. *Starke Ausprägungen bei den Reputationstreiberfaktoren entfalten regelmäßig erst dann positive Wirkungen im Blick auf den Aufbau von Unterstützungspotenzialen, wenn es parallel dazu gelungen ist, hohe RepTrak-Pulse-Werte zu erzielen.* Es bedarf also zunächst immer einer entsprechend starken Emotionalisierung entlang der Dimensionen Vertrauen, Bewunderung, positive Gefühle und Wertschätzung, um dann auf Basis ‚guter Gefühle' über ‚gute Argumente' Unterstützungspotenziale aufbauen und ggf. mobilisieren zu können. Dass gutes Markenmanagement und somit auch ein CBM immer auf Emotionalisierung zu setzen hat, ist selbstverständlich keine neue Erkenntnis. Diese Leitidee wird nun aber auch durch die Reputationsforschung fundiert und zugleich mit zentralen Emotionsrichtungen sowie vor allem mit der Forderung in Verbindung gebracht, ein möglichst stabiles Emotions-Mix aus Trust, Admire, Feeling und Esteem bei den Stakeholdern zu verankern und mit nachhaltigen Assoziationen zu versehen.
3. *Bei der Erzielung hoher RepTrak Pulse-Werte kommt wiederum dem Zusammenspiel aller Reputationstreiberfaktoren eine zentrale Bedeutung zu.* Konkret bedeutet dies, dass sich mit Stärken allein bei einzelnen Faktoren keine starke Reputation aufbauen lässt. Zwar geht von einzelnen Größen, wie z. B. einer hoch eingestuften Produkt- und Service-Qualität, zumeist ein vergleichsweise stärkerer Einfluss aus. Die Unterschiede können jedoch nicht als so gravierend eingestuft werden, dass ein Unternehmen einzelne der Reputationsdimensionen ignorieren oder sich gar bei einzelnen Schwächen erlauben könnte. Von einzelnen Ausnahmen abgesehen, sind die Akzentsetzungen – wie sie bislang in den jährlichen RepTrak-Studien zu verzeichnen waren – über die Zeit relativ stabil (s. Abb. 31.6). Die Tatsache, dass bspw. das relative Gewicht des Faktors Innovation in den letzten Jahren zurückgegangen ist, darf nicht eo ipso als nachlassendes Interesse an Innovationen interpretiert werden. Die Stakeholder legen indessen eher sehr viel mehr Wert darauf, dass Innovationen tatsächlich einen Beitrag zur Verbesserung der Produkte und Prozesse eines Unternehmens zu leisten vermögen. Ohnehin sollten die verschiedenen Reputationstreiberfaktoren nicht mit isolierten bzw. isolierbaren Sachverhalten assoziiert werden. Es geht sehr viel mehr um markante Anforderungs- und Erwartungsakzente, denen ein Unternehmen durchgängig zu entsprechen hat, soll die Reputation erhalten oder gesteigert werden.

Zugleich wird deutlich, dass inzwischen in der Tat neben einer überzeugenden Produkt-Kommunikation immer zugleich auch eine starke Unternehmenskommunikation stattfin-

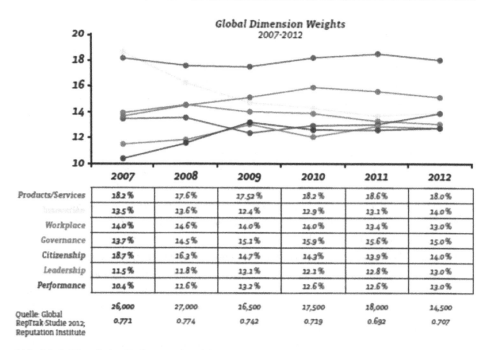

Abb. 31.6 Die relative Bedeutung der sieben Reputationstreiberfaktoren über die Zeit

den muss. Die durchgängig starke Stellung der Dimension ‚Products & Services' lässt allerdings zugleich erkennen, dass die leistungsbezogene Produktkommunikation auch im Rahmen eines CBM nicht zu kurz greifen darf. Letztlich kommt es wieder auf einen ausgewogenen Mix aus Themen an, die im Wege eines CBM zu einer in sich stimmigen Geschichte zusammengefügt und entsprechend akzentuiert werden müssen. Der Versuch, über ein CBM eine starke Unternehmensidentität aufzubauen und sich dabei mit einem markanten Unternehmensprofil von anderen Unternehmen abzuheben, sollte also nicht an der Idee einer ‚Ein-Themen-Positionierung' ansetzen, sondern am Herausstellen eines in sich *stimmigen Gesamtprofils*, das sich von jenem anderer Unternehmen markant abhebt und im Wege einer gut nachvollziehbaren Unternehmensgeschichte konsequent und konsistent vermittelt wird.

Ob und ggf. inwieweit die verschiedenen Themenfelder allein unter einem kommunikativen Gesamtdach, eben der Unternehmensmarke, adressiert werden oder gezielt verschiedene Teilmarken zu einem Markensystem komponiert werden, muss dann freilich vor dem Hintergrund der unternehmensspezifischen Bedingungen entschieden werden. Die Erkenntnisse aus dem Sektor Reputationsforschung deuten lediglich darauf hin, dass bei einschlägigen Analysen neben Produktmarken prinzipiell auch Teilmarken mit Bezug zu den Stärken im Feld Innovation (F&E Branding), Performance (Stock Branding), Workplace (Employer Branding), Governance (Corporate Governanance & Supervisory Board Branding), Leadership (Top Management & CEO Branding) sowie Citizenship (CSR Branding) in Betracht zu ziehen sind. Sicherlich muss die Komplexität des Marken-systems überschaubar bleiben, und zwar sowohl für das Unternehmen als auch vor allem für dessen Stakeholder. Ggf. mag es zudem genügen, entsprechende Themen innerhalb der Unternehmenskommunikation gezielt zu platzieren. Je mehr der Reputationserfolg jedoch davon abhängt, dass einzelne der Themen besonders ‚markant' besetzt werden, umso mehr spricht dafür, systematisch die gesamte Technologie der Markenbildung und -kommunikation voll auszuschöpfen. Mögliche Verwirrungen bei den Stakeholdern lassen sich dadurch begrenzen, dass Sinn und Zweck des ausdifferenzierten Markensystems im Rahmen der Unternehmenskommunikation schlüssig dargestellt und in eine ‚mitreißende' Geschichte verpackt werden. Letztere wird mit Bezug auf verschiedene Zielgruppen jeweils mit unterschiedlichen Akzenten aufzubereiten sein – ohne dabei jedoch den Identitätskern der Geschichte bzw. des damit charakterisierten Unternehmens zu verwässern oder zu verfälschen (s. dazu auch den Beitrag zur Markenarchitektur in diesem Buch).

Hinweise auf mögliche Akzentsetzungen, denen im Rahmen unternehmensspezifischer Analysen nachzugehen ist, ergeben sich wiederum aus den unterschiedlichen Gewichtungen, die die Reputationstreiberfaktoren in verschiedenen Ländern, Branchen sowie bei den unterschiedlichen Stakeholdergruppen erfahren. Lediglich zur Vermittlung eines ersten Eindrucks stellt Abb. 31.7 einige Ergebnisse aus der RepTrak-Studie 2011 zusammen. Rückblickend auf die Ergebnisse von RepTrak-Studien lässt sich insgesamt die strategische Stoßrichtung für ein CBM formulieren: Im Kern auf die Entwicklung einer Global Corporate Brand bzw. eines Global Corporate Branding Systems setzen und dann entlang der verschiedenen Länder, ggf. auch Industriezweige, in denen das Unternehmen aktiv ist, sowie vor allem Stakeholdergruppen nach sich anbietenden Akzentsetzungen suchen, mit denen der Identitätskern der Unternehmensmarke bzw. des entwickelten Markensystems in einer jeweils spezifischen Weise vermittelt bzw. ‚übersetzt' wird.

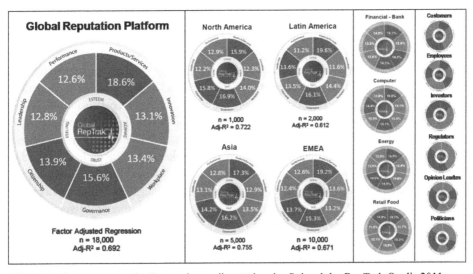

Abb. 31.7 Ausprägungen der Reputationstreiberstärken im Spiegel der RepTrak-Studie 2011

31.5 Zukünftige Herausforderungen beachten

Dass die Reputation des Unternehmens *immer mehr zu einem entscheidenden strategischen Wettbewerbsfaktor* avanciert, ist in vielfältigen Entwicklungen in Markt und Gesellschaft begründet und kann keinesfalls als vorrübergehender Hype eingestuft werden. Exemplarisch anzuführen sind einerseits die fortschreitende Globalisierung und Umweltzerstörung, Wirtschafts- und Finanzkrisen, politische Krisen und kriegerische Auseinandersetzungen, andererseits die immense technologische Dynamik und die damit verbundenen Hoffnungen auf innovative Problemlösungen. Hieraus resultiert ein beständiger Nährboden für immer neue und immer höhere Erwartungen an Unternehmen. Erwartungen, die sich eben nicht allein an Produkte und Dienstleistungen richten, sondern vor allem gerade auch an die Unternehmen, die hinter diesen Leistungen stehen. Generell werden Unternehmen zudem durchaus in der Verantwortung gesehen, über ihren unmittelbaren Wirtschaftszweck hinaus nachhaltige Beiträge zur Lösung gesellschaftlicher Probleme bzw. zur Verwirklichung gesellschaftlicher Ziele zu leisten. Die Erwartungen differenzieren sich dabei nicht allein hinsichtlich der vielfältigen Themenfelder immer weiter aus, sondern gerade auch mit Bezug auf die dahinterstehenden Anspruchsträger. Allerdings entwickelt sich dabei nicht allein das Vertrauen in die zukunftsgerichtete Problemlösungskompetenz zu einem wichtigen Engpassfaktor. Parallel dazu stellt die erstarkende Erlebnisgesellschaft zugleich hohe Anforderungen an eine überzeugende Emotionalisierung, die zu guten Gefühlen beiträgt und ein hohes Maß an Bewunderung rechtfertigt. Hier gilt es die richtige Identitäts-Balance zu finden und wirksam im Rahmen eines CBM umzusetzen.

Im Zeichen gesellschaftlicher Dynamik liegt es zweifellos auf der Hand, dass *auch die an Unternehmen gerichteten Erwartungen einer hohen Dynamik unterliegen.* Aus dem Blickwinkel eines Erfolg versprechenden Reputations- und Markenmanagement gilt es jedoch, trotz aller Dynamik – oder sogar gerade aufgrund der gesellschaftlichen Dynamik – auf einem klaren Identitätskurs zu bleiben. Voraussetzung hierfür ist, dass man die Oberfläche der vielerseits artikulierten Erwartungen und Forderungen durchdringt und jene Themen sowie damit assoziierten Werte identifiziert, deren Verfolgung eine nachhaltige Entwicklung sowohl des Unternehmens als auch der Gesellschaft verspricht. Ausgehend von einem klar definierten Wertekern gilt es dann wiederum das Kunststück eines *Balanceaktes* zu vollbringen: Einerseits auf die immer wieder neuen und mitunter doch stark differierenden Erwartungen seitens der unterschiedlichsten Stakeholder einzugehen, andererseits parallel dazu aber dennoch für einen klar definierten, ggf. lediglich im Zeichen grundlegender Megatrends weiterzuentwickelnden Identitäts- und Markenkern zu stehen. Im vorliegenden Zusammenhang ist es von zentraler Bedeutung, jeweils genau zu prüfen, was tatsächlich konkret hinter den mehr oder weniger klar artikulierten Erwartungsmustern steckt, und welche Bedeutung deren Erfüllung hinsichtlich der Verwirklichung von Unternehmens- bzw. Reputationszielen hat. – Eine Aufgabe, die angesichts der zunehmenden Dynamik und Komplexität immer schwieriger zu bewältigen ist.

Mit den künftig noch weiter steigenden Anforderungen an ein integriertes Reputations- und Markenmanagement verbinden sich zugleich immer höhere Anforderungen an ein CBM-Controlling. Die zentrale Herausforderung besteht hierbei vor allem darin, innerhalb der Unternehmenskultur die entsprechenden Voraussetzungen dafür zu schaffen, dass die Entwicklung und Implementierung eines ausdifferenzierten CBM-Controllingsystems, wie es zuvor zumindest in Ansätzen angerissen wurde, auch tatsächlich mit Verve in Angriff genommen wird und nicht einer falschen ‚KISS-Philosophie' zum Opfer fällt (‚keep it simple and stupid'). *CBM muss es den Stakeholdern erleichtern, sich ein Bild vom Unternehmen zu machen, dabei schnell und einfach die jeweils interessierenden Merkmale des Unternehmens, seiner Leistungen und seiner Leistungsfähigkeit zu erkennen und auf dieser Basis Achtung und Zuneigung zu entwickeln.* Dies setzt jedoch in immer höherem Maße voraus, dass sich die CBM-Verantwortlichen auf die Auseinandersetzung mit recht komplexen und dynamischen Entwicklungen in Markt und Gesellschaft einlassen und zumindest in kleinen, aber robusten Schritten auf eine Professionalisierung ihrer Informations- und Steuerungssysteme hinarbeiten. Im Zuge einer solchen Professionalisierung wird künftig auch der hohen Komplexität menschlicher Informationsverarbeitungsprozesse vermehrt Rechnung zu tragen sein, wie sie etwa im Zusammenspiel von implizit und explizit kognitiven und affektiven Prozessen angelegt sind (Camerer et al. 2005) und im Rahmen der Neuromarketingforschung auf Basis vielfältiger Analysetools ausgeleuchtet werden (Kenning et al. 2007; Reimann und Weber 2011). Letztere finden vermehrt Eingang in unsere Reputationsforschung, um der Tatsache Rechnung zu tragen, dass die Wahrnehmungen und Einschätzungen von Unternehmen durch deren Stakeholder wesentlichen von impliziten Prozessen geprägt sind. *Implizite Informationsverarbeitungsprozesse* zeichnen sich insbesondere dadurch aus, dass die Reizaufnahmekapazität nahezu unbegrenzt ist, jedoch nur jene Reize weiterverarbeitet werden, die auf eine positive Motivlage treffen. Mit anderen Worten: „Die Stakeholder kriegen alles mit, einen Termin im Gehirn bekommen aber nur jene Botschaften, die vor dem Hintergrund der vorhandenen Bedürfnisse den Stakeholdern als relevant erscheinen". Im Wege eines CBM-Controlling gilt es also sicherzustellen, dass die Markenbotschaften so aufbereitet und affektiv besetzt werden, dass sie bei den verschiedenen Stakeholdern tatsächlich auch den „richtigen Nerv" treffen. Simple Rezepte und Tools helfen hier immer weniger.

Literatur

Balmer, J. M. T. (2011). Corporate heritage identities, corporate heritage brands and the multiple heritage identities of the British Monarchy. *European Journal of Marketing, 45*(9/10), 1380–1398.

Barnett, M. L., Jermier, J. M., & Lafferty, B. A. (2006). Corporate reputation: The definitional landscape. *Corporate Reputation Review, 9*(1), 26–38.

Buckler, F. (2001). *NEUSREL-neuer Kausalanalyseansatz auf Basis neuronaler Netze als Instrument der Marketingforschung*. Göttingen: Cuvillier.

Camerer, C., Loewenstein, G. & Prelec, D. (2005). Emotion, memory and the brain. *Journal of Economic Literature, XLIII*, 9–64.

Davies, G., & Chun, R. (2002). Gaps between the internal and external perceptions of the corporate brand. *Corporate Reputation Review, 5*(2/3), 144–158.

Davies, G., Chun, R., da Silva, R., & Roper, S. (2001). The personification metaphor as a measurement approach for corporate reputation. *Corporate Reputation Review, 4*(2), 113–127.

Davies, G., Chun, R., da Silva, R., & Roper, S. (2002). *Corporate reputation and competitiveness*. London: Routledge.

Devine, I., & Halpern, P. (2001). Implicit claims: The role of corporate reputation in value creation. *Corporate Reputation Review, 4*(1), 42–49.

Fombrun, C. J. (1996). *Reputation: Realizing value from the corporate image*. Cambridge: Harvard Business School Press.

Fombrun, C. J., & van Riel, C. B. (2003). Reputation und Unternehmensergebnis – zentrale Resultate einer empirischen Studie. In K.-P. Wiedmann & C. Heckemüller (Hrsg.), *Ganzheitliches Corporate Finance Management* (S. 291–298). Wiesbaden: Gabler.

Fombrun, C. J., & Van Riel, C. (2004). *Fame & fortune: How successful companies build winning reputations*. New York: Prentice Hall.

Fombrun, C., & Wiedmann, K. P. (2001a). *Reputation quotient (RQ). Analyse und Gestaltung der Unternehmensreputation auf der Basis fundierter Erkenntnisse*. Hannover: Schriftenreihe Marketing Management.

Fombrun, C. J., & Wiedmann, K. P. (2001b). Unternehmensreputation auf dem Prüfstand. Welche Unternehmen haben die beste Reputation in Deutschland. *Planung & Analyse, 28*(4) 60–64.

Fombrun, C. J., Gardberg, N. A., & Sever, J. M. (2000). The Reputation Quotient: a multi-stakeholder measure of corporate reputation. *Journal of Brand Management, 7*(4), 241–255.

Horváth, P., & Moeller, K. (Hrsg.). (2004). *Intangibles in der Unternehmenssteuerung*. München: Vahlen Verlag.

Hsu, S. H., Chen, W. H., & Hsieh, M. J. (2006). Robustness testing of PLS, LISREL, EQS and ANN-based SEM for measuring customer satisfaction. *Total Quality Management & Business Excellence, 17*(3), 355–372.

Kenning, P., Plassmann, H., & Ahlert, D. (2007). Consumer Neuroscience. Implikationen neurowissenschaftlicher Forschung für das Marketing. *Marketing – ZFP, 29*(1), 57–68

Reimann, M. & Weber, B. (Hrsg.). (2011). *Neuroökonomie: Grundlagen- Methoden- Anwendungen*. Wiesbaden: Gabler Verlag.

Urde, M., Greyser, S. A., & Balmer, J. M. (2007). Corporate brands with a heritage. *Journal of Brand Management, 15*(1), 4–19.

Van Riel, C. B., & Fombrun, C. J. (2007). *Essentials of corporate communication: Implementing practices for effective reputation management*. New York: Routledge.

Wiedmann, K.-P. (1994). Markenpolitik und Corporate Identity. In M. Bruhn (Hrsg.), *Handbuch Markenartikel, Anforderungen an die Markenpolitik aus der Sicht von Wissenschaft und Praxis, B and II: Markentechnik – Markenintegration – Markenkontrolle* (S. 1033–1054). Stuttgart: Schäffer-Poeschel.

Wiedmann, K.-P. (2004). Managing a company's brand leadership activities: Framework and discussion. *Journal for International Business and Entrepreneurship Development, 2*(2), 64–77.

Wiedmann, K.-P. (2012a). Ansatzpunkte zur Messung der Unternehmensreputation als Grundlage einer Erfolg versprechenden Reputationsmanagementplanung – Das RepTrak-Konzept als Ausgangspunkt und Skizzen zur relevanten Weiterentwicklung. In C. Wüst & R. T. Kreutzer (Hrsg.), *Corporate Reputation Management* (S. 57–101). Wiesbaden: Gabler.

Wiedmann K.-P. (2012b). Reputationsmanagement. Professionalität? Fehlanzeige! *Bankmagazin, 10*(12), 30–33.

Wiedmann, K.-P., & Buckler, F. (2008). Neuronale Netze. In A. Herrmann, Ch. Homburg, & M. Klarmann (Hrsg), *Handbuch der Marktforschung* (3. Aufl., S. 713–741). Wiesbaden: Gabler.

Wiedmann, K.-P. & Prauschke, Ch. (2005). *The relationship between corporate reputation and intangible assets*. Hannover: Schriftenreihe Marketing Management.

Wiedmann, K.-P., Hennigs, N., Schmidt, S., & Wüstefeld, T. (2011a). The importance of brand heritage as a key performance driver in marketing management. *Journal of Brand Management, 19,* 182–194.

Wiedmann, K.-P., Hennigs, N., Schmidt, S., & Wüstefeld, T. (2011b). Drivers and outcomes of brand heritage: Consumers' perception of heritage brands in the automotive industry. *Journal of Marketing Theory and Practice, 19*(2), 205–220.

Wiedmann, K.-P., Hennigs, N., Schmidt, St., & Wüstefeld, T. (2013). Brand heritage and its impact on corporate reputation: Corporate roots as a vision for the future. *Corporate Reputation Review, 16*(3), 187–205.

Prof. Dr. Klaus-Peter Wiedmann ist Professor für Marketing und Management an der Leibniz Universität Hannover und leitet dort das Institut für Marketing und Management (M2). Zudem ist er Gastprofessor an verschiedenen ausländischen Universitäten (z. B. Henley Business School, University of Reading, UK, Université de Savoie, Annecy, France), Deutschland-Direktor des Reputation Institute, Vize-Direktor der Academy of Global Business Advancement (AGBA), Aufsichtsratsvorsitzender der wob AG und vor allem als Unternehmensberater sowie Top-Management-Coach aktiv. Seine Forschungs- und Beratungsschwerpunkte sind u.a. Markenmanagement, Identitäts- und Reputationsmanagement, Technologie- und Innovationsmanagement, Kundenverhalten und Marketingforschung sowie Neuro-Marketing.

Markenverzeichnis

Symbole
1-2-Fly, 88
3M, 49, 87, 108, 295, 353
7up, 186

A
A.T. Kearney, 200
ABB, 550, 551, 553, 556, 559
Abercrombie & Fitch, 48
Actimel, 182
ACTIVE O2, 410, 412, 421
Activia, 182, 346
ADAC, 534, 392, 395
Adelholzener, 409, 414, 421
adidas, 9, 290
After Eight, 511
Airtours, 188
Aldiana, 188
Alessi, 502, 528
Alete, 13
Alka Seltzer, 597
Allianz, 57
Allianz24, 57
Alnatura, 352
Altria, 184
Amazon, 53
Amoco, 256
AOL, 200
Apple, 6, 48, 66, 85, 112, 113, 164, 273, 295, 436
Aquarel, 123
Arcandor, 211
Arcelor, 205
ArcelorMittal, 205, 215
ARCO, 256
Ariel, 503, 520
Arkefly, 123
Arosa, 82
ASUS, 9
Audi, 71, 180, 290, 293, 299, 307, 392, 618
Aventis, 205, 219
Avis, 246
Axe, 507
Axel Springer, 300

B
badedas, 180
Baileys, 502, 537
Bankers Trust, 213
BASF, 48, 55, 65, 71, 172, 180, 252, 271, 299, 435
BBDO, 83
Beba, 123
Becel, 138, 194, 507, 509
Beiersdorf, 13, 279, 356
Bentley, 71, 180, 201, 618
Bertolli, 168, 194, 356, 507, 509
Betty Barclay, 504
Bifi, 356
Bilfinger, 85
BILLA, 150
BIPA, 150
Biskin flüssig, 195
Blaupunkt, 123
Blend a Med, 185
Blend-a-dent, 356
Blendax, 185
Blogger, 456

© Springer Fachmedien Wiesbaden 2014
F.-R. Esch et al. (Hrsg.), *Corporate Brand Management*,
DOI 10.1007/978-3-8349-3862-6

BMW, 5, 9, 53, 62, 65, 67, 70, 81, 84, 163, 174, 193, 201, 208, 260, 293, 299, 305
Bonzo, 510
Bosch, 165, 430
Bounty, 180, 510
BP, 16, 28, 256, 303, 399
Bref, 356
Brigitte, 534
British Airways, 253
British American Tobacco, 307
Bucher Reisen, 188
Bugatti, 180, 618
Burson Marsteller, 388

C

C&A, 346
C&N Touristic, 12, 108
Cadbury, 501
Calvin Klein, 179
Carlo Colucci, 504
Chevy, 465
Chio Chips, 504
Chrysler, 206
Cisco, 200
Citibank, 139, 142
Citroën, 75, 84, 208
Coca-Cola, 48, 50, 86, 102, 295, 380, 385, 506
Colgate-Palmolive, 96
Commerzbank, 206, 303, 361
Compaq, 206
Condor, 12, 215
Coopers&Lybrand, 216
Courtyard by Marriott, 37, 186
Crédit Mutuel, 139
Credit Suisse, 118, 206
Crest, 185

D

D2, 214
Dacia, 62
DailyDeal, 460
Daim, 531
Daimler, 194, 206
Daimler-Benz, 203
DaimlerChrysler, 203, 216
Danone, 182, 304, 346

Dany Sahne, 182
Das Reformhaus, 352
dato, 180
DC Shoes, 468
Degussa, 171
Deloitte, 302
Demoscope, 599
Dentagard, 119
DER, 150
Der General, 356
Deutsche Bank, 7, 204, 213, 271
Deutsche Telekom, 67, 214, 351, 363, 438
Deutsche Umwelthilfe, 346
DHL, 72, 301
Diageo, 504, 538
Dibropharm, 115
Dickmann's, 518
Diet Coke, 531, 538
Dior, 504
Discount Travel, 188
Disney, 70
Domino's Pizza, 397, 402
DoubleClick, 180
Dove, 180, 465, 504, 507, 520
Dr. Best, 65
Dresdner Bank, 206, 361
Dresdner Kleinwort Wasserstein, 218
Droege & Company, 4
Drossapharm, 115
DuDarfst, 194
Duschdas, 180

E

E.On, 68, 108, 117, 212, 219, 502
EADS, 218
ENRON, 270
EOS, 21
Erdal, 275
ERGO, 194
ESCH. The Brand Consultants, 301
Eucerin, 55, 356
Evergreen, 103
EVERGREEN MARINE, 120
Evian, 20
Evonik, 171, 172
EWE ENERGIE AG, 276

F

Fa, 45
Facebook, 49, 102, 108, 297, 456, 465, 466, 482, 486, 495
Fairfield Inn by Marriott, 186
Fairy, 520
Fanta, 385
Federal Express, 87
Fegro/Selgros, 150
Felix, 510
Ferrari, 71, 81, 571
Ferrero, 163, 508, 521
First Boston, 206
Fishburn Hedges, 40
Flecto, 124
Florasoft, 194
Florena, 356
Foodwatch, 346
Ford, 53, 84, 281
FRAPORT, 97
Frosch, 275, 359
Fruchtzwerge, 182
funny-frisch, 504

G

Gatorade, 186
GE, 22
Geico, 493
General Mills, 22
GfK, 466, 599
Gillette, 108, 200, 503
GIM, 599
Givenchy, 504
Glassdoor, 307
Glasurit, 180
Glaxo Wellcome, 200
Globalwords, 119
GMX, 117, 218
Goldfischli, 504
Google, 54, 67, 87, 180, 290
Google Earth, 186
Google Maps, 186
Gore Tex, 538
Greenpeace, 346, 434
Groupon, 460
guenstiger.de, 454
Guinness, 504

H

H&M, 346, 353
Häagen-Dazs, 537
Häagen Dazs-Baileys, 531
Hansaplast, 356
Hapag-Lloyd, 170
Haribo, 110, 502, 528
Harley-Davidson, 228, 572
Head & Shoulders, 192, 356, 503
Heidelberger Druckmaschinen, 172
Heinz, 36
Heiße Tasse, 194
Henkel, 45, 110, 123, 180, 181, 353, 356, 430, 504, 521, 528
Hennessy, 504
Hero, 36
hessnatur, 352
Hill&Knowlton, 387
HILTI, 46, 55, 95, 428
Hipp, 279
Hoechst, 205, 219
Holcim, 313, 319, 321
Honeywell, 429
HP, 165, 206, 505
HSBC, 308
HubSpot, 469
Huntingdon, 28
Hypovereinsbank, 206, 215, 218
Hyundai, 9, 81

I

IBM, 9, 31, 70, 108, 535
IKEA, 46, 55, 72, 295, 301, 303, 305, 440
Intel, 535
Interbrand, 4, 553
Intersnack, 504
iPad, 67
iPhone, 66, 436
iPod, 66, 164
Irisch Moos, 504
ITS, 150
iTunes, 66

J

Jacobs, 501
Jaguar, 112, 118
Jahn Reisen, 150

Jetairfly, 123
Johnnie Walker, 504
Johnson & Johnson, 50
JPMorgan Chase, 108, 537

K
Karstadt, 211
KarstadtQuelle, 211
Kik, 350
Kinderschokolade, 45
KitKat, 13, 123, 300, 434, 511, 519
KLM, 493
Klöber, 124
Knoppers, 37
Knorr, 504, 507
Kraft, 501
Kraft Foods, 193
Kreutzer, 189
Krombacher, 71, 353, 361, 502
Kühne, 534
Kuner, 174
Kununu, 307
Küsschen, 521

L
L'Oréal, 174, 182, 193
Labello, 356
Lacoste, 71
Lamborghini, 180
Land Rover, 345
Langnese, 504, 507
Latitude, 200
Lätta, 194, 356, 509
Lego, 70
Lehman Brothers, 140
LG, 534
Lidl, 299, 361
LinkedIn, 465
Lion, 511
Lipton, 65
Louis Vuitton, 504
LU, 501
Lufthansa, 119, 135, 256, 260, 303, 485, 486, 537
LVMH, 504, 511
Lycra, 538

M
M&Ms, 180
Maggi, 519
Magnum, 65
Mannesmann, 6, 200, 209
Marlboro, 71
Marriott, 304
Mars, 174, 180, 210, 293
Mäurer & Wirtz, 504
Maybach, 194
Maybellin Jade, 174
McDonalds, 301, 305
McKinsey, 4
Meiers Weltreisen, 150
Mekanism, 469
Mercedes, 394
Mercedes-Benz, 37, 68, 71, 216, 394
Merci, 37, 518
MERKUR, 150
Metro, 361
Michelin, 71
Microsoft, 4, 6, 49, 53, 276, 279
Miele, 9, 99, 353
Milchschnitte, 163
Milea, 116
Milka, 184, 501, 531, 543
Milky Way, 180
Mini, 117
Mittal, 205
Mondelēz, 501, 512, 522, 531

N
nahkauf, 150
Naturstrom, 352
Neckermann, 12, 211
Neckermann Reisen, 188
Nescafé, 123, 519
Nespresso, 46, 123
Nesquik, 123, 519
Nestea, 165
Nestlé, 13, 123, 186, 300, 434, 510, 519
Nestle LC1, 528, 531
Net Promoter, 320
Nike, 53, 164, 301, 455, 493
Nivea, 13, 55, 163, 174, 356, 506, 531
Novartis, 108, 204
Nutella, 45
Nutra Sweet, 531, 538
Nuts, 511

Markenverzeichnis

O
O2, 215
Obi@Otto, 532
Oetker, 174
Ogilvy, 387
Olaz, 356
Old Spice, 356
Opel, 48
Oracle, 16
Oral B, 356
Otto, 21, 211
Otto Kern, 504

P
Pampers, 13, 361, 503, 361
Pantene, 192, 356
Payne Webber, 206
Pedigree, 510
Pegasus, 214
Penny, 150, 153
PepsiCo, 186, 386
Permo, 124
Persil, 45, 123, 124, 180, 356, 509
Perwoll, 180
Pfanni, 356, 504, 507
Pharmacos, 115
Pharmakon, 115
Pharmaton, 115
Philadelphia, 501
Philip Morris, 50, 65, 184, 193
Philips, 502, 528
Phillips & Drew, 28
Pillsbury, 538
Plus, 108
Pombär, 504
Porsche, 71, 290, 304, 618
Prada, 534
PriceWaterhouseCoopers, 5, 215, 372, 537, 566
Pril, 356
Pringles, 165, 527
Procter & Gamble, 13, 28, 36, 108, 165, 180, 185, 192, 218, 356, 503, 505, 509, 520, 527
ProMarkt, 150
ProSiebenSat.1, 537
Puma, 112
Punica, 13
Purina, 510, 519
PWC, 63

Q
Quantas, 119
Quelle, 211
Qype, 483

R
Raffaello, 163, 521
Raguletto, 194
Rama, 194, 356, 504, 507, 509
Range Rover, 71
Reckitt Benckiser, 505
Red Bull, 55, 65, 85, 502
Renault, 463
Rentenanstalt, 29
RepTrak, 612
Revlon, 208
REWE, 149, 151, 155, 174, 353, 361
REWE Bio, 174
REWE Feine Welt, 174
Rexona, 507
Rexroth, 166
Rhone Poulenc, 205, 219
Ritter Sport, 531
Ritz-Carlton, 281
R-M, 180
Roche, 307
Rocher, 521
Rolls-Royce, 201
Rondnoir, 521
Rover, 193
Ryan Air, 71

S
S.Oliver, 504
Saatchi & Saatchi, 337
Samsung, 430, 505
Sanella, 168, 194, 195, 356
Sanofi, 205
Sanofi-Aventis, 205
SAP, 108
Sara Lee, 180
Sarotti, 536
SAS, 243
Schöller-Mövenpick, 543
Schwäbisch Hall, 48
Seat, 174, 180, 182
SEB, 108, 218
Securitas, 116

Segafredo, 536
Shell, 14, 65
Siemens, 36, 65, 392, 621
Sil, 180
simyo, 176
Singapore Airlines, 235
Sixt, 103, 204
Skoda, 68, 180
Skype, 4
Smart, 466
Smarties, 528
Smirnoff, 504
Smithkline Beecham, 200
Snickers, 180, 510
Sony, 50, 276
Southwest Airlines, 493
Southwestern Airlines, 87
Spee, 110, 123, 124, 180, 356, 509, 528
Stanford, 53
Star Alliance, 135, 256, 537
Starbucks, 281, 332, 493
Storck, 37, 509, 510, 518
Swiss Life, 30
Swisscom, 204
Swissflex, 118
Syoss, 181

T
Tacto, 124
TARGOBANK, 139, 142
Tassimo, 501
Tchibo, 13, 346
Telekom, 48, 120, 123
Terramar, 189
tesa, 163
The Bodyshop, 182, 193, 352
Thomas Cook, 12, 108, 188, 189, 204, 215
Thomson, 123
ThyssenKrupp, 45, 108, 210
tictac, 163
Tigi, 180
Timberland, 119
Time Warner, 200
Toblerone, 506
Toffifee, 37, 518
Toni & Guy, 180
Toom, 150
toom Baumarkt, 117
Tork, 162, 174

Tosca, 504
TotalFinaElf, 218
Toyota, 68, 246, 395
Transfair, 347
Trident, 501
Triumph, 538
TUI, 111, 123, 132, 188, 439
Twitter, 465, 486

U
UBS, 206, 212
Uncle Ben's, 543
UNICEF, 361
Unicredit, 206
Unilever, 65, 166, 167, 174, 180, 194, 220, 356, 504, 507, 509
Unilever Surf, 174
Up!, 618

V
Veba, 212
Veolia, 119
Vernel, 180
VHV, 108
Viag, 212
Viag Interkom, 215
Vichy, 174
Virgin, 16, 70, 253
VISA, 534
Vodafone, 6, 200, 209, 214, 336
Volksbanken und Raiffeisenbanken, 82, 87
Volkswagen (VW), 36, 71, 81, 174, 180, 182, 201, 307, 392, 618
Volvo, 62
VW-Käfer, 618

W
Wal-Mart, 89, 64
Walt Disney, 49, 274
Warburg Dillon Read, 206
Weber Shandwick, 503
Weißer Riese, 123, 180, 356, 509
Werner & Mertz, 275, 359
Werther's Original, 37, 518
WhatsApp, 102
Whirlpool, 9
Whiskas, 538

Wikipedia, 456
Windstopper, 238
WPP, 387
Würth, 48, 50

X
Xerox, 22
Xing, 297, 483

Y
Yello, 98, 120
Yelp, 483
Youtube, 397, 436, 455, 456, 468, 482

Z
Zappos, 493
Zenith, 504

Stichwortverzeichnis

A
AC²ID-Identitätstest, 88
Affinitätsindex, 193
Akzeptanz, 463
Analyse- und Gestaltungsprozess
    nach Redler, 539
Anchoring, 542
Änderungswiderstände, 92
Anforderungsprofile, 540
Ankereffekte, 542
Anspruchsgruppen, 7, 28
    strategische, 34
App, 454, 469
Arbeitgeberattraktivität, 307
Arbeitgeberimage, 292
Arbeitgebermarke, 291
ASS Modell, 296
Attraktion, 296
Auffindbarkeit, 459
Augmented Reality, 458
Austauschbarkeit, 83, 293
    bei Markennamen oder Markenzeichen, 115
Auswertungsverfahren, 592
Authentizität, 298, 496

B
Balanced Scorecard, 32, 577
Beeinflussungsprozess bei Marken auf
    Kapitalmärkten, 373
Behavioral Branding, 87, 229, 244, 270, 305
Behavioral Finance, 372
Behavioral Targeting, 461
Bekanntheit, 307
Benchmarking, 612
Beobachtung, 590

Berichterstattung, wertorientierte, 382
Berührungspunkte, 428
Beziehungsqualität, 465
Big Data, 450
Blog, 466
Börse und Marken, 371
Branchenklischees, 83
Brand Behavior, 228
    Rahmenbedingungen, 238
Brand Councils, 175
Brand Engagement-Programm, 308
Brand Funnel, 587
Brand Love, 586
Brand Management Organisation, 130
Brand Reportings, 385
Brand Status, 580, 584
Brand Status-Paper, 602
Brand-Core-Team, 92
Branded Content, 460
Branded House, 162
Branding, 110
    Controlling, 121
    integriertes, 111
    komplexe Markensysteme, 122, 123
    Markenaufbau, 112
    Prozess, 113
Brand-Scorecard, 577, 578
Brand-Workshops, 255
Budgetaufteilung, 471
Buying-Cycle, 85, 97
Buzz-Marketing, 472

C
Cause Related Marketing, 361
CBM-Controlling, 608, 615

Change Manager, 282
Change-Management-Prozess, 90
Cloud Computing, 450
Co-Branding, 529
Commitment, 86, 229, 250, 278
   affektives, 279
   Arten, 231
   emotionales, 291
   normatives, 279
   rationales, 279
Consumer Journey, 483
Co-Promotions, 529
Corporate Architecture, 260
Corporate Brand, 9, 86, 97, 111
   Relevanz, 4
   Status, 584
   Website, 453
Corporate Brand Management, 13
   Begriffsverständnis, 18
   Denkschulen, 18
   Hauptaufgaben, 13
   internes, 244
      Zielsystem, 251
   normatives System, 57
   Prozessdimension, 132
   Schnittstellen, 137
   Strategie, 39
   Zielhierarchie, 15
Corporate Citizen, 337
Corporate Design
   Elemente, 109
   Entwicklung bei Corporate Brands, 119
Corporate Identity, 19
Corporate Potential, 621
Corporate Reputation, 333
Corporate Social Responsibility (CSR), 337, 339, 345
   Eisberg, 348
   Kommunikation, 349, 355
      Glaubwürdigkeit, 358
   Markenpositionierung, 351
   Philosophie, 346, 348
   Presse, 347
   Typen, 349
Couponing, 460
CSR. *Siehe* Corporate Social Responsibility
Customer Experience Journey, 435
Customer Experience Management, 317
   Programm, 317
Customer Journey, 437
Customer Touchpoint
   Assessment, 432

Innovation, 440
Management, 430
Tracking, 442

D

Dachmarke, 181, 506
   Wechselwirkung mit Produktmarke, 508
Dachmarkenstrategie, 163
Datenerhebung, 590
Discounted Cashflow Methode, 169
Double-Loop Learning, 90
Dual Branding, 185
Duktus, 471

E

Effizienz, 584
Eigenständigkeit, 83, 299
Einfachmarkierung, 533
Eingeständigkeit, 166
Eintragung neuer Marken, 109
Eintrittsbarriere, 182
Einzelmarkenstrategie, 163
Einzelwerbung, 511
Employer Brand/Branding, 291
   Funnel, 305, 306
   Programm, 559
   Value Proposition, 294
Employer of Choice, 307
Empowerment, 260, 273, 280
Enabler, 283
Endorsement, 538
Erfolgsgrößen, qualitative, 570

F

Fachkräftemangel, 290
Fähigkeiten von Mitarbeitern, 232
Familienmarkenstrategie, 163
Fanpage, 460, 465, 470, 486
Fans, 460
Finanzmarkt und Marken, 372
Finanzmarktkommunikation, 383
Fit, 532
Flagship Product, 523
Floprisiko, 183
Fluktuationsrate, 308
Forschung, neurowissenschaftliche, 66
Führung, stakeholderorientierte, 8

Führungskräfte, 305
Führungsstil
  transaktionaler, 276
  transformationaler, 276, 280
Funnel
  Analyse der Komponenten, 237
  Komponenten des, 230
  Markenverhalten, 229
Fusion, 86

G
Gehirnhälften, 66
Geschäftsmodell, 46, 55
Gestaltung
  anspruchsgruppenspezifische, 173
  markenspezifische, 173
Greenwashing, 346, 349, 364
Guerilla-Maßnahmen, 472
Gütekriterien, 592

H
Handelsmarke, 174
Handlungen, symbolische, 278
Handlungsfreiräume, 580
Hebelwirkung, 533
Hirnforschung, 66
House of Brands, 163, 185

I
Identität, 293, 610
Identitätsbestimmung, 63
Identitätsverwässerung, 194
Imagedefizite, 84
Imagery-Theorie, 573
Implementierung, 556
Indikatoren, 598
Informations- und Kommunikationstechnologie (IKT), 449
Informationsüberlastung, 301
Ingredient Branding, 535, 538
Integration, 299
Interaktion, 298
Internet, 297
Investor Relations (IR), 372, 383
Investoren und Marke, 371
Involvement, 97, 208

K
Kannibalisierung, 183
Kannibalisierungseffekte, 181
Kapitalmärkte und Marken, 372
Kapitalmarktkommunikation, 371
Kaufphase, 98
Key Performance Indicator, 306
Kohärenz, 532
Kommunikation
  fragmentierte, 299
  integrierte, 102
  interne, 135, 252
  nach innen, 135
  persönliche, 92, 296
Kommunikationsformen, 449
Kommunikationsinstrumente, neue, 449
Kommunikationsketten, 102
Kommunikationsmittel, 449
Kommunikations-Mix, 99
Kommunikationsverständnis, 451
Komplexität, 176, 184
Konstrukte, 588
Kontaktpunkte, 467
Kontrollverlust, 475
Konversationen, 470
Kreuz-Einkaufs-Tabelle, 190
Krisen von Marken, 392
Krisenauslöser, 393
Kundenloyalität, 162
Kundenpotenziale, 534
Kundenzufriedenheit, 244, 300

L
Laddering, 69
Längsschnitt, 593, 596
Längsschnittanalysen, 427
Launch-Kampagne, 593
LIME-Ansatz, 490
Listening, 491
Lizenzen, 533
Location-Based-Services (LBS), 461

M
Marken
  Namenswechsel, 213
  starke, Vorteile, 6
  Website, 459
  Zusammenhang zu Shareholdern, 371

Markenakademie, 305
Markenallianz, 164, 528
  Erfolgsfaktoren, 532
  Kommunikation, 542
  Konstellationen von, 537
  Managementprozess, 539
  Partner, 541
  Partnermarken, 541
  Wirkung von, 534
Markenanalyse, 554
Markenansatz
  identitätsorientierter, 20
  verhaltensorientierter, 20
Markenarchitektur, 12, 162, 164, 504, 557
  komplexe, 164
  Restrukturierung, 169
Markenattribute, 68
Markenaufbau durch Branding, 112
Markenbekanntheit, 103, 585
Markenbewertung, 567
Markenbild, 70, 108, 268
Markenbildung, interne, 86
Markenbindung, 300
Markenbotschafter, 87, 305
Markencharta, 236
Markencommitment, 308
Markencontrolling, 566
Markencredo, 281
Markendehnung, 534
Markenduktus, 471
Markeneinstellung, 585
Markenerfolg, 586
Markenerlebnis, 318
Markenerweiterungen, 518
Markenfilter, 587
Markenführung
  interne, 268, 282
    Anreiz- und Belohnungssysteme, 260
    Verankerung, 252
  Leistungsmodell, 569
  Zielgrößen, 568
Markenführungsprozess, 315
Markengleichheit, 83
Markenhierarchie, 577
Markenidee, 132
Markenidentität, 48, 62, 72, 79, 167, 269, 610
  Rolle, 54
Markenimage, 63, 80, 585
  Messung, 572
Markenindikatoren, 598

Markenintegration, 204
Markenkapitalisierung, 535
Markenkombination, 528, 530
Markenkommunikation
  Fehler bei neuen Medien, 476
  interne, 552
    Instrumente, 254
Markenkompetenz, 71
Markenkontaktpunktanalyse, kommunikative, 100
Markenkontaktpunkte, 467
Markenkontroll-Cockpit, 567
Markenkrise, 392
  akutes Auftreten, 400
  Bedrohungspotential, 396
  Markenkrisenauslöser, 394
  Markenkrisengrundlage, 393
  Markenkrisenprozess, 393
  Markenkrisenverlaufsform, 395
  Markenkrisenwirkung, 395
  Post-Markenkrisen-Phase, 403
  Prävention, 398
Markenlizenzen, 533
Markenlöschung, 213
Markenloyalität, 585
Marken-Migration, 195
Markenmigrationsstrategie, 171
Markenmolekül, 530
Markenname, 116
Markenneuschaffung, 219
Markennutzen, 68
Marken-Performance-Ansätze, 587
Markenpersönlichkeit, 69
Markenportfolio, 162, 180, 195, 502, 576
Markenpositionierung, 62, 103, 167, 471
Markenprägung, 98
Markenprojekt, 551
Markenspiele und -wettbewerbe, 259
Markenstatus, 580
Markensteuerrad, 68, 167, 294
Markenstrategie, 65
Markensystem, 618
Markentonalität, 69, 471
Markentracking, 597
Markenumpositionierung, 536
Markenverbundenheit, 585
Markenverhalten, Anreizsysteme, 238
Markenverschmelzung, 215
Markenvertrauen, 585
Markenwahrnehmung, 271
Markenwechsel, 182

Markenwerte, 143, 271, 294, 565
Markenwertmodelle, 575
Markenwissen, 231
    Operationalisierung, 569
Markenzufriedenheit, 585
Marketing
    Rolle im Unternehmen, 133
    virales, 454
Marketing-Budget, 444
Marketsegmentierung, 189
Markierung, mehrfache, 527
Marktabdeckung, 168
Märkte, gesättigte, 181
Marktforschung, 83
Marktsegmente, 183
Massenkommunikation, 296
Mediaplanung, 475
Media-Shift, 482
Medien, soziale, 455, 482
Mega-Brand, 537
Mehrmarkenstrategie, 164, 180
    M&A, 219
Mehrwert, 469
Mental Convenience, 164, 176
Mergers & Acquisitions (M&A), 199
    Integrationsstrategien für Marken, 204
    Marken-Fit, 203
    Markenpotenziale, 203
    Markenstrategie, 200
    Positionierung, 209
Messansätze, 589
Messgrößen, 584
Messsystem für die Corporate Brand, 320
Messung
    einer Marke, 589
    qualitative, 592
    quantitative, 592
Microsite, 453, 469
Mission, 149
Mission Statement, 314
Mitarbeiter
    Berücksichtigung, 245
    Erforschung der Einstellung und
        Verhaltensweisen, 248
Mitarbeiteridentifikation, 251
Mitarbeiterkommunikation, 135
Mitarbeiterverhalten, markenkonformes, 228
Mobile, 462
Mobile Computing, 450
Mobile Services, 463

Mobile-Advertising, 462
Motivation, 305
MRT, 590
Multi-Branding-Strategie, 180
Multi-Marken-Strategie, 181
    Grenzen, 183
    Potenziale, 181
Multi-Marken-System
    Analyse, 187
    Gestaltung, 191

N
n:n-Kommunikation, 451
Nachfragererlebnis, 467
Nachhaltigkeit, 351
    Drei-Säulen-Modell, 347
Nachhaltigkeitsmanagement, 351
Nachkaufphase, 99
Namensgebung, 141
Net Promoter Score (NPS), 321, 560
Netz, neuronales, 618
Netzwerk, soziales, 298, 455
Neurowissenschaft, 66
NPS. Siehe Net Promoter Score
Nullmessung, 601
Nutzerakzeptanz, 463

O
Objektivität, 592
Öffentlichkeitsarbeit, 133, 340
Ökologie und Marke, 347
One-Firm-Branding-Strategie, 36
Online-(Media)Relations, 330
Online-PR, 333
Online-Werbeformen, 464
Online-Werbung, 454
Operationalisierung, 588

P
Panel, 596
Passung, 532
Personalbereich, Corporate Brand
    Management, 134
Person-Brand-Fit, 301
Podcast, 456, 470
Portfoliomanagement, 175
Portfolio-Werbung, 503

Positionierung, 80, 181, 208, 294
    Deklination nach Anspruchsgruppen, 377
    Suchrichtungen für Deklination, 378
Positionierungsversprechen, 85
PR. *Siehe* Public Relations
Produktmarke, 9, 162, 184
Produktnutzen, 65
Promotor, 282
Prosumer, 331
Prozess, impliziter, 627
Public Relations (PR), 133, 329, 330
    organisatorischer Rahmen, 340
Publishing, 468
Pull-Kommunikation, 453

Q
Querschnitt, 593
Querschnittmessungen, 593

R
Raum-Zeit-Paradigma, 462
Rebranding, 141, 146
Relevant Set, 168
Relevanz, 453, 496
Reliabilität, 592
RepTrak-Pulse, 613
Reputation, 346, 609
Reputationsdimensionen, 622
Reputationsstärke, 616
Reputationstreiber, 613
Reputationsverlust, 348

S
Schichtenmodell, 553
Schnittstellen, externe beim Corporate Brand Management, 137
Search-Engine Optimization (SEO), 454
Search-Engine-Advertising (SEA), 454
Second Screen, 458
Segmentierung, 188, 189
Selektion, 296
Separate-Branding-Strategie, 36
Shareholderbeeinflussung, Konzept, 373
Shareholder-Value-Ansatz, 380
Shitstorm, 335, 497
SIIR-Ansatz, 213
Social Media, 455, 464, 482

Kanäle, 469, 484, 495
Konzept, 488
Management-Zirkel, 487
Marketing, 484
Mix, 495
Monitoring, 496
Status, 487
Strategie, 488
Value Proposition (SMVP), 494
Ziele, 488
Social Web, 450
Soll-Ist-Vergleich, 583
Soll-Positionierung, 74
Soothing-Strategie, 403
Soziales als Dimension von CSR, 347
Sozialisation, 296
Stakeholder, 28
    Ansatz, 31
    Gruppen, 29
    Management, 35
    Relevanz, 32
Stakeholderbeziehungen, 157
Steuerungsgrößen, 585
Storytelling, 89, 238, 258
Strategie, akquisiteur-dominante, 206
Subbrand, 163
Suchmaschinenmarketing, 454, 459
Sustainability, 338
Synergien, 162, 165, 182
Szenarioanalyse, 169

T
Targeted Advertising, 457
Targeting, 454, 461
Tonalität, 472
Touchpointgestaltung, 296
Touchpoints, 102, 428, 467, 483
    Management, 429
Tracking, 545, 597
Trackingstudien, 599
Transaktionen, markenorientierte, 202

U
Überführungs-Kommunikation, 146
Überlappungskoeffizient, 580
Unique Communication Proposition, 81
Unique Selling Proposition, 81
Unternehmenserfolg, Bezug Marke, 4

Unternehmensgrundsätze, 50, 149
Unternehmenskommunikation, 329
Unternehmenskultur, 14, 305
Unternehmensleitsätze, 47
Unternehmensmarke, 162, 184, 293
Unternehmensphilosophie, 47, 49, 52
Unternehmensreputation, 609
   Messung, 611
Unternehmenswerte, 50, 51
Unternehmenszusammenschlüsse, 202
Unternehmenszweck, 49, 54
Ursachenanalyse, 584
User-Generated-Content, 456, 465

V
Validität, 592
Value Proposition, 494
Verarbeitungstiefe, 514
Verfahren, bildgebende, 590
Verhalten, markenkonformes, 233
Verwässerung, 299
Vision, 52, 149, 278, 281
Vivid description, 52
Vorbildfunktion, 274
Vorkaufphase, 98

W
Wertekommunikationsprogramm, 319
Werttreiber, Marken als, 4
Wettbewerbsanalyse, 293
Wettbewerbsvorteil, 175
Word-of-Mouth, 434, 470, 490

Z
Ziel- und Strategiesystem, 129
Ziele
   ökonomische, 569
   verhaltenswissenschaftliche, 569
Zielgrößen, ökonomische, 571
Zielgruppensegment, 190
Zielkonflikt, 271
Zielsystem, 568
Zusammenführung von Unternehmen und Markenstrategie, 201